编纂委员会

顾　　　问	闫志义　李树荣　刘树勋　赵庭煜
主　　　任	郭林忠　赵红江
常务副主任	李兰柱
副　主　任	袁国平　李晓良　陈学伟　代秋巍　孟昭国　李艮桥
委　　　员	葛志平　苏　永　范　强　代志春　张海芳　王莉棉
	冯永刚　张　蕾　赵立江　李　飞　王晓涛　李江波
	杜翠霞　郭茂森　代学东　冀海军　司马玉静
	代文强　刘建伟　吕显超

编纂办公室

总　　纂	张友录
编　　纂	赵建红　董建平　陈永利　范　荣

中煤一建公司第十工程处领导班子成员（左起）：李艮桥、孟昭国、陈学伟、袁国平、郭林忠、赵红江、代秋巍、雷新、李晓良

回眸历史

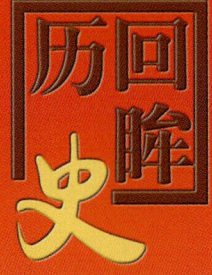

中煤第一建设有限公司撤销第六十三工程处番号，第六十三工程处大部分资产和人员整合并入第十工程处
2010年11月

中煤第一建设公司改称中煤第一建设有限公司，更名为中煤第一建设有限公司第十工程处
2010年4月

中煤第一建设公司改制，成立中煤第一建设公司第十工程处
2005年12月

中国中煤能源集团有限公司重组，中煤第一建设公司划入，中煤第十工程处名称与隶属关系未变
2003年6月

中煤第一建设公司划归中煤建设开发总公司，更名为中煤第十工程处
1993年8月

煤炭工业部撤销，设立中国统配煤矿总公司，更名为中国统配煤矿总公司第十工程处
1989年12月

燃料化学工业部撤销，煤炭工业部再次设立，恢复煤炭工业部第十工程处番号
1975年4月

奉调河北，划归燃料化学工业部邯邢煤炭工业基本建设局管理，更名为燃料化学工业部煤炭第十工程处
1973年10月

下放四川省管理，更名为四川省煤矿建设第一工程处，简称川煤一处
1971年3月

煤炭、石油、化工三部合并成立燃料化学工业部，隶属燃料化学工业部
1970年6月

奉调四川，划归渡口第四指挥部代管，代号四川渡口四附十五信箱
1967年2月

煤炭工业部统一编制，命名为煤炭工业部第十工程处
1966年1月

山西潞安组建潞安煤矿筹备处基本建设工程处建井三队
1958年5月

中煤第一建设有限公司第十工程处
THE TENTH ENGINEERING DIVISION OF THE CHINA COAL FIRST CONSTRUCTION CO., LTD

领导题词

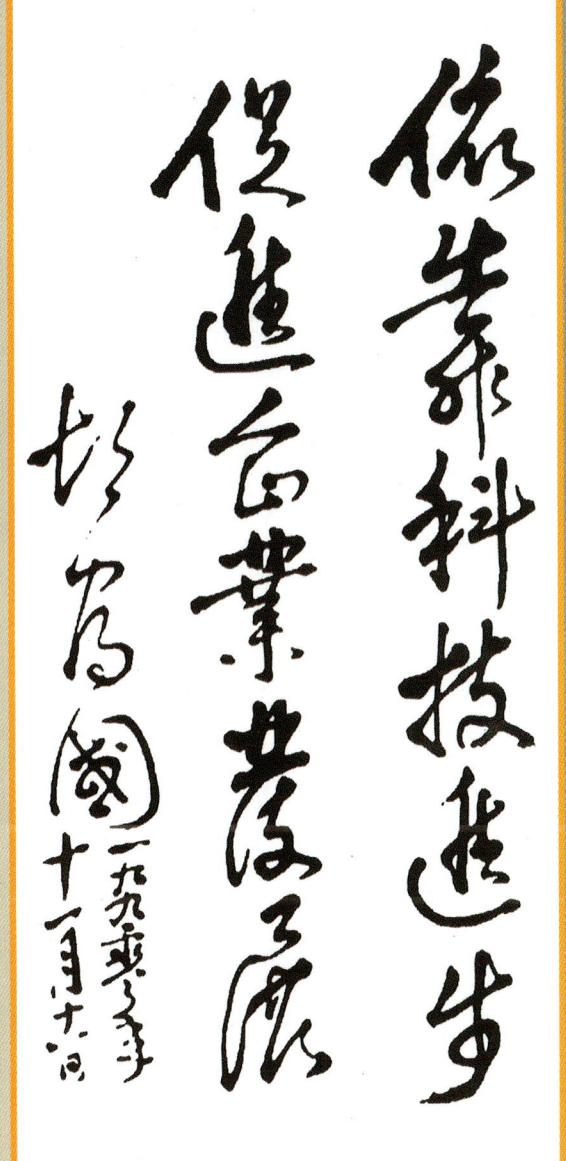

能源部副部长、中国统配煤矿总公司总经理胡富国为第十工程处题词

领导视察

1990年7月13日，能源部副部长、中国统配煤矿总公司总经理胡富国（右一）视察第十工程处施工的常村矿井

2007年12月6日，河北省总工会副主席郭东海（右一）到第十工程处调研工会工作

领导视察

2008年4月17日,吉林省副省长王祖继(左三)到第十工程处八宝项目部工地视察

2011年3月12日,中煤集团党委书记、副董事长纪喜来(左二)到第十工程处禾草沟项目部调研

领导视察

2012年2月19日，中煤集团董事、总经理王安（前排左一）到第十工程处门克庆项目部调研

2012年3月14日，中煤集团党委书记李延江（左二）到第十工程处调研

领导视察

2017年3月，中煤一建公司执行董事、总经理代东生（右三）到第十工程处大海则项目部工地调研

2017年3月，中煤一建公司党委书记史立志（左三）到第十工程处梨园河项目部工地视察"两堂一舍"管理工作

历史相册

1958年,王庄矿区建井三队职工宿舍

1967年4月,第十工程处1272名职工分批次奔赴四川渡口(今攀枝花市)支援"三线建设"

1967年,大宝顶矿建三队驻地

1967年,土建队平江驻地

历史相册

翻山越岭进入工地

劈山修路

人挑肩扛运设备

工人们住的帐篷、凉席、杆杆床

大宝顶处机关办公楼

太平煤矿投产大会

历史相册

1974年承建的陶二矿井

陶二煤矿俱乐部

万年煤矿援建动员大会

陶二矿井建井时期的辅助运输力量——骡马运输队

1983年王庄矿井扩建期间，第十工程处机关办公楼

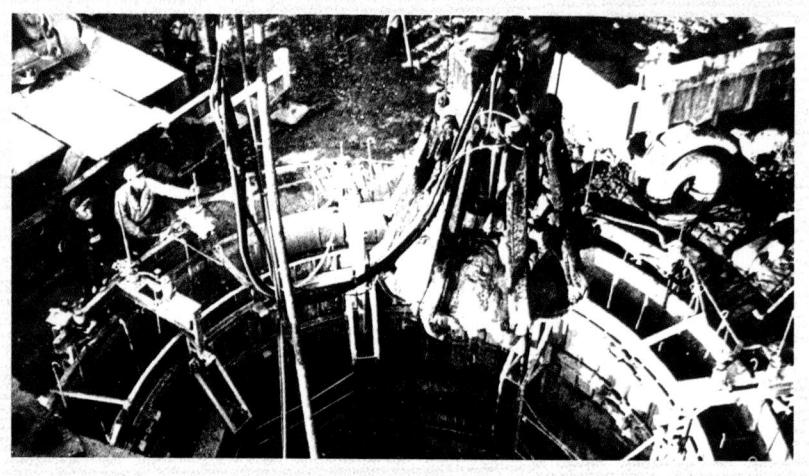

1983年2月，王庄煤矿西风井沉井施工现场

历史相册

治水专家组到王庄煤矿西风井沉井施工现场考评、指导

1992年，整装待发的汽车运输队

1996年，土耳其项目部部分施工人员与土方员工在TTK卡拉峒井下合影

会议集锦

1979年4月，第十工程处第四次团代会代表合影

1986年5月，第十工程处第三次党代会代表合影

1996年4月，寺河煤矿西风井开工典礼

会 议 集 锦

1996年5月，第十工程处第八次团代会代表合影

1999年3月，第十工程处第七届职代会暨第六次工代会代表合影

2005年4月，干河主立井月成井169米祝捷大会

会议集锦

2007年4月,在李雅庄煤矿宽南坡项目部召开创纪录祝捷表彰大会

2014年7月,第十工程处召开第六次党代会

2017年2月,第十工程处召开十一届一次职代会、第十次工代会暨2017年工作会

2017年7月,第十工程处上半年基层党建工作考核

企业文化

1975年，陶二矿井建设期间的文艺宣传队队员合影

1985年10月，王庄矿井改扩建期间的业余文艺宣传队赴古交工地演出合影

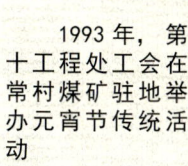

1993年，第十工程处工会在常村煤矿驻地举办元宵节传统活动

企业文化

2008年9月，庆祝建处50周年暨国庆职工文艺会演（一）

2008年9月，庆祝建处50周年暨国庆职工文艺会演（二）

2008年9月，庆祝建处50周年暨国庆职工文艺会演（三）

企业文化

安全文化下基层

职工拔河赛

职工篮球联赛

企业文化

职工乒乓球赛

"青安杯"安全生产知识竞赛

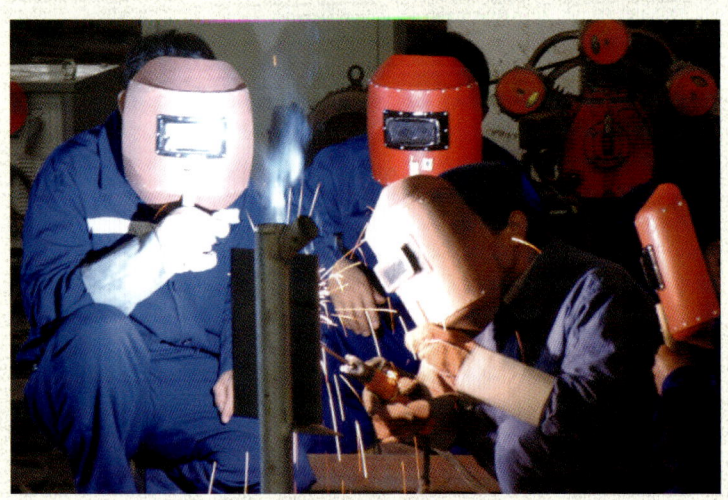

青工技术比武

工程业绩

冀中能源邯矿集团陶二矿井

潞安集团王庄煤矿

潞安集团常村矿井

工程业绩

山西蒲县华胜煤业有限公司华胜煤矿一、二、三期工程

延安市禾草沟煤矿煤炭资源整合矿井项目，荣获"太阳杯"奖

吉林省龙家堡煤矿副立井，平均月成井146.2米，最高月进161米，刷新东北三省纪录

工程业绩

神华亿利能源有限责任公司黄玉川煤矿副立井工程，创第十三批中国企业新纪录

通化矿业集团八宝煤矿副立井井筒掘砌工程，创第十四批中国企业新纪录

麻家梁煤矿主立井装载硐室——时为亚洲最大煤矿双侧箕斗装载硐室

工程业绩

兰武复线乌鞘岭隧道大台左线 474.65 米竖井工程

中煤集团中天合创门克庆矿井 1 号回风立井及二、三期工程

山西华晋韩咀煤业矿井兼并重组整合项目主、副井井筒掘砌工程

工 程 业 绩

山西西山晋兴能源有限责任公司斜沟煤矿一、二、三期工程

同煤集团轩岗煤电整合矿井项目梨园河煤矿二、三期工程

山西小回沟煤业有限公司小回沟煤矿

施工装备

Ⅵ型凿井井架

2JKZ-4×2.65/18型凿井提升机

JZ-25/1500型凿井稳车群

MWY6/0.3型凿井挖掘机

SYZ8-12型竖井钻机

HZ-6型中心回转抓岩机

施工装备

EBZ-260H 型悬臂式掘进机

MB670/256 型掘锚机

GA110-7.5 型阿特拉斯压风机

供电系统

WZY150/55L 型挖斗式装渣机

WC1.9J 型无轨胶轮车

企业荣誉

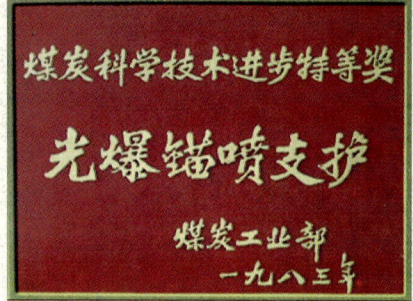

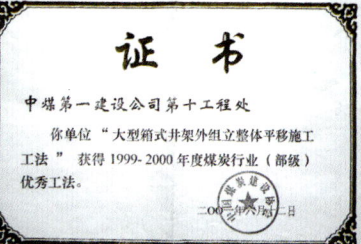

企业荣誉

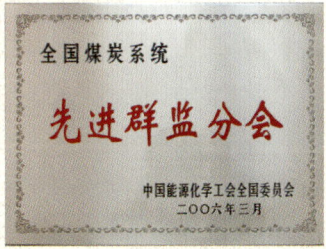

2018年3月8日,《中煤一建公司第十工程处志》终审会在北京召开

《中煤一建公司第十工程处志》评审委员会专家与编委会参会人员合影。左起第一排:李艮桥、徐亮(中国煤炭建设协会副理事长兼秘书长、《中国煤炭建设志》编委会办公室主任)、吴晓煜(《中国煤炭工业志》总纂)、陈昌(《中国煤炭工业志》副总纂)、李远鹏(辽宁煤炭工业协会秘书长);左起第二排:赵建红、张友录、刘军(中煤建设集团科技信息部副部长)、吕志江(中国煤炭建设协会工程技术部副主任)、于海宏(《中国煤炭工业志》编委会办公室副主任)

序

岁月不居，时节如流；弦歌不辍，薪火相传。

在中煤第一建设有限公司第十工程处全体职工喜庆建处60周年之际，《中煤一建公司第十工程处志》问世出版了。这是第十工程处彰古昭今、启迪后人的一项优秀文化成果，是十处人宝贵的精神财富，也是献给第十工程处60周年华诞的一份珍贵厚礼。

第十工程处起源于山西潞安，诞生于"大跃进"时期。跟随国家煤炭工业建设的发展步伐，第十工程处从潞安初创、渡口援建、"邯邢会战"、重返三晋，到扎根古赵、开拓西北，创业的足迹踏遍祖国的大江南北、万里河山。跨出国门，西征土耳其，经历了境外市场开发的考验与磨炼。

六十年的建井岁月，六十年的风雨历程。十处人不忘初心，牢记使命，艰苦奋斗，砥砺前行，用忠诚与奉献担当起国家基础能源建设的历史重任，用热血和汗水铸就了煤炭基建施工行业王牌劲旅的赫赫威名。

六十年来，第十工程处励精图治，自强不息，始终保持着煤炭基建行业领军企业的实力与荣耀。出色地完成了数十座大型现代化矿井的上百项矿、土、安建筑工程，打造了一个又一个建筑精品，树立了一座又一座不朽的历史丰碑，为祖国的煤炭建设事业做出了卓越的贡献。在国内煤炭行业率先使用伞钻、大抓配套装备进行立井井筒施工，率先采用中深孔光面爆破、锚喷支护技术施工井巷工程；采用"井外组立、整体平移"技术，成功安装了当时堪称亚洲第一的大型箱式永久井架；采用螺旋溜槽整体金属模板施工工艺，建成了国内第一个井下螺旋煤仓；以月成井118.5米，创国内9.2米大直径井筒基岩段掘砌施工新纪录；以立井井筒基岩段超厚硬岩掘砌月平均成井146.5米，创国内立井施工新纪录，同时，以最高月成井160米的优异成绩，获得2007年度煤炭行业建筑业施工"立井井筒月进度全国第一名"，彰显了第十工程处矿井建设的雄厚实力。

六十年来，第十工程处以"一流的质量、一流的业绩、一流的信誉"赢得了社会各界的广泛赞誉。井巷工程中有1项获得国家银质奖，3项获得"太阳杯"奖，26项被评为"全国煤炭行业（部级）优质工程"。先后获得

"全国煤炭先进施工企业""全国重质量守信誉公众满意单位""全国煤炭系统先进群监分会""中国工程建设社会信用AAA企业""全国煤炭行业（部级）优秀等级处""一级安全质量标准化工程处""河北省重合同守信用企业""河北省AAA级劳动关系和谐企业""河北省模范职工之家"等270余项省（部）级荣誉称号，展现了第十工程处光辉耀眼的绚丽风采。

历史和功绩需要铭记，更需要传承与弘扬。修志存史，鉴史育人，是本志修写的意义所在。

六十年来，第十工程处驰骋南北、艰苦创业，那些如歌岁月、如诗画面，大都珍藏于档案资料和人们的记忆之中。志书编纂人员本着尊重历史、尊重事实、实事求是、精益求精的原则，从一摞摞、一卷卷浩瀚的卷宗里逐页搜寻，逐句梳理，去粗取精，从中撷取原始的文字资料、数据记录和闪光的历史镜头。为弥补档案资料的不足，编纂人员走访老领导、老职工，追忆往事，查寻笔记，反复求证，去伪存真，使那些尘封已久的精彩故事、珍贵画面重新呈现在我们眼前。经各方人员的不懈努力，《中煤一建公司第十工程处志》历时一年半终于问世。

本志资料翔实、内容丰富、体例规范、文风朴实，从政治、经济、科技、教育、文化和生活等各个方面系统记述了第十工程处六十年的发展印迹，真实再现了三代十处人倾心铸就的光辉业绩和精神风貌，展现了第十工程处深厚独特的历史文化，倾注了十处人的集体智慧。在此，谨向为本志编写付出巨大心血的编纂人员，给予支持和帮助的各级领导、离退休老同志及各界朋友致以崇高的敬意和衷心的感谢！

我们坚信，第十工程处干部职工一定能够以建处60周年为荣耀，以志书出版为激励，扬鞭奋蹄，继往开来，在企业永续发展的征程中，将涓涓细流汇聚成磅礴的力量，攻坚克难，勇往直前，用更加辉煌的业绩、更加动人的故事，谱写更加传奇的发展新篇章。

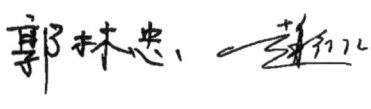

2018年9月

凡　例

一、《中煤一建公司第十工程处志》的编纂以马克思列宁主义、毛泽东思想、邓小平理论、"三个代表"重要思想、科学发展观和习近平新时代中国特色社会主义思想为指导，坚持实事求是原则，客观记述历史发展轨迹；坚持"详近略远"原则，立足当代，突出时代特色，体现行业特点。

二、本志时间上限自1958年5月建处起，下限至2017年12月止。

三、本志采用述、记、志、图、表、传、录七种体裁，以志为主体，遵循志书"横排竖写"原则，按篇、章、节、目阶梯级分层，篇开专页，章节居中，目随正文编排。

四、本志使用规范语体文，语言力求准确、规范、简练，文风力求严谨、朴实、鲜明。

五、本志所记年代均为公元纪年。

六、本志采用第三人称，所记地域、机构、团体、组织、会议、文件等称谓，均以当时名称为准，首次使用全称，之后可用简称；人物称谓，直书其名，必要时冠以职务。

七、本志所用专业术语、名词、名称以及计量单位、标点符号执行国家现行统一规定。

八、大事记采用编年体为主兼用纪事本末体的记述体裁。在年份标题下记月份，月份下记日期，一事一条，有月份而日期不明的，记于月末，称"本月"；月份不明的，记于年末，称"是年"；同日、同月、同年发生多件大事的，按主次顺序相应排列。

九、本志所称党、党委、党支部等均指中国共产党及其各级组织。

十、本志以档案、文献资料为依据，所用资料主要来源于第十工程处档案、统计报表、年度总结及各部门、基层单位提供的相关资料，部分资料取自采访记录，经考证核实后入志，一般不注明出处。1974年以前的部分史料，来源于山西潞安矿业（集团）有限责任公司、攀枝花煤业（集团）有限责任公司收藏的档案。

目　录

概　述 ·· 1

大事记 ·· 15

第一篇　组　织　机　构

第一章　机构与队伍 ············· 91
　　第一节　领导体制 ············· 91
　　第二节　职能机构 ············· 99
　　第三节　职工队伍 ············ 106
　　第四节　其他管理部门与
　　　　　　单位 ···················· 116
第二章　中国共产党组织 ········ 124
　　第一节　组织建设 ············ 124
　　第二节　宣传教育 ············ 150
　　第三节　纪检监察 ············ 157
　　第四节　党管安全 ············ 162
第三章　工会与共青团 ·········· 164
　　第一节　工会 ··················· 164
　　第二节　共青团 ················ 171

第二篇　工　程　施　工

第一章　工程项目 ················ 177
　　第一节　矿建工程 ············ 177
　　第二节　土建工程 ············ 189
　　第三节　机电安装工程 ····· 191
　　第四节　其他工程 ············ 192
第二章　施工技术 ················ 193
　　第一节　矿井建设 ············ 193
　　第二节　土建与安装 ········· 204
第三章　施工管理 ················ 211
　　第一节　生产组织管理 ····· 211
　　第二节　质量管理 ············ 223

第三篇　安　全　生　产

第一章　安全管理 ················ 229
　　第一节　规章制度 ············ 229
　　第二节　安全质量标准化 ··· 232
　　第三节　安全监察 ············ 235
　　第四节　群众安全监督 ····· 237
　　第五节　火工品管理 ········· 239
第二章　矿井灾害防治 ·········· 241
　　第一节　水害防治 ············ 241
　　第二节　火灾预防 ············ 242
　　第三节　瓦斯防治 ············ 243
　　第四节　顶板控制 ············ 245
　　第五节　综合防尘 ············ 246

第四篇　企　业　管　理

第一章　经营管理…………… 251
　第一节　计划与统计………… 251
　第二节　市场开发…………… 252
　第三节　合同管理…………… 258
　第四节　预算与结算………… 259
　第五节　项目经营承包与
　　　　　考核………………… 260
第二章　人力资源管理………… 261
　第一节　劳动用工管理……… 261
　第二节　人事管理…………… 264
　第三节　薪酬管理…………… 265
　第四节　社会保险…………… 269
第三章　财务与审计…………… 272
　第一节　财务管理…………… 272
　第二节　资产管理…………… 273
　第三节　资金管理…………… 275
　第四节　成本核算…………… 275
　第五节　监察审计…………… 276
第四章　物资供应与机电设备
　　　　管理…………………… 279
　第一节　物资供应…………… 279
　第二节　机电设备管理……… 283
第五章　行政事务管理………… 287
　第一节　行政管理…………… 287
　第二节　信访维稳…………… 290
　第三节　社会治安综合治理… 292
　第四节　法律事务…………… 293

第五篇　科　技　与　教　育

第一章　科学技术……………… 297
　第一节　技术研发…………… 297
　第二节　新技术推广与运用… 298
　第三节　科技成果…………… 300
　第四节　信息化建设………… 303
　第五节　节能减排…………… 306
第二章　职工教育培训………… 308
　第一节　管理机构…………… 308
　第二节　技能培训…………… 308
　第三节　人才委培…………… 310
　第四节　技能评审…………… 310
第三章　职工子弟教育………… 312
　第一节　子弟学校…………… 312
　第二节　幼儿教育…………… 313

第六篇　企业文化与职工生活

第一章　企业文化……………… 317
　第一节　职工思想教育……… 317
　第二节　企业文化宣传……… 319
　第三节　职工文体活动……… 321
第二章　生活福利与医疗卫生… 325
　第一节　生活福利…………… 325
　第二节　医疗卫生…………… 330

人　　物

一、人物传略…………………… 337
二、党政领导…………………… 343
　（一）往任领导……………… 343
　（二）现任领导……………… 360

三、劳动模范 …………………… 365
　（一）省部级劳模 …………… 365
　（二）市级劳模 ……………… 366
四、各类代表及高中级职称人员
　　名录 ………………………… 368
　（一）出席市级党代会代表
　　　名录 …………………… 368
　（二）出席市级人代会代表
　　　名录 …………………… 368
　（三）1958—2017年专业
　　　"三总师"名录 ………… 368
　（四）1992—2017年高中级
　　　技术职称人员名录 …… 369
　（五）国家职业资格注册人员
　　　名录 …………………… 370

荣　誉

一、集体荣誉 …………………… 373
二、个人荣誉 …………………… 394

附　录

附录一　潞安煤矿筹备处为增设机
　　　　构并任命干部由 ……… 409
附录二　潞安矿务局为成立潞安矿
　　　　务局第一、二、三工程处并
　　　　明确领导由 …………… 410
附录三　潞安矿务局关于成立第十
　　　　工程处的通知 ………… 411
附录四　煤炭工业部关于第十工程
　　　　处支援渡口一对新井建设
　　　　任务的决定 …………… 412
附录五　燃料化学工业部关于下放
　　　　煤矿基本建设施工单位的
　　　　通知 …………………… 413
附录六　燃料化学工业部关于四川
　　　　省第一矿建工程处改调河
　　　　北邯郸煤炭基地工作的
　　　　通知 …………………… 414
附录七　邯邢煤炭工业基本建设局
　　　　关于颁发燃料化学工业部
　　　　煤炭第十工程处公章的
　　　　通知 …………………… 415
附录八　中煤第一建设公司关于做
　　　　好学校、公安机构移交河
　　　　北省管理相关准备工作的
　　　　通知 …………………… 416
附录九　邯郸市人民政府国有资产
　　　　监督管理委员会关于中煤
　　　　第一建设公司第十工程处
　　　　子弟学校移交武安市管理
　　　　有关问题协调会议纪要 … 417
附录十　中煤第一建设公司第十工
　　　　程处职工医院整体划转移
　　　　交会议纪要（18号）……… 419
附录十一　中煤第一建设有限公司
　　　　　党政联席会会议纪要 … 421
附录十二　中煤第一建设公司关于
　　　　　第十工程处速凝剂厂划
　　　　　转的通知 …………… 422
附录十三　中煤第一建设有限公司
　　　　　第十工程处处歌 …… 423

编纂始末 ………………………………… 424

概 述

中煤一建公司第十工程处志

概 述

中煤第一建设有限公司第十工程处，是中国中煤能源集团有限公司（简称中煤集团）旗下的一支专业化矿井建设施工企业，机关驻地河北省邯郸市联纺西路96号，隶属中煤第一建设有限公司（简称中煤一建公司）。

中煤第一建设有限公司拥有矿山工程施工总承包特级、机电安装工程施工总承包一级、房屋建筑工程施工总承包二级、隧道工程专业承包二级和海外工程承揽等10项资质。第十工程处营业范围包括：矿山工程、机电安装工程、房屋建筑工程、化工石油工程、房屋装修装饰工程、土石方工程、隧道工程、钢结构工程施工、机械制造及修理、建井设备制造、金属结构件制作、设备租赁、建材（不含木材）；资产总额9.05亿元；拥有各类工程机械及大中型装备4814台（套），先进的机械化作业线14条；可同时施工800~1000米深的立井井筒2个、600~800米深的立井井筒7个、斜井井筒6个、平斜巷20条，年矿井施工能力8亿元。

2017年10月，第十工程处在册职工2930人（其中：合同工1506人，临时工1424人），具有专科以上学历472人，各类专业技术人员247人，其中：中高级职称人员155人，高级技师15人，建造师、安全工程师等国家注册专业人员38人。有矿建施工项目部14个（包括2个立井施工队、6个炮掘队、11个综掘队），安装项目部1个，项目工程分布于河北、山西、陕西、内蒙古等省（自治区）。

第十工程处自1958年成立以来，伴随着国家煤炭建设事业与经济体制改革的发展步伐，历经了数次隶属关系和企业名称的变迁，先后使用过煤炭工业部第十工程处、燃料化学工业部煤炭第十工程处、四川省煤矿建设第一工程处、燃料化学工业部煤炭第十工程处、煤炭工业部第十工程处、中国统配煤矿总公司第十工程处、中煤第十工程处、中煤第一建设公司第十工程处等名称。2010年4月，更名为中煤第一建设有限公司第十工程处。

六十年的岁月，第十工程处实现了从无到有、从弱到强的转变，逐步成长为国家煤炭基建战线上一支央企劲旅。在中国共产党的坚强领导下，第十工程处团结带领干部职工不忘初心，牢记使命，以处为家，征战南北，在河南、河北、山东、山西、四川、广东、云南、陕西、甘肃、吉林、内蒙古等11个省（自治区）挥洒了三代人的满腔热血，镌刻下一串串奋斗的足迹，取得了一个个辉煌的业绩，在祖国煤炭建设史上树立了一座座耀眼丰碑。

一

1958年，声势浩大的"大跃进"运动在全国展开。为适应全国大炼钢铁的经济形势，满足钢铁发展的需要，煤炭工业部成立山西潞安煤矿筹备处开发潞安煤田。同年5月22日，山西潞安煤矿筹备处为加快潞安矿区的矿井建设，成立基本建设工程处建井三队，承担王庄矿井的恢复建设与原煤生产任务（王庄煤矿于1947年开始起步建设，随后停建长达10年之久）。这支由200多人组成的建井队，就是第十工程处的前身。

1958年11月5日，潞安煤矿筹备处对建井三队进行机构调整，建井三队设置生产科、经理科、人事保卫科、福利科4个职能部门。同年12月30日，煤炭工业部批准成立潞安矿务局，潞安煤矿筹备处基本建设工程处建井三队改名为潞安矿务局建井三队，隶属潞安矿务局直管。

王庄矿井复工，施工生产的机械设备相当简陋，井下工作面施工作业只有几台电钻、几十把铁锹和几台矿车；生活条件也极其艰苦，住的是土窑，睡的是土炕。建井三队贯彻执行"边建边产"的建设方针，组队当年8—12月，共完成岩巷掘进558米、巷道砌碹82.15米；1959年1月，矿井恢复生产首月出产原煤5393吨。

建井三队组建第二年，招收了第一批新工人，职工队伍迅速扩大到1165人。

1960年4月，建井三队改为潞安矿务局第三工程处，由正科级单位晋升为县团级单位。

1961年3月，潞安矿务局第三工程处第二批479名新工人入招。同年4月，潞安矿务局第三工程处更名为潞安矿务局第三建井工程处；队伍结构和管理体制有了新变化。同年，全处实配干部定员65人。

1962年6月，潞安矿务局撤销建筑安装工程处和第三建井工程处，组建潞安矿务局建井工程公司，下设王庄建井工区、土建工区、机电安装队、建材厂4个基层单位，党的领导机构由党总支升级为党委。随后，增设机电动力科，将原土建工区分设为一工区、二工区。1965年3月，潞安矿务局撤销基本建设工程处及建井工程公司，成立王庄建井指挥部，队伍结构和管理体制再次发生变化。

1966年1月，根据煤炭工业部〔1965〕煤发第1752号、山西省煤炭工业管理局（简称山西省煤管局）晋煤字144号文件要求，潞安矿务局将王庄建井指挥部的基本建设队伍统编为煤炭工业部第十工程处。自此，煤炭工业部第十工程处正式成立。

自王庄煤矿恢复重建起，至1966年12月8日矿井移交投产的9年间，第十工程处由小到大，由弱变强，矿、土、安建筑工程齐头并进、逐步成长。处机关设有党委办公室、组织干部科、工会、团委、宣教科、行政办公室、工程科、财务科、保卫科、劳资科、安全科、供应科和行政科等13个职能管理部门，下设矿建一队、矿建二队、矿建三队、土建一队、土建二队、安装队和建材加工厂等7个直属单位。9年间，第十工程处圆满完成了潞安矿务局下达的原煤生产和基建投资任务。1958年至1961年4月，王庄矿井共产煤38.56万吨。在矿井建设方面，完成巷道掘进13898.39米，巷道砌碹6330.9米，铺轨12千米；完成工业建筑57335平方米，民用建筑76400平方米；安装设备1672台（件），总重2503吨；同时，支援了潞安矿务局五阳煤矿、晋城矿务局凤凰山煤矿的矿井建设，承担了华北煤矿材料仓库的土建施工和汾西矿务局介休洗选厂的机电安装任务。

二

1964年，中国在四川、贵州、云南、陕西、青海、甘肃六省，加上长城以南、京广线以西的冀西、山西、豫西、鄂西、湘西、桂西北、粤北等广大地区，进行以战备为指导思想的大规模国防、科技、工业和交通基本设施建设，数百万中国工业企业精英进入大山深处创业，被称为"三线建设"。四川省攀枝花工业区作为"三线建设"重要的钢铁和能源基地成为西南建设的中心。

1967年4月，第十工程处响应党中央"备战、备荒、为人民"和"建设攀枝花"的号召，执行煤炭工业部《关于第十工程处支援渡口一对新井建设任务的决定》，1272名职工分批次乘坐从山西长治北火车站南下的列车，连续6个昼夜，途经7省16市，行程近万里，汇集到四川省渡口市（现攀枝花市）宝鼎山麓，参加攀枝花工业区的煤矿建设。进入矿区后，煤炭工业部将第十工程处委托渡口第四指挥部（现攀枝花矿务局）代管，承担大宝顶矿井的建设任务。

宝鼎矿区地处四川西南部川滇交界的金沙江畔，海拔最高点2538米，最低点1020米，属南亚热带干热河谷型气候，具有干燥、炎热、日照强、太阳辐射强、昼夜温差大、四季不分明、降雨集中、气候垂直差异显著等特点。"三块石头支起锅，茅棚搭在山窝窝，天作蚊帐地当床，荒山就是大饭堂"，第十工程处干部职工住的是漏风漏雨的茅草棚，睡的是用木棒捆扎的杆杆床，照明用的是蜡烛和松明。在艰苦的自然环境和机械化程度不高的条件下，第十工程处大力发扬"煤矿工人特别能战斗"的优良传统，边搬迁、边安家、边铺摊、边施工，迅速投入矿井的水、电、路、住房的"三通一住"建设。地面供电系统安装施工中，35万伏高压输电线路几十千米长，蜿蜒曲折，跨江越岭架设，材料运输成为制约施工的最大难题。安装队多次召开"诸葛亮会"，制定了"以人工运输为主，轮渡跨江放线，架设简易人工索道进行空中运输"的施工方案，排除千难万险，顺利地完成了施工任务。井巷工程中，第十工程处矿建队伍以手抱钻打眼、铁锹结合耙斗机装渣的半机械化方式进行施工。矿建一队、二队、三队取得了独头月成巷进尺3次超过170米、5次超过200米的好成绩。

1968年6月，第十工程处成立革命委员会（简称革委会），所属二级单位建立革命领导小组。处机关管理机构设置为革委会办公室、政治工作组（组织、宣传、群工、武保）、生产组（施工、劳资、安全、调度）、后勤组（财务、供应、福利）。处直属单位设有矿建（4个连）、土建（2个连）、机运（七连）、安装（八连）、汽车队（九连）等9个连和职工医院（攀枝花矿务局宝鼎分院）、山西留守处等2个后勤服务单位。

"三线建设"时期，第十工程处招收了一批职工子弟，中国人民解放军基本建设工程兵第41支队（师级）集体转业分配到第十工程处300余人，职工队伍得到补充。第十工程处使用过渡口四号信箱附十五号（简称渡口四附十五信箱）保密代号，实行过军管，下属施工队伍以连命名，隶属关系依次由煤炭工业部变更为燃料化学工业部、四川省煤炭工业管理局，名称由煤炭工业部第十工程处变更为四川省煤矿建设第一工程处（简称川煤一处）。

第十工程处以大宝顶矿井为主战场，参加了渡口指挥部发起的"夺煤保铁"（为保证攀钢1970年7月1日出铁，组织的龙洞矿井建设会战）和"夺煤保钢"（为保证攀钢1971年7月1日出钢，组织的太平、花山、大宝顶矿井建设会战）大会战，主建了大宝顶煤矿、灰老沟煤矿，援建了太平煤矿、平江煤矿、沿江煤矿、小宝顶煤矿、龙洞煤矿、华山煤矿、灰老沟煤矿。共完成产值2870.5万元，井巷进尺21000米，铺轨28450米，土建永久工程竣工面积21000平方米、临时工程竣工面积39300平方米，安装机电设备2500多台（件），架设高压输电线路220千米，敷设管路20千米，为西南的煤炭基地建设和攀枝花矿务局的发展做出了应有的贡献。

三

邯邢基地是20世纪70年代国务院和中央军委批准建设的，一个以邯郸为中心的钢铁、煤炭、化工、机械、建材等综合基地，范围包括河北省邯郸市和邢台市。最早提出邯邢基地建设的是邓小平同志。国务院副总理李先念当年称：邯邢基地完全可以建成"中国的鲁尔区"。

1973年，邯邢基地建设拉开序幕，规划目标是开工新建和续建中小型矿山10个、大型矿山6个，到1980年邯邢基地年产钢200万吨，生铁400万吨，铁矿石1300万吨。

1973年3月底，燃料化学工业部邯邢煤炭工业基本建设局成立。7月14日，燃料化学工业部下发《关于四川省第一矿建工程处改调河北邯郸煤炭基地工作的通知》，决定将原定调往山西古交矿区工作的川煤一处改调邯邢基地。10月，川煤一处恢复燃料化学工业部煤炭第十工程处番号，隶属燃料化学工业部邯邢煤炭建设管理局管理，承担陶庄二号矿井（简称陶二矿井）的建设任务，成为参加邯邢大会战的第一批中央直属煤炭基建队伍。同批调入的另一支队伍，是来自贵州六盘水的燃料化学工业部第六十三工程处。按照燃料化学工业部的通知和四川省的有关要求，第十工程处将矿建四队成建制留转渡口第四指挥部，1293名职工从四川撤出，进驻河北省邯郸市武安县周边城区，为建设陶庄二号矿井全力备战。陶庄二号矿井是邯邢基地第一对新开工的矿井，也是煤炭系统5个配套试点井之一，设计年产量90万吨，服务年限94.5年。1974年4月，第十工程处3个矿建队和建材厂、机电科人员进入陶二工地，与先期进驻的土建队、供应科、安装队800余人进行矿井建设的"四通一住"施工；到6月下旬，盖起了职工食堂、宿舍、水池、压风机房、变电所、浴室、水泥库、井口机修房等临时建筑，架设了陶一工地至陶二工地的输电线路，铺设了北牛叫村至陶二工地的供水管路；7月1日，陶二矿井回风立井破土动工；9月3日，第十工程处承建的陶二煤矿主、副立井破土动工；同年底，第十工程处机关搬进工地，进行现场指挥。1981年12月，陶二矿井建成移交。

1975年4月，第十工程处名称恢复为煤炭工业部第十工程处，隶属关系不变。

陶二主井施工中，第十工程处在国内率先进行了伞型钻架配中心回转、中深孔光面爆破、喷射混凝土支护等8个方面的机械化配套试验，取得了良好的成效，顺利通过了煤炭工业部技术鉴定会的鉴定。推广了锚喷支护、光面爆破、毫秒雷管、耙斗装岩机、激光指向5项技术革新。井巷工程施工技术在井巷掘进、工程质量、人工效率、光爆锚喷、设备安装、企业管理等方面均达到全国煤炭基本建设行业先进水平。1977年，在支援第六十三工程处万年二号煤矿中部立风井建设施工中，于业内率先采用伞钻打眼、深孔爆破、双机抓岩、大吊桶提升等新工艺，取得净直径5.5米井筒、全井平均月成井82.97米的好成绩，获河北省科技三等奖、煤炭工业部基建纲要奖、全国煤炭科技进步奖三项殊荣。

1974—1975年，第十工程处从河北邢台、邯郸、保定，以及山西长治等地区陆续招收了1443名下乡知识青年和职工子弟充实职工队伍。1979年10月，第十工程处职工总人数达到3257人。1981年底，第十工程处机关设有党委办公室、组织部、宣传部、纪委、工会、团委、行政办公室、工程技术科、计划科、安全质量监察科、调度室、劳动工资科、财务科、机电科、供应科、行政管理科、教育科、保卫科和人民武装部等19个职能部室，下设矿建一工区（下辖矿建一队、矿建二队、矿建七队、机电队、运搬队5个单位）、矿建二工区（下辖矿建三队、矿建四队、矿建五队、矿建六队、机电队、运搬队6个单位）、建安工区（下辖土建一队、土建二队、安装队、预备队4个单位）、车队、通风队、医院、学校和劳动服务公司等8个直属单位。

"邯邢会战"8年间，第十工程处以陶二矿井为主战场，援建了邯郸矿务局陶一煤矿、第六十三工程处主建的邯郸矿务局万年矿井、第四十九工程处主建的九龙口矿井、邢台矿务局邢台煤矿、第三十一工程处主建的邢台矿务局东庞矿井、廊坊地区的三河煤矿；完成了包括改土造田、修建水库、架设高压线路、铺设灌溉管路等一大批支农建设任务；在武安城区建起了11栋家属楼、2栋教学楼等总建筑面积68870平方米的生活基地，设立了"七二一"工人大学、子弟学校、托儿所、职工医院、商店、粮站、电影院等职工教育培训和后勤生活服务保障机构。第十工程处自力更生，建起了建材厂、速凝剂厂，并将建材厂整体移交邯邢基地煤炭建设指挥部（简称邯邢煤炭指挥部）管理；以支援万年二号煤矿中部立风井的施工队伍、施工设备为基础，成建制转编为邯邢基地煤炭建设指挥部竖井开凿工程处；作为主要师资力量来源之一，选调包括党委副书记范荣等37名管理干部、技术骨干、高级工参加组建邯邢技工学校；抽调精兵强将，派生组建了特殊凿井处、建安处，为邯邢基地煤炭建设指挥部的发展壮大做出了贡献。

四

1982年9月，第十工程处主要施工力量完成调迁，重返三晋，为潞安矿务局王庄煤矿进行240万吨/年规模改扩工程建设。同年12月25日，王庄煤矿扩建工程主皮带斜井明槽开挖。1983年2月，西部进、回风立井相继破土动工。1987年10月，王庄煤矿扩建一期工程建成移交，第十工程处在王庄矿井共完成井巷进尺10427.4米，矿井配套的土建和机电安装工程全部完结。到1990年10月，王庄煤矿扩建工程全面竣工移交投产，原煤产量由90万吨/年提高到500万吨/年，一跃成为当时全国产量最高、效率最高、用人最少、效益最好的现代化井工开采矿井，被煤炭工业部纳入建设中国现代化煤矿样板矿试点行列。王庄煤矿西部两个立风井，表土段流砂层涌水量达360立方米/小时，普通工法施工无法通过。第十工程处采用风动抓岩、大型汽吊提升、泥浆护壁、淹水沉井的特殊工法，月成井22.8米，创沉井深度（56米）和月进度全国最好水平，得到了沉井专家于力及专家组的好评，受到煤炭工业部和山西省煤管局的表彰。在王庄矿井扩建施工过程中，第十工程处成功推广应用了光爆锚喷支护工艺，单进水平大幅提高，荣获煤炭工业部煤炭科学技术进步特等奖。

1987年2月，在王庄矿井扩建工程建设的同时，第十工程处承担了国家"七五"计划重点工程项目——潞安矿务局常村煤矿的建设任务。常村矿井是煤炭工业部以承发包的方式交给第十工程处施工的一项重点工程，是我国首次通过世界银行贷款投资的特大型现代化矿井，设计年产量400万吨，主要配套设施都是从德国、瑞典、英国、日本等国进口的国际先进设备。常村矿井历经7年建设，于1993年10月建成投产。常村矿井建设期间，第十工程处采用"井外组立，整体平移"工艺，用3个小时将重620吨、高65米、当时号称亚洲第一的主井箱式井架平移71米，精确安装到位，工期提前了3个月。中央电视台、山西电视台、河北电视台、邯郸电视台、新华社、《工人日报》《中国煤炭报》《邯郸日报》等多家新闻媒体进行了现场采访和新闻报道。这套井架平移工法，荣获煤炭行业（部级）优秀工法。与德国专家合作，成功建成了国内第一个井下螺旋煤仓，成为国内外第一个采用螺旋金属模板整体旋转下滑浇筑混凝土工艺施工的井下立式螺旋煤仓。该技术获省级科技进步奖、国家级工法。螺旋煤仓整体金属模板由第十工程处机厂加工制作。螺旋煤仓的使用，可大幅增加原煤的块度率、提高煤矿的经济效益。

1989年8月，第十工程处承建年产90万吨的长治市南寨煤矿矿井建设的井巷、土建、安装三类工程。矿井于1991年12月正式开工，1996年6月移交投产。

1982—1993年，除主建王庄煤矿改扩建工程和常村煤矿、南寨煤矿2座矿井的矿、土、安三类工程外，第十工程处还承建了霍州矿务局李雅庄煤矿朱家庄回风立井、成安县煤矿扩建工程新斜井2项矿建工程，承建了武安县人民银行、漳泽电厂俱乐部、武安县南辛庄俱乐部、王庄煤矿职工医院门诊楼和住院楼、中煤第一建设公司岭北基地五栋住宅楼的水暖安装，以及武安基地住宅楼等几十项土建工程，承担了深圳市招商局蛇口工业园区开山填海建码头土石方运输工程。

潞安建设时期，正处于国家经济体制由计划经济向社会主义市场经济转型的过渡期，历经"计划经济为主，市场经济为辅""公有制基础上有计划的商品经济"和"国家调节市场，市场引导企业"三个阶段的变革。1986年9月，中共中央和国务院《关于颁发全民所有制工业企业"三个条例"的通知》下发后，第十工程处实行生产经营和行政管理处长负责制，企业的自主经营权逐步解放，开始实施以煤矿建设为主业、扩大多种经营的发展战略，第三产业得到快速发展。实行干部管理任期制、中层行政干部处长任命制，取消"以工代干"的干部管理制度，推行经营承包责任制，劳动用工制度完成全民所有制向劳动合同制的变革。落实国家农转非政策，积极开展井下职工家属落城镇户口工作。推行"劳动、人事、分配"三项制度改革，实施定编定员、中层干部竞争上岗、人员优化组合、层层实行聘任、下岗人员安置、取消职工等级工资制度，实施岗位技能工资制。在常村矿区创办了第二所子弟学校和托儿所，满足了该处驻地职工子女的入托和小学、初中的入学需求，并取得了优异的教学成果。

1992年底，第十工程处在册职工4199人。其中，固定工2226人，合同工530人，农民轮换工和临时合同工1443人。1993年，处机关设行政办公室、劳动人事科、教育培训科、工程科、质量检查科、经营办公室、财务科、计划科、审计监察科、生产调度室、机电科、安监站、党委办公室、组织部、宣传部、纪委、工会、团委、武装部、公安科等20个职能部门，下设2个矿建工区、14个矿建队、5个矿建辅助队、1个安装队、2个土建队、5个多种经营和5个生活后勤单位。

据档案资料统计，1985—1993年，第十工程处共完成井巷进尺41313.2米，产值33274.67万元。

据1989年国家权威部门资料显示，全国56个煤炭基建施工企业，第十工程处各项工效指标排名为：斜井第6位，岩巷第10位，半煤岩第9位，煤巷第10位，均属国内先进水平。

1990年7月,能源部副部长、中国统配煤矿总公司总经理胡富国到第十工程处常村煤矿工地视察,对第十工程处在矿井建设中取得的突出业绩给予了高度评价。同年11月,胡富国为第十工程处题词"依靠科技进步,促进企业发展",以示勉励。

潞安建设时期,第十工程处历经两次更名。1989年12月,煤炭工业部再次撤销,设立中国统配煤矿总公司,第十工程处更名为中国统配煤矿总公司第十工程处。1993年8月,随着中煤第一建设公司划归中煤建设开发总公司,更名为中煤第十工程处。

五

常村矿井建设收尾阶段正值市场经济初期,国家压缩基建规模,压减基建投资,煤炭基建市场逐年低迷,行业竞争异常激烈。随着常村矿井和霍州矿务局李雅庄项目的相继移交,第十工程处的主要施工力量从常村煤矿撤出,接续工程不足,队伍严重窝工,经济效益急剧下滑。1997年1月,第十工程处机关分两批从山西常村煤矿驻地迁往河北武安基地,结束了长期驻扎工地办公的历史。1997—1999年,是第十工程处历史上最为艰难的发展时期。企业资金周转难以为继,职工工资和医疗福利费等严重拖欠,下岗人员逐年增多,职工生活水平断崖式下跌,个别特困家庭甚至出现了去菜市场捡菜度日的局面。

面对困境,第十工程处开拓市场求发展,深化"三项制度"改革,精简机关科室,压缩机关定员;对劳动用工、工资分配、公费医疗、年休假、福利补贴、差旅费等一系列管理制度实施改革,推行项目经理负责制、经济承包责任制、风险抵押制,实行设备租赁管理,强化内部管控;成立市场开发部门,组织精干力量积极开拓煤炭与非煤行业的基建市场,找米下锅,承揽矿、土、安各类工程;加大投资力度,加快多种经营步伐,寻求合作企业与合作项目,发展经贸、服务等第三产业;成立清欠办公室,加强工程款回收力度等,多渠道、多层面开展增收节支,降本提效。

1994—2000年,第十工程处先后承接了晋城矿务局寺河煤矿西部回风立井、土耳其TTK卡拉硐矿井井下四段通风暗立井、华晋焦煤有限责任公司沙曲煤矿进回风立井等11项矿建工程,中煤第一建设公司梅苑新村住宅楼、武安基地住宅楼2项土建工程,山西S220太长公路榆庄段等3项筑路工程,平朔露天煤矿土石方工程。成立鲁山公司,接管了河南省鲁山县鲁山铁矿厂,生产经营铁矿石的生产与销售;成立王家峪煤矿、北坡煤矿、小南村煤矿,联合经营矿井建设、煤炭生产和销售;成立皮件厂,经营皮件加工与销售;成立沙河贸易公司,合作经营对俄罗斯的商贸业务;成立基地开发办公室,对武安基地临街地段进行商业合作开发等。

其间,第十工程处施工的华晋焦煤有限责任公司沙曲煤矿回风井连续3个月成井突破80米,进风井连续3个月超过100米,双井当年开工,当年到底;"高瓦斯矿井巷道抽掘施工工法"荣获部级工法。寺河项目部大断面岩巷施工连续2个月进尺超过70米,3次超过115米,最高月进尺130.9米,均创中煤第一建设公司岩巷较高水平,寺河矿井工程荣获"2006年度国家优质工程银质奖"。

第十工程处在晋城矿务局寺河煤矿西部回风立井施工中,利用高瓦斯双突矿井的特性,建成了井口瓦斯发电站,既消除了施工中的瓦斯危害,又解决了施工现场的供电问题,还为业主建设大型瓦斯电站提供了样板。

2001年，煤炭市场呈现复苏趋势，煤炭行业逐步迈进"黄金十年"。其间，业内新开工的大型基建项目持续增多，为煤炭基建施工企业带来了前所未有的发展机遇。据不完全统计，2004—2008年5年间，第十工程处先后承揽了13项矿井建设及安装、土建配套工程，签订合同176项，工程总造价11.35亿元，为企业实现快步脱困、并入发展快车道奠定了基础。

第十工程处加快机械化作业线建设，立足主业，做精做强，生产形势突飞猛进，施工业绩屡创新高，企业声誉迅速扩展，经济效益一年一个新台阶。

2001年，施工武安崇义魁星楼铁矿主井，最高月进尺121.8米，创当年冶金系统立井施工全国最高纪录。

2005年，施工山西省霍州矿务局干河煤矿主井，全井筒平均月进尺112米，最高月成井169米，刷新山西省纪录。同年，施工河南省驻马店市吴桂桥煤矿主、副立井，最高月成井170.2米，刷新河南省冻结井施工纪录。

2006年，施工吉林省龙家堡煤矿副立井，连续4个月成井超过140米，最高月成井146.2米，两次刷新东三省φ7.5米井筒施工纪录。同年8月，施工的梧桐庄项目部井下巷道工程被峰煤集团列为样板工程。

2007年，承建的神华亿利能源有限责任公司黄玉川煤矿副立井月成井118.5米，创国内9.2米大直径井筒基岩段掘砌施工新纪录，入选第十三批中国企业新纪录。同年，施工的李雅庄煤矿进风井，月成井188.6米，刷新山西省同井型立井施工纪录。

2007年7月至2008年12月，在吉林省八宝煤矿主、副井立井施工中，连续4个月双双成井过百米；主井平均月成井125.58米；副井平均月成井146.5米，最高月成井160米，创第十四批中国企业新纪录。

2001—2009年，第十工程处共完成井巷进尺148502米，营业收入183844.5万元，实现利润6992.66万元，职工人均年收入从7393元提高到23165.4元。9年间，第十工程处创立井基岩段月进尺100米以上9月次、135米以上14月次；创斜井月进尺110米以上5月次；创岩巷炮掘月进尺120米以上42月次，综掘270米以上2月次、300米以上2月次；创半煤岩巷月进尺155米以上3月次、200米以上3月次，综掘350米以上1月次、420米以上1月次；创煤巷月进尺210米以上4月次，多次刷新省级纪录和全国纪录。企业2次被评为年度"全国煤炭行业（部级）优秀等级处"，30个队次荣获"全国煤炭行业（部级）优秀等级队"称号，荣获国家级优质工程银质奖1项、国家级优质工程1项、部级优质工程14项，获得国家实用新型专利3项。

1993—2009年，第十工程处经历了煤炭市场7年低迷时期的生存危机和9年快速发展的"黄金期"。2004—2009年，第十工程处筹集上千万元资金，清理了累积已久的内外历史欠账；投资800多万元改造了武安生活基地的供电、供暖和供水系统，实现了与城市管网的对接联网；将子弟学校、公安系统的资产和人员整体移交地方，将技术和实力一流的安装队伍整体划转中煤第一建设公司机电安装处，企业"瘦身减负"战略卓有成效。

其间，第十工程处又经历两次更名。2003年6月，中国中煤能源集团有限公司重组，中煤第一建设公司划归中煤集团。2005年12月，按照中煤集团的统一部署，中煤第一建设公司实施主辅分离改制，重组资产，成立中煤第一建设公司第十工程处，第十工程处由企业法人变更为非法人分支机构。

2008年5月12日，四川汶川地区发生里氏8级、烈度11度的地震，为支援灾区重建，第十工程处组建施工队先后赴四川省崇州市三郎镇和平武县古城镇参加援建，两个月时间完成了邯郸市部署的491套过渡房及配套工程施工任务，为灾区重建贡献了力量，体现了央企应有的社会责任担当，援建队被中华全国总工会授予"抗震救灾重建家园工人先锋号"荣誉称号。

六

2010年，煤炭行业"黄金十年"尚未结束，史无前例的安全生产形势给正处于迅猛发展期的第十工程处造成了巨大的冲击和深远的影响。4月，中煤集团对矿建板块作出"一限、二提、三转"的决策部署，明确了矿建施工企业实施转型的发展战略。同月，第十工程处更名为中煤第一建设有限公司第十工程处。11月，中煤一建公司将第六十三工程处整体并入第十工程处。2011年7月，第十工程处机关办公地点由武安市放射路238号搬迁至邯郸市联纺西路96号。

2012年，受国际经济低迷和国内经济增速放缓的影响，煤炭需求大幅下滑，加上产能释放以及进口煤的低价冲击，煤炭行业的十年"黄金期"成为历史。进入2013年，低碳环保经济成为国家经济发展的重点方式，国家实施供给侧改革，煤炭行业进行去产能化和结构性调整。在宏观经济环境的大背景下，矿建施工企业的市场发展空间急剧萎缩，转型成为矿建施工企业生存和发展的必然选择。

面对严峻的市场形势和安全生产的双重压力，第十工程处开启了工程承揽由面向行业市场向聚焦集团内部市场转移、经营结构由以矿建施工为主向以煤炭生产和运营方向发展的转型序幕。

2010—2017年，第十工程处实施战略调整，按照中煤集团"一限、二提、三转"的决策部署，退出30多个安全风险高、经济效益低、资金保障能力差的在建和中标待建项目，承建了禾草沟、门克庆、大海则、小回沟、韩咀、葫芦素等一批集团内部矿井建设工程，承接了陕西省子洲县永兴煤矿的矿建工程和后期煤炭生产运营项目。落实中煤一建公司"七条线"管理工作要求，以"十个对接"推进两处整合。实施"瘦身减负"，筹集近2亿元资金，补齐了内部欠账，处理了数十起积压的债务纠纷和刑事诉讼案件，改造了3个生活基地的基础设施，妥善解除了2处整合前后的历史性包袱。实施"瘦身强体"，进行新一轮结构性改革，将处机关由武安搬迁到邯郸，精简机关、压缩编制，改革后勤服务体系，剥离辅业，将职工医院划转中煤一建公司岭北医院，速凝剂厂划转中煤一建公司建材厂，岭北、武安、峰峰3个家属基地移交中煤一建公司成立的物业公司统一管理。按照"依靠矿建主业求生存、谋转型"的工作思路，不断加快机械化作业线建设，加强职工队伍素质建设，强化施工安全管理和经营管控，全力以赴抓好项目施工。

2010—2017年，第十工程处创立井基岩段月进尺100米以上7月次、150米以上2月次；创斜井月进尺100米以上6月次、150米以上5月次；创岩巷炮掘月进尺120米以上3月次、170米以上2月次，综掘300米以上4月次、400米以上4月次、600米以上9月次，最高月进尺702米。连续3年被评为全国煤炭行业（部级）优秀等级处，4

次被评为年度"一级安全质量标准化工程处",所属52个队次跨入"全国煤炭行业(部级)优秀等级队"行列,荣获煤炭行业工程质量"太阳杯"奖3项、部级优质工程5项,获得部级工法8项、国家发明专利6项、实用新型专利26项。门克庆、禾草沟、华胜、梨园河、斜沟、大海则、小回沟等7个项目部15年次施工产值超亿元。禾草沟项目部连续3年超过亿元,最高达到2.02亿元。门克庆项目部4年超亿元。小回沟项目部创历史最高纪录,年产值达到2.2亿元。禾草沟煤矿资源整合矿井项目荣获煤炭行业工程质量"太阳杯"奖,被中煤建设集团有限公司(简称中煤建设集团)作为标准化建设标杆全面推广,山西中煤东坡煤业有限公司东坡煤矿改扩建工程(原第六十三工程处承建),韩咀煤矿主、副斜井井筒掘砌工程均获煤炭行业工程质量"太阳杯"奖。

2010—2016年,第十工程处完成井巷进尺232384米,营业收入481849万元,利润23596万元,人均年收入由2.56万元增长到5.25万元。

2017年9月,中国煤炭建设协会公布2016年度煤炭行业施工企业实力排名,第十工程处2016年矿建产值6.45亿元,施工产值6.58亿元,被评为2016年度煤炭建设工程处(公司)矿建施工前30强企业,排名第15位。

2017年底,第十工程处机关设党政办公室、党群工作部(党委宣传部、工会、团委)、安全监察部、人力资源部(社会保险部、党委组织部、培训中心)、生产调度室、工程技术部(信息管理部)、经营管理部(法律事务部)、财务管理部、纪检监察审计部(纪委、监察审计部)、清欠办公室10个职能部门,下辖16个矿建项目部、1个安装项目部和机电设备管理中心、物资采购管理中心等19个基层单位。

七

1958年8月,潞安煤矿基本建设工程处建井三队设立党的总支委员会,下辖6个党支部。1962年6月,建井三队逐步演变为潞安矿务局建井工程公司,党的组织领导机构由总支升级为党委。1965年5月,建井工程公司党委下设组织干部科、纪委、宣传科、党委办公室、工会、团委等6个党群工作机构。1968年6月,第十工程处顺应"文化大革命"的政治形势成立革命委员会。不久,党组织陷入瘫痪状态。1969年,第十工程处建立党的核心领导小组,党组织得到恢复。1971年8月,更名后的川煤一处召开第一次党代会,选举产生中共川煤一处第一届委员会。此后,至2014年7月,恢复番号的第十工程处先后召开了5次党代会。2017年12月,第十工程处党委设办公室(党政一体)、组织部、党群工作部(宣传部、工会、团委)、纪委4个职能部门,下设机关党总支和18个基层党支部。

1958—2017年,第十工程处党组织和党的建设经历了曲折的发展历程。建处初期,实行党委领导下的处长负责制。"文化大革命"期间,企业党的领导地位受到冲击,党组织瘫痪,党的活动停止。"文化大革命"后期,开始实行党委"一元化"领导。1986年,第十工程处进行领导体制改革,实行处长负责制,党委在企业中处于政治核心地位,发挥政治核心作用。在不同历史时期,第十工程处党委作为执政党的基层组织,结合党在各个时期的中心任务,紧密围绕企业生产建设实际,加强党的思想建设、组织建设、纪律建设和作风建设,加强和改进思想政治工作,领导工会、共青团根据各自章程独立自主地开展工作，在企业发展过程中发挥政治核心作用，保证党和国家的方针、政策在企业的正确贯彻和落实，推进了企业改革，推动了生产经营的永续发展。

1961年，潞安矿务局第三建井工程处开始设立工会工作机构。1968年6月，第十工程处革命委员会设立政治工作组，工会工作由政治组分管群工工作人员负责。1974年1月，第十工程处恢复设立工会工作机构。1961年至2017年2月，第十工程处先后召开9次工会会员代表大会。1981年11月至2017年2月，第十工程处职工代表大会历经11次换届。处工会认真贯彻《全民所有制工业企业职工代表大会制度》，落实全心全意依靠工人阶级的指导方针，切实履行工会四项职能。自1961年工会组织建立以来，结合各个历史时期的不同任务，各级工会组织不断加强自身建设，深化企业民主管理，坚持厂务公开，维护职工群众的合法权益；深入开展技术比武、岗位练兵活动，加强班组建设，提升职工队伍素质；广泛开展主题鲜明、形式多样的社会主义劳动竞赛和技术革新，激发职工群众的积极性和创造性，推动企业安全生产；坚持开展健康向上的文体娱乐活动，丰富职工业余文化生活；开展困难职工帮扶和送温暖活动，促进企业和谐发展，有力地发挥了党联系群众的桥梁纽带作用。

第十工程处共青团组织成立于1959年9月。"文化大革命"时期，活动中断。1970年，团组织恢复活动。1971年下半年，开始整团建团，重新恢复团委建制。1975—1996年，在陶二矿井、王庄矿井改扩建和常村矿井建设期间，施工队伍集中，新工人招收以固定工为主，规模大、素质高，是第十工程处共青团组织最为活跃时期。常村矿井建设期间，处团委下设27个直属团总支、支部，包括学生团员在内，团员总人数达到1128人。到2017年底，处团委下辖10个团支部，127名团员。团组织建立后，充分发挥党的参谋和助手作用，密切联系青年工作实际，围绕企业生产建设、社会主义精神文明建设和企业文化建设，深入开展共产主义理想信念教育、爱国主义教育、革命传统教育、法制教育和社会公德教育，开展"学雷锋、树新风""五讲四美三热爱"、青工技术比武、师带徒、"五小"创新等主题活动，发挥青年突击队和生力军作用，积极承担施工生产中的急、难、险、重任务，为企业发展做出了贡献。

八

自建处以来，第十工程处先后主建了山西潞安王庄煤矿、四川攀枝花大宝顶煤矿、河北邯郸陶庄二号煤矿、山西潞安常村煤矿、山西长治南寨煤矿、陕西中煤延安禾草沟煤矿、山西清徐小回沟煤矿等十余座大中型现代化矿井，参与了国内105座煤炭、冶金矿井的矿土安（矿建、土建、安装）三类工程建设，承建了75个立井，37条斜井，8条平硐，43项二、三期工程，承建土建、安装以及隧道工程数百项，承建了土耳其国家硬煤公司（TTK）卡拉硐（KARADON）矿井井下四段通风暗立井工程。在国内煤炭行业率先使用伞钻、大抓装备进行立井施工，率先采用中深孔光面爆破、锚喷支护技术，率先采用井外组立、整体平移技术安装大型箱式永久井架，率先采用螺旋溜槽整体金属模板施工井下螺旋煤仓，率先使用挖斗装渣机进行高瓦斯矿井煤巷施工。井巷工程施工6次刷新省级纪录，2次开创中国企业施工新纪录，以立井基岩段超厚硬岩掘砌平均月成井146.5米、最高月成井160米的优异成绩，获得煤炭行业建筑业施工年度"立井井筒月进度全国第一名"荣誉称号，92个（次）施工队跨入"全国煤炭行业（部级）等级队"行列，6次荣获"全国煤炭行业（部级）优秀等级处"称号。技术成果获国家级工法1项、部级优秀工法1项、部级工法8项、省（部）级科技奖15项，获国家发明专利6项、实用新型专利26项。工程质量1项工程获国家银质奖，3项工程获全国煤炭行业工程质量最高奖"太阳杯"奖，26项工程获省（部）级优质工程。第十工程处在全国煤炭行业施工企业年度综合实力前30强企业中，排名第15位。

  第十工程处管理创新、党建创新、文化创新，取得丰硕成果。通过GB/T 24001—2016/ISO 14001：2015、GB/T 28001—2011/OHSAS 18001：2007、ISO 9001：2015和GB/T 50430—2007管理体系认证，获得中质协质量保证中心颁发的质量、环境、职业安全健康整合型管理体系认证证书；取得了中国煤炭工业二级企业、全国煤炭先进施工企业、全国重质量守信誉公众满意单位、全国煤炭系统先进群监分会、全国工程建设质量管理优秀小组、河北省重合同守信用企业、河北省企业管理基础工作达标单位、河北省AAA级劳动关系和谐企业等省（部）级荣誉称号249项，邯郸市文明单位、邯郸市安全生产先进单位、全市建设系统先进基层党组织等市级荣誉称号104项；企业职工2人获得国务院颁发的特殊贡献奖、享受特殊津贴，26人次荣获部、省、市级"劳动模范"称号，225人次获得市级以上个人荣誉及奖项。

中煤一建
公司第十
工程处志

大 事 记

1958年

5月22日 山西潞安煤矿筹备处党委批准，成立潞安煤矿筹备处基本建设工程处建井三队，负责王庄矿井的建设任务，由基本建设工程处直接领导；任命张继贤为负责人。

6月 建井三队实行计时工资制，每季度进行一次先进生产者评奖。

11月5日 潞安煤矿筹备处对建井三队进行机构调整，任命李焕明为建井三队队长，聂志兰、段保善、李怀生、王桂清为建井三队副队长。建井三队组织机构设置为生产科、经理科、人事保卫科、福利科4个职能部门。

12月30日 潞安煤矿筹备处根据煤炭工业部批准成立潞安矿务局的通知精神，决定将潞安煤矿筹备处基本建设工程处建井三队改名为潞安矿务局建井三队。

是年 潞安矿务局决定建井三队编为民兵第三营，由李怀生任营长，宋延平、王根太任副营长，常建忠任教导员，李小白、李树荣任副教导员。

是年 建井三队完成岩巷掘进558米，巷道砌碹82.15米。

1959年

1月 建井三队贯彻执行"边建边产"的方针，王庄矿井当月生产原煤5393吨。

4月27日 为认真贯彻安全生产规章制度，建井三队总支委员会作出安全生产12项决议。

9月10日 建井三队设立机电科。

10月 建井三队张连生青年掘进班煤巷施工单孔月进尺380米，创造全局煤巷单孔月进尺新纪录，被潞安矿务局评为全局煤巷掘进标兵班。

1960年

1月 建井三队开始实行计时工资加综合奖励的工资分配方式，推行投资包干。

4月4日 潞安矿务局决定，建井三队改为潞安矿务局第三工程处，李焕明为代处长，聂志兰为代副处长。

5月27日 山西省煤矿管理局任命王根保为潞安矿务局第三工程处副处长。

6月4日 第三工程处斜井大班、砌碹大班在全局大会上，就推行投资包干进行经验交流。

9月 第三工程处抽调一部分人员支援五阳矿井建设。

1961年

3月12日 潞安矿务局为确保王庄煤矿本年内移交生产，给第三工程处调配了479名新工人。第三工程处成立新工人教育办公室，下设教育处、总务处、调配处、医务处。新工人按照军事组织模式进行管理，设立1个营部，下设3个连部、11个排、33个班，抽调32名干部、57名老工人，安排到营、连、排、班，加强对新工人的思想教育和学习辅导。

4月26日 潞安矿务局第三工程处更名为潞安矿务局第三建井工程处。

本月 第三建井工程处有4级以上熟练工人383人，承建的王庄矿井，自1958年以来共产煤38.56万吨，完成基建投资430.993万元。

5月29日 潞安矿务局成立驻第三建井工程处安全监察站，原第三建井工程处安全监察科撤销，监察站定员3人。

6月 第三建井工程处在回采、掘进、发碹3个工种推行综合定基本工资加奖励，在运搬、机电、巷修等工种实行计时工资加奖励，在采石场、编荆笆等工种实行计件工资制，其余职工继续实行计时工资加综合奖励的工资分配办法。

10月13日 第三建井工程处承建的王庄矿井，拥有绞车、煤溜、水泵、压风机、通风机等大型设备73台，以及矿灯、煤电钻、矿车、发爆器等小型设备，生产机械化程度达到51%，基本满足基建生产需要。

是年 第三建井工程处干部定员52人，实配65人。其中，党群定员11人（党总支5人、工会3人、团总支2人、副业队1人），常建忠任党总支书记，程进义任党总支副书记、教导员，李小白任工会主席；行政定员6人，李焕明任处长，王根保、王东林、聂志兰、苗义生任副处长；保卫科定员2人，人事科定员7人，经理科定员13人，福利科定员8人，工程技术科定员8人，调度室定员4人；安全监察站定员2人，医务所定员4人。

1962 年

6月11日 根据山西省煤管局指示，潞安矿务局党委决定撤销建筑安装工程处和第三建井工程处，成立潞安矿务局建井工程公司。建井工程公司下设王庄建井工区、土建工区、机电安装队、金属木材加工厂4个基层单位，李焕明任建井工程公司经理，袁松山、丁凤武、吴广厚任建井工程公司副经理，潞安矿务局党委副书记田耕夫兼任建井工程公司党委书记，林清柏任建井工程公司党委第一副书记，陈振杰任建井工程公司纪委书记，刘全魁任建井工程公司工会主席。

7月3日 按照《煤炭工业部关于井巷开拓工程必须实行一次成巷的指示》（〔1962〕煤基工徐字第116号）文件要求，建井工程公司开始推行一次成巷施工法。

1963 年

11月17日 潞安矿务局决定，建井工程公司在不增加定员的基础上，增设机电动力科，并将原土建工区分设为一工区、二工区。

12月2日 潞安矿务局决定，高光升任建井工程公司副总工程师。

1964 年

11月 建井工程公司在王庄煤矿施工斜井通过流砂层时发生冒顶，巷道顶部与地面冒透，地面形成一个巨大的漏斗形陷坑，矿建三队采取"钢板桩"法制止顶板冒落，再从地面用矿渣、水泥砂浆充填陷坑，成功封堵冒顶区。一年后，拆除"钢板桩"，采取普通法继续掘进施工。

是年 建井工程公司开展以"大兴石圪节矿风"为主题的"比、学、赶、帮"运动。

是年 王庄矿井所有岩石掘进工作面全部消灭了干打眼、人抱钻。

1965 年

3月12日 潞安矿务局根据煤炭工业部印发《关于加快在建矿井建设速度的通知》精神，撤销基本建设工程处及建井工程公司，成立王庄建井指挥部。

9月19日 王庄建井指挥部对矿井

移交生产前的剩余工程进行摸底、排队，修订移交生产规划，经潞安矿务局批准报送山西省煤炭工业管理局。

1966 年

1月29日 潞安矿务局印发《关于成立第十工程处的通知》，根据煤炭工业部、山西省煤管局有关文件通知，将王庄建井指挥部的基本建设队伍统编为煤炭工业部第十工程处，建井指挥部人员按1965年3月1日以前的名单如数移交工程处。

4月 第十工程处矿建一队施工王庄煤矿北翼采区煤巷，月进1050.36米（折合进尺），受到煤炭工业部的嘉奖。

12月8日 第十工程处承建的潞安矿务局王庄矿井正式移交投产。

本月 第十工程处矿建一队、二队、三队约500人开赴晋城矿务局支援凤凰山煤矿建设，土建一队承担华北煤矿材料仓库的施工任务，土建二队、安装队一部承担汾西矿务局介休洗选厂的土建施工和机电安装任务。

1967 年

2月2日 煤炭工业部印发《关于第十工程处支援渡口一对新井建设任务的决定》，决定第十工程处调迁四川省渡口市承担渡口矿务局大宝顶矿井建设任务。

4月20日至5月上旬 第十工程处1272名职工，分批次到达四川省渡口市（现攀枝花市）金沙江畔的宝鼎山麓，参加攀枝花工业区的煤矿建设。煤炭工业部将第十工程处委托渡口第四指挥部（渡口四号信箱，现攀枝花矿务局）代管，因为保密需要，对外称为渡口四号信箱附十五号，简称渡口四附十五信箱。

5月12日 第十工程处承建的大宝顶煤矿干巴塘平硐开工。

5月25日 潞安矿务局决定，将第十工程处移交的、不适宜派出支援渡口建设的100余名土建人员组成潞安矿务局工程队，承担1967年度局属基建投资的土建工程及部分生产资金工程的施工，与第十工程处办理固定资产交接手续。

5月27日 渡口四号信箱附十五号印发《关于支援渡口期间职工的工资、福利待遇等问题的通知》，对职工工资福利待遇作出"现行工资标准不动，不实行奖励制度，执行渡口地区每月6元生活补贴"等9项规定。

6月30日 山西省煤炭工业管理局印发《关于煤炭部第十工程处支援西南建设有关问题的决定》，对职工支援西南和由潞安矿务局安排的人员问题、后勤留守人员问题、施工设备检修意见及基金问题、材料处理问题、编制经费及窝工清理费预算的意见等第十工程处反映的问题作出决定。

8月13日 潞安矿务局抓革命促生产领导组印发《关于第十工程处实行附加工资通知》，同意第十工程处发附加工资，时间从1967年1月起补至7月底，以后继续执行；每月每人发附加工资的金额为4~7元，具体工种多少，由第十工程处和职工共同研究商定，上报局批准签发。

9月21日 渡口第四指挥部临时生产指挥部翻印"煤炭工业部革命委员会筹备小组1967年9月19日23时40分北京急电"："国务院8月17日通知，不能发活工资，必须坚决执行""对已发活工资的第十工程处，应动员他们将款退回"。

12月8日 山西省煤炭工业管理局印发《关于批准第十工程处窝工清理费

（包括施工经费）预算，并追加一九六七年基本建设计划投资指标的通知》，根据煤炭工业部〔1967〕煤筹字第 119 号文件精神，批准第十工程处窝工清理费（包括施工经费）预算 411501 元；支援三线未动身前发生的费用，由山西省煤炭工业管理局投资中平衡解决；特追加第十工程处窝工清理费投资指标 38 万元，由山西省煤炭工业管理局暂保留投资指标中解决。

1968 年

6 月 8 日 经四川省渡口市革命委员会批准，成立煤炭工业部第十工程处革命委员会。委员会由 11 人组成，李焕明（处长）为主任委员，施云先（军代表、副营长）、谢树春（段长）、吴广厚（副处长）为副主任委员，彭金颖（工人）、杨长根（工人）、张文山（工人）、高树北（党委书记）、郭留根（工人）、郑仁秋（工人）为委员，暂缺干部 1 名。

7 月 12 日 渡口四号信箱附十五号革命委员会作出《关于后勤组对于当前粮食管理的情况报告的批示》，要求所属各单位充分发动群众，广泛宣传，认真贯彻，坚决把在粮食问题上的一切漏洞和违犯粮食政策的行为彻底堵死和杜绝，以坚决正确地执行党的粮食政策。

8 月 7 日 四川省渡口市革命委员会印发《关于吸收职工子弟参加渡口建设的试行办法》（简称《办法》），作出 7 项相关规定。《办法》指出，吸收职工子弟参加渡口生产和建设，可以培养工人阶级子弟，巩固无产阶级专政，减少革命职工两地生活困难，减少职工探亲人数；可以避免城市人口膨胀，有利于把渡口建设成为一个新兴的工业生产城市。

8 月 22 日 煤炭工业部第十工程处革命委员会向潞安矿务局革命委员会提交了《关于处理后勤及调遣工作问题报告》。

9 月 6 日 渡口四号信箱附十五号革命委员会向渡口四号信箱革命委员会提交《关于我处革命领导小组成员审批的请示报告》，决定成立矿建一队、矿建二队、矿建三队、矿建四队、土建一队、土建二队、机电队、安装队、汽车队 9 个连队的革命领导小组。

是年 第十工程处成立业余毛泽东思想宣传队。

1969 年

1 月 28 日 渡口四号信箱附十五号革命委员会转发渡口四号信箱革命委员会《关于认真贯彻执行市革委〈招收职工子弟试行办法〉和我部补充意见的通知》和渡口市革命委员会生产组印发《关于动员吸收一部分职工子弟参加参加渡口革命和建设工作的补充规定》等 3 个文件，启动职工子弟招收工作。

3 月 26 日 渡口四号信箱附十五号革命委员会向潞安矿务局革命委员会提交请示《为请求领导我处工作由》，请求潞安矿务局革命委员会对第十工程处山西留守处工作进行领导。

3 月 27 日 渡口四号信箱附十五号革命委员会政治工作组转发《四川省革命委员会〈关于同意渡口市四指挥部第十工程处补一名委员的批复〉》，增补杨改英为革命委员会委员。

3 月 28 日 渡口四号信箱附十五号革命委员会向渡口四号信箱革命委员会提交请示《抽调工人毛泽东思想宣传队由》，抽调 4 名职工回山西留守处进驻和领导学校。

4 月 3 日 渡口四号信箱附十五号革

命委员会政治工作组《转发四号信箱革委会核心领导小组〈关于同意四附十五号信箱成立整党领导小组的批复〉》，同意成立整党领导小组，李焕明任组长，施云先任副组长。

本月 大宝顶矿井干巴塘+1400米水平平硐（断面积12.6平方米）贯通施工，渡口四号信箱附十五号矿建三队月进成巷173.5米，矿建二队月进成巷205米。

5月21日 渡口四号信箱附十五号革命委员会印发文件，转发渡口四号信箱同意第十工程处土建一队、土建二队革命领导小组合并为土建队革命领导小组的批复。

本月 大宝顶回风巷采区石门硐（岩巷，断面积12.6平方米）施工，渡口四号信箱附十五号矿建三队月进成巷220.5米。

8月11日 渡口四号信箱附十五号革命委员会印发《关于成立第一生产指挥小组由》，为适应宝鼎矿井建设施工大会战的需要，保证大宝顶矿井1970年移交，决定在干巴塘地区建立现场指挥小组，主要负责矿建及机运等连队的现场斗、批、改和抓革命、促生产。

本月 中国人民解放军基本建设工程兵第41支队（师级），将所属401、402、403、404、405、407六个大队（团级）的、原福州军区退伍兵改建基本建设工程兵的500多名战士，集体转业到渡口四号信箱，以加强煤炭战线的建设力量。其中，200余人被分配到太平煤矿，300多人分配到第十工程处。

9月27日 渡口四号信箱附十五号革命委员会印发《认真贯彻渡口市工交战线抓革命促生产会议精神广泛开展社会主义革命竞赛的安排意见》，以"创四好，争五好"为内容，力争10个连队和3个业务组于明年一季度有8个连队、2个业务组达到四好标准，全处85%以上职工达到五好个人标准。

10月4日 渡口四号信箱附十五号革命委员会印发通知，为响应首都钢铁公司革命委员会和革命群众的"革命竞赛倡议"和渡口市工交战线"抓革命、促生产"会议期间向2-13信箱提出的倡议，发动群众开展社会主义革命竞赛新高潮，决定做好三项工作，超额完成10月份生产任务向指挥部社会主义建设积极分子代表大会报喜。

10月20日 渡口四号信箱附十五号革命委员会上报《关于成立人民武装委员会的请示》，第十工程处人民武装委员会由7名委员组成，主任委员施云先（军代表），副主任委员谢树春。

11月1日 渡口四号信箱附十五号革命委员会武装部印发通知，选拔配齐民兵干部，落实民兵组建工作。

12月1日 渡口四号信箱附十五号革命委员会印发《关于当前防空工作的初步安排意见》，提出加强防空教育、采取防空措施、布置防空防御、对空袭后的处理4个方面的具体意见。

12月5日 渡口四号信箱附十五号革命委员会印发《关于干部参加集体生产劳动安排的通知》，要求革命委员会委员要模范执行参加集体生产劳动制度，革命委员会中的工作人员也要坚持分期分批下放劳动制度。

12月17日 渡口四号信箱附十五号革命委员会政治工作组印发《转发四川渡口四号信箱革命委员会〈关于指挥部、矿（处厂院）革委会机关各职能组长配备的通知〉的通知》，杨世文任革委会政工组组长，靳宝元任生产组组长，张振清任后勤组组长。

1970 年

3月16日 为建设龙洞矿井，生产出气肥煤，保证攀钢1970年7月1日出铁，渡口煤炭指挥部开启"夺煤保铁"大会战，第十工程处派出施工队伍参加龙洞矿井援建。

4月22日 四川省革命委员会印发《关于增补煤炭工业部第十工程处革命委员会成员的批复》，增补施云先为煤炭工业部第十工程处革命委员会主任委员，韩明信、钟凤仪为煤炭工业部第十工程处革命委员会副主任委员，林青柏为煤炭工业部第十工程处革命委员会委员；免去李焕明煤炭工业部第十工程处革命委员会主任委员职务，高树北煤炭工业部第十工程处革命委员会委员职务。

4月30日 渡口煤炭指挥部革命委员会核心领导小组对第十工程处关于调整连队革命领导小组成员的请示作出批复，同意一连、三连、四连革命领导小组由5名成员组成，撤销机电连、安装连革命领导小组，建立七连（机电安装）、八连（机运）革命领导小组（各由7名成员组成），九连（土建）革命领导小组由原5名改为7名成员组成，建立第十工程处宝鼎分院革命领导小组（由3名成员组成）。

同日 渡口煤炭指挥部革命委员会核心领导小组对第十工程处关于调整连队干部配备的请示作出批复，同意各连队和宝鼎分院的政治指导员、连长、副连长（副院长）的职务任命。

本月 干巴塘一采区石门（断面积13.6平方米）贯通施工，第十工程处矿建一队月成巷177.9米，矿建三队181.6米。

7月1日 第十工程处援建的龙洞矿井投产。矿井年设计能力21万吨，75天出煤，105天投产。

7月5日 第十工程处参加龙洞煤矿召开的"夺煤保铁"祝捷大会，受到表彰。

本月 为满足攀枝花建设和钢铁工业对煤炭的需求，保证攀钢1971年7月1日出钢，渡口煤炭指挥部在大宝顶开启矿区规模最大的"夺煤保钢"大会战。第十工程处组织掘进队在干巴塘、烂泥阱和半海等硐口参战施工。

10月29日 燃料化学工业部向四川省革命委员会印发《关于下放煤矿基本建设施工单位的通知》。根据渡口地区煤矿建设任务的需要，将借调的第十工程处下放四川省管理，取消原煤炭工业部对工程处名称的统一编号，由四川省命名。

1971 年

3月9日 中共四川省革命委员会核心小组印发《关于增补中共煤炭部第十工程处革命委员会核心小组成员的批复》，增补胡景普、韩明信为中共煤炭工业部第十工程处革命委员会核心小组副组长，增补滕广瑞为核心小组成员。

同日 四川省革命委员会印发《关于增补煤炭工业部第十工程处革命委员会成员的批复》，增补胡景普、滕广瑞、胡殿明为煤炭工业部第十工程处革命委员会副主任。

3月16日 煤炭工业部第十工程处更名为四川省煤矿建设第一工程处，简称川煤一处。

3月20日 中共渡口煤炭指挥部革命委员会核心小组文件批复，同意中共第十工程处革委会核心小组的报告，并决定各连政治指导员、副指导员、连长、副连长和宝鼎分院院长的职务任免。

7月1日　川煤一处承建的大宝顶煤矿干巴塘井（+1400米水平）建成投产。

7月28日　中共渡口市委批准中共渡口煤炭指挥部革命委员会核心小组《关于召开四川省煤矿建设第一工程处第一次党代表大会和建立新党委的请示报告》，川煤一处新党委由19名委员组成，常委7人，书记1人，副书记2人。

8月　中共四川省煤矿建设第一工程处委员会召开第一次党员代表大会，选举施云先（军代表）为党委书记，胡景普、韩明信为党委副书记。

9月5日　烂泥阱矿井建成投产。至此，"夺煤保钢"会战结束。

9月22—24日　中共渡口煤炭指挥部召开第一次党员代表大会，川煤一处范兴文、施云先当选为中共渡口煤炭指挥部第一届党委委员，范兴文当选常委。

11月28日　大宝顶矿井建成，川煤一处与宝鼎山煤矿生产筹备处分设，进入投产移交。

12月2日　川煤一处分出部分队伍到大宝顶煤矿搞生产，韩明信任矿革命委员会主任，钟凤仪、范荣任矿革命委员会副主任。

12月　川煤一处承建的灰老沟矿井开工。1973年12月建成投产，年产15万吨。

1972年

4月7日　共青团川煤一处召开第一次团员代表大会，出席代表89人，赵书经当选团委书记，张世华当选团委副书记。

1973年

4月　川煤一处矿建二队在平江煤矿援建施工中，巷道砌碹月进尺205.6米（断面积5.2平方米，半煤岩巷）。

7月14日　燃料化学工业部印发《关于四川省第一矿建工程处改调河北邯郸煤炭基地工作的通知》，川煤一处开始进行调迁准备工作。

8月　川煤一处承建的大宝顶煤矿90万吨/年矿井建成移交。

9月　川煤一处矿建二队援建小宝顶煤矿+1200米水平（岩巷，断面积10.4平方米）施工，创独头月进尺219米新水平。

本月　川煤一处承建的灰老沟三号平硐，矿建一队创半煤岩巷独头月进尺244米的新纪录。

10月3日　邯邢煤炭工业基本建设局印发通知，根据燃料化学工业部有关通知和指示精神，四川省煤矿建设第一工程处调入邯邢基地后，改称为燃料化学工业部煤炭第十工程处。

10月18日至11月26日　第十工程处矿建四队成建制留转渡口第四指挥部，其余1293名职工携家眷一道，用40天时间，分批次从四川省渡口市调入河北省邯郸市参加邯邢基地煤炭建设会战，承担陶庄二号矿井建设任务，隶属邯邢煤炭工业基本建设局（中煤第一建设有限公司的前身）管辖。队伍调遣期间，渡口市委书记安以文、四号信箱革命委员会主任马树森等领导到火车站送行，渡口市总工会赠送了锦旗。

1974年

3月17日　中共燃料化学工业部煤炭第十工程处委员会向中共燃料化学工业部邯邢煤炭工业基本建设局委员会提交了《关于成立矸石砖厂和注浆队的请示报告》，请示成立矸石砖厂和注浆队及其领导班子配备事项。

本月 燃料化学工业部批准邯邢煤炭工业基本建设局成立特殊凿井工程处，第十工程处注浆队一部加入组建。

4月 第十工程处3个矿建队、建材厂、机电科人员进入陶二矿井工地，与先期进驻的土建队、供应科、安装队约800余人进行矿井建设的"四通一住"施工。到6月下旬，盖起了职工食堂、宿舍、水池、压风机房、变电所、浴室、水泥库、井口机修房等临时建筑，架设了陶一矿区至陶二矿区的输电线路，铺设了北牛叫村至陶二矿区的供水管路等。陶二矿井是邯邢基地第一对新开工的矿井，设计年产90万吨。

本月 第十工程处从矿建三队分出一部成立矿建四队，承担河北省廊坊地区三河煤矿援建施工任务。

5月9日 中共燃料化学工业部邯邢煤炭工业基本建设局委员会印发《关于成立第十工程处民兵团和任命民兵团干部的批复》，同意成立燃料化学工业部煤炭第十工程处民兵团，任命钟凤仪为团长，韩明信为政治委员。

6月7日 在燃料化学工业部协作办公室主持下，第十工程处派出矿建四队98人支援廊坊地区三河煤矿建设，承担三河煤矿风、副井贯通下山450米及泵房大硐室工程。

7月1日 第十工程处承建的陶二矿井回风立井破土动工。

7月30日 第十工程处革命委员会向邯邢煤炭工业基本建设局上报《关于武安基地购地的呈请》，根据武安基地建设需要，需征用武安县城关公社一街六队土地75亩（1亩=666.6平方米）、公共福利设施建筑等用地65亩。

9月3日 第十工程处承建的陶二煤矿主、副立井破土动工。根据燃料化学工业部和邯邢基地领导小组的指示，陶二矿井（和后勤生活基地）土法上马，正式施工，工程项目列入1974年计划。工业广场平面图由重庆煤矿设计院邯邢设计队提出，经邯邢煤炭工业基本建设局和邯邢基地建设领导小组同意。

9月8日 第十工程处党委成立陶二建设会战指挥部领导小组，负责会战的组织领导。韩明信任组长，程庭云（邯郸县委常委、革委会副主任）任副组长。领导小组下设办公室，负责具体组织平衡矿井施工和农业发展规划；组织工业支援农业，进行改土造田；组织农副业人力、运输支援矿井建设；发动群众保护国家财产和庄稼，维护社会秩序，以及处理会战中的日常工作。

10月1日 第十工程处举行陶二煤矿主、副井开工典礼，邯郸地市委、专署、市政府、邯邢煤炭基地建设领导小组、邯邢煤炭工业基本建设局的党政领导出席大会并剪彩。

10月15日 第十工程处革命委员会向武安县革命委员会呈报《关于我处武安基地购地呈请由》，第十工程处1974年度施工作业计划及平面规划图，已经燃料化学工业部和邯邢基地煤炭建设指挥部正式批准，中小学校、设备库、主副食商店、水源井、铸工车间等项工程共需征用土地84.6亩。其中，征用武安县城关公社一街六队耕地83亩，便路1.6亩。

本月 煤炭工业部邯邢煤炭工业基本建设局更名为煤炭工业部邯邢基地煤炭建设指挥部，煤炭工业部第十工程处名称与隶属关系不变。

12月7日 中共邯郸市委批复，同意第十工程处范兴文为中共邯邢基地煤炭建设指挥部委员会委员。

12月21—23日 第十工程处召开1974年度先进集体和先进生产（工作）者代表大会。

12月25日 第十工程处机关迁入陶二工地,盖土房,搭帐篷,进行现场指挥。

本月 第十工程处抽调一批经验丰富的老工人支援二六七二工程指挥部矿山建设。

是年 第十工程处职工总人数为2935人。经上级批准,陆续从河北邢台、邯郸、保定,山西长治招收下乡知青和职工子弟充实职工队伍。至1975年底,共招收下乡知青和职工子弟1443人。这批新工人,被陆续派往潞安矿务局五阳煤矿、石圪节煤矿、王庄煤矿、漳村煤矿和邯郸矿务局阳邑煤矿、陶一煤矿进行技术培训。

是年 第十工程处举办党训班6期,培训党员332人;侦破政治案件3起,刑事案件13起;组建12个民兵连,46个民兵排,91个民兵班,开展了民兵干部和基干民兵训练;农忙季节支援生产队劳动4100多个工日,修理农具70余台(件);解决了250多名职工子弟的入学问题,开办托儿所,首批入托儿童25人;开办商店2所、粮站1所,设立卫生医疗点5处。

是年 中共邯郸市委授予第十工程处范兴文"大干社会主义钢铁硬汉"光荣称号,全处掀起学习"钢铁硬汉"范兴文热潮。

是年 第十工程处完成基建投资456.81万元,完成年计划的109%;房屋开工面积400334平方米,完成年计划的94%;竣工面积11460平方米,完成年计划的41.5%;生产红砖93万块,完成年计划的103%;掘进井筒114.3米,砌井109米;打水源井330米,筑路3千米,铺水管7000米,架线11000米;全员劳动生产率1272元/(人·年)。

1975年

1月9日 中共燃料化学工业部煤炭第十工程处委员会转发邯邢煤炭指挥部党委《关于批转指挥部武装部〈关于清查收缴流散武器弹药和军用物资的意见〉的通知》,成立领导小组,开展清查收缴工作。

3月6日 根据邯邢煤炭指挥部《关于成立煤炭十处职工医院的批复》,成立燃料化学工业部煤炭第十工程处职工医院筹备领导小组,开展陶二工地职工医院筹建工作。陶二医院由门诊和住院两部分组成,住院部设置80张病床。4月,陶二医院建成,投入使用。

4月初 燃料化学工业部煤炭第十工程处更名为煤炭工业部第十工程处。

4月上旬 共青团煤炭工业部第十工程处第三次代表大会召开,周喜顺当选团委书记,杨凤琴当选团委副书记。

4月30日 根据邯邢基地煤炭建设需要和上级指示精神,第十工程处革命委员会向邯邢煤炭指挥部上报《关于建材厂购地的呈请》,拟自力更生筹建邯邢基地煤炭建设指挥部建材厂,该厂包括水泥、采石、白灰3个部分,需征用崇义公社三、四大队土地54.75亩。

5月12日 第十工程处革命委员会向邯邢煤炭指挥部上报《关于山西留守处职工、家属搬迁河北邯郸市的请示报告》,请批将山西留守处398名家属和服务家属的60名职工搬迁河北省邯郸市。

6月3日 第十工程处转发煤炭工业部《关于大力推广井巷施工五项技术革新的通知》,在全处推广锚喷支护、光面爆破、毫秒雷管、耙斗装岩机、激光指向5项技术革新。

6月10日 邯邢煤炭指挥部批复,

同意第十工程处增设矿建四队、矿建五队（青年突击队）、土建队，同意成立土建队党总支。

本月 第十工程处武安基地职工子弟学校校舍竣工，9月投入使用。

7月5日 邯邢煤炭指挥部批复，关明德为煤炭工业部第十工程处工会主任，免去李树荣煤炭工业部第十工程处工会主任职务。

8月1日 第十工程处成立知识青年上山下乡领导小组，成立高等院校招生办公室。

8月3日 第十工程处革命委员会印发通知，根据国务院、邯郸市革委、邯邢煤炭指挥部文件精神，开展以除害灭病为中心的爱国卫生运动，控制和消灭对职工健康危害极大的传染病、常见病、多发病。

10月25日 第十工程处成立机电修配厂。

本月 武安基地一号、二号、八号3栋家属楼，陶二工地办公楼一号、二号单身楼基本竣工陆续交付使用，原分散居住在农村的职工和家属住进了公房。

12月1日 第十工程处革命委员会印发通知，成立群众武装保卫组织民兵执勤小分队，日常工作在武装部和保卫科的领导下进行。

12月24日 第十工程处完成工业广场明渠的扩大和砌筑以及300米管路安装的工程，支援康庄公社农业生产。

是年 第十工程处成立支农办公室。

是年 第十工程处侦破落实刑事案件18起。

是年 第十工程处完成总投资657.45万元，成井498.91米，土建开工面积31731平方米，竣工面积487平方米，安装线路14.5千米，管路25.7千米，生产红砖357万块，全员劳动生产率2092元/(人·年)。

1976 年

1月6—9日 第十工程处召开1975年度社会主义革命、社会主义建设先进集体和先进生产（工作）者代表大会，158人代表全处1146名先进个人出席会议。

1月10日 第十工程处成立职工子弟学校临时党支部。

1月22日 第十工程处成立土建工区党总支，下设一队、二队、三队、四队和工区机关5个党支部。

3月5日 第十工程处成立"七二一"工人大学。

本月 第十工程处矿建二队施工陶二煤矿主立井井筒，淋头水每小时80立方米，月成井67米上"纲要"（煤炭工业部制定的井巷施工月进尺达标指数）。

4月8日 第十工程处革命委员会向邯邢煤炭指挥部上报《关于自建年产500吨小速凝剂厂的报告》，为满足陶二矿井推广锚喷支护需要，解决速凝剂供应不足问题，请批自建速凝剂厂并解决10万元投资。11月，第十工程处速凝剂厂建成投产。

本月 第十工程处矿建一队在陶二煤矿副立井井筒施工中，半月上"纲要"，成井42米。

5月23日 第十工程处革命委员会印发《关于山西家属搬迁的安排意见》，对山西留守处113户家属的搬迁和住房分配等具体工作进行安排。

5月24日 第十工程处革命委员会向邯邢煤炭指挥部上报《关于留守处撤销后其房屋建筑物处理意见的请示报告》，因固定资产管理方面问题，提出将有偿借用改为无偿调拨，交付潞安矿务局入账使用。

6月30日 第十工程处爱卫会与职工医院联合开展夏秋季爱国卫生运动。

7月2日 邯邢煤炭指挥部党委印发通知，经中共邯郸市委同意，朱成忠任第十工程处党委书记、革委会主任，张虎银任党委副书记、革委会副主任，范兴文、张文山任革委会副主任；免去韩明信第十工程处党委书记、革委会主任职务，钟凤仪党委副书记、革委会副主任职务。党委常委决定，同意张文山任第十工程处党委常委，范喜田任第十工程处党委委员。

7月6日 第十工程处成立供应党支部和汽车队党支部。

7月13日 邯邢煤炭指挥部党委批复，同意第十工程处成立矿建一工区、矿建二工区，工区设党总支，各工区下属2个矿建队和1个机电队，队设党支部；成立土建工区，工区设党总支，下属土建一队、土建二队、土建三队、土建四队、土方队和砖厂，队、厂设党支部；成立计划科、五七办公室；成立机电科党总支，下属机电运输队、机电安装队、机电修配厂党支部；成立供应科党总支，下属供应科、汽车队党支部；成立机关党总支，下属机关党支部、"七二一"工人大学党支部、职工医院党支部、子弟学校党支部、行政科党支部；原有办公室、组织科、宣教科、工会、团委、武装部、保卫科、调度室、工程科、安检科、劳资科、财务科、行政科科室不变。

8月1日 第十工程处革委会向邯邢煤炭指挥部上报文件，申请征购邯郸县康庄公社后牛叫大队土地37.36亩，用于兴建砖瓦厂。

本月 第十工程处矿建二队在北翼双向贯通施工中，岩巷月进尺173.8米。

本月 第十工程处派出汽车队5辆汽车、1台吊车、21人支援唐山大地震的抗震救灾工作，并组织职工群众捐献721件衣物送往灾区。

9月 第十工程处矿建三队在陶二风井会战中，创岩巷单头月进106.5米新水平。

10月20日 第十工程处成立陶二风井工区党总支和供应科党总支，成立工区机关党支部、机电运输队党支部，增补矿建三队、四队、五队党支部。

10月30日 邯邢煤炭指挥部党委接中共邯郸市委通知，任命王九升为第十工程处党委副书记、革委会副主任。

截至11月底 第十工程处完成投资531.2万元，矿井进尺1223米，土建施工面积44081平方米，竣工面积10911平方米，预计1976年底可超额5%完成全年投资计划。

12月8日 第十工程处成立机电队、通风队。

12月9日 第十工程处成立家属委员会、速凝剂厂、机电修配厂党支部。

12月23—25日 第十工程处召开1976年度"学大庆、赶开滦"代表大会，358名代表出席会议。

是年 第十工程处侦破各种大小案件53起。

是年 第十工程处组建民兵营2个、民兵连21个、武装基干连1个、民兵排67个，开展射击、投弹、防空降、打坦克、爆破等项目的24期军事训练，培训民兵664人。

是年 第十工程处成立以土方队为主的跃峰渠战斗连，承建了164米跃峰渠修建工程。

是年 第十工程处参与支农项目28个，支出支农费用10547.56元。

1977年

1月3日 第十工程处成立民事调解委员会，所属党总支成立民事调解领导小组，党支部成立民事调解小组，班组设立调解员。

同日 第十工程处革委会转发邯郸市革命委员会批转市民政局《关于加强婚姻登记工作的请示报告》的通知，要求所属各单位加强管理，严格审查，认真执行婚姻登记的各项规定。

本月 第十工程处矿建二队在陶二煤矿主立井施工中，月成井66.7米，创陶二煤矿主立井施工以来最高纪录。

2月1日 第十工程处党委传达贯彻中共中央有关文件，要求各级党组织高度重视，"学大庆、赶开滦"，抓革命、促生产，迅速掀起大学习、大宣传、大贯彻、大落实的高潮。

2月23日 中共邯郸市委任命张文山为煤炭工业部第十工程处党委副书记，刘太让为煤炭工业部第十工程处革委会副主任。

3月16日 第十工程处革委会根据邯郸市和指挥部党委的要求，成立节电领导小组，加强用电管理，开展节约用电的群众性活动。

4月 第十工程处矿建二队施工的陶二煤矿主立井月成井60.2米。

5月17日 第十工程处革委会根据中共武安县委的通知和抄送的《城关一些社员群众的一封来信》，动员户口在农村的临时家属回乡参加集体劳动。

本月 第十工程处风井工区矿建四队在陶二煤矿暗斜井施工中，月进尺120.1米，上斜井"双纲要"，创第十工程处斜井掘进历史纪录。

6月14日 第十工程处整顿劳动组织，对5个矿建队定员进行重新核定，将矿建施工四班作业恢复为"三八"制（8小时三班循环作业）。

6月30日 第十工程处革委会将民兵小分队改为护矿队，日常工作在处保卫科的领导下进行。

8月22日 第十工程处成立加强经济核算扭亏增盈领导小组。

8月31日 第十工程处决定，选派322名职工参加万年煤矿风井快速施工会战，成立派出机构万年立风井会战指挥组。9月1日，组长王久升带领20名先遣组人员进入万年二号煤矿中部立风井进行开工筹备。

9月 第十工程处矿建二队在陶二煤矿主立井施工中，提前113天完成全年掘进计划。

10月6日 邯邢煤炭指挥部党委常委同意，袁克智任第十工程处党委委员、常委，革委会委员、常委、副主任。

11月10日 第十工程处革委会根据卫生部、劳动部、全国总工会颁布的《矽尘作业工人医疗预防措施实施办法》的通知精神，决定成立矽肺检查小组，对从事井下工作的工人进行一次健康大普查。

11月14日 第十工程处施工的万年二号煤矿中部立风井进行基岩段试掘。24日，正式开始掘进。12月，成井81.5米。

11月30日 邯邢煤炭指挥部党委决定，免去张虎银第十工程处革委会副主任职务。

截至11月底 第十工程处完成井巷进尺379639米，完成年计划指标的93%，预计全年完成4266.9米；完成工作量8046800元，完成年计划指标的111.3%，预计全年完成8896700元；全员劳动生产率2190元/（人·年），成本节余14000元。

12月16—18日 第十工程处召开1977年度"学大庆、赶开滦"代表大会，对12名标兵、11个先进队（科）、69个先进班组、1043名先进个人进行了表彰，

139 名先进个人代表出席会议。

1978 年

1月16日 第十工程处党委完成民兵整组，对全处 24 个直属营、连、排的民兵干部进行任命。

1月29日 第十工程处党委副书记范荣、省级劳动模范范兴文参加煤炭工业部召开的全国煤炭工业"学大庆、赶开滦"群英大会，与全体代表一同受到华国锋、叶剑英、李先念等党和国家领导人的接见。

是月 第十工程处矿建一队施工的万年二号煤矿中部立风井，月成井 92 米，连续 2 个月双上"纲要"。

2月4日 矿建一队施工的万年二号煤矿中部立风井与井底巷道打穿。从正式掘进到井筒到底，历时 73 天，创第十工程处井筒施工历史最好水平。

2月24日 根据中央关于下决心把所有企业全面整顿好的指示精神和邯郸市委、邯邢煤炭指挥部党委的安排部署，第十工程处党委印发意见，对企业整顿工作作出安排：用半年左右时间，从整党整风整顿领导班子、整顿职工队伍、整顿企业管理、抓大案要案 4 项内容，分大学习大发动、大揭批大批判、有步骤有重点解决问题、组织建设总结提高 4 个阶段，采取 5 项保障措施，对企业开展全面整顿。

3月22日 第十工程处党委颁布建成大庆式企业规划，提出"'学大庆、赶开滦'，苦战一年，进尺翻番，力争一万；决战两年，矿井投产，大庆式处，今年实现"的奋斗目标。

本月 在全国煤炭基本建设会议上，第十工程处就万年二号煤矿中部立风井机械化快速施工情况进行了汇报交流。

本月 煤炭工业部第四十九工程处矿建一队、二队、三队调入，支援陶二会战，由第十工程处代管。

4月4日 邯邢煤炭指挥部以施工万年煤矿中部立风井的第十工程处矿建一队及施工设备为基础，组建邯邢基地煤炭建设指挥部竖井开凿工程处，第十工程处支援万年二号煤矿中部立风井的施工队伍被成建制编入竖井处。

7月1日 第十工程处承建的陶二煤矿俱乐部投入使用。

8月12日 第十工程处党委对下半年民兵工作从政治工作、在陶二矿井建设中发挥作用、军事训练、搞好民兵整组、加强领导等 5 个方面作出安排。

8月21日 煤炭工业部批准建立邯邢基地煤炭建设指挥部技工学校，第十工程处作为主要师资力量来源之一，选调包括党委副书记范荣等 37 名技术骨干和高级工，作为教学和管理人员参加技校组建。

8月30日 邯邢煤炭指挥部党委常委决定，免去范荣、王九升第十工程处革委会副主任职务，李树荣党委常委、革委会副主任职务。

10月13日 第十工程处党委向邯邢煤炭指挥部党委上报《关于调整和增设组织机构问题的请示报告》，拟定将两委办公室分设为政治处办公室和行政办公室，成立党的纪律检查委员会，成立政治处，增设工程师室、科技科、教育科，计划生育办公室划归职工医院管理，成立由土建工区和机电安装队组成的建安工区，成立综合厂，"七二一"工人大学由教育科管理。

10月18—19日 中共煤炭工业部第十工程处委员会召开第二次党员代表大会，到会代表 128 人，王立友、张虎银、成海友、袁克智当选常委（暂缺 1 人），王立友当选党委书记，张虎银、成海友当选副书记。

10月24日 中共邯邢基地煤炭建设指挥部委员会印发《关于建立中共煤炭部第十工程处第二届委员会的通知》，经邯郸市委常委研究同意，中共煤炭工业部第十工程处第二届委员会由11名委员组成，王立友兼任书记，张虎银、成海友任副书记，袁克智为常委。

10月27日 邯邢煤炭指挥部党委同意，成海友任第十工程处监委书记。

10月30日 邯邢煤炭指挥部党委通知，邯郸市委研究同意，张虎银任第十工程处处长；经邯邢煤炭指挥部党委常委决定，袁克智、马长发、刘太让、范兴文任第十工程处副处长。

11月1日 第十工程处革委会转发邯邢煤炭指挥部《关于一九七八年招收新工人的通知》，成立由工会、劳资、保卫、工人代表组成的10人招工评议小组，落实102名内招任务。

本月 第十工程处在册职工3843人，其中干部235人。

是年 煤炭工业部第三十一工程处矿建三队调入第十工程处，支援陶二会战。

1979年

2月 煤炭工业部授予第十工程处矿建五队"丙级队"称号。

3月3日 第十工程处革委会印发《关于推广锚喷支护的几项要求的通知》，提出8项具体要求大力推广锚喷支护。

4月2日 邯邢煤炭指挥部党委常委同意，邱则庆任第十工程处副处长。

4月10日 邯邢煤炭指挥部党委决定，张文山任第十工程处副处长。

4月28日 第十工程处召开共青团第四次团员代表大会，王存礼当选团委副书记。

5月8日 邯邢煤炭指挥部党委常委决定，免去范喜田第十工程处党委委员、政治处主任职务，调任建材厂党总支书记、厂长。

7月18日 第十工程处成立爱国卫生运动委员会。

本月 第十工程处第三次工会会员代表大会召开，邱则庆当选工会主席。

10月4日 邯邢煤炭指挥部党委常委同意，第十工程处工会委员会由11人组成，邱则庆任工会主席，根据工作需要增补党委常委；免去邱则庆第十工程处副处长职务。

10月15日 根据邯郸市有关文件精神和军事部门的指示，第十工程处党委开展为期一个月的民兵整组工作。张虎银任煤炭工业部第十工程处民兵团团长，成海友任政治委员，袁克智任副团长兼参谋长。

本月 第十工程处在册职工3257人。

12月20日 第十工程处党委印发通知，根据邯邢煤指文件通知，邱则庆任第十工程处党委常委、工会主席，免去邱则庆第十工程处副处长职务；经处党委研究同意，成立科技科。

1980年

1月1日 第十工程处试行《改进计件、包干工资管理形式的试行办法》，划定机关劳资、计划、工程、机电、供应、安全、财务等部门和工区的权责，对计件、包干工资实行处（有关职能部门）和工区对口的二级管理模式。

1月24日 为贯彻煤炭工业部1月12日电话会议精神，第十工程处组织开展"安全生产百日无事故"竞赛活动。

2月7日 第十工程处成立考评升级委员会，下设办公室、宣传组、考工组和办事组，开展对1980年的职工调资升级工作。

3月12日 邯邢煤炭指挥部党委常委决定，王照春任第十工程处副处长。

4月10日 第十工程处发动群众对安全生产工作进行"七查"，抓典型、抓整改，推动全国首个"安全月"活动在本单位的开展落实。

4月21日 邯邢煤炭指挥部党委决定，王照春任第十工程处安全监察站站长，免去其第十工程处副处长职务；免去夏云山第十工程处安全监察站站长职务。

6月21日 第十工程处党委决定，成立人事科，党委组织科、宣传科改为党委组织部、宣传部，五七办公室改为农村工作办公室。

7月21日 第十工程处工会根据全国总工会和邯邢煤炭指挥部工会的文件精神，动员全处职工"深入开展为四化立功，加快陶二矿井建设"活动。

7月23日 根据煤炭工业部对陶二矿井年底建成试产要在9月份见分晓的指示精神，为响应处党委"全处总动员，大干一百天，百日任务三个月完，确保年底建成试产做贡献"的号召，第十工程处制定并实施《大干百天工期包干奖励办法》，调动干部职工积极性。

11月 按照邯邢煤炭指挥部指示，第十工程处矿建一工区承建邢台煤矿西部立风井井筒工程。该井井筒直径5米，井深310米。

12月1日 第十工程处承建的陶二矿井提前试运行。

12月8日 邯邢煤炭指挥部党委决定，免去张文山第十工程处副处长职务，改任矿建一工区主任（正科级）。

1981 年

1月14日 第十工程处成立劳动服务社，撤销五七生产大队，妥善安置待业青年。

3月23日 邯邢煤炭指挥部党委印发通知，经中共邯郸市委同意，免去张虎银第十工程处党委副书记、处长职务，成海友第十工程处党委副书记职务。

4月11日 第十工程处需建临时加油站，向武安县公安局、城建局报批。

5月27日 第十工程处党委决定，撤销供应科党总支、供应党支部、汽车队党支部，成立供应科党支部，成立建安工区预备队党支部，党委组织部和人事科合并为组织部，撤销科技科，业务合并在工程科。

6月8日 邯邢煤炭指挥部党委批复，同意增补王照春为中共第十工程处委员会委员。

6月19日 邯邢煤炭指挥部党委常委决定，撤销邯邢煤指党字〔1980〕130号文件中关于"免去张文山煤炭工业部第十工程处副处长，任第十工程处一工区主任职务"的决定，恢复其煤炭工业部第十工程处副处长职务。同意邱则庆任第十工程处副处长，免去其第十工程处工会主席职务；李顺贵、邵存法任第十工程处副处长；颜继忠任第十工程处副处长、副总工程师；范兴文兼任第十工程处安检站副站长；田永善任第十工程处工会主席。

本月 第十工程处矿建一工区在邢台煤矿西风井援建施工中，创出月成井52.33米，超计划113%的好成绩。

8月13日 邯邢煤炭指挥部党委同意，增补李顺贵、田永善为中共第十工程处委员会委员。

8月14日 第十工程处党委印发《关于基层党总支、支部委员会改选结果的通知》，对基层党总支、支部书记进行任命。

8月18日 中共邯郸市委通知，同意王九升任第十工程处党委书记，袁克智任第十工程处处长、总工程师，李明温任党委副书记；免去邱则庆第十工程处副处长职务。

11月18—20日 第十工程处召开第一届职工代表大会第一次会议。

11月28日 据统计，第十工程处在册职工3099人。其中，陶二矿井2364人，支援邢台矿务局邢台煤矿西风井建设434人，支援第三十一工程处承建的邢台矿务局东庞矿井建设84人，支援第六十三工程处承建的峰峰矿务局万年二号矿井建设217人。

12月16日 邯邢煤炭指挥部党委常委决定，李明温兼任第十工程处纪委书记，免去王九升纪委书记职务。

同日 第十工程处成立党委办公室、行政办公室、职工教育培训办公室、汽车队、生产学习大队；撤销五七办公室，其业务划归行政办公室；撤销建安工区，预备队划归生产学习大队，加工车间划归供应科。

本月 第十工程处承建的邯郸矿务局陶二矿井建成移交。

本月 第十工程处矿建三队完成对第三十一工程处承建邢台矿务局东庞矿井的援建任务，1981年9—12月，共完成工程量141.4米，工作量20.59万元。

是年 第十工程处承担邯郸矿务局陶一煤矿的援建任务。

1982 年

2月14日 第十工程处与潞安矿务局王庄煤矿签订《承建王庄矿井续建工程初步协议》。根据煤炭工业部《关于邯邢煤炭建设指挥部第十工程处到山西潞安承包王庄矿井施工的通知》及煤炭工业部有关承发包合同制的有关规定，双方商定，凡经山西省煤炭设计院设计的王庄矿井续建工程（原设计120万吨/年，新增能力180万吨/年）的矿建、土建、安装所有工程，均由第十工程处负担；第十工程处全部在册人员3108人，除邯邢地区暂时安排支援工作的451人外，剩余2657人中的2115人，从1982年2月下旬起，全部投入调迁。

3月2日 因调迁潞安矿务局王庄煤矿施工，上级停拨购地资金，第十工程处与武安县骈山公社杜庄大队商定，一次性补偿青苗费等费用共计6500元，原购地协议全部废止。

3月5日 邯邢煤炭指挥部党委决定，免去颜继忠第十工程处副处长、副总工程师职务，田永善党委委员、工会主席职务。

3月13日 根据《承建王庄矿井续建工程初步协议》，第十工程处矿建二工区区部、矿建三队、矿建四队、机电队和运搬队部分人员以及机关先遣组共383人先期进入潞安矿务局王庄煤矿，承担王庄矿井扩建施工任务。8月上旬，在京签订施工准备初期协议。9月，完成2174名职工（在册职工3108人）的调迁任务，主要施工力量从河北邯郸搬迁到山西潞安。

3月27日 第十工程处成立党委办公室、行政办公室、职工教育培训办公室、汽车队、生产学习大队、劳动服务公司，撤销建安工区，所属预备队归生产学习大队，加工车间划归供应科。

本月 第十工程处矿建一工区顺利完成邢台煤矿西立风井的井筒施工任务，完成工作量103.83万元。

4月7日 第十工程处根据河北省《机关企事业单位安全防范岗位责任制试行条例》，制定实施《安全防范岗位责任制条例》。

4月30日 第十工程处根据国务院

关于每年 5 月份为"安全月"活动的规定，结合当前无井下作业的实际，制定出 5 项措施推进"安全月"活动，以确保"杜绝重伤以上事故，力争消灭轻伤，个人保证不违章"活动目标的实现。

本月 第十工程处支援邢台煤矿西风井建设的施工队伍（443 人）撤出。

7 月 8 日 第十工程处撤销矿建一工区综合队，恢复矿建一队、二队；工程科改为工程技术科。

8 月 18 日 第十工程处根据邯邢煤炭指挥部的具体要求，组织开展全国第五次"质量月"活动。

8 月 23 日 第十工程处党委决定，成立武安留守处党总支。

本月 第十工程处召开第一届职工代表大会第二次会议和第四次工会会员代表大会，焦焕章、张振生当选工会副主席。9 月 15 日，第十工程处党委同意，焦焕章主持工会全面工作。

10 月 7 日 邯邢煤炭指挥部党委决定，高长志任煤炭工业部第十工程处副处长；邓文芳任煤炭工业部第十工程处副处长，免去其煤炭工业部第四十九工程处副处长兼六队队长职务；王永年任煤炭工业部第十工程处安监站长；马长发任邯邢煤炭指挥部生活福利处副处长，免去其煤炭工业部第十工程处副处长职务；免去王照春煤炭工业部第十工程处安监站站长职务；免去范兴文煤炭工业部第十工程处副处长职务。

12 月 24 日 邯邢煤炭指挥部党委印发通知，免去袁克智第十工程处处长、总工程师、党委常委职务。

12 月 25 日 第十工程处承建的王庄煤矿改扩建工程主皮带斜井明槽开挖。该井深度 1318.9 米，断面积 15.7 平方米。

12 月 31 日 邯邢煤炭指挥部党委同意，邵勇任第十工程处副处长。

本月 第十工程处召开共青团第五次团员代表大会。处党委决定范起家主持团委工作。

是年 第十工程处土建二队承建武安县人民银行营业楼，完成工程量 1663 平方米，于年底交付使用。

是年 第十工程处完成工作量 214.69 万元，实现利润 11.69 万元。

1983 年

1 月 1 日 第十工程处根据国发〔1982〕58 号文件精神，决定"干部及做管理工作的以工代干人员，全年事假不超过 12 天不扣工资"的规定停止执行。

1 月 5 日 第十工程处承建的王庄煤矿扩建西部进风立井井筒工程破土动工。2 月 1 日，回风立井破土动工。针对地质条件的特殊性，首次采用沉井法，进行穿越流砂层施工。沉井深度为 56 米。

1 月 12 日 第十工程处党委成立分房委员会，负责武安基地 6 号和 11 号家属楼住宅分配工作。转发纪委《对党员干部在分房中的几条要求》，号召全体党员特别是党员领导干部一定要带头严格执行，杜绝不正之风。

1 月 14 日 第十工程处印发通知，李顺贵任煤炭工业部第十工程处处长、总工程师，邵勇任煤炭工业部第十工程处副处长。

3 月 20 日 第十工程处号召广大职工根据自身经济能力积极认购国库券，确保指挥部分配的 41200 元认购任务顺利完成。据不完全统计（缺 1987 年数据），1983—1991 年，第十工程处职工认购国库券总计 1089315 元。

3 月 25 日 第十工程处成立工程技术干部技术职称评定委员会和各类专业技

术干部技术职称评定委员会。

3月29日 第十工程处制定《客车、救护车、小车实行统一管理的规定》，成立小车班，负责车辆管理、调度；小车班归行政办公室领导，车辆日常维护由汽车队负责；客车主要用于机关至武安基地通勤，购票乘车，对号入座；救护车主要用于服务伤病人员，非工伤人员使用收费；小车用于处领导和其他人员办理公务。

4月25日 第十工程处根据劳动人事部、全国总工会、煤炭工业部《关于五月"安全月"在全国煤矿开展安全监察活动的联合通知》精神，以落实《矿山安全条例》《矿山安全监察条例》和《煤矿安全规程》为重点，围绕监察机构、安全责任制和工种岗位责任制、安全技术措施、经济与安全挂钩等内容，制定5项措施，组织开展"安全月"安全监察活动。

4月30日 中共邯郸地委组织部批复，地委同意，芦殿堂提为处（县）级待遇，从1983年3月29日起执行。

5月10日 第十工程处撤销综合加工厂，成立机修厂，其业务划归机电科；撤销土建一队、二队，成立土建队；成立调查研究室；撤销矿建一工区机电队、运搬队，成立一工区机运队；撤销矿建二工区机电队、运搬队，成立二工区机运队；临时成立机电培训队、企业整顿改革办公室。

5月16日 第十工程处首次开展等级队创建活动，对确保矿建二队达到丙级队水平作出安排。

本月 邯邢基地煤炭建设指挥部更名为煤炭工业部第一建设公司，煤炭工业部第十工程处名称与隶属关系不变。

6月18日 第十工程处与河北省邯郸地区成安县煤矿签订《成安县煤矿扩建新斜井井筒开凿工程施工协议》。8月，第十工程处从12个单位抽调135人临时组建矿建综合队，施工人员和设备进场，11月16日，工程正式开工。1984年6月，撤出施工。

7月1日 第十工程处党委对改善知识分子的工作和生活条件，作出8项具体规定。

8月9—11日 第十工程处召开第二届职工代表大会第一次会议，讨论通过关于加强领导班子自身建设的10项决定、开展增收节支活动、对长期旷工人员除名、改善职工生活福利10项措施等重要事项。

8月30日 煤炭工业部干部司通知，李树荣任第十工程处党委书记，阎志义任第十工程处处长；免去李顺贵第十工程处处长职务，王九升第十工程处党委书记职务。

9月11日 第十工程处承建的煤炭工业部第一建设公司岭北基地五栋住宅楼的采暖、上下水工程开工。

本月 第十工程处拥有固定资产1863万元，流动资金262万元，在册职工3024人，下辖7个矿建队、2个机运队、土建队、安装队、机厂、车队、职工医院等单位。

10月7日 第十工程处成立竞赛评比委员会，实施10项记分办法，开展矿建队百分竞赛活动。

11月1日 第十工程处承建的王庄煤矿扩建工程主皮带斜井、西部进风立井和回风立井正式开工。

本月 第十工程处矿建七队完成对第六十三工程处承建万年煤矿的援建任务。1981年3—11月，共完成成巷837.9米、修巷1109米、扩巷511.5米，完成工作量174.02万元。安装队支援第三十一工程处东庞矿井永久锅炉施工，完成工作量1.01万元。

是年 第十工程处共完成井巷进尺600.7米、工作量427.25万元,全年成本节余12.84万元,超过了第二届职工代表大会第一次会议要求节余8.2万元的任务指标。

是年 第十工程处光爆锚喷支护技术,荣获煤炭工业部"煤炭科学技术进步特等奖"。

1984 年

2月9日 煤炭工业部第一建设公司党委决定,第十工程处编民兵团,任命闫志义为团长,李树荣为政治委员,孙佩英为参谋长,吴胜谦为政治处主任。

2月15日至5月7日 第十工程处党委对基层党组织进行换届改选。

2月23日 第十工程处党委批转处团委《关于解决共青团工作中存在的若干问题的意见》,同意处团委提出的对健全团组织、团干部配备、基层党组织如何重视团的工作、不脱产团干部的工作待遇、团组织的活动经费、活动阵地等问题的解决意见,要求各单位结合实际认真研究,切实落实。

4月7日 第十工程处重组社会主义劳动竞赛评比委员会。

4月29—30日 第十工程处召开第二届职工代表大会第二次会议。

本月 第十工程处支援第六十三工程处万年矿井建设的矿建一队、二队、五队、六队顺利完成援建任务。1981年3月以来,共计完成工程量2180.8米、工作量298.08万元。

5月3日 第十工程处印发二季度安全工作规划,对扎实开展"安全月"活动作出具体安排。

5月7日 第十工程处党委转发煤炭工业部第一建设公司文件精神,赵庭煜任煤炭工业部第十工程处总工程师,高尚华代理煤炭工业部第十工程处工会主席。

6月30日 第十工程处党委举办职工文艺汇演,热烈庆祝建党63周年。

7月18日 第十工程处成立落户工作领导小组,贯彻落实国务院批准的煤炭工业部、公安部、商业部和劳动人事部《关于煤矿井下职工家属落城镇户口试点工作总结和在全国煤矿推行落户工作意见的报告的通知》精神。

11月30日 第十工程处召开第五次工会会员代表大会,高尚华当选工会主席。

12月3日 中共邯郸市委批准,邯郸市人民武装部党委任命李树荣兼任第十工程处人民武装部政治委员。

1985 年

1月5日 煤炭工业部第一建设公司党委批复,同意高尚华任第十工程处工会主席。

本月 第十工程处制定企业改革实施方案,实行处长负责制,推行承包责任制,实行百元产值工资含量包干,实行自费工资改革,精简机构,整顿劳动组织,改革用工制度,实行中层干部处长任命制,干部管理实行任期制,以煤矿建设为主开展多种经营、发展第三产业,加强职工队伍建设,加强党委工作。

本月 第十工程处石油液化气储存站建成交付使用。储存站于1983年12月开工。

2月14日 第十工程处党委决定,撤销留守处、服务公司、学习大队,同时撤销留守处党总支、服务公司党支部、学习大队党支部;成立煤炭工业部第十工程处劳动服务公司,速凝剂厂和油毛毡厂归属劳动服务公司领导;成立调研室。

2月14日 第十工程处党委成立整党筹备组,成立整党办公室,办公室下设宣传组、综合资料组、纪检组和清查"三种人"组。

3月16日 煤炭工业部第一建设公司党委批复,同意闫志义任第十工程处党委书记,增补邵勇为第十工程处党委常委;免去李树荣第十工程处党委常委、党委书记职务,李明温第十工程处党委常委、党委副书记职务。煤炭工业部第一建设公司批复,邵勇任第十工程处处长,程启俊、朱光辉任第十工程处副处长,李树荣任第十工程处调研室主任,范喜田、王照春任第十工程处调研员;免去闫志义第十工程处处长职务,范喜田、邓文芳第十工程处副处长职务。

本月 经潞安矿务局公安处、长治市公安局、山西省公安厅审查批准,第十工程处将保卫科改为公安科,确定干警编制15人。

4月8日 第十工程处实行班(组)长责任津贴和跟班队长、技术员临时补贴。

5月22日 第十工程处成立劳动人事科、行政办公室、党委办公室、机关党总支部、机修厂党支部,撤销劳动工资科、教育培训科(职工业余文化教育由工会管理,职工业务技术培训由劳动人事科管理)、机关党支部、机电科党支部,计划生育办公室业务划归医院管理。

6月21日 第十工程处党委成立职工合理化建议领导小组,向基层单位下达合理化建议和价值创造任务指标,发动全体职工开展合理化建议活动。

7月6日 煤炭工业部第一建设公司党委决定,朱光辉任第十工程处党委副书记。

7月24日 煤炭工业部第一建设公司决定,免去朱光辉第十工程处副处长职务。

8月8日 第十工程处召开第三届职工代表大会第一次会议,218名代表参会。

8月27日 第十工程处落实第三届职工代表大会第一次会议关于增收节支的决议,制定《增收节支考核办法》,推动全处增收节支任务指标的实现。

9月20日 第十工程处调研室改为经营办公室,负责各类经营合同的管理、企业经营调查研究、经营方案的比选、经营信息的管理及有关外交任务来往等;撤销矿建二工区,其下属各队归处直接领导。

9月21日 煤炭工业部第一建设公司决定,刘树勋任第十工程处副处长。

11月7日 煤炭工业部第一建设公司党委决定,李树荣任第十工程处纪委书记(正处级),免去其调研室主任职务。

12月4日 第十工程处批转留守处《关于武安家属区住房分配和管理实施细则的报告》,加强对武安家属区的住房管理。

12月13日 第十工程处印发"百日安全"生产活动安排意见,深入开展第三个冬春季"百日安全"生产活动。

是年 第十工程处完成井巷进尺2291.8米,提前23天完成煤炭工业部第一建设公司下达的2100米年度井巷进尺计划;完成总产值1314万元,提前1个月完成煤炭工业部第一建设公司年度计划;实现利润16万元,全员劳动生产率达到4395元/(人·年),职工人均年收入1382.93元。

1986 年

3月28日 第十工程处成立土建三队。

3月30日 第十工程处在常村煤矿副井举行开工典礼,矿建一队担负副井井筒施工任务。

本月 第十工程处党委完成"统一思想,整顿作风,加强纪律,纯洁组织"的整党任务,按照中央整党决定的五条验收标准进行自检验收,对个别工作较差的单位进行了补课。根据中共中央关于整党的决定,按照煤炭工业部第一建设公司整党领导小组的统一安排部署,第十工程处整党工作自1985年7月下旬开始,自上而下对领导班子、领导干部、党员从思想、作风、纪律、组织等方面进行了全面、系统的整顿。5月8日,第十工程处党委印发《关于各党总支、支部改选报告的批复》,对基层党组织负责人进行职务任命。

4月 第十工程处机电安装队被煤炭工业部评为1985年煤炭基本建设乙级安装队。

5月11—13日 中共第十工程处委员会召开第三次党员代表大会,闫志义当选党委书记,朱光辉当选党委副书记,李树荣当选纪委书记。

5月12日 第十工程处成立材料加工车间。

5月29日 煤炭工业部第一建设公司批复,同意闫志义任第十工程处党委书记,朱光辉任党委副书记,李树荣任纪委书记。

6月30日 第十工程处与邯郸市帆布厂签订《关于互助互利集资安排待业青年就业协议书》,帆布厂负责录用第十工程处50名待业青年为合同制工人,第十工程处向帆布厂提供定期无息贷款20万元。

本月 煤炭工业部第一建设公司开始推行经理、处(厂)长负责制,第十工程处进行领导体制改革,实行处长负责制,逐步理顺党政工三者之间的关系。

7月2—3日 第十工程处召开第三届职工代表大会第二次会议。

9月21日 第十工程处在全处范围内组织开展"百日安全"活动。

9月23日 第十工程处成立落户领导小组,加强井下职工家属落城镇户口工作的领导,贯彻执行煤炭工业部第一建设公司落户办《关于逐步解决井下职工家属落城镇户口工作的安排意见》。

11月1日 第十工程处在土建队、预制厂推广粉煤灰应用,降低工程成本。

是年 第十工程处完成井巷进尺3692.1米,完成计划指标的113.6%;产值1847.55万元,完成计划指标的186.89%;实现利润176.63万元,完成计划指标的356.83%;职工人均年收入1961.99元。

1987 年

2月13日 根据煤炭工业部基建司和煤炭工业部第一建设公司的安排部署,第十工程处开始调迁队伍,进入潞安矿务局常村煤矿承接矿井建设任务。常村矿井设计年产量400万吨,是我国首次通过世界银行贷款投资的大型煤矿建设项目,为国家"七五"计划重点工程。

2月17日 第十工程处机关127人由王庄煤矿搬迁到常村煤矿。

本月 煤炭工业部授予第十工程处安装队"1986年度部级等级队"称号。

3月1日 常村矿井建设施工任务由煤炭工业部第一建设公司常村管理处移交第十工程处。常村矿井工程承包合同是煤炭工业部第一建设公司与潞安矿务局常村煤矿筹备处,于1986年3月19日在京签订的。

3月13日 第十工程处成立常村子

弟学校。9月1日，常村子弟学校开班办学。

4月5日 第十工程处成立机械化掘进队。

5月9日 第十工程处成立审计科、常村机运队，原机械化掘进队改名为矿建八队，原劳动服务公司油毡厂划归供应科管理。

7月29—30日 第十工程处召开第三届职工代表大会第三次会议。

本月 第十工程处矿建一队施工常村煤矿副立井井筒（井筒荒径10米，涌水量每小时70立方米）月掘喷进尺83.3米。

8月21日 第十工程处制定《职称改革实施办法》，实行专业技术职务聘任制，成立工作领导小组，成立初级工程技术评审委员会，成立初级会计、经济、统计专业考评组和初级卫生专业考评组，分4个阶段实施职称改革。

10月8日 煤炭工业部第一建设公司决定，张文山任第十工程处副处长，免去其煤炭工业部第一建设公司常村管理处副处长职务。

10月13日 煤炭工业部第一建设公司批复，同意张振生任第十工程处安全监察站站长。

本月 第十工程处承建的王庄煤矿240万吨/年改扩建一期工程建成移交。

是年 第十工程处完成总产值3057.02万元，完成承包指标的156.8%；完成工程量4049米，完成承包指标的101.2%；土建竣工面积23588平方米；实现利润150万元，完成计划指标的154.6%；全员劳动生产率达到7909元/（人·年）；职工人均年收入达到2492.9元。

1988 年

1月12日 邯邢基地煤炭建设指挥部驻十处安全质量监察站更名为煤炭工业部第一建设公司第十工程处安全监察站。

1月19日 第十工程处召开1988年度工作会议。

1月24日 第十工程处决定，成立矿建九队；矿建队以前任命为副队长职务者，一律改为跟班副队长。

6月29日至7月1日 第十工程处召开第四届职工代表大会第一次会议。会议审议通过了职工奖惩制度、内部分配制度、四个工作委员会工作条例等重大事项。

8月25日 第十工程处党委开启基层党组织委员会换届选举工作。

9月1日 第十工程处成立武安留守处，业务与服务公司分离。

9月20日 第十工程处决定自9月23日起至12月31日止，在全处范围内开展冬季"百日安全"活动。

10月4日 根据全民所有制工业企业厂长工作条例的规定，经处研究并经处第四届职工代表大会第一次会议讨论通过，第十工程成立企业管理委员会。

11月24日 煤炭工业部第一建设公司文件批复，赵贵新任第十工程处总会计师。

12月12日 第十工程处成立工程质量检查科和注浆队。

是年 第十工程处完成井巷进尺7687.6米，完成承包指标的118.3%；总产值3294.7万元，完成承包指标的147.5%；利润253.61万元，完成承包指标的125.55%；全员劳动生产率8430.33元/（人·年），完成承包指标的145.9%；职工人均年收入2550.7元。

1989 年

2月18日 煤炭工业部第一建设公司决定,赵庭煜任第十工程处总工程师。

3月1日 第十工程处决定,矿建二队划出部分人员为新编十队,矿建六队划出部分人员为新编十一队,矿建八队划出部分人员为新编十二队,新编队归处直属。

3月27日 第十工程处制定思想政治工作考核奖励办法,对基层单位实行思想政治工作目标化管理。

4月10日 第十工程处决定,将矿建七队分成两个队,成立矿建十三队,隶属矿建一工区领导。

5月2日 第十工程处召开共青团第七次团员代表大会,翁富贵当选为团委书记。

6月22日 第十工程处成立矿建十四队。

本月 第十工程处在高产月活动中,完成井巷进尺960.1米,10个矿建队中7个队超额完成月计划。

7月12—13日 第十工程处召开第四届职工代表大会第二次会议。

9月4日 第十工程处党委成立政工专业职称领导小组和初级评审委员会,开展政工干部专业职务评聘工作。

9月15日 第十工程处承建的长治市南寨煤矿主井井筒开挖。副井井筒于10月1日开挖。

9月30日 第十工程处党政联席会议决定,自9月23日至12月31日,在全处范围内开展秋冬季"百日安全"活动。

本月 第十工程处矿建三队在常村矿井+520米水平运输大巷(断面积24平方米、岩巷)施工中,使用液压钻车、侧装机,采用中深孔爆破,连续2个月进尺突破100米。

10月3日 煤炭工业部第一建设公司同意第十工程处武安基地煤气站拆迁,在葛村购地3.41亩建设煤气站,房屋围墙由煤炭工业部第一建设公司下达自筹基金计划3.5万元,其他问题自行解决。

10月27日 第十工程处分配下达1989年保值公债274050元认购任务。

12月1日 第十工程处制定7项措施,贯彻落实《河北省计划生育条例》。

12月12日 第十工程处党委根据中共中央、国务院的指示精神,决定在全处范围内组织开展一场大规模的打击和查禁取缔卖淫嫖娼、制作贩卖传播淫秽物品、拐卖妇女儿童、贩运私种吸食毒品、聚众赌博和利用封建迷信骗财害人等违法犯罪活动。

12月30日 煤炭工业部第十工程处更名为中国统配煤矿总公司第十工程处。

是年 第十工程处实行处领导下基层建立工作联系点制度。

是年 第十工程处完成井巷进尺6504.8米,完成承包指标的118.2%;土建竣工面积4346.4平方米,完成计划指标的134.8%;产值4153万元,完成承包指标的173.3%;实现利润375.35万元,完成承包指标的187.7%;全员劳动生产率9566.9元/(人·年),完成计划指标的135%;职工人均年收入2817元;3个队达到等级队水平。

是年 国家权威部门资料显示,全国56个煤炭基建施工企业,第十工程处各项工效指标全国排名:斜井第6位,岩巷第10位,半煤岩第9位,煤巷第10位,均属国内先进水平。

1990 年

1月10日 第十工程处批复汽车队关于成立汽车大修厂兼营汽车配件的请

示，同意成立汽车大修厂，隶属汽车队管理。

3月16日 第十工程处成立教育培训科，速凝剂厂划归处隶属。

3月17日 第十工程处党政决定在全处范围内，开展"学大庆、学铁人"活动。

3月29日 第十工程处成立计量科和标准化办公室，计量科与标准化办公室合署办公。

本月 第十工程处承建的王庄煤矿扩建工程全面竣工。

4月12日 第十工程处组织开展"抓安全、反'三违'、防事故"安全月活动。

4月20日 第十工程处建立实施工人参事员制度，加强企业民主管理。

同日 第十工程处制定实施《土建工程、机电安装工程质量管理暂行办法》，形成了完整的工程质量管理制度体系。

4月22日 根据中国统配煤矿总公司、河北省劳动人事厅、邯郸市和中国统配煤矿总公司第一建设公司文件精神，第十工程处在矿建队农民轮换工中转招80名迁户粮关系的劳动合同制工人；在内部招收10名待业青年，从事矿建、土建工作。

4月23日 第十工程处成立档案科。

5月20日 第十工程处党委决定，自6月1日0时起至9月8日24时止，在全处范围内开展夏季"百日安全"活动。

6月21日 第十工程处成立计划生育协会。

7月17日 第十工程处成立档案管理升级领导小组，贯彻落实《中华人民共和国档案法》，推进企业档案管理正规化、科学化、规范化。

8月7—8日 第十工程处召开第四届职工代表大会第三次会议，审议通过主要奖罚办法和承包分配方案，审议决定职工福利基金使用方案和职工生活福利方面的重大事项、农转非住房吃粮和职工子女就业入学问题。

9月21日 第十工程处决定开展秋冬季"百日安全"活动。

10月26日 河北省煤炭工业企业管理协会批准第十工程处为河北省煤炭工业企业管理协会团体会员。

10月28日 第十工程处成立机械加工车间。

本月 第十工程处承建的潞安矿务局王庄煤矿240万吨/年改扩建二期工程移交。

11月13日 第十工程处承建的国内第一个井下螺旋煤仓在常村矿井开工。

12月5—6日 中共第十工程处第四次党员代表大会召开，闫志义当选党委书记，朱光辉当选党委副书记，李树荣当选纪委书记。

是年 第十工程处矿井施工平均月成巷进度为立井38米、斜井70.42米、平巷82.23米。

是年 第十工程处完成井巷进尺5541.9米，完成计划指标的107.6%；土建竣工面积完成7203平方米；产值4464.86万元，完成承包指标的148.8%；利润284万元，完成承包指标的120.85%；全员劳动生产率11153.73元/（人·年），完成计划指标的148.83%；职工人均年收入2925.41元。

1991年

1月1日 第十工程处党政联席会议决定，从1月1日起至4月8日止开展冬春季"百日安全"活动。

1月15日 第十工程处成立矿山救护队。

1月19—20日 第十工程处召开1991年度工作会议。会上，对16个先进集体、19个文明单位、11个先进党支部、72个先进班组、81个文明班组、6名标兵、255名先进生产（工作）者、152名技术能手、10名优秀科长、5名优秀队长、5名优秀思想政治工作者、6名优秀工程技术人员、5名优秀医务工作者、6名优秀教师、7名优秀服务员、648名文明职工进行了表彰。

3月5日 第十工程处决定，组建矿建一工区，成建制进入南寨煤矿承担施工准备以及井筒施工任务。

4月2日 第十工程处决定，撤销矿建一队和矿建十三队建制，成立矿建综合队，负责霍州矿务局李雅庄煤矿风井的施工任务。

5月9日 中国统配煤矿总公司第一建设公司批复，同意曹化南享受处（县）级政治、生活待遇。

5月24日 第十工程处决定，自6月1日起至9月8日止，在全处范围内开展夏季"百日安全"活动。

7月27—29日 第十工程处召开第五届职工代表大会第一次会议，审议通过了医药费改革方案、基层单位年度经济承包办法、长期病伤职工退休退职意见等重要事项。

8月25日 经中国煤炭工业企业管理协会全面考核验收，批准第十工程处为全国煤炭工业矿、厂、处升级二级企业。

8月27日 第十工程处安装队施工常村煤矿主井箱式井架安装工程，采用"井外组立，整体平移"工艺，将高65米、重620多吨的箱式井架，在井口外组立后平移71米，准确到位。中央电视台、山西电视台、河北电视台、邯郸电视台、新华社、《工人日报》《中国煤炭报》《邯郸日报》等多家新闻媒体进行了报道。2001年6月12日，这套井架平移工法获得中国煤炭建设协会颁发的"1999—2000年度煤炭行业（部级）优秀工法"证书。

9月1日 第十工程处速凝剂厂生产的"倡德牌"速凝剂，荣获中国统配煤矿总公司集体企业管理局颁发的"煤炭工业多种经营集体企业优质产品奖"。

9月21日 第十工程处决定，于1991年10月1日0时至1992年1月8日24时，在全处范围内开展冬季"百日安全"活动。

10月2日 第十工程处党政联席会议研究决定，实行四季度全员安全风险抵押。凡在处上岗的固定工、合同工每人抵押一级浮动工资或固定工资，从10月份到12月份，每月由各队核算员按照每个职工的原工资级别计资。抵押的一级工资在劳资审批扣除后，交财务临时保存。四季度不发生死亡事故，按照每个职工所抵押的3个月工资的数额，加倍返回。如发生死亡事故，全员抵押的工资一律不予补发。

10月8日 中国统配煤矿总公司第一建设公司任命王玉江为第十工程处总会计师。

12月25日 第十工程处承建的长治市南寨矿井正式开工。

本月 第十工程处承建的霍州矿务局李雅庄煤矿朱家庄回风立井开工。

是年 第十工程处与德国专家合作，成功建成国内第一个井下螺旋煤仓——常村煤矿井下螺旋煤仓，成为国内外第一个采用螺旋金属模板整体旋转下滑浇筑混凝土工艺施工的井下立式螺旋煤仓。螺旋煤仓整体金属模板由第十工程处机厂加工制作。螺旋煤仓的使用，可大幅增加原煤的块度率、提高煤矿的经济效益。

是年 第十工程处完成总产值

5097.54万元，完成承包指标的169.9%；完成井巷进尺5162米，完成计划指标的102%；土建竣工面积14070平方米，完成计划指标的114.7%；实现利润246.59万元，完成承包指标的154.41%；全员劳动生产率12566元/(人·年)；职工人均收入3006元/(人·年)。

1992年

1月19—20日 第十工程处召开1992年度工作会。

3月28日 第十工程处决定，在全处范围内发动职工和家属，开展以"反安全工作不尽职尽责，反违章指挥，反违章作业，反违反劳动纪律"为内容的反事故斗争，实现本岗位、本班组、本单位、本主管范围内全年无事故。

本月 第十工程处矿建综合队施工霍州矿务局李雅庄煤矿朱家庄回风立井，月成井117.81米。

4月5日 第十工程处在霍州矿务局李雅庄煤矿风井召开"月创立井117.81米祝捷表彰大会"。

5月27日 第十工程处成立处住房改革领导小组，统筹安排房改工作。

7月16日 第十工程处决定从7月1日起开展安全季活动，把反事故斗争进一步引向深入，实现下半年安全生产。

7月28日 第十工程处组织开展学习、宣传、贯彻《中华人民共和国全国人民代表大会和地方各级人民代表大会代表法》《中华人民共和国工会法》《中华人民共和国妇女权益保障法》《中华人民共和国未成年人保护法》《中华人民共和国归侨眷权益保护法》活动。

7月28—29日 第十工程处召开第五届职工代表大会第二次会议，审议通过《关于提请大会讨论审议和决定企业重大问题的报告》，通过《关于决战常村矿井，确保1993年按期建成移交的决议》《关于动员全处职工开展反盗窃、反破坏斗争的决议》。

8月20日 第十工程处撤销综合加工车间，合并于供应科。

8月24日 第十工程处向长治市房管局申请登记长治市郊区故漳乡西沟村55.95亩土地的房产权属。第十工程处于1957年购买该地，建有办公室、职工宿舍、仓库、机加车间等房屋，形成固定资产（称加工厂）。第十工程处属流动施工单位，1967—1987年，先后调迁四川渡口和河北邯郸，而后又返回潞安施工，有关土地及房产的原始资料因丢失、损坏已难查找，只能以固定资产的账面数据作为凭证依据申请确权。1992年末，第十工程处取得长治市郊区土地管理局颁发的该宗土地《土地使用权证书》，并与西旺煤矿签订了建筑物有偿使用协议。

9月25日 第十工程处作为中国统配煤矿总公司第一建设公司的试点单位，成立三项制度改革领导小组，推行"劳动、人事、分配"三项制度改革。

10月 第十工程处汽车队抽调部分力量，承建深圳市招商局蛇口工业园区开山填海建码头土石方运输工程。该工程于1994年6月完工。

11月1日 第十工程处致函长治市西旺煤矿，商讨其占用该处长治市郊区故漳乡西沟村55.95亩土地、2524.42平方米房屋问题的解决办法。

11月10日 第十工程处成立岗位测评领导小组、各专业测定组、综合评审委员会等劳动岗位测评机构，开展三项制度改革的岗位测评工作。

12月10日 武安基地新竣工4栋家属楼，第十工程处制定住房分配办法，成立分房领导小组，展开职工住房的分配和调整工作。

是年 第十工程处在册职工 4199 人。其中，固定工 2226 人，合同工 530 人，农民轮换工和临时合同工 1443 人。

是年 第十工程处完成总产值 5035 万元，完成承包指标的 167.8%；完成井巷进尺 2726 米，完成承包指标的 109%；实现利润 250.86 万元，完成承包指标的 157%；全员劳动生产率达到 13475.3 元/(人·年)；职工人均年收入 3594 元；等级队建设，甲级队 2 个，乙级队 2 个。

1993 年

1月1日 第十工程处印发《关于改进安全管理的若干规定》，在继续执行原有各项安全规章制度的基础上，对加强区队安全管理、实行安全黄牌警告制度、贯彻落实安全结构工资、认真执行安全奖罚制度、认真做好事故的调查报告工作、理解支持和尊重各类安全监测人员的工作等 6 个方面作出补充。

1月2日 第十工程处对职工年休假待遇实施办法作出补充规定。凡享受年休假待遇，并符合享受条件的职工，休假时间原则上集中使用，统一安排在施工淡季和冬季集中放假（春节集中休息）期间享受。

3月5日 第十工程处决定成立处和区（队）两级光爆锚喷领导机构，加强对光爆锚喷的指导和检查。同时，印发《光爆锚喷操作标准及质量标准》，促进和推动光爆锚喷工作。

4月12日 根据"劳动、人事、分配"三项制度改革的要求及工作需要，第十工程处党政联席会议研究决定，撤销霍县综合队，成立矿建二工区、矿建二工区机运队；撤销供应科，成立供销公司；撤销行政科，成立生活服务公司；撤销汽车队，成立汽车运输公司；撤销注浆队，成立注浆公司。

4月20日 第十工程处印发通知，对实施三项制度改革进程中精减下来的离岗、下岗的富余人员安置和待遇作出规定。

本月 第十工程处中国沙河市外联旅游总公司（又称十处贸易公司）成立。

本月 第十工程处三项制度改革试点工作告一段落。其间，经历宣传发动、制定方案和具体实施 3 个过程，通过定编定员、中层干部竞争上岗、人员优化组合、层层实行聘任、下岗人员安置等一系列实质性工作，取得初步成效。全处管理人员由 435 人精减为 296 人，服务人员由 379 人精减为 210 人。

6月15日 第十工程处机加车间更名为机械厂。

6月26日 根据"劳动、人事、分配"三项制度改革需要，第十工程处党政联席会决定，成立技术开发咨询公司。

7月27—28日 第十工程处召开第五届职工代表大会第三次会议，审议通过《关于提请大会讨论审议和决定企业重大问题的报告》，通过《关于动员全处广大职工增收节支，全面完成下半年生产任务的决议》。

8月21日 中煤统配煤矿总公司第十工程处更改为中煤第十工程处。

12月15日 第十工程处印发通知，经中煤第一建设公司三项制度改革领导小组同意，开始实行《岗位技能工资制试行方案实施细则》。

是年 第十工程处武安基地 16 号、17 号、18 号家属楼开工，建筑面积 9128 平方米，可供 153 户居住。

是年 第十工程处总产值 5011 万元，完成计划指标的 125.28%；井巷进尺 3658 米，完成计划指标的 91.45%；利润

193.47万元,全员劳动生产率14712元/(人·年)。

1994年

1月10日 国务院授予第十工程处处长邵勇"有突出贡献的专家"称号,授予第十工程处总工程师赵庭煜"为发展我国煤炭工程事业做出的突出贡献"荣誉证书;从1993年10月份起,邵勇、赵庭煜享受政府特殊津贴。

3月10日 第十工程处按照中煤第一建设公司转发的邯郸市劳动局《关于做好全市企业工伤评定残废等级工作的意见》,组织开展职工伤残评定工作。

4月16日 第十工程处根据中煤第一建设公司文件精神,实行每周44小时工作制。

同日 第十工程处成立安装公司,下辖安装一队、二队和制修车间,同时撤销原安装队、机电队。

本月 第十工程处承建的潞安矿务局常村煤矿矿井建设工程竣工。

5月3日 中煤第一建设公司决定,任命闫志义代理第十工程处处长,免去邵勇处长职务。

同日 第十工程处成立常村矿井工程移交领导小组,全面负责常村煤矿各项移交工程的内外协调和进展,加强各项移交收尾工程的领导和调度,保证工期和移交时间,整理准备齐全的工程移交资料,矿井上下各类施工设施的拆除和回收工作。

5月20日 第十工程处致函长治市西旺煤矿,商讨解决占用该处63.58亩土地及房产问题。

8月18日 第十工程处决定,撤销留守处,原留守处人员和业务与生活服务公司合并。

10月16日 武安基地新建16号、17号、18号三栋家属楼竣工。第十工程处成立分房领导小组,制定住房分配方案,根据国发〔1983〕193号文件规定的住房标准,按照职工工龄、所担任的职务和取得的职称等项计分,按得分多少对竣工的16号、17号、18号三栋家属住房进行分配。

11月30日 中煤第一建设公司决定,聘任张文山为第十工程处处长,蒲耀年为生产副处长兼总工程师,平永生为机电副处长,颜毅为经营副处长;免去闫志义代理处长职务;免去程启俊、邵存法、高长志副处长职务,改任调研员;免去赵庭煜总工程师职务,改任调研员;免去范兴文安监站副站长(副处级)职务,改任调研员。中煤第一建设公司党委决定,任命范起家为第十工程处党委副书记;免去朱光辉党委副书记职务,改任调研员;免去程启俊、邵存法党委委员职务。

12月1日 第十工程处成立开源公司。

12月13日 中煤第一建设公司党委批复,同意增补张文山、蒲耀年、平永生、颜毅、刘树勋为中共中煤第十工程处委员会委员。

本月 第十工程处承建的霍州矿务局李雅庄煤矿朱家庄回风立井工程竣工移交。

是年 第十工程处总产值4549万元,完成考核指标的142%;井巷进尺3231米,完成考核指标的113.4%;利润为2542.84元,达到中煤第一建设公司盈亏持平的要求;全员劳动生产率为11920元/(人·年),职工人均年收入3987元。

1995年

1月10日 第十工程处成立建筑工程公司。

1月18—19日 第十工程处召开1995年度工作会。

本月 第十工程处总工程师赵庭煜、副总经济师杨富华赴土耳其投标TTK卡拉硐矿井井下四段通风暗立井工程。

2月25日 第十工程处决定，将机关20个科室调整合并为12个科室、定员67人，纪委、审计监察合署办公，工会、团委合署办公，组织部、劳动人事科合并为人事组织劳资科，党委办公室、处长办公室合并为办公室，党委宣传部、教育培训科合并为宣传部，撤销质检科（业务划归工程科）、生活服务公司、劳动服务公司，成立项目部（负责市场开发的部门）、劳动服务总公司、留守处、行政科。

2月28日 第十工程处改革公费医疗制度，制定实施《第十工程处职工医疗费试行办法》。

本月 第十工程处对处机关进行定编定员机构改革，机关20个科室精简合并为12个科室，科室人员由116人压缩为59人。

4月17日 成立鲁山公司，接管河南省鲁山县鲁山铁矿厂，生产经营铁矿石。1996年5月，鲁山公司停产、撤离。

同日 第十工程处参与邯郸市华北建设监理有限责任公司投资，缴纳入股资金人民币10万元。

4月20日 中煤第一建设公司批复，同意聘任颜毅兼中煤第十工程处总经济师。

4月22日 第十工程处致函长治市西旺煤矿，要求西旺煤矿于5月22日前腾出占用土地，以便存放常村施工撤出的大量设备和材料。

5月6日 第十工程处党政班子决定，成立多种经营项目评审委员会，对多种经营项目进行科学的评估和审查。

5月10日 第十工程处召开共青团第八次团员代表大会，张友录当选团委书记。

5月11日 成立矿业开发公司（下属单位为王家峪煤矿、北坡煤矿、矿建十三队、注浆公司、机械厂），成立矿建三公司（下属单位为矿建四队、矿建九队、矿建十一队、机运队），成立十处仓库；通风队更名为矿建十三队，原通风队通风管理职能划归工程科。

同日 为贯彻落实煤炭工业部关于5月份开展全国煤矿"安全生产月"活动的决定，第十工程处成立"安全生产月"活动领导小组，组织开展"安全生产月"活动，活动时间为5月11日至6月10日。

5月29日 中煤第一建设公司党委决定，任命范起家兼任第十工程处纪委书记，免去牛峰智第十工程处纪委书记职务。中煤第一建设公司决定，聘任牛峰智为第十工程处多种经营副处长。

6月3日 第十工程处印发通知，停薪留职自谋职业人员缴纳劳动保险金和管理费。

7月2日 第十工程处选拔管理人员4名、翻译1名、材料员1名、掘进工22名、打钻工2名、机电工3名、后备人员6名共39名施工人员，出国承建土耳其TTK卡拉硐矿井通风暗立井施工任务。

7月9日 成立土耳其TTK卡拉硐矿井项目经理部，成立建筑工程公司党总支、武乡王家峪矿党支部。

8月17—18日 第十工程处召开第六届职工代表大会第一次会议。

9月1日 第十工程处制定实施《公费医疗改革实施办法》，进一步完善公费医疗制度。

9月3日 第十工程处决定，对所属基层区队管服人员进行定岗定编。

9月6日 第十工程处决定，职工子弟学校提升为正科级单位。

10月15日 为改变井巷掘进爆破成型低水平现状，第十工程处决定在井巷掘进中强制实行光面爆破。

本月 第十工程处按照煤炭工业部《关于对长期从事煤炭事业的职工发放荣誉金等有关问题的通知》精神，开始执行荣誉金发放制度。

11月10日 第十工程处成立社会保险管理科，社会保险管理科与处人事组织劳资科合署办公，业务上受中煤第一建设公司社会保险管理处领导。

11月18日 第十工程处改革劳动用工制度，实行全员劳动合同制，决定于12月底前完成全处职工的劳动合同签订工作。

本月 第十工程处开展冬季"百日安全"活动，活动时间从11月下旬开始，顺延到1996年2月28日止。

1996 年

1月1日 第十工程处对1995年推出的公费医疗改革试行和实施办法进行重新修订。

1月7日 因土耳其项目劳动力不足，第十工程处决定从3个矿建工区选拔15人出国参加土耳其卡拉啊项目施工。

1月12日 第十工程处决定，从1月1日起停止执行职工煤气福利补贴办法。

2月27日 第十工程处决定，成立机械化工程队；撤销矿业开发公司，原矿业开发公司所属各单位归处直属领导；矿建三公司更名为矿建三工区，原矿建三公司经理改为矿建三工区主任。

2月28日 第十工程处根据中煤第一建设公司文件要求，组织开展首季"安全生产季"活动。

5月1日 第十工程处根据劳动部5月份开展"安全生产周"和煤炭工业部开展"安全生产月"活动的部署及中煤第一建设公司安排，决定在全处范围内广泛开展"安全生产月"活动，消灭重伤以上事故，以"一通三防"为重点，搞好"矿办小井和乡镇小矿"两个整顿，坚持"三不生产、三不放过、重奖重罚"3个原则和"强化现场安全管理、强化安全生产责任制、强化安全监察、强化安全培训"4个强化，促使安全管理上一个新台阶。

同日 第十工程处党委对年度老干部工作，从加强领导、成立组织、开展活动、落实待遇等方面作出具体安排。

5月2日 中煤第一建设公司决定，聘任王立升为中煤第十工程处生产副处长（试用期一年）。

5月10日 第十工程处决定，成立皮件服装厂。1997年9月，该厂注销。

6月6日 第十工程处成立清房工作领导小组，组织落实邯郸市《关于清理纠正领导干部违反规定建房问题的实施办法》。

6月10日 第十工程处成立多种经营公司。

6月24日 第十工程处成立北坡煤矿。

9月10日 第十工程处决定，经第八届职工代表大会第一次会议讨论通过，成立劳动争议调解委员会。

9月23日 第十工程处响应邯郸市委、市政府及中煤第一建设公司党委的号召，发动广大党员、干部和团员带头，踊跃向灾区捐款，帮助灾区人民渡过难关，重建家园。此次捐款活动，为期7天，共募集资金53150元。进入夏季以来，北方地区连降暴雨，邯郸地区一些县区遭遇

50年来最大的洪涝灾害，直接损失51亿元，100余人罹难。

同日 第十工程处根据煤炭工业部、中煤第一建设公司开展"百日安全"活动的通知精神，分5个阶段，在全处范围内开展以防止伤亡事故为主要内容的"百日安全"活动。

10月9日 第十工程处成立寺河项目部，开始逐步推行项目经理负责制。

10月16日 第十工程处成立供应科，撤销供销公司。

11月6日 第十工程处成立矿建四工区。

11月7日 第十工程处成立沙曲项目部。

12月20日 第十工程处成立武装保卫科。

1997年

1月12日 第十工程处颁布实施《安全生产岗位责任制》。因工种、岗位繁多，未能全面包罗，要求所属各单位针对岗位设置情况予以分解、补充和完善，形成完整的全员安全生产岗位责任制。

1月25日 第十工程处成立山西工程管理处，代表第十工程处常驻常村煤矿，负责山西区域的工程联络、工程信息、外部关系、小南村工程日常工作平衡；机电科、供应科、行政科、安装公司、矿建三工区暂留常村，管理处负责平衡工作；行政科招待所、常村医务所从1月25日起划归管理处管理。

本月 第十工程处机关分两批从山西常村煤矿驻地迁往河北武安基地。

2月25日 第十工程处供销公司武安分公司更名为武安供销公司。

4月10日 第十工程处呈请长治市公安局批准，第十工程处公安科应随处机关转移至河北邯郸，隶属邯郸市公安局和中煤第一建设公司公安处管辖。

4月11日 第十工程处印发通知，从5月1日起实行5天工作制，处机关、行政科、供应科、留守处、医院、学校、劳动服务公司及各工区（公司）和地面辅助生产单位的管理人员，实行每天工作8小时，每周工作40小时工作制，星期六和星期日为休息日；因工作性质和工作需要不能执行的岗位人员，可实行轮班、轮休。

4月15日 第十工程处成立爆炸物品管理工作领导小组，加强爆炸物品管理，确保安全稳定，迎接香港回归和党的十五大召开。

4月25日 第十工程处成立设备租赁站，租赁站实行独立核算；成立南阳煤矿项目部，隶属矿建二工区管理。

4月26日 第十工程处承建的沙曲矿井进风立井开工。回风立井于5月1日开工。

本月 第十工程处沙曲项目部进风立井施工中连续3个月破百米，回风立井施工中连续3个月破80米，华晋吕梁焦煤公司、中煤建设开发总公司及中煤第一建设公司发贺电表示祝贺。

5月12日 第十工程处成立寺河项目部机电队、运搬队。

5月29日 第十工程处党委成立党风廉政建设工作领导小组。

6月10日 第十工程处按照中煤建设开发总公司《关于清理整顿煤炭企业劳动用工秩序严格控制新增人员的通知》要求，制定措施开展清理整顿工作。

7月5日 第十工程处党委决定，自7月10日起至8月中旬止，在基层党组织开展换届选举工作。9月3日，第十工程处党委对基层党组织换届选举结果予以批复。

7月14日 第十工程处决定，撤销矿建四工区，沙曲项目部实行项目管理。

8月5日 经中煤第一建设公司和煤炭工业部批准，第十工程处决定，以单位和个人集资的方式弥补三产贷款缺口，对武安基地放射路、游览路临街的黄金地段进行商业开发。

8月20日 第十工程处行政和工会制定4项措施，学习贯彻煤炭工业部和全国总工会赋予的煤矿工人安全生产10项权力。

9月4日 根据中煤第一建设公司文件精神，第十工程处决定变更、注销、增项下属分支机构营业执照，原中国统配煤矿总公司第十工程处速凝剂厂、中煤十处机械制造厂、中煤十处汽运公司、中煤十处汽运公司汽车修理厂、武安供销公司变更为中煤一建十处速凝剂厂、中煤一建十处机械制造厂、中煤一建十处汽运公司、中煤一建十处汽车修理厂、中煤第十工程处多种经营公司；注销中煤十处安装公司、中煤十处皮件服装厂、中煤十处贸易公司（沙河）；速凝剂厂增加兼营汽车运输项目。

9月25日 第十工程处党委决定，10月10日前，将学习贯彻党的十五大精神的文件传达到全体职工；10月中旬开始，通过党委中心组集中学、组织辅导宣讲组、开办流动学习班等形式，组织干部职工认真学习贯彻党的十五大精神。

10月2日 第十工程处成立固定资产保值办公室，负责对国有资产使用的监督和检查。

是日 第十工程处根据煤炭工业部《关于煤炭企业构建"三个一"格局，实现"三条线"管理的若干意见》，逐步形成分线管理模式，决定成立"三条线"管理领导小组，自10月份起多种经营线单独建账核算；成立后勤服务部，为企业职工提供生活服务和社会服务。

10月12日 第十工程处决定，对子弟学校的领导班子、教师队伍、校规校纪进行整顿。

本月 第十工程处矿建一工区在南寨煤矿回风巷施工中，创煤巷单头月进尺221.6米，刷新中煤第一建设公司煤巷施工纪录；9月和10月，寺河项目部大断面岩巷施工连续2个月进尺超过70米。

12月8日 第十工程处承建的沙曲煤矿进风立井（502米）井筒到底。12月31日，沙曲煤矿回风立井（495米）井筒到底，工程质量全部优良。

是年 第十工程处完成井巷进尺4500.5米，工作量5641.9万元。

1998年

1月15日 根据中煤第一建设公司党委〔1997〕67号文件精神及中煤第一建设公司纪委、监察处《关于清理移动电话的处理意见》，第十工程处对除沙曲项目部、寺河项目部、矿建二工区、矿建三工区留一部移动电话作为公用外，其余移动电话全部予以收缴。

3月6日 第十工程处成立漳村矿建十四队，隶属矿建三工区。

3月10日 中煤第一建设公司决定，聘任蒲耀年为第十工程处处长，张东幸、李京荣、杨富华、范起家为副处长，李京荣兼安监站长，吕广同为总工程师；免去张文山处长职务，蒲耀年生产副处长兼总工程师职务，牛峰智多种经营副处长职务（改任调研员），刘树勋后勤副处长职务，张振生安监站长职务。中煤第一建设公司党委决定，任命刘树勋为第十工程处党委书记，李占福为纪委书记、工会主席，增补王立升、李京荣、李占福为党委委员；免去闫志义党委书记职务（改任调研员），范起家纪委书记职务，高尚华工会主席职务（改任调研员），闫志义、张文山、牛峰智、高尚华党委委员职务。

同日 根据邯郸市公安局执法检查的指示精神，第十工程处开展执法大检查。

4月16日 第十工程处成立汽车运修公司，撤销汽车运输公司、机械化工程队。

4月30日 中煤第一建设公司分配第十工程处16名井下农转工指标，自5月1日起至5月20日止，择优将井下一线掘砌工中符合条件的生产骨干转招为城镇户口的劳动合同制工人。

5月5日 第十工程处制定竞赛指标和奖励办法，组织矿建施工单位，开展以单月指标赛、立井全井平均进度赛、巷道全年进度赛为内容的井巷施工创水平竞赛活动。

5月6日 第十工程处转发中煤第一建设公司党委《中煤第一建设公司1998年开展争当青年岗位能手活动的安排意见》，成立青年工作委员会（青年岗位能手活动组委会），组织青工开展争当岗位能手活动。

5月20日 第十工程处成立五阳项目部，工程科和调度室合署办公。

同日 第十工程处印发通知，根据原煤炭工业部房改办和邯郸市房改办的指示精神，决定对未出售的公产住房提高房屋租金，实行限制租赁。

8月24日 第十工程处决定，撤销项目部（负责市场开发的部门），项目部业务划归经营办；贯标办公室设在工程科，贯标工作纳入工程科职责范围；成立中煤第十工程处通信工程公司，主要对外承揽施工通信工程，对内负责电话、无线电台的维护和管理工作。

同日 第十工程处成立下岗职工再就业服务中心，负责下岗职工的管理、托管、转岗、转业培训、再就业指导及基本生活费的发放，缴纳养老金、失业保险、医疗保险等社会保险费用等工作。11月11日，建立和完善基层单位下岗再就业服务中心，下岗再就业服务管理机构形成网络。

本月 第十工程处承建的潞安矿务局五阳煤矿南峰回风立井工程开工。井筒井深534米，井径6米，资料提供涌水量为每小时108.51立方米，实际最大涌水量为每小时739.24立方米。

9月3日 第十工程处决定，从9月1日起停止执行远征费待遇。

10月27日 第十工程处按照中煤第一建设公司《关于加强货币资金管理的通知》精神，开展检查，对照整改，完善货币资金管理。

11月3日 第十工程处党委成立依法治企领导小组，贯彻落实中煤第一建设公司《关于1998年至2000年依法治企工作规划》，全面推进法制建设的各项工作。

11月16日 按照地方政府有关房改政策和中煤第一建设公司统一安排，第十工程处组织职工办理邯郸市房屋所有权证。

12月2日 第十工程处成立唐山工程项目部，矿建十三队调唐山工程项目部。

本月 第十工程处通过ISO 9002质量体系认证。

是年 第十工程处在晋城矿务局寺河煤矿西部回风立井施工中，利用高瓦斯双突矿井的特性，建成了井口瓦斯发电站，既消除了施工中的瓦斯危害，又解决了施工现场的供电问题，还为业主建设大型瓦斯电站提供了样板。

1999 年

3月8日 第十工程处印发《经济责任承包管理办法》，对项目部、生产经营单位实行年度经济责任承包管理。

本月 第十工程处召开第七届职工代表大会第一次会议暨工会第六次会员代表大会，李占福当选工会主席。

4月5日 第十工程处成立清欠工作办公室。

4月14日 第十工程处组织开展以"安全、生命、稳定、发展"为主题的全国"安全生产周"活动，以及以"一通三防"、提升运输、立井（高空）防坠、土建安全达标为重点的春季安全检查。

5月3日 第十工程处经营办公室和计划科合并为计划合同科，撤销行政科（原行政科业务划归常村管理处）。

5月10日 第十工程处对处机关、后勤服务单位岗位实行定编定员，机关10个科室管理岗位定员56人，服务岗位定员12人（不含武保科服务人员）；机电科、供应科、计生办、社保科、常村管理处5个单位管理岗位定员15人，服务岗位定员27人；后勤服务部管理岗位定员6人，服务岗位定员23人。

6月28日 第十工程处制定《处务公开实施意见》，推行厂务公开制度。

7月22日 第十工程处职工失业保险从1999年1月1日起，纳入邯郸市失业中心管理并登记。

8月24日 第十工程处组织开展"全国煤矿迎国庆百日安全"活动。

12月3日 按照中煤第一建设公司企业改制工作安排，第十工程处成立企业改制领导小组，全面深入贯彻党的十五届四中全会关于国有企业改革和发展若干重大问题的决定，加大推行现代企业制度。

12月13日 第十工程处成立企业改制清产核资领导小组，负责组织对改制单位进行清产核资，提供资产底数和基本情况。

2000 年

3月30日 第十工程处矿建三队、建筑公司，被中国煤炭建设协会评定为"1999年度全国煤炭行业（部级）等级队"。

本月 第十工程处召开第七届职工代表大会第二次会议。

4月14日 第十工程处成立爆炸物品管理领导小组。

5月8日 第十工程处开展首届"安康杯"竞赛活动。

5月12日 根据中煤第一建设公司关于企业改制工作的安排布置，第十工程处组织开展清产核资和资产评估工作。

5月26日 第十工程处成立广开实业公司，管辖服务公司、机械制造厂、供销公司、汽车运修公司、机械厂、注浆公司、北坡煤矿、王家峪煤矿等8个单位。

6月15日 第十工程处党委决定，成立广开实业公司党总支，设立广开实业公司一、二、三、四4个党支部，撤销机械制造厂党支部、汽车运输公司党支部、速凝剂厂党支部、机械厂党支部、注浆公司党支部。

7月17日 第十工程处后勤服务部更名为中煤十处物业管理中心。

本月 第十工程处矿建五队施工南阳煤矿3101运输巷，月进233米，连续4个月进尺超过205米，创中煤第一建设公司煤巷施工较高水平。

8月21日 第十工程处撤销金龙项目部，组建陶二项目部。

9月14日 按照河北省、邯郸市两级总工会和经贸委及中煤第一建设公司文件要求，第十工程处组织推广应用国际化学品安全卡（信息卡）制度。

本月　根据《邯郸市残疾人就业保障金缴款通知书》要求，第十工程处向邯郸市残联缴纳残疾人就业保障金。

11月4日　第十工程处按照中煤第一建设公司要求，从9月1日起，养老保险统筹由原来的差额外拨改为全额缴拨，实行收支两条线管理。

12月　第十工程处矿建六队施工刘庄煤矿－240米水平主运大巷，月进110米。该队当年6个月进尺超过100米，均创中煤第一建设公司岩巷施工较高水平。

是年　第十工程处完成产值4506.2万元，亏损97.64万元，职工人均年收入5350.2元，实现了安全生产目标。

2001 年

1月　第十工程处承建的峰煤集团梧桐庄矿井北翼采区巷道工程开工。

2月7日　中煤第一建设公司对2000年度井巷施工创水平竞赛获奖单位进行表彰奖励。第十工程处矿建五队、六队创煤巷月进尺205米以上水平4月次，创岩巷月进尺100米以上水平5月次，受到表彰和奖励。

2月21日　为盘活企业闲置资产，解决职工住房困难，推动企业多经三产发展，第十工程处成立基地开发办公室。

2月28日　中煤第一建设公司批复，同意第十工程处集资建设住宅楼两栋（19号、20号住宅楼），建筑面积7200平方米，总投资486万元；职工全额集资，专款专用；施工队伍公司内部招标，择优选用，不得外委。

3月6日　第十工程处成立竞赛活动领导小组，继续开展井巷施工创水平竞赛活动。

3月10日　第十工程处印发通知，对为职工办理第二批邯郸市房屋所有权证有关事项作出安排。

3月16日　第十工程处成立梧桐庄项目部和大安山项目部。

3月19日　第十工程处根据河北省劳动和社会保障厅的文件精神，开始贯彻实施国家职业标准。

3月28日　第十工程处召开第七届职工代表大会第三次会议暨2001年度工作会。

4月　第十工程处矿建三队施工的武安魁星楼铁矿副立井，井深466米，井径5.5米，月成井121.8米，创冶金行业立井施工全国纪录。

6月8日　根据中煤第一建设公司党委和邯郸市委做好稳定工作的部署和实施"安宁工程"的指示精神，第十工程处党政班子决定，成立维护稳定工作领导小组。

6月20日　第十工程处印发通知，根据邯郸市有关规定，经中煤第一建设公司批准，对采用职工个人集资方式新建武安基地19号、20号家属楼的有关事项作出安排。7月18日，成立武安项目部，负责施工。

8月1日　根据中央安全工作会议和国家煤炭安全局及中煤第一建设公司有关要求，第十工程处成立安全职防领导小组。

8月3日　第十工程处成立职业技能鉴定领导小组，全面负责技术工人的职业技能鉴定工作。

8月22日　第十工程处成立普法领导小组，全面实施"四五"普法规划。

9月　第十工程处刘庄项目部矿建六队施工的刘庄煤矿－240米水平主运大巷月进121米，连续2个月创中煤第一建设公司岩巷施工较高水平（8月份进尺125米）。

11月7日 第十工程处煤矿井下螺旋煤仓施工工法，被国家建设部授予"国家级工法"。

12月10日 第十工程处刘庄项目部继7—9月平巷施工连续3个月进尺破百米之后，11月份创独头月进126米，施工的暗立井在涌水量达25立方米条件下成井42米，河北省唐山市刘庄煤矿致信祝贺并表示感谢。

是年 第十工程处完成产值6726万元，完成承包指标的103.48%；井巷进尺5998米，折合进尺8819.6米；利润允亏100万元，实际亏损71.31万元，比2000年减亏26.33万元；职工人均年收入7393.64元，超过承包指标1393.64元，实现了安全生产。

2002 年

3月20—21日 第十工程处召开第七届职工代表大会第四次会议暨2002年工作会。

3月25日 第十工程处成立常村项目部，管理常村项目、代管南阳项目部。

3月26日 中煤第一建设公司文件批复，同意第十工程处在家属院内集资新建21号住宅楼。

3月28日 中煤第一建设公司党政联席会议决定，解聘张东幸中煤第十工程处副处长职务。

4月3日 第十工程处决定，注浆公司从2002年4月1日起生产经营活动由处统一管理，2002年4月1日前仍由广开实业公司负责。

4月13日 第十工程处成立沙曲项目工程指挥部。

本月 第十工程处矿建六队施工刘庄煤矿 –240米水平运输大巷，月进尺141米，创中煤第一建设公司岩巷施工较高水平。该队当年7个月进尺超过120米，均创中煤第一建设公司岩巷施工较高水平。

5月31日 中煤第一建设公司党委根据中国人民解放军河北省邯郸市丛台区人民武装部〔2002〕干令字第4号命令，任命孙沛英为中煤第十工程处武装部部长。

本月 第十工程处矿建十五队施工陶二煤矿北翼大巷，月进尺160米，创中煤第一建设公司岩巷施工较高水平。

6月24日 第十工程处撤销唐山项目部。

7月 第十工程处矿建八队施工南阳煤矿皮带大巷，月进尺150米。5—12月间，该队在皮带大巷施工中7个月进尺超过135米，均创中煤第一建设公司岩巷施工较高水平。

9月11日 为加强物资供应管理，降低物资采购成本，提高企业的经济效益，第十工程处在全处范围内开展物资供应管理业务竞赛。

9月19日 第十工程处撤销常村管理处。

9月25日 中煤第一建设公司党委会决定，任命李占福为中煤第十工程处党委书记，范起家为中煤第十工程处工会代主席、纪委书记；免去刘树勋中煤第十工程处党委书记职务，李占福中煤第十工程处纪委书记、工会主席职务。中煤第一建设公司党政联席会议决定，聘任王海宝、钟占良为中煤第十工程处副处长，解聘范起家中煤第十工程处副处长职务。

10月30日 为加强对财务预算的编制、审查执行、监督和考核等工作的组织领导，第十工程处成立财务预算委员会。

本月 第十工程处矿建一队施工崔家寨煤矿总回风巷，月进尺149米，创中煤第一建设公司岩巷施工较高水平。该队在9—12月间，连续4个月进尺超过128米，均创公司岩巷施工较高水平。

本月 第十工程处矿建十一队施工沙曲北一采区轨道巷，月进尺229米，创中煤第一建设公司煤巷施工较高水平。该队2002年1月进尺131米，5月进尺155米，创中煤第一建设公司岩巷、半煤岩巷施工较高水平。

12月12日 第十工程处撤销基地开发办公室，成立基地建设办公室。

12月31日 第十工程处矿建三队、矿建六队、矿建七队、矿建十二队、建筑工程公司、安装公司等6个单位，被中国煤炭建设协会评审认定为"2001年度全国煤炭行业（部级）等级队"，受到中煤第一建设公司表彰和奖励。

本月 第十工程处矿建九队施工沙曲北风井胶带巷，月进尺217米，创中煤第一建设公司煤巷施工较高水平。该队2002年5月进尺157米，8月进尺196米，创中煤第一建设公司半煤岩巷、煤巷较高水平。

是年 第十工程处完成井巷进尺13972米，产值11030万元，完成承包指标的137.8%；利润指标为±0，实际利润1.45万元；职工人均年收入8034元，完成指标的147.2%；实现了安全生产。

2003 年

1月20日 中煤第一建设公司对2002年度井巷施工创水平竞赛获奖单位进行表彰奖励。第十工程处6支矿建队创岩巷月进尺125米以上水平20月次，创半煤岩巷月进尺155米以上水平3月次，创煤巷月进尺215米以上水平2月次，受到表彰和奖励。

1月23日 第十工程处印发《集资建房21号楼的暂行办法》，颁布通过职工个人集资新建21号住宅楼的具体方案。该楼为分体组合住宅楼，位于4号、5号、6号楼东侧各1个单元，5层40户，图纸建筑面积2561.6平方米，均价为每平方米760元。

1月30日 第十工程处施工陶二矿井四小煤下山上车场扩修工程，1月份首战告捷，月进尺112米，邯郸矿务局陶二煤矿致信表示祝贺并致以春节问候。

3月18日 第十工程处承建的南李庄回风立井（井深432米，井筒净直径5.5米）开工。2004年9月28日，工程竣工。

3月20—21日 第十工程处召开第七届职工代表大会第五次会议暨2003年度工作会。

4月1日 第十工程处成立天祝工程项目部。

4月21日 第十工程处成立防治非典型肺炎工作领导小组，设立防治办公室，开展非典型肺炎预防、救治工作。4月29日，对进一步做好非典型肺炎防治工作作出具体部署。

4月26日 第十工程处负责唐山刘庄项目施工的矿建六队撤销。

本月 第十工程处矿建九队在沙曲煤矿北一采区皮带大巷施工中月进尺256米，创中煤第一建设公司半煤岩巷施工较高水平。

6月18日 第十工程处成立和顺项目工程指挥部、和顺工程项目部。

6月26日 第十工程处安装公司、矿建一队、矿建六队、矿建八队、矿建九队、矿建十二队等6个单位，被中国煤炭建设协会评定为"2002年度全国煤炭行业（部级）等级队"。

本月 根据中煤集团开展安全生产月活动的通知精神及中煤第一建设公司安排

部署，第十工程处组织开展以"实施安全生产法，人人事事保安全"为主题的"安全生产月"活动。

本月 第十工程处矿建十队在沙曲煤矿北一采区皮带巷施工中月进尺257.2米，创中煤第一建设公司煤巷施工较高水平。沙曲项目部在华晋焦煤有限责任公司开展的二季度"会战50天，大战60天"施工竞赛中，全面超额完成各项计划任务，取得参战单位"擂主"地位，华晋焦煤有限责任公司致信祝贺。

7月8日 第十工程处成立离退休职工管理办公室。

本月 第十工程处矿建十队在沙曲煤矿北一采区皮带巷施工中月进尺252米，创中煤第一建设公司煤巷施工较高水平。

本月 第十工程处矿建二十一队在辛置煤矿南李庄矿立风井施工中月成井140.9米，创中煤第一建设公司立井基岩段较高水平。

9月21日 第十工程处承建的和顺县天池煤矿回风立井（井深260米，井筒净直径6.0米）开工。2004年2月29日，工程竣工。

本月 第十工程处天祝项目部在甘肃兰武隧道天祝立井施工中月成井135米，创中煤第一建设公司立井基岩段较高水平。天祝立井井筒深516.65米，净直径5.5米，平均月成井90米，当年开工，当年到底。

10月23日 根据国家八部委印发的《关于国有大中型企业主辅分离辅业改制分流安置富余人员的实施办法》和中煤集团《关于深入开展主辅分离辅业改制分流安置富余人员工作安排意见》的通知精神，为推进主辅分离、辅业改制、分流安置富余人员的工作，第十工程处成立主辅分离辅业改制分流安置富余人员工作领导小组。

11月12日 第十工程处成立清产核资领导小组，对清产核资工作作出具体安排。

11月19日 第十工程处沙曲项目部在沙曲煤矿仅用60天时间完成3000米带式输送机安装工程、12000米管路及14000米瓦斯抽放钻孔，迅速完成"三大战役"施工任务，华晋焦煤有限责任公司指挥部致信表示谢意和祝贺。

同日 第十工程处11月份在陶二矿井小煤下山扩修工程、电厂保护巷施工中，月进尺分别为173米和161米，邯郸矿务局陶二煤矿致信表示感谢和祝贺。

12月10日 第十工程处召开第八次政研年会。

12月25日 第十工程处成立红山项目部。

本月 第十工程处陶二项目部在邯郸矿务局重点项目陶二暗斜井施工中月进尺200米，创中煤第一建设公司岩巷施工较高水平。该项目部自3月份以来，8个月进尺超百米。

是年 第十工程处完成工程量10333.95米，产值11300万元，完成承包指标的113.2%；营业收入8998.6万元，完成承包指标的149.92%；盈亏指标为±0，实际盈利1.46万元；职工人均年收入10853.9元，完成指标的120.6%，实现安全生产。

2004年

1月13日 中煤第一建设公司对2003年度井巷施工创水平竞赛获奖单位进行表彰奖励。第十工程处矿建一队、矿建五队、矿建九队、矿建十队、矿建十五队、矿建十八队、矿建二十队和矿建二十一队创立井基岩段月成井135米以上较高水平2次；立井平均进度超90米1月次，创岩巷月进尺 120 米以上较高水平 11 月次，创半煤岩巷月进尺 200 米以上水平 2 月次，创煤巷月进尺 210 米以上水平 4 月次，受到表彰和奖励。

2 月 9 日 第十工程处施工的梧桐庄矿井下北翼采区胶带巷设备安装工程，被中国煤炭建设协会评为"2003 年度全国煤炭行业优质工程"。

2 月 10 日 第十工程处成立工程招投标工作领导小组。

3 月 1 日 第十工程处成立清产核资技术鉴定领导小组。

3 月 3—4 日 第十工程处召开第八届职工代表大会第一次会议、第七次工会会员代表大会暨 2004 年工作会。范起家当选工会主席。

3 月 5 日 第十工程处印发《关于规范各项目部提取使用管理费的通知》，规定提取管理费统一以直接人工费为基数，提取比例不得高于 40%。

本月 第十工程处成立大宁项目部。

本月 第十工程处连续第二年响应武安市委、市政府的号召，组织处机关和所属武安基地片各单位近 200 人到东山公园绿化区，参加"春季城区义务植树"活动。

4 月 30 日 第十工程处成立非典型肺炎防治工作领导小组和工作机构。

本月 第十工程处矿建十五队施工陶二煤矿电厂保护巷，月进尺 122.2 米；该队在保护巷施工中，1 月进尺 133 米，2 月进尺 179 米，3 月进尺 170 米，均创中煤第一建设公司斜巷施工较高水平。

本月 第十工程处矿建十八队施工梧桐庄－470 米水平南副巷，月进尺 138 米；该队施工二采区出煤巷 2 月进尺 134 米；均创中煤第一建设公司岩平巷施工较高水平。

5 月 8 日 中煤第十工程处通讯工程公司撤销。

5 月 18 日 第十工程处集中开展清产核资、新购设备、基层领导班子 3 个项目的效能监察工作。

5 月 19 日 第十工程处矿建五队、矿建九队、矿建十队、矿建十八队、矿建二十队、安装一队、安装二队等 7 个单位，被中国煤炭建设协会评定为"2003 年度全国煤炭行业（部级）等级队"。

同日 第十工程处对 6 月份开展"安全生产月"活动作出安排部署，活动主题为"以人为本，安全第一"。

5 月 20 日 中煤第一建设公司十处速凝剂厂更名为中煤第十工程处速凝剂厂。

本月 第十工程处召开共青团第九次团员代表大会，殷媛当选团委副书记。

本月 第十工程处施工的大宁中央回风立井（井深 450 米，井筒净直径 7.0 米）月成井 164 米，创中煤第一建设公司立井施工较高水平。

6 月 8 日 中煤第一建设公司党政联席会议决定，聘任王海宝为中煤第十工程处处长，李占福为中煤第十工程处副处长；免去蒲耀年中煤第十工程处处长职务。中煤第一建设公司党委会议研究决定，王海宝任中共中煤第十工程处委员会副书记。

本月 第十工程处武安基地集资兴建的 21 号住宅楼交付使用。

7 月 12 日 第十工程处决定组建一支施工设备先进、人员素质较高、管理规范的专业化立井施工队伍，命名为"十处第二凿井队"，定编 60 人，以矿建二队为基础调整组建。

7 月 21 日 第十工程处党政联席会议决定，对外流的矿建、机电、测量、地质、通风安全专业技术人员进行清理整顿，能够返处上班人员，重新安排工作；

不能返处上班的人员，依照有关政策和法律规定进行处理。

7月26日 第十工程处成立民事调解委员会、维护稳定工作领导小组。

8月20日 第十工程处党委启动"争百创万、节支增效"主题活动。至9月20日止，466名党员参加，共创收124.5万元，节支3.5万元。

8月24日 第十工程处决定，矿建二工区三交河项目从矿建二工区分离，成立三交河项目部。

9月13日 第十工程处成立工程价款结算、清欠工作组，负责解决已完工程及所有在建工程项目以往年度及当年的工程价款结算、清欠问题。

9月22日 第十工程处党委成立信访工作领导小组和工作机构，组织开展信访突出问题及群体性事件的预防和处置工作。

本月 第十工程处通过思想发动、学习提高、建章立制、查摆问题、定编定员、考试考核、竞争上岗等方式，对处机关的组织机构、思想作风、劳动纪律等方面开展整顿。

10月1日 第十工程处启用武安基地新机关办公大楼（建筑面积5273.9平方米）。

10月7日 中煤第一建设公司在第十工程处沙曲项目部召开安全质量标准化暨文明施工推进会，沙曲项目部在会上作经验交流。

10月25日 第十工程处成立信息化工作领导小组，负责落实中煤第一建设公司有关信息化建设的各项任务，制定处信息化建设与应用的实施方案，督导处网站、局域网、信息化办公系统等基础工程的建设。

11月16日 根据中煤第一建设公司《关于十处等单位安监机构调协的决定》要求，第十工程处安监站更名为中煤第一建设公司驻十处安全监察处。

12月28日 第十工程处和顺项目部在1150轨道大巷施工中连续数月进尺超100米，山西和顺天池能源有限责任公司致信祝贺。

12月29日 第十工程处撤销高良工程项目部（原矿建二工区南阳项目部）。

12月31日 第十工程处成立吴桂桥项目工作组，代表处协调吴桂桥项目筹备期间的相关工作。

是年 第十工程处完成工程量14377米；产值12810.5万元，完成承包指标的116.5%；营业收入12700万元，完成承包指标的127%；利润147万元，完成承包指标的147%；职工人均年收入11653元，完成承包指标的129.5%；实现安全生产。

2005年

1月18日 中煤第一建设公司对2004年度井巷施工创水平竞赛获奖单位进行表彰奖励。第十工程处4支矿建队创岩平巷较高水平2月次，创斜巷较高水平4月次，创半煤岩巷较高水平1月次，创立井较高水平1月次，受到表彰和奖励。

1月22—23日 第十工程处召开第八届职工代表大会第二次会议暨2005年工作会。

1月25日 第十工程处对矿建施工项目的安全、生产管理工作进行责任划分，实行处领导分区负责制。

2月5日 第十工程处成立谢桥工程项目部。

2月20日 中煤第一建设公司党委决定，李振东任中共中煤第十工程处委员会书记，免去李占福中共中煤第十工程处委员会书记职务。中煤第一建设公司党政联席会议决定，聘任李振东为中煤第十工程处副处长，免去李占福中煤第十工程处副处长职务。

3月1日　第十工程处成立拆迁工作组，负责武安市塔西路改造征地范围内的拆迁工作。武安市政府对塔西路实施改造，征用第十工程处基地北大门以西至加油站范围内临街土地6126平方米，拆迁房屋建筑1961.76平方米，补偿综合费337万元。

3月2日　第十工程处成立职业安全教育培训流动辅导站。

3月16日　第十工程处成立吴桂桥项目部、工程信息部。

3月24日　第十工程处成立寨崖底项目部，撤销陶二项目部。

3月30日　第十工程处决定在各矿建项目部开展井巷工程施工竞赛活动，竞赛项目分立井单月指标赛、立井全井平均进度赛和巷道施工单月指标赛。

3月31日　第十工程处干河项目部施工干河煤矿主立井，3月成井169米，创国内φ6.5米立井施工较好水平，霍州煤电集团山西汾河焦煤股份有限公司干河矿井项目部致信表示感谢和祝贺。

4月12日　第十工程处成立下霍工程项目部。

同日　第十工程处决定对3月1—31日在干河主立井施工中，创月成井169米，刷新第十工程处月成井142米历史纪录的干河项目部奖励人民币20万元。

4月14日　第十工程处成立不良资产管理处置领导小组。

4月18日　第十工程处成立曹村工程项目部和金家庄工程项目部，自2005年4月1日起，接管原在工程公司挂靠的霍州曹村煤矿尚家沟立风井和柳林金家庄煤矿施工项目。

4月26日　第十工程处成立"百日安全无事故"活动领导小组，启动第一个"百日安全无事故"活动。8月1日，启动第二个"百日安全无事故"活动。

5月18日　第十工程处党委成立安全宣教活动领导小组和工作机构，启动安全宣传教育系列活动。

5月23日　因塔西路扩修，第十工程处速凝剂厂由武安市放射路迁移至武安市北环路武安镇白鹤观街委会所属地域的新厂区。

6月3日　第十工程处党委决定，于6月份在全体党员中开展"我是安全监督员"主题活动。

6月10日　第十工程处组织开展以"遵章守法，关爱生命"为主题的"安全生产月"活动。

6月10日至7月9日　吴桂桥项目部在驻马店市吴桂桥煤矿副立井施工中，月成井170.2米，创河南省φ7.9米冻结井施工新纪录。7月19日，第十工程处决定对刷新处月成井169米新纪录，创造冻结施工月成井170.2米纪录的吴桂桥项目部奖励人民币10万元。

6月13日　第十工程处党委决定，撤销供应科党支部。

6月29日　第十工程处党委成立保持共产党员先进性教育活动领导小组、办公室和督导组，明确各工作机构职责。

同日　第十工程处成立和顺项目部机电队党支部。

7月10日　吴桂桥项目部在副井冻结段外壁（井筒净直径6.5米，掘进断面积48.4平方米）施工中，采用小型挖掘机下井掘进创新技术，于6月9日采用3.5米大模板施工，至7月9日月成井170.2米，驻马店市吴桂桥煤矿集团有限公司、河南中豫建设监理有限公司致信祝贺。

7月15日　第十工程处党委召开保持共产党员先进性教育活动动员大会，全面启动以实践"三个代表"重要思想为主要内容的保持共产党员先进性教育活动。

8月4日 第十工程处决定，向各项目部派驻安全特派员。

8月26日 第十工程处成立清理和上缴工作领导小组，开展清理"小金库"和上缴个人不合理收入工作。

本月 第十工程处与山西三交河煤矿商定，终止三交河工程施工合同。

9月2日 第十工程处召开专题会议，根据职工群众的意见、建议及企业的财力，决定尽最大努力为职工办好10件实事。包括建一座文化广场，改造家属院供暖、供水系统，返还职工房改级差，清理职工医药费拖欠等。

9月6日 第十工程处人事组织劳资科更名为人力资源部；社保科从原人事组织劳资科分离，成立社会保险管理部；成立法律事务部、棋盘井项目部和棋盘井项目部党支部。

9月27日 第十工程处向各项目部派驻安监站，安监站设站长1人、安监员3～4人。

11月1日 第十工程处成立龙固工程项目部，和顺项目部后期工作结束后撤销。

11月29日 第十工程处党委召开思想政治工作会议暨第十届政研年会。

11月30日 第十工程处再就业中心关闭，完成下岗职工出中心再就业向失业并轨。

本月 中国煤炭建设协会授予第十工程处"2005年全国煤炭行业（部级）优秀等级处"称号，授予第十工程处矿建二队、五队、九队"2005年全国煤炭行业（部级）优秀等级队"称号。

12月1日 第十工程处梧桐庄项目部矿建十六队施工梧桐庄煤矿四采区回风巷（掘进断面积17.8平方米），在11月创水平劳动竞赛中，岩巷掘进月进尺72.3米，冀中能源峰峰集团有限公司梧桐庄煤矿致信祝贺，并嘉奖1万元。

12月8日 第十工程处成立财务预算委员会。

12月16日 中煤第一建设公司成立中煤第一建设公司第十工程处，并办理营业执照，其分支机构企业法人营业执照也相应注册为营业执照。

12月26日 第十工程处成立清理沿街改造遗留问题工作组，负责在2005年12月31日前完成沿街改造所有遗留问题的清理工作。

同日 第十工程处成立吴桂桥项目索赔工作组，负责经济损失的清算和索赔工作。

本月 第十工程处与金家庄煤矿签订的井巷工程施工合同履行完毕，项目撤销。

是年 第十工程处完成工程量14092米，营业收入首次突破2亿元大关，比中煤第一建设公司承包指标1.6亿元高出4000多万元，比2004年增长了8000多万元；实现利润1000万元，完成承包指标的250%；职工人均年收入达到13700元，比上年提高了18%；重伤1人，轻伤1人，符合中煤第一建设公司指标要求，基本实现安全生产；其他各项经济指标均超过中煤第一建设公司下达的任务，实现了历史性的重大突破。

2006年

1月11日 第十工程处成立"平安一季度"安全生产活动领导小组，组织开展"平安一季度"安全生产活动。

1月12—13日 第十工程处召开第八届职工代表大会第三次会议暨2006年工作会。

1月13日　第十工程处党政联席会议决定，对1月11日职工子弟学校部分教职工集体停课事件的责任领导给予降级处分，主要组织者给予经济处罚。

2月14日　第十工程处曹村项目部撤销。

同日　第十工程处决定派遣吴桂桥、下霍、棋盘井、干河4个工作组，以加强重点施工项目的安全生产工作。

2月23日　第十工程处按照ISO 9001/ISO 14001/18001标准和中煤第一建设公司程序文件的要求，结合年度工程施工情况，颁布整合型管理体系目标。

本月　中国质量信誉监督协会授予第十工程处"全国重质量守信誉公众满意单位"称号。

3月7日　第十工程处广开实业公司撤销。

3月14日　第十工程处党委成立党建工作质量管理体系推行工作领导小组。

3月17日　第十工程处成立职工住宅楼售房工作领导小组，负责家属院新建4栋住宅楼售房工作的组织领导。

4月3日　第十工程处成立"安全生产季"活动领导小组，组织开展第二季度的"安全生产季"活动。

4月19日　第十工程处开始推行和运用中煤集团企业形象视觉识别系统。

5月12日　第十工程处在沙曲项目部召开"挖斗式装渣机在煤矿井巷首次施工使用情况"研讨会。

5月25日　根据中煤第一建设公司《关于机电安装工程处组建、划转有关事宜的通知》要求，第十工程处成立移交工作小组，组织落实将安装公司移交划转中煤第一建设公司机电安装处的有关工作。人员划转以安装公司4月30日在册人员为准。

同日　第十工程处成立活动领导小组，组织开展以"安全发展、国泰民安"为主题的2006年全国"安全生产月"活动。

5月28日　邯郸市丛台区人民武装部下发命令，王海宝兼任中煤第一建设公司第十工程处武装部第一部长，李振东兼任中煤第一建设公司第十工程处武装部第一教导员。

6月25日　中煤第一建设公司印发通知，因产业机构调整和经营管理需要，决定注销中煤第十工程处企业法人营业执照。

7月1日　第十工程处党委按照中煤第一建设公司党委《关于全面实施党建质量管理体系的通知》的工作部署，分3个阶段贯彻落实党建工作质量管理体系。

7月3日　第十工程处成立活动领导小组，组织开展"三季无事故"活动。

7月4日　根据中煤集团"管理权限上移，服务职能下移"的管理要求，第十工程处党政联席会议决定，所属各单位的会计核算方式由单独核算改为报账制。

7月5日　第十工程处成立龙家堡项目部。

7月17日　第十工程处党委决定，于第三季度在全处党员、积极分子中开展"安全生产我的责任"主题系列活动。

8月11日　第十工程处成立华资工程项目部。

8月14日　第十工程处成立华资工程项目部党总支委员会。

8月26日　第十工程处龙家堡项目部从7月10日至8月10日，仅用一个月时间完成了设备设施改造；8月11日正式凿井施工，到8月25日半个月时间完成进尺55.7米，达到了月进尺110米水平，开创了龙家堡矿建开工以来最好水平，实现初战告捷，吉林省龙家堡矿业有限责任公司致信祝贺。

本月 第十工程处棋盘井项目部施工的神华集团棋盘井煤矿斜井工程（斜度24°、断面积21.2平方米）连续4个月成井过百米（5月成井112米，6月成井110.7米，7月成井115.5米，8月成井113米），质量全优，安全无事故，神华集团棋盘井煤矿致信祝贺。

9月4日 第十工程处成立李雅庄工程项目部。

9月22日 中煤第一建设公司湿式振弦除尘风机技术鉴定推广会在第十工程处召开。湿式振弦除尘风机由第十工程处机械制造厂自主研发制造。

9月25日 第十工程处成立机电安装队，隶属机械厂。成立机电安装队党支部。

9月26日 第十工程处龙家堡项目部在龙家堡矿井副井井筒施工中，月成井141.7米，打破吉林省φ7.5米井筒施工最好水平，吉林省龙家堡矿业有限责任公司致信祝贺。

9月28日 第十工程处举行国庆文艺汇演暨文化广场落成典礼活动。文化广场坐落于武安家属院南区，建设投资100余万元。

10月11日 第十工程处成立机械化施工作业线领导小组，负责井巷工程机械化作业线的建设、组织实施及相关技术人员的培训。

10月26日 第十工程处龙家堡项目部在副井井筒施工中，10月成井140.7米，8—10月连续3个月平均月成井130米，吉林省龙家堡矿业有限责任公司致信祝贺。

11月2日 第十工程处参建的山西晋城寺河矿井，荣获国家工程建设质量奖审定委员会授予的"2006年度国家优质工程银质奖"。

11月18日 第十工程处机械制造厂与徐州市精美机电制造公司签订凿井绞车制造技术合作协议，徐州市精美机电制造公司提供JZ-10/800型、JZ-16/800(1000)型凿井绞车技术资料，第十工程处机厂负责制造。

11月26日 第十工程处龙家堡项目部在副立井施工中，11月成井140.6米，创出连续4个月超100米、连续3个月超140米的全国好成绩，吉林省龙家堡矿业有限责任公司致信祝贺。

12月4日 中煤第一建设公司委托第十工程处机厂加工制作的V型凿井井架顺利通过验收。

12月27日 第十工程处决定，对提供高价值工程信息并成功承揽项目的人员，将根据工程规模大小和造价高低，给予一次性2万~10万元奖励。

是年 第十工程处组织为困难职工捐款活动3次，捐款14702.7元；参加邯郸市"送温暖，献爱心"社会捐助活动，募集捐款9081元。

是年 第十工程处整理安全管理有效文件47份、安全生产岗位责任制99项，编印成《安全管理制度汇编》。

是年 第十工程处完成工程量17008米，营业收入20521万元，完成考核指标的114%；利润838.75万元，完成考核指标的139%；职工人均年收入14000元；实现安全生产。

2007年

1月1日 第十工程处龙家堡项目部在副井井筒施工中，于2006年12月创月成井161米，9—12月连续4个月（断面积60平方米）进尺达到140米以上全国先进水平，吉林省龙家堡矿业有限责任公司致信祝贺。

是日 第十工程处棋盘井项目部自2005年9月开始施工回风斜井（倾角

24°，掘进断面积19.16平方米）以来，多次创出斜井施工纪录，其中2006年4—11月5个月创出月成井超过110米全国先进水平，实现安全无事故和工程质量全优的最佳控制指标，神华蒙西煤化股份有限公司棋盘井煤矿致信祝贺，并表示感谢。

1月9日 第十工程处工程技术管理科更名为生产技术部。

1月23日 第十工程处召开思想政治工作会议暨第十一次政研年会。

1月24—25日 第十工程处召开第八届职工代表大会第四次会议暨2007年工作会。

1月29日 第十工程处棋盘井项目部矿建六队更名为第十工程处矿建一队，李雅庄项目部矿建十九队更名为第十工程处矿建五队，梧桐庄项目部矿建十六队、矿建十九队更名为第十工程处矿建十四队、第十工程处矿建二十队"。

2月2日 第十工程处龙家堡项目部承建的副井井筒当日安全到底，全井筒平均月成井137米，两次打破东北同型井筒施工纪录，工期提前102天，吉林省龙家堡矿业有限责任公司致信祝贺。

2月27日 河北省煤矿安全监察局检查评估，认定第十工程处安全技术培训中心具备四级煤矿安全培训资质。

3月13日 第十工程处加强网络传输文件的管理，利用OA办公平台的便捷优势，推行"无纸化办公"。

4月1日 第十工程处李雅庄项目部3月在宽南坡2号进、回风立风井施中，双井月成井210米，荣获业主10万元奖励。

4月4日 第十工程处党委决定，成立矿建一队、矿建二队、第二凿井队、矿建三队、矿建四队、矿建五队、矿建六队、矿建七队、矿建九队、矿建十六队、矿建十九队、矿建二十一队、沙曲项目部机运队等13个党支部。

4月29日 第十工程处在李雅庄项目部召开宽南坡2号风井施工创纪录祝捷表彰大会，李雅庄项目部获处20万元、李雅庄煤矿15万元奖励。李雅庄项目部施工的2号立风井，创月成井291.6米好成绩，其中进风井成井188.6米，刷新山西省同井型立井施工纪录。

5月22日 第十工程处对企业文化建设工作进行安排部署。成立推进企业文化领导小组，设立沙曲、干河、华资项目部3个示范点，建立政工科室联系点，制定具体措施和考核办法，每年进行2次专项检查，作为绩效考核的重要内容。

5月30日 第十工程处机械制造厂生产的固定式箱式矿车、翻斗式矿车和矿用湿式过滤除尘器3个产品，顺利通过国家煤矿安全标志评审认证。

6月1日 第十工程处成立活动领导小组，对扎实开展全国第六个"安全生产月"活动进行安排部署。

6月6日 第十工程处成立龙家堡二期工程项目部，撤销龙固工程项目部，撤销龙固项目部党总支。

7月12日 第十工程处成立八宝工程项目部，撤销龙家堡工程项目部。

7月14日 第十工程处成立八宝项目部党总支，撤销龙家堡项目部党总支。

8月2日 第十工程处门户网站http://www.zm10.com建成投入运行。

8月9日 第十工程处召开第五次党代会，77名代表出席会议，李振东当选党委书记，王海宝当选党委副书记，范起家当选党委副书记、纪委书记。

8月26日 第十工程处龙家堡二期工程项目部矿建二十二队施工－630米水平配风巷（掘进断面积19平方米），8月进尺124米（含6号交叉点），吉林省龙家堡矿业有限责任公司致信祝贺。

9月13日　第十工程处成立黄玉川项目部党总支。

9月17日　第十工程处撤销黄玉川项目部工程指挥部，成立黄玉川工程项目部。

9月20日　第十工程处成立领导小组，在全处范围内组织开展"百日安全生产无事故"活动。活动于9月23日启动，12月31日结束。

本月　第十工程处速凝剂厂生产的"倡德牌"速凝剂，首批15吨供应国家"西气东输"河南林州至济南段遮峪、苇水两条隧道工程施工使用。同时，供中原油田建设集团渝济输气管道工程隧道项目部开凿8条隧道使用。两项工程共计使用2000多吨。

10月30日　第十工程处龙家堡二期工程项目部10月份在20平方米以上断面巷道施工中，矿建二十二队月进101米；矿建二十三队过一个曲线和一个岔口，成巷85米，吉林省龙家堡矿业有限责任公司致信祝贺。

11月1日　第十工程处干河项目部10月份在干河矿井101-2巷施工中，综掘月进尺306米，山西霍宝干河煤矿有限公司致信祝贺。

11月27日　第十工程处黄玉川项目部在副立井施工中，创出国内大口径竖井井筒月度成井118.5米，排矸量超万平方米全国最好水平，并且在第三季度神东电力公司项目评比、矿10月份月度评比均获得第一名，神华亿利能源有限责任公司黄玉川煤矿致信祝贺。

12月19日　第十工程处党委成立工作机构，建立预防腐败工作协调联席会议制度。

12月31日　第十工程处八宝项目部自12月1日开工到12月31日止，副井井筒首月进尺121.7米，吉林八宝煤业有限责任公司致信祝贺。

本月　第十工程处干河项目部矿建二队在干河煤矿井巷工程施工中，综掘独头月进突破343米，山西霍宝集团干河煤矿致信祝贺。

本月　第十工程处根据国务院《住房公积金管理条例》和邯郸市人民政府办公厅文件要求，将单位自行管理的住房公积金移交邯郸市住房公积金管理中心管理。

是年　第十工程处完成工程量22341米，营业收入28850万元，完成承包指标的101.05%；利润1250万元，完成承包指标的104%；职工人均年收入17010元；死亡1人，符合中煤第一建设公司矿建万米掘进死亡率0.48的考核指标，实现了安全生产目标。

2008年

1月2日　第十工程处干河项目部于2007年12月份在101-2巷施工中，综掘独头月进尺343米，山西霍宝干河煤矿有限公司致信祝贺，并对项目部予通报嘉奖。

1月19—20日　第十工程处召开第八届职工代表大会第五次会议暨2008年工作会。会议审议通过并签订了集体合同、工资集体协议、劳动安全卫生集体协议、女工特殊权益保护集体协议。

1月21日　第十工程处党委实行《党总支、直属支部书记例会制度》，召开首次支部书记例会。

1月27日　第十工程处八宝项目部1月份主井月成井121.6米、副井月成井146.7米，通化矿业（集团）有限责任公司（简称通化矿业公司）致信祝贺。

本月　第十工程处干河项目部矿建二队施工山西霍州干河矿井轨道巷，岩平巷掘进，月进尺275米。

本月　第十工程处黄玉川项目部矿建

二十六队施工神华亿利黄玉川矿井一水平回风大巷,半煤岩巷掘进,月进尺370米。

3月4日 第十工程处成立襄垣工程项目部党总支。

3月5日 第十工程处举办首次应届大学毕业生招聘会,来自河北工程大学的15名应届毕业生,通过网上报名方式参加应聘,11人通过面试答辩被录用。

3月6日 第十工程处成立襄垣工程项目部。

3月27日 第十工程处成立宽塘工程项目部。

本月 第十工程处干河项目部矿建二队施工山西霍州干河矿井轨道顺槽,岩平巷掘进,月进尺293米。

4月18日 第十工程处成立组织领导机构,对开展"安康杯"竞赛活动作出安排部署。

4月22日 第十工程处党委启动以"学党章、比觉悟,学技能、比贡献"为主要内容的"双学双比"活动。6月15日结束。

5月7日 第十工程处施工的山西省晋城寺河矿井被评为"2006—2008年度国家级优质工程",中煤第一建设公司予以表彰奖励。

5月15日 第十工程处工会在全处范围内组织"为地震灾区人民献爱心暨'博爱一日捐'捐款"活动(注:四川汶川地震),武安基地和各基层单位工地设立10余个捐款站,发动广大干部职工和家属募集捐款12.3万余元。5月23日,第十工程处响应中组部,河北省委、邯郸市委、市建设党委,以及中煤第一建设公司党委组织部的号召,在全处广大干部职工中开展"献爱心,交纳特殊党费、特殊会费、特殊团费"活动,共计缴费5.6万余元,其中,交纳"特殊党费"1000元以上党员14人,500元以上16人。5月24日,按照中煤第一建设公司支援四川汶川地震灾区重建工作部署,第十工程处组建由28人组成的公司援建四川灾区第一援建队。5月27日,第十工程处召开援建四川灾区誓师大会,援建队员奔赴灾区。援建期间,援建队成立临时党支部,以安全、优质、高效为己任,组织开展多种形式的劳动竞赛活动,先后在崇州三郎镇、平武古城镇承担一、二期491套过渡房及配套工程,提前完成施工任务。6月26日,首批13名援建队员回处。7月27日,最后一批援建队员返回。7月28日,中华全国总工会授予第十工程处援建队"抗震救灾重建家园工人先锋号"荣誉称号。8月5日,共青团邯郸市委授予第十工程处四川灾区援建队"抗震救灾先进青年集体"称号,13名队员被评为"抗震救灾先进个人"。

5月30日 为进一步加强基层党组织对工会、共青团工作的领导,充分发挥工团组织的桥梁和纽带作用,第十工程处党委制定《党总支、直属党支部党建带工建、团建工作联席会议制度》,对基层党建带工建、带团建工作作出了具体规定。

本月 中国煤炭建设协会授予第十工程处"2007年煤炭行业(部级)优秀等级处"称号。

6月3日 第十工程处制定方案、措施,对开展以"治理隐患、防范事故"为主题的全国第七个"安全生产月"活动和"认真落实安全生产责任,实现后七个月安全生产零死亡目标"分别作出安排部署。

6月16日 中煤第一建设公司党委决定,免去李振东第十工程处党委书记职务。党政联席会议决定,免去李振东第十工程处副处长职务。

本月 河北省总工会授予第十工程处

工会"模范职工之家"称号。

本月 第十工程处成立活动领导小组，组织开展了以"治理隐患、防范事故"为主题的全国第七个"安全生产月"活动。

本月 第十工程处八宝项目部凿井七队施工吉林白山八宝矿井副井井筒，创最高月成井160米。

本月 第十工程处棋盘井项目部月掘进巷道332.3米，连续2个月进尺超过310米。

7月1日 第十工程处党委召开纪念建党87周年暨表彰大会。

7月8日 第十工程处成立沙曲第二工程项目部，成立职业病防治站，负责职业病防治各项具体工作。

7月28日 中煤第一建设公司党委决定，张永生任第十工程处党委书记；中煤第一建设公司党政联席会议决定，聘任张永生为第十工程处副处长。

7月30日 第十工程处成立东周窑工程项目部、东周窑项目部党总支。

本月 第十工程处凿井二队、矿建一队、矿建二队、矿建四队、矿建七队、矿建九队、矿建十六队、矿建十八队等8个施工队，被中国煤炭建设协会授予"2007年度全国煤炭行业（部级）等级队"称号。

8月4日 中煤第一建设公司党政联席会议决定，聘任郭林忠为第十工程处副处长。

同日 第十工程处召开中层干部大会，中煤第一建设公司总经理耿聚昌、党委书记李建出席大会，会议宣布张永生任第十工程处党委书记、副处长，郭林忠任第十工程处副处长。

8月7日 根据中煤第一建设公司关于开展奥运期间安保督查与自查专项行动的安排部署，第十工程处成立奥运会期间安保督查与自查领导小组和4个安全督查组，对各基层单位开展安全督查。

8月11日 第十工程处撤销煤炭工业部第一建设公司公安处第四分处机构，成立中煤第一建设公司第十工程处武装保卫部。

8月22日 第十工程处成立麻家梁工程项目部。

本月 第十工程处被中国煤炭建设协会、中国煤炭建设协会工程统计委员会评定为2007年度"立井井筒月进度全国第一名"。

9月4日 第十工程处成立五间房工程项目部。

9月26日 第十工程处黄玉川项目部继2007年11月份月进尺118.5米，创全国最大直径井筒施工纪录之后，于2008年9月首次采用综掘机施工半煤岩巷（断面积19.25平方米），创月成巷422米的好成绩，神华亿利能源有限责任公司黄玉川煤矿致信祝贺。《中国企业报》《中国煤炭报》对此进行了报道。

本月 第十工程处举办"展示风采，凝心聚力"建处50周年主题系列庆典活动。

本月 第十工程处黄玉川项目部矿建二十六队施工神华亿利黄玉川矿井一水平回风大巷，半煤岩巷掘进，月进尺300米。

本月 第十工程处门户网站http：//www.zm10.com完成第一次改版升级。

10月13日 第十工程处成立麻家梁项目部党总支、五间房项目部党支部。

10月24日 中煤第一建设公司党政联席会议决定，免去颜毅第十工程处副处长职务。

10月27日至11月12日 第十工程处党委开展深入学习实践科学发展观征集科学发展群众语言、先进事例、群众意愿、不符合科学发展的现象"四个征集"活动。

本月 第十工程处首次为400余名职工家属办理城镇居民医疗保险，缴纳保金34950元。

11月5日 第十工程处党委决定，撤销陶二项目部党总支、红山项目部党支部、三交河项目部党支部、和顺项目部机电队党支部、和顺项目部党总支、谢桥项目部党支部、下霍项目部党总支、李雅庄项目部党总支、吴桂桥项目部党总支、宽塘项目部党总支、干河项目部党总支。

12月1日 第十工程处2007年11月承建的神华亿利能源有限责任公司黄玉川煤矿副立井，月成井118.5米，井筒净直径9.2米，创国内9.2米大直径井筒基岩段掘砌施工新纪录，入选第十三批中国企业新纪录。

是年 第十工程处工会发动会员参加邯郸市工会会员第一期重大疾病医疗互助，每人缴纳医疗互助金50元（处行政、工会各补贴10元，个人缴纳30元）。

是年 第十工程处被评为"2008年度煤炭行业优秀等级处"。

是年 第十工程处完成工程量24261米，营业收入3.63亿元，完成承包指标的100.8%；利润1550万元，完成承包指标的103%；职工人均年收入20671元；实现了安全生产。

2009年

1月12—13日 第十工程处召开第九届职工代表大会第一次会议、第八次工会会员代表大会暨2009年工作会。范起家当选工会主席。

同日 第十工程处召开思想政治工作会议暨政研会第十二次年会。

2月9日 第十工程处黄玉川项目部承建的黄玉川煤矿副立井与回风立井，提前7天精确贯通，神华亿利能源有限责任公司黄玉川煤矿致信祝贺。

2月16日 第十工程处八宝项目部施工的八宝煤矿主井箕斗装载硐室提前22天竣工。该硐室宽8.2米，高19.47米，为单侧通过式装载硐室。

本月 第十工程处施工的麻家梁矿井回风立井井筒工程，连续2个月成井过百米。1月，成井210米；2月，成井165米。

3月1日 第十工程处改革工资现金发放模式，开始实施职工工资建卡发放制度。

3月2日 第十工程处施工的八宝煤矿主井井筒，提前42天安全到底。

3月18日 第十工程处成立领导小组和工作机构，制定实施方案，召开动员大会，启动为期半年的深入开展学习实践科学发展观活动。领导小组办公室下设综合组、组织组、宣传组和9个指导检查组。

3月22日 根据河北省人口和计划生育委员会、河北省人事厅、河北省劳动和社会保障厅、河北省财政厅联合下发的《关于落实独生之女父母奖励有关问题的通知》，第十工程处党政联席会议决定，对持有"独生子女光荣证"、现仍是独生子女父母的退休职工，给予一次性3000元奖励。

3月26日 第十工程处党委制定实施方案，成立"干部作风建设年"活动领导小组、活动办公室和综合协调组、督导检查组、活动推进组、舆论宣传组，明确工作职责，启动"干部作风建设年"活动。

4月1日 第十工程处东周窑项目部3月在副立井井筒施工中，月成井141米，创大同煤矿集团有限责任公司（简称同煤集团）大断面（$\phi 8$米）立井施工新纪录，同煤集团同发东周窑煤业有限公司致信表示感谢和祝贺。

4月10日 第十工程处召开"创建A级安全质量标准化工程处动员会",发动全处干部职工从安全基础工作入手,提升安全管理水平,扎实做好全年的安全生产工作,确保三季度末通过A级工程处考核验收。

4月16日 第十工程处在东周窑项目部召开副立井创月成井141米祝捷大会。

5月26日 中煤第一建设公司党委决定,范起家任第十工程处党委书记,程岩青任第十工程处党委副书记;撤销张永生第十工程处党委书记职务,王海宝第十工程处党委副书记职务。中煤第一建设公司党政联席会议决定,聘任程岩青为第十工程处处长,范起家为第十工程处副处长;委派孙银河为第十工程处安全监察处处长;免去程岩青第六十三工程处安全监察处处长职务,孙银河中煤第一建设公司安全监察局副局长职务。撤销王海宝第十工程处处长职务,张永生第十工程处副处长职务,李京荣第十工程处安全监察处处长职务。

6月2日 第十工程处成立领导小组,启动以"关爱生命、安全发展"为主题的全国第八个"安全生产月"活动。

6月9日 第十工程处成立庞庞塔工程项目部。

6月16日 第十工程处党委决定,在后七个月时间在基层党组织和广大党员中开展"筑安全堡垒,做安全先锋"主题实践活动,推动本质安全型企业建设。

6月17日 第十工程处成立色连工程项目部党支部。

6月19日 第十工程处成立色连工程项目部。

6月29日 第十工程处召开深入学习实践科学发展观活动总结暨"七一"表彰大会,中煤第一建设公司总经理助理、学习实践科学发展观活动第八指导检查组组长张建立出席会议。

6月30日 第十工程处机械制造厂为陕煤矿建二处加工制作的2座凿井井架,一次通过验收并交付使用。

本月 第十工程处召开庞庞塔斜井冻结施工技术研讨会。

7月2日 第十工程处速凝剂厂接到韩国第一批21吨"倡德牌"Ⅱ型水泥速凝剂产品订单。7月10日,21吨速凝剂运抵韩国,第十工程处生产的速凝剂产品首次销往海外。至2012年5月,第十工程处销售韩国速凝剂总计2500吨。

8月3日 第十工程处党委启动以"爱党爱企、奉献求实、向吴大观同志看齐"为主题的学习实践活动。

同日 第十工程处党委制定《整顿机关作风实施方案》,自2009年8月3日至9月7日,在机关开展以实现"工作环境明显改变,劳动纪律明显增强,工作作风明显转变,长效机制基本建立"为目标的作风整顿。

同日 第十工程处成立白音乌素工程项目部。

8月4日 第十工程处成立信息管理中心和档案室。

8月17日 第十工程处印发《三项行动与三项建设活动实施方案》,成立领导小组和工作机构,启动以开展煤矿安全生产执法行动、治理行动和宣传教育"三项行动"为手段,全面提升煤矿企业的安全生产法制体制机制、保障能力、监督管理队伍的"三项建设"活动。

8月24日 第十工程处龙家堡二期工程项目部提前5天完成东翼一采区轨道斜巷与203采区回风联络巷的贯通任务,吉林省龙家堡矿业有限责任公司致信祝贺。

8月29日 第十工程处组织各项目

部安全副经理和安监处人员赴山东第三十一工程处项目部，观摩学习安全质量标准化建设工作。

9月3日 第十工程处成立防治水管理领导小组。

9月4日 第十工程处成立"一通三防"管理领导小组。

9月14日 第十工程处成立甜水堡工程项目部。

同日 第十工程处印发《2009年后四个月安全质量标准化管理实施方案》，强力推行安全质量标准化工作，打造A级工程处。

9月22日 第十工程处成立防突（防止煤与瓦斯突出事故）管理领导小组。

9月24日 中煤集团根据中组部文件要求，同意第十工程处离休干部彭太平享受中央国家机关副司局级医疗待遇。

本月 第十工程处梧桐庄项目部提前3个月完成年度经济承包指标，实现安全生产无事故。

10月2日 第十工程处印发《开展百日安全活动实施细则》，启动以"责任落实每一岗，安全生产每一天"的百日安全活动。

10月11日 中煤第一建设公司党委决定，赵红江任第十工程处党委副书记、纪委书记、工会代主席，免去范起家第十工程处纪委书记、工会主席职务；党政联席会议决定，聘任孙银河为第十工程处副处长。

10月19日 中煤第一建设公司党政联席会议决定，委派王向东为第十工程处安全监察处处长（副处级），免去孙银河第十工程处安全监察处处长职务。

10月20日 第十工程处成立库里火沙兔工程项目部。

10月30日 第十工程处纪委、监察科、审计科合署办公，名称为纪检监察审计部；基建办与物管中心合并为后勤管理部，清欠办与法律事务部合并为法律事务部，计划生育办公室与武装保卫部合署办公，财务科变更为财务管理部，机电科变更为机电设备管理部，计划合同科变更为经营管理部，供应科变更为物资供应管理部，离退休人员管理办公室变更为离退休人员管理部，信息中心变更为信息管理部。

本月 第十工程处黄玉川项目部矿建二十八队在黄玉川一水平东翼辅助大巷施工中，月进尺201米，破中煤第一建设公司岩平巷（炮掘有轨运输）200米纪录。

11月4日 第十工程处制定实施《单身楼管理办法》，对入住条件、分配办法、收费标准等方面作出具体规定，对单身楼管理的混乱局面进行强化治理。

11月10日 第十工程处八宝项目部矿、土、安工程全面通过竣工验收，工程质量全优。八宝主、副井井筒2007年12月1日正式开工，2008年7月8日副井井筒到底，平均月成井146.25米，创东北三省立井施工平均月进指标新纪录；最高月成井160米，创东北三省立井施工最快纪录；主井2009年3月3日到底，平均月成井125.58米。主、副井井塔及煤仓土建工程2008年7月1日开工，2009年10月15日竣工；主井井塔高72.8米，为吉林省最高井塔，126天完成滑模施工，创东北三省施工纪录。主井井筒及井塔安装工程2009年9月25日竣工。

11月14日 通化矿业（集团）有限责任公司发来感谢信，对第十工程处承建八宝改扩建矿、土、安总承包工程顺利竣工，并创出东北三省三项纪录表示感谢。

11月25日 第十工程处成立宝龙山工程项目部。

本月 第十工程处 2007 年 12 月至 2008 年 7 月承建的通化八宝煤矿副立井井筒掘砌工程，月平均成井 146.5 米，创国内立井施工新纪录，入选第十四批中国企业新纪录。

同日 第十工程处印发《安全监察机构及安全监察人员委派管理暂行办法》。即日起，驻项目部安监站站长与项目部安全副经理职能合并，项目部班子不再配备安全副经理岗位。

12 月 11 日 第十工程处成立宝龙山项目部党支部。

12 月 24 日 第十工程处召开工会第八届委员会扩大会议，补选赵红江为第十工程处工会第八届委员会主席。

12 月 29 日 第十工程处印发《职工退休欢送工作实施办法（暂行）》，规定基层单位每半年为办理正式退休手续的职工召开一次欢送会，内容包括座谈会、宴会、赠送纪念品和纪念册、拍摄合影照片等。

是年 第十工程处支撑式前探梁、一种用于斜井施工的地面钢结构栈桥翻矸装置、一种组合式混凝土施工碹胎三项技术获国家实用新型专利。

是年 第十工程处完成工程量 26119 米；营业收入 41170 万元，完成中煤第一建设公司考核指标的 100.4%；利润 2201.26 万元，完成中煤第一建设公司考核指标的 100.05%；职工人均年收入 23165.4 元。

是年 第十工程处缴纳"五险金" 1055.06 万元，发放伤残补助金 265338 元、独生子女费 24 万元、房改级差 80812 元，支出职工体检费 9.45 万元；对机关局域网机房进行了更新改造，安装了光端机、信号转换机，试行了 OA 办公信息平台。

2010 年

1 月 5 日 中煤第一建设公司工会批复，同意赵红江任第十工程处工会第八届委员会主席。

同日 第十工程处启动以"落实责任，强化管控"为主题的"平安一季度"安全生产活动。

2 月 15 日 中共武安市委、武安市人民政府授予第十工程处"携手并肩谋增效，地企共建保平安"锦旗一面。

3 月 17 日 第十工程处成立火工品、危化品、消防管理工作机构。

3 月 22 日 第十工程处党委成立"执行规范年"活动领导小组以及活动办公室、宣传组、督察组等机构，启动以"强化执行、规范管理"为主题的"执行规范年"活动。

3 月 26 日 中煤第一建设公司党政联席会议研究决定，聘任程岩青为中煤第一建设公司副总工程师，李振东为第十工程处处长；解聘程岩青第十工程处处长职务，李振东第六十三工程处处长职务；解聘平永生、杨富华第十工程处副处长职务，改任二级调研员。中煤第一建设公司党委决定，李振东任第十工程处党委副书记，免去程岩青第十工程处党委副书记职务。

3 月 28 日 第六十三工程处王家岭项目部发生特大透水事故，按照中煤第一建设公司安排部署，第十工程处派出由处长李振东带领的事故现场救援组和由党委书记范起家、副书记赵红江带领的事故善后处理工作组 60 余人，分批次赴王家岭事故现场参与救援和善后处理工作。

3 月 31 日 中煤第一建设公司党政联席会议决定，聘任张春梅、袁钟煜为第十工程处副处长。

4月1日 中煤第一建设公司第十工程处更名为中煤第一建设有限公司第十工程处。

4月12日 第十工程处成立顶板管理领导小组、提升运输管理领导小组。

4月23日 第十工程处开始实行新工人入井前三级教育培训制度，新招聘的从业人员必须经过三级教育培训（1级——处级，2级——项目部，3级——队、班组）。

同日 第十工程处庞庞塔项目部首次使用滑模台车进行斜井井筒施工。使用滑模台车，浇筑工效提高30%，装模、脱模速度提高2~3倍，人员配备减少1/5。

5月6日 根据中煤一建公司《关于矿建施工项目停止使用外包队伍的紧急通知》，确保外包施工队伍平稳、安全、有序撤出，第十工程处成立外包施工队伍清理工作领导小组。

5月7日 第十工程处成立宝龙山项目指挥部，负责项目指挥、协调和督促矿建、土建两个项目的施工生产工作。

5月13日 第十工程处成立八连城工程项目部。

5月14日 第十工程处八宝工程项目部党总支调整为党支部。

5月18日 第十工程处成立防汛工作领导小组，成立退出项目清算工作领导小组。

5月28日 第十工程处党委成立领导小组和活动办公室，围绕中煤集团公司"一限、二提、三转"工作思路，开展"企兴我荣，我与企业同行"主题活动。

6月1日 第十工程处启动以"安全发展，预防为主"的全国第九个"安全生产月"活动。

6月4日 第十工程处库里火沙兔工程项目部撤销。

6月7日 第十工程处修订调度会管理办法，处机关调度会由每周一次改为每天一次。

6月29日 中煤一建公司党政联席会议决定，聘任王向东为第十工程处副处长，委派刘炳峰为第十工程处安全监察处处长；解聘钟占良第十工程处副处长职务，王向东第十工程处安全监察处处长职务。

7月6日 第十工程处成立八连城工程项目部党支部。

7月10日 第十工程处撤销市场开发部，市场开发部业务及人员并入经营管理部。

7月16日 第十工程处党政联席会议决定，大中专毕业生见习期工资待遇及安家费执行标准为：在基层见习期1~6个月内，井下工资不低于70元/天，地面工资不低于50元/天；6个月见习期满，经考核能够胜任本岗位工作的，工资按本岗位同等级待遇标准执行。新分大学生的安家费待见习期满3个月后发放，安家费标准为1000元，由项目部发放，费用转处负担。

8月2日 第十工程处承建的珲春矿业（集团）有限责任公司（简称珲春矿业公司）八连城煤矿新主立井工程开工。主立井井深528.5米，净直径6.0米。

8月3日 第十工程处印发《机构改革实施细则》，启动机构改革。机关职能部室由22个整合为9个，定员由154人缩编为80人，管理岗位实行竞聘上岗，服务型岗位工划入后勤管理部实行业务整合；非机关管理型职能部门划出机关编制实行独立运营，成立物资机电管理中心、物资采购管理中心和后勤管理服务中心3个直属单位，实行定岗定员。

同日 第十工程处成立后勤管理服务中心，撤销后勤管理部、离退休人员管理部、计划生育办公室，业务与人员并入后勤管理服务中心；撤销武装保卫部，原火工品管理和消防业务并入安全监察处，其他业务和人员并入后勤管理服务中心；食堂、招待所、机关保洁和居委会业务及人员并入后勤管理服务中心；撤销社会保险管理部，业务与人员并入人力资源部；党委组织部与人力资源部合署办公，成立后勤管理服务中心党支部，撤销后勤管理部党总支、离退休人员管理部党支部。

8月8日 根据机构改革方案，第十工程处成立党群工作部、物资机电管理中心党支部、物资设备采购中心党支部，设立办公室、安全监察处、人力资源部、生产调度室、工程技术部、经营管理部、财务管理部、纪检监察审计部，设立物资机电管理中心、物资设备采购中心，原业务部室全部撤销。

8月11日 中煤一建公司在第十工程处机关四楼会议室举行职工医院划转移交签字仪式。第十工程处职工医院资产总额861221.32元，账内设备30台（件），自购设备62台（件），低值易耗品41台（件），职工32人，整体划转移交给中煤一建公司职工总院。

8月16日 第十工程处成立战略调整工作实施领导小组和战略调整办公室、安全生产组、项目退出对接组、后勤辅业改革组、维稳工作组等5个工作机构。

同日 第十工程处黄玉川项目部在一、二水平1号联络巷（含砾粗砂岩，涌水量每小时8立方米，坡度6°，掘进断面积23.6平方米）施工中，钻探800米、月进尺138米，神华亿利能源有限责任公司黄玉川煤矿致信祝贺。

8月22日 第十工程处庞庞塔项目部在主斜井冻结段（净宽5.2米，净高4.1米，坡度16°，掘进断面积30.96平方米，净断面积18.41平方米）施工，7月21日至8月20日进尺50米，霍州煤电集团吕临能化煤电有限公司综合项目部、山西煤炭建设监理咨询公司致信祝贺。

本月 第十工程处承建的时为亚洲最大煤矿双侧箕斗装载硐室——麻家梁煤矿主立井箕斗装载硐室提前工期57天竣工。硐室总掘进体积5705立方米，浇筑混凝土量1392.8立方米。

9月8日 第十工程处成立华胜项目部、华胜项目部党支部。

同日 第十工程处施工的八连城煤矿新立井，采用"井外降水、井内强排、强行通过"的施工方法顺利通过流砂层。

9月14日 第十工程处成立门克庆项目部。

9月16日 第十工程处成立门克庆项目部党总支，机关党总支由原来5个支部调整合并为3个党支部。

9月19日 第十工程处成立禾草沟项目部、禾草沟项目部党总支。

同日 第十工程处印发《调整转型期间维稳工作预案》，建立企业调整转型期间的生产安全事故、消防事故、食品安全事故和其他影响企业稳定等突发事件的应急机制和保障措施。

9月20日 根据中煤集团和中煤一建公司矿建企业战略调整工作部署，推进向煤炭生产领域转产，第十工程处决定成立转产对接领导小组。

9月21日 第十工程处实行二级单位负责人业绩考核制度。二级单位负责人薪酬包括岗位月薪、绩效薪酬和特别奖励3个部分，岗位月薪实行浮动制。

9月29日 第十工程处成立节能环保工作领导小组、节能环保工作领导小组。

本月 第十工程处将在职的、原第六十三工程处职工的住房公积金移交社会。

11月10日 第十工程处调整矿建施

工队伍队别编制：原矿建二十八队变更为矿建一队，原矿建三十八队更名为矿建八队，原矿建二十九队更名为矿建十二队，原矿建三十三队更名为矿建十三队，原矿建二十八队更名为矿建十四队，原矿建三十队更名为矿建十五队，原矿建二十六队更名为矿建十六队，原矿建十八队更名为矿建二十队，原矿建三十一队更名为矿建二十四队。

同日 第十工程处党政联席会议决定，各单位公务用车由处统一配置，任何单位不得以单位或个人名义购买非生产性公务用车。

11月12日 第十工程处完成武安基地供水改造二期入户工程。

11月19日 中煤一建公司党政联席会议决定，解聘王向东、孙银河第十工程处副处长职务。

11月20日 中煤一建公司召开党政联席会议，决定第六十三处实行整合转型，总体原则：与第十工程处整合，项目划转、人员分流、基地不动。主要方案：一是第六十三工程处与第十工程处合并，保留第六十三工程处牌子，成立第六十三工程处留守处，主要负责清理债权债务、处理内部历史遗留问题和邯郸、峰峰生活基地的管理服务工作；二是第六十三工程处施工的项目部全部划归第十工程处管理；三是第六十三工程处机关工作人员全部分流，留守处留用部分人员，其余充实到水泉分公司和第十工程处有关项目部，不服从安排的，执行公司有关安置政策；四是第六十三工程处机械加工和安装施工队划归机电安装处管理。原第六十三工程处划转第十工程处资产30671万元、负债36770万元、所有者权益-6099万元。

11月24日 中煤一建公司党委决定，程岩青任第十工程处党委书记，郝玉国任第十工程处党委副书记；免去范起家第十工程处党委书记职务，程岩青第六十三工程处党委副书记职务，郝玉国第六十三工程处党委副书记、纪委书记、工会主席职务。

同日 第十工程处党政联席会决定，原六十三工程处机关部室12名人员于11月25日转入第十工程处机关相关部室工作，待遇不变；9个在建项目部在岗人员人事关系转至第十工程处，正式工办理调动手续，农民工重新与第十工程处签订劳动合同。原六十三工程处机关人员实际调入第十工程处机关29人，划转项目部的569名在岗职工人事关系转入第十工程处。

11月25日 中煤一建公司党政联席会议决定，聘任程岩青、龚大龙、李兰柱、李晓良为第十工程处副处长；解聘程岩青第六十三工程处处长职务，范起家第十工程处副处长职务，龚大龙第六十三工程处副处长职务。

11月26日 第十工程处成立斜沟项目部、肖家洼项目部、玉溪项目部、林南仓项目部、梧桐庄项目部、峰峰项目部、查干淖尔项目部、黄岗梁六区项目部、韦一项目部，成立第六十三工程处留守处，负责岭北和峰峰两个基地的管理、原六十三工程处债权债务清理和历史遗留问题的处理工作。

11月27日 第十工程处印发《关于做好两处整合后划转项目部有关对接工作的通知》，按照中煤一建公司"七条线"管理工作要求，以"十个对接"推进企业整合：管理关系对接、管理制度对接、安全管理线对接、生产管理线对接、技术管理线对接、经营管理线对接、财务管理线对接、机电管理线对接、党群管理线对接、后勤管理线对接。

11月29日 第十工程处成立斜沟项目部党支部、肖家洼项目部党支部、玉溪项目部党支部、林南仓项目部党支部、梧桐庄项目部党支部、峰峰项目部党支部、查干淖尔项目部党支部、黄岗梁六区项目部党支部、韦一项目部党支部，成立社区治保委员会。

12月11日 第十工程处党政联席会议决定，第六十三工程处钻探注浆队并入第十工程处注浆公司。

12月26日 第十工程处玉溪项目部在进、回风立井施工中，继3月份双井破百米之后，12月份进风井（净直径6米）月成井108.1米，回风井（净直径7.5米）月成井102.7米，实现安全、优质、高效，山西兰花科创玉溪煤矿有限责任公司致信祝贺。

12月30日 第十工程处成立华胜项目部探放水队，负责华胜项目施工期间的探放水作业。

是年 第十工程处作为中煤集团综合管理信息系统（ERP系统）财务管理平台第二阶段第三批推广单位，按期完成上线工作。

是年 第十工程处开展新工人入场培训、转岗转场培训、班组长培训、特种作业人员培训4118人次，参加综掘机操作司机理论、矿井安全监控系统、防治水理论培训和中煤集团在西安科技大学举办的采矿与机电专业人员的转产转型培训101人次。

是年 按照中煤集团"一限、二提、三转"决策部署及中煤一建公司设限项目退出的工作要求，第十工程处退出了华资、色连、库里火沙兔等安全风险高、经济效益低、资金保障能力差的24个在建和中标待建项目。

是年 第十工程处对现行安全管理制度进行了修订和完善，重新编印了《中煤第一建设有限公司第十工程处安全管理制度汇编》。

是年 第十工程处完成工程量40582米，完成考核指标的105.35%；施工产值82425万元，完成考核指标的124.8%；营业收入80712万元，完成考核指标的125.2%；实现利润2233万元，职工人均年收入25637元；实现零死亡安全生产目标。

是年 第十工程处应缴"五险金"3365.5万元，实缴3215.5万元，失业保险金欠缴150万元；当年欠缴住房公积金255万元，累计挂账1859万元；筹资52万元，清退了原第六十三工程处2006年退休职工的住房公积金。

2011年

1月5日 第十工程处负责《中煤集团煤巷施工标准》模式七（掘进机掘进，平煤仓配耙装机耙装，矿车运输）和模式八（掘锚机掘进，带式输送机运输）两种标准化模式的编写。

1月17日 第十工程处安全监察处更名为安全监察部，后勤管理服务中心更名为武安后勤中心，岭北基地后勤服务中心更名为邯郸后勤中心。

是日 第十工程处启动以"落实责任，安全生产"为主题的"平安一季度"活动。

1月18日 第十工程处成立武安后勤中心党支部、邯郸后勤中心党支部。

2月22日 第十工程处召开第九届职工代表大会第三次会议暨2011年工作会。会议审议通过了领导人员执行廉洁自律情况、财务工作、职代会提案解答、集体合同履行情况等报告，签订了2011年经营业绩责任书、党风廉政建设目标责任书。

3月1日 第十工程处召开"警示三月行"暨"安全生产警示月"活动动员

大会，对活动的组织开展进行安排部署。

3月2日 中煤一建公司党政联席会议决定，聘任郭林忠为第十工程处副处长，吕广同为第十工程处总工程师，委派许雪刚为第十工程处安全监察处处长，解聘刘炳峰第十工程处安全监察处处长职务。

3月3日 根据河北省人力资源和社会保障厅《关于进一步加强用人单位劳动用工备案工作的通知》和邯郸市人力资源和社会保障局有关规定及中煤一建公司要求，第十工程处开始执行劳动用工备案制度。

3月11日 中煤一建公司党政联席会议决定，聘任张彦田为第十工程处副处长。

3月24日 第十工程处党委印发《工地形象建设基本规范》，推进企业特色文化建设，打造企业"窗口"形象。

3月31日 第十工程处党政联席会议决定，投资约338万元对武基地家属院供电系统和高低压电网终端并网改造，6月30日竣工，8月31日移交当地电力公司。一、二类住户电改收费300元，处补贴2500元；三、四类住户收费2800元；单身楼住户收取300元电改押金。

同日 第十工程处施工的禾草沟矿井主、风斜井井筒，继2月份双破百米后，3月份主井（掘进断面积18.07平方米、-6°）综掘月进154米、回风井（掘进断面积22.7平方米、-20°）炮掘月进尺157米，延安市禾草沟煤业有限公司（简称禾草沟煤业）、中煤西安设计工程有限责任公司禾草沟总承包公司项目部致信祝贺。

同日 第十工程处庞庞塔项目部承建的霍州煤电集团吕临能化有限公司庞庞塔煤矿主斜井工程，连续3个月超额完成施工任务，成为2011年以来四家施工单位中唯一一家连续3个月超额完成生产指标的施工单位，山西煤炭建设监理咨询公司第八工程项目部、霍州煤电集团吕临能化有限公司煤电综合项目部致信祝贺。

本月 第十工程处《高瓦斯矿井巷道抽掘施工工法》《煤矿立井超厚硬灰岩快速施工工法》《大坡度斜井表土段小型挖掘机施工工法》三项工法，被中国煤炭建设协会评审为"2009—2010年度煤炭行业（部级）工法"。

4月1日 第十工程处施工的八连城煤矿新主井井筒，在地质复杂、涌水量大、围岩破碎条件下，3月份取得成井140米好成绩，创珲春矿业（集团）有限责任公司有史以来立井施工最高纪录，珲春矿业（集团）有限责任公司致信祝贺。

4月2日 第十工程处召开干部大会，中煤一建公司党委书记赵宇、人力资源部和组织部部长贾国明出席，会议宣布程岩青任第十工程处处长、党委副书记，徐宏伟任第十工程处党委书记、副处长；免去程岩青第十工程处党委书记职务。

同日 第十工程处对"警示三月行"活动暨安全质量标准化建设工作中涌现的优秀项目经理郭爱国、牛建国、孙继富、程文忠、郭林忠进行表彰，每人奖励1万元。

4月11日 第十工程处成立民用爆炸物品管理工作领导小组、消防管理领导小组。

同日 第十工程处设立党委书记接待日，每月两次，听取职工群众和家属的意见和建议，协调解决重大困难和重要问题。

4月12日 按照《国务院办公厅关于继续深化"安全生产年"活动的通知》及中煤一建公司有关工作部署，第十工程处启动"安全生产年"活动各项工作。

4月22日 第十工程处成立电气防

爆管理领导小组。

4月26日 第十工程处华胜项目部施工的太原煤气化华胜煤业主、副斜井工程，4月份主井仅用10天综掘机的情况下，完成进尺131.8米，副井炮掘施工完成进尺122.7米，太原煤气化华胜煤业公司致信祝贺。

4月29日 第十工程处肖家洼项目部在山西锦兴能源有限公司肖家洼煤矿副斜井施工中，4月进尺225米（含避车硐5米）、质量优良，山西锦兴能源有限公司致信祝贺。

同日 第十工程处党委启动向建党90周年献礼"五个一"系列活动，内容包括开展一次党史教育、组织一次党员奉献日活动、举办一场颂歌献给党演唱会、召开一次党管安全责任自查分析会、举办一次创先争优阶段成果展。

5月13日 第十工程处党委启动查找工作"短板"，提高党建工作质量，推进"质量年"活动相关工作。

5月31日 第十工程处成立禾草沟项目指挥部，下设安监站、生产调度室、工程技术部、机电管理部、通风运输部、综合部6个管理机构。

同日 第十工程处启动以"安全责任，重在落实"为主题的2011年全国"安全生产月"活动。

6月1日 第十工程处研发的"一种伞型支架式临时支护装置"获国家发明专利。

6月26日 第十工程处施工的禾草沟煤矿副井井筒（净断面积20.7平方米、坡度-6°），6月综掘进尺218米，工程质量优良，延安市禾草沟煤业有限公司、中煤西安设计工程有限责任公司禾草沟总承包公司项目部致信祝贺。

7月22日 第十工程处机关办公地点由武安市放射路238号搬迁至邯郸市联纺西路96号。

7月28日 第十工程处华胜项目部施工的华胜煤业二期井巷工程，顺利通过采空区、垮落带，成功穿过85米的3号煤层采空积水区，于7月份实现一水平辅助运输大巷的双向贯通和清理撒煤斜巷与辅助运输巷的高精度贯通，山西蒲县华胜煤业有限公司致信祝贺，并奖励华胜项目部和相关施工队伍任务完成奖、技术贯通奖13万元。

8月9日 第十工程处党委成立党风廉政建设责任制领导小组，成立党风廉政建设责任制考核领导小组。

8月10日 第十工程处研发的"用于立井井筒混凝土施工的超大直径整体滑动金属模块"获国家发明专利。

8月23日 中煤集团党委书记纪喜来、副总经理曹祖民、执行总裁杨列克一行，到第十工程处禾草沟项目部调研。

本月 第十工程处承建的门克庆煤矿一号回风立井，创门克庆煤矿单层井壁月成井104米施工纪录。

9月22日 中煤一建公司安全质量标准化建设现场会在第十工程处门克庆项目部召开，门克庆项目部在会上作了经验交流。

9月24日 第十工程处党政班子决定，给予在安全质量标准化建设中作出突出成绩的门克庆项目部奖励10万元，项目部领导班子奖励5万元。

同日 第十工程处启动以"消除隐患、守住红线"为主题的"百日安全"活动。

9月26日 第十工程处在华胜项目部成立三支防治水专业施工队。

9月28日 第十工程处启动2011年全国"质量月"活动，落实中煤集团关于全国"质量月"活动的安排意见和五项要求。

10月18日 中煤一建公司党政联席

会议决定，撤销基层单位审计机构，第十工程处审计业务划归中煤一建公司监察审计部统一管理。

10月24日 中煤一建公司党委决定，免去赵红江第十工程处党委副书记、纪委书记、工会主席职务，改任中煤一建公司工会副主席兼中煤一建公司机关工会主席。中煤一建公司党政联席会议决定，聘任乔志为第十工程处总工程师，委派袁国平为第十工程处安全监察处处长；解聘吕广同第十工程处总工程师职务，袁忠煜第十工程处副处长职务，许雪刚第十工程处安全监察处处长职务。调任吕广同为第二工程处总工程师，袁忠煜为公司机电管理部副部长，许雪刚为第二工程处安全监察处处长。

10月27日 第十工程处成立安全风险预控管理小组，重点负责组织、协调、指导、监督安全风险预控管理工作。

10月30日 第十工程处华胜项目部施工的太原煤气化华胜煤业一水平回风大巷，于10月28日高精度贯通，山西蒲县华胜煤业有限公司致信祝贺并感谢。

11月11日 中煤一建公司党政联席会议决定，聘任陈学伟为第十工程处副处长。

11月14日 中煤一建公司党委决定，郝玉国任第十工程处纪委书记、工会主席。

11月23日 第十工程处成立合同管理领导小组，指导、监督合同评审及管理工作。合同评审委员会由办公室、经营管理部、财务管理部、工程技术部、机电管理部、安全监察部、监察审计部等部门主要负责人组成。办公室设在经营管理部，负责合同管理日常工作。

12月13日 第十工程处承建的禾草沟煤矿副斜井顺利贯通，一期工程全部完成，中煤西安设计工程有限责任公司致信祝贺。

同日 第十工程处与邯郸市交通运输集团有限公司第四分公司签订合同，自即日起，第四分公司负责向第十工程处提供工作日期间武安与邯郸区间的通勤车服务。

12月22日 第十工程处成立梵王寺项目部和韩咀项目部。

同日 第十工程处决定，给予2011年度安全质量标准化工作成绩突出的华胜项目部5万元、门克庆和庞庞塔项目部各2万元奖励。

12月31日 第十工程处施工的庞庞塔煤矿主斜井，11月、12月连续两个月进尺超百米，井筒于12月30日顺利到底，霍州煤电集团吕临能化有限公司庞庞塔项目部致信表示祝贺。

本月 第十工程处门克庆、禾草沟两个项目部建立煤矿虹膜考勤系统。

本月 第十工程处（原第六十三工程处）施工的山西中煤东坡煤业有限公司东坡煤矿6万～150万吨/年改扩建工程，荣获中国煤炭建设协会、煤炭工业建设工程质量监督总站"煤炭行业优质工程"和煤炭行业工程质量"太阳杯"奖。

是年 第十工程处瓦斯抽放管排液装置、一种井下通风供暖系统、车载式风动凿岩设备注油器、小绞车钢丝绳自动润滑器、一种道岔手动扳道器远程控制装置、立井井筒壁整体液压模板下刃角6项技术获国家实用新型专利。

是年 第十工程处完成工程量30122米，完成年度考核指标的100.4%；营业收入76626万元，完成年度考核指标的109%；实现利润2583万元，完成年度考核指标的123%；职工人均年收入30425元，当年不拖欠职工工资和"五险一金"，实现了零死亡安全生产目标。

是年 第十工程处上调了职工工资，

足额缴纳当年"五险一金"3627万元，补发退出项目职工工资847.6万元、30年矿龄荣誉金5.3万元、独生子女奖金28.2万元，补缴2010年、2011年住房公积金632万元，退付职工住房公积金262万元，解决债务纠纷22起，处理刑事诉讼案3件，向离退休人员发放中秋、春节过节费140余万元。

2012年

1月1日 第十工程处承建的韩咀煤矿副斜井土方工程破土开工。

1月10日 第十工程处启动以"巩固成果、全面提升"为主题的"平安一季度"活动。

1月13日 第十工程处华胜项目部针对华胜矿井小窑采空区、冒落区、积水区安全隐患多、不利于快速施工等困难，制定实施合理的综掘机过空方案、处理采空区、冒落区方案、摸索出长探加短探相结合的探水方案，成功实现全年安全生产和7处精确双向贯通，圆满完成2011年既定施工任务。山西蒲县华胜煤业有限公司发来嘉奖信表示赞誉，并对第十工程处华胜项目部予以10万元奖励。

1月19日 陕西省延安市主管工业副市长郝宝仓，到第十工程处禾草沟项目部慰问节日间坚守岗位的干部职工。

2月1日 第十工程处承建的门克庆煤矿1号回风立井井筒于2011年12月6日顺利落底，特别是于2011年8月创单层井壁月成井104米施工纪录，中天合创能源有限责任公司（简称中天合创）门克庆煤矿致信表示敬意和祝贺。

2月11日 第十工程处召开第十届职工代表大会第一次会议、第九次工会会员代表大会暨2012年工作会，郝玉国当选工会主席。

2月19日 中煤集团总经理王安到第十工程处门克庆项目部调研矿建板块模式化管理推行工作。

2月28日 第十工程处撤销机械制造厂，成立安装项目部。

同日 第十工程处召开"警示三月行"活动动员大会，部署2012年"警示三月行"活动各项具体工作。

3月5日 第十工程处党委制定实施《领导人员安全管理履职监督实施意见》，采取月度检查、季度抽查、半年通报、全年总评的方式，对基层项目部领导班子及成员实施安全履职方面11项内容的重点监督。

3月28日 华胜项目部在3101首采工作面施工中，取得回风巷月进尺402米、运输巷月进尺168.6米、辅助运输巷月进尺131.2米、一次验收合格的好成绩，山西蒲县华胜煤业有限公司致信赞誉，并与项目部合力给予施工队7万元奖励。

同日 第十工程处研发的"混凝土运输系统"获国家发明专利。

3月30日 第十工程处组织启动以"11238"（树立一种安全意识、确立一条活动主线、实施两大攻坚行动、强化三项重点推进、落实八项主要工作）为内容的"基础建设年"活动。

4月18日 第十工程处机关办公楼发生一起外来人员蓄意纵火刑事案件，案件造成3人轻伤，并烧毁办公室一间，财产损失逾2万元。

5月8日 第十工程处华胜项目部施工的3101首采工作面及二期收尾工程，4月份3010回风巷完成进尺453米、3101运输巷过空完成进尺207米、3101辅助运输巷过空完成进尺274米，全月总进尺1189.3米，创造进场以来月进尺总量和单位工程月进尺纪录。山西蒲县华胜煤业有限公司发来嘉奖信表示赞誉，并对第十工程处参与施工的5个矿建队和4个辅助队予以33.6万元奖励。

同日 第十工程处撤销禾草沟项目指挥部，成立安装项目部党支部。

5月16日 第十工程处一种立井井盖、一种凿井吊盘、保温溜槽三项技术获国家实用新型专利。

6月4日 第十工程处启动以"科学发展，安全发展"为主题的2012年"安全生产月"活动。

6月6日 第十工程处华胜项目部施工的3101首采工作面及二期收尾工程，5月份3010回风巷停头探水6天后完成进尺328米、3101运输巷完成进尺486米、3101辅助运输巷过空完成进尺424米，全月总进尺1410.3米，一次验收合格，再次刷新进场以来月进尺总量和单位工程月进尺纪录。山西蒲县华胜煤业有限公司发来嘉奖信表示赞誉，并对第十工程处参与施工的4个矿建队和4个辅助队予以29.93万元奖励。

6月14日 第十工程处成立梨园河项目部，成立梨园河项目部党支部。

7月6日 中煤一建公司决定将第十工程处岭北、武安、峰峰3个基地后勤物业管理业务、人员、资产划归公司物业服务公司统一管理，离退休、内退人员管理业务暂不划转。

本月 第十工程处修订整理现行52项安全管理规章制度，编印《安全管理制度汇编》（分上、下两册）150套，下发执行。

8月15日 第十工程处成立达来胡硕项目部，成立达来胡硕项目部党支部。

9月12日 第十工程处成立专业技术资格考核评议工作小组。

9月20日 第十工程处党委启动以"保安全、提素质、降能耗、求创新"为目标的班组达标竞赛活动。

9月26日 第十工程处启动以"突出重点、落实责任、强化监督、防范事故"为主题的"百日安全生产无事故"系列活动。

同日 第十工程处根据中煤集团党政公文格式要求，对党政公文格式进行修订。

12月12日 第十工程处成立小回沟项目部、创日泊里项目部，成立小回沟、创日泊里项目部党支部。

本月 第十工程处结合《中煤集团形象视觉识别系统》要求，编印100册《项目部形象建设手册》，在常用标识、文化宣传等方面，从规范办公区、生活区、施工区基础设施建设入手，全方位提升项目工地形象。

是年 第十工程处完成工程量30326米，营业收入53176万元，利润1205万元，职工人均年收入35439元，当年不拖欠职工工资和"五险一金"，实现了安全生产。

是年 第十工程处足额缴纳当年职工"五险一金"3284万元，补缴历史拖欠的失业保险金538万元、住房公积金2115万元，补发华资、梧桐庄项目部工资、奖金79万元，筹资1254万元处置了王家岭事故遗留的两个外包队的经济纠纷，解决了54名历史遗留的工伤人员待遇一次性补偿问题和新参保"五七工""家属工"近200人的待遇问题，处理债务纠纷36起、刑事诉讼2起。

2013年

1月7日 中煤一建公司党委决定，免去郝玉国第十工程处党委副书记、纪委书记、工会主席职务，改任邯郸物业管理公司党委书记、总经理。

1月14日　第十工程处启动以"落实责任，防范事故"为主题的"平安一季度"活动。

1月15日　中煤集团授予第十工程处2012年度"一级安全质量标准化工程处"称号。

2月28日　第十工程处启动以"铭记教训，防范事故"为主题的"警示三月行"系列活动。

本月　第十工程处启动2013年度职业技能鉴定工作。

3月1日　第十工程处召开十届二次职代会暨2013年工作会。

3月8日　中煤一建公司党政联席会议决定，第十工程处速凝剂厂划入中煤一建公司建筑材料厂管理，速凝剂厂人员、资产、债权、债务等一并划转。

3月15日　第十工程处承建的阳煤集团创日泊里煤业有限公司创日泊里煤矿1号进风立井和2号回风立井2个井筒开挖。

3月30日　第十工程处编印《火工品、消防、治安保卫管理手册》，下发班组贯彻执行。

4月7日　第十工程处党委组织开展"落实党管安全责任工作典型案例"征集活动。

4月12日　第十工程处成立大海则项目部，成立大海则项目部党总支。

4月17日　第十工程处硬质变径风筒、立井分灰系统、刚性支架支护巷道管路吊挂管卡3项技术获国家实用新型专利。

4月28日　中煤一建公司党委决定，李兰柱任第十工程处党委副书记、纪委书记。中煤一建公司党政联席会议决定，免去李兰柱第十工程处副处长职务。

5月9日　第十工程处成立物资采购管理中心、机电设备管理中心，撤销物资设备采购中心、物资机电管理中心，成立机电设备管理中心党支部、物资采购管理中心党支部。

5月10日　中煤一建公司印发《关于做好2013年度择优转工工作的通知》，分配第十工程处30名农民工转工指标。

5月24日　第十工程处承建的山西小回沟煤业有限公司新建排洪隧道工程，4月份取得月进尺178米好成绩，连续2个月超额完成施工任务，山西小回沟煤业有限公司致信祝贺并表示感谢。

6月3日　第十工程处启动以"强化安全基础，推动安全发展"为主题的"安全生产月"活动。

6月8日　第十工程处小回沟项目部在山西小回沟煤业有限公司新建排洪隧道工程（总长546.170米，净断面积22.1平方米）施工中，5月份完成进尺180米，为保证6月中旬贯通奠定了基础，山西小回沟煤业有限公司致信祝贺。

6月20日　第十工程处华胜项目部施工的华胜煤业一、二期矿建工程施工完毕并顺利通过投产验收，24个单位工程全部合格，13个单位工程达到优良，总体验收评为优良，山西蒲县华胜煤业有限公司致信嘉奖。

6月28日　第十工程处承建的山西华晋韩咀煤业副斜井工程，24.22平方米大断面曲线段施工月进尺180米，山西华晋韩咀煤业有限责任公司致信祝贺。

7月5日　第十工程处成立电气防爆管理领导小组。

7月12日　第十工程处启动"加强技术管理体系建设，提高体系运行质量"活动。

7月15日　第十工程处禾草沟、门克庆、华胜、梨园河4个项目部成立探放水队。

8月4日　第十工程处承建的中煤陕

西榆林能源化工有限公司大海则矿井主立井井筒开挖。

8月6日 第十工程处梨园河项目部施工的梨园河煤矿整合矿井二、三期井巷工程，7月份完成掘进进尺1003米，同煤集团轩岗煤电有限责任公司梨园河煤矿建设指挥部致信祝贺。

8月13日 第十工程处承建的大海则矿井一号回风立井井筒开挖。

8月22日 同煤集团轩岗煤电责任有限责任公司在第十工程处梨园河项目部召开重点工程建设现场推进会，推广第十工程处安全质量标准化施工管理经验。

9月26日 第十工程处启动以"遵章守纪，确保安全"为主题的"百日安全"活动。

9月30日 第十工程处施工的华胜矿井3102采煤工作面及二盘区大巷，9月份3102回风巷进尺360米、3102运输巷进尺308米、一水平二盘区辅助运输大巷进尺160.8米，全月总进尺892.2米，创三期工程开工以来月进尺总量和单位工程月进尺的最高纪录，并一次验收合格，山西蒲县华胜煤业有限公司发来嘉奖信表示赞誉。

10月14日 第十工程处成立清欠办公室、平朔项目部，成立梵王寺项目部党支部。

10月25日 第十工程处承建的同煤集团梵王寺矿井副立井井筒开挖。

10月31日 第十工程处大海则项目部在大海则煤矿井筒施工中，10月份主立井（掘进断面124.6平方米）进尺129米、2号副立井（掘进断面136.8平方米）进尺109米，中煤陕西榆林能源化工公司大海则煤矿项目部致信祝贺，并给予主立井施工队68万元奖励。

11月1日 第十工程处施工的华胜矿井3102开切眼，10月31日实现综掘施工双向精确贯通，山西蒲县华胜煤业有限公司发来嘉奖信表示赞誉，并给予承担施工任务的矿建一队和矿建十队20万元奖励。

11月6日 第十工程处研发的"综掘机跟机电缆装置"获国家发明专利。

12月1日 第十工程处禾草沟项目部矿建十三队施工的50107带式输送机巷，11月份进尺617米，创禾草沟煤业有限公司年度月掘进进尺最高纪录，延安市禾草沟煤业有限公司致信祝贺。

12月2日 第十工程处大海则项目部施工的主立井，完成月度考核计划的124%；回风立井完成月度考核计划的124%，中煤陕西榆林能源化工公司大海则煤矿对主立井施工队奖励34.5万元、回风立井施工队奖励33万元。

12月6日 第十工程处组织学习贯彻《中国中煤能源集团有限公司安全管理红线规定（试行）》，严格执行安全管理红线的各项规定，强化安全管控。

12月11日 第十工程处立井临时吊盘、螺栓处理架、钢丝绳阻车器3项技术获国家实用新型专利。

12月23日 第十工程处禾草沟项目部矿建十三队施工的禾草沟矿井50107带式输送机巷（宽4.8米、高2.6米，断面积12.48平方米），11月份进尺619米，刷新禾草沟煤矿580米单进纪录，延安市禾草沟煤业有限公司致信祝贺，并奖励矿建十三队29.6万元。

12月24日 第十工程处党委启动党的十八届三中全会精神学习宣传和贯彻活动。

12月30日 第十工程处梵王寺项目部在副立井井筒表土段挖掘施工中，月成井112.05米（井筒荒径11.7米），创同煤集团有史以来大直径立井井筒施工最高纪录，同煤集团梵王寺煤矿筹备组致信祝

本月 第十工程处禾草沟项目部矿建十三队施工的禾草沟矿井50107带式输送机巷，取得进尺验收613米的好成绩。

本月 第十工程处大海则项目部在大海则煤矿2个立井施工中，主立井月成井118米，回风立井月成井127米。

本月 中国煤炭建设协会授予第十工程处矿建一队、矿建二队、矿建三队、矿建六队、矿建七队、矿建十三队、矿建十九队、矿建二十一队、国庆队、立井一队、凿井七队等11个矿建施工队"2012—2013年度煤炭行业（部级）优秀等级队"称号。

是年 第十工程处完成工程量32535米，完成计划指标的120.5%；营业收入63677万元，完成计划指标的102.7%；利润总额3276万元，职工人均年收入49969元，实现安全生产。

是年 第十工程处足额缴纳职工当年"五险一金"3655万元，补发华资项目部、原邯郸后勤管理中心欠发工资、奖金94万元，补发2009—2013年间欠发的30年矿龄荣誉金23.4万元，调整了退休人员养老金待遇和115名工伤人员伤残津贴、抚恤金待遇，退付了2010—2012年间250名退休职工的住房公积金，妥善处理上访事件7起、法律诉讼案件9起。

2014 年

1月6日 第十工程处梨园河项目部承建的梨园河煤矿整合矿井二、三期井巷工程，2013年12月进尺1057米，同煤集团轩岗煤电有限责任公司梨园河煤矿建设指挥部致信祝贺。

1月7日 第十工程处启动以"落实责任、从我做起"为主题的"平安一季度"活动。

1月8日 中煤集团授予第十工程处"一级安全质量标准化工程处"称号。

1月21日 第十工程处成立玉泉项目部和玉泉项目部党支部。

2月17日 第十工程处召开十届三次职代会暨2014年工作会，72名代表参会。

2月24日 中煤一建公司党政联席会议决定，聘任程岩青为中煤一建公司总经理助理。

2月28日 第十工程处启动以"铭记教训、防范事故"为主题的"警示三月行"活动。

3月18日 第十工程处党委成立党的群众路线教育实践活动领导小组，领导小组设3个督导组和办公室，办公室下设综合联络组、宣传材料组。

3月28日 中煤集团建立安全质量标准化专家库，对575名专家进行公示，第十工程处苏永、范强、张艳涛、袁国平分列矿建施工的矿建专业、机电运输专业、通风专业、安全管理专业专家名单。

本月 第十工程处禾草沟项目部矿建十三队在禾草沟矿井50107带式输送机巷施工中，月进尺602米。

4月1日 第十工程处施工阳煤集团创日泊里煤业2号回风立井，在供电不足、火工品和商品混凝土供应不及时情况下，3月份仅用22天时间完成进尺106.5米，阳煤集团创日泊里煤业有限公司致信祝贺。

4月4日 中煤一建公司党政联席会议决定，聘任李明镜为第十工程处副处长，郭林忠为第十工程处副处长（正处级待遇）；解聘徐宏伟第十工程处副处长职务。公司党委决定，李明镜任第十工程处党委书记，免去徐宏伟第十工程处党委书记职务。

4月7日 第十工程处大海则项目部

施工的大海则煤矿回风立井井筒，提前58天安全顺利到底。回风立井井筒净直径8.0米、净断面积50.27平方米，经过3次变径后掘进断面积为109.36平方米，临时改绞设计变更井筒延深20米，井深686米。

4月9日 第十工程处安装项目部在盘城岭煤矿700米下山强力带式输送机、80米和120米转载带式输送机施工中，提前8天完成带式输送机系统安装，一次调试成功，山西煤炭运销集团左权盘城岭煤业有限公司致信表示谢意和祝贺。

4月25日 第十工程处"冻结井单层防水井壁施工技术"和"兼并重组整合矿井探老窑积水新技术"研发项目，通过河北省科技厅专家组年度企业研发费用加计扣除项目审核鉴定，项目研发费用核准金额为1413.13万元。

4月26日 第十工程处施工的创日泊里煤矿进回风立井工程，3月成井102.5米，4月单井成井108米，阳煤集团创日泊里煤业有限公司致信祝贺。

5月6日 第十工程处召开开源节流降本增效动员大会。

7月11日 中共第十工程处第六次党员代表大会召开，李明镜当选党委书记，程岩青当选党委副书记，李兰柱当选党委副书记、纪委书记。

7月23日 中煤一建公司委托第十工程处安装项目部加工制作的Ⅵ型凿井井架通过验收。

本月 第十工程处工会组织举办瓦斯检查工、电气焊工、综掘司机3个工种的2014年度职工技能竞赛。

8月1日 第十工程处华胜项目部施工的华胜煤业井巷开拓三期工程，7月份辅助运输大巷和回风大巷排放积水12万立方米，胶带大巷完成进尺178米，一次验收合格，山西蒲县华胜煤业有限公司致信祝贺，并给予项目部施工队23万元奖励。

同日 第十工程处启动为期5个月的反"三违"专项整治行动。

8月11日 第十工程处印发《低效无效资产清理处置工作方案》，成立工作机构，明确部门职责、阶段性工作时间节点和工作要求，启动低效无效资产清理处置、盘活存续资产和增利减亏工作。

8月12日 第十工程处成立全面深化改革创新领导小组，加强全面深化改革创新工作的组织领导、方案设计和推进落实。

9月18日 第十工程处按照每年人均100元标准（行政70%，工会30%）筹集资金，设立专项帮扶基金，成立困难职工帮扶中心。

同日 第十工程处启动以"守住红线，狠反三违"为主题的2014年"百日安全"活动。

10月17日 第十工程处上报中煤一建公司《关于机关机构设置和人员配备情况的报告》，机关部室定岗定员78人：副总师4人，党政办公室7人，党群工作部8人，安全监察部6人，人力资源部13人，生产调度室3人，工程技术部11人，经营管理部10人，财务管理部13人，纪检监察部2人，清欠办公室1人。

11月2日 国家863重点项目之一，千米立井迈步吊盘制作及施工模拟实验工程，在第十工程处安装项目部武安加工车间开工。该项目由中煤集团和北京中煤矿山工程有限公司（天地科技建井研究院井巷技术装备研究所）合作研发，解决千米立井施工时绞车容绳量不足问题。2015年11月17日，863课题"大型凿井井架及井壁吊挂关键技术与装备"任务四（液压整体迈步式凿井吊盘的研制）及任务五（迈步式吊盘工业性试验）通过中煤建设集团专家组预验收。

11月3日 第十工程处成立沟底项目部、沟底项目部党支部。

11月7日 第十工程处与邯郸市保安服务有限公司签订合同，自即日起邯郸市保安服务有限公司负责第十工程处机关楼及所属区域范围内的安保服务。

本月 第十工程处成立隐蔽致灾因素普查工作机构，采取资料收集、梳理、分析和实地探查等方式，对在建的8个项目部开展隐蔽致灾因素普查。

12月8日 第十工程处印发《项目部隐蔽致灾因素普查分析报告》，将8个在建项目部的基本概况、隐蔽致灾因素现状、隐蔽致灾因素分析及采取的措施、下一步工作计划安排和建议等进行了公布，并组织贯彻执行。

12月15日 中国煤炭建设协会和煤炭工业建设工程质量监督总站公布2013—2014年度全国煤炭行业优质工程61项和"太阳杯"工程38项的评审表彰名单，第十工程处承建的延安市禾草沟煤矿煤炭资源整合矿井项目，荣获2013—2014年度"全国煤炭行业优质工程"和煤炭行业工程质量"太阳杯"奖。

12月31日 第十工程处立井复壁小模板提升机和斜巷带式输送机断带保护装置2项技术获国家实用新型专利。

本月 中国煤炭建设协会授予第十工程处"2013—2014年度煤炭行业（部级）优秀等级处"称号，授予矿建一队、矿建三队、矿建六队、矿建七队、凿井一队、凿井二队、凿井七队、矿建十三队、矿建十六队、矿建十八队、矿建二十队、矿建二十七队等12个施工队"2013—2014年度煤炭行业（部级）优秀等级队"称号。

是年 第十工程处完成工程量33360米，完成年度计划的104%；营业收入66594万元，完成计划调整指标的107%；利润总额4907万元，职工人均年收入51134元，实现安全生产。

2015年

1月14日 第十工程处小回沟项目部在2014年小回沟项目三条斜井修复和矿井质量标准化建设工作中成绩显著，山西小回沟煤业有限公司因此荣获2014年度中煤集团"一级标准化矿井"和中煤平朔集团有限公司（简称平朔集团）"安全生产先进单位"荣誉，山西小回沟煤业有限公司致信表示感谢，并对矿建十五队被山西小回沟煤业有限公司授予2014年度"先进集体"称号表示祝贺。

1月19日 第十工程处启动以"遵章守纪，狠反'三违'"为主题的2015年"平安一季度"活动。

1月25日 第十工程处召开十届四次职代会暨2015年工作会。

本月 第十工程处《煤矿井巷探放老空积水施工工法》被中国煤炭建设协会审定为"煤炭行业（部级）工法"。

2月28日 第十工程处启动以"铭记教训，防范事故"为主题的第五个"警示三月行"活动。

3月22日 第十工程处华胜项目部矿建一队施工的华胜矿井一水平二盘区带式输送机大巷反掘工程精确贯通，山西蒲县华胜煤业有限公司致信表示赞誉。

4月4日 第十工程处承建的中煤榆林能源化工有限公司大海则煤矿主立井复工。12日，回风立井复工。

4月27日 第十工程处解除与温州二井建设有限公司签订的玉泉项目工程施工分包合同。

4月29日 第十工程处按照中煤一建公司要求，自4月份起，采取"处领导班子成员2015年度基薪下降20%"等5项措施,确保2015年工资总额下降5%。

本月 第十工程处小回沟项目部矿建二十七队施工小回沟矿副斜井,月掘进成巷160米。

5月7日 第十工程处召开共青团第十次团员代表大会,马玲当选团委副书记。

6月1日 第十工程处启动以"加强安全生产法治,保障安全生产"为主题的2015年"安全生产月"活动。

6月22日 第十工程处大海则项目部施工的大海则矿井1号副立井复工。

7月1日 第十工程处开始在所有项目部实行职工脸部识别网络系统考勤。

8月7日 第十工程处党委会议决定,党委宣传部与党群工作部合署办公。

8月14日 第十工程处召开优秀大学毕业生表彰会,对24名优秀大学毕业生进行表彰和奖励。

9月23日 第十工程处启动以"查隐患、严治理、防事故、保安全"为主题的"百日安全"活动。

10月23日 第十工程处成立综合项目管理系统项目建设领导小组。

11月22日 第十工程处成立职工教育培训中心。

同日 第十工程处党委决定,基层项目部党总支委员会改组为党支部委员会。

12月15日 第十工程处门克庆项目部完成年初业主下达的施工任务,全年完成巷道掘砌进尺19000米,掘锚机施工的辅助运输巷7—10月连续4个月突破600米,最高月进尺632米,创门克庆煤矿月单进水平,中天合创煤炭分公司门克庆煤矿致信祝贺。

12月30日 第十工程处一种吊盘U型连接板加工装置、风门助开器、堵孔塞3项技术获国家实用新型专利。

本月 中国煤炭建设协会授予第十工程处"2014—2015年度煤炭行业(部级)先进施工企业""2014—2015年度煤炭行业(部级)优秀等级处"称号,授予矿建二队、矿建三队、矿建六队、凿井二队、凿井三队、凿井七队、矿建十队、矿建十一队、矿建十三队、矿建十六队、矿建十八队、矿建二十一队、矿建二十七队、矿建二十八队、安装一队等15个施工队"2014—2015年度煤炭行业(部级)优秀等级队"称号。

是年 第十工程处完成工程量31715米,完成年度计划的100.68%;营业收入75145万元,完成年度计划的107.35%;利润总额4937万元,完成年度计划的100.75%;职工人均年收入47433元,全额缴纳职工"五险一金"4117.67万元,实现安全生产。

2016年

1月16日 第十工程处启动以"落实责任,共筑平安"为主题的"平安一季度"活动。

1月18日 第十工程处门克庆项目部施工的11-3101工作面巷道工程,继1月10日2号回风巷贯通后,18日1号回风巷再次实现安全、精确贯通,贯通距离均达到8700多米,首采工作面巷道贯通全面完成,中天合创煤炭分公司门克庆煤矿致信祝贺。

1月24日 第十工程处召开十届五次职代会暨2016年工作会。

1月27日 第十工程处门克庆项目部在主提罐道换绳工作中,在零下20多摄氏度环境下,5天完成任务,比业主要求提前3天,中天合创煤炭分公司门克庆煤矿致信予以表扬。

3月1日 第十工程处安装项目部以良好的质量、先进的施工工艺、清晰的资料管理，按期高效完成盘城岭矿井井下消防水管路、压风管路、排水管路、黄泥灌浆管路、瓦斯管路、采区变电所、采区水泵房、轨道下山卡轨车、强排设备等2015年矿井机电安装工程，山西煤炭运销集团左权盘城岭煤业有限公司致信表示感谢。

同日 第十工程处开始实行年度安全风险报告、矿井施工灾害预防和处理计划、防治水工作计划及措施、"一通三防"工作计划与措施、生产安全事故应急预案制度。

3月16日 第十工程处研发的立井复壁小模板提升机获国家发明专利。

3月29日 第十工程处门克庆项目部施工的11－2201工作面回风巷，3月进尺456米，中天合创煤炭分公司门克庆煤矿致信祝贺。

4月11日 第十工程处成立韩咀项目工作组。

4月21日 第十工程处成立葫芦素项目部党支部。

4月28日 第十工程处韩咀项目部在韩咀整合矿井周边废弃小窑、采空区、垮落区多，地质结构复杂条件下，圆满完成业主4月份安排的610米掘进任务，实现安全、优质、高速施工，创进场以来单进最好成绩，山西华晋韩咀煤业有限责任公司致信表示赞誉。

5月6日 第十工程处小回沟项目部施工的一水平西运输大巷，4月完成进尺242米，一次通过验收，打破了小回沟煤矿建矿以来井巷工程月度施工最高纪录，山西小回沟煤业有限公司致信祝贺。

5月8日 第十工程处小回沟项目部施工的一水平辅运大巷和副斜井安全贯通，贯通距离4.6千米，贯通误差0.15米，山西小回沟煤业有限公司致信祝贺。

5月31日 第十工程处梨园河项目部施工的51101工作面进风巷工程，自3月份开工以来，以每月平均单进364米水平，于5月27日实现综掘施工双向精确贯通，同煤集团轩岗煤电有限责任公司致信表示感谢。

6月16日 第十工程处安全志愿者参加邯郸市"安全进万家、幸福你我他"主题志愿服务和"安全在心中、万人话安全"万人安全大签名活动。

7月1日 延安市煤炭工业管理局党委书记、局长姜润虎带领党建观摩团一行10余人，到第十工程处禾草沟党支部观摩交流党建思想政治工作。5日，中煤陕西榆林能源化工有限公司考察团一行27人，到禾草沟项目部观摩学习。

7月4日 第十工程处受邀参加中国煤炭建设协会组织的《中国煤炭建设年鉴（2011—2015）》科技进步专篇——本单位斜井、平斜巷施工方面科技进步和技术创新经验成果的编写工作。

7月15日 第十工程处上线公司设计开发的综合项目管理系统。

8月15日 第十工程处成立小回沟项目工作组，韩咀工作组撤销。

8月29日 延安市官屯煤矿学习考察团一行10余人，到第十工程处禾草沟项目部西翼辅助运输大巷工作面进行安全质量标准化观摩学习。

9月12日 第十工程处召开干部大会，中煤一建公司人力资源部部长范征琰宣布中煤一建公司党政班子决定，郭林忠任第十工程处处长、党委副书记，解聘程岩青第十工程处处长、党委副书记职务，调任公司总经理助理，公司党委书记史立志出席并主持会议。

9月23日 第十工程处启动以"突出重点、消除隐患、落实责任、防范事故"为主题的"百日安全"活动。

9月26日 第十工程处门克庆项目部国庆队施工的11-3102辅助运输巷，9月进尺702米，质量合格，安全无事故，创门克庆煤矿建矿以来月进尺最高纪录，中天合创煤炭分公司门克庆煤矿致信表示感谢。10月8日，中煤一建公司对第十工程处国庆队创公司近年煤巷月施工最高纪录，给予10万元奖励。10月10日，第十工程处决定，给予国庆队10万元奖励。

9月30日 第十工程处以普法宣传领导小组为基础，成立依法治企工作领导小组。

11月1日 第十工程处禾草沟项目部在5号煤层西翼辅运大巷施工中，9月、10月连续2个月大断面掘进突破300米；尤其是10月，在矿井系统改造停产5天的影响下，仍掘进成巷309米，实现安全生产、质量全优；项目部2支矿建队在全矿8支施工队中安全质量标准化考核始终名列前茅，成为业主和延安周边地区标杆示范工程，多次受到上级褒奖，延安市禾草沟煤业有限公司致信祝贺。

11月3日 第十工程处小回沟项目部施工的小回沟井巷工程，在断层和陷落柱频遇条件下，9月、10月连续月进尺超过1100米，创进场以来月进尺最高纪录，山西小回沟煤业有限公司致信表示赞誉。

11月11日 第十工程处党委召开2016年思想政治工作研讨会。

11月16日 同煤集团轩岗煤电有限责任公司安全质量标准化现场推进会在梨园河煤矿召开，刘家良煤矿、焦家寨煤矿、石湖煤矿、程家沟煤矿一行10人，到第十工程处梨园项目部井下222皮带下山工作面进行观摩学习。

12月 第十工程处施工的山西华晋韩咀煤业矿井兼并重组整合项目主、副井井筒掘砌工程，荣获中国煤炭建设协会、煤炭工业建设工程质量监督总站颁发的"煤炭行业优质工程奖"和煤炭行业工程质量"太阳杯"奖。

本月 第十工程处荣获中国煤炭建设协会颁发的"2015—2016年度煤炭行业先进施工企业"和"2015—2016年度煤炭行业（部级）优秀等级处"称号。矿建一队、矿建二队、矿建三队、矿建六队、矿建十队、矿建十三队、矿建十八队、矿建二十一队、矿建二十七队、矿建二十八队、矿建三十三队、安装一队等12个施工队，荣获"2015—2016年度煤炭行业（部级）优秀等级队"称号。

是年 第十工程处实现安全生产，完成工程量33744米，完成年度计划的105.5%；营业收入65941万元，完成年度指标的101.45%；利润总额4838万元，完成年度指标的106.33%；职工人均年收入5.27万元，足额上缴"五险一金"4363万元。

2017年

1月1日 第十工程处启动以"落实责任，共筑平安"为主题的2017年"平安一季度"活动。

1月5日 第十工程处小回沟项目部施工的小回沟矿井二期工程，巷道贯通累计达30余次，全部精确贯通，山西小回沟煤业有限公司致信向小回沟项目部在技术管理中取得的突出成绩表示祝贺。

1月6日 中煤一建公司决定，聘任代秋巍为第十工程处副处长。

1月9日 第十工程处召开2016年度干部考核大会。

1月16日 中煤建设集团决定，命名第十工程处"苏永创新工作室"为第一批"中煤建设集团职工创新工作室"。

1月18日 第十工程处特殊岩层锚索支护施工粉尘收集器、风动混凝土螺旋输送装置2项技术获国家实用新型专利。

本月 第十工程处小回沟项目部作为中煤一建公司试点，联网中煤一建公司高瓦斯矿井二、三期项目远程安全监测监控系统。

2月18日 第十工程处召开十一届一次职代会、第十次工代会暨2017年工作会。

2月19日 第十工程处党委召开2016年度领导班子专题民主生活会，中煤一建公司党委副书记、纪委书记何子清出席会议。

3月2日 第十工程处门克庆项目部组建60多人的矿务队到母杜柴登煤矿承担施工任务。

同日 第十工程处召开动员会，启动以"铭记安全事故教训，确保安全生产持续稳定"的"警示三月行"活动。

4月10日 中煤一建公司决定，解聘张彦田第十工程处副处长职务。

4月17日 第十工程处门克庆项目部国庆队施工的11-3102工作面辅助开切眼与11-3101工作面辅助开切眼，提前4天安全、顺利、精准贯通，中天合创能源有限责任公司门克庆煤矿致信祝贺，并向项目部职工表示慰问。

4月18日 第十工程处小回沟项目部在平朔集团救护大队的协助下，于4月11—17日连续作业7天，完成井下2201、2301回风巷等5个密闭区域的瓦斯抽放任务，山西小回沟煤业有限公司致信表示感谢。

同日 第十工程处成立《中煤一建公司第十工程处志》编纂办公室，启动建处60周年史志编纂和企业宣传片的摄制工作。

5月9日 第十工程处党委启动以"提质量、提效益、降成本、降能耗"为内容的"双体双降，我的空间在哪里"主题实践活动。

5月31日 第十工程处召开干部大会，中煤一建公司总会计师颜枫林主持会议，宣布孟昭国任第十工程处副处长，副处长龚大龙调离。

6月1日 第十工程处启动以"全面落实企业安全生产主体责任"为主题的"安全生产月"活动。

6月7日 第十工程处顺利通过中质协质量保证中心审核组的管理体系认证。

6月8日 第十工程处禾草沟项目部在禾草沟煤矿5号煤层西翼运输大巷、西翼带式输送机大巷、南翼带式输送机大巷铺底及水沟施工中，27天施工进尺3297米，提前10天完成任务，工程质量全优，延安市禾草沟煤业有限公司致信祝贺，并向项目部职工表示慰问。

6月30日 第十工程处党委召开"七一"表彰会暨党建工作推进会。

同日 第十工程处召开干部大会，中煤一建公司党委书记史立志主持会议，中煤一建公司组织部部长范征琰宣布中煤一建公司决定，赵红江任第十工程处党委书记、副处长，原第十工程处党委书记、副处长李明镜调离。

本月 第十工程处修订、整理现行安全生产、经营、党群工作规章制度168项，编印《企业管理制度汇编》（分安全管理分册、生产经营分册、党群管理分册）200套，下发执行。

7月20日 中煤集团班组长建设推进会在中煤大同塔山煤矿召开，第十工程处门克庆项目部以《细化分配考核加强班组建设》代表中煤一建公司交流经验。

8月1日 第十工程处门克庆项目部在葫芦素煤矿西翼回风立井项目施工中，掘砌月成井130.5米，刷新葫芦素煤矿立井掘砌最高纪录，中天合创能源有限责任公司葫芦素煤矿致信祝贺。

8月23日 第十工程处成立永兴项目部、山不拉项目部，成立永兴项目部党支部、山不拉项目部党支部。

8月27日 第十工程处门克庆项目部施工的矿井11-3108辅助运输巷，连续2个月突破700米，8月进尺718米，再创门克庆煤矿单月进尺最好水平，中天合创能源有限责任公司门克庆煤矿致信祝贺。

本月 第十工程处《大型矿井建井期间混合提升系统施工工法》《煤矿立井井架基础、冻结沟槽、临时锁口联合施工工法》《高瓦斯矿井复杂地质构造条件下斜井施工工法》《煤巷油页岩顶板支护施工工法》4项工法，被中国煤炭建设协会审定为"煤炭行业（部级）工法"。

9月7日 中国煤炭建设协会公布2016年度煤炭行业施工企业实力排名，第十工程处2016年矿建产值6.45亿元，施工产值6.58亿元，被评为2016年度煤炭建设工程处（公司）矿建施工前30强企业，排名第15位。

9月18日 第十工程处召开干部会议，中煤一建公司副总经理张贵明主持，中煤一建公司人力资源部部长范征琰宣布公司决定，原第十工程处总工程师乔志调离，李艮桥任总工程师。

9月23日 第十工程处启动以"落实责任、控制风险、消除隐患、确保平安"为主题，以"地面无重伤，井下无死亡"为目标的"百日安全"活动。

10月6日 第十工程处禾草沟项目部施工的520盘区排水系统安装工程和5号煤层南翼回风大巷贯通工程，比施工节点提前5天完工，为整个520盘区的接续创造了条件，延安市禾草沟煤业有限公司致信表示感谢和祝贺。

10月17日 第十工程处执行中煤一建公司《行政值班工作制度》，在处机关设立值班室，每天安排处级领导和相关部门负责人昼夜值班。

10月18日 第十工程处所属项目部全部实现无线网络区域覆盖，为工地职工提供免费Wi-Fi。

11月3日 第十工程处成立落实中央企业主要负责人履行推进法治建设第一责任人职责工作领导小组。

11月6日 第十工程处党委召开"补短板，破瓶颈，解难题，出低谷"专题民主生活会，针对中煤一建公司提出的队伍建设、"两金"压降、施工装备、扭亏止亏、清欠等10项问题进行研讨。

同日 第十工程处葫芦素项目部西翼风井套壁施工10月份进尺372米，中天合创能源有限责任公司葫芦素煤矿致信祝贺。

11月22日 第十工程处禾草沟项目部矿建三队用3天时间完成5号煤层南翼回风大巷、50204带式输送机巷风桥工程施工任务，完成日进度计划在禾草沟煤矿8支掘进队中名列前茅，在矿方安全质量标准化考核中多次名列第一，延安市禾草沟煤业有限公司致信祝贺。

12月6日 第十工程处小回沟项目部施工的副斜井井筒工程，全长2395.6米井筒一次通过山西省煤矿建设协会验收，被山西省煤矿建设协会授予2016年度"三晋杯质量奖"及优质工程荣誉称号，山西小回沟煤业有限公司致信表示祝贺。

12月14日 第十工程处成立安家项目部，成立安家项目部党支部。

是年 第十工程处实现安全生产，全年完成井巷进尺22776米，营业收入44606.02万元，实现利润2610万元，职工人均年收入53442元，职工"五险一金"3231.84万元足额上缴。

第一篇　组织机构

20世纪50年代后期，大规模的煤炭矿井建设高潮在全国展开。为适应生产建设"大跃进"，第十工程处的前身——山西潞安煤矿筹备处基本建设工程处建井三队成立。1966年1月，煤炭工业部将全国煤炭建设施工队伍进行统编，潞安矿务局在王庄建井指挥部基本建设队伍的基础上成立煤炭工业部第十工程处。

第十工程处诞生60年来，伴随着国家煤炭建设事业的发展，历经南下援建、移师华北、重返三晋、扎根燕赵、开拓西北的奋斗历程，企业名称和隶属关系数次变迁，领导体制数次变革。在长期的建井实践中，以党和国家的路线、方针、政策为指引，以各个不同时期中央企业的历史任务为己任，不断深化企业改革、完善企业管理体系，持续加强和改进党的建设及职工队伍建设，努力打造具有优良革命传统和强大战斗力、创新力的专业化矿井建设施工企业，施工队伍专业素质不断提升，施工能力不断增强。

第一章 机构与队伍

第一节 领导体制

1958年5月22日，山西潞安煤矿筹备处党委为适应生产建设"大跃进"，批准成立建井三队（中共建井三队总支委员会同年成立），负责王庄矿井的建井和生产任务，由基本建设工程处直接领导。12月30日，潞安煤矿筹备处根据山西省煤矿管理局转发煤炭工业部批准成立潞安矿务局的通知，决定潞安煤矿筹备处基本建设工程处建井三队更名为潞安矿务局建井三队，由矿务局直接管辖。

1960年4月4日，潞安矿务局建井三队更名为潞安矿务局第三工程处。1961年4月，更名为潞安矿务局第三建井工程处。

1962年6月11日，根据山西省煤管局指示，潞安矿务局下发《关于成立建井工程公司、撤销建筑安装工程处等三个单位的通知》，将建筑安装工程处、第三建井工程处合并重组，成立潞安矿务局建井工程公司。党的领导机构由总支调整为党委，企业实行党委领导下的行政领导负责制，企业人事任命、经营决策等由党委集体研究决定，处长贯彻执行并负责向党委报告工作。

1965年3月12日，为适应煤炭生产建设新高潮，减少层次，按照煤炭工业部关于在建矿井成立现场指挥部的要求，潞安矿务局撤销基建处及建井工程公司，成立王庄建井指挥部。

1966年1月29日，根据煤炭工业部〔1965〕煤发第1752号和山西省煤管局晋煤字144号文件通知，为了适应煤炭工业基本建设的需要，贯彻集中兵力打歼灭战的方针，固定一支野战化的施工队伍，潞安矿务局将王庄建井指挥部基本建设队伍统编为煤炭工业部第十工程处，隶属煤炭工业部，仍由山西潞安矿务局管理。

1967年2月2日，为支援"三线建

设"，煤炭工业部决定由第十工程处承担渡口一对新井的施工任务。第十工程处奉调四川渡口负责攀枝花工业区大宝顶煤矿的矿建和安装施工，由渡口第四指挥部代管。1968年6月8日，经渡口市革命委员会批准，成立煤炭工业部第十工程处革命委员会，称渡口四号信箱附十五号革命委员会，实行军事管制，党组织受到严重冲击，党的活动停止。

1970年6月，煤炭工业部、石油工业部、化学工业部合并，成立燃料化学工业部，第十工程处隶属关系随之变更，名称未变；10月29日，燃料化学工业部下发《关于下放煤矿基本建设施工单位的通知》(〔1970〕燃煤开字第368号)，根据渡口地区煤矿建设任务的需要，将第十工程处下放四川省管理，取消原煤炭工业部对工程处的统一编号。1971年3月16日，第十工程处更名为四川省煤矿建设第一工程处（简称川煤一处），隶属四川省煤炭工业管理局；8月，川煤一处第一次党代会召开，党的活动得到恢复。

1973年7月14日，燃料化学工业部下发《关于四川省第一矿建工程处改调河北邯郸煤炭基地工作的通知》（燃财劳字第1195号），决定四川省煤矿建设第一工程处调往河北邯邢煤炭基地施工。10月3日，邯邢煤炭工业基本建设局印发通知，川煤一处进入邯邢基地施工后，改称燃料化学工业部煤炭第十工程处，隶属邯邢煤炭工业基本建设局。1974年7月30日，燃料化学工业部邯邢煤炭工业基本建设局更名为燃料化学工业部邯邢基地煤炭建设指挥部，第十工程处隶属关系未变。

1975年4月，国家燃料化学工业部撤销，再次设立煤炭工业部，燃料化学工业部邯邢基地煤炭建设指挥部改称煤炭工业部邯邢基地煤炭建设指挥部，第十工程处随之恢复煤炭工业部第十工程处番号。

1979年，全国人大五届二次会议召开，革命委员会退出历史舞台，党委在企业处于政治核心地位，发挥政治核心作用。

1983年5月，随着国家工业管理体制的变革，煤炭工业部将邯邢基地煤炭建设指挥部更名为煤炭工业部第一建设公司，第十工程处名称未变。

1986年6月，第十工程处进行领导体制改革，党政职能分开，实行生产经营和行政管理处长负责制。

1989年12月，煤炭工业部再次撤销，设立中国统配煤矿总公司，根据中国统配煤矿总公司《关于直属基建公司更改名称的通知》和中国统配煤矿总公司第一建设公司文件精神，煤炭工业部第十工程处更名为"中国统配煤矿总公司第十工程处"。

1993年5月，中国统配煤矿总公司第一建设公司划归中煤建设开发总公司，更名为中煤第一建设公司。8月，根据《关于直属基建公司更名的通知》（部煤厅字〔1993〕第29号）和中煤第一建设公司《关于公司及所属单位更改名称的通知》，第十工程处更名为中煤第十工程处。

2003年6月，中国中煤能源集团有限公司实施资产重组，中煤第一建设公司划归中煤集团。2005年12月，中煤第一建设公司为进一步明确产权归属和经济责任，理顺公司与下属各施工单位在施工经营管理等方面的关系，成立中煤第一建设公司第十工程处，第十工程处由企业法人变更为非法人分支机构。

2010年4月，随着中煤第一建设公司名称的更改，第十工程处更名为中煤第一建设有限公司第十工程处。11月，中煤第一建设有限公司撤销中煤第一建设有限公司第六十三工程处番号，将第六十三工程处人员、资产整合并入第十工程处。

1960—2017年第十工程处处长任职表见表1-1-1，1958—2017年第十工程处领导班子成员见表1-1-2。

表1-1-1 1960—2017年第十工程处处长任职表

任 序	姓名	职务名称	任职时间	任 序	姓名	职务名称	任职时间
第一任	李焕明	处长、革委会主任	1960-04—1970-04	第十任	闫志义	代理处长	1994-05—1994-11
第二任	施云先	革委会主任（军代表）	1970-04—1971-11	第十一任	张文山	处长	1994-11—1998-03
第三任	韩明信	革委会主任	1971-12—1976-07	第十二任	蒲耀年	处长	1998-03—2004-06
第四任	朱成忠	革委会主任	1976-07—1978-10	第十三任	王海宝	处长	2004-06—2009-05
第五任	张虎银	处长	1978-10—1981-03	第十四任	程岩青	处长	2009-05—2010-03
第六任	袁克智	处长	1981-08—1982-12	第十五任	李振东	处长	2010-03—2011-02
第七任	李顺贵	处长	1983-01—1983-08	第十六任	程岩青	处长	2011-04—2016-09
第八任	闫志义	处长	1983-08—1985-03	第十七任	郭林忠	处长	2016-09—
第九任	邵勇	处长	1983-05—1994-05				

表1-1-2 1958—2017年第十工程处领导班子成员

序号	姓名	职务	任职时间	备 注
1	张继贤	队长	1958-05—1958-11	潞安煤矿筹备处基本建设工程处建井三队
2	李焕明	队长	1958-11—1960-04	潞安煤矿筹备处基本建设工程处建井三队、潞安矿务局建井三队
		代处长、处长	1960-04—1962-06	潞安矿务局第三工程处、潞安矿务局第三建井工程处
		经理	1962-06—1965-03	潞安矿务局建井工程公司
		处长	1965-05—1969-04	王庄建井指挥部、煤炭工业部第十工程处
		革委会主任	1968-06—1970-04	煤炭工业部第十工程处

表1-1-2（续）

序号	姓名	职务	任职时间	备注
3	常建忠	党总支书记	1958-11—1962-06	潞安煤矿筹备处基本建设工程处建井三队、潞安矿务局第三工程处、潞安矿务局第三建井工程处
		党委副书记、书记	1963—1965-05	潞安矿务局建井工程公司、王庄建井指挥部
4	聂志兰	副队长	1958-11—1960-04	潞安煤矿筹备处基本建设工程处建井三队
		代副处长、副处长	1960-04—1965-05	潞安矿务局第三工程处、潞安矿务局第三建井工程处、潞安矿务局建井工程公司、王庄建井指挥部
5	段保善	副队长	1958-11—1960-04	潞安煤矿筹备处基本建设工程处建井三队
6	李怀生	副队长	1958-11—1960-04	潞安煤矿筹备处基本建设工程处建井三队
7	王桂清	副队长	1958-11—1960-04	潞安煤矿筹备处基本建设工程处建井三队
8	王根保	副处长	1960-05—1962-06	潞安矿务局第三工程处、潞安矿务局第三建井工程处
		处长	1965-03—1965-05	潞安矿务局王庄建井指挥部
9	王东林	副处长	1961—1965-05	潞安矿务局第三建井工程处
10	苗义生	副处长	1961—1962-06	潞安矿务局第三工程处
11	程进义	党总支副书记	1961—1962-06	潞安矿务局第三工程处
12	王满喜	安监站长	1961-05—1962-06	潞安矿务局第三工程处
13	李小白	工会主席	1961—1962-06	潞安矿务局第三工程处
14	丁凤武	副经理	1962-06—不详	潞安矿务局建井工程公司
15	袁松山	副经理、副处长	1962-06—1966-01	潞安矿务局建井工程公司、潞安矿务局王庄建井指挥部
16	吴广厚	副经理、副处长	1962-06—1971-03	潞安矿务局建井工程公司、潞安矿务局王庄建井指挥部、第十工程处
		革委会副主任	1968-06—1971-03	第十工程处
17	申福顺	副处长	不详—1965-05	王庄建井指挥部

表1-1-2（续）

序号	姓名	职务	任职时间	备注
18	田耕夫	党委书记（兼）	1962-06—不详	潞安矿务局建井工程公司
19	林青柏	党委第一副书记、书记	1962-06—1966-01	潞安矿务局建井工程公司、王庄建井指挥部
20	陈振杰	纪委书记	1962-06—不详	潞安矿务局建井工程公司
21	芦殿堂	纪委书记	不详—1965-05	王庄建井指挥部
22	刘全魁	工会主席	1962-06—不详	潞安矿务局建井工程公司
23	王强歧	工会主席	不详—1965-05	王庄建井指挥部
24	马长发	代副处长	1966—1970-04	第十工程处
		革委会副主任	1972—1978-10	第十工程处
		副处长	1978-10—1982-10	第十工程处
		总会计师	1981-06—1982-10	第十工程处
25	高树北	党委书记	1965-05—1970-04	王庄建井指挥部、第十工程处
26	李树荣	党委副书记	1966-10—1969-08	第十工程处
		工会主任	1969-08—1975-05	
		革委会副主任	1969-08—1978-08	
		党委书记	1983-09—1985-03	
		纪委书记（正处级）	1985-11—1993-05	
27	李文庭	工会代主席	1965-05—1968-06	
28	邢忠堂	纪委书记	1965-05—1968-06	
29	施云先	革委会副主任	1968-06—1970-04	（军代表、副营长）
		革委会主任	1970-04—1971-11	
		党委书记	1971-08—1971-11	
30	谢树春	革委会副主任	1968-06—1976-09	
31	韩明信	革委会副主任	1970-04—1971-03	
		党委副书记	1971-08—1973-11	
		革委会主任	1971-12—1973-11	（划分大宝顶矿搞生产）
		党委书记、革委会主任	1973-11—1976-07	
32	钟风仪	革委会副主任	1970-04—1976-07	
		党委副书记	1971-11—1976-07	
33	胡景普	革委会副主任	1971-03—不详	
		党委副书记	1971-08—不详	
34	胡殿明	革委会副主任	1971-03—不详	

表 1-1-2（续）

序号	姓名	职务	任职时间	备注
35	腾广瑞	革委会副主任	1971-03—不详	
36	范 荣	革委会副主任、党委副书记	1971-11—1978-08	
37	关明德	工会主任	1975-05—1979-10	
38	朱成忠	革委会主任、党委书记	1976-07—1978-10	
39	张虎银	革委会副主任、党委副书记	1976-07—1977-11	
		处长、党委副书记	1978-10—1981-03	
40	张文山	革委会副主任	1976-07—1977-02	
		党委副书记	1977-02—1979-03	
		副处长	1979-04—1980-12	
		副处长	1981-06—1982-11	
		副处长	1987-10—1994-11	
		处长	1994-11—1998-03	
41	王九升	革委会副主任	1976-10—1978-08	
		党委副书记、纪委书记	1976-10—1981-08	
		党委书记	1981-08—1983-09	
42	范兴文	革委会副主任	1976-07—1978-10	
		副处长	1978-10—1982-10	
		安监站副站长（副处级）	1981-06—1994-11	
43	刘太让	革委会副主任	1977-02—1978-10	
		副处长	1978-10—不详	
44	袁克智	革委会副主任	1977-10—1978-10	
		副处长	1978-10—1981-08	
		处长、总工程师	1981-08—1982-12	
45	王立友	党委书记（兼）	1978-10—1982-10	
46	成海友	党委副书记、监委书记	1978-10—1981-03	
47	邱则庆	副处长	1979-04—1979-10	
		工会主席	1979-10—1981-06	
		副处长	1981-06—1981-08	
48	王照春	副处长	1980-03—1980-04	
		安监站长	1980-04—1982-10	

表 1-1-2（续）

序号	姓名	职务	任职时间	备注
49	李顺贵	副处长	1981-06—1983-01	
		处长、总工程师	1983-01—1983-08	
50	邵存法	副处长	1981-06—1994-11	
51	颜继忠	副处长	1981-06—1982-03	
52	田永善	工会主席	1981-06—1982-03	
53	李明温	党委副书记	1981-08—1985-03	
		纪委书记	1981-12—1985-03	
54	范喜田	副处长	1982-10—1985-03	
55	赵贵新	总会计师（副处级）	1981-09—1991-10	
56	邓文芳	副处长	1982-10—1985-03	
57	高长志	副处长	1982-10—1994-11	
58	王永年	安监站长	1982-10—1987-10	
59	邵勇	副处长	1982-12—1985-03	
		处长	1985-03—1994-05	
60	闫志义	处长	1983-08—1985-03	
		党委书记	1985-03—1998-03	
		代理处长	1994-05—1994-11	
61	赵庭煜	总工程师	1984-04—1986-07	
			1989-02—1994-11	
62	高尚华	工会主席	1984-04—1998-03	
63	朱光辉	副处长	1985-03—1985-07	
		党委副书记	1985-07—1994-11	
64	程起俊	副处长	1985-03—1994-11	
65	刘树勋	副处长	1985-09—1998-03	
		党委书记	1998-03—2002-09	
66	张振生	安监站长	1987-10—1998-03	
67	王玉江	总会计师（副处级）	1991-10—1994-06	
68	牛峰智	纪委书记	1993-06—1995-05	
		副处长	1995-05—1998-03	
69	蒲耀年	副处长、总工程师	1994-11—1998-03	
		处长	1998-03—2004-06	

表1-1-2（续）

序号	姓名	职务	任职时间	备注
70	范起家	党委副书记	1994-11—1998-03	
		纪委书记	1995-05—1998-03	
		副处长	1998-03—2002-09	
		党委副书记、纪委书记、工会主席	2002-09—2009-05	
		党委书记、副处长	2009-05—2010-11	
71	平永生	副处长	1994-11—2010-03	
72	颜毅	副处长	1994-11—2008-10	
		总经济师	1995-04—2008-10	
73	王立升	副处长	1996-05—2006-06	
74	李占福	纪委书记、工会主席	1998-03—2002-09	
		党委书记	2002-09—2005-02	
		副处长	2004-06—2005-02	
75	张东幸	副处长	1998-03—2002-03	
76	杨富华	副处长	1998-03—2010-03	
77	吕广同	总工程师	1998-03—2011-10	
78	李京荣	副处长	1998-03—2009-05	
		安监站长	1998-03—2004-11	
		安监处长	2004-11—2009-05	
79	王海宝	副处长	2002-09—2004-06	
		处长、党委副书记	2004-06—2009-05	
80	钟占良	副处长	2002-09—2010-06	
81	李振东	党委书记、副处长	2005-02—2008-06	
		处长、党委副书记	2010-03—2011-02	
82	张永生	党委书记、副处长	2008-07—2009-05	
83	郭林忠	副处长	2008-08—2014-04	
		副处长（正处级）	2014-04—2016-09	
		处长、党委副书记	2016-09—2017-12	
84	程岩青	处长、党委副书记	2009-05—2010-03	
		党委书记、副处长	2010-11—2011-04	
		处长、党委副书记	2011-04—2016-09	

表 1-1-2（续）

序号	姓名	职务	任职时间	备注
85	孙银河	安监处长	2009-05—2009-10	
		副处长	2009-10—2010-11	
86	赵红江	党委副书记、纪委书记、工会主席	2009-10—2011-10	
		党委书记、副处长	2017-06—2017-12	
87	王向东	安监处长	2009-10—2010-06	
		副处长	2010-06—2010-11	
88	袁钟煜	副处长	2010-03—2011-10	
89	张春梅	副处长	2010-03—2011-05	
90	刘炳峰	安监处长	2010-06—2011-03	
91	李晓良	副处长	2010-11—2017-12	
92	李兰柱	副处长	2010-11—2013-04	
		党委副书记、纪委书记、工会主席	2013-04—2017-12	
93	龚大龙	副处长	2010-11—2017-05	
94	郝玉国	党委副书记	2010-11—2013-01	
		纪委书记、工会主席	2011-11—2013-01	
95	张彦田	副处长	2011-03—2017-04	
96	许雪刚	安监处长	2011-03—2011-10	
97	徐宏伟	党委书记、副处长	2011-04—2014-04	
98	乔志	总工程师	2011-10—2017-09	
99	袁国平	安监处长	2011-10—2017-12	
100	陈学伟	副处长	2011-11—2017-12	
101	李明镜	党委书记、副处长	2014-04—2017-06	
102	代秋巍	副处长	2017-01—2017-12	
103	孟昭国	副处长	2017-05—2017-12	
104	李艮桥	总工程师	2017-09—2017-12	

第二节 职能机构

1958年，潞安煤矿筹备处基本建设工程处建井三队组建初期，设党总支、生产科、经理科、人事保卫科、福利科5个职能部门，分别管理企业的政治思想、生产技术、行政事务、后勤服务工作。1959年，更名为潞安矿务局建井三队后，在原有5个科室的基础上设立机电科，以加强对机电工作的全面管理。1961年，更名为潞安矿务局第三建井工程处后,机构设置为党总支、工会、团总支、保卫科、人事科、经理科、福利科、工程技术科、调度室、安全监察站、医务所。1962年,合并成立潞安矿务局建井工程公司,增设机电动力科。

1966年1月,统编为煤炭工业部第十工程处,机构设置为党委办公室、组织干部科、工会、团委、纪委、宣教科、行政办公室、工程科、财务科、保卫科、劳资科、安全科、供应科、行政科。

1968年6月,第十工程处革命委员会成立,机构设置为革委会办公室、政治工作组(组织、宣传、群工、武保)、生产组(施工、劳资、安全、调度)、后勤组(财务、供应、福利)。1969年10月,经四川省渡口市(今攀枝花市)人民武装部委员会批准,第十工程处成立人民武装部。

1974年1月,第十工程处进行机构调整,将机构设置为党委办公室、组织科、宣教科、工会、团委、行政办公室、工程管理科、安全质量监察科、调度室、劳动工资科、财务科、行政管理科、机电科、供应科、保卫科、人民武装部。1976年7月,增设计划科、五七办公室。1979年7月,撤销宣教科,分设宣传科、教育科;12月,成立科技科。1980年6月,成立人事科,党委组织科、宣传科改为党委组织部、宣传部,五七办公室改为农村工作办公室。1981年5月,党委组织部和人事科合并为组织部,撤销科技科,业务合并工程科。

1982年3月,第十工程处成立党委办公室、行政办公室、职工教育培训办公室,撤销五七办公室(农村工作办公室),其业务分别划归行政办公室和工程科;6月,撤销工程科,成立工程技术科,机构设置为党委办公室、组织部、宣传部、纪委、工会、团委、行政办公室、工程技术科、计划科、安监站、调度室、劳动工资科、财务科、机电科、供应科、行政管理科、教育科、保卫科、人民武装部19个职能部室。1984年7月,成立落户办公室。1985年2月,成立调研室;3月,经潞安矿务局公安处、长治市公安局、山西省公安厅审查批准,第十工程处将保卫科改为公安科;5月,成立劳动人事科、行政办公室、党委办公室,撤销劳动工资科、职工教育培训科(职工业余文化教育业务划归工会,职工业务技术培训业务划归劳动人事科),计划生育办公室划归医院管理;9月,调研室改为经营办公室。1986年9月,成立落户工作领导小组,下设落户办公室。1987年5月,成立审计科。1988年1月,邯邢基地煤炭建设指挥部驻十处安全质量监察站更名为煤炭工业部第一建设公司第十工程处安全监察站;12月,成立工程质量检查科(质检科)。1990年3月,恢复教育培训科,成立计量科和标准化办公室;4月,成立档案科;7月,调整落户工作领导小组,落户办公室业务划归劳动人事科管理。1993年3月,根据"三项制度"改革要求和工作需要,将武装部与公安科合并为武保科,审计科与监察科合并为审计监察科,档案科业务划归行政办公室。

1995年2月,第十工程处实施机构改革,撤销质检科,业务划归工程科;纪委、审计监察合署办公,工会、团委合署办公,组织部、劳动人事科合并为人事组织劳资科,党委办公室、行政办公室合并为办公室,党委宣传部、教育培训科合并为宣传部;11月,成立社会保险管理科,与人事组织劳资科合署办公(落户办公室业务完结、撤销)。1996年12月,武装部、公安科合并,成立武装保卫科。1997年1月,成立山西工程管理处(常村管理处）。1998年5月，工程科、调度室合署办公；8月，成立下岗职工再就业服务中心，由人事组织劳资科管理。

1999年5月，第十工程处继续深化机构改革，以适应市场经济发展的需要，经营办公室、计划科合并，成立计划合同科，撤销行政科（业务划归常村管理处）。机关部室设置：工会、团委合署办公，纪委、审计、监察合署办公，人事组织劳资科、社保科合署办公，工程科、调度室合署办公，宣传部，办公室，计划合同科，财务科，安监站，武保科，机电科，供应科，计生办，社保科，常村管理处，后勤服务部。2002年9月，撤销常村管理处。

2004年9月，成立清欠办公室；11月，安监站更名为中煤第一建设公司驻十处安全监察处。2005年3月，成立工程信息部；9月，成立法律事务部，社会保险管理科与人事组织劳资科分离，成立社会保险管理部，人事组织劳资科更名为人力资源部；11月，再就业中心关闭，完成下岗职工出中心再就业向失业并轨。2007年1月，工程技术管理科更名为生产技术部。2009年8月，为加强信息化建设和档案管理工作，成立信息管理中心和档案室。

2009年10月，调整职能部门、变更名称，纪委、监察科、审计科合署办公，更名为纪检监察审计部；基建办与物管中心合并，更名为后勤管理部；清欠办与法律事务部合并，更名为法律事务部；计划生育办公室与武装保卫部合署在武装保卫部办公；财务科更名为财务管理部；机电科更名为机电设备管理部；计划合同科更名为经营管理部；供应科更名为物资供应管理部；退休人员管理办公室更名为离退休人员管理部；信息中心更名为信息管理部。机关机构调整、更名后设置为办公室、人力资源部、经营管理部、财务管理部、物资供应管理部、安全监察处、安全技术培训中心、生产技术部、机电设备管理部、调度室、市场开发部、纪检监察审计部、法律事务部、社会保险管理部、信息管理部、档案室、党委组织部、党委宣传部、工会、团委、武装保卫部21个职能部室。

2010年7月，撤销市场开发部，业务并入经营管理部。同年8月，启动机构改革，按照"七条线"管理模式，机关职能部室整合为9个，定员由154人缩编为80人；非机关管理型职能部门划出机关编制实行独立运营，成立物资机电管理中心、物资采购管理中心和后勤管理服务中心3个直属单位。撤销社会保险管理部，业务与人员并入人力资源部。党委组织部与人力资源部合署办公。成立后勤管理服务中心，撤销后勤管理部、离退休人员管理部、计划生育办公室，业务与人员并入后勤管理服务中心。撤销武装保卫部，原火工品管理和消防业务并入安全监察处，其他业务和人员并入后勤管理服务中心；食堂、招待所、机关保洁和居委会业务及人员并入后勤管理服务中心。机关部室调整后设置为党政办公室、安全监察处、人力资源部、生产调度室、工程技术部、经营管理部、财务管理部、纪检监察审计部、党群工作部9个部室。2011年1月，安全监察处更名为安全监察部；10月，中煤一建公司决定撤销基层单位审计机构，审计业务划归中煤一建公司监察审计部统一管理。2013年10月，成立清欠办公室。2015年11月，成立职工教育培训中心，业务并入人力资源部。

至2017年12月，第十工程处管理和服务机构设置为党政办公室、党群工作部、安全监察部、人力资源部、生产调度室、工程技术部、经营管理部、财务管理部、纪检监察审计部、清欠办公室10个机关管理部门，机电设备管理中心、物资采购管理中心2个直属服务单位（图1-1-1）。

1958—2017年第十工程处各职能部门负责人任职表见表1-1-3。

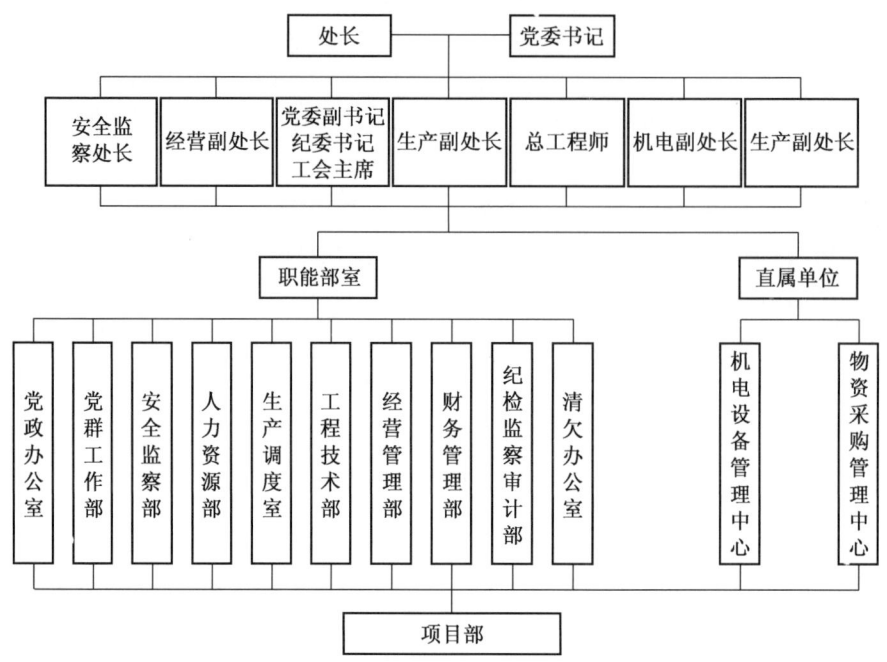

图1-1-1 2017年第十工程处组织机构设置图

表1-1-3 **1958—2017年第十工程处各职能部门负责人任职表**

序号	部室名称	合属部门	起止年限	负责人姓名
1	办公室	党委	1965-05—1968-05	张兴中、田永善
		行政	1958-08—1965-05	戴光富（副）
		—	1971-11—1981-08	田永善、白云鹏、赵书经、田永善
	党委办公室	—	1981-08—1995-02	牛锋智、平买兴
	行政办公室	—	1981-08—1995-02	代光富、张振生、牛峰智、蔺士惠
	档案科	—	1990-04—1993-04	王存仁
	档案室	—	2009-10—2010-08	杜仙梅（副）
	党政办公室	—	1995-02—2017-12	蔺士惠、魏巍、翁富贵、于金宝、张友录、杨书磊、张友录、付献坤、马静、张海芳

表1-1-3（续）

序号	部室 名称	部室 合属部门	起止年限	负责人姓名
2	福利科	—	1958-11—1966-01	孙桂（副）、苗义生、刘锁（副）
3	人事保卫科、保卫科、公安科	—	1958-11—1996-12	王根太（副）、邢忠堂、郭泰民、王明堂
3	武装部	—	1965-05—2009-05	李增森（副）、吴德贵（副）、王俊林（副）、孙佩英、郭继平、王明堂、孙佩英、王海宝（第一部长）
3	武保科、武装保卫部	—	1993-03—2010-08	郭泰民、郭继平、王明堂、孙佩英、吴树平
4	政治工作组	组织、宣传、群工、武保	1968-06—1971-11	杨世文
5	生产组	施工、劳资、安全、调度	1968-06—1971-11	靳宝元
6	后勤组	财务、供应、福利		张振清
7	宣教科、宣传科、宣传部	—	1958-08—2010-08	任树德、范喜田、吴胜谦、平买兴、李进龙、翁富贵、张友录、翁富贵、密栓成、程四清
7	工会	—	1958-05—2010-08	关明德、田永善、陆绍章、张海彪、刘义生、焦焕章、张振生、李广州、翁富贵、韩宝书、张友录、薛帮汉、马天真、张友录、马天真
7	团总支	—	1961—1965	李树荣
7	团委	—	1965-05—2010-08	陆绍章（副）、朱光辉（副）、周喜顺、吕双全、王存礼（副）、范起家、翁富贵、马爱花（代）、张友录、殷媛（副）、康永刚（副）、马玲
7	党群工作部	—	2010-08—2017-12	程四清、王莉棉、张友录
7	党群工作部	宣传部	2010-08—2017-12	程四清、王莉棉
7	党群工作部	工会	2010-08—2017-12	谢宁芳、牛鑫斌、司马玉静
7	党群工作部	团委	2010-08—2017-12	马玲、代文强（副）

表1-1-3（续）

序号	部室名称	合属部门	起止年限	负责人姓名
8	安全监察站、安全科、安全质量监察科、安全监察处、安全监察部	—	1961—2017-12	路长林、刘天成、王照春、刘天成、王永年、张振生、刘治强、张毅、刘治强、冯永刚
9	组织干部科	—	1958-08—1965-05	申俊昌、李朝杰
	人事教育科、教育科、职工教育培训办公室、教育培训科、安全技术培训中心	—	1963-11—2010-08	赵玉亭（副）、高尚华（副）、李水仙（副）、平买兴（副）、王武洲、袁人龙、代志春
	组织科	—	1965-05—1968-06	李英岐
		—	1974-01—1980-06	赵书经、邵宪斌、张世华（副）
	组织部	—	1980-06—2005-09	高尚华（副）、张世华、高尚华、范秀记、江英男、范起家、平买兴、高长学
	人事科、劳资科、劳动工资科、劳动人事科、人事组织劳资科	—	1961—2004-09	宋建尧、李满贵、屠景山、姜殿池、邵勇、高尚华、邵勇、孟召侯、冉启刚、平买兴、高长学、魏巍
	社会保险管理科	—	1995-11—2005-09	平买兴、高长学、魏巍
	落户办公室	—	1984-07—1995-11	郭泰民、张云生
	再就业中心	—	1998-08—2005-11	高长学、曹文华、魏巍
	人力资源部	—	2005-09—2017-12	魏巍、曹文华（副）、代志春、王海波、代志春
		社会保限管理部	2005-09—2017-12	魏巍、曹文华（副）、代志春、王海波、代志春
		组织部	1980-06—2017-12	魏巍、代志春、王海波、张蕾
		安全技术培训中心、职工教育培训中心	2015-11—2017-12	代志春、张蕾

表1-1-3（续）

序号	部室名称	合属部门	起止年限	负责人姓名
10	生产科	—	1958-11—1961	聂仲德（副）
	调度室、生产调度室	—	1961—2017-12	刘天成（副）、杨福祥（副）、刘太让、李文、垢文会、尚斌、张连仲、王亚平、牛奎则、张孝荣、张仲儒、张东幸（兼）、钟占良（兼）、姜士杰、于大成、张建军、秦红辉、高国红、赵立江
11	工程技术科、工程科、工程管理科、工程技术科、工程科、工程技术管理科、生产技术部	—	1961—2010-10	袁克智、程起俊、颜继忠、王天林、王永年、解恩贵、常福堂、张东幸、钟占良、程岩青、李树兵、李振民、张邦进、苏永、李树兵
	科技科	—	1979-12—1981-05	刘尚和（兼）
	工程质量检查科、计量科、标准化办公室	—	1988-12—1995-02	王宇通
	工程技术部	—	2010-10—2017-12	苏永、李飞
		信息管理中心、信息管理部	2009-08—2017-12	刘建伟（副）
12	经理科	—	1961—1966-01	申俊昌
	计划科、计划合同科	—	1976-07—2009-08	徐双生、高长志、赵国庆、刘子贵、刁炳仁、高长学、陈泰潞、黄玉贵、李兰柱、葛宪魁
	经营办公室	—	1984-09—1998-05	周祥龙、赵国庆、黄玉贵、杨富华（兼）
	项目部	—	1995-02—1996-07	王宇通
	工程信息部、市场开发部	—	2005-03—2010-07	孙建运、于金宝
	经营管理部	—	2009-10—2017-12	葛宪魁、黄志杰、王晓涛
		法律事务部	2005-03—2017-12	吕显超（副）
13	财务科、财务管理部	—	1958-08—2017-12	赵贵新、周祥龙、郭士嘉、王玉江、李荣安、郭兴华、包家梁、郭兴华（兼）、张春梅、谢刚、王汉东、孟昭国、李江波

表 1-1-3（续）

序号	部室名称	合属部门	起止年限	负责人姓名
14	纪委	—	1966-01—1968-06	芦殿堂、邢忠堂
	纪委	—	1981-08—2009-10	邢忠堂、张海彪、王武洲、刘恒珍、马天真
	审计科	—	1987-05—2009-10	何玉玲、方玉梅、赵雅
	监察科	—	2003-10—2009-10	刘恒珍、马天真
	纪检监察审计部	—	2009-10—2017-12	闫宝安、谢刚、杜翠霞
		纪委	2009-10—2017-12	闫保安、张文卓、郭茂森
		监察审计部	2009-10—2017-12	柏鹏（副）、谢刚、杜翠霞
15	机电科、机电设备管理部、物资机电管理中心、机电设备管理中心	—	1971-11—2017-12	崔宝荣、曹化南、宋仁旺（副）、曹化南、张辉、王建文、李富德、王玉岁、袁周政、李富德、袁周政、代学东
16	五七办公室、农村工作办公室	—	1976-07—1982-03	焦焕章、代光富（副）
17	调研室	—	1985-02—1985-09	李树荣
18	清欠办公室	—	2004-09—2009-10	郭兴华（兼）
		—	2013-10—2017-12	李波
19	物资供应管理部、物资采购管理中心、物资设备采购中心、物资采购管理中心	—	2009-10—2017-12	张庆玺、高国红、王祖华、冀海军

第三节 职工队伍

1958年5月，潞安煤矿筹备处基本建设工程处建井三队组建；11月，建井三队在册职工211人。1960年1月，在册职工1165人。1961年3月，潞安矿务局给第三工程处调配了479名新工人。1967年4—6月，第十工程处将不适于派出支援"三线建设"的100余名土建人员移交潞安矿务局，1272名职工奉调四川参加渡口大宝顶煤矿建设。

1968年3月，根据生产形势的发展，第十工程处经四川渡口第四指挥部同意批准，在四川省奉节县招收一批亦工亦农五年制合同工充实职工队伍；9月，招收一批职工子弟参加工作。1969年8月，中国人民解放军基本建设工程兵第41支队（师级）500多名战士集体转业到渡口四号信箱，300多人分配到第十工程处。

1973年11月，第十工程处1208名职工陆续奉调河北省邯郸市参加邯邢基地煤炭建设会战。1974—1978年，先后招收邢台、邯郸、保定、长治等地下乡知青和职工子弟2778人。1978年11月底，在册职工3843人。1983年10月,第十工程处招工315人,其中:由本单位分配285人,由第四十九工程处分配30人。之后,每年从邯邢技工学校分配一批职工子弟毕业生补充自然减员。

1985年以后,国家改革劳动用工制度,第十工程处按照上级指令,结合工程施工需要开始招收录用合同制、季节工、临时合同工。1990年4月,从矿建队农民轮换工中转招80名迁户粮关系的劳动合同制工人,在内部招收10名待业青年从事矿建、土建工作;12月,在册职工4008人,其中:固定工2608人,合同工1400人。

1993年以来,随着企业三项制度改革的推行和不断深化,第十工程处建立和完善岗位竞争机制,整合分流富余人员,实施大中专毕业生在工资待遇、提拔任用等方面的倾斜政策,强化专业技术人才引进和培养,优化职工队伍结构,职工队伍整体素质逐年提升。

2006年5月,学校、公安系统46人移交地方;5月,将安装公司在册140余人划转到中煤第一建设有限公司机电安装工程处。

2010年8月,职工医院32人划转中煤一建公司职工总院。11月,第六十三工程处机关、后勤、9个施工项目部的1464名职工整合并入第十工程处。

2012年7月,岭北、武安、峰峰3个基地后勤物业管理人员84人划归中煤一建公司物业服务公司。2013年3月,速凝剂厂18人划归中煤一建公司建材厂。

2017年10月,第十工程处在册职工人数2930人(其中:合同制1506人,临时合同工1424人)。具有专科以上学历472人,各类专业技术人员247人。其中:中高级职称155人,高级技师15人,建造师、安全工程师等国家注册专业人员38人。

1977年,煤炭工业部颁发《全国煤炭基本建设等级掘进队竞赛评比办法》,在煤炭基本建设战线重新开展等级掘进队竞赛评比活动。第十工程处开始组织矿、土、安三类施工队伍参加等级队竞赛。1979—2017年,第十工程处共有92个队(次)跨入煤炭行业部级等级队行列,见表1-1-4。

表1-1-4　1979—2017年煤炭行业部级等级队统计表

年　份	队　　别	荣誉称号	颁发单位
1979	矿建五队	丙级队	煤炭工业部
1985	安装队	乙级队	煤炭工业部
1986	安装队	部级等级队	煤炭工业部
1996	安装一队	部级等级队	煤炭工业部
1999	矿建三队、建筑工程公司	部级优秀等级队	中国煤炭建设协会
2001	矿建三队、矿建六队、矿建七队、矿建十二队、建筑工程公司、安装公司	部级优秀等级队	中国煤炭建设协会
2002	矿建一队、矿建六队、矿建八队、矿建九队、矿建十二队、安装公司	部级优秀等级队	中国煤炭建设协会

表 1-1-4（续）

年　份	队　别	荣誉称号	颁发单位
2003	安装一队、安装二队、矿建五队、矿建九队、矿建十队、矿建十八队、矿建二十队	部级优秀等级队	中国煤炭建设协会
2005	矿建二队、矿建五队、矿建九队	部级优秀等级队	中国煤炭建设协会
2007	凿井二队、矿建一队、矿建二队、矿建四队、矿建七队、矿建九队、矿建十六队、矿建十八队	部级优秀等级队	中国煤炭建设协会
2008	矿建七队、矿建一队、矿建二队、矿建四队、凿井二队	部级优秀等级队	中国煤炭建设协会
2012—2013	矿建一队、矿建二队、矿建三队、矿建六队、矿建七队、矿建十三队、矿建十九队、矿建二十一队、国庆队、立井一队、凿井七队	部级优秀等级队	中国煤炭建设协会
2013—2014	矿建一队、矿建三队、矿建六队、矿建七队、矿建十三队、矿建十六队、矿建十八队、矿建二十队、矿建二十七队、凿井一队、凿井二队、凿井七队、安装一队	部级优秀等级队	中国煤炭建设协会
2014—2015	矿建二队、矿建三队、矿建六队、矿建十队、矿建十一队、矿建十三队、矿建十六队、矿建十八队、矿建二十一队、矿建二十七、矿建二十八队、凿井二队、凿井三队、凿井七队、安装一队	部级优秀等级队	中国煤炭建设协会
2015—2016	矿建一队、矿建二队、矿建三队、矿建六队、矿建十队、矿建十三队、矿建十八队、矿建二十一队、矿建二十七队、矿建二十八队、矿建三十三队、安装一队	部级优秀等级队	中国煤炭建设协会

一、矿建队伍

1958 年潞安煤矿筹备处基本建设工程处建井三队组建初期，到 1966 年 1 月第十工程处成立，矿建施工队伍编制为矿建一队、二队、三队。1968 年，"三线建设"期间，队伍编制为 4 个矿建连和 1 个机运连。1973 年 10 月，第十工程处矿建四队成建制留转渡口第四指挥部，3 个矿建队和 1 个机运队奉调河北参加"邯邢会战"。1974 年 4 月，组建矿建四队；8 月，为适应陶二矿井治水需要，成立注浆队。1976 年，成立矿建一、二工区，各工区下辖 2 个矿建队和 1 个机电队。1978 年 4 月，第十工程处参加万年二号煤矿中部立风井的矿建一队 300 余人，划归邯邢煤炭指挥部竖井开凿工程处。1987 年，常村矿井建设初期，第十工程处矿建队伍扩编为 8 个矿建队和机电队、机运队 2 个辅助施工队。1990 年，矿建施工队伍编制为 14 个矿建队、2 个机运队、1 个机电队、1个通风队和1个治水注浆队。2005年8月，施工规模进一步扩大，地域分布面广阔，队伍扩编到21个矿建队和8个机运队，分属8个矿建项目部。到2010年3月，施工规模达到顶峰，队伍迅速扩增，自有队伍和外包队伍混编，共31个矿建队和20多个机电、机运配套辅助施工队伍。之后，为落实中煤集团"一限、二提、三转"的决策部署，第十工程处对外包队伍进行了全面清理，对自有队伍进行多次整编。到2017年12月，随着施工装备水平和机械化作业线建设的不断增强，第十工程处矿建施工队伍定编为2个立井施工队、6个炮掘队、11个综掘队、18个机电、机运辅助队，分属13个矿建项目部。

第十工程处自组建以来，先后主建山西潞安王庄煤矿、四川攀枝花大宝顶煤矿、攀枝花灰老沟矿、河北邯郸陶庄二号煤矿、山西潞安常村煤矿、山西长治南寨煤矿、山西长治下霍煤矿、内蒙古乌海华资滴沥帮乌素煤矿、河南驻马店吴桂桥煤矿、吉林通化八宝煤矿、陕西中煤延安禾草沟煤矿、山西蒲县华胜煤矿、山西乡宁中煤华晋韩咀煤矿、山西清徐小回沟煤矿等13座矿井，参与建设国内煤炭、冶金105座矿井，承建75个立井，37条斜井，8条平硐，43项二、三期工程，承建隧道工程1项、土耳其国家硬煤公司（TTK）卡拉硐（KARADON）矿井井下四段通风暗立井工程1项。

第十工程处在国内煤炭行业率先使用伞钻、大抓装备进行立井施工，率先采用中深孔光面爆破、锚喷支护技术，率先采用螺旋溜槽整体金属模板施工井下螺旋煤仓，率先使用挖斗装渣机进行高瓦斯矿井煤巷施工。井巷工程施工2次创中国企业施工新纪录，2007年度获煤炭行业建筑业施工立井井筒月进度全国第一名。80个（次）矿建队跨入全国煤炭行业（部级）优秀等级队行列。井巷工程质量获国家银质奖1项、煤炭行业工程质量"太阳杯"奖3项、省部级优质工程24项。

1958—2017年第十工程处直属矿建施工单位负责人任职表及直属矿建施工辅助单位行政负责人任职表见表1-1-5、表1-1-6。

表1-1-5　1958—2017年第十工程处直属矿建施工单位负责人任职表

序号	单位名称	起止年限	行政负责人
1	矿建一队	1958-08—1971-11	杨福祥、王怀亮
		1971-11—1991-04	杨福祥、范兴文、彭金颖、马国安、秦和友、范作勤、王德来
2	矿建二队	1958-08—2009-11	刘天成、周洪亮、刘增秀、焦长奎、孟庆斌、杨四好、王宇通、张孝荣、苏小明、李卫兵、郭爱国、杜永平
3	矿建三队	1958-08—1983-04	郑连珍、张连仲、李秋成、张相奎
		1983-04—1985-05	李秋成、李来旺
		1985-05—2010-09	李秋成、许富强、冯金平、崔有才、蔡连喜、张卫忠、马天明

表1-1-5（续）

序号	单位名称	起止年限	行政负责人
4	矿建四队	1965-05—2009-06	赵振安、王怀亮、杨四好、郭留根、杨四好、孙启仁、姜国新、赵守礼、郭林忠、赵守礼、辛庭玉
5	矿建五队	1974-10—2005-03	张仲儒、李相平、朱振华、曹潞生、于崇仁、田长须
6	矿建一工区	1975-05—1993-04	杨福祥、垢文会、周洪亮、张文山、张仲儒、秦和友
		1993-04—1998-05	张仲儒、宋信杰、姜士杰
7	矿建二工区	1975-05—1984-09	张连仲、程起俊（兼）、张连仲、程起俊
		1993-04—2004-08	牛奎则、李京荣、王海宝、赵如意
8	矿建六队	1979-03—2003-04	盖书堂、岳景泉、张相魁、樊增玺、赵福红、王东华、陈忠庆、杜爱龙
9	矿建七队	1979-03—2010-03	孙胖孩、申发祥、姜国新、孟成义、王忠勇、杨洪云
10	矿建八队	1987-04—1998-05	张相魁、李春付、李守义、姜世杰、王引良、白祥的、董万清
11	矿建九队	1988-03—2008-07	杨四好、白祥的、刘俊沛、刘俊玉
12	矿建十队	1989-03—2007-04	季华炳、张二成、王海宝、马建国、张厚令
13	矿建十一队	1989-03—2002-06	盖书堂、王引良、李卫兵
14	矿建十二队	1989-03—2002-06	张巧斗、李增德、武尚义、李一奎、李鳌臣、高延平
15	矿建十三队	1989-04—2002-06	李守义、杨四好、李联兵、王献华、程文彪
16	矿建十四队	1989-06—2002-11	王怀亮、段振刚、赵守礼
17	矿建综合队	1991-04—1993-04	牛奎则
18	土耳其项目部	1995-07—1998-03	蒲耀年、张相魁、张东幸
19	矿建三工区	1995-05—2002-03	张孝荣、孟成义、王宇通
20	矿建四工区	1996-11—1997-07	牛奎则
21	寺河项目部	1996-10—2000-12	王立升
22	沙曲项目部	1996-11—2011-12	张文山（兼）、王引良、王立升（兼）、李洪亮、梁士昌、卓昌云
23	南阳项目部	1997-04—2003-01	范作勤（兼）、许富强

表 1-1-5（续）

序号	单位名称	起止年限	行政负责人
24	高良项目部	2003-01—2003-12	许富强
25	五阳项目部	1998-05—2003-06	张东幸(兼)、姜士杰、李京荣(兼)、姜士杰
26	金龙项目部	1998-06—2000-08	张振生
27	陶二项目部	2000-08—2005-03	张振生、张建军
28	唐山项目部	1998-12—2002-06	张昌斌、张东幸(兼)
29	刘庄项目部	1999-03—2002-12	王东华、王引良
30	梧桐庄项目部	2001-03—2010-11	王立升(兼)、王国玉
31	大安山项目部	2001-03—2002-11	张东幸(兼)
32	常村项目部	2002-03—2003-01	许富强
33	崔家寨项目部	2002-09—2003-01	杨兆芳
34	天祝项目部	2003-04—2003-11	钟占良（兼）
35	和顺项目部	2003-06—2005-11	姜士杰
36	红山项目部	2003-12—2005-09	张建军、郭林忠
37	第二凿井队	2004-07—2017-12	郭爱国、赵海岗、宋志兵
38	大宁项目部	2004-03—2004-10	钟占良（兼）
39	三交河项目部	2004-08—2005-09	马建国
40	干河项目部	2004-08—2008-11	赵如意、郭林忠、秦红辉
41	谢桥项目部	2005-02—2005-12	张建军
42	吴桂桥项目部	2005-03—2007-06	钟占良、张帮进、姜士杰、孙继富
43	寨崖底项目部	2005-03—2012-06	张义、程文忠
44	下霍项目部	2005-04—2008-11	赵如意
45	曹村项目部	2005-04—2006-02	张昌斌
46	金家庄项目部	2005-04—2006-02	李卫兵
47	棋盘井项目部	2005-09—2009-08	马虎成、赵华杰
48	龙固项目部	2005-11—2007-06	姜士杰、李新勇
49	龙家堡项目部	2006-07—2013-07	程岩青、孙继富、张继亮
50	华资项目部	2006-08—2010-02	钟占良（兼）、魏福敬、刘俊沛
51	李雅庄项目部	2006-09—2007-10	赵如意、张邦进
52	八宝项目部	2007-07—2009-03	程岩青、李兰柱、崔有才
53	黄玉川项目部	2007-09—2011-01	李树兵、王忠勇
54	襄垣项目部	2008-03—2011-01	马建国
55	宽塘项目部	2008-03—2008-10	赵如意

表 1-1-5（续）

序号	单位名称	起止年限	行政负责人
56	沙曲第二项目部	2008-07—2012-05	秦红辉、王忠勇、梁士昌、王忠勇
57	五间房项目部	2008-09—2009-06	马虎成
58	东周窑项目部	2008-07—2012-06	赵如意、董方清、张继亮、董方清
59	麻家梁项目部	2008-08—2010-09	瞿武、郭爱国
60	白音乌素项目部	2009-08—2011-02	赵华杰
61	庞庞塔项目部	2009-06—2011-12	马虎成、马献民
62	色连项目部	2009-06—2010-06	程文忠
63	库里火沙兔项目部	2009-06—2010-06	牛建国
64	甜水堡项目部	2009-09—2010-08	钟占良、程文忠
65	宝龙山项目部	2009-11—2011-12	秦红辉、刘俊沛
66	八连城项目部	2010-05—2011-06	李兰柱
67	华胜项目部	2010-09—2016-10	代秋巍
68	门克庆项目部	2010-09—2017-12	孙银河（兼）、郭爱国、王忠勇、张卫堂
69	禾草沟项目部	2010-09—2017-12	郭林忠（兼）、蒲元宏
70	查干淖尔项目部	2010-11—2011-10	张云雷
71	峰峰项目部	2010-11—2011-08	孙荣泽
72	黄岗梁六区项目部	2010-11—2012-11	许家忠
73	林南仓项目部	2010-11—2012-08	李良桥、石军
74	韦一项目部	2010-11—2016-10	柳国强
75	肖家洼项目部	2010-11—2011-12	赵立江
76	斜沟项目部	2010-11—2017-12	李晓良（兼）、王国庆、秦德志
77	玉溪项目部	2010-11—2011-12	佟喜海
78	梧桐庄项目部	2010-11—2011-01	和增其
79	梵王寺项目部	2011-12—2017-12	佟喜海
80	韩咀项目部	2011-12—2017-12	赵立江、赵奎、暴光、崔有才
81	梨园河项目部	2012-06—2017-12	程文忠
82	达来胡硕项目部	2012-08—2013-04	常晓庭
83	小回沟项目部	2012-06—2017-12	许家忠、代秋巍
84	创日泊里项目部	2012-06—2016-04	佟喜海、韩海江
85	大海则项目部	2013-04—2017-12	郭爱国、李晓良、张彦田（兼）
86	平朔项目部	2013-10—2017-12	石军、张军伟
87	玉泉项目部	2014-01—2017-12	张庆平

表 1-1-5（续）

序号	单位名称	起止年限	行政负责人
88	沟底项目部	2014-11—2017-12	郭爱国
89	葫芦素项目部	2016-04—2017-12	韩海江
90	永兴项目部	2017-08—2017-12	许家忠
91	山不拉项目部	2017-08—2017-12	王丛发
92	安家项目部	2017—2017-12	郭爱国

表 1-1-6　1958—2017 年第十工程处直属矿建施工辅助单位行政负责人任职表

序号	单位名称	起止年限	行政负责人
1	机电队	1958-08—1971-11	崔宏奎、王永喜
2	运搬队	1958-08—1968-06	彭太平
3	机运队	1963-11—1971-11	李小白、李凤和
4	矿建一工区机电队	1976-07—1983-05	宋仁旺、秦和有
4	矿建一工区运搬队	1976-07—1983-05	彭太平
4	矿建一工区机运队	1983-05—2000-10	秦和有、谢云平、杨泉书
5	矿建二工区机电队	1976-07—1984-09	陆振峰
5	矿建二工区运搬队	1976-07—1984-09	李黑狗
5	矿建二工区机运队	1993-05—1997-09	袁钟煜
6	机电队、常村机电队	1984-09—1994-04	谢云平、陆振峰、岳俊文、崔连效
7	运搬队、常村机运队	1984-09—1995-02	李黑狗
8	通风队	1975-05—1995-05	王泉水、赵振安、徐开祥、李来胜、赵振安（兼）、宋德新
9	注浆队、注浆公司	1974-10—2017-12	魏同贵、王亚平、刘清则、周存炳、刘清则、胥如石、王福祥、王文常

二、土建队伍

1962 年 6 月，潞安矿务局将建筑安装工程处和第三建井工程处整合成立建井工程公司，设土建工区，自此有了土建施工队伍。1966 年 1 月，煤炭工业部第十工程处成立，土建施工队伍编制为土建一队、土建二队。1967 年 5 月，第十工程处将不适于赴渡口支援"三线建设"的 100 余名土建人员移交潞安矿务局，土建队伍成建制随处调往四川，参加攀枝花大宝顶矿井建设。1969 年 5 月，土建一队、土建二队合并为土建队。1973 年 10 月，土建队第一批调迁河北参加"邯邢大会战"。1974 年，随着陶庄二号矿井建设项目全面展开，土建职工队伍由 200 余人增加到 735 人。1976 年 1 月，成立土建工区，下设土建一队、土建二队、土建三队、土建四队、土方队、砖厂。1979 年 3

月，土建工区与机电安装队合并，组成建安工区，土建队伍划归建安工区领导。1982年3月，撤销建安工区，恢复土建一队、土建二队建制，归处直属领导，随处调迁山西潞安承担王庄煤矿扩建配套工程施工。1983年5月，撤销土建一队、土建二队，成立土建大队。1984年，土建大队分设土建一分队、土建二分队。1985年2月，撤销土建大队，恢复土建一队、土建二队直属处领导。1995年1月，为适应市场经济新形势，成立建筑工程公司，施工工程实行项目管理。2001年7月，成立武安项目部，负责承担武安基地的建筑工程施工。1998年11月，成立邯郸项目部，承建中煤第一建设公司邯郸梅苑新村住宅楼工程。2010年12月，建筑工程公司在完成通化矿业公司八宝煤矿主、副井井塔和煤仓工程施工任务后，第十工程处实施"瘦身强体"、精干主业、剥离辅业的发展战略，分流安置了土建施工队伍人员，撤销了建筑公司。

第十工程处土建施工队伍自1962年组建，至2010年撤销的42年间，先后承建了山西潞安王庄矿井，四川攀枝花大宝顶矿井，河北邯郸陶二矿井，山西潞安常村矿井，山西长治南寨矿井，山西霍州干河煤矿主井，吉林通化八宝煤矿主、副井的配套工程，以及山西晋城大宁煤矿风道和扩散塔工程，河北路世通玻璃厂浮法生产线土建工程，山西长治漳泽电厂，十处武安基地，中煤第一建设公司梅苑新村等百余项工业与民用建筑工程；2次被评为全国煤炭行业（部级）优秀等级队，2项工程被评为省、部级优质工程，4项工程被评为市级优质工程。

1962—2010年第十工程处土建施工单位行政负责人任职表见表1-1-7。

表1-1-7　1962—2010年第十工程处土建施工单位行政负责人任职表

序号	土建队伍 名　称	下属单位	起　止　年　限	行　政　负　责　人
1	土建一队	—	1962-06—1969-05	屠井山、杨长清
			1982-03—1983-05	王天喜
			1985-02—1998-11	朱光辉、纪新法、谷润耕、李银斗（兼）、李福秋、土顺义、焦竹安
2	土建二队	—	1962-06—1969-05	刘云生、周德顺
			1982-03—1983-05	张发堂
			1985-02—1998-11	张发堂、谷润耕、王天喜、张德清（兼）、周寅东、李顺昌、姚占山、辛杰
3	土建三队	—	1986-03—1995-01	张德清（兼）、李银斗、张发堂
4	土建队	—	1969-05—1976-04	屠井山、王维秀
5	土建工区	—	1976-04—1979-03	颜继忠、王维秀
		土建一队		王天喜
		土建二队		赵保山、纪新法

表 1 - 1 - 7（续）

序号	土建队伍		起止年限	行政负责人
	名称	下属单位		
5	土建工区	土建三队	1976 - 04—1979 - 03	张发堂、程孝连、刘树勋
		土建四队		贾保年
		土方队		—
		砖厂		赵连德、张德清
6	建安工区	—	1979 - 03—1982 - 03	邵存法、魏同贵
		土建一队		王天喜
		土建二队		赵保山、张发堂
7	土建大队	—	1983 - 05—1985 - 02	朱光辉
		土建一分队	1984—1985 - 02	冯炳杰
		土建二分队	1984—1985 - 02	张发堂
8	建筑工程公司	—	1995 - 04—2010 - 12	李福秋、李银斗、周峰川、辛杰

三、安装队伍

1962 年 6 月，潞安矿务局重组成立建井工程公司，拥有了一支机电安装工程施工队伍。1967 年 5 月，机电安装队伍随处调迁四川渡口参加"三线建设"。1973 年 11 月，随处奉调河北邯郸参加邯邢基地煤炭建设会战。1979 年 3 月，土建工区与机电安装队合并，组成建安工区，安装队划归建安工区领导。1982 年 3 月，撤销建安工区，安装队伍重新归处直属领导，随处调迁山西参加潞安矿务局王庄煤矿改扩建工程施工。1994 年 4 月，第十工程处根据形势发展需要，发挥安装队伍的优势，撤销安装队、机电队，成立安装公司，下设安装一队、安装二队、制修车间。2006 年 5 月，安装公司成建制划归中煤第一建设公司机电安装工程处。2006 年 9 月，第十工程处根据工程施工需要，重新组建机电安装队，划归机械制造厂管理。2012 年 2 月，第十工程处落实中煤第一建设公司转型发展工作部署，将机械制造厂及机电安装队整合为安装项目部，使之成为面向行业内外市场，集机电安装施工和矿用中小型机械设备、非标准件、井架、稳车制作及设备维修、调试于一体的综合业务单位。

1962—2017 年，承建了山西潞安王庄矿井、四川攀枝花大宝顶、小宝顶、太平矿井、河北邯郸陶二矿井、山西潞安常村矿井、山西长治南寨矿井等数十座矿井的机电设备配套安装工程，以及工业锅炉安装、高压输电线路敷设、大型井架制作安装等百余项工程，4 项工程获省部级优质工程，9 次被评为全国煤炭行业（部级）优秀等级队。

第十工程处机电安装队伍施工经验丰富，技术实力雄厚，始终代表着煤炭基建行业的领先水平，所承建的工程素以"优质高速"著称。1991 年 8 月，采用"井外组立，整体平移"工艺，将高 65 米、重 620 多吨的潞安常村煤矿主井箱式井架平移 71 米，精准安装到位。中央电视台、新华社等多家国家级新闻媒体进行了现场报道。该工法荣获部级优秀工法。

2014年11月至2015年11月,承担的国家863课题"大型凿井井架及井壁吊挂关键技术与装备"任务四(液压整体迈步式凿井吊盘的研制)及任务五(迈步式吊盘工业性试验)项目,顺利通过中煤建设集团专家组验收。

1962—2017年第十工程处机电安装单位行政负责人任职表见表1-1-8。

表1-1-8　1962—2017年第十工程处机电安装单位行政负责人任职表

序号	安装队伍		起止年限	行政负责人
	名　称	下属单位		
1	机电安装队	—	1962-06—1979-03	申福顺、邵存法
2	建安工区	建安工区	1979-03—1982-03	邵存法
		安装队	1979-03—1982-03	靳金玉
3	安装队	—	1982-03—1994-04	靳金玉、文宏政
4	安装公司	安装公司	1994-04—2006-05	平永生、刘良善、王兴文、孙春祥
		安装一队	1994-04—2006-05	王兴文、宋仿文、王庆忠
		安装二队	1994-04—2006-05	崔连效、孙长胜、赵金富、宋俊明
		制修车间	1994-04—2006-05	孙炳杰
5	机电安装队	—	2006-09—2012-02	马克忠
6	安装项目部	—	2012-02—2017-12	刘兆彬

第四节　其他管理部门与单位

一、行政科

1966年1月,第十工程处成立,设立行政科。1968年,第十工程处革命委员会成立,设立后勤组,行政科业务归后勤组管理。1974年1月,行政科改称行政管理科,负责办公用品及生活用品的采购和管理,负责武安家属基地居民生活用水、用电维护和收费,管理粮站、商店、招待所、托儿所、职工宿舍、职工食堂、职工澡堂等;10月,第十工程处成立家属服务队,隶属行政管理科领导,为土建队生产服务项目由土建队安排,缝补、拆洗、托儿所等为职工生活服务项目由行政管理科安排。1976年7月,行政管理科改称行政科。

1982年,行政科随处机关搬迁到山西潞安矿务局王庄煤矿。同年8月,第十工程处成立武安留守处,将武安家属基地相关业务划归武安留守处,行政科负责施工现场的职工宿舍、食堂、澡堂、招待所的管理以及办公用品、生活用品的采购、管理工作。1987年3月,行政科随处机关搬迁到常村煤矿施工现场。

1993年4月,第十工程处撤销行政科,成立生活服务公司。1995年2月,生活服务公司撤销,行政科再次设立。1999年5月,行政科撤销,业务划归常村管理处。

二、供应科

1966年1月,第十工程处成立,设立供应科。1968年,第十工程处革命委员会成立,设立后勤组,供应科业务归后勤组管理。1974年1月,第十工程处进行机构调整,设置供应科。1993年4月,第十工程处实施三项制度改革，撤销供应科，成立供销公司，按照"独立核算，自主经营，服务生产，走向社会，开拓经营项目，盈利分成"的原则实行经营承包。1996年10月，供销公司撤销，成立供应科。2009年10月，供应科更名为物资供应管理部。

三、武安后勤中心

1967年初，第十工程处奉调四川渡口支援"三线建设"，成立山西留守处，负责管理留守山西的60名职工和398名家属。1973年11月，第十工程处调迁河北省邯郸市。1974年，第十工程处武安基地基本建成。1976年5月，留守山西的职工、家属搬迁到武安基地，山西留守处撤销。

1982年8月，第十工程处调迁山西潞安王庄煤矿施工后，成立武安留守处，负责管理武安家属基地。1985年2月，留守处并入劳动服务公司。1988年9月，留守处与劳动服务公司分离。1994年8月，留守处撤销，人员和业务并入生活服务公司。1995年2月，第十工程处重新成立留守处，归处直属管理。1997年10月，第十工程处成立后勤服务部，留守处的业务和人员划入后勤服务部。2000年7月，更名为物业管理中心。2010年8月，更名为后勤管理服务中心。2011年1月，更名为武安后勤中心。2012年7月，第十工程处武安后勤中心划转中煤第一建设有限公司物业服务公司统一管理。

四、家属委员会

1966年，第十工程处根据新工地家属区管理的需要，成立家属委员会，负责调解民事纠纷、协助维护社会治安等工作。1967年初，第十工程处调迁四川成立山西留守处，负责襄垣、新工地家属区的管理，家属委员会由留守处管理。1975年5月，山西留守处撤销，家属委员会迁移到武安基地。2010年8月，家属委员会业务划归后勤管理服务中心。2012年7月，随第十工程处武安后勤中心划转中煤第一建设有限公司物业服务公司。

五、计划生育办公室

1978年，计划生育成为我国的一项基本国策；10月，第十工程处成立计划生育办公室，划归职工医院管理。1979年5月，计划生育办公室划转处直属管理。1985年2月，计划生育办公室再次划归职工医院管理。2009年10月，计划生育办公室与武装保卫部合署办公。2010年8月，计划生育办公室撤销，业务与人员并入后勤管理服务中心。2012年7月，随第十工程处武安后勤中心划转中煤第一建设有限公司物业服务公司。

六、项目部（市场开发）

1995年2月，第十工程处根据工程承揽工作需要成立项目部，负责工程信息的收集和参与工程投标工作。1996年6月，第十工程处成立多种经营公司，将项目部划归多种经营公司管理。1998年8月，项目部撤销，业务划归经营办公室。

七、山西工程管理处

1997年1月，第十工程处机关由山西常村煤矿驻地迁往河北武安基地，成立山西工程管理处，代表十处驻常村煤矿，负责山西区域的工程联络、工程信息、外部关系、小南村工程日常工作平衡；平衡暂留常村的机电科、供应科、行政科、安装公司、矿建三工区等单位的工作；行政科招待所、常村医务所划归山西工程管理处管理。1999年5月，行政科撤销，业务划归常村管理处。2002年9月，常村管理处撤销。

八、第四公安分处

1997年4月，经长治市公安局批准，第十工程处公安科由山西长治转移至河北邯郸，由邯郸市公安局和中煤第一建设公司公安处管辖，更名为中煤第一建设公司公安处第四分处，经济民警队撤销，武装部与公安分处合署办公。2007年8月，公安分处移交邯郸市公安局，划归梦城分局管理，第十工程处撤销第四公安分处机构。

九、基地开发与基地建设办公室

2001年2月，为盘活企业闲置资产，解决职工住房困难，推动企业多经三产发展，第十工程处成立基地开发办公室，负责武安基地生活区19号、20号住宅楼的集资建房工作。2002年12月，第十工程处撤销基地开发办公室，成立基地建设办公室（简称基建办），负责武安基地沿街地段的商业开发和生活区的基础设施改造。2009年10月，基建办与物管中心合并为后勤管理部。

十、离退休职工管理办公室

2003年7月，为进一步加强离退休职工管理工作，第十工程处成立离退休职工管理办公室。2010年8月，离退休职工管理办公室撤销，业务与人员并入后勤管理服务中心。

十一、职工医院

1961年，第三建井工程处设立医务所。1967年4月，医务所随处机关调迁四川渡口。1970年，第十工程处医务所更名为宝鼎分院。1973年11月，宝鼎分院随处调迁邯邢基地。1975年3月，经邯邢煤炭指挥部批准，成立第十工程处职工医院。1982年，随处机关调迁山西潞安矿务局王庄煤矿工地。1987年，搬迁常村煤矿。1997年，职工医院搬迁至河北省邯郸市武安家属基地。2010年8月，第十工程处职工医院整体划转中煤一建公司职工总院。

十二、子弟学校

1962—1964年，第十工程处根据职工子弟的分布情况和当时的办学条件，分别在山西王庄新工地、襄垣家属院建立两所职工子弟学校。1967年初，第十工程处调迁四川成立山西留守处，职工子弟学校划归山西留守处管理。1970年11月，为解决职工子弟上学问题，在大宝顶工地成立职工子弟小学。1973年10月，第十工程处调迁邯郸，工地子弟小学撤销。

1975年6月，第十工程处武安职工子弟学校建成投入使用。1976年5月，山西襄垣、王庄新工地两所职工子弟学校随山西留守处撤销搬迁至武安，并入武安职工子弟学校。1987年3月，第十工程处为解决工地职工子女的就学问题，成立常村子弟学校。1996年底，常村子弟学校撤销，并入武安职工子弟学校。2006年5月，子弟学校移交武安市教委。

十三、汽车运修公司

1968年，第十工程成立汽车连（队）。1975年5月，汽车队划归供应科管理。1976年8月，汽车队派出5辆汽车、1台吊车支援唐山大地震的抗震救灾。1982年3月，汽车队与供应科分离，汽车队改为处直属单位。1990年1月，汽车队成立大修厂兼营汽车配件。1992年10月，汽车队抽调部分力量承建深圳市招商局蛇口工业园区开山填海建码头土石方运输工程。

1993年4月，第十工程处撤销汽车队，成立汽车运输公司；8月，汽车运输公司发展第三产业，租赁山西屯留东古工业公司场地、厂房、设备，开办焦化厂。1994年7月至1995年，先后承揽了山西S220太长公路榆庄段2000米筑路工程、山西和顺S317平定段1000米筑路工程、平朔露天煤矿土石方工程、山西S220太长公路虎亭段 2000 米筑路工程的土石方工程施工。1996 年 2 月，第十工程处根据汽车运输公司承揽公路土石方工程需要成立机械化工程队。1996 年 3 月，汽车运输公司与东古工业公司终止租赁焦化厂合同。1998 年 4 月，第十工程处撤销汽车运输公司、机械化工程队，成立汽车运修公司。1999 年 4 月，第十工程处注销汽车大修厂营业执照。2000 年 5 月，汽车运修公司划归广开实业公司管理。

十四、矸石砖厂

1974 年，第十工程处为解决陶二矿井工程和武安基地建筑施工所需材料问题，成立矸石砖厂，当年生产红砖 93 万块。1975 年，生产红砖 357 万块。1976 年 7 月，第十工程处成立土建工区，矸石砖厂划归土建工区管理。

十五、加油站

1974 年 4 月，第十工程处在陶二矿井施工现场建立油库，隶属供应科管理。油库储存汽油、柴油、液压油、压风机油等不同品种油料，为车辆、机械设备运行提供用油。1981 年 4 月，经武安县公安局、城建局批准，陶二油库搬迁，在武安基地建立临时加油站。2002 年 1 月，加油站划归广开实业公司管理，实行对外租赁经营。2005 年，武安市政府对塔西路实施改造，加油站拆除。

十六、机械制造厂

1975 年 10 月 25 日，第十工程处成立机电修配厂。1978 年 10 月，机电修配厂划归综合加工厂管理。1983 年 5 月，第十工程处撤销综合加工厂，机电修配厂归第十工程处直属管理。1993 年，机电修配厂更名为机械制造厂。2000 年 5 月，第十工程处成立广开实业公司，将机械制造厂划归广开实业公司管理。2006 年 3 月，广开实业公司撤销，机械制造厂重归第十工程处直属管理；9 月，第十工程处根据工程施工需要，成立机械制造厂机电安装队，增加机电安装业务。2012 年 2 月，为进一步落实中煤一建公司转型发展的工作部署，按照中煤一建公司剥离辅业的要求，第十工程处撤销机械制造厂，成立机电安装项目部。

机械制造厂建厂初期，主要负责小型机电设备维修。之后，业务扩大到非标加工、制作、电机、变压器、小型电气设备、防爆电器检修及维护。随着国家经济体制的变革和形势发展，机械制造厂为发展第三产业，不断扩大生产和经营规模，建成翻砂、铸钢、机加、铆焊 4 个车间，不仅满足本处中小型设备维修及非标加工、制作需求，还积极承揽对外非标加工、制作业务，开展技术合作，面向市场不断开发球磨机、汽车刹车片、井架、矿车、稳车、湿式振弦除尘风机等新产品，取得了良好的经济效益，成为第十工程处多种经营效益龙头单位。中煤一建公司在机械制造厂召开现场会，向全公司推广机械制造厂管理经验。

1991 年，机电修配厂加工制作的螺旋煤仓整体金属溜槽，为建成国内第一个井下螺旋煤仓（常村矿井）做出了重要贡献。2006 年 9 月，中煤第一建设公司在第十工程处召开湿式振弦除尘风机技术鉴定推广会，鉴定和推广机械制造厂自主研发制造的新产品；11 月，机械制造厂与徐州市精美机电制造公司开展技术合作，制造 JZ－10/800 型、JZ－16/800（1000）型凿井绞车；12 月，中煤第一建设公司委托加工制作的 V 型凿井井架通过验收。2007 年 5 月，机械制造厂生产的固定式箱式矿车、翻斗式矿车和矿用湿式过滤除尘器 3 个产品，顺利通过国家煤矿安全标志评审认证。2009 年 9 月，承揽了鑫隆煤源有限公司 120 万吨矿井机电安装工程。

十七、速凝剂厂

1976年11月,第十工程处根据陶二矿井建设工程推广锚喷支护施工需要,经邯邢基地煤炭建设指挥部批准,在武安基地建成速凝剂厂。1978年10月,速凝剂厂划归综合加工厂。1985年2月,速凝剂厂划归劳动服务公司。1990年3月,速凝剂厂归处直属管理。2005年5月,按照武安市城区环境保护要求,速凝剂厂搬迁至武安镇白鹤观街委会所属地域。2013年3月,速凝剂厂人员和资产整体划转中煤一建公司建筑材料厂。

建厂初期,速凝剂厂生产的"建华牌"速凝剂,不仅满足了本处工程施工需求,还供给公司内部兄弟单位及周边矿井施工单位使用。1991年,生产工艺改进,产品性能和质量得到极大提高,被评为部优产品。2001年,产品在国家商标局注册为"倡德牌",销售河北、山西、河南等周边地区,与潞安矿务局、河北煤炭四处、五矿集团邯邢矿山局、金石煤业集团等单位建立了长期合作关系。2007年9月起,"倡德牌"速凝剂供国家"西气东输"河南林州至济南段遮峪、苇水两条隧道工程和中原油田建设集团渝济输气管道工程隧道项目使用2000多吨。

2009年7月,第十工程处速凝剂产品打入韩国市场,首次销往海外。至2012年5月,速凝剂厂销售韩国速凝剂总计2500吨。

十八、综合加工厂

1978年10月,第十工程处成立综合加工厂,下辖机电修配厂、速凝剂厂、预制厂等。1983年5月,综合加工厂撤销。

十九、综合加工车间

1981年8月,第十工程处成立材料加工车间,负责建筑施工所需木材的加工制作。1982年3月,材料加工车间划归供应科管理。1986年5月,材料加工车间归处直属管理。1990年10月,材料加工车间更名为综合加工车间。1992年8月,综合加工车间并入供应科。1993年4月,供应科撤销,成立供销公司,综合加工车间更名为供销公司综合加工厂。1996年10月,随供销公司一并撤销。

二十、液化气储存站

1985年1月,第十工程处在武安基地建成液化气储存站,为家属基地居民生活提供液化气。1989年10月,液化气储存站迁移至武安市西环路以北。2007年1月,经中煤第一建设公司批准,液化气储存站拆除。

二十一、机械厂

1990年10月,第十工程处在常村煤矿成立机械加工车间。主要承担矿井建设所需金属非标件加工、制作任务。1993年6月,机械加工车间更名为机械厂。1995年5月,机械厂划归矿业开发公司管理。1996年2月,矿业开发公司撤销,机械厂归处直属领导。2000年5月,机械厂划归广开实业公司管理。

二十二、供销公司

1993年4月,第十工程处撤销供应科,成立供销公司,并设立武安分公司。1996年10月,撤销供销公司。1997年2月,武安分公司更名为武安供销公司;9月,武安供销公司划归多种经营公司管理。2000年5月,武安供销公司划归广开实业公司管理。

二十三、中国沙河市外联旅游总公司

1993年5月,第十工程处与河北省沙河市商业局联营开办中国沙河市外联旅游总公司(又名十处贸易公司),开展对外贸易工作。1997年9月,第十工程处与河北省沙河市商业局终止合作,十处贸易公司注销。

二十四、鲁山公司

1995年4月，第十工程处发展第三产业成立鲁山公司，接管河南省鲁山县鲁山铁矿厂，生产经营铁矿石。1996年5月，鲁山公司停产、人员撤离。

二十五、王家峪煤矿

1994年11月，第十工程处成立王家峪煤矿。1995年5月，王家峪煤矿划归矿业开发公司管理。1996年2月，矿业开发公司撤销，王家峪煤矿归处直属管理。1997年2月，王家峪煤矿划归多种经营公司管理。2000年5月，多种经营公司撤销，王家峪煤矿划归广开实业公司管理。

二十六、北坡煤矿

1996年6月，第十工程处成立北坡煤矿。1997年2月，北坡煤矿划归多种经营公司管理。2000年5月，多种经营公司撤销，北坡煤矿划归广开实业公司管理。

二十七、矿业开发公司

1995年5月，第十工程处成立矿业开发公司，下辖王家峪煤矿（矿建十二队）、北坡煤矿（矿建六队）、矿建十三队、注浆公司、机械厂。1996年2月，矿业开发公司撤销。

二十八、皮件服装厂

1996年5月，第十工程处成立皮件服装厂，以个人承包方式经营皮件服装的加工、制作、经营、销售。1997年9月，皮件服装厂注销。

二十九、多种经营公司

1996年6月，第十工程处成立多种经营公司。1997年2月，第十工程处将劳动服务总公司、速凝剂厂、武安供销公司、皮件服装厂、北坡煤矿、王家峪煤矿划归多种经营公司管理。2000年5月，多种经营公司撤销，业务和人员划归广开实业公司。

三十、通讯工程公司

1998年8月，第十工程处成立通讯工程公司，对外承揽施工通信工程，对内负责电话、无线电台的维护和管理工作。2004年5月，通讯工程公司撤销。

三十一、广开实业公司

2000年5月，第十工程处成立广开实业公司，管辖服务公司、机械制造厂、供销公司、汽车运修公司、机械厂、注浆公司、北坡煤矿、王家峪煤矿等8个单位。2002年1月，第十工程处将加油站划归广开实业公司管理。2006年3月，广开实业公司撤销。

三十二、劳动服务总公司

1979年3月，为安置职工家属及待业青年就业，第十工程处成立五七生产队。1981年1月，撤销五七生产队，成立劳动服务社。1982年3月，成立劳动服务公司，开办副食零售门市、商店、饭店、理发店等第三产业。1985年2月，撤销留守处、学习大队，并入劳动服务公司，速凝剂厂和油毛毡厂归属劳动服务公司领导。1988年9月，成立留守处，与劳动服务公司分离，劳动服务公司搬迁常村工地。1989年6月，劳动服务公司设立武安服务公司。1995年2月，撤销劳动服务公司，成立劳动服务总公司。1998年2月，劳动服务总公司划归多种经营公司管理。

三十三、邯郸后勤中心

2010年11月，第六十三工程处与第十工程处整合，原第六十三工程处后勤服务中心（管理邯郸岭北生活基地和峰峰生活基地）划转第十工程处管理。2011年1月，更名为邯郸后勤中心。2012年7月，邯郸后勤中心划转中煤第一建设有限公司物业服务公司统一管理。

1958—2013年第十工程处其他直属部门与单位行政负责人任职表见表1-1-9。

表 1-1-9 1958—2013 年第十工程处其他直属部门与单位行政负责人任职表

序号	名　　称	起 止 年 限	行 政 负 责 人
1	行政科、生活服务公司、行政科	1966-01—1999-05	芦殿堂、周德顺、张德清（副）、秦鸣（副）、周德顺、张德清（副）、牛顺则（副）、董喜顺、牛顺则
2	供应科	1958-08—1965-05	申子学
2	供应科	1968-06—1993-04	杨羊盛、赵玉亭、杨继红、屠景山、杨继红、常福堂、杨继红、李宝银（兼）
2	供应科	1996-10—2009-10	李保银、秦和先、张庆玺
3	计划生育办公室	1978-10—2010-08	寇桂荣（副）、方庭德、于治安（兼）、杨琪
4	山西工程管理处	1997-01—2002-09	蔺士惠
5	基地开发办公室	2001-02—2002-12	范起家（兼）
6	基地建设办公室	2002-12—2009-10	颜毅（兼）
7	离退休管理办公室	2003-07—2010-08	李银斗
8	汽车运输队、汽车队、汽车运输公司、汽车运修公司	1968—2006-03	陈广录、潘立岱、李香亭、邵良、倪功海、李志明、邵良
9	矸石砖厂	1974-03—1976-05	赵连德（副）、张德清（副）
10	机厂	1975-10—2012-02	郭孝章、曹化南、戴嘉林、兰峰、许雪刚、刘兆彬
11	速凝剂厂	1976-11—2013-03	崔宝荣（兼）、宋仁旺、马国安、彭金颖、张志臣
12	综合加工厂	1978-10—1983-05	崔宝荣
13	材料加工车间、综合加工车间、供销公司综合加工厂	1981-08—1996-10	贾保年、尚斌、贾保年、张德清（兼）、柴玉林
14	机械加工车间	1990-10—2006-03	胡海仁
15	供销公司	1993-04—1996-10	王玉岁、张庆玺
16	十处贸易公司	1993-05—1997-09	关平（副）
17	王家岭煤矿	1994-11—2000-05	李鳌臣、李秋成、李春富
18	鲁山公司	1995-04—1996-05	黄玉贵
19	矿业开发公司	1995-05—1996-02	陈泰潞
20	机械化工程队	1996-02—1998-04	张茂华
21	北坡煤矿	1996-06—2000-05	杨四好

表1-1-9(续)

序号	名称	起止年限	行政负责人
22	多种经营公司	1996-06—2000-05	秦和友（副）、彭金颖、陈泰潞
23	通讯工程公司	1998-08—2004-05	钟玉飞
24	广开实业公司	2000-05—2006-03	颜毅（兼）
25	职工医院	1961—2010-03	王顺生、于治安、芦殿堂、于治安、赵建华、李森、赵建华
27	武安子弟学校	1975-05—2006-05	李水仙、王彩灵、任鹤松、李水仙、陈素芬、叶忠良、尹序廷、李进龙
28	常村子弟学校	1987-03—1996-07	李水仙、苗树宏
29	武安留守处	1982-08—2000-07	周德顺、吴胜谦、吴德贵、吴胜谦
30	后勤服务部、物业管理中心、武安后勤中心	2000-07—2012-07	吴胜谦、秦和先、于金宝、朱若峰
31	邯郸后勤中心	2011-01—2012-07	李云华
32	劳动服务社、服务公司、劳动服务公司、劳动服务总公司	1981-01—1998-02	赵连德、崔宝荣、戴光富、吴胜谦、范喜田、陈泰潞、董喜顺
33	五七生产队	1978-10—1981-08	耿起守
34	预备队、生产学习大队	1981-05—1985-02	宋仁旺

第二章 中国共产党组织

第一节 组织建设

一、组织机构

第十工程处党组织始建于1958年8月。1962年6月,随着建井三队逐步演变为潞安矿务局建井工程公司,企业党组织由总支升级为党委。1966年5月,"文化大革命"开始;1968年6月,第十工程处成立革命委员会。1969年2月,成立革委会核心领导小组。1971年8月,川煤一处召开第一次党代会,选举产生川煤一处第一届委员会。1978年10月,第十工程处延续川煤一处党代会届次排序,召开第二次党代会。从1971年8月到2017年12月,第十工程处党委共经历5次换届。

1966—2017年第十工程处党委书记任职表见表1-2-1。

表1-2-1 1966—2017年第十工程处党委书记任职表

任 序	姓名	职务名称	任职时间	任 序	姓名	职务名称	任职时间
第一任	高树北	党委书记	1965-05—1970-04	第十任	李占福	党委书记	2002-09—2005-02
第二任	施云先	党委书记(军代表)	1971-08—1971-11	第十一任	李振东	党委书记	2005-02—2008-06
第三任	韩明信	副书记主持工作、书记	1971-11—1976-07	第十二任	张永生	党委书记	2008-07—2009-05
第四任	朱成忠	党委书记	1976-07—1978-10	第十三任	范起家	党委书记	2009-05—2010-11
第五任	王立友	党委书记	1978-10—1982-10	第十四任	程岩青	党委书记	2010-11—2011-04
第六任	王九升	党委书记	1981-08—1983-09	第十五任	徐宏伟	党委书记	2011-04—2014-04
第七任	李树荣	党委书记	1983-09—1985-03	第十六任	李明镜	党委书记	2014-04—2017-06
第八任	闫志义	党委书记	1985-03—1998-03	第十七任	赵红江	党委书记	2017-06—
第九任	刘树勋	党委书记	1998-03—2002-09				

1958年8月，建井三队成立党总支，下设机关、矿建一队、矿建二队、矿建三队、机电队、运搬队等6个党支部。

1965年5月，建井工程公司党委设组织干部科、纪委、宣教科、党委办公室、工会、团委等6个职能部门，下设矿建一队、矿建二队、矿建三队、土建一队、土建二队、运搬队、机电队、安装队、加工厂、采石场、行政科、机关等12个党支部。

1966年1月煤炭工业部第十工程处成立至1968年5月，第十工程处党委设政治处和组织科、宣教科、纪委、党委办公室、工会、团委、武装部等7个职能部门，下设矿建一队、矿建二队、矿建三队、矿建四队、土建一队、土建二队、运搬队、机电队、安装队、供应科等10个党支部。

1969年2月至1971年11月，第十工程处党委设革委会核心领导小组、政治工作组，下设矿建一队、矿建二队、矿建三队、矿建四队、机运队、机电队、土建队、安装队、医院、供应科等10个基层党组织。

1971年12月至1975年6月，第十工程处党委设常委会和组织科、宣教科、办公室、工会、团委，下设矿建一队、矿建二队、矿建三队、矿建四队、安装队、土建队、注浆队、供应科、医院等9个基层党组织。

1975年7月至1978年9月，第十工程处党委设常委会和组织干部科、宣教科、办公室、工会、团委、武装部等6个职能部门，下设矿建一工区、矿建二工区、土建工区、供应科4个党总支和矿建队（5个）、运搬队（2个）、机电队、通风队、土建队（4个）、供应科、车队、机厂、速凝剂厂等17个基层党支部。

1978年10月至1981年7月，第十工程处党委设常委会和组织部、宣传部、办公室、工会、团委、武装部等6个职能部门，下设矿建一工区、矿建二工区、建安工区、供应科4个党总支和工区区部（3个）、矿建队（7个）、运搬队（2个）、机电队、通风队、土建队（2个）、安装队、车队、综合厂、供应科、五七连、行政科、学校、医院、机关等25个基层党支部。

1981年8月至1982年9月，第十工程处党委设常委会和组织部、宣传部、纪委、办公室、工会、武装部等6个职能部门，下设矿建一工区、矿建二工区、建安工区3个党总支和工区区部（2个）、矿建队（5个）、综合队、机电队、运搬队、土建队（2个）、安装队、预备队、通风队、车队、供应科、行政科、学校、医院、机关、劳动服务社等22个基层党支部。

1982年10月至1983年3月，第十工程处党委设常委会和组织部、宣传部、纪委、办公室、工会、团委、武装部等7个职能部门，下设矿建一工区、矿建二工区、土建大队、留守处4个党总支和矿建队（7个）、机运队、机电队、安装队、通风队、土建队（2个）、车队、行政科、供应科、机电科、医院、机关等19个基层党支部。

1983年4月至1985年3月，第十工程处党委设常委会和组织部、宣传部、纪委、办公室、工会、团委、武装部等7个职能部门，下设矿建一工区、服务公司2个党总支和矿建队（7个）、机运队、机电队、运搬队、安装队、通风队、土建队（2个）、汽车队、行政科、供应科、医院、加工车间、机关等20个基层党支部。

1985年4月至1996年12月，第十工程处党委设组织部、宣传部、纪委、办公室、工会、团委、武装部等7个职能部门，下设矿建一工区、机关2个党总支和矿建队（14个）、机运队（2个）、机电队、安装队、通风队、土建队（2个）、汽车队、行政科、供应科、医院、加工车间、服务公司、机厂、留守处、机械加工车间、常村学校、武安学校、机关（6个）等38个基层党支部。

1997年1月至2009年9月，第十工程处党委设组织部、宣传部、纪委、办公室、工会、团委、武装保卫部等7个职能部门；2009年10月至2010年7月，设组织部、宣传部、纪检监察审计部、办公室（党政一体）、工会、团委、武装保卫部等7个职能部门；2010年8月起，设办公室（党政一体）、组织部、党群工作部（宣传部、工会、团委）、纪委4个职能部门；基层党组织根据工程施工项目的增减变化而设立或撤销。

2017年12月，第十工程处党委下辖机关党总支和18个基层党支部（图1-2-1）。

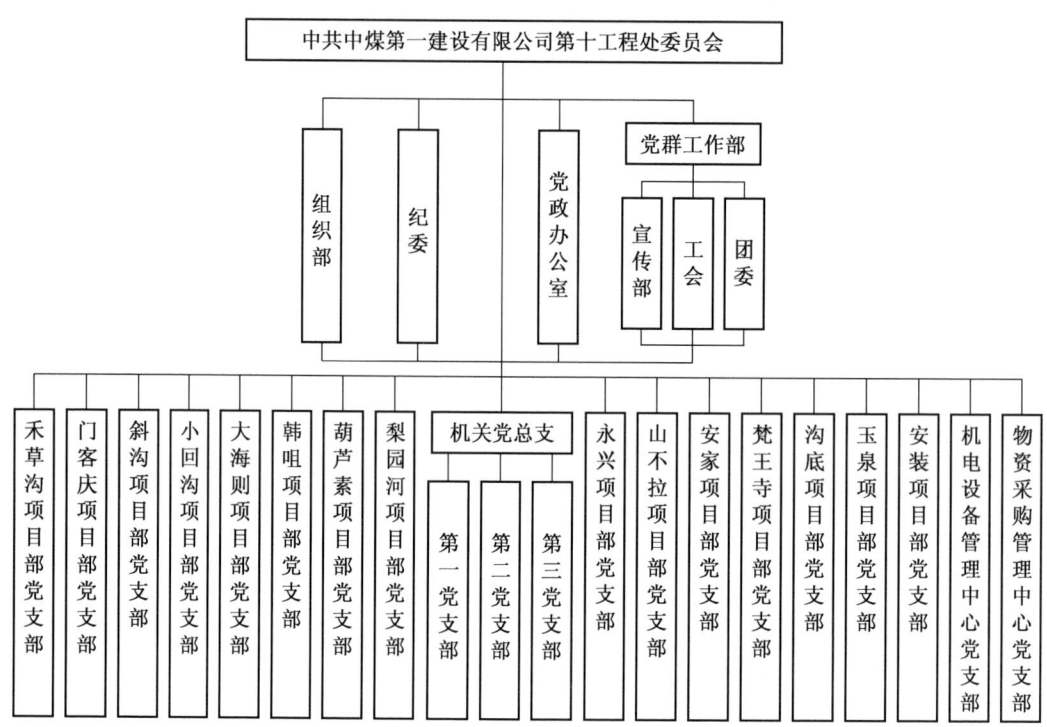

图1-2-1　2017年第十工程处党委组织系统示意图

二、党代会

（一）第一次党代会

1971年8月，中国共产党四川省煤矿建设第一工程处第一次代表大会在四川渡口大宝顶干巴塘驻地召开。大会选举产生了中共四川省煤矿建设第一工程处第一届委员会，委员会由马长发、齐恩铭、刘太让、全洪树、吴广厚、宋仁旺、李安锁、李树荣、范兴文、垢文会、施云先、洪玉林、赵明发、钟风义、胡景普、胡殿明、韩明信、滕广瑞、魏同贵19名成员组成，吴广厚、李安锁、施云先（军代表）、钟风义、胡景普、韩明信、滕广瑞7名委员当选为常委，施云先当选为党委书记，胡景普、韩明信当选为党委副书记。

（二）第二次党代会

1978年10月18—19日，中国共产党煤炭工业部第十工程处第二次代表大会在河北省邯郸市陶二煤矿驻地召开，128名代表出席会议（占党员总数的24.9%）。大会审议通过了王立友代表中共煤炭工业部第十工程处第一届委员会所作的党委工作报告，选举产生了中共煤炭工业部第十工程处第二届委员会。新一届委员会由马长发、王立有、刘太让、成海友、宋仁旺、范兴文、范喜田、张虎银、张文山、垢文会、袁克智11名成员组成，王立有、张虎银、成海友、袁克智当选为常委（暂缺1人），王立友当选党委书记，张虎银、成海友当选党委副书记。

（三）第三次党代会

1986年5月12—13日，中国共产党煤炭工业部第十工程处第三次代表大会在山西潞安矿务局王庄煤矿驻地召开，79名正式代表（占代表总数的81.44%）、15名列席代表出席会议（在册党员476人。其中：正式党员448人、预备党员28人，选举产生正式代表97人，占党员总数的20.38%）。大会审议通过了阎志义代表第二届委员会所作的《加强党的领导，推进企业改革，开创两个文明建设新局面》党委工作报告，审议通过了李树荣代表第二届纪律检查委员会所作的纪委工作报告；选举产生了中共煤炭工业部第十工程处第三届委员会和第三届纪律检查委员会。新一届党委由牛峰智、平买兴、朱光辉、李树荣、邵勇、邵存法、高尚华、阎志义、程起俊9名成员组成，阎志义当选党委书记，朱光辉当选党委副书记。新一届纪委由王永年、冉启刚、李树荣、邢忠堂、周玉臣、赵贵新6名成员组成，李树荣当选纪委书记，邢忠堂当选纪委副书记。

（四）第四次党代会

1990年12月5—6日，中国共产党中国统配煤矿总公司第十工程处第四次代表大会在山西潞安矿务局常村煤矿驻地召开，113名代表出席会议（在册党员485人。其中：正式党员478人、预备党员7人，选举产生正式代表120人，占党员总数的24.74%）。大会审议通过了阎志义代表第三届委员会所作的党委工作报告，审议通过了李树荣代表第三届纪律检查委员会所作的纪委工作报告，讨论通过了中国共产党中煤第十工程处第四次代表大会《关于加强廉政建设的决议》，选举产生了中国共产党中煤第十工程处第四届委员会和第四届纪律检查委员会。新一届党委由牛峰智、平买兴、朱光辉、李树荣、邵勇、邵存法、高尚华、阎志义、程起俊9名成员组成，阎志义当选党委书记，朱光辉当选党委副书记。新一届纪委由王玉江、牛峰智、冉启刚、江英男、李树荣、李广州、周玉臣7名成员组成，李树荣当选纪委书记。

（五）第五次党代会

2007年8月8—9日，中国共产党中煤第一建设公司第十工程处第五次代表大会在河北武安处机关召开，77名正式代表（占代表总数的90.58%）、9名列席代表出席会议（在册党员428人。其中：正式党员414人、预备党员14人，选举产生正式代表85人，占党员总数的19.86%）。大会审议通过了李振东代表第四届委员会所作的《以人为本建和谐企业，科学发展创一流业绩，为我处早日跨入公司先进企业行列而努力奋斗》党委工作报告，审议通过了范起家代表第四届纪律检查委员会所作的《围绕中心工作，服务发展大局，为我处早日跨入公司先进行列营造良好氛围》纪委工作报告，听取审议了魏巍代表中国共产党中煤第一建设公司第十工程处第四届委员会所作的

《党费收缴、使用和管理情况》报告，选举产生了中国共产党中煤第一建设公司第十工程处第五届委员会和第五届纪律检查委员会，选举产生了出席中国共产党中煤第一建设公司第二次代表大会代表17人。新一届党委由王海宝、平永生、吕广同、李振东、李京荣、杨富华、范起家、钟占良、颜毅9名成员组成，李振东当选党委书记，王海宝、范起家当选党委副书记。新一届纪委由马天真、闫保安、范起家、张友录、魏巍5名成员组成，范起家当选纪委书记，马天真当选纪委副书记。

（六）第六次党代会

2014年7月11日，中国共产党中煤第一建设有限公司第十工程处第六次代表大会在河北省邯郸市处机关召开，52名代表出席会议（在岗党员238人，选举产生正式代表60人，占在岗党员总数的25.21%；到会代表占代表总数的86.67%）。大会审议通过了李明镜代表第五届委员会所作的《迎难而上、稳中求进、为实现企业持续健康发展努力奋斗》党委工作报告，审议通过了李兰柱代表第五届纪律检查委员会所作的《围绕中心、服务大局、强化监督、筑牢防线、为企业持续健康发展提供坚强保障》纪委工作报告，审议通过了《中国共产党中煤第一建设有限公司第十工程处关于党费收缴、使用、管理情况的报告》，选举产生了中国共产党中煤第一建设有限公司第十工程处第六届委员会和第六届纪律检查委员会，选举产生了出席中国共产党中煤第一建设有限公司第三次代表大会代表15人。第六届委员会由代志春、乔志、李兰柱、李明镜、李晓良、张彦田、陈学伟、袁国平、郭林忠、龚大龙、程岩青11名成员组成，李明镜当选党委书记，程岩青、李兰柱当选党委副书记。新一届纪委由王莉棉、李兰柱、张文卓、张蕾、谢宁芳5名成员组成，李兰柱当选纪委书记，张文卓当选纪委副书记。

三、党员队伍建设

（一）党员发展

1958年8月，建井三队成立党总支，在筹备处党委的领导下开展党建工作，重点抓党员队伍的整顿提高。

1966年1月，潞安矿务局王庄建井指挥部的基本建设队伍统编为煤炭工业部第十工程处后，第十工程处党委始终严格按照"坚持标准、保证质量、改善结构、慎重发展"的"十六字"方针做好党员组织发展工作。注重在生产一线职工、优秀青年、女职工和党员人数较少的区队、班组中发展党员，重点吸收班组长、生产经营骨干、技术能手、先进青年入党；把带头技术创新、攻克技术难关的专业技术人员、管理人员、技术骨干吸收到党员队伍中，不断优化党员队伍结构；努力解决一些生产班组没有党员的问题，确保关键岗位、艰苦岗位有党员，努力增强基层一线党员的模范带头作用。

1979年，第十工程处党委认真学习贯彻中组部《关于妥善处理突击发展党员的意见》。此后，建立健全发展党员工作制度，严格遵循发展党员工作程序，实行填写《入党积极分子考察表》，加强对入党积极分子考察教育，坚持严格政审、民主测评、公示，对发展党员严格把关。

1990年，根据中组部《关于逐步建立积极分子入党前期集中培训制度的通知》（〔1989〕11号）精神，制定实施《培养积极分子和预备党员鉴定考核制度》，开展对入党积极分子入党前短期培训，进行以"三基"（基本国情、党的基本路线、基本知识）为主要内容的培养教育，加强对预备党员的鉴定考核管理，保证发展党员的质量。

2008年，制定发展党员工作程序范

本,内容包括发展党员三种文书的写作方法、三种表单的规范化填写、发展党员工作流程图解以及发展党员工作需要注意的事项,使本单位党员发展工作进一步规范化。

2012年,第十工程处党委采取城乡基层党组织一方为主、接续培养、两地考察、互相衔接的办法,在农民工群体中培养积极分子,吸收优秀农民工入党,使职工队伍中的党员结构趋于改善,分布更加合理。

2017年,第十工程处党委严格按照《中国共产党章程》和《发展党员工作细则》的要求,围绕中煤一建公司三次党代会提出的"2021年末班班有党员"的目标,把发展党员重心向一线倾斜,实行党员和业务骨干"双向培养"。

2007—2017年第十工程处发展党员统计表见表1-2-2。

表1-2-2　2007—2017年第十工程处发展党员统计表　　人

年份	总计	其　中		
		35岁以下	管服人员	生产一线
2007	14	8	7	12
2008	16	10	5	16
2009	18	10	10	13
2010	29	17	10	21
2011	22	12	8	17
2012	20	16	5	13
2013	15	12	7	11
2014	9	9	2	7
2015	9	6	3	7
2016	9	7	1	7
2017	9	8	2	9

(二)党员教育和管理

第十工程处从建处初期建立党组织以来,始终以"三会一课"为载体,健全党的组织生活,严格党员管理,加强党员教育,定期组织学习、报告和研讨。对党员进行马列主义、毛泽东思想、邓小平建设有中国特色社会主义理论、"三个代表"重要思想、科学发展观、习近平新时代中国特色社会主义思想的教育,党的基本理论、基本路线、基本纲领、基本经验的教育,法律法规、时事政治、职业道德教育,党风廉政建设和反腐败教育。按照党的基层组织与行政建制相对接的原则,围绕党的中心工作,加强对党员管理。

1974年,第十工程处党委举办党训班6期,培训党员332人。

1981年,第十工程处党委转发处纪委《关于要求共产党员要发扬党的优良传统过一个移风易俗的春节的报告》,要求全体党员、干部认真贯彻落实六项规定。组织开展各种宣传教育活动,纪念建党60周年。学习贯彻《关于建国以来党的若干历史问题决议》,组织党员开展批评自我批评,恢复党的形象,做合格共产党员。

1984年8月,第十工程处党委在党员干部中开展理论学习活动,机关政工、经济管理、行政负责干部和工区科级干部利用自学、集中学习、听辅导讲座等方式,完成《政治经济学教材》的学习。

1985年1月,第十工程处党委根据河北省委、邯郸市委党员教育工作会议及煤炭工业部第一建设公司党委组织部、宣传部的文件精神,对全处党员开展了整党前的学习轮训。

1990年,第十工程处党委制定《党团活动制度》《党费收缴制度》《马列主义理论学习小组活动制度》,加强对党员教育和管理。党委与基层党总支、直属党支部签订党总支、党支部目标管理责任书,党支部与党员签订党员目标管理责任书，通过党建目标的细化、量化管理，调动党总支、党支部和党员的主动性、积极性、创造性。同年，根据中国统配煤矿总公司第一建设公司党委《关于民主评议党员工作的安排意见》，在全处基层党组织贯彻落实民主评议党员工作安排，严格执行民主评议党员工作制度，以党支部为单位，开展民主评议党员工作。此后，开展民主评议党员工作每年进行一次，通过民主评议党员工作，全面准确地了解党员的思想变化情况、参加党内活动情况、履行党员义务情况，增强党员的党性观念，提高党员队伍的整体素质，保持党的先进性和纯洁性。

1997年9月，第十工程处党委通过党委中心组集中学、组织辅导宣讲组、开办流动学习班等形式，在基层党总支、党支部组织学习贯彻党的十五大精神，将学习贯彻党的十五大精神的文件传达到全体职工。

2000—2005年，第十工程处党委在全处党员中先后开展了"三查一树立"（即查理想信念、查党性观念、查工作作风，树立正确的人生观、世界观、价值观）活动，"党建杯"党的知识竞赛和《我身边的共产党员》征文活动，学习党的十六大精神知识答题竞赛活动；在机关开展了"守纪律、尽职责、马上办、办得快、热心为一线服务"和"增知识、练业务、强素质"主题活动；在一线开展了"破纪录""创高产""建功立业""一个党员一面旗""我为党旗添光彩""党员身边无事故"主题活动；在生产岗位开展了"我是安全监督员"主题活动，充分发挥党委的政治核心作用、基层党组织的战斗堡垒作用和党员的先锋模范作用。成立流动党校，聘任流动党校特约讲师，深入一线、工地、区队对党员进行党课教育，全面加强党员的思想政治教育，增强党的凝聚力和战斗力。

2005年6月，按照中煤第一建设公司党委的安排部署，成立保持共产党员先进性教育活动领导小组，设置办公室和督导组，明确工作职责，对全处开展以实践"三个代表"重要思想为主要内容的保持共产党员先进性教育活动进行部署。在开展以实践"三个代表"重要思想为主要内容的保持共产党员先进性教育活动中，党员干部坚持带头学习、带头写心得体会、带头查摆问题、带头写好分析材料、带头开展批评和自我批评、带头落实整改措施，发挥了应有的表率作用。

2007年，第十工程处党委先后开展"为民、务实、清廉"主题教育活动、"党员先锋月"主题活动，组织党员干部围绕"学、教、访、摆、督、查、树、建"8个方面，加强思想作风、学风、工作作风、领导作风和生活作风建设，以实际行动迎接中煤第一建设公司第一次党代会召开，向党的十七大献礼。通过印发、发放《十七大精神学习导航》《十七大报告单行本》《十七大报告学习解答》，利用网站、《十处风采》开辟学习讨论园地，组织十七大精神巡回宣讲等形式，在基层党总支、党支部开展"学报告、学党章、促发展、促和谐"的为主题的"双学双促"活动。

2008年，第十工程处党委开展以"学党章、比觉悟，学技能、比贡献"为主要内容的"双学双比"活动。制定实施《党员述职述学制度》，促进党员在生产、工作、学习、生活中发挥先锋模范作用。

2009年，按照中煤第一建设公司党委"干部作风建设年"工作和"学习实践科学发展观"活动统一部署，制定实施方案，成立领导小组、活动办公室和综合协调组、督导检查组、活动推进组、舆论宣传组,明确工作职责,坚持规定动作和自选动作相结合,精心组织,周密安排,有序推进。对党员干部队伍"不适应、不协调、不持续、不平衡、不和谐、不匹配"问题进行了查摆和整改,测评群众满意度达到93%,较好地实现了"党员干部受教育,科学发展上水平,职工群众得实惠"的总体目标。至2011年,第十工程处党委通过流动党校到基层党总支、党支部上党课,开展"筑安全堡垒,做安全先锋""读廉书、看廉片、上廉课、兴廉风"、向建党90周年献礼"五个一"(开展一次党史教育、组织一次党员奉献日活动、举办一场颂歌献给党演唱会、召开一次党管安全责任自查分析会、举办一次创先争优阶段成果展)等,以及转观念、转思路、促转型、促发展的"双学双促"主题活动,加强党员教育,提升党性修养,推动全体党员在生产建设中亮身份、明责任、做表率、树形象、保安全、做贡献。

2012年,第十工程处党委以"喜迎十八大,党员展风采"为主题,开展"四个推进""五比五争"党课教育。制定《党员安全责任区和党员示范岗考核标准》,实施《落实党管安全责任追究暂行办法》,推动党管安全责任各项工作的落实。同年11月,在基层党总支、党支部迅速兴起学习宣传贯彻党的十八大精神热潮。

2013年,第十工程处党委印发《"每季一本书"读书活动实施方案》,在全体党员中开展"每季一本书"读书活动,深化"五好班子"创建,推进学习型党组织、学习型机关建设。

2015年,按照中煤一建公司《关于做好处置不合格党员工作的实施方案》要求,通过动员学习、排查摸底等环节,对长期不在岗、失去联系的党员情况进行了清理,增强党组织和党员自我净化、自我完善、自我革新、自我提高的能力。

2016年,第十工程处党委制定《"学党章党规、学系列讲话,做合格党员"学习教育实施方案》,加强组织领导,做实"六个规定动作",扎实开展"三个专项活动"。首次利用网络举办"两学一做"专题党课。对2008年4月份以来未按标准交纳党费党员的工资、绩效等收入进行了排查梳理,并按党费收缴比例补交了历年党费,进一步规范党费收缴工作,切实增强了党员的党性观念和责任感。

2017年,第十工程处党委按照上级党组织要求,对党员基本信息进行采集,建立党员电子身份信息,录入全国党员管理信息系统,运用信息系统开展业务应用,逐步推动组织工作信息化、规范化。印发《民主评议党员制度》《流动党员管理办法(修订)》,加强党员教育和管理。

2007—2017年第十工程处党员人数统计表见表1-2-3。

表1-2-3 2007—2017年第十工程处党员人数统计表　　　　　人

年　份	党员人数	年　份	党员人数
2007	424	2013	312
2008	436	2014	303
2009	447	2015	300
2010	877	2016	295
2011	853	2017	299
2012	315	—	—

四、基层党组织建设

第十工程处党委始终按照"行政组织延伸到哪里,党组织就建到哪里;生产经营延伸到哪里,党的工作就做到哪里"

和"党员相对集中、单位相对独立"的原则，合理设置党的基层组织。凡是有正式党员3人（含3人）以上的区队、车间、项目部，均建立党的支部委员会；单位党员不足3人或没有条件成立党支部的，与邻近单位联合组建党支部。在不同历史时期，党的基层组织建设从未间断。特别是改革开放以来，为适应新形势新任务的要求，第十工程处党委不断加强和改进党的基层组织建设，增强凝聚力和战斗力，使基层党组织成为贯彻落实党的方针政策的组织者、推动者和实践者，成为密切联系群众的桥梁和纽带。

1978年，第十工程处党委通过学习文件，提高认识，揭摆班子中存在的主要问题；认真搞好思想交锋，开展党员评议；认真搞好总支、支部改选3个步骤的工作，开展党组织整顿。

1983年，第十工程处党委在进一步加强党的基层组织建设和进行做合格党员教育的基础上，广泛开展"创建先进党支部和争当优秀共产党员"活动。

1985年7月，第十工程处党委根据中共中央关于整党的决定，按照煤炭工业部第一建设公司整党领导小组的统一安排部署，自上而下对领导班子、领导干部、党员从思想、作风、纪律、组织等方面进行了全面、系统的整顿。

1986年3月，第十工程处党委完成"统一思想，整顿作风，加强纪律，纯洁组织"的整党任务，按照中央整党决定的5条验收标准进行自检验收，对个别工作较差的单位进行了补课。

1990年，第十工程处党委制定实施《党建工作自上而下的督促检查制度》《党建工作自下而上的报告制度》《政工部门例会制度》《思想政治工作信息员制度》，进一步加强基层党组织建设。

2006年，按照中煤第一建设公司党委《关于全面实施党建质量管理体系的通知》的工作部署，成立党建工作质量管理体系推行工作领导小组，全面落实公司党建质量管理体系目标的要求，提升党建工作管理水平。

2007年，第十工程处党委对基层党组织进行了换届选举工作，增强基层党组织凝聚力、吸引力，确保战斗堡垒作用的发挥。

2008年，为进一步加强基层党组织对工会、共青团工作的领导，充分发挥工、团组织的桥梁和纽带作用，制定《党总支、直属党支部党建带工建、团建工作联席会议制度》，对基层党建带工建、带团建工作作出了具体规定。

2010年，根据中组部、国资委党委关于《中央企业深入开展创先争优活动实施意见》和中煤第一建设有限公司的安排部署，制定《深入开展创先争优活动实施方案》，开展以"抓基层夯实基础、学先进争当楷模、比贡献岗位立功、强中煤科学发展"为主题，以推进学习型党组织建设、深化"四好"领导班子建设、争创"五好"先进基层党组织、争做"五带头"优秀共产党员为内容的创先争优活动。制定实施《党委工作部门联系点制度》，明确目标和责任，加强对基层党建工作的指导和督查。

2011年，第十工程处党委设立"党委书记接待日"，每月两次听取职工群众和家属的意见和建议，协调解决重大困难和重要问题。印发《创先争优活动领导点评工作实施方案》，采取集中点评、个别点评、现场点评、随机点评的方式，处领导班子成员负责对分管单位、联系点的党组织进行点评，基层党组织负责人负责对本单位党员的点评，点评结果公示。制定《党建工作考核办法》《党建思想政治工作考核标准》，明确工作目标和责任，量化工作考核,实施工作绩效与经济收入挂钩的奖惩措施,推动基层党建工作深入开展。2012年,制定《党务公开实施细则》,强化群众监督。

2013年,第十工程处党委深入开展"三基六建"活动,进一步加强基层党组织建设。三基:抓基层、打基础、练好基本功;六建:建设一个政治素质好、经营业绩好、管理创新好、团结协作好、作风形象好的"五好"领导班子,建设一批政治引领力强、推动发展力强、改革创新力强、凝聚保障力强的"五强"党组织,建设一支道德品质优、岗位技能优、工作业绩优、表率作用优、群众评价优的"五优"党员队伍,建设一支有理想、有道德、有文化、有技能、有纪律的"五有"职工队伍,建设一支政治强、业务精、作风好、肯奉献的复合型党务工作者队伍,建设一套适应现代企业制度要求、促进企业转型发展的党建工作新机制。

2015年,第十工程处党委规范基层党建工作,从工作原则、党支部设置、党支部书记选配、项目部党支部主要职责等方面提出新的规范要求。

2017年,第十工程处党委组织全体党员、干部认真学习、宣传、贯彻党的十九大会议精神,深刻理解习近平新时代中国特色社会主义思想,结合本单位施工生产实际,探索新思路、新方法,努力开创新时代基层党组织建设新局面。

1958—2017年第十工程处机关党组织负责人任职表、矿建单位党组织负责人任职表见表1-2-4至表1-2-5。1958—2002年第十工程处矿建辅助单位党组织负责人任职表见表1-2-6。1962—2010年第十工程处土建单位党组织负责人任职表见表1-2-7。1962—2017年第十工程处机电安装单位党组织负责人任职表见表1-2-8。1966—2017年第十工程处后勤辅助单位党组织负责人任职表见表1-2-9。

表1-2-4　1958—2017年第十工程处机关党组织负责人任职表

序号	名　称	起止年限	党组织负责人
1	机关党支部	1958-08—1986-05	申俊昌(兼)、张海彪、范喜田、张海彪、周玉臣、孙沛英、
2	机关党总支	1986-05—2017-12	范喜田、张海彪、李鳌成、王五洲、刘恒珍、马天真、魏巍、程四清、张友录
3	第一党支部	1986-05—2017-12	范起家、平买兴、张友录、薛帮汉、程四清、谢宁芳、张蕾
4	第二党支部	1986-05—2017-12	韩宝书、牛峰智、魏巍、翁富贵、周菁、闫保安、孟昭国、谢刚
5	第三党支部	1986-05—2017-12	张振生、常福堂、钟占良、谢宁芳、刘志强、苏永
6	第四党支部	1986-05—2010-08	周玉臣、王明堂、孙沛英、秦志安、马玉真
7	第五党支部	1988-10—2010-09	冉启刚、黄玉贵、曹建忠、闫保安
8	第六党支部	1988-10—1998-10	张振生

表1-2-5 1958—2017年第十工程处矿建单位党组织负责人任职表

序号	单位名称	起止年限	党组织负责人
1	矿建一工区党总支	1976-07—1998-06	李安锁、陆绍章、周洪亮、程起俊、宋信杰
	矿建一工区区部党支部	1978-10—1998-06	孙玉虎、周玉臣、孙启仁、白祥的
2	矿建二工区党总支	1976-07—1984-09	垢文会、焦焕章、程起俊、刘义生
		1993-04—2004-08	范作勤、董建平、郭林忠
	矿建二工区区部党支部	1978-10—1982-10	张东春、张振生、周玉臣、张扣林、王新辉
3	矿建三工区党总支	1995-05—2002-03	李广州
4	矿建四工区党总支	1996-11—1997-07	牛奎则（兼）
5	矿建一队党支部	1958-08—1997-09	马长发、张海彪、马长发、李安锁、吕双全、范作勤、李春富
		2007-04—2008-10	崔岩岐
6	矿建二队党支部	1958-08—2007-04	郭林棋、陆绍章、季华炳、张孝荣、李洪亮、梅井春
7	矿建三队党支部	1958-08—1968-05	李树荣、赵连德
		1968-05—2007-04	李树荣、垢文会、张东春、张海彪、张振生、张巧斗、张扣林、李秋成、李保顺、孙沛英、李子山、刘金海、刘祥则
8	矿建四队党支部	1965-05—2007-04	杨保则、李泽泉、任兴旺、李秋成、李保顺、季华炳、赵守礼、李子山、赵守礼、赵和民
9	矿建五队党支部	1975-05—2007-04	赵继才、李广州、李春富、刘恒珍、李保顺、薛邦汉、于崇仁、王振友
10	矿建六队党支部	1979-03—2007-04	贾福明、郭自林、宋书富、崔忠卫
11	矿建七队党支部	1979-03—2007-04	张安福、董喜顺、李傲成、李广州、郭自林、张子民、郭支林
12	矿建一工区综合队党支部	1981-08—1982-10	吕双全
13	矿建八队党支部	1987-04—2001-10	张巧斗、张相魁（兼）、翁富强、温福生、薛邦汉、李守义

表1-2-5（续）

序号	单位名称	起止年限	党组织负责人
14	矿建九队党支部	1988-03—1997-09	孙玉虎、任兴旺、宋信民
		2007-04—不详	张厚令
15	矿建十队党支部	1989-03—1998-12	季华炳、薛帮汉
16	矿建十一队党支部	1989-03—2007-04	盖书堂、张友来
17	矿建十二队党支部	1989-03—2001-03	张巧斗、孙沛英
18	矿建十三队党支部	1989-04—1998-12	温福生、石蜡成
19	矿建十四队党支部	1990-04—不详	李保顺
20	矿建十六队党支部	2007-04—不详	张友来
21	矿建十九队党支部	2007-04—不详	史玉岐
22	矿建二十一队党支部	2003-04—2009-08	杨立忠、尹英杰
23	南寨施工队党支部	1990-04—1991-12	秦和友
24	土耳其项目部党支部	1995-07—1997-11	蒲耀年（兼）、张相魁（兼）、王引亮（兼）
25	寺河项目部党总支	1997-05—2000-12	王立升（兼）
26	沙曲项目部党总支	1997-04—2011	蒲耀年、李洪亮
27	五阳项目部党总支部	1998-06—2004-04	秦平安
28	金龙煤矿项目部党支部	1998-06—2000-08	张振生
29	陶二项目部党总支部	2000-10—2005-03	张振生、马天真、秦平安
30	刘庄项目部党支部	1999-03—2002-12	宋书富、王引亮（兼）
31	梧桐庄项目部党总支	2001-03—2001-05	王立升（兼）
		2001-05—2010-11	张友录、王立升（兼）、秦平安、王国玉
32	天祝项目部党总支	2003-04—2003-11	钟占良（兼）
33	和顺项目部党总支	2004-04—2005-11	崔连效
34	红山项目部党总支部	2004-04—2005-09	郭林忠、马虎成
35	第二凿井队党支部	2005-03—2010	郭茂森、平晓伟
36	大宁项目部党总支	2004-03—2004-10	钟占良（兼）
37	三交河项目部党支部	2005-06—2005-09	董海顺
38	干河项目部党总支	2006-09—2008-11	郭林忠、郭茂森
39	谢桥项目部党支部	2005-03—2005-12	宋书富
40	吴桂桥项目部党总支	2005-03—2007-06	钟占良、王平一
41	寨崖底项目部党支部	2005-03—2012-06	秦平安、赵来成

表1-2-5（续）

序号	单位名称	起止年限	党组织负责人
42	下霍项目部党总支	2005-06—2007-07	密栓成
43	棋盘井项目部党总支	2005-09—2009-08	李兰柱、马虎成、密栓成、赵华杰
44	龙固项目部党总支	2005-11—2007-06	崔连效
45	龙家堡项目部党总支	2006-07—2007-07	李树兵
46	华资项目部党总支	2006-08—2010-02	李兰柱、钟占良、魏福敬、尹英杰（副）
47	李雅庄项目部党支部	2006-09—2007-10	瞿武（副）
48	龙家堡二期项目部党总支	2007-06—2013-10	崔连效、孙继富、代志春、张继亮
49	八宝项目部党总支	2007-07—2010-05	李树兵、李兰柱
50	八宝项目部党支部	2010-05—2010-11	石腊成
51	黄玉川项目部党总支	2007-09—2011-01	瞿武、康永刚、许惟双
52	凿井七队党支部	2009-08—2017-12	范好成
53	襄垣项目部党总支	2008-03—2011-01	马虎成、马建国
54	宽塘项目部党总支	2008-03—2008-10	周峰川
55	沙曲第二项目部党总支	2008-07—2012-05	郭茂森
56	五间房项目部党支部	2008-09—2009-06	马虎成
57	东周窑项目部党总支	2008-07—2012-06	张友录、马献民、康永刚、董方清
58	麻家梁项目部党总支	2008-10—2010-09	密栓成、王平一、许雪刚、郭爱国、张庆玺
59	白音乌素项目部党支部	2009-08—2011-02	蒲源忠
60	庞庞塔项目部党支部	2009-06—2011-12	马虎成、马献民、康永刚
61	色连项目部党支部	2009-06—2010-08	周峰川
62	宝龙山项目部党总支	2009-12—2011-12	王平一、马天真
63	八连城项目部党支部	2010-07—2011-06	常晓庭
64	华胜项目部党支部	2010-09—2017-04	秦平安、蒲源忠
65	门克庆项目部党总支	2010-09—2017-12	郭爱国、崔伟华、康永刚
66	禾草沟项目部党总支	2010-09—2017-12	周峰川、郭茂森、王海波、王正旭
67	查干淖尔项目部党支部	2010-11—2011-10	安磊
68	峰峰项目部党支部	2010-11—2011-08	刘晓斌
69	黄岗梁六区项目部党支部	2010-11—2012-11	尹早山
70	林南仓项目部党支部	2010-11—2012-08	石军
71	韦一项目部党支部	2010-11—2016-10	柳国强（副）、闫志明

表1-2-5（续）

序号	单位名称	起止年限	党组织负责人
72	肖家洼项目部党支部	2010-11—2012-12	高俊权
73	斜沟项目部党支部	2010-11—2017-12	杜具成（兼）、侯春岭、曹高峰
74	玉溪项目部党支部	2010-11—2011-12	温和旺
75	梧桐庄项目部党支部	2010-11—2011-01	孟保山
76	梵王寺项目部党支部	2013-10—2017-12	常晓庭、温和旺
77	韩咀项目部党支部	2012-03—2017-12	赵奎、尹英杰、赵奎
78	梨园河项目部党支部	2012-06—2017-12	赵来成
79	达来胡硕项目部党支部	2012-08—2013-04	石军
80	小回沟项目部党支部	2012-12—2017-12	尹早山、赵奎、蒲源忠
81	创日泊里项目部党支部	2012-12—2015-10	温和旺
82	大海则项目部党支部	2013-04—2017-12	崔伟华
83	玉泉项目部党支部	2014-01—2017-12	王忠勇
84	沟底项目部党支部	2014-11—2017-12	郭爱国
85	葫芦素项目部党支部	2016-04—2017-12	常晓庭、柳国强
86	永兴项目部党支部	2017-08—2017-12	高俊权
87	山不拉项目部党支部	2017-08—2017-12	王丛发（兼）
88	安家项目部党支部	2017-12—2017-12	李爱民

表1-2-6 **1958—2002年第十工程处矿建辅助单位党组织负责人任职表**

序号	单位名称	起止年限	党组织负责人
1	机电队党支部	1958-08—1971-11	王根保、辛长发、李洪涛
2	运搬队党支部	1958-08—1968-06	王和顺、秦枝则
3	机运队党支部	1968-05—1971-11	崔保荣
4	矿建一工区机电队党支部	1976-07—1983-05	孙玉虎、王连忠
4	矿建一工区运搬队党支部	1976-07—1983-05	董喜顺
4	矿建一工区机运队党支部	1983-05—2000-10	密廷友、董建平
5	矿建二工区机电队党支部	1976-07—1984-09	密廷友、李泽泉
5	矿建二工区运搬队党支部	1976-07—1984-09	李鳌臣、许福喜
5	矿建二工区机运队党支部	1993-04—1997-09	董宗光
6	机电队、常村机电队党支部	1984-09—1994-04	孙玉虎、陆振峰、焦建文、宋仿文
7	运搬队、常村机运队党支部	1984-09—1995-02	许福喜、李黑狗、雷迷宝
8	矿建三工区机运队党支部	1995-05—2002-03	雷迷宝

表1-2-6(续)

序号	单位名称	起止年限	党组织负责人
9	矿建四工区机运队党支部	1996-11—1997-07	王富文
10	通风队党支部	1975-05—1981-08	密廷友、徐开祥
		1981-08—1995-05	赵振安、孙沛英、宋德新(兼)、李述明
11	注浆队党支部	1974-10—1975-07	杨长根
	注浆公司党支部	1993-04—2002-04	周存炳、刘清则

表1-2-7 1962—2010年第十工程处土建单位党组织负责人任职表

序号	土建队伍 名称	下属单位	起止年限	党组织负责人
1	土建一队党支部	—	1962-06—1969-05	焦焕章、刘新田
			1982-03—1983-05	关永旦
			1985-02—1998-11	刘树勋、纪新法、李银斗、王顺义
2	土建二队党支部	—	1962-06—1969-05	孙清水、申秀则
			1982-03—1983-05	申秀则
			1985-02—1998-11	屈文福、张德清、刘恒珍、纪新现
3	土建三队党支部	—	1986-03—1995-01	张德清、李银斗(兼)、张发堂
4	土建队党支部	—	1969-05—1976-04	焦焕章
5	土建工区党总支	—	1976-04—1979-03	范喜田
		一队党支部		张福顺、关永旦
		二队党支部		周成生、申秀则
		三队党支部		贾福明、刘荣
		四队党支部		秦鸣
		土方队党支部		赵继才
6	建安工区党总支	—	1979-03—1982-03	方庭德
		一队党支部		关永旦
		二队党支部		申秀则
		区部党支部		杨凤琴(兼)
7	土建大队党总支	—	1983-05—1985-02	刘树勋
		一分队党支部	1984—1985-02	张群东
		二分队党支部	1984—1985-02	张发堂、屈文福
8	建筑工程公司党总支	—	1995-04—2010-12	李银斗、李宾则、董建平

表1-2-8　1962—2017年第十工程处机电安装单位党组织负责人任职表

序号	安装队伍 名称	下属支部	起止年限	党组织负责人
1	机电安装队党支部	—	1962-06—1979-03	刘全奎、计舜、刘云生、方庭德
2	建安工区党总支	建安工区支部	1979-03—1982-03	方庭德
		安装队支部	1979-03—1982-03	李洪昌、王建文
3	安装队党支部	—	1982-03—1994-04	王建文、靳金玉、秦和先
4	安装公司党总支	安装公司支部	1994-04—2006-05	文宏政、崔连效、王兴文
		安装一队支部	1994-04—2006-05	王兴文（兼）、宋仿文、军王民
		安装二队支部	1994-04—2006-05	崔连效（兼）、孙长胜、宋俊明
5	机电安装队党支部	—	2006-09—2012-02	邵良
6	安装项目部党支部	—	2012-02—2017-12	秦忠科

表1-2-9　1966—2017年第十工程处后勤辅助单位党组织负责人任职表

序号	后勤辅助单位 名称	下属支部	起止年限	党组织负责人
1	职工医院党支部	—	1961—2010-03	孙清水、张正清、焦焕章、张海彪、雷迷宝、于治安（兼）、吴德贵、于治安（兼）、赵建华、薛邦汉、秦和先、赵建华
2	福利科、行政科党支部、生活服务公司	—	1961—1965-05	刘锁（兼）
			1976-10—1999-05	周德顺、秦鸣（副）、寇桂荣（副）、张海彪、董喜顺
3	供应科党支部	—	1966-01—1968	刘云生
		—	1974-12—1976-07	韩忠义、张海彪、赵玉亭（兼）
	供应科党总支	—	1976-07—1981-05	白云鹏、张海彪、白云鹏
		供应科党支部	1976-07—1981-05	平买兴
		汽车队党支部		韩忠义
	供应科党支部	—	1981-05—1993-04	白云鹏、方庭德、李宝银
		—	1996-10—2009-10	秦和先
4	汽车运输队、汽车队、汽车运输公司、汽车运修公司党支部	—	1968—2000-05	陈广录、韩忠义、孙玉虎、雷迷宝、李香亭、马天真
5	矸石砖厂党支部	—	1974-03—1976-07	张正清、王泽林

表1-2-9（续）

序号	后勤辅助单位		起 止 年 限	党组织负责人
	名 称	下属支部		
6	机厂党支部	—	1975-10—2012-02	田俊虎、戴嘉林、刘兆彬
7	武安子弟学校党支部	—	1975-05—2006-05	江英男、芦殿堂、易忠贵、张正清、屈文福、江英男、戴光富、任鹤松、王福仁、张吉祥、于广斌、李进龙、于广斌
8	速凝剂厂党支部	—	1976-11—2013-03	崔宝荣、温福生、董建平、周峰川、朱若峰、杨建民
9	家属党支部	—	1976-12—2000-06	孙彦、赵连德、寇桂荣
10	综合加工厂党支部	—	1978-10—1983-05	周德顺、魏同贵
11	五·七生产队党支部	—	1978-10—1981-08	赵连德
12	劳动服务社、服务公司、劳动服务公司、劳动服务总公司党支部	—	1981-01—1995-02	赵连德、焦焕章、吴胜谦（兼）、周德顺、范喜田（兼）、董喜顺（兼）
13	综合加工车间党支部	—	1981-08—1992-08	申忠旺、方庭德、贾宝年（代）、申秀则、张德清
14	预备队党支部	—	1981-08—1981-12	杜维庆
15	生产学习大队党支部	—	1981-12—1985-02	吴反女
16	常村子弟学校党支部	—	1987-03—1996-07	赵振安
17	武安留守处党支部	—	1982-08—2000-07	王照春、吴胜谦
18	机加车间党支部	—	1990-10—2000-05	贾丑炉
19	供销公司党支部	—	1993-04—1996-10	李保银、王玉岁
20	王家峪煤矿党支部	—	1994-11—2000-05	李秋成
21	矿业开发公司党支部	—	1995-05—1996-02	李广洲

表 1-2-9（续）

序号	后勤辅助单位		起止年限	党组织负责人
	名　称	下属支部		
22	机械化工程队党支部	—	1996-02—1998-04	秦平安
23	北坡煤矿党支部	—	1996-06—2000-05	雷迷好
24	多种经营公司党支部	—	1996-06—2000-05	牛峰智
25	广开实业公司党支部	—	2000-05—2006-03	颜毅（兼）
26	物业管理中心、武安后勤中心党支部	—	2000-07—2012-07	秦和先、康永刚、张庆玺、朱若峰
27	离退休党支部	—	2003-07—2010-08	李前斌、靳秀珍、李银斗、方玉梅
28	机电设备管理中心党支部	—	2010-08—2017-12	周峰川、张庆玺、谢宁芳、王祖华、马玉真（兼）
29	物资采购管理中心党支部	—	2010-08—2017-12	马玉真（副）、高国红、马玉真
30	邯郸后勤中心党支部	—	2011-01—2012-07	常春梅、周峰川

五、干部队伍建设

（一）干部管理

按照"党管干部"的原则，第十工程处党委组织部负责日常干部管理工作。

1958—1984 年，第十工程处副科级以上党群、行政、技术干部的任命和考核，先后由潞安矿务局、渡口第四指挥部、邯邢煤炭指挥部统一管理。

1984 年 7 月，第十工程处党委根据中组部中组发〔1983〕2 号、劳动人事部劳人干〔1983〕7 号和煤炭工业部〔1983〕煤干调字第 254 号文件精神，对"以工代干"的管理人员进行整顿。报请煤炭工业部建设公司批准 117 人转为国家正式干部，不转干和未批准转干现还在干部岗位的仍享受干部待遇，调离干部岗位后不再享受干部待遇，此后不再搞"以工代干"。

1985 年，第十工程处开始实行处长负责制，处管行政、专业技术干部由处长负责管理，实行处长任命制；党群干部实行选举制和委任制，由党委负责管理。为体现党管干部原则，行政和技术干部的使用由党委组织部或处领导提名，经处党政领导集体讨论，由处长决定任免，实行任期制。

1987 年，第十工程处实行人事制度改革，废除干部只能上、不能下的职务待遇终身制，开始实行干部聘任制。

1990 年，制定实施《马列主义理论

学习小组活动制度》《干部理论学习制度》《干部下基层调查学习制度》《干部参加义务劳动制度》，强化领导干部理论学习。

1993年4月，实行三项制度改革，中层干部竞争上岗、人员优化组合、层层实行聘任。

1996年5月，第十工程处党委制定《标准化领导班子十项标准及考核办法》，在区队开展领导班子标准化建设活动。

1997年3月，认真贯彻落实党中央、国务院及中组部等四单位对企业领导班子考核建设工作的指示精神，制定实施《中层干部转变作风、深入基层管理办法》，对区、队领导班子和负责人及基层管理人员，从德、能、勤、绩4个方面，按百分制，每半年进行一次考核，落实奖惩。

1998年，根据中煤第一建设公司〔1998〕64号文件精神，第十工程处组织科级干部及以下管理人员，分批次参加中煤第一建设公司举办的工商管理脱产培训，提高基层干部的管理能力。

2004年9月，通过思想发动、学习提高、建章立制、查摆问题、定编定员、考试考核、竞争上岗等方式，对处机关的组织机构、思想作风、劳动纪律等方面开展整顿。

2005年，制定实施《领导人员深入井下和施工现场的管理规定》《领导干部外出请假报告制度》《机关五项制度、行为规范和制度监督考核办法》，加强对领导干部的管理。

2006年，制定执行《党总支及直属党支部书记岗位任职条件规定》，从文化层次、党龄年限、思想政治水平、业务知识、工作能力和工作业绩等方面规范党总支、支部书记的任职标准。在全体政工干部中开展历时一个月的党建质量体系百题培训、考核活动，以提高党务工作者业务知识和工作能力。

2009年8月，制定《整顿机关作风实施方案》，在机关开展以实现"工作环境明显改变，劳动纪律明显增强，工作作风明显转变，长效机制基本建立"为目标的作风整顿。

2010年8月，印发《机构改革实施细则》，机关职能部室和服务管理机构的管理岗位全部竞聘上岗。

2011年，制定实施《领导干部履职问责暂行办法》《二级单位负责人业绩考核办法（暂行）》《加强项目部领导现场带班管理的补充规定》《领导人员党风廉政建设责任制》等规章制度，加强干部管理。中煤一建公司印发《关于进一步规范干部任前备案管理工作的通知》，按照规范干部任前备案管理程序的要求，对提任的处长助理、副总师及办公室、纪委、工会、人力资源、财务管理部门负责人实行任前备案。

2012年3月，印发《领导人员安全管理履职监督实施意见》，采取月度检查、季度抽查、半年通报、全年总评的方式，对基层项目部领导班子及成员实施安全履职方面11项内容的重点监督。

2014年，中煤一建公司印发《关于进一步规范二级单位中层管理人员选拔任用工作的指导意见》，对各单位中层管理人员选拔任用的条件与资格、选拔任用的方法、退出、管理纪律等提出要求。助理、副总师、纪委副书记、工会主席（不纳入班子的）及组织人事、财务、监察审计等部门主要负责人，需要任前备案管理。

2015年，印发《中层管理人员选拔任用管理办法》，严格按照德才兼备、以德为先的原则选拔任用中层管理人员。制定《干部人事档案专项审核工作实施方案》，严厉整治干部人事档案造假问题，维护干部人事档案工作的严肃性和公信力。

2016年，采用《年度考核管理系统》，对173名干部在德、能、勤、绩、廉等方面的表现进行量化考核，客观公正地作出评价。通过科学的数据库结构，实现编辑、查询、分析、报表等自动处理，提升了信息化管理干部的工作效率。

2017年1月，中煤一建公司修订《项目部组织机构和管服人员配备管理办法》，对项目部组织机构设置、管服人员配备、班子成员选配程序、培训与培养、诫勉与解聘、竣工后管理等方面作出具体规定。中煤一建公司对项目经理、项目部党支部书记实行任前审批备案制度。

（二）领导班子建设

1984年之前，第十工程处的党政领导班子成员由上级提拔、调配或直接派遣，所属二级单位的领导班子成员由处选配，报请上级批复任命。1984年之后，所属二级单位的党政领导班子成员由处党政领导集体研究决定和选配。

1984年2月，第十工程处党委按照《中国共产党章程》规定和干部"四化"（革命化、年轻化、知识化、专业化）的要求，开展基层党组织改选工作。通过民主选举，把德才兼备、年富力强和具备党的干部基本条件的同志选拔到领导岗位，组建有事业心、能开创新局面、符合"四化"要求的基层领导班子。

1989年，实行处领导下基层建立工作联系点制度，制定《思想政治工作考核奖励办法》等措施，在抓好组织建设的同时，着力加强两级领导班子的思想建设和作风建设。

2006年，贯彻落实中煤第一建设公司党委《关于开展创建"四好"领导班子活动的意见》，开展以"政治素质好、经营业绩好、团结协作好、作风形象好"为主要内容的"四好"领导班子创建活动。

2008年，第十工程处党委在基层推行"双向进入、交叉任职"制度，符合条件的党政班子全部实行交叉任职，班子成员配备齐全，学历、年龄、知识结构趋于合理。

此后，第十工程处党委坚持以创建"五好"领导班子为目标，建立和完善《党委会议制度》《党委议事规则》《领导班子民主生活会制度》《中心组理论学习制度》《"五好"领导班子考核评价办法》《基层领导班子成员年度考核办法》等各项工作制度，结合各个时期的形势任务需要，开展内容丰富、形式多样的主题教育和实践活动，举办项目经理培训班、支部书记培训班，坚持季度、年度评议、考核、奖惩，不断加强两级领导班子的思想建设和作风建设，努力提升领导班子的决策能力、领导成员的业务工作能力和执行力，打造风清气正、履职尽责、具有强大号召力和战斗力的领导集体。

（三）后备干部队伍建设

1975年前，培养后备干部称为培养新生力量、培养选拔青年干部。党的十一届三中全会后，根据上级党组织要求，第十工程处党委把培养后备干部、加强后备干部队伍建设作为一项重要工作来抓，按照领导岗位的一定比例，采取领导提名、民主推荐、组织部门考察等方式举荐后备干部，经处党委会讨论决定，党委组织部列入后备干部管理。培养后备干部，主要采取放在重要岗位锻炼、实行岗位交流、送大专院校学习深造等措施，有计划、有目的地培养后备干部的业务知识、理论水平、领导能力，积累工作经验。

2004年，第十工程处委托河北工程学院培养矿建专业学生，缓解施工一线专业技术人员短缺。2005年，抽调优秀青年到河北工程学院成人教育学院进行矿建通风专业短期脱产培训。2009年，按照"德才兼备"和"一用四不用"的原则，进一步加强后备干部的考察和培养。2015年，制定实施《中层干部后备人才管理办法》，明确后备人才条件和资格、数量和结构、推荐和选拔、培养管理和使用等事项，进一步加强和规范后备干部队伍的管理。

2016年，建立健全后备人才信息库，采取日常考察、定期访谈、年终考评等多种手段，掌握后备人才动态，为选拔任用干部提供依据。

2017年，严格落实中煤集团《关于进一步加强干部选拔任用纪实工作的通知》（中煤党〔2017〕72号）精神，在干部选拔任用纪实工作中如实记载干部选拔任用过程中形成工作方案、民主推荐、组织考察、讨论决定、任职等各个环节的主要工作和重要情况，形成和保管以考察工作为基础的有关资料，客观反映选人用人全过程和相关责任主体履职情况，进一步规范选拔任用工作。2017年第十工程处中层干部基本情况统计表见表1-2-10。

表1-2-10　2017年第十工程处中层干部基本情况统计表

序号	姓名	工作单位	岗位/职务	性别	民族	学历	毕业院校	政治面貌
1	郭爱国	安家项目部	处长助理兼项目经理	男	汉	高中	山西省壶关县第一中学	党员
2	张卫堂	门克庆项目部	处长助理兼项目经理	男	汉	专科	四川大学	党员
3	葛志平	党政办公室	土建副总	男	汉	中专	阜新煤矿学校	党员
4	苏　永	党政办公室	矿建副总、机关二支部书记	男	汉	本科	焦作工学院	党员
5	范　强	党政办公室	机电副总	男	汉	中专	大同煤炭工业学校	群众
6	张海芳	党政办公室	主任	女	汉	专科	中央广播电视大学	党员
7	付晓川	党政办公室	副主任	男	汉	专科	河北工业职业技术学院	党员
8	代文强	党政办公室	副主任	男	汉	本科	河北工程大学	党员
9	杨营标	党政办公室	副主任	男	汉	本科	南阳理工学院	党员
10	张友录	党群工作部	部长（副总待遇）、机关党总支书记	男	汉	本科	中共河北省委党校函授学院	党员
11	王莉棉	党群工作部	宣传部长	女	汉	专科	中央广播电视大学	党员
12	司马玉静	党群工作部	工会副主席（副科级）	女	汉	本科	山东大学	党员
13	冯永刚	安全监察部	部长	男	汉	专科	山东大学	党员

表1-2-10（续）

序号	姓名	工作单位	岗位/职务	性别	民族	学历	毕业院校	政治面貌
14	张鹏	安全监察部	副部长	男	汉	本科	重庆大学	党员
15	代志春	人力资源部	副总经济师兼人力资源部部长	男	回	本科	河北大学	党员
16	张蕾	人力资源（组织）部	人力资源部副部长、组织部长、培训中心主任、机关一支部书记	男	汉	本科	河北工程大学	党员
17	王剑南	人力资源部	副部长、培训中心副主任	男	汉	本科	中共河北省委党校函授学院	党员
18	闫恒	人力资源部	副部长	男	汉	专科	山东大学	党员
19	赵立江	生产调度室	主任	男	汉	本科	河北广播电视大学	党员
20	钟建华	生产调度室	副主任	男	汉	中技	邯邢技校	群众
21	王国庆	生产调度室	副主任（正科级待遇）	男	汉	专科	山东大学	党员
22	李飞	工程技术部	部长	男	汉	本科	河北工程大学	党员
23	刘雪川	工程技术部	副部长	男	汉	本科	山东大学	党员
24	刘建伟	工程技术部	副部长	男	汉	专科	沧州职业技术学院	党员
25	米培英	工程技术部	副部长	女	汉	本科	河北工程大学	党员
26	张艳涛	工程技术部	副部长（分管"一通三防"工作，正科级待遇）	男	汉	本科	河北工程大学	党员
27	常世坤	工程技术部	副部长	男	汉	中专	石家庄煤炭工业学校	党员
28	王晓涛	经营管理部	部长	男	汉	专科	邯郸职业技术学院	群众
29	吕显超	经营管理部	副部长	男	汉	专科	北京大学	党员
30	柳红岩	经营管理部	副部长	女	汉	专科	邯郸职工大学	群众
31	刘彦芬	经营管理部	副部长	女	汉	本科	河北工程大学	群众
32	李江波	财务管理部	部长	男	汉	专科	黄河水利职业技术学院	党员
33	刘蒸蒸	财务管理部	副部长	女	汉	专科	邯郸职工大学	群众
34	王意红	财务管理部	副部长	女	汉	专科	中南大学	群众
35	张琨	财务管理部	副部长	女	汉	本科	河北大学	党员

表 1-2-10（续）

序号	姓名	工作单位	岗位/职务	性别	民族	学历	毕业院校	政治面貌
36	郭茂森	纪检监察审计部	纪委副书记	男	汉	本科	山东大学	党员
37	尹英杰	纪检监察审计部	副部长（正科级待遇）	男	汉	专科	河北广播电视大学	党员
38	杜翠霞	纪检监察审计部	审计部长	女	汉	本科	山东科技大学	群众
39	李　波	清欠办公室	主任	男	汉	专科	河北大学	党员
40	张慧蕊	清欠办公室	副主任	女	汉	本科	河北大学	党员
41	代学东	机电设备管理中心	主任	男	汉	专科	山东大学	党员
42	王祖华	机电设备管理中心	副主任	男	汉	本科	河北经贸大学	党员
43	朱思民	机电设备管理中心	副主任	男	汉	本科	中共河北省委党校函授学院	党员
44	李　明	机电设备管理中心	副主任	男	汉	专科	郑州大学	群众
45	冀海军	物资采购管理中心	副主任（主持工作）	男	汉	本科	山东大学	党员
46	马玉真	机电设备管理中心、物资采购管理中心	党支部书记	男	汉	本科	中共河北省委党校函授学院	党员
47	赵建红	物资采购管理中心	副主任	男	汉	专科	邯郸大学	群众
48	史　岷	物资采购管理中心	副主任	男	汉	专科	山东大学	党员
49	雷　平	物资采购管理中心	副主任（正科级待遇）	男	汉	本科	中共中央党校函授学院	党员
50	蒲元宏	禾草沟项目部	项目经理	男	汉	本科	山东大学	党员
51	王正旭	禾草沟项目部	党支部书记	男	汉	中专	河北中华会计学校	党员
52	魏　玮	禾草沟项目部	生产副经理	男	汉	本科	山东大学	党员
53	琚红斌	禾草沟项目部	安监站长	男	汉	专科	山东大学	党员

表 1-2-10（续）

序号	姓名	工作单位	岗位/职务	性别	民族	学历	毕业院校	政治面貌
54	高晓华	禾草沟项目部	机电副经理	男	汉	专科	黄河水利职业技术学院	党员
55	马天明	禾草沟项目部	生产副经理	男	汉	初中		党员
56	郎建伟	禾草沟项目部	技术副经理	男	汉	本科	河北工程大学	党员
57	康永刚	门克庆项目部	党支部书记	男	汉	本科	中共河北省委党校函授学院	党员
58	刘俊沛	门克庆项目部	生产副经理	男	汉	中技	邯邢技校	党员
59	王建国	门克庆项目部	安监站长	男	汉	中技	邯邢技校	群众
60	姚 刚	门克庆项目部	生产副经理	男	汉	初中		党员
61	李志江	门克庆项目部	机电副经理	男	汉	本科	河南科技学院	党员
62	马晓东	门克庆项目部	技术副经理	男	汉	专科	山西煤炭职业技术学院	党员
63	姚东林	门克庆项目部	经营副经理	男	汉	中专	长春煤校	党员
64	辛庭玉	门克庆项目部	安监站长（分管母杜柴登项目）	男	汉	初中		党员
65	秦德志	斜沟项目部	项目经理	男	汉	本科	河北工程大学	党员
66	曹高锋	斜沟项目部	党支部书记	男	汉	本科	山东大学	党员
67	包训武	斜沟项目部	技术副经理	男	汉	本科	山东大学	党员
68	李尚飞	斜沟项目部	生产副经理	男	汉	专科	山西煤炭职业技术学院	党员
69	杨书霞	斜沟项目部	机电副经理	男	汉	本科	中国科贸管理学院	党员
70	赵广武	斜沟项目部	安监站长	男	汉	中技	邯邢技校	党员
71	郝怀良	斜沟项目部	经营副经理	男	汉	专科	河南安阳大学	党员
72	蒲源忠	小回沟项目部	党支部书记	男	汉	本科	中共河北省委党校函授学院	党员
73	宋成刚	小回沟项目部	经营副经理（正科级待遇）	男	汉	本科	宝鸡文理学院	党员
74	丛树国	小回沟项目部	安监站长	男	汉	中技	邯邢技校	群众
75	栗军昌	小回沟项目部	技术副经理	男	汉	专科	河北工程大学	党员
76	王雪斌	小回沟项目部	生产副经理	男	汉	高中	山西省壶关县第一中学	党员
77	杜永平	小回沟项目部	生产副经理	男	汉	中技	邯邢技校	群众

表1-2-10（续）

序号	姓名	工作单位	岗位/职务	性别	民族	学历	毕业院校	政治面貌
78	崔伟华	大海则项目部	党支部书记	男	汉	本科	河北经贸大学	党员
79	徐 君	大海则项目部	机电副经理	男	汉	初中	山西省壶关县黄山中学	群众
80	赵 凯	大海则项目部	安监站长	男	汉	本科	山东大学	预备党员
81	孟 谦	大海则项目部	经营副经理	男	汉	中专	华北工业学校	党员
82	赵 奎	韩咀项目部	项目经理	男	汉	专科	中国矿业大学	党员
83	崔有才	韩咀项目部	党支部书记	男	汉	高中	高平市原村乡中学	党员
84	冯燕岭	韩咀项目部	机电副经理	男	汉	中专	峰煤技校	党员
85	彭书平	韩咀项目部	技术副经理	男	汉	专科	东北农业大学	党员
86	马 骁	韩咀项目部	安监站长	男	汉	专科	中国矿业大学	党员
87	王东亮	韩咀项目部	经营副经理	男	汉	专科	河北青年管理干部学院	党员
88	韩海江	葫芦素项目部	项目部经理	男	汉	本科	河北工程大学	党员
89	柳国强	葫芦素项目部	党支部书记	男	汉	专科	郑州大学	党员
90	赵海岗	葫芦素项目部	生产副经理	男	汉	中专	邯邢技校	党员
91	杨鹏飞	葫芦素项目部	技术副经理	男	汉	专科	太原理工大学	预备党员
92	杨跃光	葫芦素项目部	机电副经理	男	汉	专科	山东大学	党员
93	苏振山	葫芦素项目部	经营副经理	男	汉	专科	河北科技大学	党员
94	李彦亮	葫芦素项目部	安监站长	男	汉	高中	山西省长治县井店高中	党员
95	刘道成	葫芦素项目部	副经理（分管矿务工作）	男	汉	专科	河北工程大学	党员
96	程文忠	梨园河项目部	项目经理	男	汉	专科	山东大学	党员
97	赵来成	梨园河项目部	党支部书记	男	汉	专科	山东大学	党员
98	张鹏军	梨园河项目部	生产副经理	男	汉	本科	山东大学	党员
99	董海顺	梨园河项目部	技术副经理	男	汉	本科	河北工程大学	党员
100	李晋飞	梨园河项目部	机电副经理	男	汉	专科	中国矿业大学	党员
101	张 向	梨园河项目部	经营副经理	男	汉	本科	太原科技大学	党员
102	雷世龙	梨园河项目部	安监站长	男	汉	专科	七台河职业技术学院	党员
103	许家忠	永兴项目部	项目部经理	男	汉	专科	山东大学	党员

表1-2-10（续）

序号	姓名	工作单位	岗位/职务	性别	民族	学历	毕业院校	政治面貌
104	高俊权	永兴项目部	党支部书记	男	汉	专科	中共河北省委党校党政干部函授学院	党员
105	刘晓东	永兴项目部	技术副经理	男	汉	专科	河北工程大学	党员
106	豆献增	永兴项目部	生产副经理	男	汉	高中	襄城县城关高级中学	党员
107	李廷慧	永兴项目部	机电副经理	男	汉	高中	河南省汤阴县第二中学	党员
108	赵利辉	永兴项目部	经营副经理	男	汉	中专	邯郸第二财经学校	党员
109	王丙武	永兴项目部	安监站长	男	汉	中专	石家庄工程技术学校	党员
110	王丛发	山不拉项目部	经理兼书记	男	汉	专科	辽宁工程大学	党员
111	贾立杰	山不拉项目部	副经理（分管技术、生产）	男	汉	专科	德州学院	党员
112	周高奇	山不拉项目部	安监站长	男	汉	专科	黄河水利职业技术学院	党员
113	李爱民	安家项目部	党支部书记	男	汉	本科	山东大学	党员
114	宋志兵	安家项目部	常务副经理（正科级待遇）	男	汉	初中	山西省壶关县黄山中学	党员
115	王俊改	安家项目部	经营副经理	女	汉	专科	承德石油高等专科学校	党员
116	郭志伟	安家项目部	机电副经理	男	汉	技校	邯邢技校	党员
117	王庆卫	安家项目部	安监站长	男	汉	专科	山东大学	党员
118	王中勇	玉泉项目部	党支部书记	男	汉	初中	重庆市永川区朱沱镇永十二中学	党员
119	佟喜海	梵王寺项目部	项目经理	男	汉	专科	中国文理学院	党员
120	温和旺	梵王寺项目部	党支部书记	男	汉	专科	河北广播电视大学	党员
121	刘兆彬	安装项目部	项目经理	男	汉	本科	河北工程大学	党员
122	秦忠科	安装项目部	党支部书记	男	汉	本科	中共河北省委党校函授学院	党员
123	金小栋	安装项目部	技术副经理	男	汉	本科	太原科技大学	党员
124	王月兵	安装项目部	生产副经理	男	汉	技校	邯邢技校	群众

表 1-2-10（续）

序号	姓名	工作单位	岗位/职务	性别	民族	学历	毕业院校	政治面貌
125	赵宏明	安装项目部	生产副经理	男	汉	高中	山西省长治县第二中学	群众
126	李河清	安装项目部	生产副经理	男	汉	高中	山西省长治县第二中学	群众
127	苏克章	创日泊里项目部	经营副经理	男	汉	专科	中央广播电视大学	党员
128	张军伟	平朔项目部	项目经理	男	汉	中专	中煤一建职工中专	党员
129	陈德利	沙曲项目部	副经理	男	汉	中专	山东省新泰市职业中专	群众

第二节 宣传教育

一、宣传机构

1964年，建井工程公司组织广大职工系统学习解放军"三八"作风和大庆"三个面向"搞思想革命化的经验，在全公司掀起了学习毛主席著作的高潮。在学习解放军的政治工作经验中，建立了政治机构，配备了政治工作人员，制定了政治工作条例，组织了思想工作队伍，加强经常性的政治思想工作。1966年1月，第十工程处成立，设立宣教科。1968年，成立革命委员会，设政治工作组，宣传思想政治工作归口政治工作组。1974年，恢复宣教科。1979年7月，撤销宣教科，分设宣传科。1980年6月，宣传科改为党委宣传部。1995年2月，党委宣传部、教育培训科合并为宣传部。2010年8月，推行"七条线"管理模式，设立党群工作部，宣传部归口党群工作部。

1978年以前，第十工程处宣传思想政治工作主要是根据当时的政治路线、方针、政策开展政治教育，理论学习服从于各种政治运动。党的十一届三中全会后，第十工程处党委紧密围绕党在新时期的中心任务，结合企业改革发展实际，积极探索宣传思想政治工作的新特点、新规律，不断研究新情况，解决新问题，充分发挥宣传引领作用，为企业改革发展提供坚强有力的思想保证。

二、政治教育与理论学习

1960年1—3月，建井三队成立社会主义教育运动领导小组，在广大职工中开展学习马克思列宁主义、毛主席著作的运动。

1964年，建井工程公司开展以"大兴石圪节矿风"为主题的"比、学、赶、帮"运动，从公司到区队，从队组到个人，自上而下制定学赶规划，推动学习。

1966—1977年，主要学习《毛泽东选集》第一卷至第五卷和"文化大革命"的有关文章。广泛宣传大庆精神，深入开展"学大庆、赶开滦"活动和社会主义劳动竞赛，宣传在学大庆活动中涌现出来的先进模范人物。特别是1974年，中共邯郸市委授予第十工程处范兴文"大干社会主义钢铁硬汉"光荣称号，第十工程处掀起学习"钢铁硬汉"范兴文的热潮。

1978—1981年，第十工程处认真贯

彻党的十一届三中、四中、五中、六中全会精神，广泛深入开展四项基本原则教育活动和"实践是检验真理的唯一标准"大讨论；组织党员、干部认真学习《关于党内政治生活的若干准则》；根据中央22号文件精神和指挥部党委的要求，从机关到区队、从区队到班组广泛组织职工开展学习《建国以来党的若干历史问题的决议》。

1982—1984年，主要学习、宣传、贯彻党的十二大精神和《邓小平文选》，党委中心组每周集中学习讨论一次，副科级以上干部和各厂、队、支部主要负责人，按片分成8个组开展学习、讨论；政治学习日和党团活动日组织职工群众学习。组织机关政工、经济管理、行政负责干部和工区科级干部，利用自学、集中学习、听辅导讲座等方式，学习《政治经济学教材》。先后开展了向英模人物张海迪、朱伯儒、罗健夫、蒋筑英学习活动。在进一步加强党的基层组织建设和进行做合格党员教育的基础上，广泛开展"创建先进党支部和争当优秀共产党员"活动。

1985—1996年，学习贯彻党的十三大精神，十三届四中、五中全会精神，开展坚持四项基本原则，反对资产阶级自由化教育。在全处党员和职工中开展理想教育、纪律教育和爱国主义、社会主义、集体主义教育。学习、宣传《中华人民共和国全国人民代表大会和地方各级人民代表大会代表法》《中华人民共和国工会法》《中华人民共和国妇女权益保障法》《中华人民共和国未成年人保护法》《中华人民共和国归侨眷权益保护法》五部法律。党的十四大召开之后，学习贯彻党的十四大精神，组织党员、干部学习《中共中央关于加强党的建设几个重大问题的决议》和十四届三中全会通过的《中共中央关于建立社会主义市场经济体制若干问题的决议》。

1996年，在全处范围内实施法制宣传教育第三个五年规划，继续进行以宪法为核心的基本法律法规和社会主义市场经济法律法规的宣传教育，进一步提高全体职工的法律意识和法制观念，提高各级干部依法行政、依法管理的能力和水平。举办座谈会、歌咏比赛、知识竞赛、党员轮训、开展争先创优等活动，纪念中国共产党成立75周年和红军长征胜利60周年。

1997年，通过党委中心组集中学、组织辅导宣讲组、开办流动学习班等形式，在全处掀起了学习宣传党的十五大精神的高潮。

1998年，根据中煤第一建设公司党委《关于开展解放思想、转变观念大讨论活动的实施意见》，开展"工资从哪里来，养老金从哪里来，工程从哪里来"的"三来"大讨论活动，促进广大干部职工的思想大解放、观念大转变。

2000年，组织全体干部职工采取主讲、轮流讲、集中学和分组学等形式，利用专栏、板报等载体认真学习宣传十五届五中全会精神，通过提问题、说体会、谈认识、时事测验、知识竞赛等逐步加深对五中全会精神的理解。采取召开交流会、座谈会、报告会等多种形式，认真学习宣传了"三个代表"重要思想，把学习、落实"三个代表"的活动引向了深入。

2002年，通过党委中心组集中学、组织辅导宣讲组、开办流动学习班等形式，认真学习贯彻党的十六大精神。

2003年，在全体职工开展了"钱从哪里来，人往哪里去"的思想大讨论，引导职工把思想统一到"钱从工程效益中来，人随项目工地去"的认识上来，激发职工的劳动积极性，切实调整、修正、转变本单位的经营理念、职工的择业观念和施工项目管理模式。在机关深入开展以"守纪律、尽职责、马上办、办的快、热心为一线服务"和"增知识、练业务、强素质"为主题，在生产单位开展以"破纪录""创高产""建功立业""一个党员一面旗""我为党旗添光彩""党员身边无事故"为主题的"三个代表"重要思想学习贯彻活动。

2004年，组织武安基地片党、团员和子弟学校青少年学生348人，到邯郸市烈士陵园开展革命传统教育。为全处副科级以上干部和区、队、厂党支部分发《把信送给加西亚》《复兴之路》《旧制度与大革命》3本书，组织全体党员和干部学习并撰写心得体会。

2005年，成立保持共产党员先进性教育活动领导小组、办公室和督导组，召开保持共产党员先进性教育活动动员大会，全面启动以实践"三个代表"重要思想为主要内容的保持共产党员先进性教育活动。按照中煤第一建设公司党委《关于开展解放思想大讨论活动的意见》，开展"解放思想、更新观念、对标先进、谋求发展"为主题的解放思想大讨论活动。

2007年，分56个点组织党员干部集中收看党的十七大开幕式，在办公平台、《十处风采》开辟学习讨论园地，印发50余册《十七大精神学习导航》，发放240本《十七大报告单行本》和《十七大报告学习解答》，开展8场十七大精神巡回宣讲，组织开展一本书、一专刊、一次宣讲、一次竞赛的"四个一"活动，学习宣传贯彻十七大精神。先后启动"为民、务实、清廉"主题教育活动，"党员先锋月"主题活动，"学报告，学党章，促发展，促和谐"为主要内容的"双学双促"活动；开展以"解放思想、创新思维、不失去任何一个机会"为主题的解放思想大讨论活动。组织党员干部围绕"学、教、访、摆、督、查、树、建"8个方面，加强思想作风、学风、工作作风、领导作风和生活作风建设；切实解决经营管理、安全生产等方面的突出问题。号召全体党员以实际行动迎接中煤第一建设公司第一次党代会召开，向党的十七大献礼。

2008—2012年，开展了以"学党章、比觉悟，学技能、比贡献"为主要内容的"双学双比"活动，以"爱党爱企、奉献求实、向吴大观同志看齐"为主题的学习实践活动，向张雅东、乔宇、吴友良、王学平、张元泽等中煤集团5位全国劳动模范学习的"宣传劳模事迹，弘扬劳模精神"主题实践活动；以"抓基层夯实基础、学先进争当楷模、比贡献岗位立功、强中煤科学发展"为主题，以推进学习型党组织建设、深化"四好"领导班子建设、争创"五好"先进基层党组织、争做"五带头"优秀共产党员为内容的创先争优活动；以树立一种安全意识、确立一条活动主线、实施两大攻坚行动、强化三项重点推进、落实八项主要工作为内容的"基础建设年"活动，以转观念、转思路、促转型、促发展的"双转双促"主题实践系列活动。贯彻落实"一限、二提、三转"和矿建企业战略调整决策部署，开展"加快转型靠什么，我为转型做什么"解放思想大讨论活动。

2013年，通过组织一次理论学习、撰写一篇学习心得、召开一次民主生活会、开辟一块宣传阵地等方式，学习宣传贯彻党的十八大精神。开展学习宣传"中煤愿景、中煤使命、中煤精神、中煤核心价值观"等中煤集团企业文化理念活动。印发《"每季一本书"读书活动实施方案》，在全体党员中开展"每季一本书"读书活动，深化"五好班子"创建，推进学习型党组织、学习型机关建设。启动"三基六建"主题活动。印发《"五好"领导班子创建活动实施方案》，在基层单位领导班子开展"政治素质好、经营业绩好、安全管理好、团结协作好、作风形象好"创建活动。

2015年9月，在机关和两个中心开展以"提高服务意识、提高服务质量、提高服务效率、强化工作落实"为主题的"三提高一强化"大讨论活动。

2016年，开展以"一问形势怎么看、二问工作怎么干、三问企业怎么办，讲形势、讲担当、讲措施"为内容，为期三周的"三问三讲"解放思想大讨论活动。召开"两学一做"学习教育动员会，印发《"学党章党规、学系列讲话，做合格党员"学习教育实施方案》，对抓好组织领导，做实"六个规定动作"，扎实开展"三个专项活动"在微信平台开通"中煤一建十处"公众号，拓宽党群工作宣传、交流渠道。

2017年，第十工程处党委制定下发《2017年度党委中心组和党员干部理论学习的通知》，对全年理论学习计划进行安排。制定《关于推进"两学一做"学习教育常态化制度化的实施方案》，把深入学习贯彻《习近平总书记在省部级主要领导干部专题研讨班上重要讲话精神》作为第一要务。把宣传贯彻党的十九大精神作为2017年的一项重要政治任务，给党支部发放《党的十九大报告辅导读本》《党的十九大报告学习辅导百问》《中国共产党章程》等辅导材料，通过动员会、专题党课、中心组学习、自学等多样灵活方式学习宣传贯彻党的十九大精神。

三、宣传媒体

（一）广播站

1974年以前，第十工程处在王庄、大宝顶矿井建设期间，施工驻地均建有广播站，每天分早、中、晚3个时段进行广播，以转播中央人民广播电台新闻为主。

1974年，在陶二矿井建设工地成立广播站，由党委宣传部负责管理，设专职广播员，配备专用广播器材，每天由宣传部自组新闻稿件，除播报时事要闻外，增设了"十处新闻"节目，内容包括重大会议、人物专访、本处要闻等，采用先期录音的形式播放，对施工生产、经营管理、安全教育、先进人物事迹、相关规章制度等重大事项进行广播宣传。

1988年，常村矿井建设期间，自组新闻由先期录音播放改为实时直播，进一步提高了新闻的时效性。

到1997年广播站撤销，作为对内宣传的主要平台，第十工程处广播站在不同历史时期发挥了重要作用。

（二）《十处简讯》

《十处简讯》创办于1984年，党委宣传部主办，八开单版，报头为木刻手工盖印，手工铁笔蜡纸刻板，手推式油印机印刷，半月一期，每期印刷约120份，分发机关科室、区队及班组。主要刊登国家时事要闻、企业各项工作动态、先进典型事迹等内容，宣传企业贯彻落实党的方针政策和经济建设的新举措、新经验、新成绩，弘扬时代新风尚。

（三）《十处风采》

2004年3月，《十处简讯》改版为《十处风采》，党委宣传部主办，四开四版，胶板套红印刷，每月一期，设要闻、生产经营、文化科技生活等栏目，并根据阶段性任务，增开安全生产、精神文明、文艺、综合等栏目。《十处风采》围绕企业两个文明建设，把握正确的舆论导向，深入基层，面向职工，贴近生活，集思想性、知识性、趣味性于一体，内容丰富，图文并茂，深受职工群众喜爱。至2009年11月，共编发56期。2010年1月，《十处风采》更名为《十处时讯》。至

2015年6月,《十处时讯》共编发137期。

(四)《中煤十处报》

2015年10月,《十处时讯》改为《中煤十处报》,四开四版改为对开四版,彩色印刷,每月一期。改版后更注重于政治性、思想性、知识性、趣味性、启发性,力争多视角、多侧面、全方位反映生产经营、安全管理、党建、思想政治工作、精神文明建设、工团组织等情况,唱响发展主旋律,为基层服务,为企业健康持续发展服务,成为广大干部职工学习的园地、交流的平台、工作的益友。至2017年12月,《中煤十处报》共编辑26期。

(五) OA平台新闻版块

2009年9月,OA网络办公平台投入运行。新闻版块内容紧跟形势,信息日日更新,成为企业实施上下沟通交流、内部职工了解企业安全生产、经营活动、科技创新、党建工作等各方面动态的高速通道。

(六) 门户网站

2007年8月,第十工程处门户网站建成投入运行。2008年9月,进行了第一次改版升级,首页新增Flash动画。2009年,网站机房更新改造,安装了光端机、信号转换机。2016年8月,网站完成第二次改版升级。网站重新划分为8大版块、26个栏目,各类信息实时更新发布,全面展示企业形象,成为对外宣传的重要窗口。

四、社会主义精神文明建设

1974—1981年,陶二矿井建设时期,第十工程处党委组织开展学雷锋活动,在职工群众中掀起学雷锋的高潮。开展以"有政治要求、有技术经济指标、有具体措施、有学赶超目标"为内容的比、学、赶、帮、超的社会主义劳动竞赛,推动生产建设的。开展工农联盟教育,组织支农小分队下农村助工,举办工农联欢会等活动,促进工农联盟和农业生产。先后联系邯郸东风豫剧团、长治豫剧团、南和豫剧团、潞城红旗剧团到工地演出,丰富职工和周边群众的文化生活。1976年8月,第十工程处派出汽车队5辆汽车、1台吊车、21人支援唐山大地震的抗震救灾工作,组织职工群众捐献721件衣物送往灾区。

1982—1986年,第十工程处以建设六好区队、五好班组、"四有"职工队伍为目标,分单位、分片区、分任务制定精神文明建设规划,加强职工思想教育和社会主义精神文明建设,切实解决群众反映强烈影响大的问题,全面开展文明单位创建活动。先后开展了"学雷锋、树新风""五讲四美三热爱"(讲文明、讲礼貌、讲卫生、讲秩序、讲道德、心灵美、语言美、行为美、环境美,热爱共产党、热爱祖国、热爱社会主义)、"向张海迪学习""全民文明礼貌月"等活动,组织业余文艺演出队到武安、漳泽电厂、王庄西风井、古交等地为职工慰问演出,推进社会主义精神文明建设。1984年3月,为推进第三个全民文明礼貌月活动的深入开展,第十工程处分单位、分片区、分任务制定活动规划,加强职工思想教育和社会主义精神文明建设,切实解决群众反映强烈影响大的问题,全面开展文明单位创建活动。

1987—1996年,广泛开展爱国主义、集体主义、社会主义教育,加强社会公德、职业道德、家庭美德建设,引导职工群众树立正确的世界观、人生观、价值观,精神文明建设活动形式更加多样,活动内容更加具体。每年"七一"期间,举办大型职工歌咏比赛,庆祝党的生日;国庆节期间举办职工文艺汇演,歌颂伟大祖国。每年举办一届为期3个月的职工

"消夏晚会"系列活动("消夏晚会"系列活动内容包括职工文艺汇演、职工篮球赛、乒乓球赛、羽毛球赛、排球赛、象棋赛、围棋赛、露天电影、安全知识竞赛、演讲赛、家庭音乐会、趣味娱乐活动等)。先后联系长治豫剧团、山东冠县枣梆剧团、屯留降河剧团、壶关人民剧团到处机关驻地为职工群众演出。

1991年1月,第十工程处精神文明建设委员会表彰了19个文明单位,81个文明班组,648名文明职工。同年7月,广大职工踊跃捐款,支援江苏、安徽等18个灾区的灾后重建。1992年1月,第十工程处精神文明建设委员会对10个文明单位和182名文明职工予以表彰。

从1992年起,第十工程处组织秧歌队、舞狮队、高跷队,编排节目,每年正月十五期间开展"闹元宵"活动。此项活动一直延续至2012年。

1996年8月,第十工程处党委对寺河项目部综合队机电工魏宏胜勇跳秦庄河抢救落水女工的行为进行表彰和奖励,号召全处职工向魏宏胜学习。同年,邯郸地区一些县区遭遇严重的洪涝灾害,广大党员、干部职工及团员踊跃向灾区捐款53150元。1996年10月,中共十四届六中全会审议并通过了《中共中央关于加强社会主义精神文明建设若干重要问题的决议》。根据中共中央关于精神文明建设的一系列方针、政策,一个大规模的建设社会主义精神文明的群众性活动,逐步在全国各地开展起来。第十工程处党委根据中煤第一建设公司文件精神,成立由党委书记兼任主任的精神文明建设指导委员会;委员会下设办公室,负责日常具体工作,办公室主任由党委宣传部部长兼任。之后,根据人事变动情况,不定期地对指导委员会及其办事机构作出调整。

1998年4月,对10个文明单位和10名文明职工予以表彰。

2001年,成立普法领导小组,全面实施"四五"普法规划,提高职工学法、懂法、遵法、守法的思想意识和道德素质。

2004—2005年,连续两年响应武安市委、市政府的号召,组织处机关和所属武安基地片各单位近200人到东山公园绿化区,参加"春季城区义务植树"活动。2005年6月,第十工程处响应河北省委、省政府的号召,在全处范围内开展爱心助残募捐活动。

2008年,为支援四川汶川地区抗震救灾,迅速组建援建队(由28人组成)奔赴灾区,支援灾后重建。援建队在崇州三郎镇、平武古城镇承担一、二期491套过渡房及配套工程,提前完成援建施工任务,被中华全国总工会授予"抗震救灾重建家园工人先锋号"荣誉称号,被共青团邯郸市委授予"抗震救灾先进青年集体"称号,13名队员被评为邯郸市"抗震救灾先进个人"。同时,组织"为地震灾区人民献爱心暨'博爱一日捐'捐款"活动,在武安基地和各基层单位工地设立10余个捐款站,发动广大干部职工和家属募集捐款12.3万余元。全处广大党员、共青团员、工会会员积极交纳特殊党费、特殊会费、特殊团费,共计缴费5.6万余元。其中,交纳"特殊党费"1000元以上党员14人,500元以上16人。

2010年,在全处范围内开展以"反对邪教,崇尚文明"为主题的宣传教育活动。开展向张雅东、乔宇、吴友良、王学平、张元泽等中煤集团5位全国劳动模范学习的"宣传劳模事迹,弘扬劳模精神"主题实践活动。在处机关举办"礼仪讲座",弘扬中华民族传统美德。

2015年11月，第十工程处响应邯郸市委号召，组织开展"绿化紫山、爱我邯郸"公益林建设捐款活动。

2016年6月，组织安全志愿者参加邯郸市"安全进万家、幸福你我他"主题志愿服务和"安全在心中、万人话安全"万人安全大签名活动。同年7月，组织职工为邯郸"7·19"洪灾受灾群众爱心捐款2.1万元。

自1986年以来，第十工程处坚持"两手抓，两手都要硬"的指导方针，广泛深入地开展群众性精神文明创建活动，年年都有新举措，年年都有新进展，不断取得新成效。1987年，第十工程处被邯郸市精神文明建设委员会授予"文明单位"称号。1990年、1991年、2004年、2005年、2016年，五次被中共邯郸市委、邯郸市人民政府授予"文明单位"称号。

五、思想政治工作研究

1995年，第十工程处成立思想政治工作研究会，从事组织、指导、推动全处思想政治工作理论研究。全处政工干部、党务工作人员面对新形势、新任务、新课题，坚持以经济建设为中心，坚持以人为本，坚持解放思想、实事求是、与时俱进，坚持贴近实际、贴近生活、贴近群众，结合本处生产经营和职工群众的思想实际，着力加强和改进新形势下思想政治工作。

1996年，召开第一次思想政治工作年度研讨会（简称第一次政研年会）。

1997年，召开第二次政研年会。

1998年11月，召开第三次政研年会，14篇论文参加评选，3篇论文被评为优秀论文。

1999年4月，召开第四次政研年会。

2000年9月，召开第五次政研年会，15篇论文参加评选，评出一等奖论文2篇、二等奖论文7篇、鼓励奖论文3篇。

2001年9月，召开第六次政研年会，18篇论文参加评选，评出特别奖论文4篇、一等奖论文3篇、二等奖论文5篇、鼓励奖论文4篇。

2002年10月，召开第七次政研年会，26篇论文参加评选，评出特别奖论文4篇、一等奖论文4篇、二等奖论文10篇、鼓励奖论文6篇，24篇获奖论文汇编入第十工程处《2002年思想政治工作论文集》。

2003年12月，召开第八次政研年会，23篇获奖论文编入第十工程处《2003年思想政治工作论文集》。

2004年12月，召开2004年度思想政治工作会议暨第九次政研年会，交流了思想政治工作经验，发布了思想政治工作论文，26篇获奖论文编入第十工程处《2004年思想政治工作论文集》。

2005年11月，召开思想政治工作会议暨第十次政研年会，14名优秀思想政治工作者受到表彰，9篇论文获一等奖，13篇论文获二等奖，14篇论文获三等奖，36篇获奖论文与5篇解放思想大讨论获奖征文一并汇编为第十工程处《2005年思想政治工作获奖论文集》。

2007年1月，召开思想政治工作会议暨第十一次政研年会，15名优秀思想政治工作者受到表彰，76篇论文有65篇参评（处领导撰写的11篇论文不参评），10篇论文获一等奖，16篇论文获二等奖，26篇论文获三等奖，处领导撰写的论文和获奖论文汇编为编入第十工程处《2007年思想政治工作获奖论文集》。第十工程处政研会，被评为2007年度邯郸市优秀政研会。

2009年1月，召开思想政治工作会议暨第十二次政研年会。会上，传达了中煤集团宣传工作视频会议精神，交流了思想政治工作经验，发布了思想政治工作论文，颁发了思想政治工作论文奖，表彰了4个思想政治工作先进单位、10名优秀思想政治工作者、2名优秀通讯员。69篇论文有60篇参评（处领导撰写的9篇论文不参评），10篇论文获一等奖，20篇论文获二等奖，27篇论文获三等奖，4篇基层思想政治工作经验论文和57篇论文编入第十工程处《2009年思想政治工作论文集》。

2016年11月，召开第十三次政研年会，收集政研论文24篇，评选出一等奖论文1篇、二等奖论文2篇、三等奖论文3篇，24篇论文编入第十工程处《2016年思想政治工作论文集》。

第十工程处思想政治工作研究会成立以来，围绕中心、服务大局、改革创新，取得了一定成果。《全覆盖八延伸思想工作法》获公司思想政治工作创新奖，《搭建企业统战平台共谋和谐发展大计》在邯郸市统战部组织的经验交流会上进行了发布，并被2006年第八期《河北党员教育》发表，《网络思想政治工作法》被邯郸市委宣传部评为2006年思想政治工作创新项目。

第三节 纪检监察

1963年6月，成立潞安矿务局建井工程公司，设立纪委。1968年6月，第十工程处革命委员会成立，纪委撤销。1981年8月，党的十一届三中全会后，第十工程处党的纪律检查委员会恢复建立。1995年2月，第十工程处进行机构改革，纪委、审计、监察合署办公。2009年10月，纪委、监察科、审计科合署办公，更名为纪检监察审计部。

第十工程处纪检监察工作在历届党委和上级纪委的领导下，根据不同时期的任务要求和工作部署，认真履行四项职能，在参与中监督，在监督中服务，保证党的方针政策在企业的贯彻落实，为企业的改革发展稳定提供政治保障。

1966—2017年第十工程处纪委书记任职表见表1-2-11。

表1-2-11 1966—2017年第十工程处纪委书记任职表

任 序	姓名	职务名称	任职时间	任 序	姓名	职务名称	任职时间
第一任	邢忠堂	纪委书记	1965-05—1968-06	第七任	范起家	纪委书记	1995-05—1998-03
第二任	王九升	纪委书记	1976-10—1978-10	第八任	李占福	纪委书记	1998-03—2002-09
第三任	成海友	监委书记	1978-10—1981-03	第九任	范起家	纪委书记	2002-09—2009-05
第四任	李明温	纪委书记	1981-12—1985-03	第十任	赵红江	纪委书记	2009-10—2011-10
第五任	李树荣	纪委书记	1985-11—1993-05	第十一任	郝玉国	纪委书记	2011-11—2013-01
第六任	牛峰智	纪委书记	1993-06—1995-05	第十二任	李兰柱	纪委书记	2013-04—2017-12

一、廉政建设

1986年6月,第十工程处在全处范围内开展为期两个月的,以整顿组织纪律、劳动纪律、财经纪律、保密纪律、安全生产纪律、物资管理、治安秩序等为内容的党纪、政纪整顿。

1997年3月,制定实施《中层干部转变作风、深入基层管理办法》,对区、队领导班子和负责人及基层的管理人员,从德、能、勤、绩4个方面,按百分制进行考核、奖惩。

2007年12月,成立预防腐败工作机构,建立预防腐败工作协调联席会议制度。

2009年3月,成立"干部作风建设年"活动领导小组,下设活动办公室、综合协调组、督导检查组、活动推进组、舆论宣传组,明确工作职责,开展"干部作风建设年"活动。制定《整顿机关作风实施方案》,开展以实现"工作环境明显改变,劳动纪律明显增强,工作作风明显转变,长效机制基本建立"为目标的作风整顿。

2010年8月,制定《"小金库"专项治理工作实施方案》,成立专项治理领导小组和工作机构,设立举报电话和举报信箱,落实承诺制和公示制,开展自查自纠,全面治理"小金库"。同年10月,于第四季度集中组织开展以党员领导干部为重点,以"思廉、保廉、警廉、树为"为主要内容的"讲党性、促廉洁,讲大局、促转型"双讲双促主题教育活动。

2014年3月,成立党的群众路线教育实践活动领导小组及工作机构,深入开展以"为民清廉"为主要内容的党的群众路线教育实践活动,着力解决职工群众反映强烈的突出问题。同年6月,转发《关于认真学习习近平总书记"三严三实"要求的通知》,开展"三严三实"专题教育,抓住"关键少数",推进作风建设。

2013年4月,印发《"廉洁示范项目部"创建活动实施方案》,指导项目部党组织围绕"廉洁教育、廉洁承诺、廉洁防控、成本管控、廉洁巡查"5个环节开展创建活动。

2015年,印发《关于实行党风廉政建设责任制的实施办法》,开展以"深化项目惩治和预防腐败工作"为内容,以"项目管理优良、工程优良、干部优秀、资金安全"为目标的"廉洁示范项目部"创建活动。印发《关于贯彻落实〈建立健全惩治和预防腐败体系2013—2017年工作规划〉实施办法》,加强惩治和预防腐败体系建设,推进党风建设和反腐倡廉工作。制定实施《干部人事档案专项审核工作实施方案》,严厉整治干部人事档案造假问题,维护干部人事档案工作的严肃性和公信力。转发《关于深化纪检监察"三转"工作的实施意见》,加强纪律、作风、执纪能力建设,深入推进纪检监察工作。

2016年,转发《中煤集团党委关于贯彻落实〈中国共产党巡视工作条例〉的实施办法》等五项制度,印发《处党委落实国资委巡视反馈意见同步整改方案》,下发《关于做好2016年中秋和国庆节期间廉洁自律工作的通知》,认真贯彻执行《国有企业领导人员廉洁从业若干规定》和中央"八项规定",强化纪委履行监督责任,深化"三转"工作,完善纪检监察机构设置,在二级单位党总支、支部设立纪律检查委员,做到纪检监察工作全覆盖、无空白。党员干部签订《领导干部廉洁自律承诺书》,着力构建长效机制,积极完善管控体系,全力提升管控能力,全面提高管理水平。

2017年7月,开展"群众身边不正

之风""微腐败"和会风会纪3个专项工作整治活动，促进党风、政风、会风根本好转。

二、廉政教育

2004年，组织党员学习贯彻《中国共产党党内监督条例（试行）》和《中国共产党纪律处分条例》。

2005年6月，成立保持共产党员先进性教育活动领导小组，召开保持共产党员先进性教育动员大会，全面开展以实践"三个代表"重要思想为主要内容的保持共产党员先进性教育活动。

2010年10月，组织开展以党员领导干部为重点，以"思廉、保廉、警廉、树为"为主要内容的"讲党性、促廉洁，讲大局、促转型"双讲双促主题教育活动。

2011年3月，在党员干部中开展"读廉书、看廉片、上廉课、兴廉风"主题教育实践活动。

2012年，转发《中国中煤能源集团有限公司贯彻落实〈国有企业领导人员廉洁从业若干规定〉的实施办法》，印发认真学习贯彻《违反〈国有企业领导人员廉洁从业若干规定〉行为适用〈中国共产党纪律处分条例〉的解释》，转发《中煤第一建设有限公司廉洁文化建设实施方案》，开展以深化项目惩治和预防腐败工作为主要内容，以项目管理优良、工程优质、干部优秀、资金安全为目标的"创廉洁工程、促降本提效"主题教育活动。

2013年，印发《"廉洁示范项目部"创建活动实施方案》《改进工作作风、密切联系群众十项规定》，指导项目部党组织围绕"廉洁教育、廉洁承诺、廉洁防控、成本管控、廉洁巡查"5个环节开展创建活动。组织开展了"反四风、树新风"书画摄影征文活动。

2014年10月，转发《中煤第一建设有限公司物资采购管理人员廉洁从业规定》，强化部门廉洁从业职责。

2015年4月，召开"两学一做"学习教育动员会，印发《"学党章党规、学系列讲话，做合格党员"学习教育实施方案》，对抓好组织领导，做实"六个规定动作"，扎实开展"三个专项活动"作出部署。

2016年4月，组织机关全体党员观看《四风之害》警示教育专题片，教育引导党员干部树立群众观点、弘扬优良作风、保持清廉本色，抵制"四风"，改进工作作风。同年12月，掀起学习《中国共产党廉洁自律准则》和《中国共产党纪律处分条例》热潮，结合"三严三实"专题教育，开展了加强作风建设、廉洁自律自查自纠等专题活动，进一步增强了党员干部遵纪守法和廉洁自律意识。

2017年，认真贯彻落实十八届中央纪委六次、七次全会和国有企业党建工作会议精神，购买发放《中国共产党纪律检查机关监督执纪工作规则》，上"两学一做"专题党课，解读和讲解《中国共产党廉洁自律准则》《中国共产党纪律处分条例》《中国共产党问责条例》，组织领导干部集中学习《党员必须牢记的100个严禁》和中煤集团关于有关人员违反中央八项规定精神问题的通报，组织领导干部集中观看警示教育片《廉政中国〈大法官〉》。为进一步提高党员干部廉洁从政从业的思想意识，防范违规违纪和职务犯罪，组织11名党员干部及重要岗位人员参加中煤一建公司纪委组织的在邯郸市监狱举行的廉洁从政从业教育。各党支部组织党员干部观看了《人民的名义》反腐倡廉电视剧。通过微信、短信等方式，在国庆节、中秋节期间编发温馨祝福和善意警言、警句，强化党风廉政建设警示教育，做到了警钟长鸣，杜绝"节日腐败"。同年10月，把宣传贯彻十九大精神作为一项重要政治任务，认真组织学习十九大工作报告和中纪委工作报告，增强党员干部党性修养，坚定党员干部理想信念，巩固拓展落实中央八项规定精神成果，严防"四风"问题反弹回潮。

三、惩防体系

履行党委的主体责任和纪委的监督责任，落实"一岗双责"，印发《党风廉政建设工作要点和责任分解》，每年分别与二级单位党支部签订党风廉政建设责任状，处领导与分管部门负责人签订党风廉政建设责任书，处领导和部门正职写出廉洁自律承诺书。班子成员注重管人与管事、管业务与管党风廉政建设相结合，认真抓好自己分管领域的党风廉政建设专项工作的落实，抓好分管部门、单位党政"一把手"的党风廉政建设，抓好分管部门、单位党风廉政建设方面突出问题的解决。在二级单位党支部选配党性原则强、综合素质好的专兼职纪检员，负责监督落实各项制度的执行。充分发挥职工群众日常监督作用，完善网络平台、设立举报电话、举报邮箱、举报信箱、微信公众平台等方式，畅通信息反馈渠道。不定期组织开展巡视巡查，监督检查，听取职工的意见和建议，发现问题和线索。形成了一级抓一级，层层抓落实，齐抓共管、无缝对接的惩防体系。

1996年，印发《关于加强业务招待费管理的规定》，从业务招待费的开支范围、开支标准、审批制度、内部基层经济承包单位业务费支出、加强纪律和监督措施等方面加强管控。1997年，制定《业务招待费管理实施细则》，加强公务消费管控。

2000年5月，在全体党员中开展"查理想信念、查党性观念、查工作风，树立正确的人生观、世界观、价值观"的"三查一树立"活动。

2004年9月，通过思想发动、学习提高、建章立制、查摆问题、定编定员、考试考核、竞争上岗等方式，对处机关的组织机构、思想作风、劳动纪律等方面开展整顿。

2006年，全面贯彻落实《公司贯彻落实〈建立健全教育、制度、监督并重的惩治和预防腐败体系实施纲要〉实施方案》（简称《实施方案》），成立惩防体系工作领导小组，制定《实施方案》，实行集体领导制度等五项制度，细化财务工作廉政规定等四项廉政规定，构建惩防体系，推动党风廉政建设和反腐败工作。制定《业务招待费管理办法》《差旅费报销办法》，下发《通讯费包干使用和管理的补充规定》《基层单位通讯费包干使用管理规定》《严禁项目部（厂）领导驾驶车辆的规定》。

2010年8月，第十工程处党委制定《"小金库"专项治理工作实施方案》，成立专项治理领导小组和工作机构，设立举报电话和举报信箱，落实承诺制和公示制，开展自查自纠，从重从严全面治理"小金库"问题。

2011年，印发《处纪检监察督办单制度》，加强工作督查，改进工作作风，提高办事效率。重申了机关工作人员下基层用餐纪律。

2013年7月，转发中煤一建公司《关于开展中央八项规定贯彻落实情况监督检查工作的实施意见》，开展贯彻落实中央八项规定情况监督检查，纠建并举、惩防结合、依法依纪、常抓不懈，加强党员干部队伍建设和领导人员作风建设。2014年11月，转发《中国中煤能源集团有限公司关于工作人员收受礼品实行登记制度的规定（修订）》，加强党风廉政建设，规范廉洁从业行为，促进企业健康发展。2015年，印发《贯彻落实"三重一大"决策制度实施办法》，转发《关于规范党员领导干部家庭婚嫁等事宜的暂行规定》，规范领导人员决策行为，严格决策程序，防范决策风险，提高决策水平。进一步规范党员领导干部家庭婚嫁等事宜，着力解决职工群众反映强烈的"四风"问题，促进党风廉政建设和领导干部作风转变。印发《关于专项巡视反馈意见的整改落实工作方案》，明确整改落实具体内容，制定整改落实具体措施，为企业平稳发展提供风清气正的环境。

2016年，印发《项目部"三重一大"决策制度实施办法》和《重要岗位人员管理办法》。将"三重一大"决策制度延伸到项目部，推动二级单位坚持民主集中制原则，科学决策、民主决策、依法决策、正确决策。按照"着眼防范、关口前移、全过程、全方位监督"的原则，进一步加强中层管理干部，负责项目成本核算、预算、工程造价、安全管理、会计、出纳、薪酬管理、车辆管理、物资管理、机电设备管理、固定资产管理和库房管理人员的管理，构建惩治和预防腐败体系。开展租用非生产性车辆和集资购买设备专项检查。

2017年，印发《第十工程处纪检监察工作管理办法》《关于节日期间廉洁自律、严格执行中央八项规定精神的通知》，转发《关于进一步严格执行领导干部操办婚丧嫁娶事宜报告制度》和《关于贯彻落实习近平总书记"三个区分开来"重要思想建立企业领导干部及管理人员容错纠错的实施办法》。开展中央八项规定精神落实和纠正"四风"工作调研活动，对作风建设、重点项目和"物资采购"风险点等方面进行监督检查，对发现问题及时开展约谈。加强对苗头性、倾向性问题早介入早纠偏，运用监督执纪"四种形态"，让红脸出汗、咬耳扯袖成为常态，抓早抓小，防微杜渐，坚持惩前毖后、治病救人，强化监督执纪问责，让党员、干部知敬畏、存戒惧、守底线，习惯在受监督和约束的环境中工作生活。

四、效能监察

第十工程处纪检监察部门坚持原则，把握尺度，聚焦主业，落实主责，注重工作方式方法，与职能部门优势互补，真正实现"查漏、促管、增效、保廉"。

2000年11月，第十工程处纪委组织开展物资采购效能监察工作，规范物资采购管理人员行为，促进廉洁从业，防止采购过程中不当行为的发生。2002年6月，在全处范围内开展以清理乱投资、乱担保、乱借款为重点的效能监察工作。2004年，集中开展了清产核资、新购设备、基层领导班子3个项目的效能监察工作。

2005年4月，调整效能监察领导小组，加强效能监察管理工作。之后，每年根据不同情况，分别从合同管理、设备管理、工资管理、安全履职、工程结算、财务管理、干部考核、厂务公开、分包队伍管理等方面通过集体研究，选题立项，成立组织机构，下发效能监察建议书，组织开展各种效能监察工作。从体制、机制、管理等方面采取措施，健全制度，防腐堵漏，加强管理，实现各项工作规范、有序。2016年，根据上级纪委和中煤第一建设公司"三转"要求，纪检监察部门的效能监察工作逐步转化到企业风险点管理的监督检查上。

2017年，第十工程处积极营造风清气正的企业环境，进一步规范纪检监察工作，促进党风廉政建设和反腐倡廉工作有效落实，保证资金运转安全、工程项目建设优质高效，党员干部清正廉洁。

第四节 党管安全

中央企业落实党管安全责任是由党的执政党地位决定的,是企业党组织贯彻党的安全生产方针、实现安全发展的内在要求。

20世纪70年代末期,第十工程处革命委员会退出历史舞台,党组织恢复企业领导地位,安全生产工作逐步纳入党组织的重要议事日程;80年代,第十工程处党委围绕生产建设中心,结合企业安全生产局势,认真贯彻国家落实《矿山安全条例》《矿山安全监督条例》《煤矿安全规程》等国家法律法规,逐步建立安全生产管理体系,广泛发动群众,开展形式多样、内容丰富的安全生产活动,促进企业安全生产;90年代,国家经济体制由计划经济向市场经济转型,煤炭行业压缩基建规模,缩减基建投资,第十工程处党委在努力增强市场竞争力的过程中,安全生产理念进一步提升,安全生产管理、监督的体制、机制进一步完善,有计划、有目标的群众性安全生产活动开展得更加频繁、有效,全力助推企业朝着安全、稳定的轨道上顺利发展。

进入21世纪,国家经济发展步入快车道,煤炭市场由复苏迈进"黄金十年",给施工企业带来前所未有的发展机遇。第十工程处党委紧密围绕经济建设中心任务,认真贯彻落实"安全第一、预防为主、综合治理"工作方针,构建诸如处级领导安全包点责任区、党员安全责任区、党员安全示范岗、工会安全监督网、职工家属安全监督协管员、共青团安全监督岗等更加完善的党政工团齐抓共管的安全生产工作格局,强化系统、层级安全生产的管理和监督网络建设;健全"一岗双责"安全生产责任体系,强化安全责任追究,加强职工安全意识教育和安全技能培训;开展"安全大反思""我懂安全,我要安全,从我做起,保证安全""落实安全规章制度、强化安全防范""我要安全,我懂安全,人人有责,保证安全""筑安全堡垒、做安全先锋""党员结对子""在岗一分钟、安全六十秒""五问、五查、五看""安康杯竞赛""平安一季度""安全生产月""百日安全"等各个时期、各个阶段性的群众性的安全生产主题活动。

2012年5月,中煤建设集团印发《关于落实党管安全责任的实施意见》,明确提出基层党组织坚持"支持、参与、配合、服务、保证、督查"12字工作原则,实现"充分发挥党组织在安全生产中的政治保障作用,保证党和国家安全生产方针政策的贯彻落实,切实维护职工群众的生命安全和切身利益,进一步推进安保型企业建设,为建设集团安全生产提供有力服务和坚强保障,实现企业科学安全健康发展"的工作目标,发挥"引领凝聚、支持融入、组织促进、监督保障"重要作用,突出"政治引领、安全宣传、安全教育、队伍建设、安全文化建设、监督检查"等工作内容,不断提高认识,强化考核推进,持续改进和提高党管安全工作水平。第十工程处党委认真贯彻执行中煤建设集团和中煤一建公司落实安全责任工作部署,从构建安全生产决策体系、安全生产保障体系、安全生产监督体系、安全文化建设体系入手,固化安全生产工作管理机制,立足施工安全实际,全面发挥党政工团"四位一体"作用,全力打造本质安全型企业,为企业安全发展保驾护航。

2014年7月,印发《落实党管安全责任实施细则》,成立两级领导机构,制定工作职责、工作内容、考核奖惩办法和工作要求,强化落实党管安全责任各项工作的深入开展。印发《贯彻学习"三大规程"实施细则》，开展"三大规程"专项学习和贯彻活动。

2017年，第十工程处党委继续推行中煤一建公司"5+3"党管安全工作模式，明确安全宣传、教育、文化建设、履职监督、权益保障五项内容，突出党支部、班组、群监组织三大抓手，坚持"一季一主题、一月一活动"原则，调动一切力量，做实三个方面的工作：一是营造安全宣传教育氛围，促进文化安保；二是强化操作层精准培训，促进技能安保；三是强化监督考核，促进制度安保。

第三章　工会与共青团

第一节　工　会

一、工会组织

1961年，潞安煤矿矿务局第三工程处更名为潞安矿务局第三建井工程处，设立工会工作机构，工会负责人职务名称为工会主席。1968年6月，第十工程处革命委员会成立，设立政治工作组，工会工作由政治组分管群工工作人员负责。1974年1月，第十工程处设立工会工作机构，工会负责人职务名称为工会主任。1979年，工会负责人职务名称恢复为工会主席。

1979年5月，中共第十工程处委员会印发《关于建立健全各级工会组织的通知》，对各级工会组织进行改选，工区工会委员会设专职工会主席1人、兼职工会副主席1~2人，队（或相当队一级的单位）工会委员会设兼职工会主席1人，建立健全了基层工会组织。

2004年起，按照"三个一致（政治一致、目的一致、参与活动一致）、一个区别（固定工与非固定工会费缴纳的区别）"的原则，吸收农民工整体入会，统一纳入会员档案信息系统管理。

2017年10月，第十工程处职工人数2930人（女职工375人），工会会员2930人，入会率100%，专职工会干部5人，兼职工会干部12人，下设基层工会12个。

二、职工（工会会员）代表大会

（一）第一届职工代表大会

1981年11月18—20日，第一届职工代表大会第一次会议在河北省邯郸市陶二煤矿驻地召开，正式代表187人，列席代表22人，特邀代表2人；出席大会的正式代表152人，列席代表21人。会议听取审议了第十工程处处长袁克智所作的工作报告、提案处理意见的报告，总会计师赵贵新所作的题为《关于更新改造基金、职工福利基金、企业基金"使用、安排情况》的报告；讨论通过了《第十工程处首届第一次职代会暂行条例实施办法》《关于进行企业整顿的初步方案》《关于1981年自然减员补员的方案》《关于民主选举队长的实施办法》《关于工程技术质量、物资、施工设备管理办法》《加强计划、预算、统计管理的办法（草案）》《财务管理、经济核算的实施办法》《安全生产工作委员会暂行组织条例（草案）》《固定资产管理实施细则》《十处职工守则》等议案。

（二）第四次工会会员代表大会

1982年8月，第四次工会会员代表大会在山西省潞安矿务局王庄煤矿驻地召开，焦焕章、张振生当选工会副主席。

（三）第二届职工代表大会

1983年8月9—11日，第二届职工代表大会第一次会议在山西省潞安矿务局王庄煤矿驻地召开，正式代表183人，列席代表24人。大会听取审议了第十工程处副处长邵存法代表处行政所作的题为《认清形势、振奋精神为开创王庄矿改扩建工程的新局面而努力奋斗》的工作报告，副处长邵勇所作的财政状况报告、党委书记王九升所作的职工提案处理报告；

审议通过了《民主评议领导干部的试行办法（草案）》《关于加强领导班子自身建设的十项决定》《开展增收节支活动的决议》《对44名长期旷工工人除名的决定》；选举产生了第二届职工代表大会4个工作委员会；对领导干部进行了民主评议。

（四）第五次工会会员代表大会

1984年11月30日，第五次工会会员代表大会第一次会议在山西省潞安矿务局王庄煤矿驻地召开，高尚华当选工会主席。

（五）第三届职工代表大会

1985年8月8—9日，第三届职工代表大会第一次会议在山西省潞安矿务局王庄煤矿驻地召开，正式代表186人，列席代表28人，特邀代表4人。会议听取审议了第十工程处处长邵勇所作的题为《解放思想、深入改革为提高经济效益增强企业活力而奋斗》的工作报告，副处长高长志所作的《关于财政情况的报告》；讨论通过了《民主评议领导干部的试行办法（草案）》《关于队（厂）职工大会暂行条例》《主席团例会制度》《四个工作委员会例会制度和工作制度》《开展增收节支活动决议》；民主评议了领导干部；选举产生了干部作风、经营管理、安全生产、生活管理4个工作委员会。

（六）第四届职工代表大会

1988年6月29日至7月1日，第四届职工代表大会第一次会议在山西省潞安矿务局常村煤矿驻地召开，正式代表161人，合同工代表27人，列席代表43人，特邀代表7人。大会听取和审议了第十工程处处长邵勇所作的《提请处四届一次职工代表大会讨论审议重大问题的报告》，副处长高长志所作的《关于财经使用情况报告》和《关于1988年职工福利基金使用方案报告》，副处长程起俊所作的《提案解答报告》；讨论通过了《职工奖惩制度》《内部分配制度》《四个工作委员会工作条例》《完成1988年生产任务的决议》；评议了副总以上干部；选举产生了4个工作委员会。

（七）第五届职工代表大会

1991年7月27—29日，第五届职工代表大会第一次会议在山西省潞安矿务局常村煤矿驻地召开，正式代表190人，季节合同工代表21人，列席代表48人，特邀代表5人。大会听取了第十工程处党委书记阎志义所作的题为《深入贯彻落实党的十三届七中全会精神全心全意依靠工人阶级，为我处的稳定发展努力奋斗》的讲话；审议了处长邵勇所作的《关于提请第五届一次职工代表大会讨论审议和决定企业重大问题的报告》，副处长高长志所作的《关于财经使用情况和职工福利基金实施使用方案的报告》，副处长张文山所作的《关于提案解答处理报告》；讨论通过了《医药费用改革方案》《关于对长期病伤职工按照国家规定办理退休退职的意见》《1991年度对土建三队、安装队、机加车间、常村机运队、常村矿建队注浆队、一工区南寨、李雅庄综合队各经济承包办法》《关于"弘扬石圪节矿风、增强企业发展能力、确保常村矿井顺利建成"的倡议书》；民主评议了处领导干部。

（八）第六届职工代表大会

1995年8月17—18日，第六届职工代表大会第一次会议在山西省潞安矿务局常村煤矿驻地召开，正式代表144人，列席代表62人，特邀代表7人。大会听取了第十工程处党委书记阎志义所作的题为《认真学习贯彻〈劳动法〉把企业民主管理提高到一个新水平》的讲话；审议了处长张文山所作的题为《解放思想积极开拓为企业生产发展拼搏奋进》的行政工作报告，副处长颜毅所作的《关于我处资金使用情况的报告》，副处长平永生所作的《关于提案解答处理的报告》。

（九）第七届职工代表大会暨第六次工会会员代表大会

1999年3月20—21日，第七届职工代表大会第一次会议暨十处机关第六次工会会员代表大会在河北省武安市召开。大会选举产生了参加企业民主管理委员会和劳动争议调解委员会的职工代表，第七届职工代表大会的生产安全工作委员会、财经管理委员会、干部评议监督工作委员会和生活福利监督工作委员会4个常设机构；选举产生了第六届工会委员会和经费审查委员会。

（十）第八届职工代表大会暨第七次工会会员代表大会

2004年3月3—4日，第八届职工代表大会第一次会议暨第七次工会会员代表大会在山西省长治市九州宾馆召开，正式代表78人，列席代表21人。大会听取了第十工程处党委书记李占福所作的题为《围绕中心促发展服务大局保稳定开创我处文明建设新局面》的党委工作报告；审议了处长蒲耀年所作的题为《精干主业扩大规模创新机制求效益全面推动企业稳步快速发展》的行政工作报告，副处长杨富华所作的《关于业务招待费使用情况的报告》，副处长平永生所作的《提案解答报告》；审议了工会主席范起家所作的题为《团结动员全处职工为实现我处快速发展建功立业》的工会工作报告；听取了《关于工会经费使用情况的报告》《集体合同、厂务公开实施情况报告》、处领导干部述职报告；选举产生了第七届工会委员会和经费审查委员会及干部作风委员会、经营管理工作委员会、企业管理委员会、劳动争议调解委员会4个工作机构；讨论通过了《关于集资修建22号住宅楼的议案》《关于家属区实施集中供热的议案》《关于清理以前年度职工医药费的实施方案》《职工医疗费管理与实施暂行办法》《关于对接近退休年龄的管服人员实行离岗等退的暂行规定》；民主评议了领导干部。

（十一）第九届职工代表大会暨第八次工会会员代表大会

2009年1月12—13日，第九届职工代表大会第一次会议暨第八次工会会员代表大会在武安处机关召开，正式代表75人，列席代表45人。大会听取了第十工程处党委书记张永生所作的题为《认清形势坚定信心为实现2009年各项奋斗目标提供坚强保障》的党委工作报告；审议了处长王海宝所作的题为《解放思想做强做大为加快我处实行规模化发展而努力奋斗》的行政工作报告，副处长杨富华所作的《财务工作报告》，副处长平永生所作的《提案解答报告》，工会主席范起家所作的题为《发挥工会职能作用团结动员全处职工为加快实现企业规模化发展建功立业》的工会工作报告；听取了《领导人员执行廉洁自律情况报告》《集体合同履行情况报告》《工会经费审查工作报告》《工会财务工作报告》、处领导干部述职报告；选举产生了第九届工会委员会、经费审查委员会和5个专门委员会；签订了《工资集体协议》，民主评议了领导干部。

（十二）第十届职工代表大会暨第九次工会会员代表大会

2012年2月11日，第十届职工代表大会第一次会议暨第九次工会会员代表大会在河北省邯郸处机关召开，正式代表77人，列席代表9人。大会听取了第十工程处党委书记徐宏伟所作的党委工作报告；审议了处长程岩青所作的题为《聚精会神抓施工积极主动促转型为实现我处持续稳定健康发展努力奋斗》的行政工作报告，审议了处财务工作报告（书面）、工会财务工作报告（书面）、《领导人员执行廉洁自律情况报告》（书面）、提案解答报告（书面）、工会工作报告（书面）；听取了处领导班子成员的述职报告，民主评议了处领导干部；选举产生工会第九届委员会、经费审查委员会、6个专门委员会；通过了大会决议。

（十三）第十一届职工代表大会暨第十次工会会员代表大会

2017年2月18日，第十一届职工代表大会第一次会议暨第十次工会会员代表大会在邯郸处机关召开，正式代表78人，列席代表10人。大会听取了第十工程处党委书记李明镜所作的题为《围绕中心服务大局为实现企业稳定发展而努力奋斗》的党委工作报告，处工会第九届委员会财务工作报告、领导班子成员年度述职报告；审议了处长郭林忠所作的题为《做精矿建主业稳步推进转型为实现企业稳定发展而努力奋斗》的行政工作报告、工会主席李兰柱所作的题为《维护职工权益调动工作热情在推进我处持续发展中彰显工会作用》的工会工作报告，以及《关于处领导班子及成员执行廉洁自律规定情况的报告》（书面）、《财务工作报告》（书面）、《提案解答报告》（书面）、《集体合同履行情况报告》（书面）；选举产生了第十届工会委员会、经费审查委员会和6个专门委员会；通过了大会决议；民主评议了领导干部。

三、民主管理

1981年7月，中华全国总工会、国家经济委员会、中央组织部颁发《国营工业企业职工代表大会暂行条例》。同年11月，第十工程处贯彻落实《国营工业企业职工代表大会暂行条例》，召开第一届职工代表大会第一次会议，开始推行企业民主管理。工会组织把落实职工代表大会制度作为工作重点，承担起职工代表大会工作机构的职责和任务，建立民主管理组织，制定民主管理制度，落实民主管理权力，推进企业民主管理工作。

1982—2003年，第十工程处职工代表大会制度不断完善，企业民主管理逐步向深度和广度发展。1996年，全国总工会、劳动部、经贸委、企业家协会联合下发《关于逐步实行平等协商和签订集体合同制度的通知》，第十工程处在平等协商的基础上，签订第一轮《集体合同》，集体合同三年一期，期满重新协商签订。1997年起，第十工程处开始实行集体合同、工资专项集体合同、女职工权益保护专项集体合同、安全专项合同履行以及领导人员职务消费等情况向职工代表大会报告制度，确保了职工的知情权、参与权和监督权。落实基层民主管理制度，所属二级单位全部建立职工代表大会制或职工大会制，每年召开一次。实行职工代表巡视制度，处工会组织职工代表每半年对基层单位落实职工代表大会制度、厂务公开制度情况进行巡视，协调解决职工群众关心的热点问题，维护职工群众的切身利益。

1999年6月，第十工程处制定《处务公开实施意见》，通过职工代表大会制度和处务公开栏等形式，保障职工依照有关法律和规定参与企业的民主决策、民主管理、民主监督，促进企业民主政治建设。

2002年，根据中央办公厅、国务院办公厅下发的《关于在国有企业、集体企业及其控股企业深入实行厂务公开制度的通知》，第十工程处成立由党委、行政、纪委、工会负责人组成的厂务公开领导小组，完善责任制和责任追究制度，建立党委统一领导、党政共同负责、工会组织实施、纪委监督检查、职工群众广泛参与的工作体系，厂务公开在处务公开的基础上进一步深化，逐步向项目部、队、班组推进，全面推行厂务公开制度。

2004年，第十工程处制定实施《厂务公开实施细则》，对厂务公开的形式、内容、程序、责任追究等方面作出具体规定，进一步深化和规范处、项目部、队、班四级厂务公开工作。

2008年12月，第十工程处被河北省总工会、省委组织部、省国资委、省劳动厅、省中小企业局、省工商联合会审核认证为"河北省职代会星级单位"。

2015年5月，第十工程处制定实施《厂务公开管理制度》，厂务公开采取向职工（代表）大会报告、处OA平台、内部报纸、公示栏公示以及会议等方式进行，明确处务公开内容9项、项目部公开内容7项，按照收集审核—定时定点公布—征询意见—建立档案的程序，划分5种类别固化公开方式，进一步规范厂务公开工作。

四、职工之家建设

1985年，中华全国总工会下发《关于开展建设职工之家活动的决定》，第十工程处职工之家建设开始起步。之后，处工会以经济建设为中心，吸引和团结全处职工，深入开展多种形式的社会主义劳动竞赛，学先进、学典型，开展技术创新和技术比武，征集合理化建议，在生产建设中发挥积极作用；把企业民主管理作为工作重点，健全和完善以职工代表大会为基本形式的民主管理制度，认真落实职工代表大会各项职权，表达和保障职工合法权益；关心职工群众疾苦，反映职工群众呼声，为职工群众办好事、办实事，把建家活动不断引向深入。

1989年，中国煤炭建设协会授予第十工程处工会"双服务"竞赛先进单位。

1990年，全国总工会颁布《关于继续深入开展建设职工之家活动的决定》，第十工程处突出建设"四有"职工队伍、组织开展劳动竞赛、为职工群众办好事三项重点，深化建家活动，推动企业两个文明建设上台阶。同年12月，第十工程处工会被中国统配煤矿总公司第一建设公司评为1990年度"建设职工之家"和"双服务"竞赛优胜工会。

2006年，第十工程处工会加大资金投入力度开展"职工之家"创建活动，在处机关建起了面积近200平方米的职工体育活动室，收藏各类图书3000余册的图书阅览室；为基层各单位工会配备了数码相机，分发4000余册各类图书，建起了工地图书室。

2008年6月，河北省总工会授予第十工程处工会"模范职工之家"称号。

至2017年，第十工程处工会坚持党的基本路线，认真贯彻落实《中华人民共和国劳动法》《中华人民共和国工会法》《河北省职工代表大会条例》等法律法规，以企业和谐发展为目标，围绕党的中心工作，发挥桥梁纽带作用，密切联系职工群众，以强化基层民主管理、提升职工队伍素质、开展建功立业活动、为职工群众办实事等各项工作为抓手，着力构建凝心聚力的民主之家、提升素质的学习之家、建功立业的事业之家、维权维稳的和谐之家，为企业稳步发展注入活力。

五、班组建设

自20世纪80年代末，第十工程处广泛开展五好（经济效益好、安全质量好、思想作风好、业务素质好、民主管理好）班组达标创建活动，每年年末开展一次达标评比活动，选树和表彰一批先进班组典型，带动班组建设整体水平的提高。

2006年5月，第十工程处在武安举办第三届职工技能大赛。大赛设会计、计算机、采掘电钳工、电焊工、瓦斯检查员等5个项目（工种），各单位选拔59名选手参加比赛。

2007年，按照中煤第一建设公司《关于加强和改进班组建设的指导意见》，第十工程处建立组织领导体系，落实工作职责，建立"班组长活动日"和班组考评制度，进一步加强班组建设。同年8月21—31日，第十工程处举办第四届职工技能大赛。比赛项目（工种）为计算机、通风瓦检工、大抓司机、伞钻司机、绞车司机、采掘电钳工、电焊工等7个工种，以基层选拔赛和处总决赛两级比赛的方式进行，98名职工参加技能大赛活动。

2009年，第十工程处制定《加强班组建设实施细则》，推进班组建设规范化。

2011年，按照中煤一建公司《关于开展"创建红旗型班组、争做知识型职工，建功公司转型发展"主题活动的通知》，以不断提升班组管理水平和职工队伍素质为重点，开展"红旗型班组"（安全生产好、经济效益好、业务技能好、团结协作好、民主管理好）、知识型职工达标创建活动，不断增强基层班组的学习能力、执行能力、创新能力、实践能力。

2014年3月，组织开展班组建设达标竞赛活动。同年6月，按照中煤一建公司《关于进一步加强"五型班组"建设的指导意见》，提出以建设学习型、安全型、节约型、创新型、和谐型班组为目标，建设一批安全、高效、优良、领先、和谐的班组，建设一支适应现代企业管理制度要求的班组长队伍，建设一支具有"一流职业素养、一流业务技能、一流工作作风、一流岗位业绩"的职工队伍，进一步深化班组建设。

2017年7月，中煤集团班组建设推进会在中煤大同塔山煤矿召开，第十工程处门克庆项目部以《细化分配考核，加强班组建设》为题，代表中煤一建公司在会上作了经验交流。

六、劳动竞赛

20世纪80年代前，配合学大庆、赶开滦群众运动，主要开展以五好集体、五好职工为内容的比、学、赶、帮、超的社会主义劳动竞赛。

1977年6月，开展以有政治要求、有技术经济指标、有具体措施、有学赶超目标的"四有"为内容，赛思想比觉悟、赛干劲比贡献、赛团结比风格、赛纪律比作风、赛效率比节约的比、学、赶、帮、超的社会主义劳动竞赛。

1978年3月，第十工程处颁布建成大庆式企业规划，提出"学大庆、赶开滦，苦战一年，进尺翻番，力争一万；决战两年矿井投产，大庆式处今年实现"的奋斗目标。

1983年10月，第十工程处成立竞赛评比委员会，实施十项记分办法，开展矿建队百分竞赛活动。

1984年4月，第十工程处重组社会主义劳动竞赛评比委员会，加强劳动竞赛活动的组织领导。委员会负责制定劳动竞赛实施方案和评比奖励，工会负责组织实施。

1985—1998年，以加快工程施工进度、提高经济效益为中心，主要开展以计划任务、安全生产、成本控制、工程质量、设备完好率为内容的上纲要、上等级队、创水平劳动竞赛。1988年7月，第十工程处在煤炭工业部第一建设公司开展的第二季度立功竞赛中荣立一等功。

1999—2010年，主要开展以工程进度、质量、安全、文明施工为内容的井巷施工创水平竞赛活动。

2000年5月8日，按照中华全国总工会和国家经贸委的要求，组织开展首届"安康杯"竞赛活动。此项活动截至2017年，第十工程处一年一个主题，持续开展17年。

2011—2017年，劳动竞赛规模由大

变小，由处工会统一组织转变为由基层单位自主组织，内容由单一的井巷施工创水平向安全生产、"双增双节"、岗位练兵、技术比武等多样性方向转变，更加贴近基层的生产实际，更好地服务于企业的发展。

2014年7月，举办瓦斯检查工、电气焊工和综掘司机3个工种的年度职工技能竞赛。

七、女工工作

1979年以来，女工委员会组织女工学习和宣传《中华人民共和国婚姻法》《中华人民共和国妇女权益保障法》《中华人民共和国妇女儿童权益保护法》《中华人民共和国劳动法》《中华人民共和国人中与计划生育法》《中华人民共和国劳动合同法》《女职工劳动保护条例》《女职工劳动保护规定》等国家法律法规，推动相关政策在企业的贯彻落实，维护女职工的特殊权益。定期开展妇女病普查，建立健康档案，保障女工健康。每年"三八妇女节"期间，定期组织开展形式多样的庆祝活动。围绕企业的两个文明建设，积极开展安全协管、"五好家庭"创建、文化体育等各项活动，在推动企业和谐稳定发展中发挥特殊作用。

1979—1985年，组织女工为一线职工拆洗被褥、缝补工作服20000余件。

1986年，女工文艺骨干作为处业余文艺宣传队的主力队员，精心编排节目，到武安基地、漳泽电厂、王庄西风井、古交工地等现场为职工进行慰问演出。同时，参加公司汇演荣获第一名。

1987年，开展"五好家庭"创建活动，评选表彰"五好家庭"8个。

1987—1996年，发动女工及家属积极参与处工会主办的职工"消夏晚会"职工文艺汇演、篮球赛、乒乓球赛、羽毛球赛、排球赛、围棋赛、安全知识竞赛、演讲赛、家庭音乐会、趣味娱乐等系列活动。

2010年6月，发动女工和家属为一线职工绣安全主题鞋垫500余双。

2012年，配合"警示三月行"活动的开展，举办安全主题十字绣作品展，展出作品近百幅。

2012年，开展《女职工劳动保护特别规定》知识答卷活动，135名女工参与。举办心理健康与保健知识讲座，43名女工参加活动。

2013年，举办女工安全绣品作品展，60多名女工参与。开展"健康工作、快乐生活"女职工保险知识讲。

2014年，为129名女工办理了邯郸市女工妇科团体保险。

2015年，组织女工开展向一线职工"送安全寄语、写安全家书""井口送温暖"活动，发挥安全协管作用。推荐和购置多类优秀图书开展"健康女性，幸福全家"的读书活动。

2016年，结合"平安一季度""警示三月行"，组织女工和家属向施工一线的亲人发送安全嘱咐手机短信、安全音乐相册，开展井口慰问、井口送"清凉"等活动。

2017年，"三八妇女节和警示三月行"活动期间，开展发送手机电子安全嘱咐卡和安全短语、井口慰问、女工座谈会、缝补衣服活动，征集女工和家属十字绣、书法、绘画、摄影、剪纸等才艺作品45副，参加中煤一建公司评选获二等奖1个、三等奖2个。组织10余名女工参加中煤一建公司工会举办的中华女德传统文化讲座学习活动。

八、困难职工帮扶

1979年以来，第十工程处工会始终把困难职工帮扶作为促进企业和谐发展的一项重要任务抓好、抓实，定期开展困难职工调查，建立特困职工动态档案，关注特困职工的工作和生活。每年春节期间，开展送温暖活动，向特困职工家庭送去救济金或米、面、油等生活物资。对因突发重大疾病、重大灾害等致困的职工或家属，采取单位救济或职工募捐的方式进行特殊帮扶。2010—2017年，处工会累计发放救济金17.63万元；组织捐款8次，为5名突发特困职工募集捐款10.1万元。

2008年，第十工程处开始参加邯郸市工会会员重大疾病医疗互助活动，工会会员以自愿方式加入，每人每年缴纳医疗互助金50元（其中，处行政和工会各补贴10元，个人缴纳30元）。至2017年，处工会连续10年组织参加了此项活动，3942人次共计缴纳互助金197100元，先后有21人获得198000余万元的帮扶。

2011年，第十工程处工会制定实施方案，明确享受条件和标准，启动"金秋助学"工作。每年对申请人的家庭经济和子女考学情况进行严格的调查审核，确保助学金能够发放到真正需要帮助的学生手中，助其实现大学梦。至2017年，共向23名困难职工子女提供帮扶，发放助学金65000元。

2014年9月，第十工程处按照在册职工人数每人每年100元标准（行政70%、工会30%）划拨资金，设立困难职工专项帮扶基金，并成立帮扶中心，专门负责困难职工帮扶工作。

第二节 共 青 团

一、组织建设

1959年5月，潞安矿务局建井三队成立中国共产主义青年团总支委员会，总支工作机构定员2人。1965年，潞安矿务局王庄建井指挥部成立，团组织由团总支调整为团委。1968年，第十工程处机构调整，设立政治工作组，共青团工作由分管群工人员负责。1971年11月，第十工程处恢复团委设置。

1979年，共青团第十工程处委员会印发《关于改选各级团组织的通知》，对所属各级团组织的改选工作作出安排。规定团支部委员会由3~5人组成，设书记1人；团总支委员会由5~7人组成，设专职书记1人、兼职副书记1~2人。

1984年2月，第十工程处党委批转处团委《关于解决共青团工作中存在的若干问题的意见》，同意处团委提出的对健全团组织、团干部配备、基层党组织如何重视团的工作、不脱产团干部的工作待遇、团组织的活动经费、活动阵地等问题的解决意见，为加强共青团工作提供了支持和保障。

1990年，第十工程处党委制定实施《党团活动制度》，推进共青团工作的有序开展。

2007年，第十工程处团委贯彻落实团中央《关于进一步加强团干部作风建设的决议》，开展作风整顿。

2008年，第十工程处党委制定《党总支、直属党支部党建带工建、团建工作联席会议制度》，对基层党建带团建工作作出具体规定，为进一步加强基层党组织对共青团工作的领导，保障基层团组织桥梁和纽带作用的充分发挥提供了政策支持。

2011年，第十工程处团委在基层青安岗中推行"123"规范管理办法，促进青安岗工作流程化、制度化、规范化，切实发挥青年安全生产监督岗在安全生产中的监督保障和示范带头作用。建立"十处共青团"QQ群，拓展团组织信息交流平台。

2012年，建立健全"严格落实、认真操作、规范申报"的"青年安全生产示范岗"活动网络，实行动态管理，建立季度考核、年度评比奖励制度，构筑以青年为主力的群众安全生产防线。建立优秀大中专毕业生考核奖励机制，每年进行评比表彰，激励大中专毕业生扎根十处、建功立业。

2013年，修订了《青安岗工作条例》，建立了青安岗隐患排查汇报表，编印了《青安岗安全监督岗员工作手册》，实施了青安岗隐患排查月报制度，推广了"四细、三无、一线工作做法"。

2017年，印发《共青团工作制度》，进一步推进基层团组织建设；印发《青年安全监督岗管理办法》，加强青年安全生产监督管理工作，推进企业安全生产；印发《"青年文明号"管理办法》，激励广大青年职工在安全、生产、经营、管理和服务中体现高度职业文明，创造一流工作成绩的青年集体（科、班、队）、青年岗位和青年工程。

2017年8月，第十工程处在册职工中35岁以下青年429人，团员72人，处团委设书记1人，下设团支部10个，兼职团支部书记10人。

二、团员代表大会

（一）第一次团员代表大会

1972年4月7日，共青团川煤一处召开第一次团员代表大会，出席代表89人，选举产生第一届委员会。委员会由赵书经、徐锡先、吴胜谦、李联祥、平买兴、宋德良、陆绍章、张世华、李安锁、余有光、周素清、李海梅、徐双生13人组成，赵书经当选团委书记，张世华当选团委副书记。

（二）第三次团员代表大会

1975年4月，共青团第十工程处召开第三次团员代表大会，选举产生第三届委员会。委员会由周喜顺、杨凤琴、任秀志、刘淑珍、吕双全、孙沛英、马国安、李泽泉、魏银平、崔良信、秦和先、李海梅、韩晓阳、李同银、段书庆、李凤英、魏欣17人组成，周喜顺当选团委书记，杨凤琴当选团委副书记。

（三）第四次团员代表大会

1979年4月28日，共青团第十工程处召开第四次团员代表大会，选举产生第四届委员会。委员会由王存礼、王海金、王淑珍、张志林、张艳、张建纲、刘新群、邹阳、郭茂林、范起家、秦和先等13人组成，王存礼当选团委副书记。

（四）第五次团员代表大会

1982年12月，共青团第十工程处召开第五次团员代表大会，选举产生第五届委员会。委员会由范起家、韩顺奇、周启贵、翁富贵、李志刚、赵芯、叶忠良、密栓成、董建平9人组成，范起家主持团委工作。

（五）第七次团员代表大会

1989年5月2日，共青团第十工程处召开第七次代表大会，选举产生第七届委员会。委员会由翁富贵、张友录、孙继才等7人组成，翁富贵当选团委书记。

（六）第八次团员代表大会

1995年5月10日，共青团第十工程处召开第八次代表大会，选举产生第八届委员会。委员会由许雪刚、仇丽霞、刘会先、赵宏伟、张友录、徐桂勇、陈旭刚7人组成，张友录当选团委书记。

（七）第九次团员代表大会

2004年5月，共青团第十工程处召开第九次团员代表大会，殷媛当选团委副书记。

（八）第十次团员代表大会

2015年5月7日，共青团第十工程处召开第十次团员代表大会，应到正式代表30人，实到27人。大会全面总结上届团代会以来的工作，研究和讨论了新形势下共青团工作面临的新挑战、新机遇和新方法，明确了推动共青团工作不断向前发展的路径和方向，选举产生了第十届委员会。委员会由马玲、从龙泽、许运达、张鹤、胡斌、郝明亮、常庆霞7人组成，马玲当选团委副书记。

三、教育和活动

1975—1999年，第十工程处共青团工作主要围绕两个方面开展活动。一是围绕精神文明建设，开展共产主义理想信念教育、爱党爱国教育、革命传统教育、法制教育和社会公德教育，引导青年职工树立正确的世界观、人生观、价值观。内容包括向英模人物张海迪、朱伯儒、罗健夫、蒋筑英学习，向处先进人物李增德、姚文兰学习和"学雷锋、树新风""五讲四美三热爱"等活动。基层团支部建立学雷锋活动小组，把学雷锋活动与便民服务相结合，与岗位做贡献相结合，实现常态化。每年五四青年节期间，组织一次革命圣地参观学习，接受革命传统教育。二是围绕经济建设中心，广泛开展劳动竞赛、青工技术比武、师带徒、"五小"创新（小发明、小革新、小改造、小设计、小建议）等活动，积极承担施工生产中的急、难、险、重任务，发挥青工生力军和青年突击队作用。

1975年，邯邢煤炭指挥部批准第十工程处成立青年突击队（矿建五队）。

1978年，共青团邯郸市委授予范起家"红旗突击手"称号。

1982年，贯彻落实全国职工教育管理委员会、教育部、国家劳动总局、中华全国总工会、共青团中央《关于切实搞好青壮年职工文化、技术补课工作的联合通知》和教育部《关于职工初中文化补课工作若干问题的通知》，组织动员青年职工积极参加文化学习，提高文化素质。范起家被共青团邯郸市委评为"优秀团干部"。

1986年，翁富贵被共青团邯郸市委评为"优秀团干部"。

1989年，共青团河北省委授予第十工程处团委"颁发团员证工作先进单位"。

1990年，第十工程处机电工李志国选派参加在佳木斯举办的全国煤炭系统青工技术大比武（井下电钳工工种）活动，受到国家副主席王震的集体接见。工程科副科长蒲耀年被中国统配煤矿总公司评为"优秀青年知识分子"。

1991年5月，共青团邯郸市委授予第十工程处矿建四队"红旗青年突击队"称号；7月，青年突击队队长马建国被共青团中央、国家计委命名为"共和国重点工程建设青年功臣"；10月，第十工程处举办首届青工技术比武活动，历时3个多月，24个单位的215名青工参加了掘砌工、井下机电工、通风瓦检工、电车司机、电工、木工、瓦工、电焊工等8个工种的技术大比武活动，黄初喜等50名（合同工28人）取得优秀成绩者受到处党委的表彰奖励。

1992—1996年五四青年节期间，处团委组织团员青年先后参观了武乡王家峪八路军总部、黎城黄崖洞八路军兵工厂旧址，组织共青团员、少先队员到邯郸晋冀鲁豫烈士陵园缅怀革命先烈，接受革命传统教育。

1996年7月，第十工程处寺河综合队机电工魏宏胜跳入秦庄河山洪激流中抢救落水女工。8月2日，处团委授予魏宏胜"见义勇为的优秀共青团员"荣誉称号。

1998年，第十工程处转发中煤第一建设公司《开展争当青年岗位活动能手活动的安排意见》，成立青年工作委员会（青年岗位能手活动委员会），加强领导，组织青工开展争当岗位能手活动。同年9—10月，第十工程处团委举办第三届青工技术比武，分别在沙曲项目部、五阳项目部工地和武安基地组织开展了8个工种的技术比武。

2000年以后，第十工程处共青团工作主要围绕企业的安全生产、"双增双节"、岗位建功开展各项主题实践活动。

2004年，第十工程处团委组织武安基地片团员和子弟学校青少年学生348人，到邯郸烈士陵园开展革命传统教育。

2007年，举办"青安杯"安全生产知识竞赛，9个项目部260余人参加预赛，6个代表队参加决赛。

2008年，动员团员青年积极参加抗震救灾援建队，奔赴四川灾区承建过渡安置房建设任务。第十工程处四川灾区援建队被共青团邯郸市委授予"抗震救灾先进青年集体"称号，13名队员被评为"抗震救灾先进个人"。处团委荣获邯郸市"五四红旗团委"称号，梧桐庄项目部团支部荣获邯郸市"青年文明号"称号。

2010年，第十工程处梧桐庄项目部团支部被共青团河北省委命名为"青年文明号"，处团委被共青团邯郸市委评为"五四红旗团委"。

2011年，共青团邯郸市委授予第十工程处团委"五四红旗团委"称号，授予马玲"优秀团务工作者"称号，授予曹高峰邯郸市"新长征突击手"称号。

2012年，组织开展"安全生产我先行，岗位建功展风采"主题实践活动，开展"青安岗提醒您"安全警示教育。共青团邯郸市委授予第十工程处团委"五四红旗团委"称号，中煤建设集团团委授予代秋巍2011年度"青年岗位能手"称号。

2013年，组织开展青年职工学练安全基本功系列教育实践活动，提高青年职工安全生产自保、互保意识和技能。中央企业团工委授予第十工程处团委"中央企业五四红旗团委"称号，共青团邯郸市委授予梨园河项目部团支部"红旗团支部标兵"称号。

2014年，组织开展"奋斗的青春最美丽"主题实践活动，弘扬改革创新的时代精神，立足岗位做贡献，真抓实干展风采。共青团河北省委授予第十工程处华胜项目部团支部"河北省五四红旗团支部"称号，共青团邯郸市委授予第十工程处团委"五四红旗团委"称号，中煤集团团委授予代秋巍"中煤集团青年五四奖章"。

2015年，组织开展"安全生产、青年争先"主题实践活动，激励团员青年在本职岗位发挥群众安全监督和保障作用。组织团员青年参观"太行浩气——邯郸市纪念抗日战争胜利70周年"主题展览活动。共青团邯郸市委授予第十工程处团委"五四红旗团委"称号，授予创日泊里项目部团支部、邯郸市市级"青年文明号"（有效期：2014—2016年）称号，并授予"诚信为本，有诺必践，恪尽职守，率先垂范"邯郸市市级青年文明号公约牌一块；共青团邯郸市委、邯郸市人力资源和社会保障局授予第十工程处团委"邯郸市优秀青年岗位集体"称号。马玲被共青团邯郸市委评为"青年志愿者服务先进工作者"，朱志强被共青团邯郸市委评为"邯郸市新长征突击手"。共青团邯郸市委、邯郸市青年联合会授予蒲源宏、朱志强"邯郸市向上向善好青年"称号。

2016年，组织青年职工在五四青年节期间开展"弘扬五四精神、汇聚青春能量"主题实践活动，调动广大团员青年的工作和学习热情，用实际行动为企业安全生产目标的顺利实现贡献自己的青春和力量。

2017年，组织开展"学总书记系列讲话、做合格共青团员"教育实践活动，激发团员青年岗位建功的积极性。同年5月，共青团邯郸市委授予第十工程处团委"五四红旗团委"称号。

第二篇　工程施工

被誉为"中国煤炭战线的一盏明灯""矿井现代化建设的排头兵""中国煤矿全面发展的典范"和"中国煤炭工业品牌矿"的山西潞安王庄煤矿,既是第十工程处的发祥地,也是该处承建的第一座现代化矿井。自成立以来,第十工程处始终秉承"特别能战斗"的优良传统和不断超越的创新精神,保持先进的生产力水平,南征北战,东出西进,足迹遍及河南、河北、山东、山西、四川、广东、云南、陕西、甘肃、吉林、内蒙古等11个省(自治区),承建了国内煤炭、冶金矿井的数百个矿、土、安三类建设施工项目,发挥立井施工优势,多次刷新省级施工纪录,创造了多项全国纪录,30多项工程荣获国家银质奖、全国煤炭行业工程质量最高奖"太阳杯"奖和省(部)级优质工程。

第一章 工 程 项 目

第一节 矿建工程

一、矿井项目

(1)王庄煤矿:隶属山西潞安矿业(集团)有限责任公司(简称潞安集团),位于山西省长治市郊区故县。原设计年产量90万吨,1947年开工,随后停建,1958年5月复工,1966年12月移交投产,经过两次扩建和持续改造,2006年生产能力达到710万吨/年,2010年生产能力达到1000万吨/年。

① 工程概述:承建矿井一、二、三期工程及配套工民建筑、机电设备安装工程。

② 矿建工程:主立井、副立井、回风立井、副斜井,井巷掘进总进尺13898.39米,砌碹支护巷道6300多米,铺轨12千米。

③ 土建工程:工业用建筑57335平方米,民用建筑76411平方米。

④ 安装工程:大件472台(件),小件1200台(件),总重2503吨。

1959年,张连生青年掘进班在煤巷施工中9月份单孔月进302米,10月份单孔月进380米,创造了潞安矿务局煤巷单孔月进新纪录。1966年4月,矿建一队在王庄煤矿北翼采区煤巷施工中创月进1050.36米的好成绩,受到煤炭工业部的嘉奖。

(2)大宝顶煤矿:隶属四川省攀枝花矿务局,位于四川省攀枝花市宝鼎山,由重庆煤矿设计研究院设计,设计年产量90万吨,全矿划分为干巴塘和烂泥阱2个片区,1967年5月开工,1971年11月竣工。

① 工程概述:承建矿井一、二、三期工程及配套工业建筑、机电设备安装工程。

② 矿建工程:干巴塘+1400米水平,断面积12.6平方米,全长2800米;烂泥阱+1600米水平。

(3)灰老井:隶属四川省攀枝花矿务局小宝顶煤矿,位于四川省攀枝花市宝鼎山矿区东北侧灰老沟。由重庆煤矿设计研究院设计，设计年产量15万吨，1969年8月开工，1973年11月建成投产。1978年10月，由小宝顶煤矿划给沿江煤矿管理。

① 矿建工程：矿井一、二、三期施工中取得了独头月进成巷3次超过170米，4次超过200米的好成绩。

② 土建工程：永久工程23689平方米，临时工程39300平方米（均含工业、民用）。

③ 安装工程：安装机电设备2500台件，架设35千伏线路220公里，敷设管路20000米。

大宝顶煤矿、灰老井建设期间，援建了小宝顶煤矿、太平煤矿、平江煤矿、沿江煤矿、龙洞煤矿、华山煤矿6对矿井。总进尺21000米，铺轨28450米。

（4）陶二煤矿：隶属河北省邯郸矿务局，位于河北省邯郸市，是邯邢基地第一对新开工的矿井，年设计能力90万吨，核定年生产能力150万吨。回风井于1974年7月破土动工，主、副井于1974年9月破土动工。1975年5月矿井正式开工，1981年12月竣工。

① 工程概述：承建矿井一、二、三期，改扩建工程及配套工民建筑、机电设备安装工程。

② 矿建工程：主井净直径5.5米，井深431.34米；副井净直径6.5米，井深447米；回风井净直径4.5米，井深271米；2个采区4个工作面，井巷总量23273米。

③ 土建工程：总工程量94581平方米（含工业、民用），第十工程处承担施工面积33069平方米（含工业、民用）。

④ 安装工程：71项安装工程，永久设备3423台（件）。

陶二矿井建设期间，援建了三河煤矿、万年煤矿、东庞煤矿、邢台煤矿4对矿井。1977年，在支援第六十三工程处万年二号煤矿中部立风井建设施工中，于业内率先采用伞钻打眼、深孔爆破、双机抓岩、大吊桶提升等新工艺，取得净直径5.5米井筒、全井平均月成井82.97米的好成绩，获河北省科技三等奖、煤炭工业部基建纲要奖、全国煤炭科技进步奖三项殊荣。

（5）王庄煤矿（240万吨/年）扩建：隶属山西潞安矿业（集团）有限责任公司，位于山西省长治市郊区故县。1982年12月王庄煤矿主皮带斜井明槽开挖，1983年1月西部两个立风井筒破土动工，1983年11月正式开工，1990年10月移交。

① 工程概述：主皮带斜井斜长1318米，坡度16°，净断面积14.56平方米；进风立井井深305.832米，井筒61.4米以上净直径为6.1米，以下净直径为5.5米；回风立井井深254.44米，井筒57.6米以上净直径为6.2米，以下净直径为5.5米。

② 完成井巷工程（10427.4米，其中岩巷9100米），以及土建、安装配套工程。1983年10月，在西风井施工中，首次采用沉井法施工，取得月成井22.8米佳绩。

（6）常村煤矿：隶属山西潞安矿业（集团）有限责任公司，位于山西省屯留县渔泽镇北渔泽村，设计年产量400万吨，核定年生产能力800万吨。是中国首次利用世界银行贷款建设的特大型现代化煤矿，国家"七五"重点工程，由山西煤矿设计院和联邦德国蒙坦咨询公司联合设计。1985年7月开工（1985年9月开工建设副立井，1987年3月全面接手常村矿井建设），1994年4月竣工。

承建矿井一、二、三期工程及配套工民建筑、机电设备安装工程。主井井筒直径6.5米,井深494米,第四十九工程处施工;副井直径8米,井深447米,第十工程处施工;风井井筒直径6.5米,井深365米,第四十九工程处施工。

第十工程处完成井巷工程量44296米,其中岩巷7626.82米,煤巷36669.18米,形成3个采区3(4)个工作面;完成矿井配套土建工程及安装工程。施工的+520米水平运输大巷及主井空重车线工程,被能源部评为"1990年度部级优质工程"。主井"大型箱式井架外组立整体平移施工工法"获中国煤炭建设协会1999—2000年度煤炭行业(部级)优秀工法。采用螺旋溜槽整体金属模板建成国内第一个井下螺旋煤仓,施工工法被国家建设部授予"国家级工法"。

(7) 南寨煤矿:隶属山西三元煤业股份有限公司(简称三元煤业公司),位于山西省长治市,设计年产量60万吨,1991年12月开工,1996年6月竣工。承建矿井一、二、三期工程及土建、安装配套工程。主井净直径5米,井深365米;副井净直径6米,井深341米。

(8) 华资煤矿:隶属乌海市华资煤焦有限公司,位于内蒙古自治区乌海市,设计年产量120万吨。承建矿井主、副、风立井工程:主井净直径4.5米,井深560米;副井净直径6.5米,井深560米;回风井净直径5米,井深为560米。2007年1月矿井开工,风井2008年9月到底,副井2007年11月到底,主井2008年6月到底。

(9) 禾草沟煤矿:隶属延安市禾草沟煤业有限公司,位于陕西省延安市子长县,设计年产量300万吨。承建矿井一、二、三期工程,2010年11月开工,2011年12月竣工投产。主井斜长747.5米,坡度16°,净断面积16.2平方米;副井斜长2044米,坡度6°,净断面积20.7平方米;1号回风井斜长579.4米,坡度20°,净断面积20.7平方米。该矿井工程荣膺"2013—2014年度全国煤炭行业优质工程"和工程质量"太阳杯"奖。

(10) 华胜煤矿:隶属山西蒲县华胜煤业有限公司,位于山西省临汾市蒲县乔家湾乡,设计年产量90万吨。承建矿井一、二、三期工程,2010年9月开工,2013年6月投产。主井斜长426米,坡度8.5°,净断面积17.3平方米;副井斜长318米,坡度6°,净断面积17.9平方米;回风立井井筒净直径4.5米,井深95米。矿井施工期间,长探177次,探水距离超过75000米;短探67156次,放水210万立方米,揭露老空118次。"煤矿井巷探放老空积水施工工法"荣获河北省煤炭工业协会科学技术三等奖、煤炭行业(部级)工法。

(11) 韩咀煤矿:隶属山西华晋韩咀煤业有限责任公司,位于山西省临汾市乡宁县西坡镇,设计年产量120万吨。承建矿井一、二期工程,2012年3月开工,2013年8月竣工。主井斜长772.755米,坡度16°,净断面积16.85平方米;副井斜长1960.35米,坡度3°~6°,净断面积19.25平方米。

(12) 小回沟煤矿:隶属中煤平朔集团有限公司和太原市东盛焦化煤气有限公司,位于山西省清徐县,设计年产量300万吨。回风立井井筒净直径8米,井深217米;主井斜长685.341米,坡度23°,净断面积15.32平方米;副井斜长2468.48米,坡度6.5°,净断面积18.75平方米;管道井斜长555.799米,坡度23°,净断面积14.81平方米;专用进风井斜长541.420米,坡度23°,净断面积15.32平方米。承建矿井一、二、三期工程,2015年4月开工。

二、立井项目

（1）万年二号煤矿中部立风井工程：隶属峰峰矿务局，位于河北省邯郸市，由武汉煤矿设计院设计。井筒净直径5.5米，井深218.44米，1977年9月开工，1978年2月到底。组织机械化配套施工，采用70型伞钻打眼，2台0.565立方米大抓斗抓岩三枪同时喷射混凝土；进行粗径深孔爆破试验。基岩段平均月进度82.91米，获煤炭工业部科技进步奖，用时77天与井底巷道贯通。

（2）邢台煤矿西风井工程：隶属邢台矿务局，位于河北省邢台市，1980年11月开工，1982年3月竣工。井筒净直径5米，井深310米，是第十工程处采用冻结法施工的第一个井筒工程。

（3）东风煤矿二井立井工程：隶属山西省长治市故漳乡人民政府，位于山西省长治市。井筒净直径4米，井深128米，工程造价35万元，1984年9月开工，1985年4月竣工。

（4）李雅庄煤矿朱家庄回风立井工程：隶属于霍州煤电集团有限公司（简称霍州煤电集团），位于山西省霍州市，1991年9月开工，1994年12月移交。井筒净直径5米，井深449米。平均月成井78米，1992年3月成井117.81米，创公司最好水平，被评为省级优质工程。

（5）康宏煤矿主井工程：隶属邢台市桥西富强物资开发中心，位于河北省邢台市内丘县大孟镇十方村。井筒净直径3.5米，井深215米，1996年4月开工，1996年11月竣工。

（6）焦窑煤矿新建立井工程：隶属河北省永年县焦窑煤矿，位于河北省邯郸市永年县。井筒净直径4.5米，井深333米，1995年2月开工，1995年12月竣工。

（7）永安煤矿主井工程：隶属于河北省邢台市永安煤矿，位于河北省邢台市。井筒净直径3.5米，井深235米，1996年11月开工，1997年5月竣工。

（8）建东煤矿立井工程：隶属河北省邢台市建东煤矿，位于河北省邢台市。井筒净直径3.5米，井深235米，1996年7月开工，1996年12月竣工。

（9）土耳其TTK卡拉硐煤矿回风暗立井工程：隶属土耳其国家硬煤公司（TTK），位于土耳其宗古尔达克省库兹鲁。-160～-360米水平通风暗立井净直径4.5米，井深200米；-360～-540米水平通风暗立井净直径4.5米，井深180米。1995年7月开工，1997年11月竣工。

（10）寺河煤矿西回风立井工程：隶属晋城矿务局，位于山西省沁水县嘉峰镇。井筒净直径5米，井深299.69米，1996年4月开工，1996年12月竣工。荣获国家工程建设质量奖审定委员会授予的2006年度"国家优质工程银质奖"。2008年5月7日，被评为国家级优质工程。寺河项目是第十工程处第一个实行项目管理的工程。

（11）沙曲煤矿北进、回风立井工程：隶属华晋焦煤有限责任公司，位于山西省柳林县穆村镇。进风井净直径6米，井深502米；回风井净直径6米，井深495米。进风立井1997年4月开工，回风立井1997年5月开工，1997年12月竣工。进风井连续3个月成井超百米，双井筒同年开工同年竣工。

（12）小南村煤矿主、副井工程：隶属山西省屯留县小南村联营矿，位于山西省屯留县小南村。主井净直径4.2米，井深250米；副井净直径3.0米，井深250米。1996年11月开工，1999年11月竣工。

（13）五阳煤矿南峰回风井工程：隶属山西潞安矿业（集团）有限责任公司，

位于山西省襄垣县王桥镇。井筒净直径6米，井深534米，1998年8月开工，2001年3月竣工。

（14）辛置煤矿南李庄风井工程：隶属霍州矿务局，位于山西省霍州市陶唐峪乡南李庄村。井筒净直径4米，井深431.5米，1996年1月开工，1997年11月竣工。

（15）唐山煤矿南四延深12号暗立井工程：隶属开滦矿务局，位于河北省唐山市。井筒净直径6.5米，井深297米，1998年11月开工，1999年12月竣工。

（16）新魁星楼铁矿副立井工程：隶属武安市崇义工贸公司，位于河北省武安市崇义乡。井筒净直径5.0米，井深450米，2000年9月开工，2002年8月移交。最高月成井121.8米，创2000年冶金系统立井施工全国纪录。

（17）高良煤矿主、风井工程：隶属山西省高平市云泉煤矿，位于山西省晋城市。主井净直径4.2米，井深240米；风井净直径5米，井深228米。2003年1月开工，2003年7月竣工。

（18）乌鞘岭隧道大台左线竖井工程：隶属甘肃路桥公路投资有限公司，位于甘肃省天祝县乌鞘岭。井筒净直径5.5米，井深514.65米，2003年6月开工，2003年11月竣工。最高月成井135米，被中国煤炭建设协会评为"全国煤炭行业优质工程"。

（19）辛置煤电分公司南李庄风井工程：隶属霍州煤电集团辛置煤电分公司，位于山西省霍州市。井筒净直径5.5米，井深430.2米，2003年3月开工，2004年1月竣工。

（20）大宁煤矿回风立井工程：隶属山西亚美大宁能源有限公司，位于山西省阳城县西河乡。井筒净直径7米，井深450米，2004年3月开工，2004年9月竣工。

（21）和顺天池煤矿回风立井工程：隶属山西和顺天池能源有限责任公司，位于山西省晋中市和顺县喂马乡。井筒净直径6米，井深260米，2003年9月开工，2004年2月竣工。

（22）干河煤矿主立井工程：隶属霍州煤电集团有限责任公司，位于山西省洪洞县堤村乡。井筒净直径5.5米，井深564.5米，2004年7月开工，2005年2月竣工。平均月成井112米，最高月成井169米，刷新山西省纪录。主立井井筒工程被中国煤炭建设协会、煤炭工业建设工程质量监督总站评为"煤炭行业优质工程"。

（23）吴桂桥煤矿主、副立井工程：隶属驻马店市吴桂桥煤矿集团有限公司，位于河南省驻马店市驿城区古城乡。主井净直径5.0米，井深500米；副井净直径5.2米，井深495米。采用冻结法施工，冻结深度420米，2005年5月开工，副井2006年3月到底，主井2006年5月到底。创造河南省冻结井施工月成井170.2米新纪录。

（24）曹村煤矿尚家沟回风立井工程：隶属霍州煤电集团有限责任公司，位于山西省霍州市。井筒净直径5米，井深139.2米，2005年4月开工，2006年2月竣工。

（25）下霍煤矿副、风立井工程：隶属山西三元煤业股份有限公司，位于山西省长子县慈林镇。副井净直径6.8米，井深468.56米；风井净直径5米，井深437.3米。副井2005年8月开工，2006年8月到底；风井2005年6月开工，2006年9月到底。

（26）李雅庄煤矿2号进、回风立井工程：隶属霍州煤电集团有限责任公司，位于山西省霍州市。进风井净直径6米，井深404.5米；回风井净直径7米，井深416米。2007年2月开工，2007年7月竣工。最高月成井188.6米，创山西省纪录。被中国煤炭建设协会、煤炭工业建设工程质量监督总站评定为"煤炭行业优质工程"。

(27) 华资煤矿主、副、风立井工程：隶属乌海市华资煤焦有限公司，位于内蒙古自治区乌海市。主井净直径4.5米井深560米，副井净直径6.5米，井深560米，回风井净直径5米，井深560米。2007年1月开工，风井2008年9月到底，副井2007年11月到底，主井2008年6月到底。

(28) 龙家堡煤矿副立井工程：隶属辽源矿业（集团）有限责任公司（简称辽源矿业公司），位于吉林省九台市龙家堡镇。井筒直径7.5米，井深871.4米（接续施工740米），2006年8月开工，2007年3月竣工。创连续4个月成井超140米，平均月成井137.5米全国施工最好水平，两次打破东北三省同井型立井施工纪录，被评为"全国煤炭行业优质工程"。

(29) 黄玉川煤矿副、风立井工程：隶属神华亿利能源有限责任公司，位于内蒙古自治区鄂尔多斯市准格尔旗薛家湾镇。回风井净直径6米，井深333米；副井净直径9.2米（时为国内最大直径井筒），井深376米。2007年9月开工，2008年3月竣工。月成井118.5米，创国内9.2米大直径井筒基岩段掘砌施工新纪录，获"中国企业新纪录（第十三批）"殊荣。副井井筒工程被评为"全国煤炭行业优质工程"。

(30) 八宝煤矿主、副立井工程：隶属吉林省吉煤集团通化矿业公司，位于吉林省白山市江源区。副井净直径7.5米，井深936.3米；主井净直径6米，井深916.7米。2007年12月开工，副立井2008年7月到底，主立井2009年3月到底。超厚硬岩施工，主井平均月成井125.58米，副井平均月成井146.5米，连续4个月成井超过140米，最高月成井160米。被中国煤炭建设协会、中国煤炭建设协会工程统计委员会授予"2007年度煤炭行业建筑业施工立井井筒月进度全国第一名"殊荣。副立井施工创国内立井施工新纪录，获"中国企业新纪录（第十四批）"殊荣。"煤矿立井超厚硬灰岩快速施工工法"被煤炭建设协会评定为"煤炭行业（部级）工法"。

(31) 麻家梁煤矿主、风立井工程：隶属同煤集团、浙江省能源集团有限公司，位于山西省朔州市朔城区。主井净直径9米，井深602.8米，冻结深度386米；回风井净直径8米，井深510米，冻结深度350米。2008年12月开工，2009年12月竣工。2009年1月成井210米，2月成井165米，连续2个月取得月成井过百米的好成绩。

(32) 东周窑煤矿副立井工程：隶属同煤集团，位于山西省左云县店湾镇东周窑村。井筒净直径8米，井深537米，2008年12月开工，2009年5月竣工。最高月成井141m，创同煤集团立井施工纪录。

(33) 查干淖尔煤矿副、回风立井工程：隶属冀中能源峰峰集团有限公司，位于内蒙古自治区锡林郭勒盟。一号回风井净直径6.0米，井深210米；副井净直径5.5米，井深210米。回风井2009年12月试挖，副井2009年3月试挖，2011年6月退出（原第六十三工程处项目，2010年11月转第十工程处）。

(34) 黄岗梁铁矿主、副立井工程：隶属西北矿业公司，位于内蒙古自治区赤峰市克什克旗。主井净直径5.0米，井深

428.8米；副井净直径5.0米，井深401.6米。2007年10月开工，2011年3月竣工。

（35）华胜煤矿回风立井工程：隶属山西蒲县华胜煤业有限公司，位于山西省临汾市蒲县乔家湾乡。井筒净直径4.5米，井深95米，2010年11月开工，2013年6月投产。

（36）门克庆煤矿一号回风立井工程：隶属中天和创能源有限责任公司，位于内蒙古自治区乌审旗图克镇。井筒净直径8.0米，井深750.7米，采用全井冻结法施工，2010年12月开工，2011年12月竣工。

（37）八连城煤矿新主井工程：隶属珲春矿业（集团）有限责任公司，位于吉林省珲春市。井筒净直径6.0米，井深528.6米，2010年8月开工，2011年6月竣工。该工程被煤炭工业吉林建设工程质量监督中心站评为"吉林煤炭建设省优工程"。

（38）玉溪煤矿进、回风立井工程：隶属山西兰花科创玉溪煤矿有限公司，位于山西省沁水县胡底乡。进风井筒净直径6.0米，井深584.5米；回风井筒净直径7.5米，井深569米。2009年3月开工，2011年5月终止合同。

（39）林南仓煤矿新回风立井工程：隶属开滦（集团）有限责任公司（简称开滦集团），位于河北省唐山市林南仓镇。井筒净直径6.5米，井深654.5米，2009年6月开工，2011年10月竣工。

（40）梵王寺煤矿副立井工程：隶属同煤集团，位于山西省朔州市。井筒净直径9.4米，井深601.4米，采用全井冻结施工法，冻结深度610米，2013年10月开工，2014年3月停工。2013年12月成井112.05米，创造了同煤集团有史以来大口径立井施工月进度最高纪录。

（41）韩咀煤矿回风立井工程：隶属山西华晋韩咀煤业有限责任公司，位于山西省临汾市乡宁县西坡镇。井筒净直径5.5米，井深225米，2012年7月开工，2012年10月竣工。

（42）小回沟煤矿回风立井工程：隶属中煤平朔集团有限公司和太原市东盛焦化煤气有限公司，位于山西省清徐县。井筒净直径8米，井深217米，2015年4月开工，2015年7月竣工。

（43）创日泊里煤矿进、回风井工程：隶属阳泉煤业（集团）有限责任公司（简称阳煤集团），位于山西省晋中市和顺县。1号进风井净直径7.6米，井深563.5米；2号回风井净直径7.6米，井深570.13米。2013年3月开工，2015年12月停工。1号进风立井施工最高月成井108米，2号回风立井施工最高月成井106.5米。

（44）大海则煤矿主、风立井工程：隶属中煤陕西榆林能源化工有限公司，位于陕西省榆林市榆阳区补浪河乡。主井净直径9.6米，设计变更后井深692米，净断面积72.38平方米，掘进断面积由原来的109.36平方米经过3次变径后，变为158.37平方米。回风井净直径8.0米，净断面积50.27平方米，经过3次变径后掘进断面积为109.36平方米，临时改绞设计变更井筒延深20米，井深686米。全井冻结施工，2013年8月开工，主井2014年3月到底，回风井2014年4月到底。

（45）沟底煤矿副、风立井工程：隶属山西高平源野煤业有限公司，位于山西省高平市原村乡。副立井直径10.5米，井深500.5米；回风立井直径8米，井深400.946米。2014年9月副立井开挖，2014年10月停工。

（46）葫芦素煤矿西翼立风井工程：

隶属中天合创能源有限责任公司,位于内蒙古自治区鄂尔多斯市乌审旗图克镇。井筒净直径5.5米,井深651米,采用全井冻结法施工,2016年5月承建。

(47)安家矿井进、回风立井工程:隶属山西晋城无烟煤矿业集团有限责任公司(简称晋煤集团),位于陕西省绥德县。工程包括进风井井筒470米及井底连接处工程、回风井井筒470米及井底连接处工程、回风立井风硐工程、回风立井安全出口工程、防爆门基础工程、井底车场巷道及硐室工程、进风井绕道560米、回风井绕道760米、进回风联络巷55米。进风井净直径6米,井深468米;回风井净直径8米,井深468米。2017年11月承建。

三、斜井项目

(1)成安县煤矿扩建新斜井工程:隶属成安县人民政府,位于河北省成安县。井筒斜长575米,掘进断面积10.57平方米,坡度25°,1983年11月开工,1984年6月竣工。

(2)沁新煤矿副斜井工程:隶属山西沁新煤焦股份有限公司,位于山西省沁源县李元镇韩家沟村。矿井斜长276米,1995年5月开工,1996年1月竣工。

(3)南阳煤矿主、副斜井工程:隶属山西省高平市南阳煤矿,位于山西省高平市。主井斜长370米,坡度16°;副井斜长170米,坡度20°。1997年4月开工,2002年10月竣工,中间因资金不足停产。

(4)回坡底煤矿主斜井工程:隶属霍州矿务局,位于山西省洪洞县刘家垣镇。井筒斜长826米,坡度12°,净断面积15平方米,1998年10月开工,2000年7月竣工。

(5)三交河煤矿主斜井工程:隶属山西汾河焦煤股份有限公司,位于山西省洪洞县左木乡三交河村。井筒斜长938.5米,坡度16°,净断面积17.8平方米,2002年5月开工,2005年12月竣工。

(6)和顺天池煤矿副斜井改扩建工程:隶属山西和顺天池能源有限责任公司,位于山西省晋中市和顺县喂马乡古窑口村。井筒斜长642米,坡度24°,2003年9月开工,2004年7月竣工。

(7)寨崖底煤矿主斜井井筒延深工程及煤仓工程:隶属山西联盛能源(集团)有限公司(简称山西联盛集团)公司,位于山西省柳林县陈家湾乡,井筒延深200米,坡度16°,2005年1月开工,2008年11月竣工。

(8)寨崖底煤矿2号副斜井工程:隶属山西联盛能源(集团)有限公司,后变更为福山国际能源集团有限公司,位于山西省吕梁市柳林县陈家湾乡。井筒斜长1586.9米,断面积20.7平方米,坡度6.5°,2008年12月开工,2010年12月竣工。

(9)棋盘井回风斜井工程:隶属神华蒙西煤化股份有限公司,位于内蒙古自治区乌海市。井筒长1367.7米,斜度24°,净断面积16.8平方米,2005年9月开工,2007年1月竣工。工程被中国煤炭建设协会、煤炭工业建设工程质量监督总站评为"煤炭行业优质工程","大坡度斜井表土段小型挖掘机施工工法"被中国煤炭建设协会评定为"部级工法"。

(10)斜沟煤矿回风斜井工程:隶属山西西山晋兴能源有限责任公司,位于山西省兴县魏家滩镇黄家沟村。井筒斜长651.6米,坡度25°,净断面积22.4平方米,2007年11月开工,2010年4月竣工。

(11)查干淖尔煤矿主斜井工程:隶属冀中能源峰峰集团有限公司,位于内蒙古自治区锡林郭勒盟。井筒斜长740米,坡度16°，净断面积16.8平方米，2009年3月试挖，2011年6月退出。

（12）色连一号矿井主斜井工程：隶属内蒙古同煤鄂尔多斯矿业投资有限公司，位于内蒙古自治区鄂尔多斯市东胜区罕台镇。井筒斜长948米，坡度16°，净断面积16.9平方米，2009年9月开工，2010年4月退出。

（13）庞庞塔煤矿主斜井工程：隶属霍州煤电集团有限责任公司，位于山西省临县木瓜坪乡庞庞塔村。井筒斜长1414.785米，坡度16°，净断面积18.41平方米，冻结长度288.35米，国内冻结长度最大斜井，2009年9月开工，2011年12月竣工。

（14）白音乌素煤矿主、副斜井工程：隶属乌海市神华君正实业有限公司（简称神华君正实业公司），位于内蒙古自治区乌海市海南区。主井斜长577.24米，坡度20°，净断面积19.01平方米；副斜井斜长531.39米，坡度22°，净断面积16.8平方米。2009年10月开工，2011年2月退出。

（15）库里火沙兔煤矿主、副斜井工程：隶属内蒙古蒙西矿业有限公司（简称蒙西矿业），位于内蒙古自治区伊金霍洛旗纳林陶亥镇。主井斜长1292.4米，坡度23°，净断面积9.3平方米；副井斜长1236.6米，坡度24°，净断面积11.0平方米。2009年10月开工，2010年6月退出。

（16）肖家洼煤矿副、回风斜井工程：隶属山西锦兴能源有限公司，位于山西省兴县奥家湾乡。回风井斜长498.8米，坡度16°，净断面积20平方米；副井斜长462.721米，坡度6°，净断面积21.2平方米。2010年1月开工，回风斜井2011年3月竣工，副斜井2011年9月竣工。

（17）禾草沟煤矿主、副、风三斜井工程：隶属延安市禾草沟煤业有限公司，位于陕西省延安市子长县。主井斜长747.5米，坡度16°，净断面积16.2平方米；副井斜长2044米，坡度6°，净断面积20.7平方米；1号回风井斜长579.4米，坡度20°，净断面积20.7平方米。2010年11月开工，2011年12月竣工。荣膺"2013—2014年度全国煤炭行业优质工程"和工程质量"太阳杯"奖。

（18）华胜煤矿主、副斜井工程：隶属山西蒲县华胜煤业有限公司，位于山西省临汾市蒲县乔家湾乡。主井斜长426米，坡度8.5°，净断面积17.3平方米；副井斜长318米，坡度6°。净断面积17.9平方米。2010年9月开工，2013年6月投产。

（19）韩咀煤矿主、副斜井工程：隶属山西华晋韩咀煤业有限责任公司，位于山西省临汾市乡宁县西坡镇。主井斜长772.755米，坡度16°，净断面积16.85平方米；副井斜长1960.35米，坡度3°～6°，净断面积19.25平方米。设计年生产能力120万吨。2012年3月开工，2013年8月竣工。

（20）小回沟煤矿主、副、风、管道斜井工程：隶属山西小回沟煤业有限公司，位于山西省清徐县。2013年3月开工，2015年7月竣工。主斜井、专用进风斜井、管道斜井修复及延深，修复先期主斜井、专用进风斜井、管道斜井分别施工400米井筒，再延深剩余的工程，主井斜长685.341米，坡度23°，净断面积15.32平方米；副井斜长2468.48米，坡度6.5°，净断面积18.75平方米；管道井斜长555.799米，坡度23°，净断面积14.81平方米；专用进风井斜长541.420米，坡度23°，净断面积15.32平方米。

（21）韦一煤矿主、副、风斜井工

程：隶属宁夏阳光矿业有限公司，位于宁夏回族自治区吴忠市太阳山开发区。主井斜长2302.5米，净断面积21平方米；副井斜长2447.17米，净断面积16.1平方米；回风井斜长2226.7米，净断面积23.6平方米。2008年8月开工，2010年1月停工。

（22）永兴煤矿主、副斜井工程：隶属内蒙古蒙兴投资集团有限公司，位于陕西省子洲县槐树岔。主井斜长612.438米，坡度16°，净断面积16.8平方米；副井斜长1950.231米，坡度5.5°，净断面积20.1平方米。2017年10月承建。

四、平斜巷项目

（1）三河煤矿二期工程：隶属北京矿务局，位于河北省廊坊市。风、副井贯通下山450米及大硐室、水仓、变电所工程，1974年4月开工，1975年4月完工。

（2）李雅庄煤矿回风井井下二期工程：隶属霍州煤电集团有限责任公司，位于山西省霍州市。井下巷道2500米，1991年9月开工，1994年12月竣工。

（3）金龙煤矿二期工程：隶属郑州金龙实业总公司，位于河南省巩义市大峪沟镇。二期巷道、硐室，1998年9月开工，2000年8月竣工。

（4）回坡底煤矿二期工程：隶属霍州煤电集团有限责任公司，位于山西省洪洞县刘家垣镇。主井煤仓、主井底通风立眼、人车等候室，1998年10月开工，2000年7月竣工。

（5）五阳煤矿南峰扩区二期巷道工程：隶属山西潞安矿业（集团）有限责任公司，位于山西省襄垣县王桥镇。井下巷道2500米，2001年7月开工，2002年11月竣工。

（6）刘庄煤矿-240米运输水平开拓工程：隶属河北省唐山市刘庄煤矿，位于河北省唐山市路南区。1999年3月开工，2000年11月竣工。

（7）陶二煤矿（改扩建）井巷工程：隶属冀中能源邯郸矿业集团有限公司，位于河北省邯郸市。包括北翼大巷工程、小煤下山扩修工程、电厂保护巷工程、暗斜井工程，2000年8月开工，2005年7月竣工。

（8）红山煤矿改扩建工程：隶属山西省长治县红山煤炭有限公司，位于山西省长治市。4668米平斜巷，2003年12月开工，2005年11月竣工。

（9）梧桐庄煤矿井下二、三期工程：隶属峰峰矿务局，位于河北省磁县。2000年12月承建井下二期工程，2010年11月退出。

（10）崔家寨煤矿井巷工程：隶属开滦（集团）蔚州矿业有限责任公司（简称蔚州矿业），位于河北省张家口蔚县矿区北部白草乡及涌泉庄乡境内。承建北翼E1151、E1152进风、回风石门、东翼总回风巷和东翼皮带巷至东翼回风措施巷、南翼11610风桥工程，2001年9月开工，2003年12月竣工。

（11）谢桥煤矿井下巷道工程：隶属淮南矿业（集团）有限责任公司（简称淮南矿业集团），位于安徽省常熟市颍上县东北部。2005年1月承建，2005年12月退出。

（12）金家庄煤矿巷道工程：隶属山西柳林兴无煤矿集团，位于山西柳林县，2004年3月开工，2005年12月竣工。

（13）龙固煤矿1号、2号主井二期工程：隶属山东新汶矿业有限责任公司，位于山东省巨野县。2005年11月开工，2007年6月退出。

（14）龙家堡煤矿二、三期和开拓延深工程：隶属辽源矿业（集团）有限责任公司，位于吉林省九台市龙家堡镇。承建运输斜巷、运输石门、回风巷绕道、装载硐室联络等工程，2007年4月开工，2013年7月竣工。

（15）石板沟煤矿二期工程：隶属山西省襄垣县石板沟煤矿，位于山西省襄垣县下良乡。承建斜巷2400米、西下山、暗斜井等工程，2007年12月开工，2010年12月退出。

（16）黄玉川煤矿二、三期工程：隶属神华亿利能源有限责任公司，位于内蒙古自治区鄂尔多斯市准格尔旗薛家湾镇。井底车场硐室及部分大巷等二期工程，三期综掘二、三标段工程，工程总量6177.92米，2007年9月开工，2010年12月竣工。

（17）华资煤矿二、三期工程：隶属乌海市华资煤焦有限公司，位于内蒙古自治区乌海市。三条大巷及相关硐室工程，2008年7月开工，2010年2月竣工。

（18）东周窑煤矿副立井二期工程：隶属同煤集团，位于山西省左云县店湾镇东周窑村。主要包括副立井南侧（不包括马头门12米）向南748.439米、等候室60米，从等候室开始到辅运石门160米、消防库60米，总工程量为1028.439米，2008年12月开工，2012年6月竣工。

（19）麻家梁煤矿主井硐室工程：隶属同煤集团、浙江省能源集团有限公司，位于山西省朔州市朔城区。2008年12月开工，2009年12月竣工。主立井硐室总高度41米，总掘进体积5707立方米，浇筑混凝土1392.8立方米，是当时亚洲最大煤矿双侧箕斗装载硐室，省级优质工程。

（20）沙曲煤矿白家坡风井二期工程：隶属华晋焦煤有限责任公司，位于山西省柳林县穆村镇。2009年7月开工，2012年5月竣工。瓦斯抽放、井下巷道、硐室，总工程量5579.51米。

（21）庞庞塔煤矿主斜井二、三期工程：隶属霍州煤电集团有限责任公司，位于山西省临县木瓜坪乡庞庞塔村。井下巷道、硐室，总工程量3168.63米，2009年9月开工，2011年12月竣工。

（22）宝龙山煤矿副立井二期工程：隶属科尔沁左翼中旗宝龙山金田矿业有限公司（简称金田矿业），位于内蒙古自治区通辽市科尔沁左翼中旗。承建井底车场、硐室、大巷、采区工程，巷道10984米，硐室16649立方米，2010年1月开工，2011年1月退出。

（23）斜沟煤矿二、三期工程：隶属山西西山晋兴能源有限责任公司，位于山西省兴县魏家滩镇黄家沟村。2007年11月承建。二期总工程量为4463.14米；三期工程有13采区一号集中回风上山、13采区消防材料库等工程，13采区水仓、变电所、泵房等工程，13采区辅助运输上山3021.3米。

（24）禾草沟煤矿二、三期工程：隶属延安市禾草沟煤业有限公司，位于陕西省延安市子长县。二期工程总量11631米，三期工程总量19017.2米，2010年11月承建。

（25）华胜煤矿二、三期工程：隶属山西蒲县华胜煤业有限公司，位于山西省临汾市蒲县乔家湾乡。总工程量16238米，2010年9月开工，2013年6月投产。3101运输巷最高月进尺450米。"煤矿井巷探放老空积水施工工法"被中国煤炭建设协会评定为煤炭行业（部级）工法、荣获河北省煤炭工业协会科学技术三等奖。

（26）门克庆煤矿二、三期工程：隶属中天和创能源有限责任公司，位于内蒙古自治区乌审旗图克镇。工程总量53801.8米，2012年9月承建。

（27）梨园河煤矿整合矿井二、三期

井巷工程：隶属同煤集团轩岗煤电有限责任公司，位于山西省忻州市薛家洼乡。巷道、硐室等总工程量18458米，2012年6月承建。

（28）韩咀煤矿二、三期工程：隶属山西华晋韩咀煤业有限责任公司，位于山西省临汾市乡宁县西坡镇。工程总量7878.41米，2013年8月承建。

（29）小回沟煤矿二期工程：隶属山西小回沟煤业有限公司，位于山西省清徐县。二期井巷工程12970.3米，2015年8月承建。

（30）玉泉（120万吨/年）矿井矿建工程：隶属山西省阳泉市盂县玉泉煤业有限公司，位于山西省阳泉市盂县路家村。工程总量11834米，2014年2月开工，2015年3月停工。

（31）永兴煤矿二期工程：隶属内蒙古蒙兴投资集团有限公司，位于陕西省子洲县槐树岔。部分井底车场、巷道及硐室工程，部分主运大巷、辅运大巷、回风大巷工程，2017年10月承建。

（32）山不拉煤矿二水平延深工程：隶属准格尔旗荣祥煤焦化有限责任公司山不拉煤矿，位于内蒙古自治区准格尔旗。2017年8月开工。

五、注浆治水项目

1974—2014年，第十工程处注浆队配合矿井工程施工承担注浆治水工程23项，见表2-1-1。

表2-1-1　1974—2014年注浆治水工程项目统计表

序号	年份	矿井名称	工程概况
1	1974	陶二煤矿	主、副井地面预注浆工程
2	1976	陶二煤矿	主、副井井筒工作面超前注浆、壁后注浆工程
3	1977	万年二号煤矿	中部风井井筒壁后注浆工程
4	1980	陶二煤矿	主井井筒二次壁后注浆工程
5	1984	王庄煤矿	西部进、回风井工作面预注浆、壁后注浆工程
6	1987	常村煤矿	主、副井筒壁后注浆工程
7	1988	石圪节煤矿	火车站涵洞注浆工程
8	1989	常村煤矿	主、副井筒壁后二次注浆工程
9	1989	清徐县马峪乡联营煤矿	主、副斜井注浆工程
10	1992	南寨煤矿	主、副井筒注浆工程
11	1994	翼城县红星铁矿	斜井注浆工程
12	1996	寺河煤矿	西风井壁后注浆工程
13	1998—2001	五阳煤矿	南峰回风立井工作面超前注浆和壁后注浆工程
14	2003	南李庄煤矿	风井工作面预注浆和壁后注浆工程
15	2004	干河煤矿	主立井注浆工程
16	2004	三交河煤矿	主斜井工作面预注浆工程
17	2005	岚县三鑫公司煤矿	注浆工程
18	2006	下霍煤矿	副、风井井筒工作面预注浆和壁后注浆工程

表 2-1-1（续）

序号	年份	矿井名称	工程概况
19	2002	南阳煤矿	主斜井煤仓及通风立眼工作面预注浆工程
20	2002	高良煤矿	风井井筒注浆工程
21	2011	八连城煤矿	新主井井筒工作面预注浆和壁后注浆工程
22	2013	门克庆煤矿	回风立井井筒注浆工程
23	2014	梵王寺煤矿	副立井工作面预注浆工程

第二节 土建工程

一、工业建筑项目

（1）王庄煤矿土建工程：隶属山西潞安矿业（集团）有限责任公司，位于山西省长治市郊区故县。工程量 57335 平方米，1958 年 5 月开工，1966 年 12 月移交。

（2）轩岗矿务局华北材料仓库：1966 年 12 月承建。

（3）山西省汾西矿务局介休洗选厂：1966 年 12 月承建。

（4）大宝顶煤矿土建工程：隶属渡口矿务局（现攀枝花矿务局），位于四川省攀枝花市宝鼎山。永久工程 23689 平方米，临时工程 39300 平方米（均含工业、民用建筑），1967 年 4 月开工，1973 年 11 月竣工。

（5）陶二煤矿土建工程：隶属邯郸矿务局，位于河北省邯郸市。工民建筑总工程量 94581 平方米，承建总量 33069 平方米，1974 年 4 月开工，1981 年 12 月竣工。

（6）武安基地土建工程：隶属第十工程处，位于河北省武安市放射路。1974 年 3 月开工，1981 年 8 月竣工。速凝剂厂厂房、设备库、机厂厂房、汽车队厂房等，均为单层砖木结构，木屋架黏土瓦屋面。

（7）王庄煤矿扩建配套土建工程：隶属山西潞安矿业（集团）有限责任公司，位于山西省长治市郊区故县。1982 年 12 月开工，1990 年 10 月移交。

（8）常村煤矿土建工程：隶属山西潞安矿业（集团）有限责任公司，位于山西省屯留县渔泽镇北渔泽村。1985 年 7 月开工，1994 年 4 月竣工。工业广场内的部分生产性、非生产性建筑及设施工程。

（9）南寨矿井筒配套土建工程：隶属山西三元煤业股份有限公司，位于山西省长治市。1991 年 12 月开工，1996 年 6 月竣工。

（10）襄汾洗煤厂土建工程：位于山西省临汾市。1995 年 5 月开工，同年 11 月竣工。

（11）沙曲煤矿北风井土建工程：隶属华晋焦煤有限责任公司，位于山西省柳林县穆村镇。承建通风机房、热风炉房、恢复施工用房等工程，2002 年 4 月开工，同年 7 月竣工。

（12）东强洗煤厂土建工程：隶属山西柳林东强煤焦有限责任公司，位于山西吕梁，2002 年 9 月开工，同年 11 月竣工。

（13）五阳煤矿南峰扩区土建工程：隶属山西潞安矿业（集团）有限责任公司，位于山西省襄垣县王桥镇。通风机房、安全出口等，2004 年 3 月开工，同年 5 月竣工。

（14）大宁煤矿回风井地面配套土建

工程：隶属山西亚美大宁能源有限公司，位于山西省阳城县西河乡。承建风道等工程，2005年10月开工，2006年2月竣工。

（15）干河煤矿主井装备配套土建工程：隶属霍州煤电集团有限责任公司，位于山西省洪洞县堤村乡，2007年3月开工，2008年3月竣工。

（16）河北路世通玻璃厂浮法生产线土建工程：隶属路世通（集团）公司，位于河北省邢台市。2007年4月开工，同年11月竣工。

（17）李雅庄煤矿进、回风井配套土建工程：隶属霍州煤电集团有限责任公司，位于山西省霍州市。2007年8月开工，同年10月竣工。

（18）龙家堡煤矿副井土建工程：隶属辽源矿业（集团）有限责任公司，位于吉林省九台市龙家堡镇。承建主井井塔支护、-36.0米锁口工程，2008年3月开工，同年7月开竣工。

（19）八宝煤矿主、副井塔及煤仓工程：隶属吉林省吉煤集团通化矿业公司，位于吉林省白山市江源区。2008年7月1日开工，2009年10月竣工。作为矿区标志性建筑的主井井塔工程，高72.5米，建筑体积20294立方米，建筑面积2772.4平方米，平面尺寸16米×16米，基础为倒方台钢筋混凝土。主井井塔为吉林省最高井塔，126天完成滑模施工，创东北三省最高纪录。主、副井井塔工程荣获"煤炭行业优质工程"。

二、民用建筑项目

（1）王庄煤矿：隶属山西潞安矿业（集团）有限责任公司，位于山西省长治市郊区故县。工程量76411平方米，1958年5月开工，1966年12月移交。13号单身楼、18号B家属楼、医院住院部楼、门诊楼、X光放射室等建筑，1983年3月开工，1989年5月竣工。

（2）陶二煤矿：隶属邯郸矿务局，位于河北省邯郸市。职工医院、职工食堂、办公楼、职工单身楼6栋、招待所、浴室、职工俱乐部等建筑，1974年4月开工，1981年12月竣工。

（3）武安基地：隶属第十工程处，位于河北省武安市放射路。职工宿舍、职工食堂、水泵房、水塔、教学楼2栋、家属楼21栋、防震棚、早期6栋家属楼防震加固、家属区道路、商店、粮站、待业青年食堂、浴室、锅炉房、职工单身楼、机关办公楼、医院楼、文化广场等建筑，1974年3月开工，2006年9月竣工。

（4）武安银行营业楼：隶属武安市人民银行，位于河北省武安市。1982年3月开工，同年10月竣工。

（5）漳泽电厂土建工程：隶属山西漳泽电力股份有限公司，位于山西省长治市漳泽电厂。2号、3号单身楼，职工浴室，理发室，职工俱乐部，医院楼，21号、26号、27号、28号、35号家属楼及配套杂品平房，冷库（土建部分），教学楼等建筑，1983年8月开工，1995年12月竣工。

（6）南辛庄俱乐部：位于武安县康二城镇南辛庄村。砖混结构，建筑面积988平方米，1983年6月开工，1984年4月竣工。

（7）丛台基地住宅楼：隶属中煤第一建设有限公司，位于河北省邯郸市丛台东路。30号住宅楼，建筑面积1331.22平方米，砖混结构，1996年10月开工，1997年6月竣工。

（8）梅苑新村住宅楼：隶属中煤第一建设有限公司，位于河北省邯郸市丛台东路。31号（5724平方米）、32号（5855.78平方米）、33号（5898平方米）、34号（6005平方米）楼，砖混结构，1998年11月开工，1999年11月竣工。梅苑新村住宅小区工程被中国煤炭建设协会评为"2002年度部级土建优质工程"。

（9）邯郸大学二食堂改建工程：位于河北省邯郸市邯山区渚河路。建筑面积985平方米，2000年8月开工，同年12月竣工。

第三节 机电安装工程

一、矿井装备项目

（1）王庄煤矿：1958年6月至1966年12月，安装设备大件472台（件），小件1200台（件），总重2503吨。1982年12月至1990年10月，安装主皮带斜井、西风井井筒装备及井下永久设备，利用输送带胶接工艺，安装了当时国内最大带式输送机并一次试车成功。

（2）大宝顶煤矿：1967年5月至1973年11月，安装设备2500台（件），敷设管路20000米。

（3）陶二煤矿：1974年3月至1981年12月，安装工程71项，永久设备3423台（件）。

（4）常村煤矿：1987年3月至1994年4月，安装主井井架、井筒永久装备、井下单轨吊车、带式输送机、调度指挥系统、工业锅炉等井下及地面矿井配套设备。主井平移工法被中国煤炭建设协会评为"1999—2000年度煤炭行业（部级）优秀工法"。

（5）南寨煤矿：1996年5月至1996年12月，安装主、副井井架、井筒装备、绞车等矿井配套设备。

（6）里彦煤矿：隶属山东里能集团，位于山东省济宁市。1998年4—12月，承担主井井筒装备、主井井架制作安装、主井装卸载设备及信号自动化安装、通风机房设备安装、采区带式输送机安装等工程。

（7）辛置煤矿南李庄风井井筒装备安装工程：1998年7—9月承建。

（8）寺河煤矿西风井井筒装备安装工程：1998年8—9月承建。

（9）金龙煤矿井筒装备安装工程：1998年6月至1999年7月承建。

（10）新魁星楼铁矿副井井筒装备安装工程：2002年2—6月承建。

（11）五阳煤矿回风井井筒装备及井下管子道安装工程：2003年9—12月承建。

（12）和顺天池煤矿风立井井筒装备安装工程：2003年4—7月承建。

（13）大宁煤矿井下瓦斯、压风、排水、消防、进水等管路及带式输送机安装工程：2003年3—12月承建。

（14）寨崖底煤矿主斜井、立风井井筒装备安装工程：2004年6—7月承建。

（15）贺家社煤矿主井井筒装备安装工程：位于山西省柳林县陈家湾乡，2004年11—12月承建。

（16）大平煤矿副立井井筒装备及井架制作安装工程：隶属山西大平煤业有限公司，位于山西省长治市。2005年10—11月承建。

（17）王家沟煤矿主井井筒装备、永久井架安装及提升设施安装工程：隶属山西柳林王家沟煤业有限公司，位于山西省柳林县王家沟乡。2005年4—5月承建。

（18）干河煤矿主井装备安装工程：2007年1—3月承建。

（19）李雅庄煤矿进、回立井井筒装备安装工程：2007年7—10月承建。

（20）八宝煤矿主、副井筒工程及井塔安装工程：2009年3—9月承建。井塔、井筒装备及提升系统安装工程，被中国煤炭建设协会、煤炭工业建设工程质量监督总站评定为"煤炭行业优质工程"。

（21）沙曲煤矿南回风井梯子间安装工程：2009年6—8月承建。

（22）鑫隆煤矿：隶属中阳县鑫隆煤源有限公司，位于山西省中阳县。120万吨矿井全部机电设备安装，2009年9月至2010年3月承建。

（23）盘城岭煤矿：隶属山西煤炭运销集团左权盘城岭煤业有限公司，位于山西省晋中市。2013年12月至2014年4月，承建风井两部风机安装、瓦斯抽放站安装、主井猴车和管路安装及井下三条带式输送机安装工程。2015年1—3月，承建井下消防水管路、压风管路、排水管路、黄泥灌浆管路、瓦斯管路、采区变电所、采区水泵房、轨道下山卡轨车、强排设备安装工程。

（24）小回沟煤矿回风立井井筒装备安装工程：2015年11—12月承建。

二、矿井配套项目

（1）介休洗选厂安装工程：隶属山西省汾西矿务局，位于山西省介休市。1966年12月至1967年2月承建。

（2）南寨煤矿选煤厂安装工程：1998年5—7月承建。

（3）楼东选煤厂安装工程：隶属山西省孝义市楼东选煤厂，位于山西省孝义市。1999年5—6月承建。

（4）城财选煤厂安装工程：隶属山西省孝义市城财焦化有限公司，位于山西省孝义市。2001年8—10月承建。

（5）南寨煤矿金属煤仓安装工程：2002年6—9月承建。

（6）东强洗煤厂安装工程：隶属山西柳林东强洗煤厂，位于山西省柳林市。2004年1—3月承建。

三、高压输电线路安装项目

（1）宝鼎矿区供35千伏电线路安装工程：隶属渡口矿务局（现攀枝花矿务局），位于四川省攀枝花市宝鼎山麓。1967—1973年，共架设35千伏供电线路220千米。

（2）宋家坪至龙洞变电所35千伏312供电线路工程：隶属渡口矿务局（现攀枝花矿务局），位于四川省攀枝花市宝鼎山麓，导线全长13千米，1973年建成。

（3）康三站至陶二矿井35千伏输电线路工程：隶属邯郸矿务局，位于河北省邯郸市。1974—1981年，架线总长25.5千米。

（4）王庄煤矿西风井35千伏输电线路工程：全长4千米，1983年建成。

（5）后沁线110千伏输电线架设工程：山西省襄垣县后堡至沁县110千伏输电线路71~113号杆，共41基11千米。

第四节 其他工程

一、土石方工程

1992年10月至1994年6月，承建深圳市招商局蛇口工业园区开山填海建码头土石方运输工程，首期合同工程量40万立方米。

1994年9月至1995年12月，承建平朔集团平朔露天煤矿土石方工程。

二、筑路工程

1994年7月至1995年12月，承建山西S220太长公路榆庄段2000米筑路工程、山西S317和顺平定段1000米筑路工程、山西S220太长公路虒亭段2000米筑路工程。

三、隧道工程

小回沟煤矿新建排洪隧道，坡度2.5%，全长546.171米，净断面积22.1平方米，2013年3月开工，2013年7月竣工。

第二章 施 工 技 术

第一节 矿井建设

一、立井施工

建处初期，矿井建设施工设备简陋。1958年复工的山西潞安王庄煤矿，是第十工程处承建的第一对现代化矿井，立井井筒掘进主要依靠人力作业，土法上马。表土段主要用铁镐、铁锹人力挖掘，基岩段采用半机械化作业，手抱钻，干打眼，炸药爆破，人工装渣，料石砌碹，施工环境差，劳动强度大，劳动效率低。

井筒施工采用Ⅰ型、Ⅱ型凿井井架，井筒内设安全梯、工作吊盘和保护盘，采用0.11立方米气动抓岩机装岩，1.0~1.5立方米吊桶装矸。立井井筒施工采用长段单行作业方式，手持式风动凿岩机打眼，硝铵炸药、段发电雷管爆破，掘砌段高30米左右，用井圈背板作临时支护，料石砌壁，砌壁模板主要是组合式金属模板和绳捆模板等。

1974—1981年，第十工程处施工的陶二矿井（主、副、风立井）是邯邢基地第一对矿井，同时也是煤炭系统5个配套试点井之一，在主井进行了8个方面的机械化配套试验：一是凿岩使用伞型吊架，配备YZ-70型外回转凿岩机和合金成品钎杆；二是深孔光面爆破高威防水炸药和高精毫秒雷管；三是大抓岩机抓岩（长绳悬吊0.565立方米抓头和0.4立方米液压靠壁式大抓）；四是支护采用喷射混凝土；五是提升用3立方米大吊桶和3米绞车；六是井口翻矸采用自动翻矸，大矸石仓和8吨自卸汽车排矸；七是中心线放射采用激光测量；八是注浆打干井采用壁后注浆堵水和井内超前钻孔预注浆。1975年2月和3月分别取得陶二矿井建井以来月成井38.2米、42.5米的好成绩。

陶二矿井3个井筒均采用Ⅲ型井架，主、副井采用直径3米提升机，3立方米座钩式吊桶，自动翻矸，汽车排矸；风井为2.8米提升机，0.7立方米V型矿车矸石山排矸。根据主、副井地质水文资料及主、副井之间水文检测孔资料，采取地面预注浆措施，地面预注浆设备主要有600米钻机和千米钻机，主、副井进入含水段后，实行壁后注浆和工作面预注浆，使涌水量小于5立方米，以保证井筒正常施工。1974年11月，接燃料化学工业部《关于在井巷工程中推行锚喷支护的通知》，首先在风井井筒试推，主井预注浆后全部采用喷混凝土支护，副井在弱水段喷混凝土支护一段井壁。锚喷支护是井巷支护的一项重大改革，推广应用锚喷支护技术效果显著，安全可靠，减轻了体力劳动，施工速度大幅提高，成本大幅下降，提高了劳动生产率。

1977年9月援建的万年二号煤矿中部立风井，在施工准备阶段，用1个月时间安装直径3.0米绞车1台，3天时间立起井架，创造了历史最好水平。井筒施工组织机械化配套，采用SZ-6伞型钻架配6台YGZ-70重型风钻打眼，2台0.565立方米大抓斗抓岩，三枪同时喷射混凝土，并进行了粗径深孔爆破试验。基岩段连续2个月成井82.97米，77天与井底贯通，并获得河北省科技三等奖、煤炭工业部基建纲要奖、全国煤炭科技进步奖。

20世纪80年代，注浆堵水技术，沉井、帷幕、钻井、冻结等特殊凿井方法以及大钻机的设备和工艺都有了新发展，并得到广泛应用。

1980年11月，矿建一工区援建的邢台煤矿西风井，是第十工程处采用冻结法施工的第一个立井。由于冻结时间长、挖掘晚，致使井筒内的土层冻实，风镐无法挖掘，不得已采用了煤电钻钻浅眼、少装药、分区爆破的钻爆法施工法（当时国内独有）。搅拌混凝土中采取碎石加热，碎石和砂每车称重、定量加搅拌水，按规定配合比准确搅拌混凝土，保证了井壁的质量。

1983年施工的山西潞安王庄煤矿西部立风井，首次采用沉井法穿过流砂层段获成功，沉井深度达到56米。同年9月，在涌水量达360立方米/小时的情况下，采用"风动抓岩、汽吊提升、泥浆护壁、淹水沉井"新工艺，取得月沉井22.8米的好成绩，受到了煤炭工业部和山西省煤管局的表彰。

1985年，开始采用网络图、光爆锚喷、材料代用、管缝式锚杆等新工艺，从地面到井下推广使用石粉替代河北沙。王庄煤矿西部进风井井筒改装，用网络图指导施工，仅用20天完成改装任务。

1987年施工的山西潞安常村煤矿副井井筒，井筒穿过上部第四系冲积层、中部二叠系风化带和基岩段、下部石炭系基岩层，采用伞钻、中深孔爆破、中心回转抓岩机装岩、3立方米吊桶、自卸车排矸、小模板砌壁长段掘砌施工方法，井筒工作面引进煤炭工业部沈阳注浆公司"边探、边注、边掘"的新工艺、"直接堵漏注浆"新技术，成功穿过5个主要含水层。常村煤矿风井到底后，在井筒临时改绞中创造性地采取了两项先进技术：一是提升机采用苏式KJ型、2.8米直径滚筒、1000千瓦电机，采用3吨永久罐笼、双钩提升、3吨永久矿车运输，加大了提矸能力，为井下多头施工（最多8个工作面同时施工）创造了条件；二是在风井井筒中设置2平方米椭圆形玻璃钢风筒，地面安装永久通风机，压入式通风，井底在巷道中设风库，风库内安设多台局部通风机，用胶布风筒向各工作面供风，满足了井下8个工作面同时施工的供风问题，井筒中回风解决了冬期井筒中不结冰的难题。两项新技术在国内建井史上是少有的，获得潞安矿务局的肯定和表彰。

20世纪90年代，立井井筒中普遍应用短段掘砌混合作业方式，选用Ⅳ型、ⅣG型、Ⅴ型井架，伞型钻架，大抓斗抓岩机，MJY型整体金属模板为主的立井施工综合机械化作业线。

自1991年1月10日起，第十工程处立井施工改变过去长段掘砌、浇筑混凝土、溜灰管下料的施工方法，采用短段掘砌、整体下滑大模板、地面集中搅拌混凝土、底卸式吊桶卸料至井下分灰器、短节喇叭筒输送混凝土新工艺。

进入21世纪，立井施工综合机械化配套、短段掘砌混合作业方式得到进一步发展，主要采用FJD和SJZ系列伞钻打眼，中深孔光面光底爆破，中心回转抓岩机装岩，2套单钩3立方米吊桶提升，座钩翻矸，自卸式汽车排矸，3.5~4.0米高液压伸缩整体下移式金属模板砌壁，一掘一砌，大容量混凝土搅拌机供料，底卸式吊桶下料，悬吊设备选用JZ系列16~25吨凿井绞车，井口集中控制的作业方式。

2005年3月，干河矿井主井施工中，不断加大科技投入，采用具有国内领先水平的SJZ6.7型伞钻、HZ-6B型中心回转抓岩机，主、副提两套单钩3立方米吊桶提升，平均月成井112米，最高月成井169米，刷新山西省纪录。主立井井筒工程被中国煤炭建设协会、煤炭工业建设工程质量监督总站评为"煤炭行业优质工程"。

2005年5月至2006年5月，吴桂桥煤矿主、副立井冻结施工中，首次运用小型挖掘机、散装水泥螺旋输送泵和自动计量上料搅拌系统、B87C型破碎机、风动煤钻、C40～C60高强度高性能混凝土、等强度直螺纹钢筋连接工艺、冻结段黏土砾石砾岩层爆破工艺等新设备、新材料、新工艺，在副立井创造了河南省冻结井施工月成井170.2米的新纪录。

2006年8月至2007年3月承建的龙家堡煤矿副立井，是第十工程处施工的第一口深井，井深871.4米，采用V型凿井井架、SJZ6.9型伞钻、2套单钩提升配套设施，平均月成井146.2米，连续4个月成井超过140米，刷新月成井137.5米全国最好水平，2次打破东北三省同井型立井施工纪录，被评为"全国煤炭行业优质工程"。

2007年12月至2009年3月承建的八宝煤矿主、副井工程，主、副井井深分别为940米和920米，井筒穿过超厚硬灰岩540多米。主井平均月成井125.58米，副井平均月成井146.5米，连续4个月成井超过140米，最高月成井160米，创下东北三省和中煤第一建设公司月成井最高纪录。被中国煤炭建设协会、中国煤炭建设协会工程统计委员会授予"2007年度煤炭行业建筑业施工立井井筒月进度全国第一名"殊荣。副立井施工创国内立井施工新纪录，获"中国企业新纪录（第十四批）"殊荣。"煤矿立井超厚硬灰岩快速施工工法"被煤炭建设协会评定为"煤炭行业（部级）工法"。

2010年9月，施工的八连城煤矿新立井，井下净水位-2.5米，表土层内有厚达8.8米的细砂层和粉砂层，流砂揭露层位在-25.2～-16.4米之间。最大涌水量650立方米/小时。采用"井外疏干降水技术"，即"井外降水、井内强排、强行通过"的施工方法，井外布置9眼疏干井，成功穿过12.5米厚流砂层，其间最大涌水量高达650立方米/小时。

2013年8月至2014年4月，施工的大海则矿井项目，主立井净直径9.6米，净断面积72.38平方米（经过三次变径，掘进断面积扩大到158.37平方米），井深703.96米，全井冻结，冻结深度715米；回风立井净直径8米，净断面积50.3平方米，掘进断面积为109.36平方米，井深679.4米，全井冻结，冻结深度685米。主立井采用3部大绞车提升，回风立井采用2部绞车提升，配5立方米矸石吊桶，均采用XFJD-8.12型伞钻凿岩，高威力抗冻水胶炸药，长脚线毫秒延期导爆管配毫秒延期电雷管，中深孔光面爆破，2台HZ-6型中心回转抓岩机装岩，1台MWY6/0.3型电动挖掘机配合清底。主井最高月进尺133米，回风立井最高月进尺130米。该项目筹备期内"煤矿立井井架基础、冻结沟槽、临时锁口联合施工技术"荣获河北省煤炭工业行业协会科学技术二等奖、"2014年度中国施工企业管理协会科学技术奖科技创新成果二等奖"，该技术的施工方法被评为"煤炭建设行业部级工法"。

二、斜井施工

20世纪60年代，斜井施工主要依靠人力。手抱钻，干打眼，人工装岩，木棚临时支护，料石砌碹。第十工程处在王庄煤矿主斜井施工中推广应用防止斜井丢底的经验，主要是加大底眼角度，增加底眼数量，严格验收制度，防止丢底、拉底返工影响进度。

20世纪70—80年代，斜井施工装备和工艺得到了极大的发展，解放了劳动力，劳动效率大幅提高。激光指向、光爆锚喷、耙斗机装岩、箕斗提升、斗形矸石仓排矸、潜水泵排水"两光三斗一泵"新工艺开始在全国推广。

1982年，第十工程处施工王庄煤矿（扩建）主皮带斜井工程，人工开挖明槽，料石砌碹，气腿式凿岩机打眼，浅孔爆破，锚喷支护，配套2.8米绞车提升，耙斗机装岩，矿车矸石山排矸的施工作业模式发展成熟。

20世纪90年代后期至2017年末，第十工程处斜井施工装备、施工方法和工艺不断改进与革新，斜井机械化程度不断提高，装备朝大型化发展，设备配套日趋完善。包括7655型或YT28型气腿式凿岩机、水胶炸药、毫秒延期电雷管、MFB-200型发爆器、直眼掏槽、中深孔光面爆破、PY-90型耙斗机、6立方米箕斗、大绞车单钩提升、锚（网）喷或锚（网）喷与U型钢支架加背板组合支护、激光指向、风动潜水泵排水等。

2005年10月至2007年1月，施工的神华蒙西棋盘井回风斜井及二期工程，井筒长1367.7米，坡度24°，净断面积16.8平方米。配套3米绞车、6立方米箕斗、90型耙斗机的大提升机械化作业线，表土段采用小型挖掘机施工，组合模板钢筋混凝土支护，地面自动计量搅拌站，配合远距离输送混凝土拌合料的"大坡度斜井表土段小型挖掘机施工工法"，被中国煤炭建设协会评定为"部级工法"。进入基岩段，多台气腿式凿岩机，直眼掏槽，中深孔光面爆破，学习梧桐庄"三掘三喷"先进工艺，8个月（次）月成井突破百米。

2009年9月至2011年12月，施工的庞庞塔煤矿主斜井（斜长1414.785米，坡度16°，冻结段斜长288.35米，全国冻结段最长的斜井工程）工程，采用29U型钢棚金属网层+喷射混凝土一次支护，钢筋混凝土砌碹支护二次支护，底板29U型钢棚反底拱钢筋混凝土支护方式；2部绞车提升运输，表土段挖掘机挖掘装土；引进整体金属钢模台车，4立方米轨道式混凝土输送车运送混凝土，混凝土输送泵泵送入模的施工装备施工技术进行二次支护工作。表土冻结段施工，取得最高月成井60米的好成绩。

2010年以后，第十工程处结合项目工程特征，采取不同方式配套斜井施工采用凿岩台车、综掘机、液压挖斗式装载机、带式输送机、无轨胶轮车等装备，形成多种斜井施工机械化作业线。

2010年11月至2012年12月，施工禾草沟煤矿主、副、风三斜井工程。副斜井设备配套：岩石硬度较小采用EBZ220型综掘机掘进，综掘机直接装岩（土），SSJ-800型带式输送机进行运输，下料采用5吨无轨胶轮车。岩石较硬综掘机无法施工时，采用钻爆法掘进，YT-28型风动凿岩机凿岩，中深孔光面爆破，PB-90型耙斗机装岩，耙斗机装矸到刮板输送机，刮板输送机转载到带式输送机进行运输到地面。主斜井、一号回风斜井设备配套：明槽开挖段，采用1立方米反铲式挖掘机分层挖掘；表土暗挖段，采用人工风镐配合玉柴YC35-7小型挖掘机掘进；基岩段采用钻爆法掘进，YT-28型风动凿岩机凿岩。明槽段，挖掘机挖出的土直接装入自卸汽车。暗挖段，在提升绞车未形成前100米内，采用挖掘机挖出的土直接装入矿车，由JD-2.5型调度绞车临时提升。基岩段，PB-120型耙斗机装岩，基岩风化带人工配合耙斗机装矸。主斜井和一号回风斜井均采用2套单钩提升，斜井专用井架，主提均采用 JK-2.5/20 型提升机，6 立方米箕斗，地面设翻矸架，ZL-50 型装载机配 10 吨自卸汽车排矸；副提采用 JK-2.0/20 型提升机，人车下人，下放材料采用 4 个 1.0 立方米 V 型矿车串车提升。井口附近设集中搅拌站，配置 HPD1200B 型自动计量系统、JS-750L 型搅拌机搅拌混凝土，副斜井表土段由混凝土输送泵直接浇注入模，整体金属模板台车打混凝土支护，基岩段采取锚网索喷联合支护；主斜井、一号回风斜井表土段由混凝土输送泵直接浇注入模，定型钢模板打混凝土支护；基岩段采取锚网索喷联合支护，由 JK-2.0/20 型绞车牵引，4 个 V 型矿车串车运输喷浆料。一号回风斜井全井月平均进尺 137 米，最高月进尺 158 米。副斜井综掘施工月最高进尺 218 米，副斜井用时 14 个月实现与井底巷道的贯通，平均月进尺 146 米。禾草沟煤矿斜井井筒工程被评为"煤炭行业优质工程"，同时获煤炭行业工程质量最高奖"太阳杯"奖。

三、平斜巷施工

20 世纪 50 年代末期，在王庄煤矿的平巷施工中，使用风钻打眼、炸药爆破、人工装岩，多采用先小断面掘进，然后再刷大、砌碹、砌水沟和铺设道轨，多次成巷作业方法。其中，打眼、装岩、运输、砌碹都是人工作业。

在王庄煤矿的建设施工中，第十工程处不断进行技术革新和推广先进经验，平斜巷独头施工推广多循环平行作业经验，打眼初期与加工炸药平行，后期与装药平行，打眼结束炸药随之装好；装煤（矸）的前期集中力量进行突击，后期与支柱打眼平行作业（在煤、矸堆上打好顶眼）；减少非生产时间，增加循环次数。多头施工推广循环流水作业，主巷、风巷和贯眼为一个循环流水作业单元，打眼、爆破、装煤、支柱、铺道各工序循环作业，工序交替，避免重复、冲突，当班给下班创造流水作业条件。砌碹工程推广多头流水作业，替棚、开帮、挖槽、砌墙、砌顶施行分工组流水作业方法。

1962 年 7 月，按照《煤炭工业部关于井巷开拓工程必须实行一次成巷的指示》的要求，在王庄矿井井巷开拓工程中开始实行一次成巷的施工方法，对围岩比较稳定、断面较大岩石巷道，掘进、砌碹、砌水沟、铺轨 4 个部分保持适当间距，前后连贯或同时施工，按设计要求一次成巷。1964 年推广了湿式凿岩、风钻支架等经验。大力推广了 16 项基建方面先进经验中的 12 项，王庄矿井所有岩石掘进工作面全部消灭了干打眼、人抱钻。

1975 年 6 月，第十工程处在陶二煤矿施工中大力推广井巷施工 5 项技术革新：一是锚喷支护。是一种先进的、符合多、好、省的支护形式，是井巷支护上的一项革新，在现有的各种支护形式中，最安全、可靠。二是光面爆破。可以保持围岩稳定，不受破坏，增强了围岩自身承载能力，巷道成型好，能提高支护效果，能降低喷射材料消耗。三是毫秒雷管。采用毫秒雷管一次爆破，可节省大量辅助时间，可加快进度，可提高炮眼利用率，可使工人少跑路、少吃炮烟。四是耙斗装岩机。具有使用范围广，装载效率高，铺道省事，有利于平行作业，便于使用，便于维修等优点。五是激光指向。具有给线迅速、准确、方便省力、机动灵活、不占掘进时间等特点。

1976 年，认真贯彻执行煤炭工业部《重申井巷掘进工程实行一次成巷的通知》，从 4 月 1 日起，第十工程处所有井巷工程开始实行一次成巷，按一次成巷报进度、验收和结算工程价款。严格执行《煤矿井巷工程施工质量标准与检验评级暂行办法》，搞好工程质量，不合格品，不得报工程进度。进行平巷施工技术革新，开始推广使用钻装机、耙斗机、转载带式输送机分调车、岩石电钻、平巷深孔爆破、喷射混凝土机械手、砂浆钢丝绳锚杆、激光指向。

1978年，形成平巷机械配套：新型装岩机、转载机、锚杆打眼机、喷射机械手、异径葫芦管、锚杆拉力斗、激光指向仪。

1987年，为适应常村煤矿重点工程建设的需要，转变短段砌砌的落后施工方法，大力推广应用光爆锚喷施工方法。对符合锚喷条件的巷道，一律实行光爆锚喷。采用的永久支护形式有混凝土和钢筋混凝土支护、荒料石砌碹支护、混凝土墙工字钢梁支护、锚喷支护、U型钢拱形支架支护（煤巷用U型钢金属支架支护，岩巷用光爆锚喷支护）等。同年10月，煤巷施工开始实行机械化作业。组建2个机械化掘进队，采用日本S100型钻头式煤巷部分断面掘进机掘进，桥式带式输送机转载机将煤装入3吨矿车，12吨蓄电池电机车牵引运出。采用U29型钢拱形支架，混凝土背板永久支护。2个掘进队全年完成成巷进尺2449.4米。常村煤矿是高瓦斯矿井，特别是南一采区输送机下山，瓦斯涌出量大。第十工程处安设3台30千瓦局部通风机，1趟ϕ700毫米风筒，2趟ϕ500毫米风筒向工作面压入式通风，风筒口距工作面距离不超过5米，巷道中安设瓦斯自动检测报警断电仪，严格按照《煤矿安全规程》规定进行施工，保证了在高瓦斯涌出情况下安全施工。

1988年，在常村煤矿组建岩巷机械化施工队，采用芬兰CMH207FP型双臂凿岩台车、英国EIM-627型侧卸式装岩机、联邦德国德尔曼公司风-液（压）工作平台，中深孔爆破。1989年8—9月，矿建三队在常村煤矿520运输大巷24平方米大断面岩巷施工中连续2个月突破百米。

1992—1995年，常村煤矿井下施工使用永久设备单轨吊和卡轨车运输施工材料，在当时国内建井期间首创先例。

1992年8月，推广应用具有节能、快速、省料的"三小"（小钻头、小锚杆和小药卷）光爆锚喷岩巷掘进作业线，采用潮喷新工艺，解决原来喷浆回弹率高、粉尘大的问题。

2006年，沙曲项目部首次引进双臂液压凿岩台车和160型挖斗式装渣机在高瓦斯矿井施工，形成中煤第一建设公司第一条平巷机械化作业线。

2007年，平巷施工采用小钻头、小药卷，光面爆破，一次成巷。爆破后，先初喷，后打锚杆，耙斗机前移后48小时内水沟跟进到耙斗机位置。为防止顶板事故发生，实行前探梁支护管理。平巷（硐）、斜巷（井）、硐室工程施工根据施工工艺和地质条件选择不同的前探梁方式，悬吊式、支撑式、背板式前探梁或管棚梁。

2008年，平斜巷施工推行劳动组织改革和中深孔、全断面一次爆破技术。劳动组织优先推行"专业滚班"循环作业，按专业化班组配备，井下实行滚班制作业，地面辅助人员可实行"三八"制作业。劳动力配备根据施工所需劳动力计划进行综合平衡，不具备"专业滚班"条件时，推行"四六"交叉或"四八"三班平行循环作业形式，改变传统的"三八"制或"四六"制作业。实施中深孔爆破，爆破循环进尺2.5~3.5米，采用风动凿岩机或凿岩台车钻眼，人工装药、连线、爆破。运输条件好时，采用挖斗式装岩机装渣，梭式矿车、普通箱式矿车配电机车运输；不具备此运输条件的，可采用耙斗机装渣配合调车盘调车，普通箱式矿车配电机车或调度绞车运输。中深孔爆破，每次掘进工序时间最长不应超过8小时，并以此为原则确定合理的炮眼深度及资源投入。采用风钻打眼，选用YT系列风钻，炮眼深度3.0~3.5米；采用凿岩台车钻眼，配备适应炮眼深度3.0米钻杆、钻具的凿岩台车。

2011年1月5日，第十工程处规定煤巷施工两个标准模式：一是掘进机掘进，平煤仓配耙装机耙装，矿车运输；二是掘锚机掘进，带式输送机运输。

2011年6月，禾草沟项目进入二期工程施工后，针对井下巷道布置在煤层中的特点，积极推广综掘施工技术。井下工程施工采用EBZ-200型、EBZ260型、EBZ318型综掘机，配套SJ-800型带式输送机，WJ-1.2型、WJ-3.0型无轨胶轮车。在施工5号煤层西翼胶带大巷（掘进断面积17.8平方米，全长2550米）中，取得月均进尺280米、最高月进318米好成绩。

2012年4月，按照"科学、先进、全面、适用"的原则，第十工程处制定《二三期工程井下巷道施工模式化管理标准（试行）》，分普通钻爆法施工模式、综掘机作业施工模式、辅助工作管理标准三个部分，规范巷道施工管理。

2015年，第十工程处进一步强化管理，要求炮掘巷道必须推行中深孔、光面爆破，一次成巷；严格执行正规循环作业、工作面交接班制度；在保证安全的前提下，尽可能进行掘、支、装、运等工序平行交叉作业。在门克庆项目二期工程施工中，第十工程处首次引进掘锚一体机配套施工机械化作业线：1台山特维克MB670/225型掘锚一体机，配套1台LY-100型联运车和2部SSJ-800型可缩带式输送机运输。2015年7—10月，11-3101工作面辅助运输巷施工，连续4个月进尺超600米，最高月进尺632米。2017年7—10月，11-3108工作面辅助运输巷施工，连续4个月进尺超700米，最高月进769米。

2017年1月，第十工程处在禾草沟煤矿巷道施工中推广使用机载式前探梁临时支护新工艺。

四、马头门与硐室施工

（一）马头门

马头门施工可分为三大类：马头门与井筒同时施工法、马头门与井筒交叉施工法和马头门预留开口与井筒顺序施工法。由于与井筒交叉施工法占用井筒工期较长，施工工序转换较多，劳动组织相对复杂，围岩不稳定时，施工难度较大。第十工程处施工马头门，常用与井筒同时施工法和预留开口与井筒顺序施工法。

1988年1月开始施工常村矿井副井马头门，北马头门平均掘进断面积66.54平方米，平均净断面积45.17平方米，净宽7.71米，净高5.36~8米。南马头门平均掘进断面积31.21平方米，平均净断面积23.07平方米，净宽5.6米，净高4.3~5.14米。有一层2.1米厚的软泥岩斜穿过马头门，此泥岩地压大，变形严重，附近巷道出现被压坏，永久混凝土支护后，在10天内巷道净宽缩小100毫米以上，针对此地质条件，采取以下措施：

（1）安装4根30米的长锚索，将软岩与坚硬的岩层以10吨的拉紧力锚住。

（2）采用双侧导硐法施工，导硐长度10米。

（3）采用组合支护方式由外向里：在马头门掘进时，采用锚喷作临时支护；用可缩性U29钢支架进行支护，支架间距500毫米，支架与帮顶间用刹杆背板背紧；双层钢筋高标号浇筑，壁厚500毫米；在钢支架与混凝土壁厚之间，用袋装炉渣进行软填充缓冲地压。20多年后，常村煤矿副井马头门没有发生变形和破坏，完好无损，证明这种组合支护是成功的。

1988年3月28日南侧马头门施工完毕，4月20日北侧马头门施工完毕。至此，常村煤矿副井马头门全部施工顺利完成。常村煤矿风井马头门原设计为两侧顶部均为倾斜的。考虑到井下马头门一侧是出空车和下长料，最长是钢管和钢轨为9米，另一侧是进重车，下长料一侧马头门顶部应是倾斜的，否则长料下不到巷道中，但是进重车一侧的马头门不下长料就没必要将顶部设计成倾斜的。第十工程处将风井马头门修改成一侧是倾斜的，另一侧是水平的。修改后可以节省材料，降低成本，结构简单，施工速度快，断面缩小，施工安全性提高。这种设计在国内属首创。

1990年，在施工南寨煤矿副井马头门时，两侧混凝土墙壁已浇筑完，在刷大拱顶时，发生冒顶事故。顶板冒落较高，从底板至拱部顶板有6.5米高，给继续施工带来困难和危险。当时采取在两侧混凝土墙壁上架设临时梯形木支架，维护顶板和两帮。临时支架的高度和宽度大于砌体的壁厚，在浇筑拱部混凝土时，不需拆除临时支架，保证人员在临时支架的保护下安全工作，顺利安全地完成了马头门的施工。

2007年6月，承建霍州煤电集团李雅庄煤矿2号回风立井马头门。马头门设计为双面斜顶式，马头门每侧长度均为4米，掘进宽度6.0米，净宽5.0米，掘进高度由6.17米降至5.67米，净高由5.6米降至5.4米，采用与井筒顺序分层施工。井筒施工到马头门上方1米位置，将井筒砌筑完毕，井筒施工一茬炮，进尺4米后，出净井筒矸石，按照段高3米，向马头门两侧分别掘进4米，进行一次锚网支护，接着施工井筒一个段高4米，然后再施工井筒马头门两侧墙部4米，一次进行锚网喷临时支护，井筒再施工一段高，不出矸石，在矸石绑扎钢筋、组立井筒模板和马头门两侧模板，由下向上浇筑马头门和井筒混凝土，直至与上段井筒连接。

2011年11月，承建中天合创门克庆煤矿一号回风立井马头门工程。该工程包括2号煤层马头门和3号煤层马头门，设计为直墙半圆拱形，2号煤层马头门单侧，3号煤层马头门双侧。每侧马头门长7米，斜顶段长度为5米，平顶段长度为2米，掘宽6.2米，净宽5.0米，掘高5.6~5.1米，净高4.5~4.0米。采用锚网索喷一次支护，喷厚100毫米，等级强度为C20。二次支护为钢筋混凝土砌碹支护，厚度0.5米，强度等级为C75。水沟净宽300毫米，净高350毫米，混凝土厚度100毫米，混凝土铺底厚度0.5米，强度C75。掘进体积606.1立方米，消耗混凝土194.23立方米。该马头门预留开口与井筒顺序施工法。在井筒施工到马头门位置，采用300毫米素混凝土浇筑马头门预留口，在井筒施工到底提升吊盘施工3号煤层马头门。2号煤马头门在井底巷道贯通后从巷道施工。3号煤层马头门利用吊盘进行施工。马头门施工采用东西两侧顺序分层掘砌施工顺序。首先施工东侧马头门后施工西侧马头门的顺序。马头门施工分3层，分层高度为2.5米、1.6米、1.5米。一次施工上分层完成，同时进行一次锚网索喷支护，依次施工中分层和下分层完成。从里向井筒侧整体浇筑钢筋混凝土到井壁预留口位置。2012年1月完成施工。

2015年10月，承建大海则煤矿一号回风立井井筒与2号、3号煤层回风大巷马头门施工。两层马头门均为平顶马头门，共设计40米，每层每侧各10米。马头门掘进高度6.4米，宽7.5米；净断面高5.2米，宽6.0米，锚网喷+钢筋混凝土砌碹，喷浆厚度150毫米，基础250毫米，混凝土支护厚度600毫米，铺底厚度200毫米。混凝土强度C70，总掘进体积1708立方米，混凝土消耗600立方米，钢筋消耗62.3吨。马头门采取预留开口与井筒顺序施工法。在井筒施工到底按照先施工2号煤层马头门，再施工3号煤层马头门的顺序。提升吊盘到2号煤层马头门位置，利用吊盘进行施工马头门施工。马头门施工采用南北两侧顺序分层掘砌施工顺序，先施工南侧马头门，后施工北侧马头门。马头门施工分3层，分层高度为2.5米、2米、1.9米。一次施工上分层完成，同时进行一次锚网索喷支护，依次施工中分层和下分层完成。从里向井筒侧分段浇筑钢筋混凝土到井壁位置，再施工北侧10米段马头门，施工方法同南侧段。该工程采用钻爆法施工，耙斗机向井底水窝出矸，混凝土输送泵泵送入模。2015年12月完成施工。

2015年12月，承建大海则煤矿二号回风立井井筒马头门工程。该工程设计54米，两侧各27米，采用锚网喷+钢筋混凝土砌碹支护。掘宽8.3米，掘高由9.2米渐变到掘高5.5米，净宽6.5米，净高由8.1米渐变到净高4.6米。喷厚100毫米，混凝土厚度800毫米，铺底厚度300毫米，混凝土强度C70，总掘进体积3057.3立方米，浇筑混凝土体积996.3立方米，钢筋总消耗41.9吨。同样采用预留开口与井筒顺序施工法施工，于2016年3月底完工。

2017年11月，葫芦素矿井西翼风井马头门，两侧马头门设计为直墙半圆拱形，设计掘进体积274.5立方米，掘进长度10米，掘进断面积27.12平方米，掘宽6.1米，掘高5.1米，净断面积17.69平方米，净宽4.8米，净高4.2米。一次支护采用锚网索喷、锚网喷，二次支护为双层钢筋混凝土支护。采用马头门与井筒同时施工法，用时25天完成施工。

（二）硐室

在井巷工程中，断面尺寸比一般巷道或井筒大的工程称为硐室。硐室主要特点是断面大，长度相对较短，有的硐室结构复杂。以其在井巷工程中施工条件不同，可以分为：巷道连接的硐室，如变电硐室、水泵房、绞车房、输送机机头硐室等；井筒毗邻硐室，如马头门和装载硐室、风硐、安全出口、箕斗装载硐室等。第十工程处以往巷道硐室施工方法有：全断面施工法、导硐施工法和分层施工法。根据断面大小，结构复杂程度和围岩情况，选择不同的施工方法。

全断面施工法：按硐室的设计掘进断面一次将硐室掘出，如硐室高度和断面较大，可以分次打眼和爆破，然后临时支护—清矸—支护完成一个循环。该法便于施工机械化作业，适用于围岩稳定、断面高度不很大（不大于5米）的硐室。

导硐施工法：在硐室的某一部位先用小断面的导硐掘进，然后再行开帮、挑顶或挖底，将导硐逐步扩大至硐室的设计断面。可以一次掘至硐室全长，然后再行扩硐；也可以使导硐超前一定距离，再进行扩硐工作。根据导硐在硐室断面内的位置不同，又可分为中央上导硐、中央下导硐、单侧下导硐、双侧下导硐和上下导硐等多种具体的施工方法。导硐施工方法曾广泛用于围岩稳定性差、断面又较大的硐室，对特大断面硐室（如50平方米以上）多采用两侧导硐施工法。由于该法是先导硐后扩大逐步分步施工，所以能有效地缩小围岩的暴露面积和时间，使硐室的顶、帮易于维护，施工安全得以保障。

但该法步骤多、效率低、速度慢、工期长，因此，随锚喷支护技术推广应用和顶板控制能力的加强，这一方法使用逐渐减少。

分层施工法：是指将硐室沿其高度分为几个分层，采用自上向下或自下向上分层施工，以便于操作的施工作业方法。分层施工法一般适用于围岩稳定或中等稳定、断面较大的硐室。采用该法，由于空间宽度较大，工人作业方便，与导硐施工法相比，具有效率高、速度快、成本低的优点。具体施工方法的选择：一是在逐段分层掘进中，随之进行临时支护，待各个分层全部掘完之后，再由下而上一次连续整体地完成硐室的永久支护的做法；可以采用掘砌完一个分层，再掘砌下一个分层的做法。二是还可以将硐室各分层前后分段同时施工，使硐断面形成台阶式工作面，上分层超前的称为正台阶工作面，下分层超前的称为倒台阶工作面，台阶高度一般为2~3米，台阶超前距离应根据凿岩、装岩及工作组织而定，一般为3~5米。

1974年，三河煤矿水泵房施工采用双侧导硐法。水泵房断面积51.8平方米，巷道宽度8.5米，巷道高度7.0米。先掘两侧导硐，导硐掘宽2.5米，掘高2.8米，掘进段长10米。导硐掘进后，挖掘墙基础，立模板，浇筑混凝土墙，同时将壁龛留出，每段墙长5米。两侧墙砌好后，在硐室正面搭工作台，钻爆法掘进拱部。由于顶部围岩松软、破碎，采取短段掘砌，段长500毫米，砌筑一段拱部后，再向前掘进时，采取探头刹杆维护好顶板。掘进拱部的矸石自然堆积呈斜坡形成矸石工作台，便于人员上下和运送混凝土。

2009年3月，施工的八宝煤矿主井箕斗装载硐室为单侧通过式，宽8.2米，高19.47米，掘进体积1205立方米，浇筑混凝土体积526立方米。采用分层下行的施工法，双层钢筋混凝土进行永久支护，提前22天竣工。

2010年6月，采取分层施工法施工麻家梁煤矿主立井装载硐室。该硐室为双侧通过式，是当时亚洲最大煤矿双侧箕斗装载硐室，总高度41米，钢筋混凝土支护，硐室总掘进体积5707立方米，浇筑混凝土量1392.8立方米。计划工期106天，实际工期51天，大大缩短了施工工期。

2012年5月，施工的中天合创门克庆矿井一号回风立井风硐，工程量17.936米，方形断面，断面尺寸6.0米×6.0米，风硐以45°斜坡出地面，风硐底板为500毫米厚混凝土垫层和200毫米厚单层钢筋混凝土，侧壁、顶部为500毫米厚双层钢筋混凝土，风硐结构混凝土强度等级为C30，结构钢筋采用HRB335φ18毫米和HRB335φ10毫米。风硐外露地面采用防水砂浆垫层，厚度50毫米，地面部分设置散水，宽度1.2米，长度14.048米，强度等级C20。该工程在井筒到底后，采取井外降水、明槽分层开挖掘进施工。先施工风硐主体并与井壁进行连接，然后在井筒内使用凿井吊盘拆除预留口处井壁。该工程30天完工，质量优良。

2014年4月，施工的同煤集团梨园河煤矿2号煤层北翼辅运大巷3米绞车硐室，设计总长度37.2米，最大掘进宽度10.2米，掘高6.82米，掘进断面积58平方米，总掘进体积1758立方米，锚网索喷支护。施工时按全断面正台阶法施工，以巷道2.6米为上台阶先掘进8米，再行施工下台阶，下部台阶与上部台阶距离5~8米，有利于工作面出矸作业，55天完工。

2015年5月，施工的梨园河煤矿511

轨道上山2.5米绞车硐室工程,总设计长度45.8米,绞车硐室最大掘宽8.7米,掘高6.32米,掘进断面积46.85平方米,锚网索喷支护。采用导硐法施工,在施工511轨道上山时,按照511轨道上山断面通过绞车硐室中部,后通过钻爆法刷扩绞车硐室到设计断面。

2015年11月,施工的中天合创门克庆矿井3-1号煤层带式输送机机头搭接破碎硐室,总工程量284.362米,掘进体积8589立方米,混凝土消耗1784立方米,钢筋消耗107.6吨,65天完成。硐室断面形状为直墙半圆拱形,采用锚网索喷+钢筋混凝土支护,设计最大断面掘宽9.56米,净宽7.8米,掘高16.671~17.840米,净高15.891~17.060米,一次支护喷射混凝土厚度为80毫米,浇筑钢筋混凝土厚度500毫米或400毫米,混凝土强度等级为C30。水沟净宽400毫米,净高400毫米,水沟浇筑厚度为100毫米,水沟盖板采用球墨铸铁盖板,混凝土地坪200毫米,水沟及台阶混凝土强度等级为C15。该工程采取综掘机和炮掘两种施工方法。主体工程采用综掘机掘进,与主体相连硐室采取炮掘施工方式。EBZ-200H型的掘进机破岩分层掘进,先施工上层(顶板以下4米),施工完后退出综掘机进行下层施工。两侧硐室也分层掘进,掘进主体巷道上层到硐室位置后由炮掘掘出硐室上层,掘进主体巷道下层到硐室位置后再由炮掘掘出硐室下层。

2016年3月,施工的小回沟矿井回风立井井筒风硐,全长13.435米,倾角-45°,矩形断面,钢筋混凝土箱体结构,净宽5.5米,净高5.5米,C30双层钢筋抗渗混凝土支护,顶底板厚度0.4米,两侧墙0.3米。采用井壁外围明槽开挖,先施工风硐主体并与井壁进行连接,然后在井筒内使用回风立井提绞系统和吊盘进行井壁拆除,最后进行明槽回填,井壁拆除采用预裂爆破后由人工风镐开凿井壁方式,28天完工。

2016年11月,施工的中天合创门客庆煤矿11-3108工作面带式输送机机头硐室,掘宽6.0米,掘高4.6米,长163米,矩形断面,锚网索梯喷支护,岩和半煤岩层。采用钻爆法全断面掘进施工,用时56天完工。

2017年10月,承建的山西小回沟煤业有限公司2201运输巷机头硐室,掘宽6.188米,掘高4.4米,长99.403米,矩形断面,锚网索喷支护,布置在2号煤层中。采用综掘机全断面掘进施工,用时20天完成。

(三)煤仓

煤仓是煤矿硐室中施工难度较大的一项工程。长期以来,第十工程处采用当时比较切实可行的方法施工了10多个立煤仓。随着施工技术的进步,施工方法也在逐步更新。

1959—1966年,施工立煤仓多采用木垛法施工。1974—1981年,施工立煤仓多采用框式木支架法和吊罐法,倾斜煤仓采用水平椭圆形碹胎法施工。1987年以后,立煤仓普遍采用反井钻机、锚网喷+混凝土联合支护方式施工煤仓,钻机采用全液压驱动,先自上而下形成正导向孔,然后再换大钻头,再由下而上反扩孔。由于凭借反井钻机不能达到工程的设计要求,在反井钻机施工结束后,采用中深孔爆破完成剩余工程,由上向下逐段爆破,中间孔出矸,矿车在施工段底部出矸,该施工方法大大提高了工程的施工安全系数,缩短了施工时间,提高了施工效率。

1. 立煤仓

1965年,第十工程处在施工王庄煤矿立煤仓时,由下向上掘进、采用搭设木垛法作为上下人的临时支护和工作台掘进施工。

1978年施工陶二煤矿立煤仓时，采用过搭设水平六节木框架和水平四节长方形木框架作为临时支护和工作台，利用水平木框架钉木板将木框架分成人行间和溜矸间，由下向上掘进，贯通后由下向上进行浇筑混凝土仓壁，或由上向下进行锚喷支护作为仓壁永久支护。

在陶二煤矿后期采用吊罐法施工了3个立煤仓。施工前在煤仓上下口之间钻3个或2个φ100毫米的钻孔，作为提升孔、信号电缆孔和爆破电缆孔。吊罐为钢结构，顶部是伞型钢板，可以开口和关闭，作为向上钻眼和找顶用，钻眼、装药、连线后，人员和吊罐下放到底，吊罐放到平车上推到巷道中，爆破后出完渣，提升钩头下放到底，人员乘坐吊罐提升到顶部找顶钻眼进行下一个循环作业。

1988年，施工常村煤矿立煤仓时采用反向钻井法施工。先自上而下用液压钻机钻φ250～300毫米的导孔，钻透后拆卸小钻头，换装φ2～3米大钻头由下向上扩孔，下面耙斗装岩机和矿车出矸，钻透后由上向下钻爆法刷大断面到设计断面，采用锚喷或锚网喷作临时支护，由下向上浇筑混凝土仓壁。

1911年，在常村煤矿采用带螺旋溜槽的整体金属板旋转下滑、由上向下分段浇筑混凝土的施工方法，成功建成国内第一个带螺旋溜槽的井下立煤仓。螺旋煤仓仓壁的混凝土质量创第十工程处历史新高。螺旋煤仓可大幅增加原煤的块度率，提高煤矿的经济效益。该项技术获省级科技进步奖，被国家建设部授予"国家级工法"。

2006年3月，第十工程处采用普通反井法——反井钻机、锚网喷+混凝土联合支护方式施工的霍州煤电集团三交河煤矿西采区煤仓及装车、给煤机硐室工程，被中国煤炭建设协会评为"全国煤炭行业优质工程"。

2014年10月，施工的同煤集团梨园河煤矿主斜井井底煤仓，设计总深度68.318米。仓体段深度56.468米，净直径8米；上漏斗段长3米，过渡段2米，斜度为45°，漏斗上口净直径4米，下口锁口长度6.85米，斜度55°，由直径8米渐变为1.4米×1.65米矩形断面。钢筋混凝土支护，支护厚度500毫米。采取导硐法施工，首先在煤仓中心采用反井钻机施工φ1.4米的导孔，上漏斗从上向下短段掘砌扩刷到设计荒断面，进行锚网一次支护，然后从下向上浇筑整体上漏斗钢筋混凝土。仓身采取2.5米段高短段掘砌施工，到煤仓下漏斗。下漏斗采取一次扩刷到装载硐室位置，并进行一次锚网支护后，从下向上立模浇筑钢砂钢筋混凝土到仓身位置。

2. 倾斜煤仓

1993年，第十工程处在潞安矿务局常村煤矿采用椭圆形水平槽钢碹胎、绳捆木模板，浇筑混凝土支护的倾斜煤仓，成功地施工了倾角68°断面圆形煤仓。此方法属全国首创。

第二节 土建与安装

一、土建施工

（一）施工机械

20世纪60年代，第十工程处土建工程施工机具和技术落后，工艺简单，主要以人力为主，工人劳动强度大，生产效率低，工期长，工程质量相对不稳定。土方施工，依靠镐刨锹挖。砂浆拌制和混凝土拌制浇捣，靠人工台秤计量标记体积法配料，在铁板上用铁锹人工翻倒拌合，再用铁锹、钢钎等简易工具人工进行混凝土捣固密实。运料采用肩挑人扛、马车拉、人拽、自制翻斗单双轮手推车、专用盖板

"炮车"、专用钢筋架子推车等方式。上砖采用人工抛接方式（一层楼高度，一抛一接）和肩挑人抬方式（二层以上高度，利用人工搭马道、大坡道），后期进行了改造革新，自制井字架卷扬机、提升龙门架进行物料垂直提升运输。测量工具早期采用皮尺、钢尺、线坠、线绳、土法水准器等工具进行工程定位抄平放线，利用勾股弦的关系找放直角和垂线，采用水平尺、水盆、线绳找平，尺量距离及标高，后期配置了游标经纬仪、游标水准仪、塔尺。

20世纪70—90年代，陶二矿井、王庄（扩建）矿井、常村矿井建设时期，建筑施工机械设备陆续得到更新，机械化程度有了新的提高，减轻了劳动强度，提高了生产效率和工程质量。1975年初，配置了红旗-16II型塔式起重机（塔吊）。1978年配置了抹灰机、木工机械化、混凝土搅拌自动计量、弯管机、钢筋弯曲机、翻斗车（前进式"一吨翻"）、搅拌机、蛙式打夯机、推土机、铲运机等施工机械。垂运设备使用人工提升拔杆、龙门提升架，测量工具配置了光学经纬仪、光学水准仪、塔尺，利用仪器测放直角垂线，仪器测放标高及找平，钢尺量距。1987年，施工机械又有所新增，新型挖掘机（勾机）、电动立式打夯机、振动式小型压路机、自落式混凝土搅拌机、混凝土振动器（棒式、板式）、龙门提升架配装了定位系统控制安全装置、自动安平水准仪。1991年开始使用汽车式起重机、定型钢模板、定型铁架板、扣件式钢管脚手架等较为先进的施工机械和设备。

进入21世纪，随着高层建筑项目的不断增加，工程实体材料及施工机具采用垂直运输机械提运，施工人员上下通行采用外用电梯，全站仪的使用实现了导线、高程、距离等测量工作的一次完成，简化了测量工作。

（二）模板、脚手架

20世纪60年代，模板、脚手架和架板均为木质材料。脚手架采用优质杉木杆。木模板的加工时间长，用工数量大，对木工的技术要求高，木材的周转次数低、利用率低，堆放占用场地面积大。

20世纪80年代，开始使用回形卡销配套定型小钢模板、工具式卡件、伸缩式钢管顶柱、扣件式钢管脚手架、竹制架板或铁架板，木模板、木支柱为辅。近些年出现了竹胶板模板并大规模使用，极少量使用木模板、木支柱。

（三）基础及地下工程施工

20世纪60—80年代施工的房屋工程，通常采用砖石基础，工业建筑也较少应用混凝土及钢筋混凝土基础，基础埋置深度较浅。施工中经常遇见软弱地基及地基承载力不足的地基，则需对其进行处理。对软弱层较薄的地基，采取浅层处理方式，以换土法、加深基础技术为主。对软弱层较深的地基，通常以砂桩挤密、石灰桩、灰土桩、重锤夯实处理。受地下水位影响的地基，先井点降水再施工。对治理易滑坡的山体，通常采用石砌挡土墙、抗滑桩技术。

1985年，在王庄煤矿矸石山绞车房工程施工中，采用人工挖孔大直径灌注桩和托梁技术对地基进行处理。在王庄煤矿翻矸机房及栈桥地道工程施工中，采用人工挖孔石灰碎石桩技术处理了结构不均匀下沉。

1986年，王庄煤矿35千伏砖混结构变电所工程，因地基坐落在杂填土上，采用梁式筏板基础，对其下部地基以三七灰土进行换土处理。

20世纪90年代，建筑施工开始大量使用混凝土及钢筋混凝土基础。同时，运用新型地基处理技术：振冲挤密碎石桩技术处理加固液化砂土地基，振冲挤密砂桩和灰土挤密桩技术处理加固软弱地基，预制人工桩和混凝土灌注桩技术处理加固集中荷载较大的砂土、黏土地基，碱液化学加固地基技术处理加固大孔性土层地基，强夯加固地基处理技术处理加固湿陷性黄土和杂填土地基。强夯法既可加固松散的土层（如砂性土、黄土），也可加固处理软弱土层。施工过程中，第十工程处因地制宜，采用换土法、加深基础法、大直径灌注桩、石灰桩、碎石桩、深层搅拌、托换技术（加固和纠偏托换）技术等方法处理地基问题。

1998—2000年，中煤第一建设公司梅园新村小区住宅楼施工中，应用水泥喷粉深层搅拌技术解决了地下浅水位胶泥状软弱地基的承载力问题。

2009年，门克庆煤矿回风立井地面风硐施工中，应用多级轻型井点降水技术解决了地下水对施工的影响。

2010年4月，在宝龙山煤矿副井井塔钢筋混凝土基础施工中，采用了长螺旋钻孔成桩技术对邻近建筑物的地基加固，同时采用疏干深井降水技术进行降低地下水施工，解决了施工对邻近建筑物的稳定和变形的影响。

2013年，在大海则煤矿和沟底煤矿施工井架基础工程中，采用基础加深和砂石垫层技术解决了在风积沙地基承载不足问题。

（四）钢筋混凝土施工

20世纪60—80年代，第十工程处施工的土建工程以砖木结构和砖混结构为主，混凝土的使用数量相对较少，混凝土成分比较单一，仅是水泥、砂子、石子、拌合水4种组分，没有外加剂、掺合料等。

王庄煤矿初建时期，推广一般混凝土结构预制构件经验，节约了大量木材，加快了施工进度，砌砖工程推行预制大型砌块，大大加快了施工速度，并因地制宜，实行工厂化施工。

20世纪60年代混凝土搅拌浇筑以人工为主，70年代后期出现搅拌机和混凝土振动器，开始使用速凝剂等外加剂，混凝土强度等级标准也得到了提高，达到了C20和C30。1986年11月，土建工程和预制厂推广应用粉煤灰外掺料技术。粉煤灰掺入量：混凝土，按水泥质量的15%掺入，砂浆，按砂质量的1/4掺入。使用时必须过筛，筛孔0.3毫米，含碳量不能太高。应用范围：混凝土沟盖板、抹墙面底灰、散水、地面垫层、临建工程、空心楼板（做好试块试验合格后再使用）。

1987年，推广应用炉渣代替河砂新工艺，应用于临建工程的地面垫层、散水等非主要承重构件中。

20世纪90年代出现了C60强度等级的混凝土。1992年，第十工程处在武安土建工程中推广使用散装水泥，使用高强度水泥。

1992年5月，施工的常村煤矿工业锅炉房竣工。该工程为框架、砖混、钢天窗架组成的多层混合结构，由主厂房、辅助间、引风机房、麻石除尘器、60米砖烟囱组成，使用了大量C30强度等级的混凝土。3∶7灰土地基处理，独立混凝土基础，现浇混凝土工字形牛腿柱及框架架梁板柱部分，现场预制15米跨薄腹梁、4.5米×1.5米大型屋面槽板。辅助间部分为现浇梁板砖混结构，现浇6台20吨热水锅炉设备基础4.2米高。C30混凝土预制件的使用，在确保工程质量的前提下，加快了施工进度。

进入21世纪，出现了C80和更高强度等级的混凝土。清水混凝土技术得到重新应用，解决了抹灰起鼓、开裂问题，省工又省料，既提高了工程质量，加快了施工进度,又降低了成本。2007年开始使用新型强制式搅拌机和混凝土拖式输送泵,商品混凝土也得到广泛应用。

(五)墙体砌筑施工

20世纪60—70年代,墙体材料主要以手工砖、机制砖、石材砌筑为主,砂浆以白灰砂浆、水泥白灰混合砂浆为主。砌筑方式为满丁满条、一顺一丁、沙包式、三顺一丁等,砌筑方法为三一砌法、刮浆法、灌浆法(后期禁用此法)等,操作以大铲、刨锛、瓦刀进行摊砂浆、砍砖砌筑。

王庄煤矿土建工程施工中,推广何开生快速砌砖工作法。采用4人小组、双手挤浆的工作方法,1个泥工配3个副工,副工掏灰、铺灰、送砖,泥工双手挤浆形成一个流水线。同时,推广多工种平行流水,立体交叉作业方法。

20世纪80年代,推广应用粉煤灰材质的各种砖和砌块,变废为宝,变害为利,保护了耕地,保护了环境。

1987年,推广应用微沫剂代替白灰新工艺,应用于砌筑混合砂浆、装修白灰砂浆。

20世纪90年代,墙体砌筑工程以加气混凝土和粉煤灰砖为主,以水泥炉渣空心砌块和水泥珍珠岩轻质隔墙板、烧结煤岩砖为辅的新型墙体砌筑体系。2000年以后,砌筑材料用烧结黏土空心砖、粉煤灰空心砖,既可作为承重墙又可作为填充墙,砌筑砂浆使用M7.5混合砂浆。

(六)钢结构施工

第十工程处施工的钢结构工程少,混合结构工程施工中涉及部分钢结构施工。1984年3月,承建的山西漳泽电厂"职工俱乐部"为混合结构:二层框架结构放映厅及看台、27米跨钢屋架排架柱结构观众厅、砖混结构舞台部分。1990年8月,施工的常村煤矿副立井井口房(含人行走廊)及井筒锁口盘操车基础工程,结构类型为1~4轴砖混结构,5~15轴钢结构,14.5米高格构式承重钢结构牛腿柱,21米跨网球屋架屋顶结构组成的混合结构。

(七)装饰工程

20世纪60年代,外墙采用原浆勾缝墙面、加浆勾缝清水墙面、水泥砂浆抹灰墙面;内墙以白灰砂浆打底、白灰膏面层,水泥混合砂浆处理墙面;地面多以砖地面、铺砖水泥面层地面为主。80年代,逐步被各种涂料面层或面砖所代替,开始采用石材饰面,玻璃幕墙。90年代,广泛应用外墙面钢件干挂石材墙面,水泥地面已被复合木地板、实木地板、石材地板和地板砖所替代。

21世纪以来,外墙和地面使用人造石材(光面),耐磨耐擦洗涂料广泛应用于室内墙面装饰。

(八)节能、绿色施工

从20世纪90年代建筑外墙要求采用"外墙内保温"技术,发展到了21世纪的"外墙外保温"技术,框架结构采用直接砌筑保温砌块的墙体保温技术,取消了另附墙体保温层。

(九)计算机软件与互联网技术的应用

20世纪80年代初期,应用电子计算器替代手算,解决了建筑施工中繁难的复杂计算难题。

进入2000年,开始应用计算机软件和网络技术,极大地加快和提高了工程施工设计计算、施工图绘制、施工进度计划编制、图纸放样、文件的传输等工作的速度和效率,施工现场的监测监控更加便利、快捷。

二、机电安装

(一)立井井筒主要装备安装

立井井筒装备主要包括罐道、罐梁、

梯子间、管路、托架、缆线、井下套架、井下非标段、井上套架、井口非标段以及托管梁、电缆支架、过卷装置等。罐道和罐梁是立井井筒装备的主要组成部分，按罐道结构的不同，分为刚性罐道井筒装备和柔性罐道井筒装备。永久立井井筒装备一般采用刚性罐道，临时改绞立井井筒装备一般采用柔性罐道。

立井井筒装备是矿井建设中一项技术复杂、施工难度很大的关键性工程，一般都在井筒掘砌工作结束后进行。根据井筒装备的安装顺序不同，可分为一次安装和分次安装两种方式，其安装方向可由上向下进行，也可由下向上进行。

井筒装备分次安装的作业顺序是，利用吊盘，从井口往下安装全部罐道梁、梯子梁、平台、梯子和管路电缆的卡子，再改装吊盘，从井底由下向上安装罐道、管线。

1992年，常村矿主、副井井筒装备工程施工，安装罐梁、罐道、管线，就是采用分次安装方式，由上向下安装罐道梁、管路梁，到达井底再改装吊盘，从下往上安装罐道、管路。施工时所用的吊盘（工作平台）采用3层盘，为了使工作人员接近管线安装位置，在吊盘上增设活动折板或活动踏板。

2015年12月，平朔集团小回沟煤矿回风立井井筒深度197米，井筒装备施工内容包括玻璃钢梯子间，3趟φ820毫米×12毫米瓦斯管路，一趟φ159毫米×8毫米灌浆管路。施工方案采用了3层吊盘，施工时三层吊盘分工：第一层为保护盘，设置吊盘悬吊点及稳绳悬吊点；第二层盘设置配电系统、信号系统及电焊机等，主要用于安装罐梁及梯子间；第三层盘主要用于打眼及安装托架。吊盘下行过程中安装梯子间、灌浆管路防弯支架、瓦斯管路托架及托管梁。上行过程中安装防弯梁及管路。

（二）钢结构井架

钢结构井架作为矿山立井提升的主要构筑物，主要用于支承提升天轮、固定提升套架和承受矿井提升荷重。在钢结构井架安装上，20世纪80—90年代，小型凿井井架多采用吊车竖立，大型井架多采用桅杆起吊竖立。2000年后，随着大型吊车的出现，开始采用大吊车组立大型井架。

1992年，安装潞安矿务局常村煤矿的主井箱式井架时，德国专家建议进口德国100吨大型吊车，采用汽车吊装方案。第十工程处根据实际情况，研究制定"井外组立、整体平移"方案，采用桅杆、稳车、滑轮组的办法进行组立。该井架由德国西马克公司设计制造，井架由斜腿、承力平台、支撑腿和立架组成，质量620吨，垂高65米。为保证井架结构不变形和移动平稳，采取了三点同时抬起井架、多点支撑均匀受力、小直径滚轮组行走装置、井架加固、慢速同步牵引、实时监测等措施。顺利将井架整体平移71米，准确安装到位，工期提前70天，受到国内众多新闻媒体的关注，中央电视台、山西电视台、河北电视台、邯郸电视台等新闻媒体进行了现场报道。"大型箱式井架外组立整体平移施工工法"，获得中国煤炭建设协会1999—2000年度煤炭行业（部级）优秀工法。

1995年，在南寨煤矿安装的主、副井两座井架，也是采用桅杆、稳车、滑轮组的办法进行组立。

此后，分别在常村煤矿、寺河煤矿、沙曲煤矿、黄玉川煤矿、门克庆煤矿、大海则煤矿等多个矿井，用吊车起立的方法组立了多座施工用凿井井架。

（三）井下大型钢丝绳芯带式输送机、水泵

在矿井建设中，井下安装工程与矿建工程容易出现交叉作业现象，场地冲突制约矿井的建设工期。第十工程处在长期的施工实践中不断探索，取得了不少的成功经验和应对方法，创新了多项新工艺。

1. 输送带叠放

现在井下大巷的钢丝绳芯带式输送机宽度都在 1.4 米以上，长度在 2000 米以上，有的达到 6000 多米。带式输送机安装的常规程序是：卸载装置、驱动装置、拉紧装置、机尾、中间架，最后展放输送带硫化。其中，硫化输送带要占 1/3 的时间。第十工程处采用的办法：安装中间架的同时硫化输送带，叠放到空余场地，在中间架安装完后，随即整体展放输送带，以达到缩短工期目的。

2008 年，在华晋焦煤有限责任公司沙曲煤矿北翼钢丝绳芯输送带延伸工程中，由原长 3000 米延长到 5000 米，采用输送带叠放的技术，7 天完成施工。

2012 年和 2017 年，在禾草沟煤矿主井运输钢丝绳芯输送带延伸和南梁煤矿 3－1 号煤层输送机巷 1700 米钢丝绳芯的安装施工中，均采用此技术，保证了工期。

2. 水泵环形管路整体吊装

井下水泵安装主要包括水泵、排水的环形管路安装。常规程序是先安装泵体，再逐段加工安装排水环形管路。但有时候水泵房矿建施工不能按时完成。第十工程处采取在矿建施工过程中即在地面预先加工环形管路，到井下组装好后，整体起吊安装，随后安装泵体的方式，可以有效地保证施工工期。2012 年，禾草沟煤矿井底中央水泵房的安装，即采用此技术。

（四）临时改绞

20 世纪 60 年代，提升系统的临时改绞，一般遵循在主、副井贯通后，通常在主井井筒进行临时罐笼提升系统改装，主井临时改装完毕后进行副井井筒的永久装备，等副井安装完毕后，主井即可进行永久提升设备安装。

20 世纪 80 年代后，第十工程处在矿井的主、副、风立井工程施工中，采取在风井进行临时改绞，主、副井同时进行永久装备安装的施工方案。

20 世纪 90 年代，改绞采用罐笼提升，钢丝绳软罐道，重锤拉紧装置、罐座承接装置，矿车进出罐笼采用人工推车。

1990 年和 1998 年，分别在潞安矿务局常村煤矿风井和华晋焦煤有限责任公司沙曲煤矿北进风井进行了临时改绞，采用 3 吨单层单车罐笼，钢丝绳软罐道，重锤拉紧装置、3 吨罐座，井口稳罐道采用槽钢罐道。

2000 年以后，钢丝绳软罐道的张紧采用液压张紧装置，使得钢丝绳张紧既方便又可靠。承接装置改为液压摇台，方便罐笼进出矿车高度的调节。

2008 年，华晋焦煤有限责任公司沙曲煤矿南风井临时改绞采用了 3 吨单层单车罐笼，钢丝绳软罐道，SLT－20 型液压张紧拉紧装置、搭接摇台承接装置，井口稳罐道采用方钢罐道。

2010 年后，现代矿井随着规模的扩大，井下开拓工程量也不断增大，施工机械化配套日趋完善，对提升能力提出了更高的要求。第十工程处在原有改绞罐笼的基础上，增加了箕斗改绞。

2013 年，中天合创门克庆煤矿回风井改绞，首次采取混合改绞。在井筒内同时布置 2 个 11 吨箕斗和 2 个 1.5 吨双层罐笼，罐笼负责人员及物料、设备的上下井，箕斗负责排矸，提升能力大幅度得到提高，排矸能力达到 3000 吨/天，给井下采区巷道的快速开拓提供了保障。"大型矿井建井期间混合提升及生产系统布置研究与应用"获得中国施工企业管理协会颁发的"2014年度科学技术奖科技创新成果"二等奖和河北省煤炭工业行业协会"河北省煤炭工业科学技术奖"二等奖。

(五) 矿井提升机安装

矿井提升机主要有单绳缠绕式单筒和双筒矿井提升机、落地式多绳摩擦式和井塔式多绳摩擦式提升机。临时施工用提升机主要采用单绳缠绕式矿井提升机,生产矿井提升机主要采用多绳摩擦式提升机。随着科技发展,提升机更新换代,新材料、新工艺不断涌现,安装施工技术也随着提高。

20世纪70—90年代,提升机安装吊装就位采用桅杆、小绞车、滑轮组、倒链。主轴、减速器、轴瓦采用滑动轴承,须研磨轴瓦。滚筒衬木采用硬木衬木,需要用车削设备车削绳沟。液压调压装置采用电液调压装置。电控系统采用 TKD - A 型控制系统,由各种继电器、磁放大器、自整角机组成。

第十工程处于20世纪90年代安装了几台生产矿用多绳摩擦式提升机后,主要是安装本单位施工用的单绳缠绕式矿井提升机,规格 $\phi 2 \sim 4$ 米。

1992年,在潞安矿务局常村煤矿主井安装了1部多绳3.5米多绳摩擦式绞车,副井安装了2部3米多绳摩擦式绞车。

1998年,在沙曲煤矿安装的2台JK - 2.5/20型提升机和2台2JK - 3.5/15.5型提升机即采用了以上技术。

2000年以后,提升机逐渐采用大型吊车吊装、就位。主轴及减速器的轴承改为滚动轴承,不再需要研磨轴瓦。滚筒衬木改为塑衬,不再需要车削,大大缩短了安装时间。液压调压装置改为比例液流阀,电控系统改为 PLC 控制系统,增加了安全可靠性。

2010年,在门克庆煤矿风井安装了1台2JKZ - 4/18型和1台2JK - 3.5/15.5型提升机。

2013年,在大海则煤矿主井、风井安装了1台2JKZ - 4/18型、1台JKZ - 3.2/18E型、2台JKZ - 2.8/15.5型、1台JKZ - 3.0/15.5型提升机。

2017年开始,电控系统改为高压变频系统。

2017年,在晋煤集团长平煤矿安家风井安装的1台2JK - 3.5/18E型、3台JKZ - 2.8/15.5型提升机即采用了以上技术。

第三章 施 工 管 理

第一节 生产组织管理

计划经济时期,部属施工单位由煤炭工业部指令性安排工程任务,通常一个矿井由一个工程处主建。第十工程处根据承建矿井的实际情况,实行不同的施工生产管理模式。主、副、风井在一个工业广场的由处统一管理,设生产调度室,主管生产调度,协调解决施工生产中出现的问题。矿建队直属处管理,由调度室统一调度生产施工,实行"包工程量、工期、材料、安全和质量,处保设计、设备、材料和按条件付工资"的经济承包方式。风井远离工业广场的,实行工区管理模式,工区设主任、书记、副主任,下设矿建队,处调度室与工区调度室之间通过电台或电话进行信息传递。第十工程处矿建工区施工组织机构如图2-3-1所示。

1977年,第十工程处根据煤炭工业

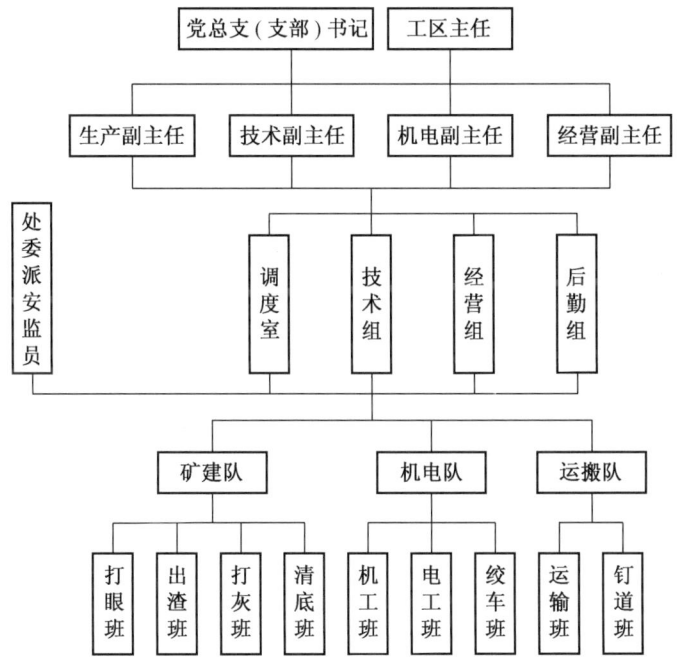

图2-3-1 第十工程处矿建工区施工组织机构图

部的通知精神,整顿劳动组织,压缩非生产人员,充实生产第一线。取消矿建施工四班作业,恢复"三八"制作业,实行正规循环作业,参加全国煤炭系统"上纲要、创水平"劳动竞赛。

20世纪80年代初期,随着国家经济

体制由计划经济向市场经济的过渡,建筑市场引入竞争机制,不再由煤炭工业部指令性安排接续工程,实行发承包制。第十工程处承建的工程,基本实行工区管理模式。井下施工根据实际情况采用"滚班"或"圆班"工作制,地面采用"三八"工作制。工区实行"全民所有、集体承包、核定任务、单独核算、盈利分成、亏损分担"的经济承包制。

1995年,第十工程处于在土耳其国家硬煤公司(TTK)卡拉碉矿井井下暗立井工程项目首次尝试"项目法施工"管理模式,实行项目经理责任制。

1996年,在寺河项目开始实行项目部与工区并存的工程施工管理模式,项目部负责工程项目管理,工区负责组织工程施工,项目部设立调度室,受项目部和处调度室双重管理,负责现场施工生产调度。经过不断实践和完善,到2004年工区体制取消,"项目法施工"管理模式全面实行。在项目施工管理上,立井与斜井(二、三期工程)施工分别采取不同的组织方式。

立井施工劳动组织采用综合施工队形式,按专业化班组配备,井下实行4个班专业化作业,即打眼放炮班、出矸找平班、浇筑班、出矸清底班,各个班按工程进展滚动施工。设立包机组,进行设备的动态检修,确保设备完好运行。立井项目组织机构如图2-3-2所示。

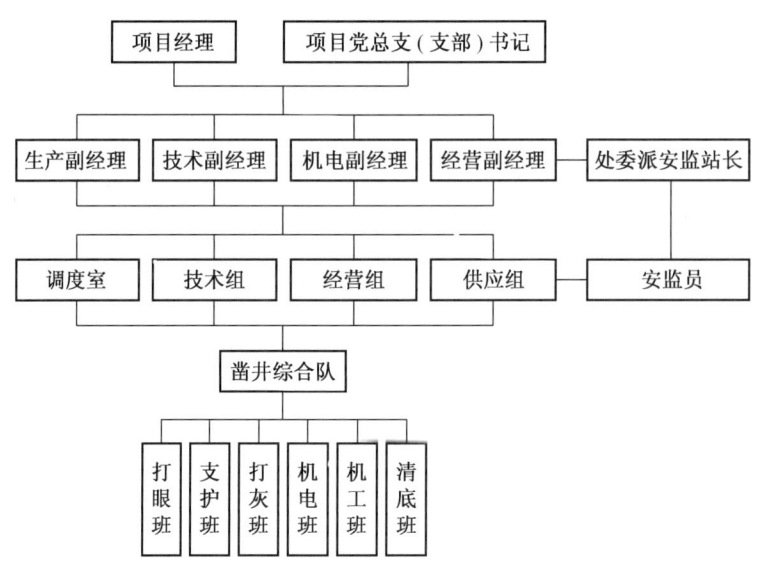

图2-3-2 立井项目组织机构图

二、三期工程施工,实行"三八"制作业,综掘巷道掘进采用三班制组织生产,喷浆巷道采用"两掘一喷",即两个班掘进,一个班喷浆作业。为保证正规循环作业完成,迎头施工作业须根据劳动组织的人员配备,合理安排工序,工序和工序之间平行交叉作业,提高工时利用率。斜井及二、三期项目组织机构如图2-3-3所示。

2006年2月23日,按照ISO 9001/ISO 14001/18001标准和中煤第一建设公司程序文件的要求,结合年度工程施工情

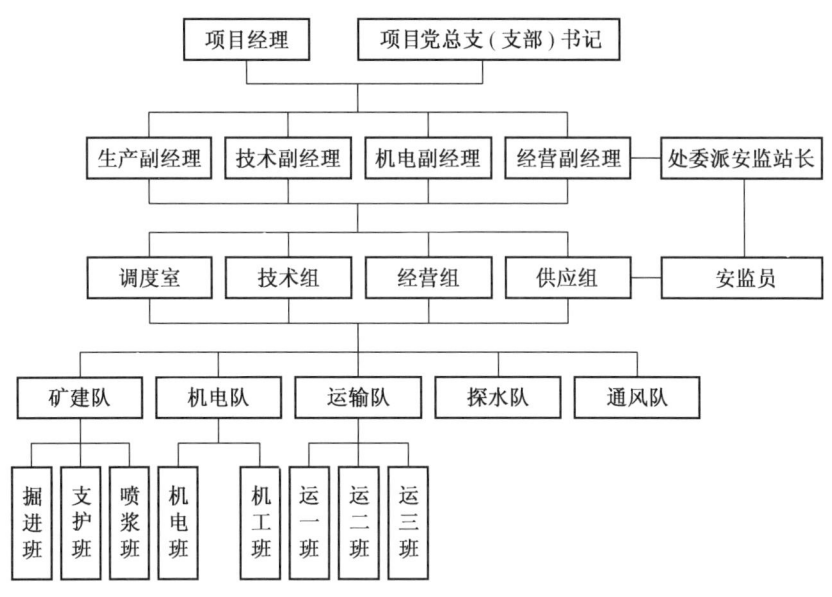

图 2-3-3 斜井及二、三期项目组织机构图

况,第十工程处颁布整合型管理体系目标。包括 2006 年质量目标、职业健康安全目标、环境目标。

2008 年,在平斜巷施工中实行劳动组织改革,力推中深孔、全断面一次爆破作业技术。

劳动组织优先推行"专业滚班"循环作业形式,按专业化班组配备,井下实行滚班制作业,地面辅助人员实行"三八"制作业。劳动力配备根据施工所需劳动力计划进行综合平衡。不具备"专业滚班"条件的,实行"四六"交叉或"四八"平行循环作业形式,结合实际灵活运用"三八"制或"四六"制作业。

2009 年起,第十工程处 OA 办公平台开始运行,随着互联网技术的广泛运用,远程生产调度信息传递由电话加传真的方式,逐步发展到电话、办公平台、微信群、中煤调度信息系统等多种方式并行,极大地提高了工程项目施工管理的工作效率。

建处以来,第十工程处结合各个时期的政治形势和施工任务,积极开展井巷施工创水平竞赛,优化施工生产组织管理,不断提高劳动工效和井巷施工单进水平。1959—2017 年第十工程处矿建施工单进创水平工程见表 2-3-1。

表 2-3-1 1959—2017 年第十工程处矿建施工单进创水平工程统计表

序号	最高月进尺(米)	工程概况	时间	施工队伍	工程名称
1	302	煤巷	1959-09	张连生班	王庄煤矿二、三期
2	380	煤巷	1959-10	张连生班	王庄煤矿二、三期
3	1050.36	煤巷	1966-04	矿建一队	王庄煤矿北翼采区

表 2-3-1（续）

序号	最高月进尺（米）	工程概况	时间	施工队伍	工程名称
4	173.5	平硐断面积12.6平方米	1969-04	矿建三队	干巴塘+1400米水平贯通
5	205	平硐断面积12.6平方米	1969-04	矿建二队	干巴塘+1400米水平贯通
6	220.5	岩巷断面积12.6平方米	1969-05	矿建三队	大宝顶回风巷石门硐
7	177.9	13.6平方米	1970-04	矿建一队	干巴塘一采区石门贯通
8	181.6	13.6平方米	1970-04	矿建三队	干巴塘一采区石门贯通
9	205.6	巷道	1973-04	矿建二队	平江煤矿巷道砌碹
10	244	半煤岩巷断面积5.3平方米	1973-09	矿建一队	灰老沟三号平硐
11	219	岩巷断面积10.4平方米	1973-09	矿建二队	小宝顶+1200米水平
12	38.2	净直径5.5米	1976-02	矿建二队	陶二煤矿主井井筒
13	42.5	净直径6.5米	1976-03	矿建一队	陶二煤矿副井井筒
14	67	净直径5.5米	1976-03	矿建二队	陶二煤矿主井井筒
15	46	净直径6.5米	1976-04	矿建一队	陶二煤矿副井（半个月）
16	173.8	岩巷	1976-08	矿建二队	陶二煤矿北翼贯通
17	105	岩巷	1976-08	矿建二队	陶二煤矿风井二期
18	106.5	岩巷	1976-09	矿建三队	陶二煤矿风井二期
19	66.7	净直径5.5米	1977-01	矿建二队	陶二煤矿主井井筒
20	60.2	净直径5.5米	1977-04	矿建二队	陶二煤矿主井井筒
21	120.1	暗斜井	1977-05	矿建四队	陶二煤矿暗斜井
22	81.5	净直径5.5米	1977-12	矿建一队	万年二号煤矿中部立风井
23	92	净直径5.5米	1978-01	矿建一队	万年二号煤矿中部立风井
24	52.33	净直径5米	1981-06	矿建一工区	邢台煤矿西风井
25	22.8	沉井法,净直径5米	1983-09	矿建一工区	王庄煤矿西风井
26	85.3	净直径8米	1987-06	矿建一队	常村煤矿副井
27	83.3	净直径8米	1987-07	矿建一队	常村煤矿副井
28	83.4	岩巷	1987-11	矿建五队	王庄煤矿巷道
29	89.6	岩巷	1987-12	矿建五队	王庄煤矿巷道

表 2-3-1（续）

序号	最高月进尺（米）	工程概况	时间	施工队伍	工程名称
30	80.6	岩巷断面积 18 平方米	1987	矿建七队	王庄 +630 米水平南翼运输大巷
31	141	皮带下山	1988-04—1988-09（6月次）	矿建八队	常村煤矿南一皮带下山
32	117.8	净直径 5 米	1992-03	矿建综合队	李雅庄煤矿朱家庄风井
33	>100	净直径 6 米	1997-05—1997-07（3月次）	矿建十一队	沙曲煤矿北进风井
34	>80	净直径 6 米	1997-06—1997-08（3月次）	矿建二队	沙曲煤矿北回风井
35	>70	大断面岩巷	1997-09—1997-10（2月次）	矿建六队	寺河煤矿西回风井巷
36	221.6	煤巷	1997-10	矿建一工区	南寨煤矿回风顺槽
37	120	岩巷	1998-04	矿建六队	寺河煤矿西回风巷
38	130.9	岩巷	1998-05	矿建六队	寺河煤矿西回风巷
39	116	岩巷	1998-06	矿建六队	寺河煤矿西回风巷
40	>205	煤巷	2000-04—2000-06（3月次）	矿建五队	南阳煤矿 3101 运输巷
41	233	煤巷	2000-07	矿建五队	南阳煤矿 3101 运输巷
42	110	岩巷	2000-12	矿建六队	刘庄煤矿 -240 米水平主运大巷
43	>100	岩巷	2000（5月次）	矿建六队	刘庄煤矿 -240 米水平主运大巷
44	121.8	净直径 5.5 米	2001-04	矿建三队	武安魁星楼铁矿副井
45	125	岩巷	2001-08	矿建六队	刘庄煤矿 -240 米水平主运大巷

表 2-3-1（续）

序号	最高月进尺（米）	工程概况	时间	施工队伍	工程名称
46	121	岩巷	2001-09	矿建六队	刘庄煤矿-240米水平主运大巷
47	126	岩巷	2001-11	矿建六队	刘庄煤矿-240米水平主运大巷
48	141	岩巷	2002-04	矿建六队	刘庄煤矿-240米水平主运大巷
49	>120	岩巷	2002（6月次）	矿建六队	刘庄煤矿-240米水平主运大巷
50	157	半煤岩巷	2002-05	矿建九队	沙曲煤矿北风井胶带巷
51	196	半煤岩巷	2002-08	矿建九队	沙曲煤矿北风井胶带巷
52	217	煤巷	2002-12	矿建九队	沙曲煤矿北风井胶带巷
53	131	岩巷	2002-01	矿建十一队	沙曲煤矿北轨道大巷
54	155	半煤岩巷	2002-05	矿建十一队	沙曲煤矿北风井进风井
55	229	煤巷	2002-11	矿建十一队	沙曲煤矿北一采区轨道巷
56	160	岩巷	2002-05	矿建十五队	陶二煤矿北翼大巷
57	145	岩巷	2002-05	矿建八队	南阳煤矿皮带大巷
58	137	岩巷	2002-06	矿建八队	南阳煤矿皮带大巷
59	150	岩巷	2002-07	矿建八队	南阳煤矿皮带大巷
60	145	岩巷	2002-08	矿建八队	南阳煤矿皮带大巷
61	147	岩巷	2002-10	矿建八队	南阳煤矿皮带大巷
62	136	岩巷	2002-11	矿建八队	南阳煤矿皮带大巷
63	139	岩巷	2002-12	矿建八队	南阳煤矿皮带大巷
64	129	岩巷	2002-09	矿建一队	崔家寨煤矿总回风石门
65	149	岩巷	2002-10	矿建一队	崔家寨煤矿总回风石门
66	142	岩巷	2002-11	矿建一队	崔家寨煤矿总回风石门
67	132	岩巷	2002-12	矿建一队	崔家寨煤矿总回风石门
68	134	岩巷	2003-03	矿建一队	崔家寨煤矿东翼总回风巷
69	131	岩巷	2003-04	矿建一队	崔家寨煤矿东翼总回风巷
70	126	岩巷	2003-06	矿建五队	陶二煤矿六下轨道巷
71	160	岩巷	2003-10	矿建五队	陶二煤矿四采小煤下山

表 2-3-1（续）

序号	最高月进尺（米）	工程概况	时间	施工队伍	工程名称
72	187	岩巷	2003-07	矿建九队	沙曲煤矿北一采区 5 号措施巷
73	163.2	岩巷	2003-08	矿建九队	沙曲煤矿北一采区 5 号措施巷
74	201	半煤岩巷	2003-03	矿建九队	沙曲煤矿北一采区皮带大巷
75	256	半煤岩巷	2003-04	矿建九队	沙曲煤矿北一采区皮带大巷
76	209	煤巷	2003-03	矿建十队	沙曲煤矿北一采区回风巷
77	208	煤巷	2003-05	矿建十队	沙曲煤矿北一采区回风巷
78	257.2	煤巷	2003-06	矿建十队	沙曲煤矿北一采区皮带巷
79	252	煤巷	2003-07	矿建十队	沙曲煤矿北一采区皮带巷
80	128	岩巷	2003-03—2003-04	矿建十五队	陶二煤矿四采区小煤车场
81	160	岩巷	2003-11	矿建十五队	陶二煤矿工业广场保护巷
82	200	岩巷	2003-12	矿建十五队	陶二煤矿暗斜井
83	121.3	岩巷	2003-08	矿建十八队	梧桐庄煤矿南一采区水仓
84	135	净直径 5.5 米	2003-09	矿建二十队	兰武隧道天祝立井
85	94	净直径 5.5 米	月均成井	矿建二十队	兰武隧道天祝立井
86	140.9	净直径 5.5 米	2003-07—2003-08	矿建二十一队	辛置煤矿南李庄风井
87	165.9	半煤岩巷	2004-03	矿建九队	沙曲煤矿轨道巷
88	133	斜岩巷	2004-01	矿建十五队	陶二煤矿电厂保护巷
89	179	斜岩巷	2004-02	矿建十五队	陶二煤矿电厂保护巷
90	170	斜岩巷	2004-03	矿建十五队	陶二煤矿电厂保护巷
91	122	斜岩巷	2004-04	矿建十五队	陶二煤矿电厂保护巷
92	134	岩巷	2004-02	矿建十八队	梧桐庄煤矿二采区出煤巷
93	138	岩巷	2004-04	矿建十八队	梧桐庄煤矿-470 米水平南副巷
94	164	净直径 7.0 米	2004-05	矿建二十队	大宁煤矿中央回风立井
95	169	净直径 6.5 米	2005-03	凿井二队	干河煤矿主立井

表2-3-1（续）

序号	最高月进尺（米）	工程概况	时间	施工队伍	工程名称
96	170.2	冻结，净直径7.9米	2005-06—2005-07	矿建二十一队	吴桂桥煤矿副立井
97	72.3	岩巷断面积17.8平方米	2005-11	矿建十六队	梧桐庄煤矿四采区回风巷
98	112	坡度24°，断面积21.2平方米	2006-05	矿建六队	棋盘井煤矿回风斜井
99	110.7	坡度24°，断面积21.2平方米	2006-06	矿建六队	棋盘井煤矿回风斜井
100	115.5	坡度24°，断面积21.2平方米	2006-07	矿建六队	棋盘井煤矿回风斜井
101	113	坡度24°，断面积21.2平方米	2006-08	矿建六队	棋盘井煤矿回风斜井
102	100	坡度24°，断面积21.2平方米	2006-10	矿建六队	棋盘井煤矿回风斜井
103	102	坡度24°，断面积21.2平方米	2006-11	矿建六队	棋盘井煤矿回风斜井
104	141.7	净直径7.5米	2006-09	凿井二队	龙家堡煤矿副井
105	140.7	净直径7.5米	2006-10	凿井二队	龙家堡煤矿副井
106	140.6	净直径7.5米	2006-11	凿井二队	龙家堡煤矿副井
107	161	净直径7.5米	2006-12	凿井二队	龙家堡煤矿副井
108	137	净直径7.5米，平均月成井	2007-02	凿井二队	龙家堡煤矿副井
109	210	进风井净直径6米，回风井净直径7米	2007-03	矿建三队、矿建五队	李雅庄煤矿宽南坡风井
110	103	回风井净直径7米	2007-04	矿建五队	李雅庄煤矿宽南坡回风井
111	188.6	进风井净直径6米	2007-04	矿建三队	李雅庄煤矿宽南坡进风井
112	>100	坡度24°，断面积21.2平方米	2007-01—2007-07（7月次）	矿建一队	棋盘井煤矿回风斜井
113	203	坡度24°，断面积21.2平方米	2007-08	矿建一队	棋盘井煤矿回风斜井

表2-3-1（续）

序号	最高月进尺（米）	工程概况	时间	施工队伍	工程名称
114	124	断面积19平方米，含交叉点	2007-08	矿建二十二队	龙家堡煤矿-630米水平配风巷
115	>100	断面积>20平方米	2007-08—2007-10（3月次）	矿建二十二队	龙家堡煤矿二期岩巷
116	>100	断面积>20平方米	2007-08—2007-10（3月次）	矿建二十三队	龙家堡煤矿二期岩巷
117	306	综掘	2007-11	矿建二队	干河煤矿101-2巷
118	118.6	净直径9.2米	2007-11	矿建三队	黄玉川煤矿主井
119	120	岩巷	2007-11	矿建二十四队	龙家堡煤矿二期岩巷
120	121.7	净直径7.5米	2007-12	凿井七队	八宝煤矿副井
121	343	综掘	2007-12	矿建二队	干河煤矿101-2巷
122	121.6	净直径6米	2008-01	凿井二队	八宝煤矿主井
123	141.7	净直径7.5米	2008-01	凿井七队	八宝煤矿副井
124	275	岩巷断面积14.2平方米	2008-01	矿建二队	干河煤矿轨道顺槽
125	370	半煤岩断面积21平方米	2008-01	矿建二十六队	黄玉川煤矿一水平大巷
126	293	岩巷断面积14.2平方米	2008-03	矿建二队	干河煤矿轨道顺槽
127	114	净直径6米	2008-03	凿井二队	八宝煤矿主井
128	111	净直径7.5米	2008-03	凿井七队	八宝煤矿副井
129	126	净直径6米	2008-04	凿井二队	八宝煤矿主井
130	119	净直径7.5米	2008-04	凿井七队	八宝煤矿副井
131	137	净直径6米	2008-05	凿井二队	八宝煤矿主井
132	137	净直径7.5米	2008-05	凿井七队	八宝煤矿副井
133	160	净直径7.5米	2008-06	凿井七队	八宝煤矿副井
134	146.25	净直径7.5米	平均月成井	凿井七队	八宝煤矿副井
135	125.58	净直径6米	平均月成井	凿井二队	八宝煤矿主井
136	313.3	岩巷	2008-05	矿建一队	棋盘井煤矿二期巷道

表 2-3-1（续）

序号	最高月进尺（米）	工程概况	时间	施工队伍	工程名称
137	332.3	岩巷	2008-06	矿建一队	棋盘井煤矿二期巷道
138	422	半煤岩断面积 19.25 平方米	2008-09	矿建三队	黄玉川煤矿二期煤巷（综掘）
139	300	半煤岩断面积 21 平方米	2008-09	矿建二十六队	黄玉川煤矿一水平大巷
140	>100	断面积 24.47 平方米	2008-09	矿建七队	沙曲煤矿总回风大巷
141	210	冻结，净直径 8 米	2009-01	矿建二十一队	麻家梁煤矿回风立井
142	165	冻结，净直径 8 米	2009-02	矿建二十一队	麻家梁煤矿回风立井
143	141	净直径 8 米	2009-03	凿井七队	东周窑煤矿副立井
144	141	岩巷断面积 20.35 平方米	2009-10	矿建三队	黄玉川煤矿一、二水平 1 号联络巷
145	201	岩巷	2009-10	矿建二十八队	黄玉川煤矿一水平东翼辅助大巷
146	138	坡度 6°，掘进断面积 23.6 平方米	2010-08	矿建三队	黄玉川煤矿一、二水平 1 号联络巷
147	106	坡度 6°，断面积 20.7 平方米	2010-11	矿建十九队	禾草沟煤矿副斜井
148	102	坡度 6.5°，断面积 20.7 平方米	2010-11	矿建八队	寨崖底煤矿 2 号副斜井
149	>100	净直径 6 米	2010（2 月次）	凿井一队	玉溪煤矿进风井
150	>100	净直径 7.5 米	2010（2 月次）	凿井五队	玉溪煤矿回风井
151	154	坡度 6°，断面积 18.07 平方米	2011-03	矿建十九队	禾草沟煤矿主斜井（综掘）
152	157	坡度 20°，断面积 22.7 平方米	2011-03	矿建二十一队	禾草沟煤矿回风斜井（炮掘）
153	140	净直径 6 米	2011-03	凿井七队	八连城煤矿新主井
154	131.8	坡度 8.5°，断面积 17.3 平方米	2011-04（10 天）	矿建二十队	华胜煤矿主斜井（综掘）

表 2-3-1（续）

序号	最高月进尺（米）	工程概况	时 间	施工队伍	工 程 名 称
155	122.7	坡度6°，断面积17.9平方米	2011-04	矿建一队	华胜煤矿副斜井（炮掘）
156	225	坡度6°，断面积21.2平方米	2011-04	矿建二十五队	肖家洼煤矿副斜井
157	218	坡度6°，断面积20.7平方米	2011-06	矿建三队	禾草沟煤矿副斜井（综掘）
158	104	净直径8米	2011-08	凿井二队	门克庆煤矿1号回风立井
159	>100	坡度16°，断面积18.41平方米	2011-11—2011-12（2月次）	矿建二十四队	庞庞塔煤矿主斜井
160	402	断面积9.62平方米	2012-03	矿建十一队	华胜煤矿3101首采工作面回风巷
161	453	断面积9.62平方米	2012-04	矿建十一队	华胜煤矿3010首采工作面回风巷
162	486	断面积9.62平方米	2012-05	矿建十八队	华胜煤矿3101运输巷
163	424	断面积12.5平方米	2012-05	矿建一队	华胜煤矿3101运辅巷
164	120	岩巷断面积22.1平方米	2013-03	矿建二十七队	小回沟煤矿排洪隧道
165	178	岩巷断面积22.1平方米	2013-04	矿建二十七队	小回沟煤矿排洪隧道
166	180	岩巷断面积22.1平方米	2013-05	矿建二十七队	小回沟煤矿排洪隧道
167	180	断面积24.22平方米	2013-06	矿建七队	韩咀煤矿副斜井曲线段
168	360	断面积10.8平方米	2013-09	矿建十七队	华胜煤矿3102回风巷
169	308	断面积10.8平方米	2013-09	矿建十队	华胜煤矿3102运输巷
170	129	净直径9.6米，断面积124.6平方米	2013-10	凿井二队	大海则煤矿主立井
171	109	净直径8米，掘进断面积136.8平方米	2013-10	凿井七队	大海则煤矿1号回风立井

表 2-3-1（续）

序号	最高月进尺（米）	工程概况	时间	施工队伍	工程名称
172	118	净直径9.6米	2013-11	凿井二队	大海则煤矿主立井
173	127	净直径8米	2013-11	凿井七队	大海则煤矿1号回风立井
174	619	断面积12.48平方米	2013-11	矿建十三队	禾草沟煤矿50107胶带运输巷
175	613	断面积12.48平方米	2013-12	矿建十三队	禾草沟煤矿50107胶带运输巷
176	112.05	净直径9.4米	2013-12	凿井三队	梵王寺煤矿副立井
177	602	断面积12.48平方米	2014-03	矿建十三队	禾草沟煤矿50107胶运顺槽
178	106.5	净直径7.6米	2014-03（22天）	凿井一队	创日泊里2号回风井
179	102.5	净直径7.6米	2014-03	凿井一队	创日泊里1号进风井
180	108	净直径7.6米	2014-04	凿井一队	创日泊里1号进风井
181	178	断面积17平方米，排放水12万立方米	2014-07	矿建十八队	华胜煤巷胶带大巷
182	180	坡度6.5°，断面积18.75平方米	2015-04	矿建二十七队	小回沟煤巷副斜井
183	160	坡度6.5°，断面积18.75平方米	2015-05	矿建二十七队	小回沟煤巷副斜井
184	>600	掘锚机施工	2015-07—2015-09（3月次）	国庆队	门克庆煤巷辅助运输巷
185	632	掘锚机施工	2015-10	国庆队	门克庆煤巷辅助运输巷
186	456	断面积14.04平方米	2016-03	矿建三十二队	门克庆煤巷11-2201回风巷
187	242	断面积21平方米	2016-04	矿建十八队	小回沟煤巷一水平西运输大巷
188	364	掘宽5.2米，掘高2.9米，断面积15.08平方米	2016-03—2016-05（3月次）	矿建八队	梨园河煤巷51101进风顺槽

表 2-3-1（续）

序号	最高月进尺（米）	工程概况	时间	施工队伍	工程名称
189	702	煤巷，掘锚机施工	2016-09	国庆队	门克庆煤巷 11-3102 辅助运输巷
190	>300	断面积 23.8 平方米，综掘	2016-09—2016-10	矿建三队	禾草沟煤巷 5 号煤西翼辅运大巷
191	>1100	综掘	2016-09—2016-11（3月次）	小回沟项目部	小回沟煤巷二期巷道
192	130.5	净直径5.5米	2017-07	凿井七队	葫芦素煤矿西风井
193	702	掘锚机施工	2017-07	国庆队	门克庆煤矿 11-3108 辅助运输巷
194	718	掘锚机施工	2017-08	国庆队	门克庆煤矿 11-3108 辅助运输巷
195	712	掘锚机施工	2017-09	国庆队	门克庆煤矿 11-3108 辅助运输巷
196	769	掘锚机施工	2017-10	国庆队	门克庆煤矿 11-3108 辅助运输巷

第二节 质量管理

1959 年 7 月，潞安矿务局建井三队制定包括验收制度、巷道维修及设备管理检修制度、技术责任制与作业规程、生产准备工作制度、瓦斯检查制度等 12 项企业管理规章制度。

1962 年 7 月，按照煤炭工业部要求，建井工程公司在王庄矿井井巷开拓工程中开始实行一次成巷。1976 年，煤炭工业部再次重申实行一次成巷。4 月 1 日起，第十工程处所有井巷工程开始实行一次成巷，严格执行《煤矿井巷工程施工质量标准与检验评级暂行办法》，按一次成巷报进度，按一次成巷验收和结算工程价款。

1974 年，第十工程处专门设立安全质量监察科，负责对工程安全、质量的监察检查。

1978 年，第十工程处贯彻执行邯邢基地煤炭建设指挥部《关于加强工程质量管理的几项措施（草案）》，要求广大干部职工牢固树立百年大计，质量第一的思想。第十工程处党委加强对工程质量工作领导，把质量工作纳入党委重要议事日程。建立健全技术责任制度，认真学习"工业三十条"，严格执行工程质量检查验收制度，加强技术管理，开展技术培训，提高技术水平。

1979 年 7 月，为加强矿建工程质量的管理，及时发现和处理施工中的质量问题，把质量隐患消灭在施工过程中，结合以前质量验收工作经验，制定《关于矿建工程质量验收试行办法》，采取自检、旬检、月检等措施，进一步加强矿建工程的质量管理。

1980年4月，第十工程处根据国家经委关于《全国公交战线1980年质量管理活动计划》文件精神和指挥部4月8日工作会议提出的工程质量规划要求，制定实施八项措施加强工程质量管理。9月，根据邯邢煤指文件要求，第十工程处推行《指挥部一九八〇年下半年文明施工标准》。

1981年11月，第十工程处召开首届一次职工代表大会，讨论通过《关于工程技术质量管理办法》。

1986年，制定《关于加强矿建质量管理的几条规定》，坚持质量第一方针，促进矿井建设实现优质、高产、低耗。施工队建立班组质量负责制，按工序做好质量检查，健全施工牌板，由技术人员向班组职工做好技术交底工作，严格把好原材料质量关，发现不合格一律拒收，严肃对待质量事故。

1988年2月，印发《关于加强质量管理的规定（矿建部分）》。1990年4月，印发《土建工程、机电安装工程质量管理暂行办法》，形成了完整的工程质量管理制度体系。

1988年12月，第十工程处成立工程质量检查科，在基层施工单位建立QC活动小组，开始推行全面质量管理。

1989年7月，《质量奖惩办法》在第四届职工代表大会第二次会议上讨论通过。《质量奖惩办法》从单一的承包任务、工期、利润，扩展到包安全、包质量、包文明施工，工程质量与经济利益紧密挂钩，兑现奖罚。实行质量否决权，把质量指标作为考核干部职工的一项硬指标，在评先、晋升、晋级时实行一票否决。

1990年4月，制定《土建工程、机电安装工程质量管理暂行办法》，形成了完整的矿、土、安三类工程质量管理制度体系。

1991年1月，制定实施《一九九一年矿建质量管理办法》《矿建文明施工检查标准》《井巷工程施工质量处罚实施细则》，推动工程质量、文明施工管理水平的进一步提高。

1995年3月，印发《工程管理办法》，加强工程技术、工程进度、工程质量和文明施工管理。

1998年12月，第十工程处通过了《质量体系 设计、开发、生产、安装和服务的质量保证模式》（GB/T 19001—1994）中质协质量认证中心的认证审核。2005年10月，通过了《环境管理体系要求及使用指南》（ISO 14001：1996）和《职业健康安全管理体系 规范》（GB/T 28001—2001）中质协质量认证中心的认证审核，开始将质量、环境和职业健康安全管理体系结合起来，建立一体化的整合型管理体系，进入三整合体系的运行时代。2017年，第十工程处三大体系已更新到《质量管理体系要求》（ISO 19001：2015）、《环境管理体系要求及使用指南》（ISO 14001：2015）、《职业健康安全管理体系 要求》（GB/T 28001—2011）。

1999年12月，制定实施《优质工程管理办法》，大力开展质量创优活动。

2007年，开始实行安全质量标准化管理，采取自评与上级考评相结合的方式进行。每季度对施工项目考评一次，覆盖率达到100%，对考评达标的一级、二级标准化项目部和不达标的三级项目部进行相应奖励和处罚。

2013年7月，制定实施《光面爆破管理制度》，从技术管理、光爆管理两大方面提出规范要求，保证炮掘巷道的成型质量，降低超挖、欠挖造成的材料浪费和人工成本。

2014年，制定实施《工程质量管理制度》，提出工程质量一次交验合格率为100%的管理目标，明确工程质量标准、质量控制关键点、关键工序的控制措施、保证质量目标的主要措施、质量检测监测手段等要求。

2016年以来，第十工程处质量管理体系执行《质量管理体系 要求》(GB/T 19001—2016)、《环境管理体系 要求及使用指南》(GB/T 24001—2016)、《职业健康安全管理体系 规范》(GB/T 28001—2011)。工作要求：矿建单位工程100%合格，主要单位工程创优质工程；土建单位工程100%合格；安装单位工程100%合格。生产废水、生活污水按建设方指定地点排放；建筑施工场界环境噪声排放达标；固体废弃物分类收集，矸石类废弃物按业主指定地点堆放；减少粉尘排放；相关方投诉为零，职业安全健康工作达标，无新增职业病例。

第三篇 安全生产

建处初期，由于生产力落后，安全生产管理水平偏低，生产安全事故频繁发生。为贯彻落实"安全第一"的工作方针，确保安全生产，第十工程处自成立之日起就把安全生产提到重要议事日程，设立了安全科，建立了安全管理机构，明确了安全管理职责，安全管理工作开始起步，安全生产局势逐步好转，事故发生率逐年降低。"文化大革命"期间，安全管理工作严重削弱，安全生产正常秩序被打乱，规章制度难以贯彻，现场管理几乎停止，事故发生率逐渐回升。1978年，党的十一届三中全会召开后，第十工程处按照中央的指示精神和上级党委的安排部署，进行企业全面整顿，安全生产工作开始加强。

2002年11月1日，《中华人民共和国安全生产法》颁布实施，第十工程处开始步入依法治企的轨道。认真贯彻党的"安全第一、预防为主、综合治理"工作方针，加大安全基础设施建设，依靠科技进步改善安全生产条件，党政工团齐抓共管，逐步建成"横向到边、纵向到底"的安全生产管理和监督网络，建立健全安全生产规章制度，明确岗位安全职责，强化安全监督检查，推行安全质量标准化建设，加强安全教育和技能培训，广泛开展群众性的安全生产活动，全面提高安全生产水平，有力地保障了职工的生命安全，保证了企业生产建设的顺利进行。

第一章 安全管理

第一节 规章制度

从建处初期到20世纪80年代后期，第十工程处安全生产管理以贯彻落实国家以及上级有关安全生产文件、指令为准则，建章立制工作相对薄弱。到1990年，第十工程处升级为全国煤炭工业矿、厂、处二级企业期间，企业安全生产管理制度开始建立和完善。进入市场经济后，第十工程处安全生产管理制度更加科学、完善，并不断向模式化、精细化迈进。

1959年4月，潞安矿务局建井三队制定并实施班组长责任制、技术责任制与作业规程、瓦斯检查制度，成为企业结合安全工作实际，最早建立的安全生产规章制度。

1978—1992年，制定了《主副井井口升入井管理制度》《立井罐笼防坠七项安全措施》《矿灯管理办法》《安全防范岗位责任制条例》《安全目标管理细则》《施工设备管理实施细则》《井巷文明施工管理办法》《安全奖罚办法》《矿建生产管理制度》等数十项切合当时实际需要的安全管理制度。

1993年1月，印发《关于改进安全管理的若干规定》。在继续执行原有各项安全规章制度的基础上，对加强区队安全管理、实行安全黄牌警告制度、贯彻落实安全结构工资、认真执行安全奖罚制度、认真做好事故的调查报告工作、理解支持和尊重各类安全监测人员的工作等6个方面作出补充，为提高安全管理工作的执行力提供了有力保障。

1996—2002年，制定《通风管理办法》《安全生产岗位责任制》《安全管理制度》《全员岗位责任制》《通风瓦斯管理办法》《工伤、疾病及非因工负伤职工的管理办法》《防爆电气设备管理检查实施细则》。

2003年6月，对安全管理制度进行了修订，涵盖安全生产办公会议制度、安全管理职责、安全目标管理、安全检查制度、安全生产奖罚办法、项目部安全管理制度、安全统计和事故报告制度等7项制度。

2005年，制定《领导人员深入井下和施工现场的管理规定》《安监站管理制度》《安全特派员管理制度》《岗位技术工人技能培训管理办法》《2005年度安全生产抵押奖罚办法》《安全生产奖罚办法》《安全生产责任制》《"一通三防"重大事故应急救援预案》《施工生产单位安全结构工资实施细则》。

2006年，制定《严禁项目部（厂）领导驾驶车辆的规定》《党员安全责任区管理办法》《矿井防爆设备管理细则》《钩头和吊桶使用管理的规定》《重大事故应急救援预案》《职工安全技能账户管理办法（试行）》。同年8月，编印《中煤第十工程处安全管理制度汇编》（2006版），收录现行安全管理制度47项、各级管理人员及职能科室安全生产责任制74项、各工种安全生产责任制25项。

2007年，制定《爆炸物品安全管理细则》《企业职工培训管理办法》《党总支、直属党支部书记安全会制度》《安全生产办公会议制度》《安全生产责任制》《安全目标管理制度》《安全大检查制度》《安全生产投入保障制度》《生产安全事故管理制度》《安全教育培训制度》《企业职工培训管理办法》《安监站管理制度》《安全生产抵押奖罚办法》《安全生产处罚办法》《安全质量标准化管理制度》《隐患排查治理制度》。

2008年，制定《安全生产百日督查自查工作方案》《安全教育培训工作量化管理考核办法》《2008年度项目承包安全目标考核办法》《安全生产岗位责任制》《"三违"隐患举报奖励办法》《安监站管理制度补充规定》《建筑工程施工安全管理办法》《职业病防治办公室岗位责任制》《自然灾害应急救援预案》《防护用品管理制度》《群监组织管理制度》《安全生产抵押兑现办法》《后70天严厉打击习惯性"三违"特别规定》。同年8月，编印《中煤十处安全管理制度汇编》（2008版），共分11个部分，收录71项制度。

2009年，制定《地面单位安全质量标准化标准及考核评分办法》《安全生产办公会议制度》《安全生产办公会议制度（修订）》《安全文件贯彻学习制度》《"一通三防"例会制度》《文明施工处罚办法（暂行）》《安全质量标准化管理实施办法》《安全质量标准化补充考核标准》《项目承包安全指标考核办法》。

2010年，制定《矿建施工安全生产处罚办法（修订）》《加强安监人员业务考核的补充规定》《新工人入井前三级教育培训制度》《处领导实行安全包点制度》《安全目标管理制度（修订）》《安全文件贯彻学习制度（修订）》《项目部（厂）安全办公会议制度》《质量事故追究制度》《水害隐患排查治理制度》《测量仪器检测设备管理制度》《矿井防爆设备管理细则》《矿井主要灾害安全评估管理制度》《水害预测预报制度》《矿井主要灾害预防管理制度》《安全教育培训工作量化考核办法》《安全教育培训制度》《"三违"行为与相关责任人的界定范围及处罚标准（试行）》《安全操作规程管理制度》《安全生产事故应急救援预案管理制度》《安全生产调度会管理办法》《关于加强安全生产工作的特别规定》《水害防治技术管理制度》《矿井水害防治岗位责任制》《加强工伤管理实施办法》《消防管理制度》《安全生产办公会议制度（修订）》《领导带班下井及安全监督检查管理办法》《确保后四个月安全生产管理办法》。对现行安全管理制度进行了修订和完善，重新编印了《中煤第一建设有限公司第十工程处安全管理制度汇编》(2010版)。

2011年，制定《机关部室质量标准化及安全工作考核评定标准（试行）》《所属单位领导班子成员安全生产奖罚办法》《矿建施工安全生产处罚办法（修订）》《安全生产岗位责任制》《防治水管理体系》《水害防治岗位责任制》《水害防治技术管理制度》《水害隐患排查治理制度》《矿井主要灾害预防管理制度》《矿井主要灾害评估管理制度》《安全办公会议制度》《安全专题会议制度》《安全工作会议制度》《重大事件（事项）汇报制度》《项目部防治水工作考核评定办法（试行）》《雨季"三防"专项应急预案》《安全大检查制度》《检测设备管理制度》。

2012年，制定《党员安全责任区和党员示范岗考核标准》《要害工种技术操作规程》《安全技术操作规程管理制度》《防治水技术管理体系》《雨季"三防"专项应急预案》《安全生产办公会议制度》《安全生产目标管理制度》《安全投入保障制度》《安全质量标准化管理制度》《安全监督检查制度》《建设项目安全设施"三同时"管理制度》《安全事故报告制度》《生产安全事故责任追究制度》《安全生产承诺制度》《领导干部深入现场和带班下井规定》《所属单位负责人安全生产奖罚办法》《安全生产责任考核制度》《安全生产费用提取和使用管理制度》《安全生产举报制度》《警示标志和安全防护管理制度》《重大危险源监控管理制度》《安全生产隐患排查治理制度》《安全生产隐患排查治理和监控岗位责任制》《职业健康管理制度》《职业病管理制度》《职业危害防治管理制度》《职业危害告知制度》《职业危害申报制度》《职业健康宣传教育培训制度》《职业危害防护设施维护检修制度》《从业人员防护用品管理制度》《职业危害日常监测管理制度》《从业人员职业健康监护档案管理制度》《职业危害事故应急管理制度》《职业健康操作规程》《防护用品发放管理制度》《职业危害排查治理制度》《职业病防治责任制》《贯彻学习"三大规程"实施细则》《基层安全监察机构及安全监察人员委派管理暂行办法（修订）》《2012年度生产安全事故应急救援预案》《安全生产岗位责任制（修订）》《安全质量标准化管理制度》《处置突发事件工作预案》《落实党管安全责任追究暂行办法》。同年7月，印发《安全管理制度汇编》(2012版)，收录安全管理制度48项。

2013年，制定《机关工作人员安全生产岗位责任制》《两个中心工作人员岗位责任制》《两个中心工作人员安全生产岗位责任制》《消防安全管理办法》《民用爆炸物品管理办法》《2013年度生产安全事故应急预案》《工程技术资料管理办法（暂行）》《项目部班子成员安全生产奖罚办法（修订）》《重大安全隐患挂牌督办制度》《安全生产约谈制度》《雨季三防事故应急预案》《矿井主要灾害安全评估管理制度》《水害防治技术管理制度》《水害隐患排查治理制度》《水害预测预报管理制度》《防治水技术管理体系》《掘进工作面顶板管理制度》《一通三防管理制度（修订）》《矿井建设防治水管理体系（试行）》。

2014年，制定《项目部安全生产岗位责任制（修订）》《2014年度生产安全事故应急预案》《岗位安全红线（暂行）》《安全管理红线与岗位红线处罚办法》《提升运输管理制度》《安全生产办公会议制度》《安全质量标准化管理制度（修订）》《安全生产责任考核制度（修订）》《安全隐患排查治理制度（修订）》《安全红线及管理考核实施办法（试行）》《领导干部下现场和带班下井规定》《矿井建设"一通三防"管理体系（试行）》《安全风险预控管理制度》《施工作业规程及施工安全技术措施编制审批管理办法》《项目部岗位责任制》《群众安全工作管理办法》《职工安全教育培训管理办法》。

2015年，制定《党员安全责任区和党员示范岗考核标准（修订）》《职工教育培训工作管理及考核办法》《2015年度生产安全事故应急预案》《机关工作人员安全生产责任制（修订）》《项目部安全生产责任制（修订）》《驻项目部安全监察人员考核办法》《井下巷道管线吊挂、开关、皮带机、综掘机管理规定及考核办法》《安全生产责任制考核办法》。

2016年，制定《驻项目部安全监察人员考核办法（修订）》《接触有害因素职工健康监护制度》。

2017年，制定实施《2017年度生产安全事故应急预案》《关于进一步强化安全生产工作的保障措施》《基层安全监察机构及安全监察人员委派管理办法（修订）》《驻项目部安全监察人员考核办法（修订）》《所属项目部班子成员安全生产奖罚办法（修订）》《群众安全工作管理办法》《青年安全监督岗管理办法》《党员安全责任区考核办法》《机关工作人员安全生产责任制（修订）》《民用爆炸物品管理办法（修订）》《机电设备管理办法（补充）》《综掘机无轨胶轮车管理规定》《职业健康管理等13项制度》《项目部安全生产责任制（修订）》《安全生产标准化达标规定及处罚办法（暂行）》。同年6月，印发《企业管理制度汇编》，安全管理分册收录安全生产管理制度30项。

第二节 安全质量标准化

1988年12月，第十工程处成立工程质量检查科，负责工程质量管理工作。1990年3月，按照上级工作部署，开展标准化达标工作，成立计量和标准化办公室，与质检科合署办公。1995年2月，质检科撤销，业务划归工程科。2007年7月，成立安全质量标准化工作领导小组，办公室设在生产技术部，全面负责标准化工作。2009年4月，成立安全质量标准化工作考核领导小组，办公室设在安全监察处，负责考核业务。2012年1月，安全质量标准化工作领导小组办公室设在安全监察部，业务工作由安全监察部全面负责。

1990年5月，第十工程处印发《关于认真开展计量工作的通知》，贯彻落实《中华人民共和国计量法》《中华人民共和国强制检定的工作计量器具明细目录》《中华人民共和国强制检定的工作计量器具检定管理办法》；制定《计量工作管理办法》，强化计量监督管理。

1991年1月，制定《1991年矿建质量管理办法》《矿建文明施工检查标准》《井巷工程施工质量处罚实施细则》，推进工程质量、文明施工达标。9月，转发中国统配煤矿总公司《关于开展文明工地及施工活动的通知》及《中国统配煤矿总公司基本建设文明施工标准》，全面开展文明施工达标活动。同年，第十工程处被河北省计划经济委员会授予"河北省企业管理基础工作达标单位"，被煤炭基本建设管理协会评为"文明施工先进单位"。

1997年8月，按照《中煤建设开发总公司安全工作量化考核办法（试行）》，实施对标检查，开始全面推进安全工作标准化、规范化管理。1998年，第十工程处被中煤第一建设公司评为管理标准化先进单位。

1999年5月，按照《中煤第一建设公司施工（生产）管理标准化考评标准》，全面启动施工（生产）管理标准化达标建设。1999年、2001年被中煤第一建设公司评为施工（生产）管理标准化优秀单位。

2004年9月，转发《中煤第一建设公司安全质量标准化及文明施工考核办法（试行）》，成立安全质量标准化考评领导小组，进一步加强安全质量标准化工作的组织领导、监督和考评。

2007年7月，编印《安全质量标准化管理制度》，以"实现安全生产规范化、标准化，进一步以加强现场施工标准化管理力度，增强全处干部职工的安全质量标准化施工意识，提高安全质量管理水平"为指导，明确了安全质量标准化管理模式，建立了安全生产长效机制，全面推进安全质量标准化工作。

2008年5月，印发《安全教育培训工作量化管理考核办法》，对所属施工生产单位的职工安全教育培训工作实行量化考核，将职工安全教育培训工作纳入安全质量标准化管理、考核范围。

2009年1月，印发《安全质量标准化补充考核标准》。3月，印发《地面单位安全质量标准化标准及考核评分办法》，将地面单位纳入安全质量标准化管理、考评范围，把安全质量标准化延伸到所有单位，每季度考核一次，考核结果和安全抵押兑现挂钩。4月，召开创建安全质量标准化A级工程处动员会，提出三季度末达到安全质量标准化A级工程处的工作目标。会后，印发《中煤第一建设公司第十工程处安全质量标准化管理实施办法》，推动工作目标的落实。8月，召开贯彻落实公司安全质量标准化工作座谈会，组织各项目部安全副经理和安监处人员，赴山东进行安全质量标准化建设工作观摩学习和经验交流。9月，第十工程处再次召开安全质量标准化工作座谈会，会上各项目部安全副经理将交流学习到的好的经验与做法进行了汇报，并从中查找自身差距，从文明施工、设备设施管理、班组管理、用工管理以及内业资料管理等方面提出改进意见。会后，印发了《中煤第一建设公司第十工程处2009年后四个月安全质量标准化管理实施方案》，方案以"对标先进，全面提高；选择试点，强力推行；试点成功，全面推广"为主要内容，强力推行安全质量标准化工作的开展。同年，第十工程处被中煤第一建设公司评为安全质量标准化达标先进工程处，2个项目部被评为安全质量标准化达标先进项目部。

2010年，印发《关于深入推进安全质量标准化工作的实施意见》，对2010—2012年安全质量标准化达标工作作出规划。同年，第十工程处安全质量标准化全面推行"三个延伸""四个转变"，即安全质量标准化向工作延伸、向岗位延伸、向班组延伸，从形象达标向行为达标转变，从专项达标向系统达标转变，从结果达标向过程达标转变，从静态达标向动态达标转变，取得显著成效。

2011年6月，印发《中煤第一建设有限公司第十工程处机关部室安全质量标准化及安全工作考核评定标准（试行）》，对机关部室安全质量标准化工作提出6项要求，确定137项工作内容，并对各项工作内容进行了细化要求。7月，在中煤建设集团2011年上半年安全质量标准化抽查考评中，被评为"一级安全质量标准化工程处"。9月，中煤一建公司在第十工程处门克庆项目部召开安全质量标准化（模式化）现场推进会并取得圆满成功。

2012年1月，印发《中煤第一建设有限公司第十工程处安全质量标准化管理制度》，确定"通过开展安全质量标准化建设工作，提高机械化装备水平、信息化水平和整体素质，从而提升处安全管理水平，保证一级工程处目标的实现"的工作目标，提出"按照'统一领导、统一规划、统一布置、统一考评'的原则，建立'技术定标准、生产抓落实、安全抓考核'的安全质量标准化工作体系"的工作要求，进一步明确了机关部室、各项目（厂）的安全质量标准化工作职责，细化安全质量标准化考核和奖惩办法。4月，印发《二、三期工程井下巷道施工模式化管理标准（试行）》，从普通钻爆法施工模式、综掘机作业施工模式、辅助工作管理三个部分制定了井下巷道施工模式化管理标准，推进安全质量标准化向模式化管理转变。

2013年2月，第十工程处印发《中煤第一建设有限公司第十工程处2013年安全质量标准化（模式化）工作安排意见》，明确目标、任务及保障措施。同年，禾草沟项目部被延安市禾草沟煤业有限公司评为"2013年度安全质量标准化建设先进单位"。

2010—2013年，第十工程处连续四年被中煤集团评为"一级安全质量标准化工程处"。

2014年3月，中煤集团建立安全质量标准化专家库，第十工程处苏永、范强、张艳涛、袁国平分列矿建施工的矿建专业、机电运输专业、通风专业、安全管理专业专家名单。

2015年1月，印发《2015年度安全质量标准化达标计划及工作安排》。明确了生产、技术、机电、安监、党群等分管领导是本系统安全质量标准化实施的第一责任人，将年度达标计划纳入各单位安全责任考核指标，从资料管理、掘进管理、机运管理、通风管理等4个方面规定了29项安全质量标准化工作标准，把日常检查作为标准化考核的重要补充，提高了日常检查在季度考核中的比重（动态考核分数占60%，静态考核分数占40%）。6月，印发《中煤第一建设有限公司第十工程处井下巷道管线吊挂、开关、皮带机、综掘机管理规定及考核办法》，进一步规范了二、三期井下施工中管线吊挂、带式输送机等管理工作。同年，第十工程处荣获中煤集团"2015年度一级安全质量标准化工程处"称号。

2016年，第十工程处结合施工生产实际情况，将标准化建设重心放在施工现场，把标准化达标工作作为安全目标考核的重要内容。围绕"抓好项目验收，将标准化建设纳入项目开复工验收内容；优先解决系统问题，努力确保系统建设和维护达标；通过加大'三违'整治力度，严格规范人的行为，努力实现全员自主管理，从而推动精细管理和软件提升的转变；持续总结工作中的良好经验，固化行之有效的做法，并落实到岗位执行中去，从而推动标准化向精细化、程序化迈进，将标准化达标工作做细、做实"四项重点推进安全质量标准化工作。同年11月，制定《中煤第一建设有限公司第十工程处矿建项目"一次成巷"验收考核办法》，以禾草沟项目施工成巷水平为模板，在全处所有矿建项目全面推广"一次成巷"，推进正规循环作业，提升矿建二、三期安全质量标准化管理水平。

2017年，第十工程处按照中煤集团《推进安全质量标准化向精细化、程序化迈进的指导意见》的相关要求，将安全质量标准化达标建设的重心放在现场管理上，重新修订了《矿建项目"一次成巷"验收考核办法》，对施工内容进行标准量化，归纳整理为掘进管理、钢棚架设、锚网索支护、临时支护、局部通风、粉尘防治等21项检查内容、100个考核评分项，把施工标准逐款逐条落实到具体管理和操作岗位，将"一次成巷"工作统一纳入安全质量标准化考评，按照考评得分兑现项目班子成员安全基薪。同年9月，印发《中煤第一建设有限公司第十工程处安全质量标准化达标规定及处罚办法（暂行）》，进一步细化管理要求和保障措施，推动标准化建设由注重物的标准化向注重人的行为标准化转变。

第三节 安全监察

1960年4月，潞安矿务局第三工程处设立安全监察科，负责安全管理工作。1961年5月，潞安矿务局向第三建井工程处派驻安全监察站，对第三建井工程处的安全工作实行监督管理。1966年1月，煤炭工业部第十工程处设立安全科，负责安全生产工作的监督检查。1968年6月至1971年11月，第十工程处安全生产管理工作由生产组管辖，安全监察职责由生产组成员兼任。同年12月，成立安全监察站。至2017年12月，先后更名为安全质量监察站、安全监察站、安全监察处、安全监察部，安全监察职能未变。

1977年3月，第十工程处根据河北省《关于紧急开展一次全省安全生产大检查的通知》精神，开展安全活动周和春季安全生产大检查活动。

1979年，按照煤炭工业部《煤矿基本建设安全施工的几项试行规定》要求，邯邢煤炭指挥部向工程处派驻安全质量监察组，其干部的任免、调动、评级、奖惩等由指挥部决定。第十工程处按照上级要求配备副处长级专职组长1人，其他成员按职工总数的5‰配备，基层班组设不脱产安全员，兼职安全员随班监察安全生产。同年11月，第十工程处党委成立防火、防冻、防毒、防事故"四防"安全检查团，分片对全处"四防"工作开展为期三天的大检查。

20世纪80—90年代，第十工程处安全监察机构坚持定期巡查、随机抽查、日常监察相结合的方式，开展安全生产监督检查工作，内容包括查"三违"、查隐患、查制度、查培训、查预案、查整改、查追责、查落实，努力为安全生产保驾护航。

1980年5月，首个"安全月"活动在全国展开。至1995年，全国"安全月"活动停办，煤炭工业部继续开展全国煤矿"安全生产月"活动。2002年起全国"安全生产月"改为6月。第十工程处认真贯彻国家及上级主管部门有关"安全月""安全生产月"活动的工作部署，不间断地坚持开展以落实《矿山安全条例》《矿山安全监督条例》《煤矿安全规程》等国家法律法规和上级规章制度为内容的安全生产监督和安全大检查。

2005年8月，第十工程处将安全监察工作重心下移，向项目部派驻安全特派员。9月，设立项目部安监站，派驻站长1人、安监员3~4人，井下施工现场每班有专职安监员跟班巡检。自此，第十工程处形成了项目部安全副经理管理安全生产工作向经理负责，项目部安监站监督安全生产工作向处安监站负责的监、管两条线分离的安全监管体系。

2006年起，"平安一季度"成为每年坚持开展的安全生产常态化活动，安监部门负责对活动落实情况进行监督检查。

2008年，印发《安全生产隐患排查治理工作方案》，明确隐患排查治理范围、治理内容、治理重点、排查治理和监督检查方式，明确分管生产和机电的副处长、总工是隐患排查治理的组织者、领导者；安全监察处每月开展一次安全隐患大排查，项目部执行每旬、施工队执行日查、班组执行班查制度；实行自上而下的分级监督检查制度，重大事故隐患实行建档挂牌、跟踪治理的闭环式管理。印发《安全生产百日督查、自查工作方案》，从5月起，安监处每月进行一次巡回督查，项目部和地面施工单位每7~10天开展一次自查自改安全督查。安监处执行24小时值班制度，安监站执行班班检查汇报制度，不能及时整改的安全隐患由安监站跟踪整改，直至隐患消除。

2009年，印发《基层安全监察机构及安全监察人员委派管理暂行办法》。施工项目部设置安全监察站，施工周期短或规模小的施工项目委派安全专员。项目部安全副经理与安监站长职能合并，处向施工项目部委派安监站长和安监人员，负责施工现场安全监督工作。安全监察委派人员实行垂直管理，人事关系转入中煤第一建设公司安全监察局统一管理。自2009年起，"百日安全"活动成为每年坚持开展的常态化工作，安监部门负责对活动落实情况进行监督检查。

2010年，全面推行中煤第一建设公司《矿建工程施工安全检查表》，分系统、分专业、分岗位进行隐患排查，隐患排查治理更加规范化、系统化。印发《领导带班下井及安全监督检查管理办法》，实行领导带班下井制度。围绕矿建施工安全防范"六大重点"，进行不间断的安全大检查。以安全质量标准化达标升级为中心，开展反"三违"专项治理。

2011年，第十工程处进一步强化隐患排查治理工作，重点围绕安全制度、安全规程、基础设施、作业环境、防控手段、应急预案、特种作业人员持证上岗和企业法人代表安全承诺等8个方面的内容开展排查专项整治行动。自2011年起，每年3月份为中煤集团"警示三月行"安全活动月，安监部门负责对活动落实情况进行检查。

2012年，建立完善安全隐患排查治理体系，严格落实安全隐患排查治理责任，切实用好安全隐患自查自报系统，强化重大隐患监督管理工作。

2013年，安全监察部坚持每月开展一次隐患排查、安全检查，全年共开展安全检查37次，检查问题273项；分专业、分系统持表排查31次，排查隐患236项，覆盖率、整改率100%。

2014年，加大隐患排查治理力度，开展"一通三防"、防治水、顶板、提升运输、无轨运输等专项检查。针对小回沟矿井高瓦斯特性，对小回沟施工的主斜井、管道斜井、进风斜井揭煤施工进行专人专盯。同年5月，启动为期一个月，以"强化红线意识，促进安全发展"为主题的"五查五整治"安全大反思、大检查和"安全生产月"活动。"五查五整治"：查思想，整治安全意识不扎实；查履职，整治安全责任落实不到位的问题；查管理，整治安全生产管理存在漏洞的问题；查培训，整治职工业务素质和技能不高的问题；查组织，整治党管安全责任落实不到位的问题。同年8月，启动为期5个月的反"三违"专项整治行动。

2015年，开展"一通三防"、提升运输、立井防坠、顶板控制、防治水、机电管理和火工品管理等专项检查，对存在瓦斯、水患及有害气体的施工项目实行安全专盯和风险督办。结合《岗位安全操作规程》《岗位安全红线》《安全管理红线》开展隐患排查和"三违"整治,确保安全技术措施、现场落实执行、监督检查"三到位"。印发《驻项目部安全监察人员考核办法》,对安监员实施考核奖惩。

2016年,组织开展顶板、"一通三防"、防治水、提升运输、机电设备、立井防坠、"雨季三防""冬季五防"专项检查。全年共开展安全大检查12次、隐患排查55次,排查隐患206项、其他安全问题339项。修订《驻项目部安全监察人员考核办法》,对安监站长从基础工作、安全信息、安全监察3项内容进行考核,年终就"德、能、勤、绩"4个方面组织一次民主测评;对安监员的考评,采取从项目部随机抽选15名干部职工,以无记名方式进行测评打分;对不称职或连续两次受到警告的人员,调离安监岗位。

2017年,第十工程处按照中煤一建公司统一部署,结合自身实际,提出5项安全工作目标,分解为促进安全生产责任落实、促进标准化达标建设升级、强化风险预控与隐患排查治理、突出重点管控、强化基础管理提升保障能力等12项重点工作、26项具体要求,明确各项工作任务的时间节点、督办领导和落实责任人,将工作目标作为"刚性任务"进行落实。先后开展了"平安一季度""警示三月行"、回头看、安全生产月、"百日安全"等活动,每月召开安全办公会暨隐患排查专题会,由处长部署安排安全检查、隐患排查工作,每月由处分管领导组织相关业务部室人员对各项目部进行安全检查、隐患排查治理。全年开展各类安全检查180余次,整改隐患问题606项,罚款24.92万元,保持了高压态势,促进了安全生产目标的实现。

第四节 群众安全监督

一、群众安全监督网

1979年2月,第十工程处贯彻落实煤炭工业部《煤矿基本建设安全施工的几项试行规定》,在班组设不脱产安全员,建立起群众性的安全监督网,制定周一安全活动日制度,由安全质量监察科负责组织开展活动。

1980年7月,按照煤炭工业部《关于不脱产的安全检查员享受班、组长同等津贴待遇问题的通知》和邯邢煤炭指挥部的有关规定,落实不脱产的群众安全检查员与班组长享受同等津贴待遇。安全监督网活动以开展安全思想教育和反"三违"、查隐患为主要内容,活动形式由单一的周一安全活动日安全检查,扩展到班前会"安全带帽"、班组日检、区队旬检和处月检相结合,群众性安全监督检查活动逐渐步入制度化、常态化。

20世纪80年代后期,第十工程处职代会设立安全生产工作委员会,群众性的安全生产监督活动转由工会负责组织和领导。健全安全监督网网络体系,一线班组普遍设兼职安全监督网员1~2人,结合班组实际,不定期进行调整和补充。建立健全网员岗位责任制和考核奖惩制度,定期组织考核、兑现奖罚,年终进行评比和表彰。配合各个时期的生产施工任务,制定年度工作计划,广泛开展网员培训、劳动保护监督检查、"三违"隐患排查治理等活动,确保网员作用有效发挥。自此,工会安全监督网成为企业安全生产工作党、政、工、团齐抓共管模式下的一支重要力量。

20世纪90年代,女工委员会成立安全协管委员会,发挥安全协管作用,组织女职工和家属经常性地开展向亲人送嘱托、送祝福和安全意识帮教等活动,协助企业筑牢职工安全生产意识。

2000年起,以"十个一活动"内容为主线,在全处职工中开展以"我懂安全,我要安全,从我做起,保证安全"为主题、以"弘扬企业安全文化,加强班组安全管理"为主题的"安康杯"竞赛,全面推行"一法三卡"(事故隐患和职业危害监控法、有毒有害化学物质信息卡、危险源点警示卡、安全检查卡),开展"职工先锋号""双王牌"(王牌职工、王牌队伍)创建活动、技术培训和岗位练兵活动、"五小成果"和合理化建议活动、安全文化活动,群众安全监督活动更加广泛和深入。

2006年,中国能源化学工会全国委员会授予第十工程处工会"全国煤炭系统先进群监分会"称号。

2008年,印发《三违、隐患举报奖励办法》,鼓励职工群众积极参与反"三违"、查隐患,保障安全生产。印发《群监组织管理制度》,进一步明确群监会、群监小组和群监员职责权力、工作制度、考核制度,规定矿建单位群监员每班享受1.00元津贴。

2010—2017年,制定实施《群众安全工作管理办法》《职工代表安全巡视制度》,健全处、项目部、队、班组四级群监组织管理体系和工作机制;推行全员安全自保、互保、联保责任制,签订职工"自保、互保、联保责任书",构筑职工群众广泛参与的安全生产监督网络;坚持网员活动不断线,结合每年"平安一季度""警示三月行""安全生产月""百日安全"主题,深入开展职工安全思想教育、安全知识培训、群监员安全技能培训、群监员监督检查等群众性安全活动,促进企业安全发展。

二、青年安全监督岗

20世纪80年代后期,第十工程处建起青年安全监督网络体系,处团委成立青年安全监督总岗,基层团支部设立分岗,班组设立兼职青安岗员1~2人,青安岗围绕安全生产,开展青工安全思想教育、安全生产知识学习和安全监督、检查等活动。至2017年,随着企业安全工作的不断加强,工作制度、上岗制度、汇报制度、培训制度等青安岗管理制度逐步建立和完善,日常安全监督、阶段性的安全主题活动、"零点行动"等形式和内容日益丰富,企业安全监督管理补充力量的作用得到有效发挥。

2000年,推行青安岗员工作日志制度。每名岗员发一本工作日志,记录当班"三违"行为、安全隐患查处情况和当班未能处理彻底需要下一班继续处理的安全隐患情况,实行隐患整改闭环管理。青安分岗每旬对青安岗日志进行检查,每月开展一次评比,对履职尽责和发现重大隐患、制止严重违章、避免安全事故发生的青安岗员,按照制度规定,报请单位领导审批,给予奖励。

2006年,贯彻执行中煤第一建设公司《青年安全监督岗工作条例》,进一步完善青年安全监督岗组织机构和工作制度、上岗制度、汇报制度、培训制度。推行青安岗员上岗佩戴标识制度,亮身份、明责任,保障青安岗有效行使监督职权,采取多种方式落实岗员津贴待遇,提高岗员工作积极性。

2009年,贯彻执行中煤第一建设公司《青年安全监督岗工作管理办法(修订)》,完善责任考核体系,通过旬督促、月检查、季考核,逐级落实责任,进一步加强青安岗工作。

2013年,修订《青安岗工作条例》,编印《青年安全监督岗员工作手册》,实施青安岗隐患排查月报制度。

2017年,印发《青年安全监督岗管

理办法》，从组织机构设置、工作职责和要求、岗员任用、岗员义务、工作流程、活动经费保障、考核奖励等方面进行了补充修订。青安岗开展集体上岗活动每月一次，岗员安全知识培训每月一次，工作情况向同级党组织和处团委汇报每月一次，青安岗工作每年总结表彰一次；青安岗岗位津贴发放标准每月不低于5元，津贴与工资一并发放，每月公示一次。

第五节 火工品管理

1958—1997年，第十工程处火工品采购运输过程中的押运和日常监管工作，由内部公安、保卫部门负责。

1980年5月，第十工程处在陶二矿井建设期间，根据国务院关于在国家主要物资仓库、油库、爆炸材料库、银行等国民经济中的重要部门和企业设立经济民警的指示精神，配备爆炸材料库护库民警，重点加强爆炸材料库的安全保卫工作。

1982年4月，第十工程处根据河北省《机关企事业单位安全防范岗位责任制试行条例》的通知的精神，制定实施《安全防范岗位责任制条例》与国务院下发的《爆炸物品管理规则》《关于违反爆炸、易燃危险物品管理规则的处罚暂行办法》一并执行，建立完善了火工品管理机构和管理制度，全面加强火工品管理。

1986年6月，下发《关于严格炸药、雷管运送、管理、使用制度的通知》，对炸药、雷管运送、管理、使用等方面提出了具体要求。

1987年8月，针对火工品使用中发现的问题，制定《火工品管理补充规定》，补充了火工品的存储、发放台账、审批手续、领退等相关内容，进一步完善火工品管理制度。

进入20世纪90年代，第十工程处认真贯彻执行煤炭工业部《关于颁布〈煤矿用爆破器材管理规定〉和〈煤矿井下爆破作业安全规程〉的通知》精神和《邯郸市公安局内部单位爆炸物品安全管理暂行办法》。印发了《关于加强爆炸物品安全管理的通知》《内部单位爆破器材操作人员换证及对雷管实行新编号的通知》，重点对加强爆炸物品管理，严防炸药、雷管被盗、丢失等方面作出了补充规定。严格执行涉爆人员政审、任用制度，开展教育、培训、考核，实行持证上岗和年检复审制度。

1997年4月，公安科改为中煤第一建设公司第四公安分处，火工品管理业务划归公安分处。

2000年以后，第十工程处火工品的领退、运输等重大责任工作，逐渐转变为由建设单位、企业和民爆公司共同管理，规避了领退、运输等环节的安全风险。

2002年6月，根据《邯郸市公安局关于开展全市涉爆单位清理整顿的实施方案》和中煤第一建设公司公安处的安排部署，第四公安分处组织力量对各项目部进行拉网式爆炸物品清理整顿。以"严打、严防、严管、严治"方针为指导，重点对各施工点爆炸材料库在炸药雷管运输、贮存、保管、使用、回收等环节上进行全面排查、整顿，强化人防、物防、技防、犬防，严防爆炸物品丢失、被盗、被抢和涉爆案件的发生。

2005年5月，按照《中共邯郸市委办公厅、邯郸市人民政府办公厅关于加强对枪支和爆炸物品管理确保社会安全的紧急通报》的要求，对炸药、化学品及其他易燃易爆危险品的生产、储存、运输、保管、使用等各个环节进行全面彻底检查，完善制度，落实责任，堵塞漏洞，消除隐患。

2007年4月，制定《爆炸物品安全管理细则》，按照"谁管理，谁负责；谁使用，谁负责；谁批准，谁负责"的原则，严明领导责任和监管部门、使用单位、涉爆岗位人员的责任．健全安全岗位责任制，切实做好防抢、防盗、防丢失、防破坏、防事故工作，确保爆炸物品安全。

2008年7月，为做好北京奥运会期间的安全保卫工作，组织开展了火工品安全检查和爆炸物品清收清缴工作；8月，第四公安分处撤销，成立武装保卫部，火工品管理工作划转武装保卫部负责。

2010年8月，武装保卫部撤销，原火工品管理和消防工作业务划归安全监察处。调整专项工作机构，成立以处党政主要负责人为组长的火工品、危化品、消防管理工作机构，加强对危化品使用和管理工作的统一领导。

2011年3月，第十工程处依照中煤一建公司机关部室职能调整方案，将火工品管理工作归口划入党政办公室，成立民用爆炸物品管理领导小组，明确了小组职责。领导小组每季度组织一次对基层爆炸物品管理工作的检查，特殊时段另行组织；涉爆单位每月进行一次专项自查，确保火工品在存放、领退、使用、出入井检身等各个重点环节管控到位。

2013年4月，印发《民用爆炸物品管理办法》，对民用爆炸物品运输管理、储存管理及处罚办法等规定作出了新规定；11月，按照中煤一建公司《关于进一步加强火工品安全管理工作的通知》要求，除对火工品管理、专项排查、措施落实等工作进行细致部署外，特别强调委托甲方或民爆公司管理火工品的项目部，要签订安全协议，并经中煤一建公司法律事务部审批，最大限度地降低安全风险。

2017年5月，第十工程处对火工品管理工作职能进行重新划分，将火工品管理工作划转安全监察部。对原火工品管理制度进行梳理，对照《安全生产法》《煤矿安全规程》(2016版)、《爆破安全规程》(GB 6722—2014)，对《民用爆炸物品管理办法》重新进行了修订，重点对民用爆炸物品运输、储存、领发、清退、现场使用、电雷管导通和编号管理、爆炸物品收缴及销毁管理、爆炸材料库消防管理、涉爆人员管理以及处罚办法等方面的规定进行补充完善。

第二章 矿井灾害防治

第一节 水害防治

1974年8月，为适应陶二矿井建设的需要，第十工程处成立注浆队，负责井巷施工中的水患治理。注浆队约120人，配备3台潜孔钻机、十几台注浆泵。陶二煤矿主、副井施工进入含水段后，实行壁后注浆和工作面预注浆，使涌水量小于5立方米，保证井筒正常施工。

1983年，施工的山西潞安王庄煤矿（改扩建）西部进、回风立井，涌水量达360立方米/小时，均采用"工作面预注浆为主，壁后注浆为辅"的防治水措施、配合井筒掘进施工。

1984年6月，针对王庄煤矿（改扩建）工程暗斜井施工中出现的水害隐患，第十工程处制定防治水措施，明确要求施工队在掘进主斜长达到345米左右时，应停掘打钻探放水，防止突水造成事故。

1987年施工的常村煤矿副井井筒，井筒穿过上部第四系冲积层、中部二叠系风化带和基岩段、下部石炭系基岩层，采用"边探、边注、边掘"的新工艺和"直接堵漏注浆"新技术，成功穿过5个主要含水层。1989年12月，第十工程处"直接堵漏注浆新工艺"获公司新技术推广奖。

2005年，第十工程处印发《煤矿重大安全生产隐患认定办法（实行）》，明确认定5种情形为"有严重水患，未采取有效措施"的违法行为，强化防治水的法律意识。

2007年9月，贯彻执行《中煤第一建设有限公司矿井防治水管理办法》，严格落实工程地质资料和技术资料的收集与分析、防治水技术措施的制定、防治水与安全防护工作的各项规定和要求。

2009年9月，第十工程处成立防治水管理领导小组，项目部成立防治水小组，加强防治水工作的管理。

2010年1月，根据国家煤矿安监局《煤矿防治水规定》，组织开展水文地质工作的规划、评价、分析和预警，落实防治水所需设备、设施及物资。5月，印发《矿井水害防治岗位责任制》《水害防治技术管理制度》《水害隐患排查治理制度》。明确相关部门和人员水害防治工作岗位责任，规定受水害威胁的项目，开工前必须制定相应的"防、堵、疏、排、截"综合治理措施；严格执行"预测预报、逢掘必探、先探后掘"的防治水原则，落实每月一次的水害预报上报制度和每月防治水隐患排查制度。印发《2010年度防治水工作计划》，对年度防治水工作作出重点安排。8月，贯彻执行中煤第一建设公司《水害隐患排查治理制度》，坚持水害隐患分级管理、落实责任、全员参与的原则，定期排查、治理和报告，做到责任、措施、资金、时间、预案"五落实"；落实隐患排查、建档、评估、整改、验收、销号闭环管理，对重大水害隐患实施挂牌督办、跟踪治理、逐项销号制度。9月，第十工程处施工的八连城煤矿新立井（总涌水量700立方米/小时，井筒内最大涌水量650立方米/小时，表土层内有厚达8.8米的细砂层和粉砂层，流砂揭露层位在-25.2~-16.4米之间），采用"井外降水、井内强排、强行通过"的施工方法，顺利通过流砂层。12月，根据施工需要，成立华胜项目部探放水队，负责华胜项目施工期间的探放水作业。同时，在项目部组织探水队人员开展防治水理论知识培训。

2011年，印发《防治水技术管理体系》《矿井主要灾害预防管理制度》《矿井主要灾害评估管理制度》《项目部防治水工作考核评定办法（试行）》《雨季"三防"专项应急预案》，修订《水害防治岗位责任制》《水害隐患排查治理制度》《水害防治技术管理制度》等规章制度。井巷施工防治水工作原则修改为"预测预报、有疑必探、先探后掘、先治后掘（采）"。按照《煤矿探放水工安全技术培训大纲及考核要求（试行）》，组织探放水工进行操作技能和安全技术培训和考核，确保100%持证上岗。同年9月，根据工程施工需要，在华胜项目部成立3个防治水专业施工队。

2013年，修订《雨季三防事故应急预案》《矿井主要灾害安全评估管理制度》《水害防治技术管理制度》《水害隐患排查治理制度》《水害预测预报管理制度》《防治水技术管理体系》《矿井建设防治水管理体系（试行）》等规章制度。每季度进行一次专项检查，一年一考核，开展了防治水应急演练，完善了应急预案。同年7月，在禾草沟、门克庆、华胜、梨园河4个项目部分别成立探放水队，强化重点项目的防治水工作。

2014年2月，印发《2014年度防治水工作计划与措施》，重点加强防治水设计和施工措施的审批。

2015年2月，印发《2015年度防治水工作计划与措施》，修订《防治水管理制度》。在井下重大水患停产撤人、暴雨期间巡视及停产撤人等方面，提出了具体要求。

2016年3月，印发《2016年度矿井施工灾害预防和处理计划》《2016年度防治水工作计划及措施》《2016年度安全风险报告》和《2016年度生产安全事故应急预案》，对各个方面的工作作出安排。

2017年3月，印发《2017年度防治水工作计划及措施》《2017年度矿井施工灾害预防和处理计划》，对年度工作进行安排部署。

第十工程处处长是水害排查治理的第一责任人。总工程师负责根据施工项目的水文地质情况，组织相关人员编制年度防治水工作计划。安全监察部负责组织每季度一次的防治水专项检查和统计分析、信息报送、跟踪整改。工程技术部负责每月25日组织的防治水风险评估与预警，召开每月一次的防治水工作例会。生产调度室、人力资源部、职工教育培训中心、经营管理部、机电设备管理中心等其他职能部门负责组织业务范围内的水害隐患排查治理工作。项目部经理为本项目部水害排查治理的第一责任人，负责按照"预测预报、有疑必探、先探后掘、先治后掘（采）"的原则组织落实防治水工作。项目部每旬进行一次专项自检自查，每日上报防治水工作简报。

第二节 火灾预防

1975年1月，第十工程处印发《关于加强基本建设安全施工和防火工作的通知》，重点加强火灾预防工作，成立了防灭火领导小组，防灭火主要采用沙子、洒水进行灭火处理。

1979年11月，第十工程处党委成立防灭火安全检查团，分片对全处防灭火工作开展为期三天的大检查，并对问题整改落实，规定灭火器材的存放地点及使用方法。

1987年，规定爆破母线、电雷管脚线必须相互扭接并悬挂，不得同轨道、钢丝绳等导电体接触，以防治瓦斯、粉尘爆炸事故引起火灾。

1998年10月，贯彻执行中煤第一建设公司《通风管理办法》，调整了防灭火领导组织机构，井口房、机电设备房配备灭火器材，定期检查更新，保持完好。

2000年，规定井下所使用的汽油、润滑油、棉纱等易燃物品严禁乱扔，必须装入盖严的铁桶内，并运输升井。

2002年，制定实施煤层自然发火预测预报制度、防灭火预测预报制度、防灭火和月度检查计划。

2004年10月，安全质量标准化规定，矿井必须设置一趟防灭火消防管路；井下巷道内敷设供水管路（兼作防灭火管路），管路上每50米设置洒水三通。

2005年12月，制定实施《"一通三防"管理制度》等制度，明确井口、井下电气焊和喷灯焊接作业时，现场必须配置灭火器及消防锹、砂等设施。

2006年，随着矿井技术的发展，矿井使用的风筒更换为抗静电阻燃风筒。

2008年，采用带式输送机运矸，机头范围内按照规定配备灭火器及灭火沙箱等设备，机头20米范围内支护材料必须采用不燃性材料支护。

2009年9月，矿井二、三期工程所使用带式输送机及出矸巷道带式输送机都安装烟雾报警装置和自动灭火喷雾装置，防治输送带摩擦起火。

2010年4月，根据国家安全监管总局办公厅和国家煤矿安监局办公厅有关要求，开展煤矿防灭火安全专项检查。各项目部为井下所使用的掘进机、无轨胶轮车配备灭火器，临时变电所水泵等重要作业场所配备灭火器、消防沙箱、锹等器具。

2011年6月，规定所有机电设备必须根据功率选择电缆，严禁小断面电缆向大功率设备供电，以防治爆炸或燃烧，引起火灾。

2013年4月，修订防灭火办法，补充了对易燃易爆物品必须设专库和专人管理，严格出入检查、登记手续。仓库、巷道、办公场所设置防火标识等内容。

2014年，贯彻落实中煤建设集团关于"一通三防"管理体系试行的通知精神，修订完善防灭火制度，完善火灾管理流程。

2015年8月，各项目部根据防灭火规定绘制防灭火系统图，图上明确水源位置、安装位置、数量等。

2016年，各项目部在各巷道口安装使用防灭火洒水喷雾系统，安设喷雾器，防治火灾蔓延。

第三节 瓦斯防治

1959年4月，潞安矿务局建井三队制定《瓦斯检查制度》，对井下瓦斯监测工作作出规定。至20世纪80年代，第十工程处井下工作面一直采用光学瓦检仪进行瓦斯检测。

1988年12月，第十工程处印发《放炮员、瓦斯检定器管理制度》，对加强爆破工管理和瓦斯检定器管理作出8条规定。

1996年1月，印发《通风管理办法》，制定12条措施，加强矿井通风管理。

1997年12月，印发《关于进一步加强通风瓦斯管理的通知》，对严格执行《通风管理办法》，从"提高认识，加强领导；加强通风瓦斯知识培训；配齐装备，增强保障能力；完善技术保障措施"4个方面提出具体要求。

1998年，依据中煤第一建设公司通

风管理办法，结合本单位实际，制定《通风瓦斯管理办法》，设置相应管理机构，明确管理职责。制定实施《关于加强沙曲风井"一通三防"管理的规定》，针对沙曲高瓦斯双突矿井施工特性，加强"一通三防"管理。

2000年前，掘进工作面局部通风机采用JBT52型、JBT62型局部通风机供风为主，随着矿井设计能力的不断扩大，巷道断面、长度、井筒直径设计埋深加大，瓦斯涌出量不断增加。2000年，在沙曲项目开始应用FBD系列对旋式局部通风机，逐步淘汰JBT系列局部通风机。

2001年以后，所有项目部开始推广应用煤矿安全监控系统，立井井筒施工配备一氧化碳传感器、甲烷传感器，实现有毒有害气体的检测和瓦斯超限、报警断电。二、三期施工项目部配备一氧化碳、甲烷传感器及风速、温度、设备开停等各类传感器，实现了对矿井环境等多数检测监控的全覆盖。

2004年12月，印发《"一通三防"管理制度》，对"一通三防"管理机构、职责进行修订和补充，对加强通风、瓦斯防治、防尘、防灭火管理和加大处罚力度作出相应规定，严格执行二、三期工程每月一次通风系统专项检查，项目部按旬、月上报通风、瓦斯监测报表，"一炮三检""三人连锁爆破""三专两闭锁"等制度。

2005年3月，印发《"一通三防"重大事故应急救援预案》，明确任务和目标、组织机构及职责、演练及培训、启动和响应、工程概述、"一通三防"重大事故的预防等事项。

2005年4月，转发《煤矿瓦斯治理经验五十条》，学经验、找不足，举一反三，做好"一通三防"管理工作。

2005年9月，中煤第一建设公司向所属高瓦斯矿井二期工程项目派驻"一通三防"特派员，加强安全监管。

2006年，第十工程处举办第三届职工技能大赛，设立瓦斯检查员比赛项目，促进瓦斯检查员队伍提升技术素养。

2007年10月，转发国家安全监管总局、国家煤矿安监局《关于加强煤矿瓦斯先抽后采工作的指导意见》。贯彻执行"以风定产，先抽后采，监测监控"瓦斯治理方针；落实"高瓦斯、煤与瓦斯突出矿井施工项目，瓦斯涌出量大，用通风方法解决稀释浓度仍超过规程规定的项目，必须坚持先抽后掘；建立临时抽放系统或利用建设单位瓦斯抽放系统，实施瓦斯抽发；加强瓦斯监测监控，充分发挥安全监测系统保障安全生产的作用；加强安全监测系统的管理工作，抓好组织机构的落实、人员素质的提高，建立健全各种规章制度，提高技术管理工作水平"等规定和要求。

2009年5月，第十工程处成立领导小组，启动"2009年科技活动周"活动，在沙曲第二项目部举办"高瓦斯矿井安全管理知识讲座"。9月，成立防突（防止煤与瓦斯突出事故）管理领导小组，加强重点项目防突管理。印发《"一通三防"例会制度》，规定每月召开一次"一通三防"例会。同月，对贯彻执行中煤第一建设公司《"一通三防"管理实施细则》，加强掘进工作面通风管理，作出7条规定。

2010年，按照中煤第一建设公司矿建项目设限规定要求，退出存在瓦斯突出高风险的襄垣石板沟项目。

2010年8月，对"一通三防"管理机构和人员进行调整和补充。

2011年11月，根据国家安全监管总局等四部委《煤矿瓦斯等级鉴定暂行办法》和《煤矿瓦斯抽采达标暂行规定》，进一步健全瓦斯治理管理机构，备齐瓦斯通风管理人员，加强隐患排查治理。

2011年12月，转发关于煤矿瓦斯防治工作"十条禁令"的通知，重点对"应进行瓦斯抽采的矿井在瓦斯抽采未达标区域进行采掘活动，在综合防突措施效果不达标的突出煤层进行采掘活动，瓦斯超限作业，在安全监测监控系统运行不正常的情况下进行采掘活动，采掘工作面无风、微风作业，使用国家明令禁止使用或者淘汰的设备"等现象进行排查和整改。

2013年，印发《"一通三防"管理制度（修订）》、对瓦斯防治相关内容进行修订。

2014年，印发《矿井建设"一通三防"管理体系（试行）》，修订完善《"一通三防"管理制度》，建立和完善以总工程师为组长的"一通三防"管理领导小组，工程技术部负责日常管理工作，设有通风专业副总工程师1名；项目部设管理小组、通风技术员负责现场管理，特种作业人员持证上岗的"一通三防"和瓦斯防治管理体系。

2016年12月，根据人员变动情况，调整"一通三防"工作领导机构。

2017年，小回沟项目部作为中煤一建公司试点，联网中煤一建公司高瓦斯矿井二、三期项目远程安全监测监控系统。

第四节 顶板控制

20世纪50年代，巷道支护均以木支护为主，因木支护回收困难，损坏严重，成本较高，发展受到限制；60年代，开始推广使用料石砌碹。

1975年6月，煤炭工业部下发《关于大力推广井巷施工五项技术革新的通知》，第十工程处开展锚喷支护等五项技术革新。

1982年，开始在平巷施工中推广和使用单体液压支柱。单体液压支柱主要由液压缸、活柱、阀等零部件组成，采用工作面液，属于恒阻式支柱，具有投资少、受地质条件限制少、使用和维护简单方便且操作灵活等特点。

1986年，在锚喷支护施工中，推广使用石粉替代河砂，合理利用工业废料，降低成本。

2002年起，巷道施工开始使用前探梁作临时支护。

2007年，按照中煤第一建设公司《前探梁支护管理规定》，进一步规范前探梁临时支护作业，在巷道施工空顶期间，使用悬吊式、支撑式、背板式前探梁或管棚梁作临时支护，并制定具体的操作规程。同年4月，贯彻落实《关于进一步加强"一通三防"和顶板管理的通知》，掘进工作面严格执行"敲帮问顶"制度，落实前探梁等临时支护措施，严禁空顶作业。

2010年4月，成立顶板控制领导小组，明确分工和职责。

2011年4月，印发《2011年度顶板管理工作计划》，对顶板控制组织机构、管理制度、安全措施、重点项目4个方面作出具体要求安排。

2012年1月，按照中煤一建公司《关于加强煤矿顶板管理工作的通知》要求，从地质资料收集、地质预测预报、实施措施、现场监测、加强检查、及时整改顶板事故隐患等方面加强顶板控制。

2013年7月，修订《掘进工作面顶板管理制度》，对顶板控制组织机构、作业规程的编制与审批贯彻、掘进工作面顶板控制的一般规定、顶板监测与管理提出具体要求。

2014年10月，印发《关于开展顶板管理专项大检查通知》，成立专项检查领导小组，对在建项目进行专项检查。过陷落柱、冲刷等特殊地质条件的巷道，制定顶板控制专项技术措施；二、三期工程按规程规定安装顶板离层监测仪，实施专人定期观测。

2015年5月，转发中煤一建公司《平斜巷施工临时支护管理规定》，对悬吊式前探梁支护、单体液压支柱支护、机载式临时支护、管棚梁超前支护及安全注意事项提出具体要求。

2016年4月，成立处和项目部两级顶板控制领导机构，明确工作职责，强调施工项目部严格执行顶板控制措施，认真进行地质预测预报，落实"敲帮问顶"、日常巡查和顶板离层监测措施，将单体液压支柱临时支护、前探梁临时支护及机载前探梁临时支护与锚网（索）网喷支护、架棚支护有效配合，避免空顶作业，杜绝顶板事故的发生。

2017年2月，按照中煤一建公司《关于开展巷道顶板管理专项技术调查的通知》要求，全面梳理分析现行采掘设计、作业规程、安全技术措施，对涉及顶板控制的临时支护、永久支护合理性、有效性进行全面评估、验算，对存在缺陷或受动态条件影响变化的，修订完善安全技术措施，重新贯彻落实；将小回沟、韩咀、门克庆项目部作业规程、安全技术措施、顶板控制专项措施报中煤一建公司工程技术部审查备案；加强地质预测预报、矿压观测和现场监督监测工作，组织开展顶（帮）板管理专项检查。

第五节 综合防尘

20世纪50—60年代，矿井建设施工设备简陋、工艺简单，井巷掘进靠人力，手抱钻，干打眼，轮铁锹；防尘靠通风和人工洒水。

1980年3月，根据武安县委和指挥部有关环境保护工作会议精神，成立由总工程师为组长的防尘领导小组，对所属工区进行防尘工作督导检查。

1987年12月1日起，所有煤（岩）巷掘进头，在距工作面50米处均设一道水幕，爆破必须使用水炮泥。

1996年1月，印发《关于通风管理的办法》，规定工作面打眼时，必须采用捕尘网、降尘措施。

1998年10月，贯彻落实《中煤第一建设公司通风管理办法》，成立由总工程师任组长的综合防尘领导小组，对工作面接尘人员必须佩戴使用个人防尘保护用品。

2004年12月，制定实施《"一通三防"管理制度》，建立健全防尘系统，定期绘制防尘系统图，定期进行粉尘测定。

2006年9月，中煤第一建设公司在第十工程处机械制造厂召开推广会，推广机械制造厂自主研发制造的湿式振弦除尘风机。

2007年5月，第十工程处机械制造厂生产的矿用湿式过滤除尘器，顺利通过国家煤矿安全标志评审认证并投入使用。

2008年9月，首次采用综掘机机械化施工，综掘机使用内外喷雾降尘，综掘工作面安装使用除尘风机，在巷道开口处设置一道移动水幕，随掘进移动，距工作面30～50米，巷道回风口30米设置一道固定水幕，雾化效果覆盖全断面，各转载点设喷雾。喷雾及净化水幕在工作面产生粉尘时打开，其他时间关闭。

2009年9月，二、三期工程设立专业通风队，通风队至少配备1名测尘员，定期检测粉尘形成报表并上报。

2010年，完善原粉尘管理措施：带式输送机转载点以上10米处加设一道水幕，工作面必须使用湿式除尘器和外喷雾，通风队负责每10天对各煤巷的煤尘进行清扫并清洗巷道，巷道供水主管路

50米设一个支管及阀门,作为降尘使用。

2011年,规定喷浆作业应采用湿式混凝土喷浆机,回风侧必须安装使用除尘器,有效抑制上料杨尘。

2013年12月,印发《综掘机防尘工作技术指导意见》,掘进机选用压风、水混合联动喷雾装置,增强喷雾雾化效果,提高降尘效率。

2014年,完善综合防尘管理制度,贯彻执行建设集团综合防尘隐患排查和考核办法,明确防尘管路管径不小于75毫米。

2016年12月,粉尘收集器在禾草沟项目部投入应用,钻孔施工时粉尘浓度降低率达到50%以上。

第四篇　企业管理

第十工程处自成立以来，实行的经营管理体制、管理机构、管理方式，随着国家的形势变化几经变革。20世纪80年代初期以前，国家采取高度集中的计划经济模式管理企业，生产施工任务由国家统一制定下达，物资由国家统一调拨，财务由国家统一收支。在企业内部，按照党和国家各个时期的方针政策建立规章制度，进行计划、物资、劳动工资、财务等方面的管理。随着历史变迁和时代发展，1984年以后，企业开始由生产型向生产经营型转变，自主经营权逐步得到解放，第十工程处开始以经济效益为中心，运用经济手段进行经营管理，管理体制、思想、理念、方法由简单型、粗放式逐步向体系化、精细化转变和提升，企业活力逐步增强。在各个历史阶段的管理实践中，经营、财务、劳资、人事、物资、设备、行政事务等职能机构，充分发挥组织、协调、监督、保障作用，促进企业发展。

第一章 经 营 管 理

第一节 计划与统计

1958—1973年，随着隶属关系的演变，第十工程处的计划统计工作经历了由工程技术部门编制、处党委会审定，报潞安矿务局、山西省煤炭工业管理局审批，到报渡口第四指挥部、四川省煤炭工业管理局审批的转变。自1973年7月划归邯邢煤炭工业基本建设局（中煤第一建设有限公司前身）管理后，第十工程处的计划和统计工作归口公司主管业务部门管理，编制的计划经公司批准后执行。

1976年7月，第十工程处成立计划科，负责全处的生产计划编制与考核，工程预、结算及统计工作。

1977—1978年，根据煤炭工业部《关于加强统计工作的几点意见》和国家计委关于整顿和加强统计工作相关文件要求，相继规范了统计管理制度。统计报表内容包括进尺、产值、劳动生产率、工程质量情况等指标，次月初对上月主要经济指标完成情况进行统计，各施工队的工作量严格以施工预算图为依据，确保上报数据及时、真实可靠。

1978—2005年，根据邯邢煤炭指挥部《关于加强统计工作充实统计人员的通知》《开展统计数字质量大检查的通知》、国家统计局《关于逢例假与节日报送统计报表的规定》《关于成立统计法执行情况大检查领导小组的通知》和《中煤第一建设有限公司计划管理暂行办法》系列文件要求，对计划统计工作人员素质、报表质量和报表上报时间提出规范性要求。同时，加强了统计人员的培训和考核，规范计划统计的管理工作，提高了计划统计报表质量。

1985年9月，设立经营办公室，负责各类经营合同的管理、企业经营调查研究、经营方案的比选、经营信息管理及有关对外业务来往等。

1999年5月，经营办公室和计划科合并为计划合同科。

2005年7月，中煤第一建设公司使用智能化办公系统操作平台，所属项目部的年度、季度和月度施工计划和统计完成情况通过OA平台报送，提高施工计划上传下达、工程统计的时效性。

2006年，制定实施《计划管理实施办法（试行）》，规范计划管理。

2009年10月，计划合同科更名为经营管理部。

2010年7月，撤销市场开发部，市场开发部业务及人员并入经营管理部；8月，法律事务部业务及人员并入经营管理部。

第二节 市场开发

1981年，承建的陶二矿井建成移交，适逢国家经济体制处于"计划经济为主，市场经济为辅"的改革过渡阶段，煤炭工业部取消指令性任务安排，第十工程处开始组织力量，采取多项措施，开发行业内外市场，承揽接续工程。

1993年6月，成立技术开发咨询公司，面向小型矿山、煤矿，开展技术咨询服务。

1994年5月，为进一步适应市场经济，拓宽工程信息渠道，调动全体职工和社会各界人士参与承揽工程的积极性，制定奖励办法，对提供工程信息、协助承揽工程的单位和个人给予奖励。

1995年2月，成立项目部，负责工程信息收集、参与工程投标等市场开发工作；6月，首次参与境外工程投标，中标土耳其国家硬煤公司（TTK）卡拉硐（KARADONA）矿井井下四段通风暗立井工程。

2004年2月，为进一步加大工程承揽工作力度，提高工程信息处理与决策水平，成立工程招投标工作领导小组。2005年3月，成立工程信息部，后更名为市场开发部。

2006年12月，修订工程承揽奖励办法，对提供有价值的工程信息并成功承揽项目的，根据工程规模的大小和造价的高低，给予2万~10万元的一次性奖励。

2010年7月，撤销市场开发部，市场开发部业务及人员并入经营管理部。

1998—2017年第十工程处中标项目统计表见表4-1-1。

表4-1-1 1998—2017年第十工程处中标项目统计表

序号	项目	业主名称	地点	时间	项目概况
1	五阳煤矿南峰立风井及二期工程	潞安矿务局	山西长治	1998-04	井筒净直径6米，井深534米，二期巷道2500米
2	大宁煤矿回风立井工程	山西亚美大宁能源有限公司	山西阳城	2004-03	井筒净直径7米，井深450米
3	干河煤矿主立井工程	霍州煤电集团	山西洪洞	2004-05	井筒净直径5.5米，井深564.5米
4	吴桂桥煤矿主、副井工程	驻马店市吴桂桥煤矿集团有限公司	河南驻马店	2004-12	主井净直径5米，井深500米；副井净直径5.2米，井深515米。造价4600万元

表 4-1-1（续）

序号	项目	业主名称	地点	时间	项目概况
5	寨崖底煤矿主斜井井筒延深及主煤仓	山西联盛集团	山西柳林	2004-12	主斜井井筒延深及主煤仓工程
6	谢桥煤矿巷道工程	淮南矿业集团	安徽淮南	2004-12	巷道工程
7	棋盘井回风斜井及二期工程	神华蒙西煤化股份有限公司	内蒙古鄂尔多斯	2005-07	斜长 1367.7 米，斜度 24°，造价 2100 万元
8	李雅庄煤矿宽南坡进回井工程	霍州煤电集团	山西霍州	2006-04	进风井直径 6 米，井深 404.5 米，回风井直径 7 米，井深 416 米
9	滴沥帮乌素煤矿三立井工程	乌海市华资煤焦有限公司	内蒙古乌海	2006-07	主井净直径 4.5 米，副井净直径 6.5 米，回风井净直径 5 米，井深均为 560 米，工程总造价 3900 万元
10	干河煤矿主井安装及土建配套工程	霍州煤电集团	山西洪洞	2007-01	工程总造价 1866 万元，工期 120 天
11	龙家堡煤矿二期掘砌工程	辽源矿业公司	吉林长春	2007-04	运输斜巷、运输石门、回风巷绕道、装载硐室联络巷等总工程量 3173 米
12	黄玉川煤矿井巷工程	神华亿利能源有限责任公司	内蒙古鄂尔多斯	2007-06	副立井、回风立井、井底车场硐室及部分大巷，造价 9000 万元
13	石板沟煤矿二期工程	襄垣县石板沟煤矿	山西长治	2008-03	3000 米斜巷，造价 2000 万元
14	宽塘煤矿二期井巷工程	云南省富源县宽塘煤矿	云南富源	2008-03	造价 3000 万元
15	麻家梁煤矿主井及回风井立井工程	同煤集团	山西朔州	2008-03	主立井井深 602.8 米，冻结深度 386 米，净直径 9 米；回风立井井深 510 米，冻结深度 350 米，净直径 8 米
16	五间房西二矿主斜井工程	华润电力	内蒙古锡林浩特	2008-04	井长 2400 米，坡度 14°，造价 5000 余万元

表4-1-1（续）

序号	项目	业主名称	地点	时间	项目概况
17	东周窑煤矿副立井工程	同煤集团	山西大同	2008-06	井径8米，井深537米，造价2667万元
18	西上庄煤矿主立井工程	阳泉南庄煤炭集团有限责任公司	山西阳泉	2008-12	井径7.5米，井深661米
19	西上庄煤矿副立井工程	阳泉南庄煤炭集团有限责任公司	山西阳泉	2009-01	井径7.5米，井深661米，工程总造价2400余万元
20	黄玉川煤矿三期综掘二、三标段工程	神华亿利能源有限责任公司	内蒙古鄂尔多斯	2009-04	综掘平巷第二标段工程量为2799米，第三标段量为3368.92米
21	色连主斜井工程	同煤集团	内蒙古鄂尔多斯	2009-06	坡度16°，井长948米，净断面积16.9平方米，设计能力500万吨/年
22	宝龙山煤矿二、三期工程及副井井塔土建工程	金田矿业	内蒙古通辽	2009-07	井底车场、硐室、大巷、采区工程，巷道10984米，硐室16649立方米
23	甜水堡三斜井工程	甘肃万盛矿业能源开发有限公司	甘肃环县	2009-09	主斜井1615米，副斜井1320米，回风斜井1050米，总造价7000万元
24	库里火沙兔主、副斜井工程	蒙西矿业	内蒙古鄂尔多斯	2009-09	主斜井1292米，副斜井1236.06米，年产量120万吨，总造价2883万元
25	春山副、回风立井工程	山西中强煤化有限公司	山西临汾	2009-10	副立井465.62米，回风立井495米，总造价3619.6万元
26	八宝煤矿二期工程	通化矿业公司	吉林白山	2009-08	1101工作面准备巷道
27	白音乌素煤矿主、副斜井及二、三期工程	乌海市神华君正实业有限责任公司	内蒙古乌海	2009-07	主井斜长577.24米，坡度20°；副斜井斜长531.39米，坡度22°
28	庞庞塔煤矿主斜井工程	霍州煤电集团	山西吕梁	2009-06	斜长1414.785米，坡度16°

表 4-1-1（续）

序号	项目	业主名称	地点	时间	项目概况
29	东周窑煤矿二期工程	同煤集团	山西大同	2009-12	工程量为1028.438米
30	鑫隆煤矿设备安装工程	中阳县桃园鑫隆煤业有限公司	山西吕梁	2009-08	120万吨矿井的所有机电安装工程
31	禾草沟煤矿三斜井及二期工程	禾草沟煤业	陕西延安	2010-08	三斜井总造价6900万元，二期总工程量11631米
32	沙曲煤矿北轨大巷铺轨工程	华晋焦煤有限责任公司	山西吕梁	2010-12	铺轨2200米，金额184万元
33	沙曲煤矿北轨大巷维修工程	华晋焦煤有限责任公司	山西吕梁	2010-12	维修巷道300~800米，金额1639万元
34	介板沟煤矿风井梯子间及防爆门安装工程	华润联盛	山西吕梁	2011-03	中标金额79.6万元
35	华润联盛公司皮带安装工程	华润联盛	山西吕梁	2011-03	中标金额66万元
36	韩咀煤矿井筒工程	山西华晋韩咀煤业有限责任公司	山西临汾	2011-10	主、副斜井、回风立井，中标金额5748.82万元
37	禾草沟煤矿二、三期矿建工程和井下设备安装工程	禾草沟煤业	陕西延安	2011-12	中标金额：综合费率-3%
38	梨园河二、三期工程	同煤集团	山西宁武	2012-04	井下巷道和首采面巷道
39	达来胡硕进、回风立井工程	吉煤集团	内蒙古霍林郭勒	2012-03	进、回井井筒：净直径8米，井深608米
40	门克庆煤矿风井二、三期工程	中天合创	内蒙古鄂尔多斯	2012-03	中标金额综合费率46%
41	大海则煤矿井筒施工工程	中煤陕西榆林能源化工有限公司	陕西榆林	2012-07	主立井、回风立井，冻结法施工
42	恒腾主立井工程	恒腾煤业	山西忻州	2012-10	主立井521米，金额1247万元

表 4-1-1（续）

序号	项目	业主名称	地点	时间	项目概况
43	金家庄新建副斜井、主斜井延深工程	金家庄煤业	山西吕梁	2012-11	主斜井延深，工程量 219.794 米；新建副斜井，工程量 1035.2 米
44	创日泊里煤矿进、回风井工程	阳煤集团	山西晋中	2012-12	进、回风井直径同为 7.6 米，井深分别为 563.5 米、570.13 米，金额 6446.8 万元
45	韩咀工业广场副斜井削坡土方工程	山西华晋韩咀煤业有限责任公司	山西临汾	2013-09	中标金额 218.8727 万元
46	韩咀煤矿 2 号煤层西翼巷道工程	山西华晋韩咀煤业有限责任公司	山西临汾	2013-10	2 号煤层西翼辅运大巷和主运大巷，工程量 4012 米
47	玉泉煤矿矿建工程	玉泉煤业	山西阳泉	2013-11	设计能力 120 万吨/年，总工程量 11834 米
48	沟底煤矿副、风井工程	山西高平源野煤业有限公司	山西晋城	2014-09	副井直径 10.5 米，井深 500.5 米；回风井直径 8 米，井深 400.946 米。工程造价 7487 万元
49	盘城岭矿井北回风瓦斯管路安装工程	山西煤炭运销集团	山西左权	2015-01	中标金额 1284.6 万元，坡度 25°，ϕ630 毫米管长度 1107 米，ϕ820 毫米管长度 873 米
50	西上庄煤矿井筒工程	阳泉南庄煤炭集团有限责任公司	山西阳泉	2015-01	主、副、回风立井，中标金额 4834.6 万元
51	天安吴王山安装工程	晋煤集团	山西泽州	2015-07	中标金额 837 万余元
52	斜沟煤矿抢险维护工程	山西西山晋兴能源有限责任公司	山西兴县	2015-06	+700 米南翼辅助运输、带式输送机大巷抢险维护工程
53	斜沟煤矿 13 采区一号回风上山工程	山西西山晋兴能源有限责任公司	山西兴县	2015-08	13 采区一号回风上山剩余工程 1047.6 米，金额 1067.7 万元

表 4-1-1（续）

序号	项目	业主名称	地点	时间	项目概况
54	韩咀煤矿井下劳务外包工程	山西华晋韩咀煤业有限责任公司	山西临汾	2015-11	1211主运巷及一盘区北冀三条下山掘进清包
55	韩咀煤矿井下劳务外包工程	山西华晋韩咀煤业有限责任公司	山西临汾	2015-12	巷道维修、喷浆、铺底、注浆及通防等各类零星工程施工
56	葫芦素煤矿西冀风井工程	中天合创	内蒙古鄂尔多斯	2016-01	净直径5.5米，井深643米，造价10027万元
57	葫芦素煤矿防火密闭墙工程	中天合创	内蒙古鄂尔多斯	2016-01	21102综采工作面防火密闭墙，造价630万元
58	大海则煤矿二期一标段	中煤陕西榆林能源化工有限公司	陕西榆林	2016-04	井筒部分定量装载硐室、风硐、安全出口，井底车场巷道及硐室，主要运输巷道及回风道，排水系统，供电系统
59	葫芦素煤矿生产类零星矿务工程	中天合创	内蒙古鄂尔多斯	2016-05	21102工作面修护及其他工程，中标金额2229万元
60	门克庆煤矿11-3102工作面巷道掘进及其他矿务工程	中天合创	内蒙古鄂尔多斯	2016-06	中标金额4687万元
61	门克庆煤矿11-3101工作面矿务工程	中天合创	内蒙古鄂尔多斯	2016-08	11-3101工作面带式输送机巷单轨吊锚杆施工工程、通防设施工工程
62	葫芦素煤矿排矸巷施工及通风设施工程	中天合创	内蒙古鄂尔多斯	2016-08	排矸巷：1798.5米；排矸联络巷：486米；临时密闭：4道；调节风墙5道；防火密闭墙：2道
63	梨园河煤矿2号煤层延深工程	同煤集团	山西宁武	2016-09	222轨道下山、222上部车场、2号专用回风巷、222皮带下山等七项工程，造价7612万元

表 4-1-1（续）

序号	项目	业主名称	地点	时间	项目概况
64	斜沟煤矿 13 采区水仓等工程	山西西山晋兴能源有限责任公司	山西兴县	2016-12	13 采区水仓、变电所、泵房等重点工程，造价 626 万元
65	门克庆煤矿 11-3108 工作面标段一工程	中天合创	内蒙古鄂尔多斯	2017-01	11-3108 带式输送机巷、辅运巷等巷道工程，造价 4168.5 万元
66	南梁煤矿 3-1 煤二水平开拓巷道管线安装工程	陕西南梁矿业有限公司	陕西榆林	2017-04	给水、排水、压风、黄泥灌浆管路的运输、敷设和缆线吊挂的安装施工
67	斜沟煤矿 13 采区辅助运输上山工程	山西西山晋兴能源有限责任公司	山西兴县	2017-05	13 采区辅助运输上山 3157.64 米，造价 4782 万元
68	安家矿井进、回风井工程	晋煤集团	山西高平	2017-06	进、回风井井深均为 470 米，及井下工程，造价 6419 万元
69	门克庆煤矿 11-3103 工作面一标段工程	中天合创	内蒙古鄂尔多斯	2017-07	11-3103 工作面辅助运输巷、带式输送机巷等巷道掘进及其他工程，造价 6005 万元
70	禾草沟煤矿带式输送机、5 号煤层南翼水泵房及变电所安装工程	禾草沟煤业	陕西延安	2017-09	带式输送机、5 号煤层南翼水泵房及变电所等安装工程，中标金额 370 万元

第三节 合同管理

1984 年之前，第十工程处合同管理业务由计划科负责。

1984 年 9 月，成立经营办公室，负责各类经营合同的管理、企业经营调查研究、经营方案的比选和经营信息管理以及有关业务来往等工作。

1985 年 7 月，第十工程处实行凭《法人授权委托证》签订合同。

1995 年 9 月，为适应市场经济需要，制定《合同管理办法》，设立经济合同工作领导小组，加强和规范合同管理。管理办法对经济合同的使用文本、内容、合同管理、合同履行、奖罚以及领导小组的职责作出具体规定。

1997 年 5 月，为规范经济合同管理行为，预防合同纠纷，避免经济损失，保护企业合法权益，根据《中华人民共和国经济合同法》《建筑安装工程承包合同条例》及有关法律法规，结合本单位实际，制定《经济合同管理办法》，规范经济合同管理，加强经营风险防范。

1999年5月，经营办公室、计划科合并为计划合同科，合同管理业务并入计划合同科。

2009年10月，计划合同科变更为经营管理部。各单位、部门签订合同执行法人委托代理制度。

2011年11月，为贯彻落实中煤一建公司《合同管理办法（试行）》，规范合同管理，防范合同风险，促进合同管理流程化、规范化，第十工程处成立合同管理领导小组，指导、监督合同评审及管理工作。合同评审委员会由办公室、经营管理部、财务管理部、工程技术部、机电管理部、安全监察部、监察审计部等部门主要负责人组成。领导小组下设办公室，办公室设在经营管理部，负责合同管理日常工作。

2016年5月，开始按照中煤一建公司制定的合同范本，规范签订房屋租赁合同、买卖合同、劳务分包合同及设备租赁合同。

第四节 预算与结算

1985年，预算编制依据中国煤炭建设协会下发的《煤炭建设井巷工程消耗量定额》（1985年基价）、《煤炭建设井巷工程辅助费综合定额》（1985年基价）及《煤炭建设井巷工程机械台班定额》（1985年基价）编制预算。

2004年12月，按照中煤集团《转发财政部、建设部关于建设工程价款结算暂行办法的通知》要求，第十工程处规范工程合同价款的约定与调整、工程价款结算、工程价款结算争议处理和工程价款结算管理等工作。

2008年12月，制定《关于加强工程项目价款结算管理并对相关人员考核和奖罚的指导意见》，以加强工程项目价款结算管理，建立有效的激励约束机制，调动工程结算相关人员的积极性，激励广大业务人员开展业务竞赛、技术创新、爱岗敬业、积极进取，提升工程造价管理整体水平。

2014年12月，印发《工程造价及工程签证管理办法》，以对工程造价管理人员职责、工程预结算的编制、工程预结算审查、工程签证办理、结算时限及要求等方面作出明确规定，推进预结算管理工作制度化、程序化，降低工程成本，提高经济效益。

经营管理部是第十工程处工程造价管理业务的主管部门。工程造价管理实行"统一领导、分级管理"的原则。

经营管理部负责所施工工程施工图预算编制、审核和预（结）算会审，编制年度工程结算资料、材料价差基础资料并报送建设单位审查；编制年度人工费价差基础资料，经中煤一建公司经营管理部审核后报工程造价管理站审批；编制所施工工程项目竣工结算，实行"一项目一档案"管理；监督、检查、指导项目部的工程造价业务管理工作，并协助其办理工程索赔等；参加工程投标，负责商务标编制工作；负责工程造价执业、从业人员的管理；编报工程结算收入报表，并负责内部经济核算预算分解工作；组织投资项目招标或内部工程竞标，编制标底；建立健全工程造价管理台账，积累工程造价基础资料。

项目部负责编制工程项目施工图预算，参与工程项目预算审查和工程结算；搜集或办理合同履行期工程变更、地质条件变化、隐蔽工程、材料代用等原始记录签证，建立工程预（结）算台账；整理收集与工程项目施工技术有关的新技术、新设备、新材料、新工艺方面的技术经济资料；做好合同价调整和工程索赔基础工作，掌握完整、准确、有效的索赔证据；加强与有关职能部门的沟通、协作，按规定向有关领导和部门提供项目工程造价有关的数据资料；建立健全项目工程造价管理档案和台账。

第五节　项目经营承包与考核

1980年10月，第十工程处推行以规定工数、工程内容、工期要求、安全质量要求等四项指标进行承包的工程包干管理办法。

1985年1月，第十工程处开始推行经营承包责任制，共有7种类型13个承包办法。7种类型：一是核定任务和费用，集体承包，亏损自负，盈余归己；二是集体承包，单独核算，盈利分成，亏损分担；三是队包工程量、工期、材料、安全和质量，处保设计、设备、材料和按条件付工资；四是集体承包，额定利润，亏损不补；五是对服务性单位，实行费用包干，节约有奖，超支则罚；六是对机关科室，实行费用核定指标，超支不补；七是对管服人员的奖金分配，实行岗位奖或职务奖。

1999年3月，制定《经济责任承包管理办法》，对项目部、生产经营单位实行年度承包管理。对不能实行项目部经济责任承包的工程项目，原则上按合同总价款的13%上交综合管理费用。成本指标包括人工费、材料费（含安装定额外材料费）、机械使用费、辅助费、其他直接费、现场经费（税金留项目部代处向地方税务部门缴纳）6项内容。

2002年3月，制定《2002年生产经营管理办法》。资金统一管理，统一调配使用，由财务科按照资金统一管理办法具体组织实施。发包工程由计划合同科草拟合同条款，处长审核后签订合同。处统一对外办理结算。各项目部按照实际完成工程量进行费用结算与细化分解，劳动人事科据此进行工资审批，财务科拨款。

自2004年起，处长与各单位负责人签订经营承包责任书，作为每年职代会暨工作会的一项重要内容。

2011年1月，制定实施《二级单位负责人业绩考核办法（暂行）》。

2013年12月，印发《项目部负责人业绩考核办法》，结合实际对各单位承包费用与上缴费用等各项指标进行调整。

2017年3月，修订印发《项目部负责人业绩考核办法》，从项目负责人薪酬构成与确定、项目经营承包的确定原则、考核与兑现3个方面作出明确规定。按照"根据各项目部生产经营特点，进行分级分类月度、年度考核""月度考核与项目班子成员岗位月薪挂钩，体现过程控制；年度考核与绩效薪酬挂钩，体现成果控制；项目部负责人薪酬总额依据营业收入规模实行封顶控制"的原则实施考核。年度考核一般在次年第二季度进行完毕，考核结果经有关部门签字确认，处党政联席会议通过后，由人力资源部、经营管理部与项目部共同对绩效薪酬和特别奖励进行分配。经营管理部负责将项目考核资料建立档案。当年兑现上年绩效薪酬的70%，剩余30%于次年进行兑现；如果后一年考核出现亏损，扣除延期绩效薪酬。同一项目最后一个考核期延期绩效预留40%，待项目审计完成、竣工资料移交完成、债权债务清理完毕后兑现。同一项目整个周期总体亏损，经处党政联席会议研究，追究项目负责人责任。

第二章 人力资源管理

第一节 劳动用工管理

20世纪50年代末至70年代,第十工程处按照国家政策和劳动计划实行以全民所有制工(固定工)为主体的计划用工制度,在固定工不能满足生产需要的情况下,根据上级指令招收部分合同工作为补充。王庄、渡口建设时期,第十工程处除招收固定工外,还招收了一部分亦工亦农五年制合同工、三年制轮换(合同)工和家属子弟合同工。固定工来源,主要有调配干部、分配的大中专毕业生、复转军人安置、社会招收(指令性区域)、内部招收(职工子弟)、补充自然减员(顶替、接班)等。1965年至1966年6月间,在山西长治招收了一批轮换工;1968年在四川奉节招收了一批亦工亦农五年制合同工,根据国家政策于1970年、1971年和1973年全部转为固定工。

1977年7月,第十工程处革委会根据煤炭工业部的通知精神,进行劳动组织整顿,压缩非生产人员,充实井下一线。

1981年9月,第十工程处根据煤炭工业部、国家劳动总局颁发的《关于统配煤矿当前劳动力方面几个主要问题的暂行规定》,井下采掘工使用固定工和农民协议工。

1982年11月,经煤炭工业部批准,第十工程处1982年补充自然减员15人,第十工程处印发招收简章,规定招工具体事项,于12月20日结束招收工作。

1984年8月,按照国务院批准的煤炭工业部、公安部、商业部和劳动人事部《关于煤矿井下职工家属落城镇户口试点工作总结和在全国煤矿推行落户工作意见的报告的通知》精神,落实井下职工家属农转非政策。1985年10月,开始推行劳动合同制,招用劳动合同制工人,逐步缩小固定工比例,用工形式划分为固定工、劳动合同制工、临时工三类。

1987年起,按照国务院颁布的《国营企业实行劳动合同制暂行规定》《国营企业招用工人暂行规定》《国营企业辞退违纪职工暂行规定》和《国营企业暂行职工待业保险暂行规定》改革劳动制度的"四项暂行规定",新招收的工人实行劳动合同制,取消退休工人"子女顶替"和内部招收职工子女的办法,实行面向社会,公开招工,全面考核,择优录用。

1991年8月,根据河北省有关规定及劳动合同制工人在待业、医疗、退休等保险福利方面待遇低于固定工人的实际情况,对劳动合同制工人实行工资性补贴,标准为本人工资(学徒工和熟练期工人为本人生活费)的17%,计入工资总额,按月随工资发放。

1995年1月,国家颁布《中华人民共和国劳动法》。8月,第十工程处在汽车运输公司实行一年期全员劳动合同试点工作。11月,实行全员劳动合同制,企业与职工在平等、自愿、协商的基础上签订劳动合同书。劳动合同期限分为无固定期限和固定期限两类,固定期限劳动合同分1年以内、5年、10年三种类型。

1996年4月,制定《临时合同工管理办法》,实行同工同酬、工资自助积累金制度，对表现突出、工作能力强的临时合同工可以转为合同制工人，可提拔到领导岗位。6月，按照中煤第一建设公司分配的14名指标，择优选拔井下符合转工条件的农民合同工转为城镇户口的劳动合同制工人。

1997年4月，按照邯郸市劳动局、邯郸市社会保障中心联合下发的《关于实行〈职工劳动手册〉制度和发放、使用、管理问题的通知》和中煤第一建设公司的文件要求，企业与签订劳动合同书并确定了劳动关系的职工签订《职工劳动手册》。5月开始采取通过技校委培的方式，将优秀农民轮换工转为合同制工人，充实井下一线岗位，解决职工队伍老化和后备力量不足问题。6月，按照中煤建设开发总公司《关于清理整顿煤炭企业劳动用工秩序严格控制新增人员的通知》要求，制定措施开展清理整顿工作。8月，规范临时用工管理，临时工全部重新签订劳动合同，合同签订起始时间为1997年10月1日；1992年以前招收的临时工统一为井下农民轮换工，合同期限定为5年；1992年之后招收的临时工为井下临时工，合同期限定为2年。

1998年11月，作为中煤第一建设公司试点单位，企业代表方与工会代表方签订三年期集体合同。

2004年7月，第十工程处对外流的矿建、机电、测量、地质、通风安全专业技术人员开展清理整顿，能够返处上班的人员，重新安排工作；不能返处上班的人员，依照有关政策和法律规定进行处理。

2005年，制定《临时合同工管理暂行办法》，对招收条件、招收程序、奖惩办法作出具体规定。制定《下岗职工出中心实施细则》，分流安置下岗职工。

2007年4月，开始执行中煤第一建设公司《优秀农民工转为合同制工人暂行办法》，按照下达的年度转工指标，选拔录用符合条件的队干、班组长、一线生产或技术骨干。

2008年7月，中煤第一建设公司决定从现用的优秀农民工中录用一批全民合同制工人，分配第十工程处转工录用指标150人。

2011年3月，根据河北省人力资源和社会保障厅《关于进一步加强用人单位劳动用工备案工作的通知》及邯郸市人力资源和社会保障局有关规定，实行劳动用工备案制度。

2012年7月，按照中煤一建公司《员工调配工作规定》，严格执行"编制管理、计划调配、统筹安排""工作需要、人尽其才""减人增效"和"民主集中、集体决策"的原则，根据调配范围、调配条件、审批权限、调配程序、调配纪律等具体规定，落实大中专毕业生接收、军转人员安置、高级专业技术人才引进、员工内部调配等工作。

2015年7月，制定《劳动用工管理办法》，从用工准入、劳动合同管理、岗前岗中培训管理、相关规定等4个方面作出明确规定。10月，根据中煤一建公司《机构改革实施方案》和《关于人力资源管理业务专项检查情况的通报》的相关规定及要求，制定《职工办理退休、离岗休养管理办法》，对职工办理退休及离岗休养的条件、程序和离岗休养人员待遇作出规定。

2017年5月，结合形势发展需要，对《劳动用工管理办法》进行了修订。10月，落实中煤一建公司《2017年职工分流安置方案》，平等协商解除劳动关系162人，清理长期不在岗人员解除劳动关系39人。

一、劳动纪律管理

1977年7月，第十工程处转发邯郸

市劳动局《关于长期旷工人员按除名处理的复函》(〔1977〕市革劳配字4号)，对长期旷工人员进行处罚。

1983年11月，第十工程处二届一次职代会根据煤炭工业部〔1981〕煤劳字第789号、国家劳动总局〔1981〕劳总字92号整顿劳动纪律的通知，以及《全国职工守则》《企业职工奖惩条例》规定，决定对33名职工予以除名、对7名职工予以开除留察一年的处罚。1984年12月，执行煤炭工业部第一建设公司《职工奖惩条例实施细则》，加强职工劳动纪律管理。

1985年4月，第十工程处对加强劳动纪律作出规定：凡是旷工1天至10天的，降薪一级，时间1~6个月；旷工10~15天的，降薪一级，时间一年；旷工15天至1个月的，降薪一级，时间两年；旷工1个月以上者，予以除名。

2004年起，第十工程处依据《企业职工奖罚条例》和《中华人民共和国劳动法》相关规定，开始对长期旷工人员予以除名，解除劳动关系。

2017年5月，制定《机关和两个中心工作人员劳动纪律管理办法》，对机关及两个中心的劳动纪律、工作作风、处罚等作出规定。制定《关于进一步加强项目部职工考勤的管理办法（修订）》，实行全员考勤网络信息化管理和考勤公示制度。

1977—2017年，第十工程处对严重违反劳动纪律的1417名人员，作出了除名并解除劳动合同的处罚。

二、职称管理

职称管理工作包括专业（技术）职务任职资格评定与专业（技术）职务管理。专业（技术）职务任职资格评定包括资格认定、资格评审、资格考试等工作。专业（技术）职务管理包括专业技术职务设置、聘任与考核等工作。

1978年以前，第十工程处执行技术职务任命制。1979—1983年，实行专业技术职称评定。现行职称制度是在专业技术职务聘任的基础上发展完善起来的。集团公司设立工程、经济、会计、卫生、政工等系列高级专业技术评审委员会，负责高级以上职称评审；公司设立中、初级专业技术评审委员会，负责中、初级职称评审。申报中、高级职称必须参加全国职称外语统一考试；必须取得对应的计算机等级证书，计算机等级考试由集团公司统一组织。以考代评的专业技术资格，必须参加国家有关部委组织的统一考试。

1983年3月，第十工程处成立工程技术干部技术职称评定委员会和各类专业技术干部技术职称评定委员会，负责初级职称评定工作。

1978年至1983年9月职改前，第十工程处共有155人次在工程、会计、经济、卫生4个专业经公司、处两级考核评审通过套改和确定技术职称。

1984年8月，第十工程处执行"书刊补助费"，中级职称5元/月，初级职称3元/月。

1987年8月，制定《职称改革工作实施办法》。改革职称评定，实行专业技术职务聘任制，成立工作领导小组，成立初级工程技术评审委员会，成立初级会计、经济、统计专业考评组和初级卫生专业考评组，分4个阶段实施职称改革。

1988年10月，根据中央关于解决政工干部职称的指示精神和上级党委的要求，开展政工干部专业职务评聘工作。同年12月，成立教育系列职改领导小组、教育系列初级职务评审委员会和职改办公室。1989年9月，成立政工专业职称领导小组和初级评审委员会。政工干部专业职务评聘（任）工作，分4个阶段从

1989年8月25日开始到11月10日结束。

全国职称考试始于1990年9月，共分为公共科目和专业科目两类，其中公共科目包括外语与计算机，外语考试成绩与计算机考试成绩将作为评聘专业技术职务的条件之一。1993年，第十工程处经济、会计专业人员开始参加中、初级专业技术资格全国统一考试。2000年，医护人员开始参加卫生系列全国统一考试。

2008年，制定《对参加全国统考取得中级以上专业技术职称人员的奖励办法（试行）》，鼓励职工考取专业技术职称。

2010年起，第十工程处不再具备初级职称评审权限，初级职称由中煤第一建设公司职称评审委员会评审。

2011年10月，《中煤第一建设有限公司第十工程处机关及三个中心工作人员薪酬管理办法》对职称津贴作出规定：标准为正高350元/月、副高300元/月、中级200元/月、初级（助理）150元/月、初级（员）100元/月。

2012年9月，成立专业技术资格考核评议工作小组，总工程师任组长。

自1985年职改至2017年，共有765人次取得工程、经济、会计、卫生、教育等系列初、中、高、教授级专业技术资格（不包括取得以考代评的经济、会计系列初、中级专业技术资格人员）。

第二节 人事管理

一、人事管理机构

1958年11月，建井三队设置人事保卫科。

1960年4月，潞安矿务局第三工程处设置人事科。

1962年6月，潞安矿务局建井工程公司设置人事教育科，党委设置组织干部科。

1968年6月，第十工程处成立革命委员会，下设政治工作组，分管组织的人员兼管人事工作。

1974年1月，设立劳动工资科。

1980年6月，成立人事科。

1981年5月，党委组织部和人事科合并为组织部。

1982年6月，设立劳动工资科。

1985年5月，撤销劳动工资科，成立劳动人事科。

1995年2月，组织部、劳动人事科合并为人事组织劳资科。

2005年9月，人事组织劳资科更名为人力资源部。

2010年8月，组织部与人力资源部合署办公。

二、人事管理工作

人事管理工作具体包括工作人员的吸收录用、招聘、调配、使用、培训、交流、岗位责任（职位分类）、考核、奖惩、任免、升降、工资、福利、统计、辞退、退职、退休、抚恤和人事研究等一系列管理工作。

1984年7月，根据中央组织部、劳动人事部《关于整顿"以工代干"问题的通知》和煤炭工业部《部直属单位整顿"以工代干"实施细则》，第十工程处党委报请煤炭工业部第一建设公司批准，117名职工转为国家正式干部；不转干和未批准转干现还在干部岗位的仍享受干部待遇，调离干部岗位后不再享受干部待遇，今后不再"以工代干"。

1985年2月，第十工程处实行中层干部处长任命制，干部管理实行任期制。

1987年，实行劳动人事制度改革，对违犯企业有关规定的人员有权给予除名、开除、辞退，废除内招和职工子女顶替制度，实行劳动合同制；废除干部只能上不能下的职务待遇终身制，对新任用的管理人员实行聘任制，干部能上能下。

1992年9月，作为中国统配煤矿总公司第一建设公司"三项制度"改革试点单位，成立领导小组，推行劳动、人事、分配"三项制度"改革。

1996年5月1—30日，对工程、文教、卫生、经会等4个专业系列人员进行考试、考核，考试成绩和考核结果作为职称、职务评聘依据。

1997年3月，认真贯彻落实党中央、国务院及中组部等四单位对企业领导班子考核建设工作的指示精神，第十工程处制定实施《中层干部转变作风、深入基层管理办法》，对区、队领导班子和负责人及基层的管理人员，从德、能、勤、绩4个方面，按百分制，每半年进行一次考核、奖惩。

1998年4月，第十工程处决定对会计人员进行全面考核，在职人员业务知识考试不及格的下岗，综合考核不及格的取消会计任职资格。

1999年7月，第十工程处对1996年、1997年被聘用的各类高中级专业技术人员进行考核，考核结果为基本称职和不称职的人员不再续聘，并降低待遇使用。

2001年8月，按照中煤第一建设公司《委派会计人员奖惩及考核办法（试行）》，第十工程处对被委派基层单位的首批主管会计人员、新设项目部或会计机构具备上岗资格并经劳动部门认可的会计人员，进行考核、奖罚。

2015年10月，制定《干部人事档案专项审核工作实施方案》，整治干部人事档案的造假问题，确保干部人事档案真实、准确、完整、规范，维护干部人事档案工作的严肃性和公信力。

2017年5月，修订《干部管理四项制度》，进一步规范干部管理。

第三节 薪酬管理

20世纪50年代末至90年代初，第十工程处执行国家和行业工资标准，实行以岗位等级工资制为基础，多种计资方式相结合的工资分配制度。岗位等级工资按国家和行业政策，定期进行考级和调级、调资。

1958年6月至1959年12月，全部实行计时工资制。

1960年1月，推行投资包干，同时实行计时工资和综合奖励。

1961年6月，在不同工种推行综合定基本工资加奖励、计时工资加奖励、计件工资。

1967年8月，潞安矿务局抓革命促生产领导组下发《关于第十工程处试行附加工资通知》，发附加工资的时间从1967年1月起执行，每人每月4~7元。

1974年9月，转发邯邢煤炭指挥部《关于统一附加工资、津贴、福利待遇规定的通知》，施工流动津贴、附加工资、井下工作津贴、井下保健津贴、夜班津贴、夜餐费实行新的发放标准。

1976年1月，制定《劳动工资工作管理制度试行办法》，明确规定劳动管理、工人调动和工种变更、职工考勤和请假制度、学徒工和学习期限和生活补贴、各种情况下的工资支付规定、职工探亲的有关规定、职工调动的工资规定、其他情况下工资支付办法、有关各种津贴支付办法等。

1976年5月，转发邯邢煤指文件《关于法定节日出勤工资支付的规定》。生产工人经批准在法定节日进行生产时，应尽可能节后补休，不能补休，发给本人日标准工资的200%的工资；勤杂服务工人经批准节日工作，节后不能补休，可发给本人日标准工资100%的工资；职员在法定节日工作，一律不发加班工资。9月27日，第十工程处制定《综合定额圆班计件分配试行办法》，综合定额以产量（进尺）、材料单价、工程质量三项指标为内容确定月工资总额，实行圆班计件分配。10月，在矿建一队等4个条件较好的掘进队开始试行。11月，在全处9个矿建队推行。

1978年7月，对正式职工和入厂满一年能够独立操作的学徒工，实行《计时工资加奖励的办法（草案）》。9月，根据河北省邯郸市财政局、劳动局"关于实行职工上、下班交通费补贴办法的通知"精神，第十工程处开始实行"职工上下班交通费补贴"。10月，制定矿建队《综合定额、圆班计件分配试行办法（草案）》，以综合工作队（班）为单位，按综合定额各项（进尺、质量、材料消耗）指标实际完成情况，实行"圆班计件、分班计量、个人计分、以分分配"的工资分配办法。11月，制定矿建辅助运搬队"定员包干，工资提成"奖励分配试行办法。

1979年1月，根据国家劳动总局《关于给工作成绩特别突出的职工升级的通知》、河北省冀革〔1978〕179号文件精神，结合指挥部的安排意见，第十工程处为76名优秀职工进行工资升级。自3月1日起，在矿建队实行"综合定额、圆班计件、个人计分、以分分配"的工资分配办法，在矿建一、二工区运搬队实行《矿建辅助运搬队"定员包干工资提成"奖励分配试行办法》。4月，根据指挥部文件精神，第十工程处开始试行计件工资制度和超产奖励制度。11月，制定《计件工资制度暂行办法》实施细则和《超产奖励制度暂行办法》实施细则，实行计件工资和生产计划挂钩，奖励按经济效果计算奖金，更好地体现了"各尽所能，按劳分配"的原则。

1980年1月，制定《改进计件、包干工资管理形式的试行办法》，明确了机关职能部门和工区的权责，对计件、包干工资实行部门和工区对口的二级管理模式。2月，成立考评升级委员会。3月，开展职工调资升级试点工作。调资工作依照职工的劳动态度优劣、技术业务高低、贡献大小进行择优升级的原则，经过调查摸底、思想发动、考工考核、群众评议4个阶段，于6月14日基本结束。6月，为保证陶二矿井胜利建成，经邯邢煤炭指挥部同意，第十工程处实行超计划奖励分配办法。7月，执行矿建队掘进班兼职安全检查员享受班、组长同等津贴待遇。

1981年5月，转发邯邢煤炭指挥部《一九八一年劳动工资工作座谈会纪要》。对现行工资、津贴等支付7个问题作出了处理意见：①关于职工工资支付及加班工资的处理；②关于职工调动工作后工资的处理；③关于各种津贴的支付；④关于职工探亲假有关问题的处理；⑤关于计件工资制的有关规定；⑥关于职工退休待遇的支付；⑦劳动保护用品的发放。

1983年1月，停止执行管理人员全年12天带薪事假。

1984年7月，推行分配制度改革，制定《联职联责奖励试行办法》，行政管理人员实行职务职称奖，服务人员及管理人员中非干部管理的岗位人员实行生产任务超产奖，学校实行学期奖，形成计件工资、百元产值工资含量包干、定员包干、间接计件、利润包干和联职联责奖励等多种形式并存的分配制度。8月，制定并实施《掘进队实行定额综合单价计件工资制暂行办法》《机电队、运搬队实行岗位定员包干，联产联责计酬暂行办法》。9月1日起，实行流动施工津贴，标准为每天0.6元，以实际出勤工数计算。

1985年4月，所属各施工单位执行劳动定额，统一按劳动定额考核，进行内部分配。各生产班（组）、辅助生产班（组）、服务性工作班（组）的班（组）长，实行班（组）长责任津贴，施工队队长、技术员实行跟班临时补贴。11月，成立工资制度改革领导小组，实施煤炭企业工资制度改革，1986年一季度结束。改革后的人均基本工资由原来的61.74元增加到81.73元，人均基本工资增值20元；入坑费由原来的0.8元增加到1.6元；全处每月增加工资7.26万元。同时，奖金和超额工资也有所提高。

1987年，第十工程处用于职工调资13.73万元，756名职工上升了一级工资，1597名职工浮动了半级工资；由职工奖励基金中支出肉粮补贴9.8万元，由福利费中支出洗理费15.4万元，食堂饮具购置费6.4万元，影片租赁费0.3万元，独生子女保健费0.59万元。

1988年12月，成立调资领导小组，全面负责1988年度职工调资工作。为符合条件的1323名职工晋升一级工资，其中专业技术人员及中小学教师104人固定升一级，浮动升半级的1105人，为1360名职工固定了1987年的浮动工资，为1100多名合同工增加了工资和探亲假。

1989年10月，执行井下工人岗位生产补贴，直接从事井下工作的固定工、合同制工人、临时合同工人都属于实行岗位生产补贴的范围。同年，为2354名职工浮动一级工资，全年共发超额工资和奖金451.41万元，人均1039.9元；增加了入井津贴，全年共发18.54万元。

1990年，为2366名职工调升了2.5级工资，共计3.4万元。

1991年8月，按照中国统配煤矿总公司第一建设公司文件精神，对劳动合同制工人实行工资性补贴，其标准为本人工资（学徒工和熟练期工人为本人生活费）的17%，计入工资总额，按月随工资发放。

1992年6月1日起，矿龄津贴由0.5元提高到1元。

1993年3月，合同工在试用期及期满后执行新的工资标准。9月，对流动施工津贴和夜班津贴标准进行调整。12月，试行岗位技能工资制度。岗位工资随岗位（职务）变动而变动，凡离开原工作岗位就不执行原岗位工资，从第二个月重新按所在岗位（职务）确定岗位工资。1994年1月1日起，执行《岗位工资动态管理暂行办法》。

1995年9月，制定《关于实行按产值工资含量指标严格控制工资管理的办法》，按照"宏观管理，微观放开"的原则施行工资管理；增加合同工的津贴待遇，缩小与固定职工的差别，实行同工同酬。

1996年11月，执行临时合同工工资水平高于同等参加工作时间的正式工工资待遇，并与正式工一样享受生产性津贴（长期工伤和病休的临时工暂不执行）。同月，在基层单位逐步实行新的岗位技能工资标准。执行新的岗位技能工资标准后，不再执行四项补贴（副食补贴、主要副食品补贴、粮油实贴、物价补贴）。

1997年5月，执行《计划与工资奖金挂钩试行办法》。9月，调整流动施工津贴标准，在河北省内施工工作的人员一律执行日标准2元，月标准60元；跨省施工工作的人员一律执行日标准4元，月标准120元；出国施工工作的人员执行日标准6元，月标准180元。

1998年9月1日起，停止执行远征费待遇。

1999年12月，按照中煤第一建设公司《1999年度调整企业职工工资实施细则》，对调资范围内的职工进行考核、调资。这次工资调整进一步加大了工资制度改革力度，完善了岗位技能工资制，使工资分配向苦、脏、累、险和技术含量高的岗位特别是一线倾斜。

2003年10月，根据中煤第一建设公司《工资分配制度改革实施方案》，实行岗位等级工资制。

2005年6月，各施工生产单位开始实行安全结构工资，职工月实得工资的30%划分为安全工资，在工资表中单列。同月，修订《中煤十处工资管理办法》，进一步完善工资管理制度，使工资总额同实现利润挂钩，严格合理控制工资总额，制止不合理的工资支出。11月，制定《施工生产单位安全结构工资实施细则》。

2006年1月，企业方代表与工会方代表签订第一份工资集体协议。企业实行以岗位等级工资制为主要分配形式，岗位等级工资制度设4个工资单元：岗位等级工资、年功工资、津补贴、效益工资，具体按照公司工资分配制度改革实施办法执行。实行最低工资保障制度，执行当地政府规定的最低工资标准。协议有效期1年，并于期满前60日内进行下一轮工资集体协商。

2007年3月，制定新的《工资管理办法》，进一步完善工资工效挂钩和审批制度，减少和杜绝不合理工资支出。

2009年3月，改革工资现金发放模式，职工工资通过银行卡发放，避免虚报冒领，杜绝"吃空头"现象的发生。同年，制定实施《矿建项目筹备收尾及停工期间人员配置和工资管理办法》。

2010年7月，制定大中专毕业生见习期工资待遇标准：在基层见习期1~6个月内，井下工资不低于70元/天，地面工资不低于50元/天；6个月见习期满，

经考核能够胜任本岗位工作的，工资按本岗位同等级待遇标准执行。

2011年10月，制定《机关及三个中心工作人员薪酬管理办法》。

2012年4月，对井下高技能人才技术津贴进行调整，高级工150元/月、技师200元/月、高级技师300元/月。

2013年12月，制定《项目部负责人业绩考核办法》，项目负责人薪酬由岗位月薪、年度绩效薪酬和特别奖励三部分构成，分别按不同的考核办法计取，并实行薪酬总额封顶。

2013年5月，修订《机关及两个中心工作人员薪酬管理办法》。同月，工资总额实行统一预算、统一清算、分级管理，按照"两低于"原则，确保年度工资总额和工资水平目标与经营状况相协调。

2015年5月，修订《机关及两个中心工作人员薪酬管理办法》。

2017年5月，制定《项目部工资管理办法》《矿建项目筹备期间工期考核及工资管理办法》。实行工资含量管理，分别对在建项目部、筹备项目部、停工项目部的班子成员、矿建队、井下辅助工、管服人员的工资分配作出具体规定。

1982—2017年第十工程处职工人均年收入见表4-2-1。

表4-2-1 1982—2017年第十工程处职工人均年收入统计表 元

序号	年份	人均年收入	备注
1	1982	861.65	
2	1983	1010.37	
3	1984	1270.11	
4	1985	1382.93	
5	1986	1961.99	

表 4-2-1（续） 元

序号	年份	人均年收入	备注
6	1987	2492.90	
7	1988	2550.70	
8	1989	2817	
9	1990	2809.35	
10	1991	3006	
11	1992	3594	
12	1993	—	资料缺失
13	1994	3987	
14	1995—1997	—	资料缺失
15	1998	4570.2	
16	1999	3735	
17	2000	5350.20	
18	2001	7393.64	
19	2002	8034	
20	2003	10853.90	
21	2004	11653	
22	2005	13700	
23	2006	14000	
24	2007	17013	
25	2008	20671	
26	2009	23165.40	
27	2010	25637	
28	2011	30425	
29	2012	35439	
30	2013	49969	
31	2014	51134	
32	2015	47433	
33	2016	52785.67	
34	2017	53442	

第四节 社会保险

一、养老保险

1995年1月，第十工程处为正式职工建立个人养老保险账户，职工个人缴费3%，企业缴费9%，个人部分由单位从工资中代扣代缴，企业部分由单位缴纳。

1996年，职工个人按个人工资总额的3.5%提取，单位按职工工资总额的24.5%提取。

1997年，职工个人缴费4%。同年5月，印发《职工养老保险制度改革实施办法》，按照煤炭工业部《煤炭企业职工养老保险制度改革试行方案》《煤炭企业职工养老保险制度改革试行方案实施细则》和《中煤第一建设公司职工养老保险制度改革实施办法》，对在册职工和已离退休、退职人员实行养老保险统筹。

1998年，职工个人缴费4.5%。同年5月1日起，职工按中煤第一建设公司"计发养老金五年过渡期内退休职工均按新办法计算"的规定办理离退休手续。

1999年1月，第十工程处参加河北省养老保险统筹，职工个人缴费5%。

2000年9月1日起，养老保险统筹由原来的差额外拨改为全额缴拨，实行收支两条线管理，加强养老保险统筹金的收缴工作，确保离退休人员养老金的按时足额发放。

2002年3月1日起，基本养老保险费的征缴改为由地方税务局征收，企业统筹金按月职工工资总额的20%提取，职工个人养老金按月应得工资总额的6%缴纳。

2003年，职工个人缴费7%。

2004年，养老保险费个人缴费比例为8%，由单位在工资中代扣代缴；企业部分缴费比例为20%。

2008年4月24日，转发《河北省社

会保险事业管理局关于对异地居住离退休人员进行领取养老金资格认证工作的通知》，严格落实认证，避免发放养老金过程中冒领问题的发生，减少基金损失。

2010年6月，成立"五七工""家属工"资格审核领导小组，启动"五七工""家属工"基本养老保险统筹。

2012年6月起，离退休人员养老金实行社会化发放，河北省社保局直接将养老金打入个人银行账户。此前，离退休人员养老金由省社保局向中煤一建公司转账，中煤一建公司下拨到第十工程处，第十工程处人力资源部负责发放到个人工资卡。12月，按照上级文件要求，一次性补缴《社会保险法》实施前企业职工基本养老保险费，缴费起始时间：劳动合同制职工为1986年10月，原临时工为1990年3月，原固定工为1993年1月。

二、失业保险

根据河北省和邯郸市人民政府《关于加快失业保险制度改革的意见》以及中煤第一建设公司《关于职工个人缴纳失业保险费用的通知》要求，从1996年1月起，单位按照职工工资总额的1%缴纳失业保险金，职工个人每人每月缴纳2元。社保科负责每季度末将失业保险金上缴中煤第一建设公司社保处，再由中煤第一建设公司社保处上缴邯郸市社保中心。

1999年1月1日，按照国务院颁布的《失业保险条例》，中煤第一建设公司不再集中管理失业保险金，第十工程处在邯郸市社保中心独立登记参保。缴费比例为：单位按工资总额的2%缴纳，职工个人按个人工资总额的1%缴纳。

2002年3月1日起，失业金的征缴改为由地方税务局征收，缴纳比例调整为企业按月工资总额的2%提取，个人按月应得工资总额的1%缴纳。

2015年3月，缴费比例调整为个人0.5%，企业1.5%。

2016年1月，缴费比例调整为个人0.5%，企业1%。

2017年1月，缴费比例调整为个人0.3%，企业0.7%。

三、医疗保险

2004年10月1日，第十工程处全员参加邯郸市本级城镇职工医疗保险，在邯郸市医保中心登记参保。参保险种为基本医疗保险和大额医疗保险。

2005年1月1日，执行《邯郸市本级城镇职工医疗保险实施办法》，单位按参保职工上年度工资总额（包括退休职工）的6.5%缴纳，职工个人按上年度工资收入的2%缴纳（退休职工不缴费）基本医疗保险费；大额保险按每人每年80元缴纳，单位和个人（含退休人员）各负担40元。

四、生育保险

2007年12月，按照《邯郸市城镇职工生育保险实施办法（试行）》，第十工程处参加邯郸市城镇职工生育保险。生育保险费由企业按照上年度职工工资总额的0.8%缴纳，职工个人不缴费。自2007年12月1日起，女职工享受生育津贴，由生育保险基金支付；无职业的男职工配偶生育，只报销住院费。

2017年7月，生育保险纳入基本医疗保险，企业缴纳比例调整为8%。

五、工伤保险

2003年4月，国务院颁布《工伤保险条例》，自2004年1月1日起实施。2014年1月，第十工程处参加河北省省级工伤保险统筹，所属施工生产单位按参保职工当年收入的1%缴纳工伤保险费，其余单位按参保职工当年收入的0.5%缴纳工伤保险费，职工个人不缴纳工伤保险费。

六、住房公积金

2005年1月，第十工程处制定《建立住房公积金制度计提住房公积金实施办法》，建立住房公积金账户，企业按职工实际工资总额10%计提，职工个人按上年工资额的6%交纳住房公积金。

2007年12月，根据国务院《住房公积金管理条例》和邯郸市人民政府办公厅文件要求，将单位自行管理的住房公积金移交邯郸市住房公积金管理中心管理。

2008年，职工个人住房公积金缴纳基数调整为上年度全年平均工资。平均工资超过邯郸市上年度企业在岗职工平均工资额3倍的，按3倍缴纳；低于3倍的，按实际工资额缴纳。

2010年10月，第十工程处将在职的原第六十三工程处职工的住房公积金移交邯郸市住房公积金管理中心。

2012年，住房公积金缴费比例调整为个人5%，企业5%。

第三章 财务与审计

第一节 财务管理

1967年5月,第十工程处印发《关于1967年度会计核算及财务管理工作的几点意见》,本着简明、合理、通俗、适用、算管结合的原则,对山西清理工作和加工厂、留守处及西南工地的财务作出详细指导意见。全处会计核算及财务管理工作由财务科(驻西南)按照统一掌握与灵活机动相结合的原则,实行集中管理和核算。

1981年11月,第十工程处制定《财务管理、经济核算实施办法》,经首届一次职工代表大会通过实施。

1983年11月,根据《国务院批转财政部关于开展财务大检查的报告的通知》精神,成立检查领导小组,组织开展财务大检查。

1984年6月,制定实施《差旅交通费、通勤车油耗包干试行办法》,进一步压缩非生产性支出,解决差旅费、通勤费严重超支问题。

1985年8月,落实三届一次职工代表大会关于增收节支的决议,制定增收节支考核办法,推动全处增收节支任务指标的实现。

1991年,实行分行业、分领域会计核算,执行《国营施工企业会计制度——会计科目和会计报表》《建设单位会计制度——会计科目和会计报表》《煤炭施工企业会计核算办法》。

1996年3月,根据《中国统配煤矿总公司第一建设公司差旅费开支规定》,修订差旅费包干标准及管理规定。9月,根据中煤第一建设公司转发煤炭工业部《关于贯彻落实国务院整顿会计工作秩序进一步提高会计工作质量的通知》精神,对整顿会计工作秩序的具体措施作出安排。11月,印发《关于加强业务招待费管理的规定》,从业务招待费的开支范围、开支标准、审批制度、内部基层经济承包单位业务费支出、加强纪律和监督措施等方面加强管控。

1997年5月,印发《业务招待费管理实施细则》,细化业务招待费管控措施。

1998年5月,按照上级有关集体企业清产核资工作部署,开展清产核资工作。6月,按照中煤第一建设公司《关于实行预算和会计人员委派制管理的实施办法》要求,实行预算和会计人员委派管理,向11个基层施工生产单位委派预算和会计人员,加强对基层单位的财务管控。印发《职工子弟学校费用收支管理办法》,加强对学校的资金管理。

1999年11月,组织对各会计核算单位和经费核算单位,开展内部财务收支、内控管理制度及清欠工作大检查。

2000年5月,根据中煤第一建设公司关于企业改制工作的安排布置,组织开展清产核资和资产评估工作。11月,采取自查与抽查相结合的方式,开展企业内部财务收支及内部控制制度检查工作。重点对《中华人民共和国会计法》的学习贯彻执行、会计基础工作、经济承包办法或项目责任承包、货币资金收支和银行账号清理、对外清欠和内部清欠工作、委派会计人员的工作评价、各项内部控制和管理制度执行等情况进行了检查。

2002年10月,为加强对财务预算的编制、审查执行、监督和考核等工作的组织领导,成立财务预算委员会。

2004年,进行新旧会计制度的衔接和财务调整工作,保证国家财政部颁发的《企业会计制度》在本企业顺利实施。制定实施《清理职工医药费实施办法》《离休人员医药费报销规定》等制度。

2005年1月,中煤第一建设公司批准第十工程处具备执行《企业会计制度》条件,从2004年1月1日起执行《企业会计制度》。8月,开展清理"小金库"和上缴个人不合理收入工作。12月,成立财务预算委员会,加强对财务预算工作的组织领导。

2006年7月,根据中煤集团"管理权限上移,服务职能下移"的要求,第十工程处将所属各单位的会计核算方式由单独核算改为报账制。

2007年,执行国资委《中央企业财务预算管理暂行办法》,加强财务预算管理;实施《处长与经营副处长大额资金联签制度》《加强费用控制及报销管理暂行办法》。

2008年1月1日起,全面执行《企业会计准则》。

2010年12月,第十工程处作为中煤集团综合管理信息系统(ERP系统)财务管理平台第二阶段第三批推广单位,按期完成上线工作。

2011年12月,执行中煤建设集团《中煤建设集团有限公司统一会计政策补充方案》。

2012年11月,执行《中国中煤能源集团有限公司会计核算办法》。

2013年12月,《中煤建设集团有限公司ERP系统财务业务操作规范(暂行)》印发,第十工程处组织财会人员进行集中学习,严格按照要求规范处理ERP财务管理平台业务,提高平台操作水平。

2015年3月,执行中煤一建公司《收入确认管理办法》,对工程结算收入、租金收入等的确认实行分类管理、分级管理。6月,印发《处机关财务收支审批规定》,规范财务审批权责、流程,完善内控制度。7月,印发《2015年度开源节流降本增效目标及具体措施》,从年度总体目标、部门职责、工作目标和具体措施等方面,对开展增收节支活动进行部署。

2016年1月,印发《会计档案管理办法》,规范会计档案的立卷、归档、保管、查阅和销毁等日常管理工作。6月,印发《营改增后合同专用章和发票管理暂行办法》,规范印章管理与监督、印章适用范围及审批流程、发票管理等工作。

2017年3月,修订《资金集中支付管理办法》,明确管理职责和罚则,规范资金收入与支出集中管理、支付流程、银行汇票管理。

第二节 资产管理

一、应收账款管理

1996年5月,根据中煤第一建设公司关于加强外部工程欠款回收的工作要求,第十工程处成立结算清欠组,对外开展工程结算和清欠工作。

1997年12月,为进一步加强清欠回收工作,成立清欠回收领导小组,制定相应措施开展对外清欠。

1999年4月,针对对外应收工程结算款和劳务结算应收款等外欠款项数额大,资金周转困难等问题,成立清欠工作领导小组,下设清欠办公室负责日常业务工作。

2004年9月，成立工程价款结算、清欠工作组，负责解决已完工程及所有在建工程项目以往年度及当年的工程价款结算、清欠问题。

2013年10月，成立清欠办公室，首次作为职能部门设立，对外开展资金回收工作。业务内容包括与债务方对账、取证，了解债务方生产经营和资金状况，实施跟踪清欠等。

2016年8月，第十工程处转发国务院国资委办公厅关于贯彻落实《关于清理规范工程建设领域保证金的通知》，要求所属各单位于每季度首月5日前，将上季度落实情况和保证金清理规范工作中存在的问题报处财务管理部，强化工程保证金的支出和清收管理工作。

2017年5月，印发《应收账款清收管理办法》，明确应收账款清收职责与权限、分类管理规定、清收方式、奖惩，规范应收账款清收工作，降低呆账、坏账造成的损失。

二、固定资产管理

1981年11月，第十工程处《固定资产管理实施细则》经首届一次职工代表大会通过实施。

1997年10月，为加强固定资产和周转材料增值保值管理，防止国有资产流失，成立固定资产保值办公室，负责对国有资产使用的监督和检查；实施《周转材料管理制度及租赁办法》，对周转材料租赁机构及其职责、租赁费计算及收取、租赁办法及手续、报废手续、奖罚制度等方面作出具体规定。

1998年5月，第十工程处按照上级有关集体企业清产核资文件要求，成立财产物资清查工作领导小组，从3月27日至5月10日分3个阶段对全处财产物资进行清查。

1998年11月，制定《固定资产管理办法》，共12章34条。

1999年12月，按照中煤第一建设公司企业改制工作安排，成立企业改制清产核资领导小组，组织对改制单位进行清产核资，提供资产底数和基本情况。

2003年11月，成立清产核资领导小组，对清产核资工作作出具体安排。

2004年3月1日，为便于资产清查工作的组织领导与协调，确保清产核资工作顺利进行，第十工程处成立清产核资技术鉴定领导小组。

2004年，清产核资账销案存的库存材料2353种，国资委核销数为849834.09元，残值为44722.82元。

2005年4月，为规范不良资产的管理和处置工作，减少国有资产损失，成立不良资产管理处置领导小组。

2009年12月，为加强实物资产管理，提高实物资产的使用效率，充分发挥各类实物资产效率，防止实物资产流失，中煤第一建设公司制定《实物资产财务管理暂行办法》。实物资产包括原材料、低值易耗品、周转材料、固定资产、工程物资、在建工程、临时设施等。实物资产财务管理的内容包括：实物资产的范围确定、分类、计价确定、购置、调配、使用、盘点、报废、处置和监督检查等。实物资产实行分级归口管理。

2010年11月，转发中煤一建公司《实物资产管理补充办法》，落实相关规定。

2011年7月，按照中煤一建公司《资产清查盘点制度》，清查盘点库存现金、银行存款、其他货币资金、应收票据、应收账款、预付账款、其他应收款、各类存货、固定资产、在建工程、临时设施。

2015年10月，成立清产核资工作领导小组，开展清查核资工作。

第三节 资金管理

1981年3月，第十工程处开展检查、整顿，制定11项措施节约非生产性开支，压缩国有企业管理费。

1983年1月，制定《加强资金管理紧急措施》，合理、有效节约使用资金，解决资金紧张问题。

1984年4月，下达年度医药费、学校经费、职工教育经费、采购保管费、办公费包干办法和库存材料储备限额指标，加强经费管理，合理使用资金和物资，加速资金周转，提高经济效益。

1987年以前，流动资金实行限额控制，与资金挂钩。1988年与经营承包挂钩，超定额占用计收利息，计入各单位成本；在公司系统内率先实行内部银行管理制度，1989年实行流动资金限额使用办法，充分发挥了资金效益，缓解了资金紧张的矛盾，并逐步探索和改进。

1990年2月，印发《流动资金管理办法》《流动资金定额》和《内部银行结算办法》，加强流动资金管理。流动资金由财务科统一核算与管理，年初根据各单位生产施工计划，下达资金定额，定期分析考核和计取利息，并对流动资金制定了部门归口管理责任制，明确责任，减少流动资金占用。

1998年10月，按照中煤第一建设公司《关于加强货币资金管理的通知》精神，开展检查，对照整改，完善货币资金管理。

2000年3月，根据中煤集团《关于改革资金管理体制实施方案》和中煤第一建设公司相关要求，制定《关于资金管理体制改革的实施办法》，成立资金管理委员会。实行资金集中管理，设立资金结算中心，业务由财务科办理。处机关所在地及所属50千米以内的单位，统一由结算中心对外办理结算业务。各单位的收入一律汇入结算中心，需用资金每月向财务科提交资金使用计划。远离机关的施工单位或项目部，按照收支两条线的原则设置账户，从外单位收回的资金直接汇入结算中心用于工程结算收入的账户，收款后按承包比例或资金使用计划拨给项目部，项目部设置辅助账户，用于施工现场的生产经营支付业务。

2005年6月，实行资金收支集中管理，对设立资金结算分中心、开通网银、资金回收、资金下拨、检查与处罚等4个方面作出明确规定，杜绝"小金库""账外账"等行为。

2007年4月，大额资金使用实行处长与经营副处长联签制度。

2010年12月，制定《资金集中支付管理暂行办法》，建立统一的资金管理体制，强化资金收支监管，加速资金周转，提高资金使用效率。

2014年9月，执行中煤一建公司《物资集中采购资金支付管理办法》，每月由公司财务管理部预留工程款的10%~15%作为集中采购专项资金，暂存各单位在公司的内部资金账户，由公司依据"谁受益、谁承担"的原则统一协调支付集中采购货款。

2017年3月，修订《资金集中支付管理办法》，明确资金集中支付范围、管理职责、支付流程、银行汇票管理、罚则等具体事项。修订《备用金管理办法》，规范备用金借款审批、使用、清理等工作，控制资金占用额度，提高资金使用效率。

第四节 成本核算

1975年1月，实行"两级（处、队）核算、三级（处、队、班组）管理"的经济核算体制。

1977年9月，为适应"二级核算三级管理"需要，职工在150人以上、经济核算量较大的各队（科）配备核算员、办事员；职工在150人以下或虽超过150人、经济核算工作量小的队（科），只配备办事员。办事员负责经济核算、人事工资、总务管理等业务。

1978年10月，遵照执行国家建委、财政部颁发的《施工企业经济核算暂行办法》《建筑安装工程项目划分暂行规定》。

1997年5月，第十工程处制定实施《成本、费用核算管理试行办法》。

1998年6月，按照中煤第一建设公司《关于实行预算和会计人员委派制管理的实施办法》要求，第十工程处实行预算和会计人员委派制管理，向11个基层施工生产单位委派首批预算和会计人员16人。

2006年7月，根据中煤集团"管理权限上移，服务职能下移"的管理要求，第十工程处所属各单位的会计核算方式由单独核算改为报账制。

2010年2月，按照中煤第一建设公司《施工项目成本管理办法》，实行项目成本管理实行"分级管理，二级核算"。管理层为公司、工程处、项目部、施工队，核算层为工程处、项目部。工程处采用全部成本会计核算法，按项目成本内容和收支范围，进行项目成本核算，全面反映项目全部成本超降情况。项目部采用责任成本核算法，按照内部承包责任书明确的成本管理责任，结合项目合同内容及工程特点，确定核算对象，按成本要素，将责任成本的会计信息登记成本核算台账，全面反映项目责任成本超降情况。主要包括成本预测与计划、成本控制、成本核算、成本分析、成本责任考核等。

第五节　监察审计

1987年5月，成立审计科。

1989年，对处属20个单位分别从年度财务决算、固定资产、经济合同、供应库存、财务管理和资金使用6个方面进行审计，发现、处理相关问题。

1990年3月，执行中国统配煤矿总公司第一建设公司《监察部门职责权限暂行规定》。5月，按照中国统配煤矿总公司第一建设公司《对执行国务院关于清理检查"小金库"台账的情况进行政纪检查的通知》要求，冻结清理"小金库"。

1995年2月，纪委、审计、监察合署办公。

1996年5月，以煤炭工业部《煤炭行业内部审计工作暂行规定》为指导性，印发《一九九六年审计工作要点》，建立健全内部审计制度，完善内部审计监督机制，强化内部审计工作。

2000年4月，执行中煤第一建设公司《内部审计机构审计处理、处罚的暂行规定》，加强内部审计机构的审计监督职能，规范内部处理、处罚行为，维护企业合法权益，促进和加强廉政建设。6月，对土耳其项目施工终结进行经济效益审计并作出处理决定。8月，对金龙项目部进行项目施工终结经济效益审计并提出处理意见及建议。9月，对广开实业公司下属单位供销公司、机械制造厂、汽运公司、多经公司等单位2000年1—5月的财务收支审计并作出了处理意见及建议。11月，根据中煤第一建设公司《物资采购效能监察》文件要求，成立物资采购效能监察工作领导小组，在全处范围内开展物资采购效能监察工作，加强物资采购工作的规范化管理，降低物资采购成本，堵塞和纠正物资采购环节的漏洞和不规范行为。

2002年，执行中煤建设集团《内部审计统计工作规定》《内部审计工作补充规定》《内部审计项目计划管理的规定》和中煤第一建设公司《所属负责人任期经济审计实施办法》《执法、效能监察暂行办法》，加强经济监督，开展以清理乱投资、乱担保、乱借款为重点的效能监察工作。

2003年，贯彻执行《审计署关于内部审计工作的规定》《内部审计人员岗位资格证书实施办法》《内部审计人员后续教育实施办法》《中国内部审计协会关于印发〈内部审计基本准则〉〈内部审计人员职业道德规范〉和十个具体准则的通知》，推动内部审计工作的进一步发展，促进企业加强经济管理实现经济目标。同年4月，成立效能监察领导小组，负责本处物资采购招标，比价工作的研究、决策，对物资采购运作过程和结果进行监督、审查，对相关问题进行处置。5月，开展劳动合同执行情况效能监察。

2004年，执行中煤第一建设公司《施工项目部审计实施办法》，规范施工项目部承建施工项目的效益审计和终结审计工作，加强施工项目部的经营管理和工程成本控制，保证审计质量。贯彻执行《中央企业经济责任审计管理暂行办法》，依据国家规定的程序、方法和要求，对企业负责人任职期间其所在企业资产、负债、权益和损益的真实性、合法性和效益性及重大经营决策等有关经济活动，以及执行国家有关法律法规情况进行的监督和评价。按照中煤集团《内部审计工作暂行规定》，加强内部审计监督，建立健全内部审计规章制度，实现内部审计工作制度化、规范化。按照中煤集团《内部审计统计工作规定》，规范内部审计统计工作，保证内部审计统计资料的准确性、及时性和完整性。开展了清产核资、新购设备、基层领导班子建设效能监察三项工作。

2006年，落实中煤第一建设公司《经济责任审计实施细则》《项目管理目标责任审计与考核暂行办法》《内部审计工作暂行规定》《内部审计机构计算机辅助审计管理暂行办法》，加强工程项目全过程审计监督，进一步规范项目负责人业绩考核工作和项目管理行为，规范计算机审计行为，提高审计工作质量和效率。

2007年4月，根据《中华人民共和国审计法》《中华人民共和国会计法》《国务院关于违反财政法规处罚的暂行规定》等国家及上级相关法规制度，制定《审计处理处罚暂行规定》，规范内部审计处理、处罚行为，维护国家财经法纪和企业利益，保证审计工作质量。

2008年5月，贯彻落实国资委《关于加强中央企业经济责任审计工作的通知》精神，进一步加强经济责任审计工作。

2009年10月，纪委、监察科、审计科合署办公，名称变更为纪检监察审计部。

2010年3月，制定《企业效能监察工作规范》，从业务流程、工作程序、文本格式等方面规范企业效能监察工作。

2011年8月，根据中煤一建公司年度审计工作安排，配合中煤一建公司审计组对机械制造厂和速凝剂厂进行资产审计。10月，中煤一建公司撤销基层单位审计机构，审计业务划归中煤一建公司监察审计部统一管理。

2015年5月，根据中煤一建公司要求，重新开办审计业务。

2016年9月，开展应收账款专项审计工作，确认应收账款挂账的真实性及挂账依据的充分性，提出合理化建议。

2017年，制定《纪检监察工作管理

办法》，规范纪检监察工作，保证企业资金运转安全、党员干部清正廉洁。按照中煤集团审计组提出的审计意见，明确划分责任，落实工程分包管理、物资采购管理、非生产性车辆管理等方面的整改工作，促进企业管理水平的提高。

2015—2017年，先后对小回沟项目、斜沟项目、韩咀项目负责人进行了离任经济责任审计，明确划分离任前后的成本费用，准确核实经营成果。对各项目部开展了年度绩效考核，关注亏损项目，查找原因，堵塞管理漏洞。

现阶段监察审计工作的主要职责：制定内部审计工作规划、制度，编制年度内部审计工作计划、总结；对本单位及所属单位的财务收支、资产状况、经营绩效、财务决算等经济活动进行审计或专项审计调查；对所属单位领导人员及其他负有经济责任的主要领导开展经济责任审计；对本单位及所属单位内部控制进行审计以及开展内部控制自我评价；组织落实审计意见的整改，实施后续审计，检查审计发现问题所采取的整改措施及效果。在审计职能上由单纯监督向监督与服务并重转变，服务意识贯穿于审计监督、评价的全过程。切实履行"监督、评价和服务"职能，促进企业合法合规经营、完善内部控制、提升企业运营质量、防范重大经营风险、提高经济效益，发挥内部审计作为企业"经济卫士"功能。在进行财务决算内部审计工作时，要求各项目部保证入账成本费用真实、完整和规范。在结算产值的签证方面，要求外部工程必须取得甲方的正式结算单，如果需要外部审计待取得外部审计报告后方可进行内部的绩效考核。成本入账要及时，当期的费用未取得正式单据前进行预计，尤其在前后任领导班子衔接时期所涉及的费用划分问题上，不允许人为地进行费用调整，确保经营成果的真实性和完整性。

第四章 物资供应与机电设备管理

第一节 物资供应

一、机构设置

1966年1月,第十工程处成立,设立供应科。

1968年6月,第十工程处成立革命委员会,设立后勤组,供应科业务归后勤组管理。

1974年1月,第十工程处进行机构调整,设置供应科。

1993年4月,第十工程处实施三项制度改革,撤销供应科,成立供销公司,按照"独立核算,自主经营,服务生产,走向社会,开拓经营项目,盈利分成"的原则实行经营承包。

1996年10月,供销公司撤销,成立供应科。

2009年10月,供应科更名为物资供应管理部。

2010年8月,物资供应管理部撤销,成立物资设备采购中心。

2013年5月,对设备物资管理机构进行调整,重新明确职责范围,成立物资采购管理中心,负责贯彻落实中煤一建公司物资采购管理规章制度,并结合实际制定物资采购、验收、库存控制等制度、流程;组织编报月度物资需用计划;依据中煤一建公司授权,实施物资采购工作;负责物资采购价格、质量的监督、物资验收等管理工作;负责项目部物资仓储、调剂管理工作;负责ERP物资采购电子商务系统及供应商管理系统的运行和维护工作;负责物资数据统计、分析及上报工作;负责监督指导项目部的集中采购和仓储管理,并对项目部实施检查和考核;负责周转材料的调剂及管理工作。

二、管理制度

1981年11月,《物资管理办法》经首届一次职工代表大会通过实施。

1998年6月,为贯彻ISO 9000系列标准,进一步适应市场经济和企业改革,规范企业物资采购行为,降低生产成本,保障企业产品质量和安全生产,依据中煤第一建设公司物资采购管理办法,制定《中煤十处物资采购管理办法》。

2003年9月,贯彻执行《中煤第一建设公司招标采购管理办法》,成立招标采购领导小组,加强对招标采购工作的领导。

2004年7月,制定《物资集中采购管理与实施办法》,明确物资采购管理部门和项目部的采购权限、职责。

2004年8月,转发中煤第一建设公司《关于加强物资采购中的质量安全管理的通知》,明确物资采购中的质量安全管理责任。

2006年6月,中煤第一建设公司印发《物资供应管理暂行办法》,实行"集中为主、分散为辅、统分结合、分级管理"的三级物资管理体制,对管理机构及职责、信息管理、计划管理、采购方式、集中招标采购、库存管理、合同管理和监督检查等方面作出具体的规定。

2010年1月,制定《物资采购管理办法》,明确集团公司负责一级物资的集中采购,公司物资管理中心负责二级物资的集中采购，第十工程处物资供应管理部负责三级物资的集中采购。

2013年4月，中煤一建公司印发《中煤第一建设有限公司物资供应商管理办法》，公司物资供应商管理遵循"统一管理、两级负责、动态考核、优胜劣汰"的原则，统一建立供应商管理系统，实现供应准入和认证、考评、激励和退出、电子档案等全生命周期的信息化管理。并在中煤集团ERP系统中供应商及物资采购管理系统实施管理。6月，中煤一建公司印发《中煤第一建设有限公司活动彩板房管理办法》，实行公司集中管理与使用单位现场管理相结合，统一管理、负责的管理模式。

2014年10月，中煤一建公司纪委印发《中煤第一建设有限公司物资采购管理人员廉洁从业规定》，规范物资采购管理人员行为。

2015年4月，中煤一建公司印发《中煤第一建设有限公司物资采购管理办法》，实行集中采购、统一管理。7月，第十工程处印发《废旧物资处置管理办法》，规范废旧物资管理，明确废旧物资处置管理程序。11月，第十工程处制定《物资采购管理办法》，明确第十工程处物资集中采购工作由中煤一建公司统一管理。实行集中采购管理机制，所有采购计划必须通过中煤一建公司审核年批准后方可采购。

2017年4月，中煤一建公司印发《中煤第一建设有限公司物资及生产服务采购管理办法》，实行集中采购、统一管理，规范了物资及生产服务采购全过程管理。7月，第十工程处制定《物资采购管理细则》和《现场物资使用管理办法》，规范了物资采购管理全过程及现场物资使用管理。9月，中煤一建公司印发《中煤第一建设有限公司物资采购管理考核办法》，坚持依法依规、客观公正、实事求是原则，实行定量考核和定性考核相结合。

三、采购管理

渡口建设时期（1967—1973年），材料由渡口第四指挥部负责供应，第四指挥部在各工地设置仓库。第十工程处作为领料单位不进行采购、储备、运输的核算工作，紧急用料和零星用料可协助采购，交库领用，不单独设立仓库。

陶二煤矿建设时期（1974—1982年），三材、二类机电产品、工矿配件、三类机电产品等大部分物资，由邯邢煤炭指挥部按照第十工程处根据生产计划编制的物资需求计划进行统一调配，不足部分由第十工程处自行采购。除采购外，还有一些零配件、生产工具、非标制作自产自用。有些物资外购不能满足生产的需要，便土法上马自建了砖厂和500吨速凝剂厂，自力更生筹建建材厂（包括水泥、采石、白灰3个部分），在满足自身需要外，同时还能外销增加收入。

王庄煤矿、常村煤矿建设时期（1982—1994年），国家实行"计划经济为主，市场调节为辅"双轨制的经济政策。除主材由建设单位潞安矿务局统一调拨外，其他物资基本上第十工程处供应科本着"货比三家""比质比价，同等质量比价格，同等价格比质量"的原则，在市场上统一采购。

1995年，第十工程处实行工区与项目部并存管理模式，由于施工地点分散，远离处本部，各工区或项目部所需物资自行采购。

1996年2月，第十工程处为加强管理，堵塞和防止物资采购、保管及产品销售等经济活动中的漏洞，制定《关于物资采购、保管及产品销售的管理办法》，从物资采购、验收及发放的管理程序，煤炭生产销售、工程煤销售、焦炭、铁矿石等产品生产销售的管理及对各类物资的管理等方面作出规定。

1997年5月，第十工程处制定《周转材料及低值易耗品管理办法》。明确供应科是全处周转材料和行政管理用低值易耗品管理的职能部门，机电科是全处低值易耗品（指不构成固定资产的小型设备和工器具）管理的职能部门，对周转材料和低值易耗品的采购供应实行统一计划管理。

1998年，第十工程处通过ISO 9002质量体系认证。2005年，运行质量、环境、职业健康三体系管理模式，逐步规范物资采购管理，加大集中采购范围，界定了公司、处、项目部三级单位采购权限和范围，实行物资采购公开招标制度，采取公开招标、邀请招标和议标3种方式进行招标采购。

2010年，中煤集团负责一级物资的集中采购，中煤一建公司物资管理中心负责二级物资的集中采购，第十工程处物资供应管理部负责三级物资的集中采购。

2011年，第十工程处开始上线运行集团公司ERP综合管理系统物资供应管理模块。

2015年，第十工程处物资集中采购工作由公司统一管理，实行集中采购管理机制，采购方式分为公司直接集中采购、公司组织集中采购和公司授权集中采购。

2016年4月，开始上线运行公司综合项目管理系统及中煤集团供应商管理及物资采购电子商务系统。

2017年4月，中煤一建公司对物资及生产服务采购管理实行集中采购、统一全过程管理，第十工程处从机关到项目部严格按照流程，实行线上公开采购。物资采购方式分为执行长协采购、招标采购、询价采购、竞争性谈判和单一来源5种方式。物资采购合同格式采用公司统一示范文本，通过OA办公平台进行评审。

四、仓储管理

1974年，第十工程处设立供应科仓库，负责全处物资储备及管理。仓库物资实行分类管理，仓库分五金、电器、工具、杂品、劳保、钢材6个分库及油库、爆炸材料库，水泥库和土产材料设在井口由供应站负责管理，木材由综合加工厂（王庄煤矿、常村煤矿建设时期改为综合加工车间）负责管理。

仓库设仓库主任、保管员、库工、看场人员。要求保管员业务基本功达到"四懂"（即懂名称、规格、懂性能及用途，懂业务流程，懂业务技术保安规程）、"五会"（会识货、会换算、会保管保养、会使用衡具量具、会使用消防器材）。仓库物资按照"四号定位五五化"原则存放，露天摆放的物资要下垫上盖。

物资验收坚持以下原则：无采购计划、无合同不予验收；只见发票不见实物不予验收；拒绝不合格产品验收入库；证件不齐全的物资不予验收；过期物资不予验收；物资附件不齐，不予验收；数量、规格、型号、单位、单价、金额不一致，不予验收；做好物资验收的原始记录。

发料要推陈出新，先进后出，有保险期的在期限内发出。发料后随时减去货物卡片数量，即时下账，日清月结，保证"账、卡、物、金额"四相符。

实行定期盘点制度，每月对发生过的物资进行查对，每个季度全部查对一次，年终盘点要彻底。检查数量、规格是否一致，核对账、卡、物、金额是否相符。发现账物不符，出现盘亏、盘盈的，须查明原因，根据处规定据实处理。有损坏、酶烂变质、过期的须请示报损。

1983年，第十工程处实行内部承包核算，物资管理在原有基础上进一步实行定额管理，仓库物资实行储备资金总额下库，指标分解，核定分类物资储备定额定量，责任到库到人，定期分析考核，与责任人奖金挂钩。

1987—1993年，在公司同业务竞赛中，仓库管理工作均取得一、二名的好成绩。1990年4月，被中国统配煤矿总公司第一建设公司评为1989年度水泥管理先进集体、先进处级仓库。1991年1月，被中国统配煤矿总公司第一建设公司授予"标准化仓库"称号；同年4月，被中国统配煤矿总公司第一建设公司评为"水泥使用管理先进单位"。

1991年，物资存储实行"ABC"分类管理法。

1994年，常村煤矿移交后，工地分散，各工区或项目部设置仓库，负责现场物资保管及供应。

1995年5月，第十工程处在山西省屯留县姬村设立仓库，称姬村仓库。

2010年11月，两处整合，第十工程处接管邯郸市新市区峰峰仓库。

2013年6月，姬村仓库撤销，迁至峰峰仓库。

2013年12月，根据《项目部负责人业绩考核办法》规定，项目部必须按照库存考核指标控制库存（表4-4-1），高于库存定额时，由考核部门物资采购管理中心扣减项目负责人300元。

表4-4-1 项目部库存材料定额控制指标表　　万元

月营业收入	库存定额
<300	10
300~800	25
800~1600	40
>1600	50

注：库存定额不包括钢材和土产材料。

2017年4月，根据中煤一建公司要求，第十工程处峰峰仓库搬迁至黄梁梦中煤邯郸物流园区，负责全处设备和周转材料的保管与调剂。

五、周转材料管理

1973—1982年，第十工程处周转材料实行调配制度，统一由供应科在区队之间调配使用。

1983—1994年，供应科设置周转材料租赁站，制定"周转材料租赁管理办法"，实行内部租赁制，周转材料比较单一，只有钢管一种，周转材料库设在钢材库，租赁站设站长、计划员、保管员，由财务科进行摊销核算。

1996年5月，为加强周转材料的管理，提高周转使用率，减少财产的损失、浪费，充分发挥物资的使用效益，第十工程处制定《周转材料使用管理办法》，规范周转材料的使用管理。

1997年10月，第十工程处制定《周转材料管理制度及租赁办法》，对周转材料实行租赁管理，由供应科统一采购和管理。周转材料分摊销和非摊销两种，非摊销周转材料如封口盘、固定盘、坠砣、天轮平台、井架二层平台、玻璃钢风筒等，摊销周转材料有电缆（≥16平方毫米）、钢管（≥2英寸）、钢丝绳（≥21.5毫米）、道轨及道岔（≥15千克）、模板、翻矸溜槽、吊盘、钢架杆、钢架板、十字扣件等。周转材料摊销方法采用分期摊销法［周转材料摊销额＝周转材料原值×（1－残值率）/预计使用年限］。

1998年以后，第十工程处根据上级政策以及实际情况，对旧的周转材料管理及租赁办法不断进行补充和完善。

2010年1月，中煤第一建设公司对周转材料实行公司集中管理与使用单位现场管理相结合，统一管理、分级负责的管理模式。采购的周转材料所有权归公司，对所属单位实行租赁制度。年底该办法废止，周转材料恢复仍由公司所属施工单位统一管理。

2017年4月，第十工程处印发《周转材料管理办法（修订）》。重新界定了周转材料规格，如电缆（≥10平方毫米）、道轨及道岔（≥18千克）；租赁费结算计算变为：新购未摊销完的周转材料月租赁费=月摊销费+月管理费=(原值÷使用年限÷12个月)+(月摊销费×3%)，已摊销完仍继续使用的周转材料月租赁费=月管理费=原值÷使用年限÷12个月×30%。

第二节 机电设备管理

一、管理体制

1959年9月，建井三队设立机电科。1963年11月，建井公司增设机电动力科。1974年1月，第十工程处调整机构，设立机电科。2009年10月，机电科变更为机电设备管理部。2010年8月，机电设备管理部更名为物资机电管理中心。2013年5月，成立机电设备管理中心。

第十工程处机电设备管理在机电副处长及机电副总工程师领导下开展工作，处设机电设备管理中心，项目部设机电副经理等专业管理人员。机电设备管理中心设运转、大修、租赁、固定资产管理、小型设备管理、计划合同管理、资料档案管理等职，分工明确，各司其职。项目部设机电副经理，配备机电技术员、设备管理员，主管项目部机电技术工作。机电设备管理中心采取定期巡查、不定期抽查、专项检查等多种方式，对项目部机电设备管理工作进行检查，按照"四定"原则，跟踪整改。

自2011年6月起，为进一步规范机电管理工作程序，提升机电管理水平，确保设备正常运转，及时交流经验和解决机电设备管理中存在的问题，第十工程处实行机电专业例会制度，例会由主管副处长主持，物资机电管理中心负责会议的组织筹备。

二、机电技术管理

1961年，第三建井工程处开展了技术革新、技术革命运动，解决了地面煤车自动滑行、自制翻罐笼、自制井下运输卡机、矿渣支柱等关键性问题。

1974年，陶二矿井开工，按照燃料化学工业部和邯邢基地领导小组的指示，陶二矿井作为煤炭系统5个配套试点井之一，在主井进行了8个的方面机械化配套，取得成功。通过配套试验，大型凿井绞车、伞钻、中心回转抓岩机、耙斗机、自卸汽车等施工得到普及，装备水平得到快速提升。

1985—1994年，常村矿井建设期间，先后引进凿岩台车、侧卸式装渣机、挖斗式装渣机等大型施工设备。

2001年，制定实施《施工设备大修标准及管理办法》《设备管理、使用办法》《防爆电气设备管理检查实施细则》等制度。

2003年，开始使用螺杆式压风机，替换原活塞式压风机。

2005年，在河南驻马店吴桂桥煤矿主、副立井，首次使用小型挖掘机配合大抓、大吊桶进行冻结井表土段施工，有效提高了施工速度。

2006年，根据国家安全生产监察管理总局、国家煤矿安全监察局发布的三批《禁止井工煤矿使用的设备及工艺目录》和国家安全生产监察管理总局《淘汰落后安全技术工艺、设备目录（2016年）》的要求，不符合要求的落后设备全部淘汰，对40台凿井绞车进行改造，更新了电机、减速机及安全制动等关键部件。

2007年，在内蒙古自治区准格尔旗

黄玉川项目部首次配备Ⅴ型井架。

2008年，内蒙古自治区五间房项目部开始使用开闭所，替换原单柜式的高低压开关柜。

2009年，对XKT型提升绞车进行改造，更换制动盘及盘形制动器等，达到JK型标准。并将提升绞车TKD电控系统更换成PLC电控系统。按照中煤第一建设公司规划要求，机械化作业线建设开始起步，综掘机配套作业线在黄玉川项目部首次投入使用。

2010年，掘锚一体机配套作业线在斜沟项目部首次投入使用。

2012年，在大海则项目部首次配备Ⅵ型井架和SYZ8.12型八臂伞型钻机。

2015年11月，第十工程处安装项目部承担的国家863课题"大型凿井井架及井壁吊挂关键技术与装备"任务四（液压整体迈步式凿井吊盘的研制）及任务五（迈步式吊盘工业性试验）通过中煤建设集团专家组预验收。

2017年，将在用提升机PLC电控系统更换成变频调速电控系统，并根据《煤矿安全规程（2016）》的要求对提升绞车的液压站进行了冗余回路改造。将干式制动防爆无轨胶轮车更换为湿式制动防爆无轨胶轮车，井下部分对旋风机启动器更换为变频启动器。

三、机电安全管理

20世纪70年代后期，随着机械化施工水平逐步提升，施工设备大幅增加，机电管理在施工中的地位日益重要。第十工程处以加强机电规范管理及强化安全质量标准化为主线，认真开展各项工作，严格按照每季度一次的设备检查工作要求，对在建项目进行检查，全面掌握在用设备使用状况，把隐患和问题消灭在萌芽状态，机电安全管理形成纵向层层负责、横向环环紧扣的工作网络，渗入施工生产的每一个环节，为安全生产奠定坚实基础。

1978年8月，根据《煤矿安全生产试行规程》的相关规定，第十工程处制定并实施七条立井罐笼防坠安全措施。

1984年1月，制定《防爆设备管理制度》，防止因防爆设备失爆而引起的重大事故。

2000年9月，按照国家煤矿安全监察局和国家煤炭工业局《关于加强煤矿矿用产品安全标志管理的通知》要求，禁止采购和使用无安全标志设备和产品，把安全标志作为安全和设备检查的一项重要内容。

2006年1月，根据《煤矿安全规程》制定《矿井防爆设备管理细则》，加强矿井防爆电气（器）设备的安全管理，确保安全生产。11月，针对历年来钩头和吊桶使用管理中存在的突出问题，制定《关于钩头和吊桶使用管理的规定》，加强重点环节安全管控。

2009年9月，按照中煤第一建设公司《井下防爆胶轮车使用管理办法》《井下挖掘机使用管理办法》规定，进一步加强井下防爆胶轮车和挖掘机的安全管理。

2010年5月，制定《矿井防爆设备管理细则》，加强矿井防爆电气设备的安全管理工作，确保矿井安全生产。

2011年4月，根据中煤一建公司文件精神，为进一步完善机电管理组织机构，规范井下电气设备、设施防爆管理，杜绝因电气失爆引发各类生产安全事故。成立电气防爆管理领导小组，机电管理中心主任兼办公室主任，具体负责井下电气设备防爆管理日常工作。

四、设备租赁管理

1997年4月，第十工程处成立设备租赁站。5月，印发《机电设备租赁试行办法》。租赁站负责对全处所有设备实施计划、购置、租赁统一管理，实行独立核算和租赁制，设备租赁优先服务于本处所属各单位，部分闲置设备可面向社会开展对外租赁业务。设备对内对外的租赁按照租赁办法收取租赁费，并按月、季上交应交财务的费用。10月，制定实施《周转材料管理制度及租赁办法》，对周转材料租赁机构及其职责、租赁费计算及收取、租赁办法及手续、报废手续、奖罚制度等方面作出具体规定。

1999年3月，制定新的《机电设备租赁办法》，对1997年的设备租赁办法进行了补充和完善。

五、设备及配件使用管理

1977年9月，贯彻落实全国煤炭基建施工设备管理大同会议精神，建立健全以岗位责任制为中心的各项管理制度，做到群管群修，专管和群管相结合，全面推广包机制，推广库存设备管修合一管理制度，全面执行风钻分班定人管理办法；开展设备升级流动红旗赛，开展技术培训，提高技术水平。

1978年4月，制定《施工设备管理办法（试行）》，对管好、用好、修好施工设备，有效发挥设备的性能，延长使用年限，保证安全运转作出具体规定。

1978年10月，制定《主要施工设备检修周期表》，指导基层单位用好、修好施工设备，更好地为生产服务。

1979年5月，制定《关于损坏施工设备的处理办法》，明确责任和处罚办法，促进施工设备的完好率。

1981年11月，《施工设备管理办法》经首届一次职工代表大会通过、实施。

1987年3月，对《施工设备管理办法》进行补充修订。

1989年3月，根据煤炭工业部《煤炭基建施工设备管理办法》的通知精神，结合本单位具体情况，对现行的《施工设备管理制度》进行补充修订，印发《施工设备管理实施细则》，规范设备管理。

1998年12月，制定《机电设备管理办法》。

2001年7月，为更好地贯彻执行ISO 9002质量标准体系，治理设备管理方面出现的问题，发挥机电设备最佳效能，印发《施工设备大修标准及管理办法》，进一步完善机电设备管理制度。

2001年9月，制定《防爆电气设备管理检查实施细则》，加强井下防爆电气设备安全管理工作。

2004年1月，制定《机电设备管理办法》，对组织管理、设备采购、设备租赁、施工机电设备安装、设备运转、设备检查、机电事故、设备信息、设备报废、设备退库、惩罚与奖励等11个方面作出具体的规定。

2009年2月，制定《特定设备使用管理办法》，对掘进机、挖斗装渣机、防爆无轨胶轮车、小型挖掘机等设备的使用、维护保养、存放与退库、处罚作出具体规定。

2010年5月，制定《机电设备管理办法》，对组织管理、设备采购、设备租赁、施工机电设备安装、设备检验、设备运转、设备检查、机电事故、设备信息、设备报废、设备退库、惩罚与奖励等方面作出具体规定。印发《矿井防爆设备管理细则》，明确一般规定、检查标准和奖罚办法。

2016年7月，制定《设备强制检修润滑和保洁管理办法》，对设备强制检修、设备润滑、设备保洁提出具体要求，并规定项目部必须设专人负责设备强制检修润滑和保洁日常管理工作。9月，印发《设备运行、维修、保养制度》等六项管理制度，进一步加强直管设备的管理。

2017年5月,为进一步加强井下施工中综掘机、无轨胶轮车管理工作,确保设备安全、可靠、正常运转,降低设备故障率,提高生产效率,结合项目部实际,印发《综掘机、无轨胶轮车管理规定》。为适应新的生产工艺及技术水平,印发《机电设备管理办法(补充)》,从组织与设备管理、设备租赁费计取、设备运转、小型设备管理、设备检查、设备验收维修与出入库、机电事故、惩罚与奖励等方面进行了完善和补充。各项目部每季度制定设备检修计划,提前做好配件的调配工作,专业人员对各项目部施工设备按照规定定期检查。较大型设备检修,机电设备管理中心安排专人进行技术指导和安全监督,提高设备的检修质量。

六、设备库管理

1958—1997年,第十工程处设备库的设立和撤销与机关驻地搬迁相适应,先后在王庄、大宝顶、陶二、王庄矿区驻地和武安基地设立设备库。

2010年11月,接管原第六十三工程处峰峰仓库。

2017年9月,为便于设备调拨和管理,武安基地和峰峰两处仓库存储设备一并搬迁至黄梁梦仓库。

为保障设备完好出库,设备库管理的设备均委托安装项目部进行检修,签订设备检修合同。设备检修完成后,由机电设备管理中心组织相关人员进行验收,验收资料由机电设备管理中心存档保存。为保证设备完好率,不影响下一工程使用,设备退库之前要组织全面检修、注油、喷漆、更换缺损零部件,达到完好标准。检修不合格及残缺不全的设备不得入库。如果退库后发现设备不完好,根据损坏程度,对项目部负责人和机电经理分别给予经济处罚,并在全处通报。

设备入库按不同类别、性能、特点和用途分类分区码放,做到"二齐、三清、四号定位"(二齐:设备摆放整齐、库容干净整齐。三清:材料清、数量清、规格标识清。四号定位:按区、按排、按架、按位定位)。库管员对常用或每日有变动的设备随时盘点,发现误差及时找出原因并更正。库存信息及时核对、呈报,确保报表数据的准确性和可靠性。库管员每月核对一遍出入库单据,做好设备出入库明细记录,记录好设备的出、入库时间、使用地点。设备出、入库必须经机电设备管理中心负责人同意,方办理出、入库。

2017年第十工程处主要大型施工设备统计表见表4-4-2。

表4-4-2 2017年第十工程处主要大型施工设备统计表

名 称	数量 (台/套)	原值 (万元)	净值 (万元)
凿井井架	18	8371382.00	2859384.44
提升机	15	7372928.73	1804087.56
凿井绞车	86	8591688.87	2638366.238
伞钻	9	3243160.00	156198.00
中心回转抓岩机	13	2439604.00	119663.32
开闭所	31	10732600.00	4504523.22
压风机	78	9578764.00	2049392.40
综掘机	13	60763028.75	17021133.19

第五章 行政事务管理

第一节 行政管理

一、机构设置

1958年8月，第十工程处成立党委办公室和行政办公室。1995年2月，将党委办公室和行政办公室合并办公，成立党政办公室。办公室主要负责印章、档案管理、文件的收发、起草及各类会议的通知、记录、文字材料、接待和小车管理等工作。

二、公文管理

20世纪70年代，第十工程处办公室设文书岗位，负责文件的收发、登记、传阅、整理归档等工作，档案管理工作由打字员兼职。1990年4月，成立档案科，办公室管理的文件档案移交档案科存档管理。办公室收发的文件一般分为两类进行管理：一类是普通文件，由文书按照行文日期和类别进行整理，每年年初将上年文档移交档案管理员存档；另一类是保密文件，由文书按照保密文件管理要求，于年末将当年接收的保密文件按时间顺序整理，完完整整地交由公司办公室收回。

2004年10月，中煤第一建设公司印发《公文处理实施细则》，细则从公文种类、公文格式、行文规则、印制要求、发文办理、收文办理、公文管理、公文立卷归档、公文质量考评等9个方面作出详细规定，第十工程处开始按照《公文处理实施细则》规定处理公文。2005年，为规范基层单位的公文管理，第十工程处依照中煤第一建设公司《公文处理实施细则》，制定实施《基层单位公文管理办法》，对二级单位对外行文和上级文件的管理提出规范要求。

2007年以前，文件收发均为纸质印刷文件。收文主要是上级文件，由办公室文书定期从公司办公室领取，再按照签收、登记、拟办、批办、承办、催办、归档等程序进行处理。发文主要是本单位制发的公文，制发程序包括起草、审核、签发、打印、用印，由文书登记发放。

2007年3月，针对工地分散、纸制文件传送不及时、易遗失等问题，第十工程处实行网络传输管理，利用网络智能办公系统（简称OA平台）的便捷优势，结合纸质文件发放的传统方式，推行"无纸化办公"。除保密文件外，办公室按年度和发文机关类别将处发文件以Word文档格式存入OA平台上的"公共文件柜"，增强文件的时效性。需要传阅的文件，由文书按照正常公文处理程序办理。保密文件由文书按照保密规定领取、登记、传阅、回收、上缴。

2010年4月，按照中煤第一建设公司公文管理规定，公司发文开始通过公司OA平台电子收文流程进行处理，由办公室主任提出拟办意见，呈送主要领导批示，文书按领导批示转至有关单位、部门承办。紧急公文按时限要求办理，办公室负责跟踪催办落实工作，及时掌握公文的办理情况，督促承办部门按期办结。

2011年4月，中煤一建公司印发《公文处理办法》，对公文种类、公文格式、行文规则、印制要求、发文办理、收文办理、公文归档、公文管理等8个方面作出新规定，第十工程处开始按新办法处理公文。

2011年6月，按照中煤一建公司统一要求，进一步改进发文方式，正式取消纸质文件，将原Word文档改为带电子印章的AIP文档。

2012年4月，文件形式改进为带电子印章带转换密码的PDF文档，实现远程彩色打印。其中需向中煤一建公司报送的公文（涉密文件除外）由党政办公室文书通过中煤一建公司OA系统呈报，内部文件接收通过处平台收文工作流程，将电子文件分发给处领导、机关有关部门和所属单位。

2012年12月，中煤一建公司根据《中共中央办公厅国务院办公厅关于印发〈党政机关公文处理工作条例〉的通知》和《党政机关公文格式》（GB/T 9704—2012），对党政公文格式进行了修订。

2017年4月，开通OA办公系统手机版，公文处理更加方便、快捷，增强了文件收发、审批、传阅的时效性，提高了工作效率。

三、印章管理

第十工程处公章实行分级、分类归口管理。处级使用的公章由上级刻制，并行文启用或废止使用；所属二级单位和机关部门使用的公章由处办公室刻制，按照类别区分，由处行政或处党委行文通知启用、废止事宜。处行政、党委印章由党政办公室主任负责管理，业务专用章和部门印章由部门负责人负责管理，二级单位印章由二级单位党政负责人负责管理。公章使用实行登记制度，公章使用台账由公章管理负责人记录，并按规定期限保存、备查。废止使用的印章，属于上级刻制的，由办公室收回并上缴；属于处刻制的，由办公室收回、保存，超过保存期限的，作销毁处理。

1998年，为加强公章使用管理，防范印章使用安全风险，第十工程处印发《关于印章使用管理规定》，对公章刻制、发放、保管、审批、使用等各环节的管理作出具体规定。

2010年12月，印发《印章管理办法》，对印章的刻制、启用、用印、保管等环节的规定要求进行修订和完善。办公室保管的行政章、党委章和处长、书记手章，由办公室主任负责改为指定专人负责。

2016年6月，启用"中煤第一建设有限公司合同专用章（1）"，由办公室管理。制定《关于"营改增"后合同专用章和发票管理暂行办法》，对"中煤第一建设有限公司合同专用章（1）"的使用保管提出了规范要求。

2017年2月，第十工程处印发《关于进一步加强和规范印章管理工作的通知》，从9个方面提出规范要求。各单位使用的印章要指定专人、专柜管理，机关各部门印章原则上全部交由处党政办公室集中统一管理。内部各项业务，凡是部门负责人签字能代替印章的，一律不使用部门印章；确因工作需要仍保留印章的部门，要切实履行印章管理责任，健全印章审批使用台账，经本部门和分管领导审批后，方可用印。凡未健全印章使用台账、未履行审批手续或私自用印给单位造成不良后果的，将严肃追究有关部门负责人责任。

四、档案管理

建处以来，第十工程处档案管理经历了从无到有、从简单粗放到规范管理的发展过程。其间，历经几次调迁搬家，遗失了大量珍贵的原始资料，给企业的档案开发和利用造成了不可挽回的损失，也对后来加强档案管理工作起到了深刻的警示作用。

1990年以前，第十工程处各类档案由各业务部门自行管理。1990年4月，为贯彻落实《中华人民共和国档案法》，推进企业档案管理正规化、科学化，成立档案科。档案室配备铁皮文件柜存放档案，大型技术图纸资料配专用档案柜存放，配备计算机、黑白扫描仪办公设备，并运用计算机实施电子文档管理档案。设3名专职档案管理员，主要管理文书档案、影像档案、人事档案、技术档案，设备档案、会计档案等由相关部门归口管理。制定实施《档案管理制度》，在档案收集、整理、入库登记、查阅使用、日常防护等方面作出规定，指导和规范全处的档案管理工作。同年11月，第十工程处档案管理工作取得突破性成果，获河北省档案局颁发的"省级先进企业档案管理合格证"。

1993年4月，档案科撤销，档案管理业务并入办公室。2003年12月，贯彻执行国家档案局《电子公文归档管理暂行办法》，进一步加强了电子公文归档管理工作。2009年10月，档案管理业务从办公室分离，成立档案室。档案室的铁皮文件柜更新为专用密集柜，并安装了空调，档案存储条件得到改善。2010年8月，档案室并入办公室管理。

2010年10月，第十工程处与第六十三工程处整合，第十工程处接管原第六十三工程处档案室，办公室专职档案管理员负责武安和邯郸两处档案室的管理工作。同年，制定实施《档案管理实施细则》，对文件材料的归档范围、归档分类、归档时间、机构设置及岗位职责、管理与利用、借阅制度、鉴定与销毁、奖励与处罚等方面作出规范，进一步加强企业的档案管理工作。

2014年10月，按照中煤一建公司《关于进一步做好公司文件材料归档工作的通知》和《档案数字化规范》的要求，分类分部门将2010年以来的文件材料录入公司档案信息管理系统，并归入档案室，实现文件材料收集、归档及利用流程化、规范化、数字化管理。

2017年5月，为适应形势发展需要，第十工程处在《档案管理实施细则》的基础上进一步修订和完善，重新制定实施《档案管理办法》，推进档案管理工作制度化、规范化、科学化。

自档案科成立以来，第十工程处注重培养档案管理员的业务能力，不断派出人员参加专业学习培训，推动企业提升档案管理水平。

2017年12月，第十工程处两处档案室共收藏档案（文书、工程类等）2138卷12376件、人事档案5733份。

五、办公用品管理

2010年以前，办公用品统一由供应部门采购、保管和发放，使用部门（单位）人员执本部门（单位）负责人签章、分管处领导审批的领料单领取使用。

2010年10月，第十工程处制定实施《机关办公用品管理办法》，对机关办公用品范围和管理权限划分、采购、入库、领用、盘存及责任追究作出规定。《机关办公用品管理办法》规定，办公设备由物资采购中心负责采购，物资机电管理中心负责资产管理，办公室负责实物管理；办公用品由物资采购中心负责采购，办公室负责管理。办公用品使用实行预算管理。机关各部室每季度根据办公需求，在规定的办公用品范围内编制需用计划，经分管处领导审核后交办公室管理员汇总；办公室根据消耗量和库存量对各部室计划采购的品种、数量进行适当增减调节，编制季度采购计划，报处长审批，物资设备采购中心按批准的采购计划组织采购。各部室领用办公用品，经办人填写领料单，注明日期、品名、数量、用途、部室负责人签字、盖章，经办公室主任批准后，到办公用品管理员处领取。

为加强监督和管理，杜绝超计划领用、积压浪费现象的发生，办公室于每月底对各部室办公用品的领用情况进行汇总统计，于下月10日前在处办公平台上公布。

六、秘书工作

办公室秘书（党办、行办）主要负责处行政、党委半年工作和年度工作报告、领导讲话及各类文件、调研、汇报、信息、经验材料的起草；负责处长办公会、党政联席会、党委会等重要会议的记录工作。

七、事务性工作

办公室的事务性工作主要是承办大型会议，负责会议筹备、人员召集、食宿安排、会场布置、会议资料、会场服务，其次是办理来宾接待以及领导临时交办的各项事务。

2004年，第十工程处制定《会议制度》，规定了会议的标准，细化了会议筹备工作事项要求，规范了会议通知、食宿安排、会场布置、会场服务等工作。

1996年11月，第十工程处印发《关于加强业务招待费管理的规定》，从业务招待费的开支范围、开支标准、审批制度、内部基层经济承包单位业务费支出、加强纪律和监督措施等方面加强管控。

1997年4月，制定实施《业务招待费管理实施细则》，从严控制招待费用支出。

2006年，制定《业务招待费管理办法》，明确业务招待范围和标准，实行业务招待事前审批制度。

2011年3月，制定实施《接待工作实施细则（暂行）》，按照"小额、从俭、必须、合理"的招待原则，对接待对象、接待工作程序、业务招待标准等事项作出规定。处机关业务往来原则上实行定点招待制度，一般在内部食堂或指定的外部酒店招待。业务招待实行审批制，凡需要安排招待的，接待部室负责人必须按要求填写"招待用餐审批单"，事先报处领导批准，并交办公室安排。内部招待由分管领导批准，酒店招待由处长或书记批准。基层单位参照《接待工作实施细则（暂行）》执行。

2013年9月，印发《业务招待费管理办法》，主要对《接待工作实施细则（暂行）》中的招待规格和费用标准以及相关禁令进行修订。

2017年5月，制定《业务招待费管理办法（修订）》，对机关招待用餐、会议用餐、工作餐及项目部业务招待费的使用管理作出规定，严格控制非生产性支出。

第二节 信访维稳

一、制度建设

1996年前，职工群众的来信来访工作由纪委负责处理，主要受理职工群众反映的历史遗留问题和热点难点问题，维护企业稳定。

1996年7月，为加强信访工作的组织领导，进一步做好信访工作，对信访工作领导小组进行调整，下设信访办公室，信访办主任由处办公室副主任兼任，具体负责信访工作的日常事务。制定《信访接待制度》，规定需要处领导解决问题的由信访办登记、接待，不得越级上访。此后，第十工程处党委根据人事变动情况，及时对信访工作领导机构作出调整。

1997年，贯彻落实中共邯郸市委办公厅、邯郸市人民政府办公厅《关于全力做好信访工作确保十五大期间全市不发生进京赴省上访的通知》有关要求，根据中央组织部《老干部信访工作暂行规定》，中共邯郸市委、邯郸市人民政府信访局《关于加强办案工作的意见》的通知，进一步推进信访工作制度化、规范化、程序化。

2009年，进一步落实信访工作责任制，完善信访工作组织机构，建立一级抓一级、一级对一级负责的领导责任体系，形成一把手负总责、各部门配合、项目部包片的工作格局。

2010年，坚持"属地管理、分级负责"和"谁主管、谁负责"的原则，层层签订责任书，加强信访工作规范化、制度化建设，制定《规范信访工作制度具体实施办法》，增强了信访工作的可操作性，提高了工作水平。为确保调整转型期间企业安全稳定，结合处实际情况，印发《调整转型期间维稳工作预案》，增强了对突发事件的处置能力。

2011年，推行《信访事项办理双向责任书》《信访工作内部转办通知单》和《信访结果答复意见书》，进一步规范信访工作程序。

2012—2017年，围绕企业中心工作和发展大局，进一步健全和完善信访工作领导机制、信访突发事件应急机制、矛盾纠纷排查化解机制、信息汇集分析机制，认真落实信访事项交办督办三级终结制度、重大紧急信访信息报告制度，及时化解各类矛盾，努力构建和谐、稳定的企业发展环境。

二、维稳工作

1994年以来，常村矿井建成移交后，国家压缩基建规模，压减基建投资，煤炭基建市场逐年低迷，行业竞争异常激烈，第十工程处施工任务长期处于不饱和状态，队伍严重窝工，企业经济效益急剧下滑，资金周转困难，职工工资和医疗等福利费拖欠，下岗人员逐年增多，给第十工程处的维稳工作带来巨大压力。其间，信访维稳工作的主要任务是宣传和贯彻《信访条例》，排查不稳定因素，受理职工群众的来信来访，协调处理信访事项，化解内部矛盾纠纷，预防和处置群体性事件，维护企业安定和谐的发展局面。至2010年间，不稳定因素主要集中在老工伤职工的待遇、职工工资和福利费拖欠、劳动合同争议、临建房拆迁补偿等方面，闹访、越级上访事件时有发生。第十工程处党委把信访维稳工作作为实践"三个代表"重要思想，贯彻落实科学发展观，构建社会主义和谐社会，促进企业和谐发展的一项重要政治任务来抓；作为密切与职工群众的血肉联系，关心职工生活的一项重要工作来抓；作为广纳谏言，众采良策，广泛听取职工群众意见和建议，促进企业稳定的重要工作来抓。建立健全信访维稳机制，建立党委书记接待日制度，落实维稳工作责任。将学习宣传《信访条例》作为规范信访接待人员言行、规范信访秩序、畅通信访渠道的有效手段，教育缠访户依法有序上访反映问题，维护信访秩序。认真排查各种矛盾纠纷，克服资金困难，集中解决群众反映的热点、难点问题。确定重大信访事项的包案领导、责任单位，明确责任人。切实做到问题不查清楚不放过，问题不解决不放过，信访人不停访不放过，确保"发现得早、化解得了、控制得住、处置得好"。

2010年，在集团公司提出"一限、二提、三转"发展战略，全面推进"七条线"管理，两处整合的新形势下，不稳定因素和矛盾纠纷呈上升趋势。遗留的个别老工伤职工待遇、职工工资福利费拖欠等老问题尚未彻底解决，又增富余人员安置、工资福利费拖欠、后勤物业改造、房产证办理、机关搬迁、供货商货款欠付等新问题，个别闹访、集体来访、越级上访事件增多，企业维稳工作面临新挑战。

2011—2017年，第十工程处党委以维护企业改革发展稳定大局为目标，以保障职工合法权益为原则，细化维稳工作方案和措施，逐级分解任务、明确责任，进一步加大信访维稳工作的领导力度和落实力度，全体政工干部以热情诚恳的工作姿态积极应对新形势。尤其是重大节日和"两会"等重要时段期间，各级党组织都要制定《信访维稳工作应急预案》，深入开展不稳定因素排查，强化防控措施，严格执行领导干部、信访工作人员24小时值班制度、信息报告制度、零报告制度。面对新形势、新挑战，第十工程处在党委领导下，广泛开展形势任务教育，宣传企业转型发展的重大意义，引导干部职工充分认识新常态，深刻理解新常态，积极支持企业改革转型。举办信访维稳工作培训班，制作《信访维稳工作的方法与技巧》PPT下发项目部，指导基层做好信访维稳工作。定期开展职工思想状况调查与分析，开展不稳定因素排查。认真落实书记接待日制度，领导干部与职工群众面对面交流，解疑释惑，化解矛盾。运用法律手段，维护各方利益。协调各方力量，在保证企业生产经营活动正常运转的情况下，投入巨资，妥善解决各种新老问题。近年来，在上级领导的关心支持下，通过全处干部职工的共同努力，企业改革发展过程中的各种突出矛盾得到化解，不稳定因素逐渐消除，呈现出安定、和谐的发展新局面。

第三节 社会治安综合治理

第十工程处坚持"预防为主、综合治理"的综治工作原则，建立健全社会治安防范机制，围绕保障内部生产、生活秩序，维护企业安定局面，结合各个时期的重点任务和内部治安状况，坚持开展思想品德教育、道德教育和法律法规教育，加强人防、技防、物防，维护企业和职工群众生命财产安全，配合公安机关严厉打击违法犯罪行为，妥善安置和教育刑满释放人员、解除劳动教养人员，有力地保障了企业内部良好的生产、生活环境。

陶二矿井建设期间，为加强内部治安保卫工作的组织领导，开展群防群治，逐级建立了治安保卫委员会。工作重点是，运用标语、板报、广播等载体，认真宣传《中华人民共和国刑法》；成立民兵执勤小分队，加强矿区治安巡逻，打击偷盗国家财产行为；调解民事纠纷，避免矛盾激化，配合公安机关侦办违法犯罪案件，消除不安定因素；按照指挥部党委《关于批转指挥部武装部〈关于清查收缴流散武器弹药和军用物资的意见〉的通知》要求，开展流散武器弹药和军用物资的清查收缴工作；定期开展治安积极分子评比、表彰，营造群防群治的良好氛围。

常村矿井建设期间，治安保卫委员会改为社会治安综合治理委员会，处设综合治理办公室，业务划归公安科管理；基层单位的综治工作由党组织负责人负责。

1984年以后，深入开展《中华人民共和国宪法》《社会治安综合治理条例》《中华人民共和国治安管理处罚条例》等法律法规教育，增强职工群众的法制观念。根据中共中央、国务院的指示精神，在全处范围内组织开展一场大规模的打击和查禁取缔卖淫嫖娼、制作贩卖传播淫秽物品、拐卖妇女儿童、贩运私种吸食毒品、聚众赌博和利用封建迷信骗财害人等违法犯罪活动。加强治安巡逻，严厉打击偷盗行为。开展刑满释放人员、解除劳动教养人员的帮扶教育，开展治安积极分子评比、表彰活动，弘扬正气。加强工地火工品库房的人防、技防和物防，强化消防管理、火工品和特种作业人员的管理。家属基地安装监控摄像头，严格管理流动和暂住人口，积极调解民事纠纷，为企业和谐稳定发展保驾护航。

2007年之前，第十工程处社会治安综合治理工作由保卫科、公安科负责。2007年，公安分处移交地方，综治工作业务划入党政办公室。

第四节 法律事务

2005年9月，第十工程处成立法律事务部。2010年9月，法律事务部并入经营管理部。法律事务部主要任务和职责是，代理涉及企业利益的案件调解、仲裁、诉讼和非诉讼工作，依法履行各项法律实体与程序权利，维护企业合法权益；起草、审查、修改各类经济合同，预防潜在风险，防止形成纠纷；起草审查、修改其他非规范性法律文件；对各类经济活动的决策、实施，提供法律意见书或接受询问；负责对各部室、项目部参与司法活动的人员提供法律咨询和指导；联系并协助聘请律师，签约律师事务所，配合律师处理重大、疑难案件；定期开展法律培训；参与工程合同起草、谈判、评审、签订工作。

2005—2017年，主要以经济纠纷案件为主，开展了诉讼、应诉、劳动争议和清欠等法律事务工作，办理经济、劳动争议等纠纷案件71余起，为企业挽回经济损失430万元，收回不良资产540多万元，办理劳动争议案件24起，维护了企业的合法权益。

第五篇　科技与教育

科技是引领企业发展的第一动力，是建设企业现代化经济体系的战略支撑。第十工程处自1974年率先进行煤炭行业八个方面的机械化配套实验起步，始终将科技创新作为企业发展生产力的重要基础和加快企业发展进程的重要标志，坚持立足于矿井工程施工前沿，以降低劳动强度、降低施工生产成本、提升机械化作业水平、提高全员劳动生产率、提升企业核心竞争力为目标，强化职工教育培训，加快施工机械化作业线建设，着力技术研发、节能减排和信息化建设，解决工程施工实际问题，实施科技兴企、科技强企战略，把科技创新成果直接转化为提升企业核心竞争力的发展优势，为企业实现永续发展提供技术支撑和能量储备。

第一章 科 学 技 术

第一节 技术研发

1974—1981年，第十工程处在陶二主井进行了八个方面的机械化配套实验：①凿岩使用伞形吊架，配备YZ-70型外回转凿岩机和合金成品钎杆；②深孔光面爆破高威防水炸药和高精毫秒雷管；③大抓岩机抓岩（长绳悬吊0.565立方米抓头和0.4立方米液压靠壁式大抓）；④支护采用喷射砼；⑤提升用3立方米大吊桶和3米绞车；⑥井口翻矸采用自动翻矸，大矸石仓和八吨自卸汽车排矸；⑦中心线放射采用激光测量；⑧注浆打干井采用壁后注浆堵水和井内超前钻孔预注浆。

1977年，万年矿中部立风井援建施工，进行粗径深孔爆破试验。基岩段连续两个月成井82.97米，获得河北省科技三等奖、煤炭部基建纲要奖、全国煤炭科技进步奖三项殊荣。

1998年，在晋城矿务局寺河煤矿西部回风立井施工中，利用高瓦斯双突矿井的特性，建成了瓦斯发电站，既消除了施工中的瓦斯危害，又解决了施工现场的供电问题，还为业主建设瓦斯电站提供了样板。

1983年，潞安王庄煤矿西部立风井，首次采用沉井法穿过流砂层段获成功，取得月沉井22.8米的好成绩，受到煤炭部和山西省煤炭局的表彰。

2004年，第十工程处11篇科技论文被收入《全国矿山建设学术会议论文集》。

2005年，在吴桂桥主、副立井冻结施工中，首次运用小型挖掘机施工表土段，提高了劳动效率和施工速度。

2006年，第十工程处7篇论文在国家级矿山建设学术交流会上发表。棋盘井项目部在回风斜井表土段施工中，采用小型挖掘机进行装岩，解决了人工风镐破土时间长、人工装车劳动强度大、清理工作面时不彻底造成底高，有涌水的条件下工作面泥砂多、排水困难、排水设备损耗大等难题，降低了劳动强度，减少了工作面的劳动用工，提高了表土段施工单进水平。

2007年，沙曲项目部在高瓦斯矿井

条件下,通过钻场交替布置,实施超前抽放钻孔,利用瓦斯的抽放半径实现掘进巷道内及周围煤层的瓦斯提前抽放,抽掘交叉,解决了在高瓦斯矿井巷道开拓工序中抽与掘的矛盾,实现掘进与瓦斯抽放互不影响而又降低了瓦斯浓度,有效防范煤与瓦斯突出,保证了安全生产。

2008年,第十工程处参加全国矿山建设学术会议,7篇论文入选2008全国矿山建设学术会议《矿山建设工程技术新进展》文集。八宝项目部在针对硬灰岩厚度在500米以上,岩石硬度系数 f 为 $8\sim10$ 之间的施工条件下,进行了煤矿立井超厚硬灰岩快速建井施工技术研究,解决了超厚硬岩凿眼速度慢、爆破效率低的难题,确保安全快速施工,提高单进施工水平。

2009年,14篇科技论文被煤炭建设协会年会论文集收录。

2010年9月,施工的八连城煤矿新立井,井下净水位 -2.5米,表土层内有厚达12.5米的细沙和粉沙层,参透系数25米/天,最大涌水量高达650立方米/小时。采用"井外降水、井内强排、强行通过"的施工方法,井外布置9眼疏干井,成功穿过12.5米厚流砂层。

2013年,华胜矿井由多个小煤窑组合而成,地质资料不详细、采空巷道分布无规律、老空积水量不详等因素直接威胁了施工安全,项目部创新"物探先行"施工方法,先对可疑积水区域进行确定,然后使用钻探(长探)对可疑积水区域进行检查和探放,最后在掘进过程中使用短探对巷道周边进行无死角探测,有效地防止了水害和顶板事故的发生,实现安全、高效施工。并总结出一套先进的井巷老空积水探放技术,为同类工程提供了新技术应用范例,成功运用于韩咀项目部井巷工程施工。

2014年,大海则项目部在井筒开口施工中,根据该地区浅静水位、厚风积沙层工程地质条件的特点,综合考虑冻结及掘砌需要,整体开挖,联合施工,施工冻结沟槽的同时进行静水位以上临时锁口、井架基础施工,实现冻结、掘砌一体化施工,解决了风积沙地层施工难题,保证了施工安全和工期,为井筒试挖施工创造了有利条件。2016年,在葫芦素煤矿西翼回风立井的开口施工中,根据类似地质条件、不同静水位深度情况,进行了改进应用,有效避免了井架基础的下沉、冻结沟槽坍塌造成的重大经济损失,为类似工程施工提供了一套规范、可靠的施工方法。

2015年,第十工程处成立"职工创新工作室",机关各部室和项目部技术人员,结合施工现场实际,不断开发智力资源,积极推动企业科技创新。

2016年,小回沟项目部针对井下工程不良地层赋存多的特殊地质条件,短掘短支、预注浆、超前管棚等措施已无法保证对顶板进行有效控制,严重影响巷道工程质量,制约井巷开拓施工进度等问题,通过分析研究、现场试验,成功总结出破碎顶板综掘施工技术,实现了安全生产,确保了巷道施工质量,加快了施工进度,达到国内先进水平。

第二节 新技术推广与运用

1961年,第三建井工程处开展技术革新、技术革命运动,解决了地面煤车自动滑行、自制翻罐笼、自制井下运输卡机、矿渣支柱等关键性问题。

1974—1981年,陶二矿井作为煤炭系统五个配套试点井之一,第十工程处在主井进行了八个方面机械化配套,取得圆满成功。①凿岩使用伞形吊架,配备YZ-70型外回转凿岩机和合金成品钎杆;②深孔光面爆破高威防水炸药和高精毫秒雷管；③大抓岩机抓岩；④支护采用喷射；⑤提升用 3 立方米大吊桶和 3 米绞车；⑥井口翻矸采用自动翻矸，大矸石仓和八吨自卸汽车排矸；⑦中心线放射采用激光测量；⑧注浆打干井采用壁后注浆堵水和井内超前钻孔注浆。

1974 年 11 月，接燃料化学工业部《关于在井巷工程中推行锚喷支护的通知》，先在风井井筒试推锚喷支护技术。

1975 年 6 月，第十工程处贯彻落实煤炭部《关于大力推广井巷施工五项技术革新的通知》精神，在全处推广锚喷支护、光面爆破、毫秒雷管、耙斗装岩机、激光指向五项技术革新。

1977 年 10 月至 1982 年 2 月，矿建一队施工的万年二号矿中部立风井，井颈采用混凝土井壁，基岩段采用锚喷支护。井筒采用 SZ-6 型伞形钻架配 6 台 YGZ-70 型重型风钻打眼，进行 ϕ55 毫米粗径、4.2 米炮眼深孔爆破实验，两台 0.565 立方米大抓斗抓岩，三枪同时喷射混凝土的机械化配套施工。

1979 年 1 月，第十工程处选择矿三队施工的南采轨道上山做光爆锚喷实验，自 2 月中旬开始，半个月完成成巷 20 米，光爆遗留眼痕率已达到 30%～50%，取得初步成效。3 月，继续组织试验，进一步提高巩固。

1981 年 12 月，矿建一队在万年矿中部立风井施工中，采用伞钻打眼、深孔爆破、双机抓岩、大吊桶提升新工艺，创连续两个月平均成井 82.9 米佳绩。

1983 年 9 月，矿建一工区在王庄西风井井筒施工（涌水量 360 立方米）中，采用"风动抓岩、汽吊提升、泥浆护壁、淹水沉井"新工艺，月成井 22.8 米，创沉井深度、月进度全国最好水平，得到了沉井专家于力教授及专家组的好评，受到煤炭部、山西省煤管局表彰。

1986 年 11 月，第十工程处在土建队、预制厂推广粉煤灰应用，降低工程成本。

1989 年 10 月，矿建三队在常村矿井 +520 运输大巷（断面 24 平方米、岩巷）施工中，使用液压钻车、侧装机，采用中深孔爆破。

1991 年 8 月，安装队施工常村矿主井箱式井架安装工程，采用"井外组立，整体平移"工艺，将高 65 米、重 620 吨的箱式井架，在井口外组立后平移 71 米准确到位。

1991 年，第十工程处与德国专家合作，成功建成了国内第一个井下螺旋煤仓，成为国内外第一个采用螺旋金属模板整体旋转下滑浇筑混凝土工艺施工的井下立式螺旋煤仓。螺旋煤仓整体金属模板由第十工程处机厂加工制作。

2005 年 7 月，第十工程处吴桂桥项目部在副井冻结段外壁（井筒净直径 6.5 米，掘进断面 48.4 平方米）施工中，首次采用小型挖掘机下井掘进创新技术。

2006 年 9 月，公司在第十工程处召开湿式振弦除尘风机技术鉴定推广会，推广运用第十工程处机械制造厂自主研发制造的湿式振弦除尘风机。

2008 年 9 月，黄玉川项目部首次采用综掘机施工半煤岩巷（断面 19.25 平方米），创月成巷 422 米佳绩。

2010 年 4 月，庞庞塔项目部首次使用滑模台车进行斜井井筒施工。使用滑模台车，浇筑工效提高 30%，装模、脱模速度提高两到三倍，人员配备减少 1/5。

2010 年 9 月，施工的八连城煤矿新立井，采用"井外降水、井内强排、强行通过"施工方法，顺利通过流砂层。

2010 年 3 月，斜沟项目部首次使用掘锚机配合机载前探梁进行井下巷道的施工。

第三节 科技成果

1983年，第十工程处"光爆锚喷支护"荣获煤炭工业部煤炭科学技术进步特等奖。

2001年，"大型箱式井架外组立整体平移施工工法"获中国煤炭建设协会1999—2000年度煤炭行业（部级）优秀工法。

2001年11月，"煤矿井下螺旋煤仓施工工法"被国家建设部授予"国家级工法"。

2007年，《锚喷巷道施工中的质量控制》荣获河北省和煤炭行业优秀成果奖。

2008年，《组织副井井筒快速施工》《加强工序管理提高砼》获得河北省优秀成果奖，《运用QC方法控制EBZ200H悬臂式纵轴掘进机施工质量》获得煤炭建设协会优秀成果奖。

2011年3月，"煤矿立井超硬灰岩快速施工工法""大坡度斜井表土段小型挖掘机施工工法""高瓦斯矿井巷道抽掘施工工法"，获中国煤炭建设协会2009—2010年度煤炭行业（部级）工法。5月，煤矿立井超厚硬灰岩快速施工技术荣获"河北省煤炭工业科学技术奖二等奖"，大坡度斜井表土段小挖掘机施工技术荣获"河北省煤炭工业科学技术奖三等奖"。

2012年，"立井分灰系统""硬质变径风筒""钢性支架支护巷道管路吊挂管卡"获国家实用新型专利。

2013年4月，《整合矿井采空区探放水施工浅析》一文在中煤建设集团科技优秀论文评选活动中荣获二等奖，《立井冻结段带接茬钢板的单层井壁施工技术》《大冒落破碎采空区巷道加固施工技术》两篇科技论文，荣获三等奖。

2013年，五小成果《综掘巷道移动式水幕》获中煤集团优秀"五小"科技成果一等奖，《油页岩与铝土质泥岩互层巷道光面爆破质量的控制》获得煤炭建设工程行业先进QC成果奖。

2014年，《兼并重组整合矿井探老窑积水新技术》成果获河北省煤炭工业科学技术奖三等奖。

2015年1月，"煤矿井巷探放老空积水施工工法"，被中国煤炭建设协会审定为"煤炭行业（部级）工法"。

2015年5月，"煤矿立井井架基础、冻结沟槽、临时锁口联合施工技术""大型矿井建井期间混合提升及生产系统布置研究与应用"两项科技成果，获得河北省煤炭工业科学技术奖二等奖。

2016年5月，《油页岩地层巷道快速施工技术》《高瓦斯矿井多种地质构造条件下井巷施工技术》分别获得河北省煤炭工业科学技术二等奖和三等奖。

2017年7月，《大型矿井建井期间混合提升系统施工工法》《煤矿立井井架基础、冻结沟槽、临时锁口联合施工工法》《高瓦斯矿井复杂地质构造条件下斜井施工工法》《煤巷油页岩顶板支护施工工法》四项工法通过煤炭建设协会专家组评审，同意推荐为部级工法。

表5-1-1 2001—2017年第十工程处部级以上工法统计表

序号	名称	奖项	获取时间	颁发机关
1	大型箱式井架外组立整体平移施工工法	部级优秀工法	2001-06-12	中国煤炭建设协会
2	煤矿井下螺旋煤仓施工方法	国家级工法	2001-11-07	中华人民共和国建设部

表 5-1-1（续）

序号	名 称	奖 项	获取时间	颁发机关
3	大坡度斜井表土段小型挖掘机施工工法	部级工法	2011-03	中国煤炭建设协会
4	煤矿立井超厚硬灰岩快速施工工法	部级工法	2011-03	中国煤炭建设协会
5	高瓦斯矿井巷道抽掘施工工法	部级工法	2011-03	中国煤炭建设协会
6	煤矿井巷探放老空积水施工方法	部级工法	2015-01	中国煤炭建设协会
7	高瓦斯矿井复杂地质构造条件下斜井施工工法	部级工法	2017-08	中国煤炭建设协会
8	煤矿立井井架基础、冻结沟槽、临时锁口联合施工工法	部级工法	2017-08	中国煤炭建设协会
9	大型矿井建井期间混合提升系统施工工法	部级工法	2017-08	中国煤炭建设协会
10	煤巷油页岩顶板支护施工工法	部级工法	2017-08	中国煤炭建设协会

表 5-1-2 2011—2017 年第十工程处专利技术统计表

序号	名 称	编 号	类别	获取时间	颁发机关
1	一种伞型支架式临时支护装置	ZL 2009 1 0073884.2	发明	2011-06-01	国家知识产权局
2	用于立井井筒混凝土施工的超大直径整体滑动金属模块	ZL 2009 1 0073883.8	发明	2011-08-10	国家知识产权局
3	混凝土运输系统	ZL 2010 1 0513059.2	发明	2012-03-28	国家知识产权局
4	综掘机跟机电缆装置	ZL 2011 1 0261659.9	发明	2013-11-06	国家知识产权局
5	吊盘分风系统	ZL 2012 1 0377091.1	发明	2014-09-17	国家知识产权局
6	立井复壁小模板提升机	ZL 2014 1 0427092.1	发明	2016-03-16	国家知识产权局
7	支撑式前探梁	ZL 2008 2 0077083.4	实用新型	2009-01-28	国家知识产权局
8	一种用于斜井施工的地面钢结构栈桥翻矸装置	ZL 2009 2 0101330.4	实用新型	2009-10-28	国家知识产权局
9	一种组合式混凝土施工碹胎	ZL 2009 2 0101739.6	实用新型	2009-12-09	国家知识产权局

表 5-1-2（续）

序号	名称	编号	类别	获取时间	颁发机关
10	瓦斯抽放管排液装置	ZL 2010 2 0568964.3	实用新型	2011-06-01	国家知识产权局
11	一种井下通风供暖系统	ZL 2010 2 0561432.7	实用新型	2011-04-27	国家知识产权局
12	车载式风动凿岩设备注油器	ZL 2010 2 0291466.9	实用新型	2011-04-13	国家知识产权局
13	小绞车钢丝绳自动润滑器	ZL 2010 2 0510652.7	实用新型	2011-06-22	国家知识产权局
14	一种道岔手动扳道器远程控制装置	ZL 2010 2 0642567.6	实用新型	2011-08-10	国家知识产权局
15	立井井筒壁整体液压模板下刃角	ZL 2010 2 0649144.7	实用新型	2011-08-10	国家知识产权局
16	一种立井井盖	ZL 2011 2 0332104.4	实用新型	2012-05-16	国家知识产权局
17	一种凿井吊盘	ZL 2011 2 0332052.0	实用新型	2012-05-16	国家知识产权局
18	保温溜槽	ZL 2011 2 0332161.2	实用新型	2012-05-16	国家知识产权局
19	硬质变径风筒	ZL 2012 2 0512059.5	实用新型	2013-04-17	国家知识产权局
20	立井分灰系统	ZL 2012 2 0512060.8	实用新型	2013-04-17	国家知识产权局
21	刚性支架支护巷道管路吊挂管卡	ZL 2012 2 0512094.7	实用新型	2013-04-17	国家知识产权局
22	掘进巷道灭尘器	ZL 2013 2 0299792.8	实用新型	2013-12-11	国家知识产权局
23	立井临时吊盘	ZL 2013 2 0299695.9	实用新型	2013-12-11	国家知识产权局
24	螺丝处理架	ZL 2013 2 0299745.3	实用新型	2013-12-11	国家知识产权局
25	钢丝绳阻车器	ZL 2013 2 0299585.2	实用新型	2013-12-11	国家知识产权局
26	立井复壁小模板提升机	ZL 2014 2 0486503.X	实用新型	2014-12-31	国家知识产权局
27	斜巷胶带运输机断带保护装置	ZL 2014 2 0487002.3	实用新型	2014-12-31	国家知识产权局
28	一种吊盘U型连接板加工装置	ZL 2015 2 0649308.9	实用新型	2015-12-30	国家知识产权局
29	风门助开器	ZL 2015 2 0649329.0	实用新型	2015-12-30	国家知识产权局
30	堵孔塞	ZL 2015 2 0648969.X	实用新型	2015-12-30	国家知识产权局
31	特殊岩层锚索支护施工粉尘收集器	ZL 2016 2 0783948.3	实用新型	2017-01-18	国家知识产权局
32	风动混凝土螺旋输送装置	ZL 2016 2 0783950.0	实用新型	2017-01-18	国家知识产权局

表 5-1-3　1983—2017 年第十工程处省部级科技奖统计表

序号	名　　称	奖　项	获取时间	颁发机关
1	光爆锚喷支护	煤炭科学技术进步特等奖	1983	煤炭工业部
2	运用QC方法控制EBZ200H型悬臂式纵轴掘进机施工质量	优秀成果奖	2008	煤炭建设协会
3	煤矿立井超厚硬灰岩快速施工技术	二等奖	2011-05-04	河北省煤炭工业行业协会
4	大坡度斜井表土段小挖掘机施工技术	三等奖	2011-05-04	河北省煤炭工业行业协会
5	煤矿井巷探放老空积水施工技术	三等奖	2014-06-13	河北省煤炭工业行业协会
6	大型矿井建井期间混合提升及生产系统布置研究与应用	二等奖	2015-05-21	河北省煤炭工业行业协会
7	煤矿立井井架基础、冻结沟槽、临时锁口联合施工技术	二等奖	2015-05-21	河北省煤炭工业行业协会
8	大型矿井建井期间混合提升及生产系统布置研究与应用	二等奖	2015-10	中国施工企业管理协会
9	煤矿立井井架基础、冻结沟槽、临时锁口联合施工技术	二等奖	2015-10	中国施工企业管理协会
10	油页岩地层巷道快速施工技术	二等奖	2016-05-25	河北省煤炭工业行业协会
11	高瓦斯矿井多种地质构造条件下井巷施工技术	三等奖	2016-05-25	河北省煤炭工业行业协会
12	机破碎顶板小面积揭露及时支护综掘安全施工技术	二等奖	2017-05-25	河北省煤炭工业行业协会
13	油页岩地层巷道快速掘进施工技术	三等奖	2017-05-25	河北省煤炭工业行业协会
14	破碎顶板巷道综掘施工技术	二等奖	2017-10	中国施工企业管理协会
15	油页岩地层巷道快速掘进施工技术	二等奖	2017-10	中国施工企业管理协会

第四节　信息化建设

2004年10月，为适应社会信息化发展要求，更好地为企业经济建设服务，第十工程处成立信息化工作领导小组，负责落实公司有关信息化建设的各项任务，制定本处信息化建设与应用的实施方案，督导处网站、局域网、信息化办公系统等基础工程的建设。

2007年12月，第十工程处对信息化工作领导小组和职责进行调整，设信息化办公室，负责信息化建设的日常工作。

2009年8月，信息管理中心成立。

一、通信系统

陶二建设时期，第十工程处机关设人工交换机，形成内部通信网络系统。1983年3月，第十工程处租用河北省邯郸市邮电局与山西省长治市邮电局故县支局的邯郸市至长治市王庄煤矿十处机关农话通信线路一条，处机关设人工交换机一台，建成处机关各部室之间、机关与区队之间的市话直拨、机关与邯邢煤炭指挥部两地长途电话直通的通信网络。

1997年，处机关由潞安常村煤矿驻地搬迁至武安基地，在3号住宅楼设立程控交换机一台。同时，为方便处机关与基层单位间的通讯联系，开始为基层施工单位配备手提电话（模拟移动电话）。1998年1月，根据公司党委及公司纪委、监察处《关于清理移动电话的处理意见》，第十工程处对除沙曲项目部、寺河项目部、矿建二工区、矿建三工区留一部移动电话作为公用外，其余移动电话全部予以收缴。

2003年，撤销程控交换机，与武安联通公司签订协议，在武安处机关办公楼及生活区安装直拨固定电话100部。

2011年7月，处机关由武安基地搬迁至邯郸市，机关楼开通联通公司固定电话。

二、internet接入

2004年10月，第十工程处开始网站、局域网、信息化办公系统等基础工程的建设。年末，接入铁通公司10兆光纤，局域网建成并投入使用。

2011年7月，机关搬迁邯郸市，接入联通公司20兆光纤专线，形成局域网。

三、生产调度系统

1974—1997年，生产调度通过机关人工交换机进行。1981年，第十工程处矿建一工区支援邢台煤矿西风井施工，设无线电台，方便两地生产调度。

1997—2003年，生产调度室安装支部电话2部、传真机1部，通过程控交换机进行生产调度。

2003年，生产调度室办公电脑接入宽带。2015年1月，开始应用中煤建设集团调度报表上报系统，2016年进二次开发和更新，一直使用至今。

四、OA办公平台

2009年9月，第十工程处购置Office Anywhere企业版搭建OA办公平台（通达网络智能办公系统），实现信息交流和共享，推进无纸化办公进程。

2010年，对服务器和系统进行升级改造，联想T168服务器更换为通达IBM system X3650服务器，硬盘更换为500G硬盘，OA版本升级为Office Anywhere 2010版，升级和扩容提升了服务器的安全性能，提高了OA平台的使用效率。

2012年，OA版本升级为Office Anywhere 2011增强版，服务器系统由原来的windows server2003更改为windows server 2008，提高了OA平台的访问速度。

2017年3月，服务器硬盘容量由500G更换为2T，提升了网络办公效率。

五、门户网站

2007年8月，第十工程处门户网站http：//www.zm10.com以托管形式由河北伟创网络有限公司建成投入运行，界面设有"企业简介、新闻中心、党群园地、业绩展示、安全生产、附属单位、联系我们"7个模块，多层面展示企业形象。

2008年9月，为纪念建处五十周年进行了第一次改版，在保留基本框架的基础上，首页新增flash动画，调整了样板工程、党建园地、企业文化等模块设置。

2016年8月，为适应现代网站高分辨率的要求，党群工作部主办，历时两个月对门户网站进行全新改版和升级。设"企业概况、新闻中心、安全生产、施工业绩、科技创新、党群园地、企业文化、联系我们"8大板块、26个栏目，新版界面简洁美观，功能灵变，整体规划和框架设计具有扩充性，后台数据库设计更便于企业根据需要自主更新操作。同时，根据公司《因特网使用管理规定》等相关制度，制定和实施《门户网站管理办法（试行）》，明确网站栏目日常管理职责分工，完善信息发布流程和安全审查制度，进一步加强网站的日常管理。

六、视频会议

2011年11月，公司统一购置、分配宝利通Ploycom HDX7000型视频会议设备，第十工程处将机关三楼会议室改建成视频会议室。视频会议系统主要包含终端机、摄像头、电视机、投影仪等设施。

2015年12月，随着视频会议的不断增多，为满足不同规模会议需要，机关二楼大会议室改造为第二视频会议室。

随着视频会议的不断增多，多媒体会议室需求量增大，2017年12月，购置投影机、幕布、音响等设施，将机关二楼调度会议室改造成多媒体会议室。

七、远程监控

2016年11月起，根据公司《关于开展高瓦斯二三期项目安全监测监控系统远程联网的通知》，第十工程处小回沟项目部作为试点项目部，按照瓦斯监控系统联网程序和要求，配置监控主机、4G上网卡，按期完成联网工作，使公司和处两级领导以及安监、调度、工程技术等部门相关人员能够通过手机实时对项目井下瓦斯浓度进行监控。

八、网络考勤系统

2015年6月，为严明劳动纪律，强化劳动用工管理，第十工程在处机关架设考勤服务器，安装ZKNet网络考勤管理系统，为在建项目部安装了21台网络考勤机，实行全员网络电子考勤，为人力资源部实时掌握基层各单位劳动用工情况和加强劳动工资管理提供了可靠的依据。此后，根据项目的变动情况，对现场网络考勤管理设施进行动态增减。

九、综合项目管理系统

2009年3月，公司开始启动综合项目管理系统建设项目，第十工程处信息管理部积极配合，按时间、节点完成前期工作。下半年，配合公司综合项目管理系统实施小组对处机关相关部室和试点项目部进行调研。

2010年，公司综合项目管理系统根据定制进行了开发，下半年在第十工程处试点项目开始试运行。

2011年，第十工程处组织机关各部门相关人员进行了数据录入工作。

2015年，公司召开综合项目管理系统启动会议，到第十工程处机关和项目部进行调研，对业务流程、报表等系统使用中存在的问题进行了深入了解。年底，公司综合项目管理系统完成改进工作。

2016年6—7月，第十工程处先后组织280余人参加公司举办的综合项目管理系统培训，熟悉系统操作，了解业务流程，掌握业务数据录入方法。7—9月，补录完成2016年1—8月的业务数据。同时，为保障系统全面应用，按照《关于中煤第一建设有限公司应用系统数据管理办法的通知》规定，成立领导机构和实施、功能模块业务小组。根据业务分工，机关相关部室、所属各单位成功运行系统所有功能模块。

2017年上半年，第十工程处按照公司要求，组织人员参加公司机关各业务部室开展的分管业务模块二次培训和数据录入工作。

十、ERP 系统

2010 年 10 月，中煤集团把第十工程处纳入第二阶段第三批 ERP 系统财务管理平台上线单位，财务人员开始参加最终用户培训。

2010 年 11 月，第十工程处根据核算需要确定 ERP 上线方案，开始收集整理静态数据与动态数据。

2010 年 12 月，完成初期数据导入工作，ERP 系统财务管理平台正式上线，与用友系统双轨并行。

2011 年 7 月，ERP 系统财务管理平台库存模块上线，完成了材料稽核手工到系统自动稽核的转变。

2011 年 12 月，主数据管理系统上线。

2013 年 1 月，第十工程处 ERP 系统财务管理平台开始单轨运行，不再使用用友系统核算。

2013 年 12 月，ERP 系统财务管理平台薪酬模块上线。

2014 年 11 月，期末结账系统上线。

2016 年 10 月，中煤集团应用系统运维管理平台上线。

2017 年 5 月，第十工程处组织财会人员参加集团公司人力资源部、财务管理部会同中煤信息技术（北京）有限公司举办的 ERP 系统人事薪酬人工成本模块操作业务远程网络培训。

十一、BIM 技术平台

2017 年下半年，按照公司要求，第十工程处启动 BIM 系统使用的相关学习和培训工作，为 2018 年 BIM 系统投入运行奠定基础。

十二、软件应用

20 世纪 90 年代末，财务科启用用友财务软件。

2004 年，社保科启用河北省工伤系统管理软件。

2007 年，人力资源部陆续启用金碟软件、养老保险管理系统、医疗保险管理系统软件。

2010 年，财务管理部启用中煤集团 ERP 综合管理信息系统软件。

2012 年，财务管理部启用海波龙报表系统软件。

2013 年，办公室启用中煤集团档案管理系统软件，组织部启用中煤集团党建管理信息系统党员管理系统，团委启用团员管理系统模块软件。

2015 年，生产调度室启用建设集团调度信息上报系统、公司综合项目管理系统软件。

2016 年 8 月，按照集团公司要求，开展正版化软件清查工作。

第五节 节能减排

1980 年 3 月，根据武安县委和指挥部有关环境保护工作会议精神，第十工程处制定《环境保护规划》，规划企业环保宣传、植树绿化、污水排放、粉尘防治等方面的各项工作，由爱卫会兼管落实。

2008 年，根据国家发改委等 14 部委联合举办 2008 年全国节能宣传周活动的部署和中煤集团、一建公司相关要求，第十工程处印发《关于开展节能宣传周活动的通知》，紧紧围绕活动主题，以贯彻落实新修订的《节约能源法》为主线，以绿色奥运、绿色环保、科技创新、节能降耗为重点，通过多种形式宣传节能典型经验和先进实用技术，表彰在节能工作中涌现出来的先进集体和个人，曝光和查处严重浪费能源的行为。

2010 年 9 月，成立以处长为组长的节能环保工作领导小组，加强对节能环保工作的组织领导。领导小组下设办公室，办公室设在生产技术部，负责日常具体工作的组织和落实。此后，根据人事变动情况，于2011年3月和2011年6月，对节能环保工作领导小组进行了调整。

2017年4月，按照公司《节能环保管理办法（试行）》的通知，开展节能环保相关工作。

2017年8月，根据中国中煤能源集团有限公司的《关于全面贯彻落实绿色发展理念及国家节能环保政策法规的通知》，深入学习和贯彻落实习近平总书记生态文明建设重要战略思想、绿色发展理念及国家节能环保政策法规，实现绿色可持续发展。

2017年，节能减排办公室主要负责宣传和贯彻国家有关节约能源的方针政策、法规，并有针对性地开展节能宣传教育及培训工作；制定各项节能减排管理制度及计划安排，并进行考核、评比，引导合理利用能源；推广节能新技术、新产品、新工艺、新材料及节能技术改造。

第二章 职工教育培训

第一节 管理机构

1982年3月,成立职工教育培训办公室。1982年10月,成立教育科。1985年5月,撤销职工教育培训科(职工培训业务由劳动人事科负责)。1990年3月,恢复教育培训科。1995年2月,教育培训科并入党委宣传部。2006年12月,成立安全技术培训中心。2007年3月,河北省煤矿安全监察局认定第十工程处安全技术培训中心为四级煤矿安全培训机构。2010年8月,撤销安全技术培训中心,业务划归人力资源部。2015年11月,成立职工教育培训中心,业务并入人力资源部。

培训中心的主要工作是,以矿井建设施工中的从业人员职业安全教育日常管理工作为主,检查、督促各施工项目的职工安全技术培训工作,对要害工种、关键岗位人员采取集中贯彻、重点辅导、多媒体传授进行培训,对普通岗位人员采取重点辅导与自学相结合的形式开展教育培训。

2007年以来,每个项目部均建立了职工安全技术培训机制,配备2~3名培训教师,设有培训教室,配置投影仪、电视机、桌椅,配发有关煤矿安全生产的法律法规书籍、职业卫生、岗位应知应会知识手册、工程施工组织设计、施工安全技术措施、安全质量标准化考核标准、岗位工作标准、多媒体教学课件等培训教材,满足了项目部日常培训需要。目前,全处共配有专、兼职职工安全技能培训教师48人。

第二节 技能培训

1982年5月,第十工程处转发全国职工教育管理委员会、教育部、国家劳动总局、中华全国总工会、共青团中央《关于切实搞好青壮年职工文化、技术补课工作的联合通知》和教育部《关于职工初中文化补课工作若干问题的通知》,对"职工教育委员会"作出调整,组织动员职工积极参加学习,落实职工教育任务。6月,发动职工学习贯彻执行国务院发布的《矿山安全条例》《矿山安全监察条例》。

1983年5月中旬,第十工程处调整充实职工教育委员会,陆续开办了5个高中、初中文化补习班,150多人参加文化补习。

1985年9月,第十工程处成立安全培训领导机构,组织科、队级生产管理干部和专兼职安全人员190人,进行为期一个半月的业余培训,提高安全技术知识水平。

1986年5月,第十工程处开办职工初中业余文化补习班。补习班由处工会主办,5月1日开学,开设语文、数学两门课程,每晚七点至九点授课,12月底由邯郸市工农教育办考核结业。6月,成立安全培训领导小组,组织班组长和特殊工种工人,用三个月时间,采取脱产、业余、集中、分散、办班等方式,分期分批开展强制性的安全规程培训。7月,为认真贯彻执行《煤矿安全规程》(1986版),第十工程处在基层施工生产单位和处机关开办辅导班，开展为期两个月的集体学习活动。

1990年9月，第十工程处分三批次开展全面安全技术脱产培训，矿建各队、运搬队的队长和班长参加，每期20天，9月下旬开始，1991年春节前结束。

1993年4月，第十工程处印发通知，提出8项要求，组织开展《煤矿安全规程》1992版的学习贯彻活动。

1995年9月下旬至11月中旬，第十工程处对全处井下班组长、瓦检员、放炮员、井上下绞车司机、耙斗司机、信号工、把钩工、安全员进行一次系统的安全技术培训。

1996年5月，第十工程处组织全处各相关专业从业人员，用17天时间分期举办经营管理、工程技术、政治思想工作人员脱产学习班，以提高管理人员素质，增强业务能力和管理水平。同时，对处、区队两级职工安全技术培训做出规划，对待业青年就业培训做出安排。

1998年4月，第十工程处组织科级干部及以下管理人员，分批次参加在公司职工培训中心（黄粱梦技校）举办的工商管理脱产培训。组织会计人员进行全面考核，在职人员业务知识考试不及格的下岗，综合考核不及格的取消会计任职资格。

2001年12月，组织干部职工学习贯彻国家煤矿安全监察局颁布的2001版《煤矿安全规程》。

2004年12月，第十工程处开展新版《煤矿安全规程》学习贯彻活动。

2005年8月，第十工程处制定实施《青工技能提升计划》。用五年时间，通过组织技能培训、开展技能竞赛、加强技能鉴定等切实有效的工作，再培养出青年初级工500名、中级工300名、高级工50名、青年技师25名、青年高级技师5名，缓解青年技能人才短缺的状况。

2007年以来，第十工程处以年度培训计划为基础，开展培训工作。年度职工安全技术培训计划以年度施工作业计划为编制依据，培训中心按计划实施培训。项目部作为职工安全教育培训主体，根据施工作业计划落实年度职工安全培训岗位对象，按时上报公司人力资源部及公司培训中心审批备案。为加强培训工作的日常管理，第十工程处制定实施项目部培训管理及考核办法，细化职工安全培训工作内容，明确工作目标、考核标准、奖惩措施，促进职工培训工作制度化、规范化。健全职工培训台账、特殊工种台账、安全管理人员台账、入井人员台账，落实培训月报制度，项目部每月按时上报本单位从业人员的变化情况。按照安全培训教学档案建设标准，规范新工人安全培训档案，做到一人一档。建立办证学员培训信息库，统一编号，方便学员培训信息的查阅与管理。至2017年，第十工程处组织全处从业人员进行上岗、入井、准入基础培训达92275人次。

2016年5月，按照国家安全生产监督管理总局国家煤矿安全监察局《关于学习宣传贯彻新〈煤矿安全规程〉的通知》精神，第十工程处党委组织全处干部职工开展为期一个月的"学规程、保安全"系列活动。

一、新工人培训

1961年3月，潞安矿务局为使煤炭工业适应国民经济高速发展的需要，确保王庄矿年内移交生产，给第三工程处调配了479名新工人。第三工程处成立新工人教育办公室，下设教育处、总务处、调配处、医务处，将479名新工人按照营级军事组织结构进行编制，对新工人进行思想教育和业务技能培训。此后，作为国有中央企业，第十工程处始终将新工人培训作为企业发展中一项不可或缺的政治任务和重要工作来抓。

2010年之前，第十工程处新工人培训实行二级管理模式，思想教育、业务理论知识学习由劳资部门牵头组织，教育培训科、公安科等相关业务部门协助开展；实际操作技能培训由基层单位组织开展。

2010年4月起，第十工程处开始实行新工人入井前三级教育培训制度，新招聘的从业人员必须经过三级教育培训（处级、项目部、班组），未经培训考核合格，一律不得上岗作业。

处级培训。根据处年度培训计划及每月各项目部上报的培训计划，对入井人员进行72学时培训，培训结束后进行理论和实际操作考试，考试合格发放培训合格证，安排上岗作业。

项目部级培训。项目部的兼职培训教师每月按月度培训计划对职工进行72学时的岗前培训，对于转岗（转场）职工要进行不少于48学时的培训，培训结束后，将培训资料整理存档。

班组培训。项目部利用班前会，对职工进行岗位操作规程、岗位红线等方面的培训。

二、取证管理

1999年，国家经贸委发布《特种作业人员安全技术培训考核管理办法》，第十工程处开始组织特种作业人员进行培训、考核和办证工作。

2010年7月，国家安全生产监督管理总局颁布《特种作业人员安全技术培训考核管理规定》。此后，第十工程处处级领导干部依据河北煤矿安全技术培训中心及一建公司年度计划，由处培训中心联系参加河北煤矿安全技术培训中心培训考试。安全管理人员和特种作业人员依据一建公司月度培训计划，集中参加培训，保证安全取证不间断、不影响施工生产。安全管理人员和特种作业人员证件下发后，由处培训中心及时将证件扫描发到各项目部。

第三节 人才委培

为加强人才队伍建设，提升企业综合素质，2000年第十工程处开始采取校企联合办学的方式，与邯郸工程高级技工学校、河北工程学院、中国矿业大学、太原理工大学等学校开展联合办学，委培技校生和大专生。

2001—2012年，委托邯郸工程高级技工学校培养各专业毕业生384名。

2004—2007年，委托中国矿业大学培养矿建专业大专毕业生8人、矿井通风与安全专业大专毕业生13人、测绘工程大专毕业生2人、地质专业大专生5人、采矿专业大专生8人；委托河北工程大学培养矿建专业大专毕业生28人；委托太原理工大学培养矿山供电本科结业生6人。

第四节 技能评审

1997年，经中煤建设开发总公司批准，第十工程处28人晋升工人技师。

2001年7月，经煤炭工业职业技能鉴定指导中心培训，国家劳动和社会保障部职业技能鉴定中心考核，第十工程处15人获得国家职业技能鉴定井筒掘砌工等14个工种的考评员资格。8月，根据劳动和社会保障部、煤炭工业职业技能鉴定指导中心有关文件以及中煤建设集团公司《关于职业技能鉴定有关问题的通知》要求，第十工程处成立职业技能鉴定领导小组，全面负责技术工人的职业技能鉴定工作。

2003年，第十工程处6人获取2002年技师社会化考评技师（高级技师）资格；1人经中煤建设集团公司工人考核委员会高级技师评委会评审晋升为巷道掘砌高级技师；经中煤建设集团公司工人考核委员会技师评委会评审，5人晋升巷道掘砌技师，2人晋升井筒维修技师。

2005年2月，第十工程处决定聘任首批掘砌、机电、通风瓦检、车工、钳工、汽车司机等工种在岗技师13名，被聘任技师自2005年1月1日起，享受每月50元的技师津贴。

2006年9月，经煤炭工业职业技能鉴定指导中心煤炭特有工种职业技能鉴定高级考评员研修班培训考试，第十工程处7人获得锚喷工等7个专业工种的职业技能鉴定高级考评员资格。

2008年，集团公司技师考评委员会评审认定，第十工程处3人晋升技师资格。

2009年，执行中煤集团《技能人才工作评价实施细则》，从组织领导、鉴定管理、报名以及后期管理、政策支持等方面对技能鉴定工作做出了规定。初、中高级工职业技能鉴定，由处收集资料报公司进行鉴定；技师、高级技师职业技能鉴定，由处通过中煤集团人才评价系统进行网上报名并上传相关鉴定资料，中煤集团进行理论和实操的鉴定考试。经中煤集团高级技师、技师考评委员会综合评审，第十工程处1人晋升高级技师，11人晋升技师。

2012年，经中煤集团高级技师、技师考评委员会综合评审，第十工程处1人升高级技师，3人晋升技师。

2013年，经集团公司高级技师、技师考评委员会综合评审，报煤炭工业职业技能鉴定中心核准，1人获得煤炭行业特有工种高级技师职业资格，8人获得煤炭行业特有工种技师职业资格。

2014年，中煤集团公布2014年晋升高级技师、技师国家职业资格人员名单，第十工程处4人获得煤炭行业特有工种高级技师（一级）职业资格，2人获得煤炭行业特有工种技师（二级）职业资格。

2015年，经中煤集团高级技师、技师考评委员会综合评审，第十工程处1人晋升技师。

2016年，经中煤集团高级技师、技师考评委员会综合评审，第十工程处6人晋升高级技师，4人晋升技师。

第三章 职工子弟教育

第一节 子弟学校

1962—1964年,第十工程处根据职工子弟的分布情况和当时的办学条件,分别在山西潞安王庄新工地和襄垣家属院建立两所职工子弟学校,王庄新工地学校开办小学和初中,襄垣家属院学校开办小学,教学业务均由潞安矿务局教育部门指导。1967年2月,第十工程处奉调四川渡口(现攀枝花市),将两所职工子弟学校划归"山西留守处"管理。

1970年11月,为解决四川省攀枝花矿区驻地职工子弟上学问题,在大宝顶煤矿建设工地建立职工子弟小学,教学业务由渡口第四指挥部教育部门指导。

1973年7月,第十工程处奉调河北省邯郸市,大宝顶驻地子弟小学解散,250多名职工子弟分散就读于武安、邯郸两县十一所中小学校。

1975年6月,第十工程处在武安家属基地建起一座拥有两栋三层教学楼和一个"足球、篮球、操场一体化"的运动场、占地面积6181.39平方米的子弟学校。学校设置中、小学教研组,教学业务由邯郸市教委指导。学校设有图书阅览室,配备物理、化学、生物实验用品和足球、篮球、乒乓球等体育器材。中学段开设政治、语文、数学、物理、化学、外语、生物、历史、地理、音乐、美术、体育等课程。小学开设语文、算术、音乐、体育、图画、常识等课程。同年9月,子弟学校开学,分散在外就读的学生全部返回就读。

1976年6月,山西留守处撤销,管理的襄垣和王庄两所子弟学校并入武安子弟学校。

1984年7月,第十工程处推行分配制度改革,制定《联职联责奖励试行办法》,学校实行学期奖。

1985年,第十工程处职工子弟学校初中升学考试总平均分,在公司所属子弟学校中位列第二。1986年,初中班11人参加中专考试,9人被录取,其余被职中录取;24人参加中考,23人被录取,升学率为96%;小学毕业生18名,经邯郸市统考全部升入初中。10月,第十工程处投入2.4万元经费,为学校增加课桌,配备录音机、电视机、放像机等教学器材。

1987年3月,为解决常村驻地的职工子弟就学问题,第十工程处借用常村矿现有楼房和场地,在其家属院开办常村子弟小学,并从职工子弟中招聘了一批专职小学教师。9月1日,常村子弟小学正式开学,开办幼儿班1个、小学班级6个。当年,武安子弟学校从整顿校风校纪入手,33名教师狠抓教学质量,精心教书育人,使初中、小学的升学率分别达到了96.3%、95.7%,初中毕业班的总分位列公司第二名。

1988年,常村子弟学校在校区搭建五栋活动板房,增设3个初中班级,在职教师17名,在校学生300余名。

1989年,聘用中学二级教师1名,中学三级教师12名,两所学校的师资力量得到加强。

1990年，第十工程处两所子弟学校中，具备教育系列中学高级教师任职资格2人，具备中学一级教师任职资格10人，具备小学高级教师任职资格9人，具备中学二级教师任职资格8人，具备中学三级教师任职资格15人，具备小学一级教师任职资格8人，具备小学二级教师任职资格2人。

1991年8月，邯郸市教委副主任张镐先后到第十工程处武安和常村子弟学校调研，对第十工程处自主办学所取得的成效给予了很高的评价，并组织邯郸市重点中学校长在第十工程处机关召开"邯郸市中学教学研讨会"，第十工程处在会上做了经验交流。

1993年，第十工程处实施"三项制度改革"，对两所学校的经营承包办法做了修改和补充，核定工资总额、奖金基数；允许对外招学生收取学费，多收多留，分成上交；教职员工收入与教学质量挂钩，实行奖罚。

1995年，在第五届全国初中应用物理和应用化学知识竞赛中，第十工程处武安子弟学校初中学生许多健、吴同剑，分别获得全国三等奖和河北赛区二等奖。

1996年，在第六届全国初中应用物理知识竞赛中，武安子弟学校初中3名学生分别荣获全国第二名、全国二等奖和三等奖。武安子弟学校外语中考总成绩荣获公司系统第一名，常村子弟学校小升初语文总成绩荣获公司系统第二名。

1997年，第十工程处机关搬迁至武安基地，常村子弟学校撤销，并入武安子弟学校。合并后的武安学校，设立1个小学教研组、2个初中教研组，开办1个幼儿班、6个小学班级、6个初中班。10月，第十工程处为改善教师队伍结构，提高教师队伍整体素质，提高教学质量和学校的社会竞争力，对子弟学校领导班子、教师队伍、校规校纪进行整顿。12月，制定《职工子弟学校经费核定、入学收费扩补贴发放管理办法》，核定教职员工岗位人数和工资水平，对教职员工工资、学校办公费、差旅费、书报费、会议费、水电费、教具费及其他零星杂费进行包干（学校一次性购置教学仪器和教学用具费用不列入包干范围）；每学期按照考核与奖罚标准对教学质量进行考核奖惩。

2002年，为适应市场经济需要，第十工程处进一步放宽学校的自主经营权，允许学校淘汰不合格教师，外聘优秀教师补充师资力量，广招社会生源，增加收入；改革学校经费管理模式，将企业核拨教育经费改为学校按规定标准向学生收取学费和教育经费，符合第十工程处规定条件的学生，由第十工程处报销教育经费。

1999—2005年，子弟学校有4名教师晋升中教一级、4名教师晋升中教二级、2名教师晋升中教三级、2名教师晋升小学高教、2名教师晋升小学一级、6名教师晋升小学二级、7名教师晋升小学三级专业技术职务任职资格。

2006年5月，根据第二批中央企业分离办社会职能机构移交地方管理的有关规定和公司的安排部署，第十工程处将职工子弟学校人员和资产移交武安市教育局管理。

第二节 幼儿教育

为解决职工子女入托，解除一线职工的后顾之忧，第十工程处单位调迁到哪里，托儿所就开办在哪里。潞安建设期间，托儿所设在王庄煤矿新工地。1967年，调迁四川省渡口市（攀枝花市），托儿所设在大宝顶煤矿建设工地。1974年，调迁河北省邯郸市，托儿所设在武安县家属基地，归行政科管理，首批入托儿童25名。1982年8月，调迁山西潞安承建王庄煤矿扩建工程，武安家属基地托儿所划归留守处管理。1983年上半年，为满足驻地职工需要，在王庄开办了十处托儿所。1987年，承接国家"七五"重点工程潞安矿务局常村煤矿建设工程，王庄十处托儿所随处机关搬迁到常村驻地，划归常村职工子弟学校管理。1997年，常村煤矿建成移交，常村托儿所搬迁回河北邯郸并入武安家属基地托儿所。

1979年以前，第十工程处托儿所设施简陋，配置简单，入托幼儿少。保教人员基本上是职工家属，文化水平低，大多为小学文化，平均年龄在40岁左右，人数根据幼儿入托情况调整配备，少则三四名，多则七八名。幼儿教育由托儿所根据自身实际自主安排，基本以看护为主。

1979年，中共中央、国务院转发《全国托幼工作会议纪要》的通知后，第十工程处开始调整保教人员，将职工家属换成正式职工，并组织相关业务培训，添置了一些基础设施。

1983年，武安家属基地托儿所和王庄驻地托儿所配备了专职幼儿教师，添置了玩具、书画、乐器等，改善了幼儿入托条件。

1985年，王庄驻地托儿所增添教室，实行日托。

1986年，为提高幼儿教育质量，两个托儿所均添置了手风琴、钢琴等器材。

1987年，常村托儿所由日托改为全托，增添了滑梯、马头秋千，小木椅等设施。

1991年，为进一步加强幼儿教育工作，第十工程处招收幼儿教师毕业生5名，幼教队伍整体素质有了很大的提高。此后，按照教育部《幼儿园教育纲要（试行草案）》规定，开始对3至6岁的幼儿进行学龄前教育，使幼儿教育逐步走向正轨。开设识字、计算、体育、美术、音乐、舞蹈等课程，向幼儿进行初步的五爱教育（爱祖国、爱人民、爱劳动、爱科学、爱护公共财物），培养幼儿诚实、勇敢、团结、友爱、活泼、守纪律、有礼貌的优良品德、文明行为和习惯；传授粗浅的社会常识和自然常识，开发幼儿的注意力、观察力、记忆力、想象力，引发幼儿的口头语言表达能力、思维能力，培养幼儿对学习的兴趣和良好的学习习惯；教给幼儿音乐、美术、舞蹈方面粗浅常识和技能，引导幼儿对艺术的爱好。

1997年，托儿所并入职工子弟学校。

2006年，托儿所随职工子弟学校移交武安市教委。

第六篇　企业文化与职工生活

建处六十年来，第十工程处忠诚党的领导，牢记央企使命，克服野外流动施工的艰苦条件，结合时代发展需要和自身特点，不断提高职工生活水平，开展企业文化活动，探索企业文化建设，丰富和发展企业文化的概念与内涵，逐步形成了弘扬"爱国、敬业、求实、奉献"企业精神，信守"讲诚信、谋效益、重人本、求和谐"核心理念，奉行"恪尽职守、办事高效、运转协调、管理规范、从严治企、清正廉洁"企业作风，崇尚"爱祖国、爱企业、尊法规、守纪律、爱岗位、尽职守、勤学习、善创新、讲协作、争一流、树文明、讲公德"行为规范，树立"使命意识、责任意识、创新意识、忧患意识、团队意识、品牌意识"六种意识，遵循"高起点、高目标、高质量、高效率、高效益"五高标准，坚持"生产规模化、技术装备现代化、队伍专业化、管理手段信息化"四化要求的独具中煤特色的企业"和"文化，为推进企业持续健康发展、开创职工幸福美好生活提供不竭的精神动力。

第一章　企　业　文　化

第一节　职工思想教育

1961年3月，潞安矿务局第三工程处成立新工人教育办公室，抽调国家干部32名、老工人57名，加强对新工人的思想教育和学习辅导。

1964年，潞安矿务局建井工程公司开展以"大兴石圪节矿风"为主题的"比、学、赶、帮"运动。

1974年，中共邯郸市委授予第十工程处范兴文"大干社会主义钢铁硬汉"光荣称号，全处掀起学习"钢铁硬汉"范兴文热潮。

1975年，举办政治夜校、短期脱产培训班14期，党、工、团员和干部参加人数678人。

1976年，第十工程处成立中心学习小组34个、业余学习小组212个，2300余人参加了《毛泽东选集》的学习活动。

1977年，第十工程处深入开展"学大庆、赶开滦"大干社会主义和"学雷锋、树新风"弘扬共产主义理想信念活动。

1978年1月，第十工程处革命委员会在春节期间广泛开展拥军优属、拥政爱民活动。

1979年5月，根据上级党委的统一部署，第十工程处党委从5月中旬开始，用三个月左右时间，开展坚持"四项基本原则"的宣传教育活动。12月，第十工程处党委决定，用春节前后二、三个月的时间，在全处范围内进行一次工农联盟教育，通过加强工农联盟教育、组织工农联欢会、组织支农小分队下农村等六个方面的活动，进一步搞好工农关系，促进工农联盟，发展工农业生产，确保陶二矿如期建成。

1980年8月，第十工程处转发煤炭部部长高扬文在全国总工会第三次会议上的讲话《煤炭生产必须坚持安全第一的方针》，深入开展学习贯彻活动。

1981年7月14日，第十工程处党委根据中央22号文件精神和指挥部党委的要求，对组织全处党员、干部和职工群众学习《关于建国以来党的若干历史问题的决议》提出四项具体安排意见。

1982年6月，第十工程处发动职工学习、贯彻国务院《矿山安全条例》《矿山安全监察条例》。

1983年5月，第十工程处开展向英模人物张海迪、朱伯儒、罗健夫、蒋筑英学习，向处先进人物李增德、姚文兰学习和"学雷锋、树新风""五讲四美三热爱"等活动，加强职工政治思想教育，深入开展精神文明建设。

1985年5月，第十工程处党委制定规划，三年内在全处职工中普及法律常识。6月，在全处党员和职工中启动理想和纪律教育，宣传部主抓，处工会、团委、公安、武装、劳人等科室协同配合。

1987年，推行思想政治工作目标化管理，政工科室、政工人员制定思想政治工作责任目标，并把责任目标进行量化，定期开展检查评比。

1988年8月，一建公司在十处召开思想政治工作目标化管理经验介绍会，向全公司推广十处目标化管理工作经验。

1990年6月，第十工程处组织机厂、安装队、机电队、土建队的木工、瓦工、抹灰工、气焊工、电焊工开展技术比武活动，选拔选手参加公司在第十工程处举办的"技术状元"大赛，推动职工技术素质提升。

1991年5月，为响应邯郸市政府号召，加快河北省残疾人康复和职业教育培训中心的建设，发展残疾人事业，第十工程处组织开展群众性募捐活动，募集上缴捐款16888元。

1992年7月，利用黑板报、有线广播等方式，学习、宣传、贯彻《代表法》《工会法》《妇女权益保障法》《未成年人保护法》《归侨眷保护法》五部法律。

1996年4月，在全处范围内实施法制宣传教育第三个五年规划，重点学习以宪法为核心的基本法律法规和社会主义市场经济法律法规。

1996年7月，第十工程处开展向"见义勇为的优秀共青团员"——寺河项目部综合队机电工魏宏胜同志学习活动。

1998年8月，第十工程处党委印发《关于贯彻实施〈中煤建设集团职工岗位职业道德规范〉的通知》，开展职业道德教育，落实职业道德规范。

1997年9月，第十工程处行政和工会制定四项措施，学习贯彻煤炭部和全国总工会赋予的煤矿工人安全生产十项权力。

1998年11月，为贯彻落实公司《关于1998年至2000年依法治企工作规划》，全面推进法制建设的各项工作，第十工程处成立以党委书记为组长的依法治企领导小组。

2001年8月，为提高全体职工的法律意识和法律素质，全面实施"四五"普法规划，成立普法领导小组和普法领导小组办公室，开展普法活动。

2002年8月，按照国家安全生产监督管理局、国家煤炭安全监察局印发的《中华人民共和国安全生产法》宣传提纲的要求，第十工程处结合实际，利用广播、黑板报、标语、班前安全会、周一安全活动等形式，广泛开展《中华人民共和国安全生产法》的学习宣传。

2007年9月7日，第十工程处启动在全处矿建单位开展评选"王牌职工"活动。2007—2009年每年评选一次，以后每两年评选一次。被评定为"王牌职工"的人员，合同期内享受3000元/年的特殊奖励。

2008年10月，组织开展向冯理达学习活动。

2010年6月，第十工程处党委组织开展向张雅东、乔宇、吴友良、王学平、张元泽等中煤集团五位全国劳模学习的"宣传劳模事迹，弘扬劳模精神"主题实践活动。

2011年5月，第十工程处党委开展向航天人孙家栋学习活动，倡导尊重劳动、尊重知识、尊重人才、尊重创造，培养青年创新人才，实施科技创新战略，推动企业转型升级。

2013年3月，第十工程处在全处组织开展学习宣传"中煤愿景、中煤使命、中煤精神、中煤核心价值观"等中煤集团企业文化理念活动。

2014年12月，第十工程处组织开展新修订《中华人民共和国安全生产法》学习贯彻活动。

2015年以来，第十工程处根据开办"道德讲堂"，大力宣传企业道德模范、先进典型，弘扬道德精神，汇聚道德力量，以道德建设推进企业发展。开展"一建故事"征集活动，集中宣传资源，全力报道广大干部职工积极投身企业发展的生动实践，着力打造自信一建、诚信一建、善行一建、和谐一建，展示职工团结奋进、艰苦奋斗、开拓创新的精神风貌。

2016年3月，第十工程处印发《开展形势任务教育活动实施方案》，抓好"四讲"，增强"四个意识"，引导干部职工认清形势、坚定信心、凝聚力量、共克时艰。6月，利用"中煤一建十处"微信公众号平台，组织职工投票评选2016年度"优秀大学毕业生"。

2017年7月，组织广大干部职工采取多种形式观看十集大型政论专题片《将改革进行到底》。

8月，组织开展以"明形势、定措施，直面问题，坚定信心促发展"为主题的"领导干部上讲台"形势任务教育活动。

第二节 企业文化宣传

一、对外宣传报道

20世纪80年代以来，围绕企业改革发展中心任务，积极组织稿件向《中国煤炭报》《山西日报》《河北工人报》《中煤能源》《中国中煤》《中国安全生产报》《中国煤炭新闻网》《邯郸日报》《长治日报》《潞安矿报》《煤炭建设报》《中煤一建》等中央级、省部级、地市级、局级报刊投稿，提升企业知名度。

1991年8月27日，第十工程处采用"井外组立，整体平移"工艺安装常村煤矿主井箱式井架，中央电视台、山西电视台、河北电视台、邯郸电视台等多家新闻媒体进行了现场报道。

2003年，第十工程处被国家级报刊采用稿件12篇，被省级报刊采用稿件10篇，被市级报刊采用稿件12篇，被公司报刊采用稿件5篇。

2004年，《中国煤炭报》刊登《职工全员培训有声有色》《一本日记保安全、梧桐庄项目部连续5年生产零事故》两篇文章，对第十工程处沙曲项目部开展职工技能培训和梧桐庄项目部推行全员安全日志的做法进行了报道。

2005年，《中煤十处建成流动培训站》在《中国安全生产报》刊登，《中煤十处同断面立井施工获美誉》《中煤十处亲人语音提示促安全》《中煤十处当措并举抓安全》《中煤十处安全文化入人心》等文章在《中国煤炭报》刊登，《中煤十处创立井施工山西之最》在《山西日报》刊登。

2008年，以"强化机制求发展，共

建和谐创未来"为题,记全国煤炭行业(部级)等级处、河北省AAA级劳动关系和谐企业中煤第一建设公司第十工程处,在《河北工人报》第4版发表。

2009年,在市级以上各类媒体发表稿件68篇。

2013年,《为叫响品牌工程开足马力——第十工程处小回沟项目部筹建纪实》在《中国中煤》报发表。"中央企业劳动模范"郭爱国事迹编入《中国梦劳动美——中央企业劳动模范风采录》。

2014年,市级以上报刊发表第十工程处新闻稿件16篇中的《真管真有效——把党管安全落实到岗位》《唱好作风建设"三部曲"》等12篇稿件被《中国煤炭报》采用。《党建标准化助力企业发展——一建第十工程处党委推进党支部标准化建设重实效》等4篇稿件被《中煤能源》杂志采用。

2015年,市级以上报刊发表第十工程处新闻稿件28篇。其中,《中煤集团第一建设公司十处经营减法"减"出效益》《迈步式吊盘提升深立井施工技术水平》等4篇稿件被《中国煤炭报》采用,《夯实基础,强基固本——记集团公司"先进基层党组织"一建公司第十工程处党委》《敢啃立井施工"硬骨头"——国家863计划项目"迈步式吊盘"工业性试验现场成功预验收》以及篆刻作品《以人为本安全为天》、"五四"活动图片新闻等23篇稿件被《中国中煤》采用,《小班组做好大文章——一建公司十处斜沟项目部班组建设效果显著》被《中煤能源》杂志采用。

2016年,市级以上报刊发表第十工程处新闻稿件29篇。其中,《中煤一建十处开展形势教育》等2篇稿件被《中国煤炭报》采用,《煤海演绎精彩人生——记集团公司先进工作者、一建公司十处门克庆项目经理张卫堂》《一建公司第十工程处"三个全覆盖"加强党风廉政建设》《建精品、树新高、创实效——一建公司十处韩咀项目部荣获煤炭行业最高奖"太阳杯"》《掘锚队的一匹黑马——记2016年邯郸市劳模何银林》等25篇稿件被《中国中煤》采用,《中煤一建十处深化安全文化建设》等2篇稿件被《邯郸日报》采用。

2017年,第十工程处在《中煤一建》发表稿件89篇,在《中国煤炭新闻网》发表稿件89篇,在市级以上报刊发表新闻稿件26篇。其中,《中国中煤》发表16篇,《邯郸日报》发表9篇,《矿建一骁将》被《中国煤炭报》采用。

二、对外形象宣传

1991年,第十工程处编印第一版企业宣传画册,从企业简介、施工装备、工程施工、精神文明建设四个方面展示企业形象。至2015年,先后编印了1993、2005、2010、2013和2015五个版本,各个版本在版块设置上均有所调整,内容上不断更新。2015版画册分企业简介、企业荣誉、施工装备、工程业绩四大板块,用115幅图片、2章图表配合文字反映近年来井巷工程和机电安装工程施工的主要成就,展示企业的综合施工能力。

1999年,第十工程处拍摄《坑口明珠》纪录片一部,记录第十工程处在高瓦斯双突矿井晋城矿务局寺河煤矿西部回风立井施工中,科学开发,合理利用,建成瓦斯发电站,消除安全危害,解决现场供电方面所取得的创新成果。

2008年6月,拍摄《全国最大井径黄玉川项目施工展示》宣传片一部,展示第十工程处在内蒙古神华亿利能源有限公司黄玉川煤矿副立井(净直径9.2米,井深376米)施工中,取得月成井118.5米,创第十三批中国企业新纪录的夺目风采。

2012年，为规范使用中煤集团形象视觉识别系统，树立良好的窗口形象，第十工程处制定实施《工地形象建设基本规范》，对项目部工地环境规划、基础设施建设、企业标识应用、职工行为等方面提出具体标准。2015年5月，对《工地形象建设基本规范》进行了修订。新《工地形象建设基本规范》要求项目部在施工区、办公区、生活区、宣传阵地的规划和建设上，坚持中煤集团高起点、高目标、高质量、高效率、高效益的"五高标准"，统筹布置，整体视觉色调上以蓝白为主，国旗、司旗、彩旗、司徽统一规格，集团文化理念宣传标牌统一设计，职工行为规范化管理，全面塑造中煤集团企业形象。

第三节 职工文体活动

一、文化设施建设

受流动施工的特性制约，第十工程处始终没有建设永久性的文化娱乐活动场所。1978年以前，第十工程处举办的重大文体活动都是在露天场所进行，主要有文艺演出、体育运动会、露天电影等内容，处工会配备电影放映机和音响设备，文艺演出和露天电影一般都是在工地搭建临时露天舞台，职工看电影、看演出均自带凳子观看。1978年7月，陶二煤矿俱乐部建成，第十工程处工会接管使用，文艺活动有了正规的活动场所。

常村矿井建设时期，第十工程处在工地搭建了一座临时舞台，用活动帐篷建起了图书阅览室和乒乓球活动室，修建了简易灯光篮球场、羽毛球和排球活动场地，为工地职工丰富业余生活创造了条件。常村矿井移交后，第十工程处由集中施工转入分散施工，各基层施工单位根据工地条件普遍建有小型职工活动室、电视室等场所，购置电视机、卡拉OK机、音响、台球桌等设施器材。

2006年，第十工程处投资100余万元建成武安基地文化广场，设有露天舞台、凉亭、长廊、灯光篮球场及户外健身器材等场所及设施，建设面积3643平方米，绿化面积838平方米，成为企业组织大型活动和职工及家属休闲娱乐活动的重要场所。处工会加大力度开展"职工之家"创建活动，投入10余万元，为基层各单位工会配备了数码相机，分发4000余册各类图书，建起了工地图书室；在处机关建起了面积近200平方米，内设乒乓球台、乒乓球自动发球机、跑步机、综合健身器材等设施的职工体育活动室，收藏各类图书3000余册的图书阅览室。

2011年7月，第十工程处机关由武安搬迁至邯郸，因场地受限，体育活动室和图书阅览室未能再建。

二、文艺队伍与文化活动

1969年，第十工程处抽调文艺骨干组建业余"毛泽东思想文艺宣传队"。之后，在陶二矿井、常村矿井建设期间，第十工程处工会先后两次成立职工业余文艺宣传队。每逢重大节日期间，宣传队自编歌舞、曲艺节目，到各工地为职工巡回慰问演出，深受群众喜爱。

1981年6月，第十工程处党委组织开展纪念建党六十周年系列活动。

1984年9—10月，第十工程处党委广泛开展"歌颂伟大祖国"读书演讲会、庆祝建国三十五周年有奖征文、"为四化做贡献"处史展、"第二届职工书法、美术、摄影展"、文艺汇演等群众性的宣传、教育、文化、体育系列活动，隆重庆祝建国三十五周年。

1986年，第十工程处业余文艺宣传队到武安基地、漳泽电厂、王庄西风井、古交工地等现场为职工进行慰问演出。参加公司文艺汇演，荣获第一名。

1987年7月，第十工程处在常村矿举办首届职工"消夏晚会"群众性系列活动，包括职工文艺汇演、职工篮球赛、乒乓球赛、羽毛球赛、排球赛、象棋赛、围棋赛、露天电影、安全知识竞赛、演讲赛、家庭音乐会、趣味娱乐活动等形式和内容，历时3个月。至1996年，"消夏晚会"系列活动每年一届，共举办10届。

1990年7月，第十工程处在"消夏晚会"会场举办首届"质量杯"知识竞赛，竞赛内容包括工程质量、文明施工、计量工作三部分，14个矿建队选派42名代表队员参加竞赛，近千名职工家属现场观看比赛。8月，举办第二届安全知识擂台赛，各矿建队、机运队、安装队、通风队组建18个代表队参赛。9月，根据河北省煤炭行业工业企业管理知识竞赛活动的通知和公司有关安排，第十工程处组建5个参赛小组开展竞赛，选拔参加公司选拔赛的选手。10月，第十工程处荣获河北省煤炭工业厅、河北省煤炭企协"河北省煤炭工业企业'万年杯'管理知识竞赛优秀奖"。

1992年9月，第十工程处举办第三届安全质量杯知识竞赛，各矿建队、安装队、通风队、常村机运队、土建队，选拔队干部、班长、工人各一人组队参赛，推动安全季活动和质量标准实施的深入进行，提高职工安全素质。

1994年，第十工程处首次在元宵节期间，组织举办焰火晚会和秧歌、高跷、舞狮、舞龙、跑旱船等民间传统节目到基层和兄弟单位进行巡回演出，欢度元宵佳节。2015年，因地方政府严禁燃放烟花爆竹，此项活动取消。

1999年，第十工程处开展"国庆五十周年书法、绘画、摄影展评"、知识竞赛、征文、老干部座谈会、"颂国庆演讲比赛"、国庆报告会、民兵国防知识竞赛等活动，庆祝建国五十周年。

2001年4月，开展"党建杯"党的知识竞赛和《我身边的共产党员》征文活动，庆祝中国共产党成立80周年。

2005年9月，为配合"百日安全"活动的深入开展，处团委组织业余文艺小分队，围绕安全生产主题，精心编排小品、歌舞、演讲等节目，赴吴桂桥、下霍等项目部进行演出，得到工地职工的好评。

2006年9月，第十工程处举办迎国庆暨文化广场落成庆祝晚会，第三十一工程处职工业余文艺演出队精选歌舞、乐器演奏、快板书共4个节目，与第十工程处职工同台演出。

2007年6月，第十工程处团委、工会、宣传部、安监处四个部门联合举办首届"青安杯"安全生产知识竞赛，9个项目部的260余人参加预赛，6个代表队参加决赛。9月，举办国庆职工文艺汇演，来自武安片区各单位和机关编排的歌舞、戏曲、相声、武术等20个节目参加演出。

2008年7月，第十工程处开展普法知识竞赛，2898名干部职工参加活动。9月，第十工程处举办庆祝建国59周年和"展示风采，凝心聚力"建处50周年主题系列庆典活动，摄制反映企业50年发展史的大型纪录片《足迹》一部，编印《峥嵘岁月》发展纪实书籍一部，谱写《我们是光荣的煤建工人》处歌一首，举办"创业者之歌"大型职工文艺晚会一场，在机关楼门厅安装了LED电子屏一块，组织了威风锣鼓表演一场，举办以"美好明天"为主题的诗歌朗诵会一场，召开老干部、市级以上劳模、上级领导、业主、地方政府部门领导参加的座谈会一次，为全处职工每人发放镌刻"建处50周年纪念"字样的电子手表一块。12月

22日，中煤一建公司在邯郸市工人文化宫举办"庆祝改革开放30周年歌咏比赛"，第十工程处组织由100名职工组成的合唱团参加演出，荣获二等奖。

2009年5月，启动"2009年科技活动周"活动，内容包括在沙曲第二项目部举办的"高瓦斯矿井安全管理知识讲座"、在麻家梁项目部举办的"超大井径立井施工工法讲座"、在黄玉川项目部举办的"煤岩巷机械化快速施工法讲座"、在家属基地举办的"科学生活、拥抱健康"知识讲座、在全处开展"五小成果"征集、群众性科技知识答题活动。9月，第十工程处举办职工文艺汇演，庆祝新中国成立60周年。

2010年6月，第十工程处工会举办安全主题鞋垫刺绣作品展活动，发动女工和家属为一线职工绣安全主题鞋垫500余双。9月26日，第十工程处在武安基地文化广场举办"爱国爱企、凝心聚力"庆祝建国61周年职工文艺汇演。10月，举办"振奋精神促转型"庆祝建国61周年职工书法摄影展。12月，第十工程处参加邯郸市总工会主办的"我工作，我快乐"演讲比赛，获三等奖。

2011年起，每年元旦期间，第十工程处在机关举办迎新年茶话会。

2012年3月，第十工程处抽调文艺骨干参加公司"警示三月行"安全文艺小分队，到山西、内蒙古等工地进行巡回演出。至2014年，第十工程处连续三年组织文艺骨干编排大型歌舞节目，参加公司举办的职工文艺汇演活动。

2014年3月，根据全国总工会《关于开展全国职工安全卫生知识普及教育和学习竞赛活动的通知》精神，组织全处职工开展《班组管理安全卫生知识教材》学习和"安康杯"安全卫生知识答题竞赛活动。

2015年10月，第十工程处工会以"安全生产、平安是福"为主题，举办"展巾帼才艺，表安全心声"剪纸作品展，展出剪纸作品43幅，多幅作品在公司获奖。11月，公司在第十工程处门克庆项目部举办"百日安全"活动安全知识竞赛，8支代表队24名选手参加竞赛，第十工程处代表队门克庆项目部获第一名。

2016年7月，第十工程处工会举办职工书法、美术、摄影作品展，展出职工书法、美术、摄影、剪纸、篆刻等作品200余幅。

2017年4月，成立处志编纂委员会，设立编纂办公室，启动《中煤一建公司第十工程处志（1958—2017）》修志工作。6月，举办"安全在我心中"演讲比赛。11月，举办"安康杯"安全生产知识竞赛活动，9支代表队、27人参加。

三、职工体育活动

常村矿井建设期间，第十工程处工会抓住职工队伍集中、有利于开展大型化、正规化、常态化职工体育活动的良好时机，自1986年起，每隔两年举办一次"庆五一"职工田径运动会，共举办5届。运动会设有男女100米、4×400米、1500米、跳高、跳远、铁饼、铅球、标枪等田径运动项目。每年重大节日期间，组织开展篮球、乒乓球、羽毛球、排球等职工友谊赛。20世纪90年代初期，随着群众性健身活动的兴起，处工会和团委还举办了交谊舞培训班，利用业余时间开展培训活动。

1997年之后，第十工程处职工体育活动的开展方式逐渐转变为小规模和分散型。处机关和基层单位，每年五一劳动节期间，都要因地制宜地举办各类体育活动，包括拔河、象棋、围棋、羽毛球、乒乓球、跳绳、长跑等项目，激发广大职工参与体育锻炼的热情，推进企业全民健身活动的开展。

2012年2月，中国煤矿体育协会授予第十工程处"2011年全民健身活动先进单位"称号，并授予"2011年全民健身活动优秀组织奖"。

2017年9月，组队参加中煤建设集团"中煤杯"游泳赛，获得男子组蛙泳200米项目亚军、男女混合接力项目冠军。

第二章　生活福利与医疗卫生

第一节　生活福利

一、管理机构

1958年11月，建井三队设福利科，负责后勤管理工作。

1966年1月，第十工程处设行政科，负责职工生活和后勤管理。

1967年，第十工程调迁四川，设立山西留守处，负责留守王庄新工地和襄垣家属区458名职工和家属的生活管理。

1968年，成立后勤组，负责大宝顶矿区驻地的后勤服务和管理工作。

1974—1982年，后勤保障和服务工作由行政科负责，管理武安基地生活区、粮站、商店、招待所和陶二工地的"两堂一舍"。

1976年，山西留守处撤销。

1982年8月，成立留守处，负责武安家属基地管理；行政科随处调迁潞安，负责驻地"两堂一室"管理和后勤保障工作。

1993年4月至2012年，第十工程处实施数次机构改革，常村驻地和武安基地的后勤保障和服务工作，先后由生活服务公司、留守处、后勤服务部、物业管理中心、后勤管理部、后勤管理服务中心、武安后勤中心负责。

2010年11月，第六十三工程处与第十工程处整合，原六十三处管理的邯郸岭北生活基地和峰峰生活基地划归第十工程处，邯郸后勤中心和峰峰后勤中心分别负责岭北基地和峰峰基地的后勤保障和服务工作。

2012年7月，武安、岭北、峰峰三个基地及后勤物业单位的资产、人员、业务全部划转移交中煤一建公司物业服务公司统一管理。

自1994年以来，第十工程处所属各施工单位（工区、项目部）驻地的后勤保障和服务工作，均由项目部（工区）党组织负责人负责管理。

二、生活基地建设

1974年10月，经上级机关及武安县革命委员会批准，第十工程处征用位于武安县城西邯长公路（邯郸至长治）公路北侧的，一块隶属于城关公社一街大队的84.6亩土地，建设职工生活基地。当年，基地围墙、学校校舍、住宅楼、锅炉房、变电所、水塔等建筑工程陆续开工。

1975年9月，占地面积6181.39平方米，拥有两栋三层砖混结构的教学楼、一个综合运动场的子弟学校校园，建成并投入使用。10月，1号、2号、8号住宅楼交付使用。

1976年，4号、5号、7号、13号住宅楼交付使用。

1978—1979年，为增加砖混结构住宅楼的抗震性，采用楼外包钢筋混凝土梁柱框架，横向以防腐钢筋穿墙、花篮螺栓拉结紧固的加固技术，对1号、2号、4号、5号、7号、8号、13号住宅楼实施加固。

1981—1983年，3号、12号、6号、11号住宅楼先后建成交付使用。

1992年12月，9号、10号、14号、15号住宅楼交付使用。

1993年，16号、17号、18号住宅楼和1号、2号单身职工宿舍楼（2号为机关办公和职工医院楼）开工。16号、17号、18号住宅楼建筑面积9128平方米，可供153户家庭居住。1号宿舍楼建筑面积3228平方米，2号宿舍楼6670.18平方米（机关办公区建筑面积5273.9平方米，职工医院区建筑面积1396.28平方米）。

1994年10月，16号、17号、18号住宅楼和1号单身职工宿舍楼交付使用。

1995年12月，2号宿舍楼职工医院区交付使用。

2001年7月，经公司同意，职工集资建设的19号、20号住宅楼开工；2003年8月交付使用，建筑面积共计7200平方米。

2003年1月，第十工程处颁布21号住宅楼集资方案，并开工建设。21号住宅楼为分体组合楼，在4号、5号、6号住宅楼基础上，各楼东侧加建一个单元，每个单元五层，4号楼一梯两户，5号、6号楼一梯三户，共40户，总建筑面积2561.6平方米，均价760元/平方米。2004年6月，21号住宅楼交付使用。10月，2号宿舍楼机关办公区交付使用。

2005年，第十工程处投资600余万元，启动武安家属基地并入武安市集中供暖网络系统改造。

2006年9月，投资100余万元修建的文化广场投入使用。文化广场坐落于家属院南区，建设面积3643平方米，绿化面积838平方米，建有露天舞台、凉亭、长廊、灯光篮球场，设有多种户外健身器材，成为企业组织举办大型活动和居民休闲娱乐活动的重要场所。

2008年7月，响应武安市"三年大变样"号召，落实"拆墙透绿"工作部署，第十工程处投资47.76万元，完成47间临建房拆除、32户临建房住户安置、300米铁艺围墙围栏的修建任务。12月，投资344.12万元，完成武安基地生活区城市集中供暖改造。

2009年，投资155万元，对基地家属院进行绿化改造、道路硬化改造和供水管路改造。

2010年8月，第十工程处实施家属院供水入户升级改造工程，总投资约202.7万元，按"企业出资为主，住户出资为辅"方式筹集。按住户类别、房屋套数区分，每户收取200元或2000元的入户改造费用。同年，投入527万元，完成岭北基地的供暖改造；投入238万元，启动峰峰基地的供水改造；投入285万元，用于邯郸和峰峰基地房屋修缮、供暖等物业支出；投入141万元，完成武安基地供水系统改造。

2011年，投入253万元完成了武安基地供电改造，支出371万元用于邯郸、武安和峰峰三个生活基地的房屋修缮和冬季取暖。

2012年，投入15万元对岭北家属院进行道路硬化、院墙粉刷。

三、"两堂一舍"

"边建设、边安家"是流动施工单位职工必不可少的一种生活方式，体现了流动单位特别是煤炭基建施工企业职工艰苦创业的奉献精神。

1958年，潞安王庄煤矿复工初期，第十工程处职工和家属大都住在王庄煤矿井口西边山沟的土窑里，睡的是土炕，吃的是粗粮和咸菜。

1967年，第十工程处奉调入川建设大宝顶煤矿。先期进驻工地的职工，住茅草棚、睡杆杆床，解决居住问题；用三块石头支口锅，解决吃饭问题。之后，盖起了木棚、"干打垒"土房作为职工集体宿舍，建起了木瓦结构的职工食堂和砖瓦结构的职工澡堂。食堂主副食品种少,主食以粗粮、米饭为主,面食少,为满足北方人以面食为主的饮食习惯,行政科要定期到外省采购面粉。澡堂设施简陋,只有单一的水泥抹面浴池。

陶二矿井建设期间,第十工程处将矿井建设、生活基地建设、职工生活同步安排,同步落实。早期的"两堂一舍",均为临时帐篷。之后,永久性职工宿舍楼投入使用,楼内安装有供水和卫生设施。职工食堂以施工单位独立兴办为原则,建有大食堂、风井食堂、建安工区食堂和招待所食堂,伙房均配有和面机、压面机、饺子机等机械炊具,餐厅配备桌椅,大食堂和风井食堂按"三班制"时间供应用餐。各食堂主副食品种丰富,主食以窝头、发糕、馒头、米饭、花卷、烧饼、面条、水饺为主,副食有各种荤素菜肴,后期还开设小炒,职工凭饭票、菜票按需购买。职工澡堂男女分设,均设有池浴、淋浴和更衣室,男澡堂三班换水,女澡堂每周定期定时开放两次。"两堂一舍"均建立了相应的管理制度,形成制度化、规范化的管理体系。食堂、澡堂由行政科负责管理,职工宿舍由基层单位分区管理。行政科在工地还设有小卖部,为职工提供服务。

王庄矿井改扩建期间,职工队伍根据工程施工需要,分王庄、西风井、漳泽电厂三个工地驻扎。王庄片职工除民警队、供应科、车队职工分驻在西厂区平房外,大部分职工都住在矿上永久性宿舍楼。第十工程处在王庄矿设有大食堂和招待所食堂,大食堂为砖混结构,水泥地面,木质门窗,宽敞明亮,除机械炊具一应俱全外,还用上了冰柜;每餐供应上千人用餐,饭菜品种和花样繁多,深受职工好评。澡堂条件也比陶二时期提高不少,食堂和澡堂均由行政科管理。驻扎在西风井工地的是矿建一工区,有职工400余人,一半住平房,一半住活动板房,一间平房住3~5人,活动房最多的住10人,条件比较艰苦。工区建有食堂和澡堂各一个,设施相对简陋,还建有图书阅览室、乒乓球室、电视室、篮球场。生活服务公司在西风井设有小卖部,为职工提供服务。每逢十一、春节期间,工区都要给在岗职工发份餐券,以示慰问,职工凭餐券可免费领取两份荤菜。这一做法,深得职工好评,后来在全处各食堂得到传扬,职工们称之为"会餐"。漳泽电厂驻扎的是土建一队职工,一部分住的是活动板房,一部分住在砖混结构带花格围墙的自行车棚里,自建有简易食堂,没有澡堂,生活条件最为艰苦。

常村矿井建设期间,除安装队、土建队职工分住两个独立小院内的平房外,近2000名单身职工分住3栋条形、2栋星形永久性宿舍楼,全处职工每人配发一组铁皮更衣柜。食堂使用大型永久建筑,水磨石地面,钢框玻璃窗,划分为职工大食堂和招待所食堂两部分。大食堂餐厅配备30多套大圆桌,可满足300多人同时用餐。食堂添置了压力锅、烤面包柜等一批先进的炊具设施,分配了一批获得二、三级厨师证的技校毕业生,饭菜花样品种和质量都有了较大提高,尤其是小炒,色香味美,供不应求。大澡堂由矿方建设和管理,水磨石地面,瓷砖贴墙,分男区、女区两部分。男澡堂内设4个瓷砖贴面浴池,数十个淋浴,可满足上百人同时使用。第十工程处工会建有乒乓球室、图书阅览室、简易灯光篮球场、羽毛球场、排球场和简易舞台。劳动服务公司在矿区建有小卖部、台球室、录像厅等服务设施和娱乐场所。

自常村矿井移交后,队伍分散施工,各工地职工的基础生活条件随着国民整体生活水平同步提高,但相互之间比较还有很大的差异。承建矿井一期工程的项目部生活条件相对艰苦，受自然条件和建设规划等多种因素限制，一般都是自建活动板房，划分办公区、生活区，设有集体宿舍、职工食堂、澡堂、公共厕所等，环境差、设施简陋；条件较好一些的项目部建有烘干房，为升井职工烘烤工作服提供方便；条件差的项目部，甚至连饮用水都需要花钱从工地外买回。承建二三期项目的项目部，"两堂一舍"大多由建设单位提供，建设标准高，基础设施好，有的由项目部自主管理，有的纳入矿方统一管理。

2016年7月，第十工程处工会印发《关于加强"两堂一舍"建设和管理的通知》，要求所有项目部"两堂一舍"建设和管理必须达到规范化、制度化、标准化。职工食堂饭菜品种、价格每天公布，盈亏情况每月公示一次。澡堂配更衣柜，实现工作服与宿舍分离，有条件的项目部要建烘干房，供入井职工烘烤工作服。项目部设职工培训室、活动室、图书阅览室，提供免费上网服务。施工队设电视室，效益好的可为每个宿舍配备电视机，努力为职工办实事。工会作为"两堂一舍"的监管部门，要定期组织职工代表开展巡视督查活动，密切联系群众，开展调查研究，协调解决职工群众反映强烈的突出问题，推进工地职工生活质量不断提升。

四、职工福利

1967年5月，印发《关于支援渡口期间职工的工资、福利待遇等问题的通知》，对职工工资福利待遇做出"现行工资标准不动，不实行奖励制度，执行渡口地区每月6元生活补贴"等九项规定。

1974—1981年，开通武安家属基地至陶二工地通勤班车，每天按照规定班次接送职工上下班。每年春节期间，定期安排车辆接送山西长治各县职工返乡过年。

1974年，开办托儿所，为职工家属提供免费入托服务。开办商店2所、粮站1个，为职工家属提供生活便利。成立家属服务队，提供拆洗、缝补有偿服务。

1976年，4号、5号、7号、13号住宅楼交付使用，成立分房工作领导小组，制定政策，分配职工福利房。

1979年3月，成立五·七生产队，安排职工家属及待业青年临时就业。7月，恢复执行劳保条例第十八条规定，自7月1日起，工会会员与非会员享受劳动保险待遇按简明对照表区别执行。

1982—1997年，王庄扩建和常村建设时期，开通王庄—西凤井—常村—王庄通勤班车，每天接送职工上下班。开通王庄、常村工地至武安基地往返班车，周五发车，周一返回，为基地职工轮休提供免费服务。

1983年6月，给在武安基地居住的双职工、女方在基地居住的双职工和家属有正式户口的职工家庭，发放煤气罐2个、煤气灶1套。7月，根据中央、省委的指示和邯邢煤指文件精神，制定八项措施改善知识分子的工作和生活条件。8月，《改善职工生活福利措施》经二届一次职代会通过实施。1989年7月，《职工福利基金使用方案》经四届二次职代会通过实施。自首届一次职代会召开以来，第十工程处有关职工生活福利的决策事项，都要经职代会讨论通过后实施，努力为职工办好事、办实事，取得良好成效。

1991年6月，第十工程处被中国统配煤矿总公司授予"煤矿职工生活福利（矿处级）先进单位"荣誉称号。8月，根据河北省有关文件精神，对劳动合同制工人实行工资性补贴，解决劳动合同制工人在待业、医疗、退休等保险福利方面待遇低于固定工人的现实问题。标准为本人工资（学徒工和熟练期工人为本人生活费）的17%，计入工资总额，按月随工资发放。10月，对武安基地锅炉房进行了改造。

1991—1992年，连续两年给全处职工每人发放2瓶白酒，以示慰问。

1994年，16号、17号、18号住宅楼交付使用。至此，完成基地总计18栋福利房的分配工作。

1995年10月，按照煤炭部《关于对长期从事煤炭事业的职工发放荣誉金等有关问题的通知》精神，开始执行30年荣誉金发放制度。

1997年起，居住在武安生活基地的职工或家属离世，第十工程处党政工领导（或派专门代表）均要前往家中吊唁，进献花圈，送达慰问金；并根据家属要求，主持遗体告别仪式、致逝者生平，表达企业对逝者的哀思和对其家庭的真切关怀。

2005年，投资600余万元，对基地供暖系统进行了改造，供暖系统并入武安市集中供暖网络。

2007年起，组织在岗职工分片分区每年集中进行一次免费健康检查。

2008年，为纪念建处五十周年，给全处职工每人发放指针式石英电子手表一块。

2009年，投资155万元，对基地生活区供水系统主管路、道路、绿化区进行了改造。

2010年，投入141万元完成武安基地供水系统二期入户改造，投入527万元完成岭北基地的供暖改造，投入238万元用于峰峰基地的供水改造，支出285万元用于邯郸、峰峰基地房屋修缮和冬季取暖。

2010年起，每年中秋和春节，为处机关以及三个管理中心等非经营承包单位职工发放米、面、油等生活福利。

2011年，投入253万元完成武安基地供电改造，支出371万元用于邯郸、武安和峰峰三个生活基地的房屋修缮和冬季取暖。向离退休职工发放中秋、春节过节费140余万元。与邯郸市交通运输集团有限公司第四分公司签订合同，自12月13日起，开通武安基地至邯郸处机关的通勤班车，每天早晚接送职工上下班。

2012年，开始为退休职工补发3000元独生子女费。

2017年10月，所属项目部全部实现无线网络区域覆盖，为工地职工提供免费Wi-Fi。

五、职工家属"农转非"

1984年7月，第十工程处为贯彻落实国务院批准的煤炭部、公安部、商业部和劳动人事部《关于进行煤矿井下工人家属落城镇户口的报告》提出的要求，成立落户工作领导小组，负责职工家属"农转非"政策在全处贯彻，对"农转非"的日常工作进行指导、督促、检查。领导小组下设办公室，办公室设在保卫科，负责职工家属"农转非"的日常工作。井下职工家属"农转非"，按照职工书面申请、单位调查核实、逐级上报审批、办理落户的程序进行。

1986年9月，贯彻执行公司落户办《关于逐步解决井下职工家属落城镇户口工作的安排意见》，成立落户工作领导小组，加强井下职工家属落城镇户口工作的领导；下设落户办公室，负责按照文件规定办理职工家属"农转非"。落户办从基层抽调人员，组成十几个外调工作组，分赴四川、河南、山西、河北等地，逐一对申请人申报情况开展调查核实工作。

1987年，办理第二批、第三批共142户，520名井下职工家属落入城市户口。

1990年7月，第十工程处调整落户工作领导小组，按照国务院国发（1989）76号文件规定，对职工家属"农转非"

实行计划指标与政策规定相符合的双控办法办理职工家属"农转非"。

1995年11月,第十工程处职工家属"农转非"工作全面结束。

第二节 医疗卫生

一、职工医院

1961年,山西潞安矿务局第三建井工程处设医务所,医务所定员4人。1967年,第十工程处奉调四川,医务所医务人员增加至10人。1970年,第十工程处施工队伍按连队进行编制,医务所编制为宝顶分院,设内科和外科,承担工地职工和家属一般常见病的治疗以及工伤职工的急救转运工作。1974年,陶二矿井建设初期,职工居住分散,医务所在陶二工地、武安基地、家属居住区等处分设卫生医疗点5处。

1975年3月,根据邯邢基地煤炭建设指挥部党委《关于成立燃化部煤炭第十工程处医院的批复》,成立医院筹备小组,在陶二工地筹建职工医院,规划医院由门诊、住院部两部分组成,住院部设置病床80张,并单设病员食堂。4月,医院建成投入使用。

1980年11月,矿建一工区支援邢台矿务局邢台煤矿西风井建设,职工医院派出医护人员在施工现场设置医务所,为一线职工服务。

1982年,职工医院随处机关从陶二搬迁到山西潞安王庄煤矿,邢台西风井医务所随矿建一工区搬迁到王庄煤矿西风井施工现场,武安基地医务所留守武安。

1987年,职工医院从王庄煤矿搬迁到常村煤矿工地。

1991年,职工医院在山西霍州矿务局李雅庄煤矿朱家庄回风立井施工现场设立医务所。

1995年12月,常村煤矿进入工程收尾阶段,职工医院整体搬迁武安基地,并启用新建的职工医院楼。职工医院总建筑面积1396.28平方米,门诊部设内科、外科、妇产科、儿科、中医科、放射科、检验科、中药房、西药房等科室,住院部开设80余张床位。

此后,第十工程处对职工医院实行承包经营,自负盈亏。

1997—2010年,第十工程处职工医院先后被指定为河北省工伤定点医院、武安市工伤定点医院、邯郸市医保定点医院、邯郸市丛台区城合定点医院、邯郸市复兴区城合定点医院、武安市医保定点医院、武安市城合定点医院、武安市新农合定点医院。

2010年8月,第十工程处职工医院人员、资产、债权、债务整体划转公司职工总院管理。

二、计划生育

1978年,第十工程处根据国家人口与计划生育相关政策要求,成立计划生育办公室,并划归职工医院管理。1979年5月,计生办划转处直属管理。1985年2月,再次划归职工医院管理。2009年10月,与武装保卫部合署办公。2010年8月,并入后勤管理服务中心。2012年7月,随武安后勤中心划转公司物业服务公司。

计生办自成立以来,积极开展《婚姻法》《计划生育条例》等国家计划生育政策、知识的宣传,执行国家计划生育政策,落实职工计划生育待遇、妇科病普查、避孕药具发放、生育指标分配、协助办理婚姻登记、《独生子女证》发放等日常工作,使计生工作逐步走上经常化、制度化、法制化轨道。1982年、1985年,第十工程处计划生育办公室成绩显著,受到中共邯郸市委、市政府的表彰。2012年,被邯郸市丛台区授予2011年度"计划生育协会工作先进集体"称号。

1979年4月，第十工程处印发《关于认真贯彻执行〈邯郸市革委会关于晚婚和计划生育若干问题实行意见〉的通知》，大力提倡晚婚晚育、一对夫妇只生一个小孩儿。规定男满26周岁、女满24周岁方准予办理结婚手续。对响应只生一个小孩儿的夫妇，颁发《独生子女证》，并给予政治性表扬和一次性物质奖励，发儿童保健费到14周岁为止。1979年10月，第十工程处成立计划生育领导小组，进一步推动计划生育工作。

1980年，执行邯郸市革命委员会（79）14号和（80）24号文件规定，对违犯计划生育政策的人员给予处罚。

1982年9月，党的十二大把计划生育确定为基本国策后，第十工程处进一步加强了计划生育管理。

1983年5月，按照"两孩以上（含两孩）年龄在40周岁以下的育龄夫妇，必须有一方进行永久性节育手术"的政策要求，落实计划生育工作。

1984年，严格执行"男25周岁，女23周岁"的晚婚晚育政策，年满23周岁以上的妇女享有生育指标；采取"一孩妇女在小孩6个月后必须上节育环，育龄妇女一律上节育环"的强制性措施，开展计生工作。

1987年3月，第十工程处在基层单位设兼职计划生育助理员，加强基层计生工作。

1989年12月，制定七项措施，贯彻落实《河北省计划生育条例》。

1990年6月，第十工程处成立计划生育协会，选举产生计划生育协会会长、副会长、理事、秘书长、副秘书长，加强计生工作。1997年12月，对计划生育委员会及计划生育协会做出调整。

2003年6月，第十工程处响应邯郸市计划生育委员会、计划生育协会号召，开展"幸福工程宣传年"和爱心捐助活动。

2008年12月，第十工程处根据国家有关规定，正式职工参加邯郸市城镇职工生育保险，生育保险费由企业按照上年度职工工资总额0.8%缴纳。

2009年3月，第十工程处根据河北省人口和计划生育委员会、河北省人事厅、河北省劳动和社会保障厅、河北省财政厅联合下发的《关于落实独生之女父母奖励有关问题的通知》，对持有《独生子女光荣证》、现仍是独生子女父母的退休职工，给予一次性3000元奖励。

2016年1月1日，第十工程处执行国家"全面二孩"政策。

2017年7月，第十工程处职工生育保险纳入基本医疗保险。

三、职业病防治

1975—1997年，第十工程处职业病防治工作由处爱国卫生运动委员会兼管。1997年7月，成立职业病防治领导小组和职业病防治办公室，办公室设在职工医院。2008年7月，将职业病防治办公室划入安监处，成立职业病防治站。

1976年，落实邯邢煤炭指挥部《劳动工资会议纪要》规定，自1977年1月份开始执行：凡在岩巷掘进或喷浆时，井下凿岩工矽尘保健费标准为每人每天0.25元，按班计算；每人每月最多不准超过7元。根据卫生部（55）卫人字第593号文件第五条规定和市劳动局、指挥部工资处口头通知：X光放射人员、喷漆工每人每月保健费7元整，少于15个工作日者可按50%发给，即3.5元。

1977年7月，为减轻矽尘对速凝剂厂生产工人的身体危害，第十工程处根据河北省《关于在新建扩建单位中建立保健食品制度的通知》（冀革生〔1971〕186

号）精神，参照铜川煤建公司建材厂制定的保健食品待遇政策，规定烧结工、配料工、粉碎工、成球工、球磨工等主要生产工人享受"每人每天0.20元"保健食品待遇。11月，为保障工人身体健康，做好职业病防治工作，第十工程处根据卫生部、劳动部、全国总工会《矽尘作业工人医疗预防措施实施办法》的通知精神，成立矽肺检查小组，对从事井下工作的工人进行健康大检查。同时，制定实施定期检查制度，规定："经常接触粉尘浓度超过国家标准的工人，每隔六至十二个月检查一次；如果粉尘浓度经常降低到国家标准或其以下的，在取得当地卫生主管部门的同意下，可延长定期检查的间隔期限十二到二十四个月检查一次。"

1978年8月，第十工程处下发《关于经邯郸市重新核定保健食品待遇的通知》，停止执行现行的原在四川省渡口期间制定的保健食品津贴制度，此后一律按邯郸市统一规定执行。接触特种作业的有毒物质、矽尘和放射线工种，每人每月标准7元；高温作业工种（包括常年和季节的）每人每月标准4.50元。

1984年，第十工程处强力推广湿式凿岩、水炮泥放炮、佩带防尘口罩喷浆、水幕降尘、洒水降尘等技术工艺及措施，实施综合防尘。

1997年7月，第十工程处制定职业健康安全措施，规定："井下作业单位及速凝剂厂按照有关规定设置除尘装置、配齐防尘用具、配备劳动保护用品；严格对岗前新工人进行职业健康体检，未体检或确诊的职业禁忌证、疑似矽肺等岗前人员一律不得录用；加强对排废的管理，防止污染空气、水及环境；对接触有害物质的工种，接尘工人按规定进行健康管理，定期进行矽肺普查，定期体检。"

1999年起，第十工程处每年制定年度职业健康工作计划与实施方案，并组织落实。

2004年，执行公司《职业病防治管理办法》，建立职业卫生管理组织，配备专职职业卫生专业人员，制定职业卫生管理制度和操作规程，建立健全职业卫生档案和劳动者健康监护档案，建立急性职业病危害事故应急预案。

2005年，执行公司《职业健康监护管理办法》，按规定要求落实对接尘职工进行上岗前检查、在岗定期矽肺普查、离岗时健康检查、出现职业中毒时的应急健康检查，建立职业健康监护档案。

2008年，第十工程处根据公司《职业卫生工作规范》《关于加强职业危害因素分类与控制管理的通知》和《职业病防治监督检查项目和处罚办法》《2008—2010年职业病防治规划》，制定实施《职业病防治工作三年规划》。9月，为贯彻执行国家有关职业病防治的法律、法规、政策和标准，加强年度职业病防治工作，制定实施《职业病防治计划和实施方案》。

2009年，购买《职业病危害与防治知识》《煤矿职业危害防护与尘肺病防治知识读本》《测风测尘》等相关书籍分发各项目部，组织开展职业病防治宣传周系列活动。

2010年，按照《国家煤矿安全监察局关于开展煤矿作业场所粉尘危害治理专项行动的通知》，开展粉尘治理专项自查，开展职业病防治宣传教育和职业健康危害控制调查。

2011年，落实《中煤第一建设有限公司职业健康管理13项规范性制度》，开展职业危害防治知识宣传教育和作业场所粉尘危害专项治理，加强防尘降尘工作，落实粉尘危害控制技术措施，定期粉尘监测，公布检测评价结果。

2012年，修订完善《职业健康管理制度》《职业病管理制度》《职业危害防治管理制度》《职业危害告知制度》《职业危害申报制度》《职业健康宣传教育培训制度》《职业危害防护设施维护检修制度》《从业人员防护用品管理制度》《职业危害日常监测管理制度》《从业人员职业健康监护档案管理制度》《职业危害事故应急管理制度》《职业健康操作规程》《防护用品发放管理制度》《职业危害排查治理制度》《职业病防治责任制》等职业病防治工作规章制度，推进职业病防治工作制度化、规范化。

2013年，实施由专人负责的职业病危害因素日常监测。

2014年，第十工程处将职业病防治工作与安全质量标准化考核工作同计划、同部署、同检查、同奖惩，加强监督管理。

2015年，根据国家安全生产监督管理总局《煤矿作业场所职业病危害防治规定》，规范职业病防治工作。将职业病危害相关内容纳入新工人入场培训，组织接害职工进行职业病防治专项培训。按照《用人单位劳动防护用品管理》要求，开展劳动防护用品情况自查工作。

2016年，第十工程处依照新修订的《中华人民共和国职业病防治法》完善职业病防治体系，明确各级职责，制定《接触有害因素职工健康监护制度》，对职工职业病体检的内容、周期、费用等具体事项做出进一步明确。

2017年，第十工程处结合企业发展实际，印发《职业健康管理等13项制度》，进一步规范职业病防治管理，完善职业病防治责任体系，明确相关人员责任分工，严格控制施工生产过程中职业危害，保护职工的合法权益。

人 物

一、人物传略

（仅收录资料完整、担任过副处级以上职务且已离世的领导人员，以离世时间先后为序）

谢树春 男，蒙古族，1931年出生，河北省平泉县人，1949年11月参加工作，1955年加入中国共产党，高小文化程度，1976年9月去世，享年45岁。

谢树春曾在辽宁省阜新矿务局建筑工程处、阜新发电厂、山西省太原洗选公司、山西潞安矿务局、四川省煤建一处工作，担任过班长、工长、副队长等职务，1968年6月被选为第十工程处革命委员会副主任委员。

李顺贵 男，汉族，1937年9月出生，河北省武清县人，1962年9月参加工作，1973年5月加入中国共产党，北京矿业学院毕业，本科学历，工程师。1984年12月去世，享年47岁。

李顺贵1957年9月至1962年9月，北京矿业学院学习。1962年9月至1963年2月，山西潞安矿务局建井工程公司王庄工区技术员。1963年2月至1965年7月，潞安矿务局基建处技术员。1965年7月至1975年11月，第十工程处矿建一队副队长。1975年11月至1976年6月，第十工程处矿建二队副队长。1976年6月至1979年2月，第十工程处工程科科员。1979年2月至1981年6月，第十工程处副总工程师。1981年6月至1983年1月，第十工程处副处长。1983年1月至1983年9月，第十工程处处长、总工程师。

吴广厚 男，汉族，1925年1月出生，辽宁省义县人，1950年7月参加工作，1953年7月加入中国共产党，初中文化程度，1981年5月退休。1997年12月去世，享年72岁。

吴广厚1950年7月至1956年5月，辽宁省阜新北票煤矿工程科科员、副科长。1956年6月至1958年4月，潞安煤矿筹备处基本建设工程处工程管理科副科长。1958年5月至1962年5月，山西潞安矿务局基建工程处副处长。1962年6月至1966年1月，山西潞安矿务局建井工程公司副经理、王庄建井指挥部副处长。1966年1月至1971年3月，第十工程处副处长、革命委员会副主任。1971年4月至1974年7月，攀枝花矿务局大宝顶煤矿副矿长。1974年8月至1975年

4月，攀枝花市西城区副区长。1975年5月至1978年10月，川煤四处处长。1978年11月至1981年4月，攀枝花矿务局安全监察局副局长。

马长发 男，汉族，1932年4月出生，山西省长治市人，1947年4月参加工作，1958年5月加入中国共产党，初中文化程度，经济师，1992年4月退休。2002年9月去世，享年70岁。

马长发1947年4月至1948年，长治市荣胜号布店店员。1948—1950年，长治市民荣商店店员。1950—1954年，长治市义丰商店会计。1954—1955年，山西潞安矿务局消费社保管会计。1955—1960年，潞安矿务局建材厂统计、核算员。1960—1963年，山西潞安矿务局建安处团总支书记。1963—1966年，山西潞安矿务局建井公司三队团支部书记。1966—1970年，第十工程处代副处长。1970—1971年，第十工程处矿建一队党支部书记。1971年至1978年10月，第十工程处革命委员会副主任。1978年10月至1982年10月，第十工程处副处长，1981年6月至1982年10月，第十工程处总会计师。1983年至1992年3月，第一建设公司行政处副处长，生活劳动服务公司副经理。

钟风仪 男，汉族，1919年7月出生，辽宁省开原县人，1945年8月在辽源煤矿参加工作，1948年1月加入中国共产党，吉林蛟河煤校毕业，中专学历，1982年7月离休。2002年9月去世，享年83岁。

钟风仪1945年8月至1946年7月，辽源煤矿工会干事。1946年7月至1947年6月，辽源煤矿工人。1947年6月至1948年6月，海龙县推销处主任、股长。1948年6月至1960年7月，吉林省辽源矿基建处队长。1960年7月至1962年7月，吉林蛟河煤校学习。1962年7月至1965年6月，辽源煤矿建井工程处处长、党委书记，建井公司副经理。1965年6月至1968年12月，四川省渡口煤炭部第六十二工程处处长。1969年12月至1970年4月，四川省渡口煤炭部第六十二工程处处长、党委书记。1970年4月至1976年7月，第十工程处革命委员会副主任、党委副书记。1976年7—12月，邯邢煤炭指挥部安监处处长。1976年12月至1982年2月，第六十三工程处处长、党委书记。1981年12月至1982年7月，邯邢煤炭指挥部安全监察局副局长。

范兴文 男，汉族，1937年6月出生，河南省虞城县人，1960年9月参加工作，1962年加入中国共产党，小学文化程度，1997年6月退休。2003年4月去世，享年66岁。

范兴文1960年9月至1976年7月，任第十工程处掘进班长、副队长、队长、攀枝花矿务局革命委员会常务委员、第十工程处党委委员、邯邢煤炭指挥部党委委员等职务。1976年7月至1978年10月，第十工程处革命委员会副主任。1978年10月至1981年6月,第十工程处副处长。1981年6月至1982年10月,第十工程处副处长兼安监站副站长。1982年10月至1994年11月,第十工程处安监站副站长(副处级)。1994年11月至1997年6月,第十工程处调研员。

1969—1971年,连续三年被评为四川省劳动模范。1974年被中共邯郸市委授予"大干社会主义钢铁硬汉"光荣称号。1976—1977年,连续两年被评为河北省劳动模范。1978年被评为全国煤炭工业劳动模范。1978年1月29日,在全国煤炭工业学大庆、赶开滦群英会上,受到华国锋、叶剑英、李先念等党和国家领导人的集体接见。

张虎银 男,汉族,1926年3月出生,河北省清河县人,1942年5月参加工作,1950年5月加入中国共产党,高小文化程度,1986年7月退休。2005年3月去世,享年79岁。

张虎银1942年5月至1949年5月,山东枣庄煤矿工人。1949年5月至1950年3月,山东淄博矿桃花峪煤矿工人。1950年3月至1953年9月,山东淄博煤矿桃花峪矿井段长。1953年9月至1954年10月,山东淄博西河煤矿技术科长。1954年10月至1957年12月,山东贾汪煤矿干校学习。1957年12月至1958年7月,山东济南马鞍山煤干校学习。1958年7月至1960年5月,山东肥城建井2处二、三工区主任。1960年5月至7月,山东肥城建井2处副处长。1960年7月至1966年5月,山东新汶建井4处、9

处副处长。1966年5月至1973年,江西31建井工程处副处长。1974年至1976年7月,第三十一工程处革命委员会副主任。1976年7月至1977年11月,第十工程处革命委员会副主任、党委副书记。1977年11月至1978年9月,邯邢煤炭指挥部安全检查处副处长。1978年9月至1981年3月,第十工程处处长、党委副书记。1981年3月至1983年9月,邯邢煤炭指挥部调度室调度长。1983年9月至1985年12月,煤炭部第一建设公司生活劳动服务公司党总支书记、经理。1985年12月至1986年6月,煤炭部第一建设公司生活劳动服务公司调研员。

高尚华 男,汉族,1942年5月出生,辽宁省铁岭县人,1962年10月参加工作,1975年12月加入中国共产党,中专学历,高级政工师,2002年6月退休。2006年1月去世,享年64岁。

高尚华1962年10月参加工作。1978年10月至1981年5月,第十工程处教育科副科长。1981年5月至1983年3月,第十工程处党委组织部副部长。1983年3月至1984年4月,第十工程处党委组织部部长。1984年4月至1998年3月,第十工程处工会主席。1998年3月至2002年6月,第十工程处调研员。

王照春 男,汉族,1928年2月出生,河北省丰润县人,1947年3月参军入伍,1948年5月加入中国共产党,中国人民解放军石家庄高级步兵学校毕业,大学学历,工程师,1988年3月离休。2006年5月去世,享年79岁。

王照春 1950 年入朝参战，任中国人民解放军第六十五军某部步兵连长，1953 年回国。1955—1958 年，中国人民解放军石家庄高级步兵学校学习。1958 年至 1961 年 4 月，中国人民解放军某部 195 师 584 团 3 营 9 连连长。1961 年 4 月至 11 月，中国人民解放军工程兵学院进修学习。1961 年 12 月至 1968 年，中国人民解放军某部 52 师 110 团参谋长。1968—1979 年，中国人民解放军第二炮兵五十五基地工程处副处长。1979 年转业到第十工程处工作。1980 年 3—4 月，第十工程处副处长。1980 年 4 月至 1982 年 10 月，第十工程处安监站站长。1982 年 9 月，第十工程处武安留守处党总支书记。1985 年 3 月，第十工程处调研员。

成海友 男，汉族，1932 年 1 月出生，河北省巨鹿县人，1951 年 5 月参加工作，1956 年 3 月加入中国共产党，初中文化，政工师，1993 年 1 月退休。2009 年 9 月去世，享年 77 岁。

成海友 1951 年 5 月至 1952 年 4 月，观音堂煤矿生产科练习生。1952 年 4 月至 1952 年 9 月，观音堂煤矿供销科办事员。1952 年 9 月至 1952 年 12 月，观音堂煤矿采煤科办事员。1952 年 12 月至 1953 年 4 月，观音堂煤矿供销科仓库记账员。1953 年 4 月至 1954 年 3 月，观音堂煤矿生产科办事员。1954 年 3 月至 1954 年 8 月，观音堂煤矿供销科采购。1954 年 8 月至 1954 年 12 月，观音堂煤矿查定区测定员。1954 年 12 月至 1955 年 5 月，观音堂煤矿查定区劳动定额员。1955 年 5 月至 1956 年 10 月，观音堂煤矿采煤区劳动定额员。1956 年 10 月至 1958 年 3 月，观音堂煤矿人劳科劳动定额员。1958 年 3 月至 1960 年，观音堂矿务局人劳科人事管理。1960—1961 年，观音堂矿务局干教科副科长。1961—1965 年，观音堂矿务局曹瑶井人劳科科长。1965 年至 1966 年 3 月，观音堂煤矿曹瑶井副井长。1966 年 3 月至 1973 年 2 月，贵州六枝指挥部副井长。1973 年 2 月至 1976 年 7 月，邯邢煤炭指挥部组织部科长。1976 年 7 月至 1978 年 8 月，第六十三工程处党委副书记。1978 年 8 月至 1981 年 3 月，第十工程处党委副书记。1978 年 10 月至 1981 年 3 月，第十工程处监委书记。1981 年 3 月至 1982 年 7 月，特凿处党委书记。1982 年 7 月，邯邢煤炭指挥部人事处处长。1983 年 9 月，邯邢煤炭指挥部劳动人事处处长。1985 年 12 月，第一建设公司干部处处长。

王立升 男，汉族，1950 年 12 月出生，天津市静海县人，1974 年 2 月参加工作，1987 年 7 月加入中国共产党，徐州煤炭工业学校采矿专业毕业，本科学历，工程师。2010 年 5 月去世，享年 60 岁。

王立升 1974 年 2 月至 5 月，潞安矿务局五阳矿培训。1974 年 5—11 月，邯郸矿务局郭二庄矿培训。1974 年 11 月至 1975 年 5 月，第十工程处土方队。1975 年 5 月至 1977 年 1 月，第十工程处矿建一队班长、副队长。1977年1月至1978年1月,第十工程处万年立风井副队长。1978年1月至1980年1月,竖井处竖井一队队长、第三十一工程处东庞矿矿建八队队长。1980年1月至1983年1月,光爆锚喷传播队队长。1983年1月至1985年7月,第三十一工程处山西省西山矿务局古交马兰煤矿、东曲煤矿工区生产副主任。1985年7月至1989年1月,第三十一工程处山西潞安矿务局常村煤矿工区主任。1989年1月至1996年5月,第三十一工程处晋城矿务局成庄煤矿工区主任。1996年5月至2006年6月,第十工程处副处长,期间曾兼任寺河、梧桐庄、沙曲项目部经理,沙曲项目工程指挥部总指挥,梧桐庄项目部党总支书记等职。

朱成忠 男,汉族,1928年2月出生,山东省平阴县人,1945年10月参加工作,1949年9月加入中国共产党,初中文化,1988年3月离休。2013年2月去世,享年85岁。

朱成忠1945年10月至1949年8月,鹤岗矿务局南山煤矿工人。1949年8月至1952年5月,鹤岗矿务局南山煤矿教育坑整备班班长。1952年5月至1953年4月,鹤岗矿务局东山煤矿工程队整备班班长。1953年4月至1953年11月,鹤岗矿务局兴安台竖井工区团支部书记。1953年11月至1956年10月,鹤岗矿务局兴安台竖井工区党支部书记。1956年10月至1957年4月,平顶山基建局2处土建工区党支部副书记。1957年4月至1958年11月,平顶山矿务局建安处组织部部长。1958年11月至1960年1月,平顶山矿务局建安处党委副书记。1960年1月至1963年5月,平顶山矿务局建安处第二书记代处长。1963年5月至1966年6月,平顶山矿务局第十工程处党委副书记。1966年6月至1969年1月,平顶山矿务局化工厂筹备处负责人。1969年1月至1969年5月,平顶山矿务局七矿革命委员会副主任。1969年5月至1970年5月,平顶山矿务局10矿党核心组组长革命委员会主任。1970年5月至1972年6月,平顶山矿务局53处党委书记、主任。1972年6月至1974年5月,平顶山矿务局基建公司党委副书记、副经理。1974年5月至1976年7月,邯邢煤炭工业基本建设局(煤指)安全监察处处长。1976年7月至1978年10月,第十工程处党委书记、革命委员会主任。1978年1月,成立陶二现场会战指挥部,任副指挥。1978年10月至1981年11月,邯邢煤炭指挥部工会主席。1981年11月至1983年6月,邯邢煤炭指挥部副指挥。1983年6月至1988年3月,煤炭部第一建设公司安全监察局局长。1988年5月,离职休养。

范喜田 男,汉族,1932年7月出生,山东省诸城市人,中共党员,高小文化,政工师,1993年3月退休。2013年12月去世,享年81岁。

范喜田1975年2月至1976年9月,第十工程处宣教科科长。1976年9月至1978年11月,第十工程处土建工区党总支书记。1978年11月至1979年5月,第十工程处政治处副主任兼机关党支部书记。1979年5月至1982年10月,建材厂党总支书记、厂长（副处级）。1982年10月至1985年3月，第十工程处副处长。1985年3月，第十工程处调研员。1985年5月，第十工程处机关党总支书记。1988年9月至1989年3月，第十工程处服务公司经理。1989年3月至1993年3月，第十工程处服务公司经理兼党支部书记。

邵勇 男，1942年12月出生，安徽省阜南县人，1968年8月参加工作，1975年3月加入中国共产党，山东矿业学院经济管理专业毕业，大学学历，高级经济师，中共邯郸市第四次党代会代表，享受政府特殊津贴，2002年12月退休。2014年7月去世，享年72岁。

邵勇1963年8月至1968年8月，山东矿业学院经济管理专业学习。1968年8月至1970年4月，第十工程处掘进工。1970年4月至1971年3月，第十工程处矿建队技术员。1971年3月至1972年3月，第十工程处财务科科员。1972年3月至1976年10月，第十工程处劳资科科员。1976年10月至1982年9月，第十工程处劳资科副科长。1982年9月至12月，第十工程处劳动工资科科长。1982年12月至1985年3月，第十工程处副处长。1985年3月至1994年5月，第十工程处处长。1994年1月，国务院授予"有突出贡献的专家"称号，自1993年10月起享受政府津贴。1994年5月至2002年12月，第一建设公司副经理。

韩明信 男，汉族，1924年2月出生，山东省即墨县人，1947年7月参加工作，1948年8月加入中国共产党，初中文化，1986年9月退休。2016年8月去世，享年92岁。

韩明信1947年7月至1948年10月，吉林省通化苇塘沟煤矿工会主席。1948年10月至1949年5月，吉林省通化矿区工会组织部长。1949年5—9月，东北煤矿工会干事。1949年9月至1950年7月，东北局党校学习。1950年7月至1956年6月，东北煤矿工会科长、副部长。1956年6月至1957年6月，吉林省煤矿工会部长。1957年6月至1965年5月，吉林省辽源矿务局处长、经理、矿长。1965年5月至1973年11月，四川省渡口四号信箱后勤部书记。1970年4月至1971年3月，第十工程处革命委员会副主任。1971年3月至1973年11月，第十工程处党委副书记、核心小组副组长。1973年11月至1976年7月，第十工程处党委书记、革命委员会主任。1976年7月至1978年2月，邯邢煤炭指挥部机关党委书记。1978年2—10月，邯郸市企业整顿第四十九工程处工作队队长。1978年10月至1981年11月，第四十九工程处党委书记。1981年11月至1983年9月，邯邢煤炭指挥部工会主席。1983年9月至1986年9月，邯邢煤炭指挥部巡视员办公室主任。

二、党政领导

(一) 往任领导

(仅收录个人资料完整、担任过副处级以上职务的领导人员，以任职时间先后为序)

李树荣 男，汉族，1932年10月出生，山西省屯留县人，1955年3月参加工作，1956年5月加入中国共产党，高中文化程度，高级政工师，1993年6月退休。

李树荣1955年3月至12月，山西潞安矿务局职工，参加京西、山东建井实习掘进班长。1955年12月至1956年2月，山西潞安矿务局五阳煤矿团委书记。1956年2月至1957年3月，山西省团校学习。1957年3月至1958年8月，山西潞安矿务局五阳煤矿团委书记，期间到长治市委党校进修。1958年8月至1962年8月，山西潞安矿务局建井三队、建井三处团总支书记，期间到省委团校学习。1962年8月至1964年10月，山西潞安矿务局建井公司矿建三队党支部书记。1964年10月至1966年10月，山西潞安矿务局建井指挥部矿建一队党支部书记。1966年10月至1969年8月，第十工程处党委副书记兼政治处主任。1969年8月至1978年8月，第十工程处革命委员会副主任。1978年8月至1981年3月，第三十一工程处处长、党委副书记。1981年10月至1982年1月，山东矿院进修。1983年9月至1985年3月，第十工程处党委书记。1985年3月至1985年11月，第十工程处调研室主任。1985年11月至1993年5月，第十工程处纪委书记。

范荣 男，汉族，1934年11月出生，山东省昌邑市人，1951年9月参加工作，1953年3月加入中国共产党，初中文化程度，高级政工师，1995年12月退休。

范荣1947年1月至1947年12月，参加儿童团土改站岗放哨。1948年1月至1951年8月，在本村和公社上小学。1951年9月至1952年2月，本溪煤铁公司人事队学习。1952年2月至1952年6月，参加"三反五反"运动。1957年7月至1959年1月，本溪矿务局团委组织部干事。1959年1月至1966年9月，牛心台煤矿团委副书记、书记，矿党委委员。1966年9月至1967年4月，本溪矿务局灵山洗煤厂政治处副主任。1967年4

月至 1968 年 9 月，本溪矿务局党委组织部负责人。1969 年 9 月至 1970 年 1 月，四川省渡口四号信箱五七干校三中队队长。1970 年 1 月至 1978 年 8 月，煤炭部第十工程处政治处主任，革命委员会副主任。1978 年 8 月至 1994 年 12 月，邯邢煤炭基本建设技工学校副校长，副书记，书记。1995 年 1 月至 1995 年 11 月，邯邢技校调研员。

张文山 男，汉族，1942 年 11 月出生，山西省长治县人，1961 年 9 月参加工作，1972 年 10 月加入中国共产党，山西矿业学院函授班机电专业毕业，大专学历，高级工程师，2002 年 10 月退休。

张文山 1958 年 9 月至 1961 年 9 月，山西潞安煤校机电专业学习。1961 年 9 月至 1968 年 9 月，第十工程处机电安装队、机运队电工。1962 年 9 月至 1966 年 8 月，山西矿业学院矿山机电专业学习。1968 年 9 月至 1970 年 12 月，第十工程处机关工作。1970 年 12 月至 1972 年 8 月，第十工程处机运队负责人。1972 年至 1976 年 7 月，第十工程处机电科党支部书记。1976 年 7 月至 1977 年 2 月，第十工程处革命委员会副主任。1977 年 2 月至 1979 年 3 月，第十工程处党委副书记。1979 年 3 月至 1980 年 12 月，第十工程处副处长。1980 年 12 月至 1981 年 6 月，第十工程处矿建一工区主任。1981 年 6 月至 1982 年 6 月，第十工程处副处长。1982 年 6 月至 1985 年 3 月，第十工程处矿建一工区主任。1985 年 3 月至 1987 年 10 月，邯邢煤炭指挥部常村煤矿管理处副处长。1987 年 10 月至 1994 年 11 月，第十工程处副处长。1994 年 11 月至 1998 年 3 月，第十工程处处长。1996 年 11 月至 1998 年 3 月，兼任沙曲项目部经理。2000 年 3 月至 2002 年 10 月，调研员。2001 年至 2003 年 11 月，第一建设公司五阳项目部经理。

袁克智 男，汉族，1930 年 7 月出生，江苏省镇江市人，1954 年 9 月参加工作，1960 年加入中国共产党，淮南煤矿工业专科学校矿井建设专业毕业，大专学历，教授级高级工程师，1992 年 1 月退休。

袁克智 1952 年 7 月至 1954 年 7 月，安徽省淮南煤矿工业专科学校矿井建设专业学习。1954 年 9 月至 1955 年 10 月，吉林省辽源市西安建井工程处技术员。1955 年 10 月至 1957 年 5 月，吉林省通化市通化建井工程处技术组组长。1957 年 5 月至 1960 年 4 月，山西潞安矿务局建井二处主管技术员、副科长。1960 年 4 月至 1961 年 12 月，山西潞安矿务局第二工程处代副处长。1961 年 12 月至 1962 年 11 月，山西潞安矿务局第二工程处副处长。1962 年 11 月至 1963 年 12 月，山西潞安矿务局建井公司科长。1963 年 12 月至 1964 年 12 月，山西潞安矿务局建井工程公司王庄工区主任兼技术主管。1964 年 12 月至 1977 年 10 月，第十工程处副总工程师兼工区主任。1977 年 10 月至 1978 年 10 月，第十工程处革命委员会副主任。1978 年 10 月至 1981 年 8 月，第十工程处副处长。1981 年 8 月至 1982 年 12 月，第十工程处处长、总工程师。1982 年 12 月至1983年6月，邯邢煤炭指挥部副总工程师。1983年6月至1991年12月，第一建设公司总工程师。1983年9月，第一建设公司总工程师兼技术委员会主任。

邵存法 男，汉族，1936年10月出生，河北省饶阳县人，1958年8月参加工作，大同煤校机电专业毕业，中专学历，高级工程师，1996年10月退休。

邵存法1958年8月至1962年，山西潞安煤矿筹备处安装队技术员。1962年至1965年12月，山西潞安矿务局建安工区安装队技术员。1965年12月至1979年5月，第十工程处建安工区安装队队长。1979年5月至1981年6月，第十工程处建安工区主任。1981年6月至1994年11月，第十工程处副处长。1994年11月至1996年10月，第十工程处调研员。

颜继忠 男，汉族，1930年9月出生，北京市人，1953年5月参加工作，1960年10月加入中国共产党，东北工业部鹤岗高职土建专业毕业，大学学历，高级工程师，1991年3月退休。

颜继忠1953年5月至1955年2月，阳泉矿务局设计处技术员。1955年2—9月，燃料化学工业部人防室技术员。1955年9月至1958年1月，煤炭工业部保卫处技术员。1956年9月至1958年8月，北京矿院矿建专业学习。1958年1月至8月，煤炭工业部设计局、基建司技术处土建技术员。1958年8月至1962年8月，新疆煤管局基建处土建技术员。1962年8月至1975年2月，新疆维吾尔自治区重工业厅基建处土建工程师。1975年2月至1976年1月，第十工程处土建队工程师。1976年1月至1976年9月，土建工区党总支副书记。1976年9月至1981年6月，土建工区主任、工程科科长、副总工程师。1981年6月至1982年3月，第十工程处副处长副总工程师。1982年3月，邯邢煤炭指挥部设计室副主任工程师。1983年9月至1985年12月，中煤一建公司设计室副主任、主任工程师。

李明温 男，汉族，1936年10月出生，山西省临猗县人，1953年1月参加工作，1956年加入中国共产党，北京长辛店技校毕业，技校学历，政工师，1996年11月退休。

李明温1951年7月至1953年1月，北京长辛店技校学习。1953年1月至1959年10月，太原机车厂工人。1959年10月至1962年11月，太原机车厂车间团总支书记。1962年11月至1964年9月，太原机车厂团委干事。1964年10月至1965年6月，太原机车厂机关团总支副书记。1965年6月至1968年，太原机车厂团委副书记。1968—1970年，太原机车厂部件车间党支部书记。1970年至1973年9月，太原机车厂工会副主席。1973年9月至1978年7月，邯邢煤炭工业基本建设局工作。1978年7—9月，邯邢煤炭指挥部宣传部宣传科副科长。1978

年9月至1981年8月，邯邢煤炭指挥部宣传部宣传科科长、组织科科长。1981年8月至1985年3月，第十工程处党委副书记。1981年12月至1985年3月，第十工程处党委副书记兼纪委书记。1985年3—12月，第一建设公司职工中等专业学校副校长。1985年12月至1994年6月，第一建设公司老干部处党总支书记、副处长，主持工作。

邓文芳 男，汉族，1943年12月出生，河南省襄城县人，1964年参加工作，1986年9月加入中国共产党，包头市煤校矿建专业毕业，中专学历，高级工程师，2000年退休。

邓文芳1964年分配到内蒙古乌达矿务局三矿工作。1982年7—10月，第四十九工程处副处长兼矿建六队队长。1982年10月至1985年3月，第十工程处副处长。后调任河南煤管局基建处处长、煤炭工业部煤炭学会专业委员、河南煤炭学会建井专业委员会委员、河南省设计协会常务理事等职。

高长志 男，汉族，1940年1月出生，辽宁省桓仁县人，1959年9月参加工作，1984年8月加入中国共产党，辽宁省抚顺煤校矿井建设专业毕业，中专学历，高级经济师，2000年1月退休。

高长志1956年9月至1959年9月，辽宁省抚顺煤校矿井建设专业学习。1959年9月至1976年3月，四川省煤炭工业管理局机关团支部书记。1976年3月至1978年9月，第十工程处安监科技术员。1978年9月至1982年8月，第十工程处计划科副科长。1982年9—10月，第十工程处计划科科长。1982年10月至1994年11月，第十工程处副处长、副总经济师。1994年11月至2000年1月，第十工程处调研员。

闫志义 男，汉族，1938年11月出生，山西省阳城县人，1961年8月参加工作，1965年5月加入中国共产党，山西省大同煤校采煤专业、山西矿院函授班采煤专业毕业，大专学历，高级工程师，高级政工师，1998年11月退休。

闫志义1958年8月至1961年8月，山西省大同煤校采煤专业学习。1961年8月至1963年10月，西山矿务局西铭煤矿调度员。1963年10月至1965年5月，西山矿务局西铭煤矿掘进三队、开拓队技术员。1965年5—12月，西山矿务局西铭煤矿团委副书记。1965年12月至1974年4月，贵州六盘水二分厂团书记，党支部书记，科长。1974年4—8月，煤炭部建安公司宣教处科长。1974年8月至1978年7月，邯邢基地领导小组秘书科长。1978年7月至1982年2月，邯邢煤炭指挥部行政办公室秘书科科长。1982年2月至1983年9月，邯邢煤炭指挥部办公室副主任。1983年9月至1985年3月，第十工程处处长，1985年3月至1998年3月，第十工程处党委书记。

1994年5—11月,第十工程处代处长。1998年3月至1998年11月,第十工程处调研员。

赵庭煜 男,汉族,1936年6月出生,北京市西城区人,1958年10月参加工作,北京矿业学院矿井建设系矿山企业建筑专业毕业,本科学历,高级工程师,享受政府特殊津贴,1996年6月退休。

赵庭煜1958年10月至1960年10月,山西潞安矿务局建井三队西旺斜井、东旺、王庄煤矿井下劳动。1960年10月至1967年5月,第十工程处矿建一队、三队、四队技术员,矿建一队副队长。1967年5月至1973年5月,第十工程处矿建二队、三队、四队技术员。1973年5月至1978年9月,第十工程处矿建四队、五队技术员。1978年9月至1982年1月,矿建一工区副主任。1982年1月至1984年3月,邯邢煤炭指挥部工程技术处和施工组织研究所工作。1984年3月至1986年6月,第十工程处总工程师。1986年6月至1989年2月,常村管理处工作。1989年2月至1994年11月,第十工程处总工程师。1994年1月,受到国务院表彰,自1993年10月起享受政府津贴。1994年11月至1996年6月,第十工程处调研员。

朱光辉 男,汉族,1937年11月出生,北京市平谷县人,1958年9月参加工作,1979年6月加入中国共产党,中专学历,高级政工师,1997年11月退休。

朱光辉1958年9月至1981年10月,第十工程处土建队副队长、队长。1981年10月至1982年3月,第十工程处建安工区副主任。1982年3月至1983年3月,第十工程处土建一队副队长。1983年3—5月,第十工程处土建一队队长。1983年5月至1985年5月,第十工程处土建队队长。1985年3月至1985年7月,第十工程处副处长。1985年7月至1994年11月,第十工程处党委副书记。1994年11月至1997年11月,第十工程处调研员。

程起俊 男,汉族,1938年11月出生,山西省屯留县人,1963年9月参加工作,1965年11月加入中国共产党,山西矿业学院煤田勘探专业毕业,本科学历,高级工程师,1998年11月退休。

程起俊1963年9月,山西矿业学院煤田勘探专业毕业。1963年9月至1976年10月,第十工程处地质技术员。1976年10月至1981年12月,第十工程处工程管理科副科长。1981年12月至1982年10月,第十工程处矿建二工区党总支书记。1982年10月至1983年5月,第十工程处矿建二工区主任。1983年5月至1985年5月,矿建一工区党支部书记。1985年3月至1994年11月,第十工程处副处长。1994年11月至1998年11月,第十工程处调研员。

刘树勋 男,汉族,1948年9月出生,河北省安国市人,1968年7月参加工作,1976年11月加入中国共产党,太原理工学院文秘专业毕业,大专学历,高级政工师,邯郸市第十一届人大代表,邯郸市复兴区第五届、第六届人大代表,2008年10月退休。

刘树勋1968年7月至1975年5月,河北省安国县(现安国市)庞各庄东街下乡。1975年5月至1978年11月,第十工程处土建三队副队长、团支部书记。1978年11月至1983年5月,第十工程处纪律检查委员会干事。1983年5月至1984年4月,第十工程处土建队党支部书记。1984年4月至1985年5月,第十工程处土建大队党总支书记。1985年5—9月,第十工程处土建一队党支部书记。1985年9月至1998年3月,第十工程处副处长,1998年3月至2002年9月,第十工程处党委书记。2002年11月至2005年2月,中煤一建公司老干部处处长。

张振生 男,汉族,1946年11月出生,河北省广宗县人,1970年5月加入中国共产党,1973年12月参加工作,大专学历,2006年11月退休。

张振生1973年12月至1975年,第十工程处掘进工。1975年至1976年9月,第十工程处矿建二队党支部副书记。1976年9月至1979年3月,第十工程处矿建一工区党总支副书记。1979年3月至1981年8月,第十工程处矿建三队党支部书记。1981年8月至1982年9月,矿建二工区党支部书记。1982年9月至1985年,第十工程处工会副主席。1985年至1987年10月,第十工程处行政办公室主任。1986年5月至1988年10月,第十工程处机关第三党支部书记。1987年10月至1998年3月,第十工程处安全监察站站长。1988年10月,第十工程处机关第六党支部书记。1998年6月至2000年8月,第十工程处金龙项目部经理、党支部书记。2000年8月至2002年3月,第十工程处陶二项目部经理。2000年10月至2002年10月,第十工程处陶二项目部党总支书记。

王玉江 男,汉族,1954年6月出生,河北省平乡县人,1974年2月参加工作,1985年6月加入中国共产党,河北经济管理干部学院毕业,大专学历,高级会计师,2014年6月退休。

王玉江1974年2月至1975年,第十工程处工人。1975年至1983年4月,第十工程处财务科工作。1983年4月至1985年5月第十工程处财务科副科长。1985年7月至1987年7月,河北省经济管理干部学院学习。1985年5月至1991年4月,第十工程处财务科科长。1990年3月至1991年10月,第十工程处副总会计师。1991年10月至1994年6月,第十工程处总会计师。1994年6月至2004年,中煤一建公司副总会计师兼财务处处长。2004—2006年,中煤一建公司总会计师。2006年8月至2012年,中煤五建公司总会计师。

蒲耀年 男,汉族,1959年12月出生,青海省海东市人,1982年7月参加工作,1990年7月加入中国共产党,西安矿业学院采矿工程系毕业,学士学位,教授级高级工程师,中共河北省邯郸市第五届党代会代表,中国煤炭工业第一、二、三届技术专家委员会委员,中国建筑业协会建筑工程技术专家委员会委员,中国煤炭学会矿山建设与岩土工程专业委员会特聘专家,第三、四、五届《建井技术》编委会委员,第五届国家安全生产专家组成员,现任中煤集团技术管理中心副主任。

蒲耀年1978年9月至1982年6月,西安矿业学院采矿工程系矿井建设专业学习。1982年7月至1985年5月,第十工程处矿建一队技术员、助理工程师、技术负责人。1985年5月至1986年1月,第十工程处矿建一队副队长。1986年1月至1986年6月,第十工程处工程科矿建技术主管。1986年6月至1987年7月,常村管理处工程办公室矿建技术主管。1987年7月至1990年2月,第十工程处工程技术科矿建主管工程师。1990年3月至1993年3月,工程技术科副科长。1993年3月至1994年11月,第十工程处矿建副总工程师。1994年11月至1998年3月,第十工程处生产副处长、总工程师。1995年7月至1996年4月,兼土耳其TTK卡拉洞矿井施工项目部经理。1996年11月至1998年3月,兼沙曲项目部常务副经理、党总支书记。1998年3月至2004年5月,第十工程处处长。2004年5月至2010年8月,中煤一建公司总工程师。2010年9月至2012年8月,中煤集团总工程师办公室技术管理。2012年8月至2014年3月,中煤集团总工程师办公室主任工程师(部门副职)。2014年3月起,中煤集团技术管理中心副主任。

范起家 男,汉族,1957年2月出生,山东省昌邑县人,1974年2月参加工作,1979年6月加入中国共产党,邯郸职工大学行政管理专业毕业,大专学历,高级政工师,2017年2月退休。

范起家1974年2月至1983年1月,第十工程处工区团支部书记、团委干事。1983年1月至1985年5月,第十工程处团委副书记。1985年5月至1989年6月,第十工程处组织部副部长。1989年6月至1990年11月,第十工程处劳人科副科长。1990年11月至1994年11月,第十工程处组织部部长。1994年11月至1995年,第十工程处党委副书记。1995年5月至1998年3月,第十工程处党委副书记、纪委书记。1998年3月至2002年9月,第十工程处副处长。2002年9月至2009年5月,第十工程处党委副书记。2002年9月至2009年10月,第十工程处纪委书记、工会主席。2009年5月至2010年11月,第十工程处党委书记、副处长。2010年11月至2012年1月,中煤一建公司第四工程处党委书记、副处长。2012年1月至2013年3月,中煤一建公司建筑材料厂党委书记。2013年3月,离岗休养。

平永生 男,汉族,1952年11月出生,天津市宁河县人,1969年7月参加

工作，1985年12月加入中国共产党，中国矿业学院机电自动化专业毕业，大学学历，高级工程师，2012年11月退休。

平永生1969年7月至1976年9月，第十工程处安装队电工。1976年9月至1980年1月，中国矿业学院机电自动化专业学习。1980年1月至1981年6月，河南省平顶山市选煤设计研究院技术员。1981年6月至1984年5月，第十工程处机电安装队技术员。1984年5月至1985年8月，第十工程处机电安装队助理工程师。1985年8月至1993年12月，第十工程处机电安装队副队长、工程师。1994年4月至1994年11月，第十工程处安装公司经理。1994年11月至2010年3月，第十工程处机电副处长。2010年3月至2012年11月，第十工程处调研员。

颜 毅 男，汉族，1956年11月出生，北京市人，1975年7月参加工作，1991年7月加入中国共产党，河北矿院毕业，专科学历，经济师，2016年11月退休。

颜毅1975年7月至1983年3月，第十工程处安装队工人。1983年3月至1985年3月，河北矿院企业管理专业学习。1985年3—8月，山东矿院计算机专业学习。1985年8月至1992年5月，第十工程处组织人事科定额员、调配员、劳资员。1992年5月至1994年11月，第十工程处组织人事劳资科副科长。1994年11月至2008年10月，第十工程处副处长。1995年4月至2008年10月，第十工程处总经济师、副处长。2008年10月至2010年11月，中煤一建公司武装保卫部副部长。2010年12月，离岗休养。

李占福 男，汉族，1956年7月出生，河北省馆陶县人，1975年参加工作，1979年3月加入中国共产党，中央党校政治专业毕业，本科学历，高级政工师，邯郸市复兴区第七届人大代表，2016年8月退休。

李占福1975年12月至1979年6月，中煤一建公司特凿处大钻机工区钻井队队长、工区团支部书记。1979年6月至1981年11月，特凿处团委书记。1981年11月至1984年2月，特凿处地质工区党支部副书记（主持党政全面工作）。1984年2月至1985年3月，特凿处纪委监察员。1985年3月至1986年8月，特凿处机修总厂党支部书记。1986年8月至1998年3月，特凿处党委组织部、政工部部长、党委委员、纪委委员。1998年3月至2002年9月，第十工程处纪委书记、工会主席。2001年5月，被邯郸市委、邯郸市政府授予"邯郸市职工劳动模范"称号。2002年9月至2005年2月，第十工程处党委书记、副处长。2005年2月至2007年1月，中煤一建公司纪委副书记、监察室主任。2007年1月至2010年7月，中煤黑龙江煤炭化工（集团）有限公司党委副书记、纪委书记。2010年8月至2015年3月，中煤大屯煤电（集团）有限责任公司党委副书记、纪委书记。2010年8月至2015年4月，中煤大屯煤电（集团）有限责任公司监事、监事会主席、机关党委书记。2010年11月至2015年4月，中煤上海大屯能源股份有限公司监事、第四届监事会主席。2014年3月至2015年4月，中煤大屯煤电（集团）有限责任公司工会主席、上海市总工会委员、江苏省徐州市总工会委员。2015年4月至2016年12月，中国中煤能源集团公司第二巡视组副组长。

杨富华 男，汉族，1954年6月出生，河北省武安市人，1974年2月参加工作，1996年5月加入中国共产党，山西矿业学院企业管理经济专业毕业，专科学历，经济师，2014年6月退休。

杨富华1974年2月至1975年3月，第十工程处培训队团支部书记。1975年3月至1975年7月，秦皇岛煤校概、预算培训班学习。1975年8月至1985年5月，第十工程处计划科预算员。1980年10月至1983年7月，山西矿业学院企业管理经济专业学习。1985年5月至1994年12月，第十工程处计划科副科长。1994年12月至1995年5月，第十工程处副总经济师。1995年5月至1998年3月，第十工程处副总经济师兼经营办公室主任。1998年3月至2010年3月，第十工程处副处长。2010年3月至2014年6月，第十工程处调研员。

吕广同 男，汉族，1963年7月出生，山西省高平市人，1984年8月参加工作，1997年12月加入中国共产党，山西矿业学院矿井建设专业毕业，工学学士

学位，教授级高级工程师，现任中煤一建公司副总工程师。

吕广同1980年9月至1984年8月，山西矿业学院矿建建设专业学习。1984年8月至1985年5月，第十工程处矿建六队技术员。1985年5月至1989年3月，第十工程处矿建六队技术副队长。1989年3月至1993年4月，第十工程处工程科科员。1993年4月至1994年12月，第十工程处工程科副科长。1994年12月至1998年3月，第十工程处副总工程师。1998年3月至2011年11月，第十工程处总工程师。2011年11月至2013年3月，第二工程处总工程师。2013年3月至2015年6月，中煤一建公司工程技术部副部长（主持工作）。2015年6月至2016年12月，中煤一建公司工程技术部部长。2016年12月起，中煤一建公司副总工程师。

李京荣 男，汉族，1957年7月出生，山西省高平市人，1976年12月参加工作，1984年12月加入中国共产党，河北煤炭建筑工程学院矿井建设专业毕业，大专学历，高级工程师，2017年7月退休。

李京荣1976年12月至1983年2月，第十工程处安装队。1983年3月至1985年3月，河北煤炭建筑工程学院矿井建设专业学习。1985年3月至1993年4月，第十工程处矿建二队技术员、技术队长。

1993年4月至1996年6月，第十工程处矿建二工区生产副主任。1996年6月至1998年3月，第十工程处矿建二工区主任。1998年3月至2009年5月，第十工程处副处长、安监处处长。2009年5月至2012年7月，中煤一建公司调度室副主任。2012年7月离岗休养。

王海宝 男，汉族，1963年2月出生，河北省井陉县人，1987年7月参加工作，1993年7月加入中国共产党，山东矿业学院建井专业毕业，工学学士学位，教授级高级工程师，邯郸市复兴区第八届人大代表，现任中煤一建公司生产调度室主任。

王海宝1983年9月至1987年7月，山东矿业学院建井专业学习。1987年7月至1988年8月，第四十九工程处矿建六队技术员。1988年8月至1989年3月，第十工程处矿建二队技术员。1989年3月至1993年3月，第十工程处矿建十队副队长。1993年3月至1995年8月，第十工程处矿建十队队长。1995年8月至1998年5月，第十工程处矿建二工区技术副主任。1998年5月至2002年1月，第十工程处矿建二工区主任。2002年1月至2002年9月，第十工程处矿建副总工程师兼二工区主任。2002年9月至2004年6月，第十工程处生产副处长。2004年6月至2009年5月，第十工程处处长、党委副书记。2009年5月至2009年11月，中煤一建公司调度室。2009年11月至2011年3月，山西三元煤业股份有限公司总经理助理兼生产技术科科长。2011年3月至2013年1月，山西三元煤业股份有限公司总工程师。2013年4月至7月，中煤一建公司副总工程师。2013年7月至2014年2月，中煤一建公司副总工程师，第四工程处副处长（主持全面工作）、党委副书记。2014年2—6月，中煤一建公司副总工程师，第四工程处长、党委副书记。2014年6月至2015年6月，中煤一建公司副总工程师。2015年6月至2016年9月，中煤一建公司生产调度室副主任。2016年9月起，中煤一建公司生产调度室主任。

钟占良 男，1966年2月出生，河北省清苑县人，1990年7月参加工作，1995年7月加入中国共产党，山西矿院矿井建设专业毕业，学士学位，矿建高级工程师，现任中煤陕西榆林能源化工有限公司大海则煤矿项目部副主任。

钟占良1990年7月至1996年4月，第十工程处矿建队技术员、副队长。1996年4月至1998年5月，第十工程处土耳其施工项目部副经理兼项目部主任工程师。1998年5月至2001年3月，第十工程处工程科科长兼调度室主任。1998年10月，第十工程处机关第三党支部书记。2001年3月至2002年1月，第十工程处工程科科长。2002年1月至2002年9月，第十工程处矿建副总工程师兼工程科科长。2002年9月至2010年7月，第十工程处副处长。2003年4月，第十工程处副处长兼天祝工程项目部经理。2004年3月，第十工程处副处长兼大宁项目部经理。2005年3—10月，第十工程处副处长兼吴桂桥项目部经理、党总支书记。2006年8月至2008年5月，第十工程处副处长兼华资项目部经理。2006 年 9 月至 2007 年 11 月，第十工程处副处长兼华资项目部党总支书记。2008 年 5 月 24 日至 7 月 27 日，中煤一建公司援建四川灾区第一援建队队长。2009 年 9 月至 2010 年 6 月，第十工程处甜水堡工程项目部经理。2010 年 7 月至 2014 年 7 月，第四十九工程处生产副处长。2014 年 8 月起，中煤陕西榆林能源化工有限公司大海则煤矿项目部副主任。

李振东 男，1970 年 11 月出生，汉族，黑龙江省克东县人，1993 年 4 月加入中国共产党，1994 年 7 月参加工作，黑龙江矿业学院工业企业管理专业毕业，河北工程大学在职研究生，工程硕士学位，教授级高级工程师、高级政工师、会计师、注册安全工程师，现任中煤第五建设有限公司党委副书记、纪委书记。

李振东 1991 年 9 月至 1994 年 7 月，黑龙江矿业学院工业企业管理专业学习。1994 年 7 月至 10 月，第四十九工程处三工区实习。1994 年 10 月至 1995 年 11 月，第四十九工程处安装工区会计。1995 年 11 月至 1997 年 5 月，第四十九工程处团委副书记。1997 年 5 月至 2000 年 8 月，第四十九工程处崔家寨项目部党总支副书记、书记。2000 年 8 月至 2003 年 6 月，第四十九工程处崔家寨项目部党总支书记、项目经理。2002 年 8 月至 2004 年 4 月，河北工程大学管理科学与工程专业硕士研究生班学习。2003 年 6 月至 2005 年 2 月，中煤一建公司办公室副主任。2004 年 3 月至 2007 年 1 月，河北工程大学会计学专业学习，管理学学士学位。2005 年 2 月至 2008 年 6 月，第十工程处党委书记、副处长。2008 年 6 月至 2010 年 5 月，第六十三工程处处长、党委副书记。2010 年 5 月至 2011 年 1 月，第十工程处处长、党委副书记。2010 年 1 月至 2012 年 6 月，河北工程大学矿业工程专业在职研究生学习，工程硕士学位。2011 年 1 月至 2011 年 8 月，中煤建设集团公司安监局工作。2011 年 8 月至 2012 年 3 月，中煤建安公司办公室工作。2012 年 3 月至 2013 年 3 月，中煤建安公司办公室主任。2013 年 3 月至 2016 年 6 月，中煤建安集团公司工会主席、办公室主任、机关党委书记。2016 年 6 月至 2016 年 11 月，中煤集团党委巡视组专职副组长。2016 年 11 月起，中煤五建公司党委副书记、纪委书记。

张永生 男，汉族，1964 年出生，河北省景县人，1987 年 7 月参加工作，2000 年 7 月加入中国共产党，中国矿业大学工业与民用建筑专业毕业，大学学历，教授级高级工程师，现任北京康迪建设监理咨询有限公司党委书记、副总经理。

张永生 1987 年 7 月至 2001 年 9 月，第三十一工程处土建队技术员、队长，土建工区副主任、技术主管，工程承包部副部长、副总工程师。2001 年 9 月至 2003 年 6 月，中煤一建公司工程技术处主任工程师（副处级）。2003 年 6 月至 2005 年 2 月，中煤一建公司工程技术处副处长。2005 年 2 月至 2008 年 7 月，中煤一建公司企业发展部部长。2008 年 7 月至 2009

年5月,第十工程处党委书记、副处长。2009年6—11月,在中煤一公司煤炭运营筹备处工作。2009年12月至2010年11月,中煤建设集团工程管理部副部长、工程承包部副总经理、安全监察局副局长。2010年12月起,北京康迪建设监理咨询有限公司党委书记、副总经理。

程岩青 男,汉族,1965年5月出生,山西省屯留县人,1983年6月参加工作,1994年4月加入中国共产党,河北保定职工大学机械工艺及设备专业毕业,大专学历,高级工程师,邯郸市复兴区第九届人大代表,现任中煤一建公司总经理助理。

程岩青1981年9月至1983年6月,邯邢煤炭基本建设技工学校土建专业学习。1983年6月至1987年9月,第十工程处机电安装队钳工。1987年9月至1990年7月,河北保定职工大学机械工艺及设备专业学习。1990年8月至1995年1月,第十工程处安装公司技术员。1995年1月至2000年4月,第十工程处安装公司副经理。1995年被邯郸市人民政府授予"邯郸市劳动模范"称号。2000年4月至2002年11月,第十工程处机电副总工程师。2002年11月至2003年10月,第十工程处机电副总工程师兼工程科科长。2006年7月至2007年7月,第十工程处机电副总工程师、工程科科长兼龙家堡项目部经理、党支部副书记。2007年7月至2008年5月,第十工程处机电副总工程师兼八宝项目部经理、党总支副书记。2008年5—6月,第十工程处处长助理。2008年6月至2009年5月,第六十三工程处安全监察处处长。2009年5月至2010年3月,第十工程处处长、党委副书记。2010年3—5月,中煤一建公司副总工程师。2010年5—11月,第六十三工程处处长、党委副书记。2010年11月至2011年4月,第十工程处党委书记、副处长。2011年4月至2016年9月,第十工程处处长、党委副书记。2014年2月至2016年9月,中煤一建公司总经理助理兼第十工程处处长、党委副书记。2016年9月起,中煤一建公司总经理助理。

孙银河 男,汉族,1968年4月出生,河北省易县人,1989年7月参加工作,1997年7月加入中国共产党,河北工程大学计算机应用与维护专业、河北工程大学经济管理学院工程管理专业毕业,武汉大学工程硕士学位,高级工程师,现任中煤一建公司副总工程师兼机电安装处处长、党委副书记。

孙银河1987年9月至1989年7月,北京煤炭工业学校矿山机电专业学习。1989年7月至2006年4月,第三十一工程处技术员、队长、工程师、项目经理。1998年9月至2002年6月,河北工程大学计算机应用与维护专业学习。2004年3月至2007年1月,河北工程大学经济管理学院工程管理专业学习。2006年5月至12月,中煤一建公司安监局科长。2006年12月至2007年2月,中煤一建公司安监局主任工程师。2007年2月至2009年5月,中煤一建公司安监局副局长。2009年5—10月,第十工程处安监处处长。2009年10月至2010年11月,第十工程处副处长，期间曾兼任第十工程处东周窑、门客庆项目经理，宝龙山项目指挥部总指挥。2010年11月至2011年6月，中煤一建公司水泉分公司总经理、党委副书记。2011年6月至2014年2月，中煤一建公司机电信息部部长、机电管理部部长。2012年1月至2013年12月，武汉大学国际软件学院攻读硕士学位。2014年2月至2015年3月，中煤一建公司副总工程师。2015年3月起，中煤一建公司副总工程师兼机电安装处处长、党委副书记。

王向东 男，汉族1974年4月出生，内蒙古自治区兴安盟人，1999年6月加入中国共产党，1995年7月参加工作，辽宁省抚顺煤炭工业学校通风与安全专业、河北省工程大学土木工程专业毕业，本科学历，工程师，现任永泰能源山西康伟集团有限公司副总经理。

王向东 1995年7月，辽宁省抚顺煤炭工业学校通风与安全专业毕业。1995年7月至2004年11月，第四十九工程处技术员、队长、副经理。2004年11月至2007年3月，第四十九工程处工程科长、开发部长。2007年3月至2009年10月，第四十九工程处副总工程师兼项目经理。2009年10月至2010年6月，第十工程处安监处处长。2010年6—11月，第十工程处副处长。2010年11月至2011年1月，中煤山西金海洋元宝湾煤业总经理。2011年1—8月，华瀛山西能源投资有限公司总经理助理。2011年6月，河北省工程大学土木工程专业毕业。2011年8月至2012年12月，山西银源煤焦开发有限公司安苑煤业总经理兼矿长。2012年12月至2015年12月，山西银源煤焦开发有限公司新生煤业董事长兼总经理。2015年12月至2017年6月，永泰能源华泰矿业管理总部生产经营管理部部长。2017年6月起，永泰能源山西康伟集团有限公司副总经理。

袁钟煜 男，汉族，1965年10月出生，山西省祁县人，1987年7月参加工作，北京煤炭工业学校煤矿机电专业毕业，中专学历，工程师，现任第四十九工程处机电副处长。

袁钟煜 1985年9月至1987年7月，北京煤炭工业学校煤矿机电专业学习。1987年7月至1991年9月，第十工程处机运队技术员。1991年9月至1993年4月，第十工程处矿建综合队机电副队长。1993年4月至1996年10月，第十工程处矿建二工区机运队队长。1996年10月至1999年5月，矿建二工区机电副主任。1999年5月至2001年10月，第十工程处工程科助理工程师。2001年10月至2004年12月，梧桐庄项目副经理。2004年12月至2006年7月，第十工程处沙曲项目部副经理。2006年7月至2010年3月，第十工程处机电副总工程师。2010年3月至2011年10月，第十工程处机电副处长。2011年10月至2016年12月，中煤一建公司机电管理部副部长、山不拉煤矿改扩建工作组副组长。2017年1月起，第四十九工程处机电副处长。

张春梅 女，汉族，1964年4月出生，辽宁省昌图县人，1982年6月参加

工作，2004年6月加入中国共产党，河北工程大学财政金融专业、河北工程大学会计专业毕业，大专学历，会计师，现任中煤一建公司副总经济师兼建筑材料厂厂长、党总支书记。

张春梅1979年9月至1982年5月，黄粱梦高级中学学习。1982年6月至1986年8月，69处行政科会计。1986年9月至1998年3月，第十工程处会计。1998年3—8月，第十工程处审计科副科长。1998年8月至2005年3月，第十工程处财务科副科长。2004年3月至2007年1月，河北工程大学财政金融专业函授学习。2005年3月至2009年9月，第十工程处财务科科长。2008年3月至2011年1月，河北工程大学会计学专业函授学习。2009年9月至2010年3月，处长助理。2010年3月至2011年5月，第十工程处副处长。2011年5—10月，第四工程处副处长、总会计师。2011年10月起，中煤一建公司副总经济师兼建筑材料厂厂长。2015年6月起，兼建筑材料厂党总支书记。

刘炳峰 男，汉族，1967年8月出生，河南省固始县人，1986年参加工作，1996年加入中国共产党，山东科技大学经济管理专业毕业，本科学历，矿建工程师，现任陕西天工建设有限责任公司副总经理。

刘炳峰1986年至2007年9月，第四十九工程处二工区副队长、队长、金庄、锦丘、赵楼、沙曲项目部经理。2007年9月至2010年6月，第四十九工程处生产副处长。2010年6月至2011年3月，第十工程处安监处处长。2011年3月至2013年，陕西煤化建设集团神府掘进公司党委副书记、常务副经理。2013年起，陕西中煤建设有限公司副总经理。

李兰柱 男，汉族，1971年5月出生，河北省抚宁县人，1995年7月加入中国共产党，1996年7月参加工作，河南省焦作工学院建筑工程系矿井建设专业毕业，工学学士学位，教授级高级工程师，现任中煤一建公司机电安装工程处党委副书记、纪委书记、工会主席。

李兰柱1992年9月至1996年7月，焦作工学院建筑工程系矿井建设专业。1996年7月至2000年2月，第十工程处二工区技术员。2000年2月至2002年11月，第十工程处五阳项目部工程师。2002年11月至2003年10月，第十工程处工程科副科长。2003年10月至2005年10月，第十工程处计划合同科科长。2005年10月至2006年8月，第十工程处棋盘井项目部副经理兼党支部书记。2006年8月至2007年9月，第十工程处华资项目部党总支书记。2007年9月至2008年5月，第十工程处八宝项目部党总支书记、技术副经理。2008年5月至2010年5月，第十工程处八宝项目部经理。2010年5月至2010年12月，第十工程处矿建副总工程师兼八连城项目部经理、党支部副书记。2010年12月至2013年4月，第十工程处副处长兼八连城项目部经理。2013年4月至2014年2月,第十工程处党委副书记、纪委书记。2014年2月至2018年1月,第十工程处党委副书记、纪委书记、工会主席。2018年1月起,中煤一建公司机电安装工程处党委副书记、纪委书记、工会主席。

龚大龙 男,汉族,1964年2月出生,河北省石家庄市人,1983年7月参加工作,1998年6月加入中国共产党,秦皇岛煤炭财经学校煤炭工业计划统计专业、河北财经学院计划专业、河北科技师范学院会计学专业毕业,本科学历,高级经济师,现任中煤一建公司项目资源开发部部长。

龚大龙1981年9月至1983年7月,秦皇岛煤炭财经学校煤炭工业计划统计专业学习。1983年7月至1990年6月,第十工程处计划科计划统计员。1988年7月至1992年10月,河北财经学院计划专业学习。1990年7月至1995年8月,第六十三工程处预算合同科矿建预算员。1995年8月至1997年11月,第六十三工程处财务科副科长。1997年11月至1999年10月,第六十三工程处社保科副科长。1999年10月至2000年9月,第六十三工程处第一工程公司经营副经理。2000年9月至2002年9月,第六十三工程处第一工程公司经营副经理、梧桐庄项目部副经理。2002年9月至2003年5月,第六十三工程处矿建一工区副主任。2003年5月至2007年1月,第六十三工程处财务科科长。2007年1月至2009年7月,第六十三工程处财务管理部部长(副总待遇)。2007年1月至2009年6月,河北科技师范学院会计学专业函授学习。2009年7—11月,第六十三工程处财务管理部部长兼亨健项目部经理(副总待遇)。2009年11月至2010年11月,第六十三工程处副处长。2010年11月至2017年5月,第十工程处经营副处长。2017年5月起,中煤一建公司项目资源开发部部长。

郝玉国 男,汉族,1959年5月出生,河北省肥乡县人,1982年7月参加工作,1985年12月加入中国共产党,邯邢煤炭基本建设技工学校井巷掘进专业、中共河北省委党校党政干部函授学院大专班经济管理专业、河北大学行政管理专业毕业,大专学历,高级政工师,现任中煤一建公司邯郸物业管理公司总经理、邯郸物流分公司经理。

郝玉国1980年10月至1982年7月,邯邢煤炭基本建设技工学校学习。1982年7月至1984年9月,第六十三工程处二工区八队团支部书记。1984年9月至1987年5月,第六十三工程处二工区团总支书记。1987年5月至1992年5月,第六十三工程处工会干事。1992年5月至1997年8月,第六十三工程处工会办公室主任。1995年9月至1998年7月,中共河北省委党校党政干部函授学院大专班经济管理专业学习。1997年8月至2004年10月,第六十三工程处工会副主席。2004年10月至2010年11月,第六十三工程处副处长、党委副书记、纪委书记、工会主席。2008年1月至2011年1月,河北大学行政管理专业函授学习。

2010年11月至2011年11月，第十工程处党委副书记。2011年11月至2013年1月，第十工程处党委副书记、纪委书记、工会主席。2013年1月至2015年12月，中煤一建公司邯郸物业管理公司总经理、党委书记。2015年12月起，中煤一建公司邯郸物业管理公司总经理、邯郸物流分公司经理。

张彦田 男，汉族，1972年10月出生，河北省永清县人，1996年7月参加工作，2003年8月加入中国共产党，焦作工学院水文地质与工程地质专业毕业，焦作工学院水文地质与工程地质专业工学学士、河北工程大学结构工程专业工学硕士学位，教授级高级工程师，现任第三十一工程处处长、党委副书记。

张彦田1993年9月至1996年7月，焦作工学院水文地质与工程地质专业学习。1996年7月至2000年9月，第三十一工程处技术员。2000年9月至2003年8月，第三十一工程处安全监察部主任安监员。2003年8—11月，第三十一工程处唐口项目部技术员。2003年11月至2006年12月第三十一工程处唐口项目部副经理。2005年9月至2008年3月，河北工程大学结构工程专业学习。2006年12月至2007年9月，第三十一工程处赵庄项目部经理。2007年9月至2009年7月，第三十一工程处赵庄、五阳项目部经理。2009年7月至2011年3月，第三十一工程处李村、赵庄、五阳项目部经理。2011年3月至2017年4月，第十工程处副处长。2017年4月10—17日，第三十一工程处副处长。2017年4月起，第三十一工程处处长、党委副书记。

许雪刚 男，汉族，1973年3月出生，山西省壶关县人，1991年10月参加工作，2005年12月加入中国共产党，邯邢煤炭基本建设技工学校、邯郸职工大学计算机与信息管理专业、武汉理工大学电气工程及其自动化（煤矿方向）专业毕业，本科学历，工程师，现任中煤一建公司内蒙古分公司安监处处长。

许雪刚1988年9月至1991年7月，邯邢煤炭基本建设技工学校学习。1991年7月至1999年7月，第十工程处安装公司电工、班长。1999年7月至2003年12月，第十工程处机械制造厂电工。2003年12月至2009年6月，第十工程处机电科副科长兼信息管理中心副主任。2005年2月至2007年1月，邯郸市职工大学计算机与信息管理专业学习。2009年6月至2010年5月，第十工程处麻家梁项目部党总支书记、安全副经理。2010年5月至2011年3月，第十工程处机械制造厂厂长、党支部副书记。2011年3—10月，第十工程处安监处处长。2011年10月至2015年3月，第二工程处安监处处长。2015年3月至2016年10月，中煤一建公司安全监察部副部长。2016年10月至2017年6月，中煤一建公司南阳坡分公司副总经理。2017年6月起，中煤一建公司内蒙古分公司安监处处长。

徐宏伟 男，汉族，1965年10月出生，江苏省盐城市人，1986年4月加入中国共产党，1988年6月参加工作，中国

矿业大学矿井建设专业、中国矿业大学建筑与土木工程专业毕业，研究生，工程硕士，教授级高级工程师，现任中煤平朔集团党委副书记、纪委书记。

徐宏伟 1984 年 9 月至 1988 年 6 月，中国矿业大学矿井建设专业学习。1988 年 6 月至 1992 年 8 月，第二工程处技术员、团委书记、党政办公室主任。1992 年 8 月至 1996 年 2 月，江苏省煤炭基本建设公司团委书记。1996 年 2 月至 2006 年 2 月，5 处党委副书记、多种经营处处长、党委书记。1997 年 9 月至 1999 年 7 月，中国矿业大学建筑与土木工程专业学习。2006 年 2 月至 2010 年 12 月，第四工程处党委书记、副处长。2010 年 12 月至 2011 年 3 月，负责圪柳沟煤矿筹备工作。2011 年 4 月至 2014 年 4 月，第十工程处党委书记、副处长。2014 年 4 月至 2016 年 11 月，五建公司党委副书记、纪委书记。2016 年 11 月起，中煤平朔集团党委副书记、纪委书记。

乔 志 男，汉族，1973 年 5 月出生，内蒙古自治区赤峰市人，1997 年 7 月参加工作，1999 年 10 月加入中国共产党，辽宁工程技术大学矿井建设专业毕业，本科学历，教授级高级工程师，现任山西华晋韩咀煤业有限公司总工程师。

乔志 1993 年 9 月至 1997 年 7 月，辽宁工程技术大学矿建建设专业学习。1997 年 7 月至 1998 年 11 月，第二工程处三工区技术员。1998 年 11 月至 2001 年 2 月，第二工程处三工区副主任。2001 年 2 月至 2003 年 10 月，第二工程处工程科副科长。2003 年 10 月至 2005 年 10 月，第二工程处东大项目部副经理。2005 年 10 月至 2006 年 7 月，第二工程处东大项目部经理。2006 年 7 月至 2007 年 3 月，第二工程处龙固项目部经理、党总支书记。2007 年 2—10 月，第二工程处新河项目部经理。2007 年 10 月至 2010 年 5 月，第二工程处孔庄项目部经理。2010 年 5 月至 12 月，第二工程处葫芦素项目部经理。2010 年 12 月至 2011 年 10 月，第二工程处副处长兼葫芦素项目部经理。2011 年 10 月至 2017 年 9 月，第十工程处总工程师。2017 年 9 月起，山西华晋韩咀煤业有限公司总工程师。

李明镜 男，汉族，1968 年 6 月出生，河北省大名县人，1992 年 6 月加入中国共产党，1992 年 7 月参加工作，中国矿业大学矿井建设专业毕业，工学学士，工程师，现任中煤一建公司副总经理。

李明镜 1988 年 9 月至 1992 年 7 月，中国矿业大学矿井建设专业学习。1992 年 7 月至 1997 年 12 月第六十三工程处立井工区矿建技术员、副队长、队长、技术主管。1997 年 12 月至 1999 年 10 月，第六十三工程处矿建一工区工会代主席（副科级）。1999 年 10 月至 2000 年 9 月，第六十三工程处矿建第一工程公司工会代主席。2000 年 9 月至 2002 年 2 月，第六十三工程处矿建第一工程公司党总支副书记。2002年2—9月，第六十三工程处矿建第三工程公司党支部书记。2002年9月至2003年2月，第六十三工程处矿建四工区党支部书记、副主任。2003年2—4月，第六十三工程处矿建四工区主任。2003年4月至2009年7月，第六十三工程处党委副书记、纪委书记、工会主席。2009年7月至2010年1月，中煤一建公司煤炭生产运营筹备处处长。2010年1—12月，中煤一建公司矿业分公司党委书记、副总经理。2010年12月至2011年3月，中煤一建公司担水沟分公司总经理、党总支书记。2011年3—8月，中煤一建公司担水沟分公司总经理、党委副书记。2011年8月至2012年3月，中煤一建公司山不拉煤矿矿长、党委副书记。2012年3月至2014年4月，中煤一建公司山不拉煤矿改扩建工作组副组长（主持全面工作），2014年4月至2015年6月，第十工程处党委书记、副处长兼中煤一建公司山不拉煤矿改扩建工作组副组长。2015年6月至2017年6月，第十工程处党委书记、副处长。2017年6月起，中煤一建公司副总经理。

（二）现任领导

（以第十工程处领导分工文件排名为序）

郭林忠 男，汉族，1965年3月出生，山西省长治县人，1987年7月参加工作，1997年5月加入中国共产党，北京煤炭工业学院煤田勘探与矿井地质专业、河北工程大学工程造价专业函授毕业，专科学历，高级工程师，现任第十工程处处长、党委副书记。

郭林忠1985年9月至1987年7月，北京煤炭工业学院煤田勘探与矿井地质专业学习。1987年7月至1996年10月，第十工程处工程科技术员。1996年10月至1997年3月，第十工程处工程科副科长。1997年3月至2002年11月，矿建三工区生产副主任兼矿建四队队长。2002年11月至2004年3月，第十工程处矿建二工区副主任。2003年10月至2004年3月，矿建二工区党总支书记。2004年3月至2005年6月，第十工程处红山项目部经理、党总支书记。2005年6月至2005年10月，下霍项目部常务副经理、党总支副书记。2005年10月至2008年5月，干河项目部经理、党总支书记。2007年11月，矿建副总工程师。2008年5月至2008年8月，第十工程处处长助理。2008年8月至2010年8月，第十工程处副处长兼黄玉川项目部经理。2010年3月至2013年1月，河北工程大学工程造价专业函授学习。2010年9月至2016年9月，第十工程处副处长兼禾草沟项目部经理、常务副总指挥。2016年9月起，第十工程处处长、党委副书记。

赵红江 男，汉族，1965年2月出生，河南省长垣县人，1983年12月参加工作，1994年6月加入中国共产党，河北省青年管理干部学院政治学系、中央党校峰峰函授站经济管理系毕业，本科学历，高级政工师，现任第十工程处党委书

记、副处长。

赵红江 1981 年 9 月至 1983 年 6 月，河南省长垣县第五高级中学学习。1983 年 12 月至 1987 年 8 月，第六十三工程处维修队团支部书记。1987 年 8 月至 1989 年 9 月，第六十三工程处团委干事。1989 年 9 月至 1991 年 7 月，河北省青年管理干部学院政治学系学习。1991 年 7 月至 1995 年 10 月，第六十三工程处党委宣传部干事。1995 年 10 月至 1997 年 12 月，第六十三工程处团委副书记。1995 年 9 月至 1997 年 12 月，中央党校峰峰函授站经济管理系学习。1997 年 12 月至 2005 年 2 月，第六十三工程处党委宣传部副部长、部长。2005 年 2 月至 2007 年 5 月，中煤一建公司党委宣传部副部长、精神文明建设指导委员会办公室主任。2007 年 5 月至 2009 年 10 月，中煤一建公司纪委副书记。2009 年 10 月至 2011 年 10 月，第十工程处党委副书记、纪委书记、工会主席。2011 年 10 月至 2012 年 5 月，中煤一建公司工会副主席兼公司机关工会主席。2012 年 5 月至 2015 年 3 月，第二工程处党委书记、副处长。2015 年 3 月至 2017 年 6 月，中煤一建公司党群工作部部长、党委办公室主任。2015 年 11 月至 2017 年 6 月，兼公司机关党委书记。2017 年 6 月起，第十工程处党委书记、副处长。

袁国平 男，汉族，1965 年 10 月出生，江苏省武进县人，1986 年 7 月在第二工程处参加工作，1991 年 10 月加入中国共产党，徐州煤炭建筑工程学校矿井建设专业、山东大学安全技术管理专业毕业，专科学历，工程师，现任第十工程处安全监察处处长。

袁国平 1984 年 9 月至 1986 年 7 月，徐州煤炭建筑工程学校矿井建设专业学习。1986 年 7 月至 1994 年 12 月，第二工程处五工区技术员。1994 年 12 月至 1996 年 1 月第二工程处五工区安全副主任。1996 年 1—6 月，第二工程处石膏矿副矿长（副科级待遇）。1996 年 6 月至 1998 年 6 月，第二工程处祁东项目部工程科科长。1998 年 6 月至 2003 年 2 月，中煤第五建设公司副总工程师兼祁东项目经理。2003 年 2—3 月，4 处副处长兼安全监察处处长。2003 年 3—8 月，4 处副处长、安全监察处处长、第二项目部经理。2003 年 8 月至 2004 年 7 月，4 处副处长。2004 年 7 月至 2006 年 4 月，4 处副处长兼丁集项目部经理。2006 年 4 月至 11 月，4 处处长助理。2006 年 11 月至 2007 年 4 月，4 处处长助理兼沙曲项目部经理。2007 年 4 月至 8 月，4 处副处长。2007 年 8 月至 2010 年 8 月，中煤五建公司第二工程处安全监察处处长。2010 年 8 月至 2011 年 10 月，中煤一建公司第二工程处安全监察处处长。2010 年 9 月至 2013 年 1 月，山东大学网络教育学院安全技术管理专业学习。2011 年 10 月起，第十工程处安全监察处处长。

李晓良 男，汉族，1970 年 12 月出生，河北省永年县人，1992 年 7 月参加工作，2005 年 7 月加入中国共产党，山西矿业学院矿井建设专业毕业，本科学历，教授级高级工程师，现任第十工程处生产副处长。

李晓良 1988 年 9 月至 1992 年 7 月，

山西矿业学院矿建建设专业学习。1992年7月至2002年7月，第六十三工程处立井工区、矿建五队、梧桐庄项目部技术员、技术主管。2002年7月至2003年5月，第六十三工程处安全生产部副部长。2003年5月至2007年1月，第六十三工程处安全生产部部长。2007年1—5月，第六十三工程处副总工程师兼安全生产部长。2007年5—12月，第六十三工程处副总工程师兼安全生产部长、十二项目经理。2007年12月至2010年11月，第六十三工程处副总工程师兼斜沟项目经理。2010年11月至2016年11月，第十工程处副处长兼斜沟项目部经理、党支部副书记。2016年11月起，第十工程处生产副处长。

雷 新 曾用名雷兴权，男，汉族，1979年9月出生，江苏省徐州市人，1998年4月参加工作，2005年7月加入中国共产党，中国矿业大学中英文秘书专业、中国地质大学土木工程专业毕业，本科学历，政工师，现任第十工程处党委副书记、纪委书记、工会主席。

雷新1998年4月，在中煤五建公司三处参加工作。1999年9月至2002年7月，中国矿业大学中英文秘书专业学习。2002年8—10月，中煤五建公司祁东项目部工程科科员。2002年10月至2005年1月，中煤五建公司第四工程处党政办公室秘书。2005年1月至2007年2月，中煤五建公司第四工程处办公室副主任。2007年9月至2009年7月，中国地质大学土木工程专业学习（在职）。2007年2月至2010年8月，中煤五建公司第四工程处党政办公室主任、信访办主任、党支部书记、纪委委员。2010年8月至2010年11月，中煤一建公司第四工程处党政办公室主任、信访办主任、机关党支部书记、纪委委员。2010年11月至2018年1月，中煤一建公司南阳坡分公司党委副书记、纪委书记、工会主席。其间于2011年4—7月，中共中央党校国资委分校学习（脱产）。2018年1月起，中煤一建公司第十工程处党委副书记、纪委书记、工会主席。

陈学伟 男，汉族，1971年11月出生，江苏省邳州市人，1993年8月参加工作，2004年7月加入中国共产党，徐州煤炭建筑工程学校机电设备安装专业、徐州建筑职业技术学院成人教育学院企业经营管理专业毕业，本科学历，工程师，现任第十工程处机电副处长。

陈学伟1991年9月至1993年7月，徐州煤炭建筑工程学校机电设备安装专业学习。1993年8月至1997年6月，3处机电技术员。1997年6月至1998年10月，3处机电副队长。1998年10月至2000年10月，3处安装队副队长。2000年10月至2003年3月，3处土耳其项目部机电技术员。2003年3月至2005年5月，3处顾桥项目部副经理。2004年2月至2007年2月，徐州建筑职业技术学院成人教育学院企业经营管理专业学习。

2005年5月至2007年7月，3处滕东项目部副经理。2007年7月至2011年1月，3处机电管理科科长。2011年1—7月，中煤一建公司机电信息部副部长（主持工作）。2011年7—11月，中煤一建公司机电管理部副部长。2011年11月起，第十工程处机电副处长。

李艮桥 男，汉族，1974年4月出生，湖北省荆州市人，1997年4月加入中国共产党，1997年7月参加工作，焦作工学院采矿工程专业毕业，工学学士，教授级高级工程师，现任第十工程处总工程师。

李艮桥1993年9月至1997年7月，焦作工学院采矿工程专业学习。1997年7月至1999年11月，第四十九工程处邢东项目部矿建六队技术员。1999年11月至2000年6月，第四十九工程处矿建三队副队长、副书记。2000年6月至2000年10月，第四十九工程处土建项目部技术员。2000年10月至2002年1月，第四十九工程处工程技术科副科长。2002年1—9月，第四十九工程处第一凿井项目部技术部长。2002年9月至2005年7月，第四十九工程处第一凿井项目部技术主管。2005年7月至11月，第四十九工程处杨柳项目部生产副经理兼技术主管。2005年11月至2006年11月，第六十三工程处霍尔辛赫项目部副经理。2006年11月至2007年12月，第六十三工程处郭家沟项目部经理。2007年12月至2009年6月，第六十三工程处黑城子项目部经理。2009年6月至2011年3月，第六十三工程处林南仓项目部经理。2011年3—9月，中煤一建公司工程技术部。2011年9月至2016年11月，中煤一建公司工程技术部主任工程师（副处级）。2016年11月至2017年9月，中煤一建公司工程技术部副部长（主持工作）。2017年9月起，第十工程处总工程师。

代秋巍 男，汉族，1975年11月出生，吉林省蛟河市人，1997年8月参加工作，2008年7月加入中国共产党，吉林工业学校煤田地质勘探与矿井地质专业、河北大学计算机与信息管理专业、山东大学安全工程专业毕业，本科学历，工程师，现任第十工程处副处长兼小回沟项目部经理。

代秋巍1993年7月至1997年7月，吉林工业学校煤田地质勘探与矿井地质专业学习。1997年7月至2000年12月，第十工程处南李庄、南阳、回坡底、魁星楼、常村工区矿建技术员。2001年8月至2002年4月，第十工程处刘庄项目部助理工程师。2002年5月至2007年5月，河北大学计算机与信息管理专业学习。2007年3—5月，第十工程处李雅庄项目部助理工程师。2007年6月至2010年7月，第十工程处龙家堡项目部技术副经理。2010年7—9月，第十工程处八连城项目部技术副经理。2010年9月至2011年3月，第十工程处华胜项目部经理。2011年3—12月，第十工程处华胜项目部经理、党支部副书记。2011年12月至2016年2月，第十工程处副总工程师兼华胜项目部经理、党支部副书记。2016年2—4月，第十工程处副总工程师、土耳其项目筹备组组长。2016年4月至

2016年8月，第十工程处副总工程师、韩咀项目部工作组副组长。2016年8—10月，第十工程处副总工程师、小回沟项目部工作组副组长。2016年10月至2017年1月，第十工程处副总工程师兼小回沟项目部经理。2017年1月起，第十工程处副处长兼小回沟项目部经理。

孟昭国 男，汉族，1979年11月出生，山东省东阿县人，2003年7月参加工作，2014年7月加入中国共产党，山东省农业管理干部学院会计专业、河北大学会计专业毕业，本科学历，会计师，现任第十工程处经营副处长。

孟昭国2000年9月至2003年7月，山东省农业管理干部学院会计专业学习。2003年7月至2006年10月，益海（连云港）粮油工业有限公司会计。2006年10月至2009年4月，第六十三工程处王家岭项目部会计。2009年4月至2010年3月，第六十三工程处王家岭项目部财务主管。2010年3月至2010年9月，第六十三工程处财务管理部主管。2010年9月至2010年11月，第六十三工程处财务管理部副部长。2010年11月至2011年5月，第十工程处财务管理部副部长。2011年5—8月，中煤一建公司机械总厂财务管理部部长。2011年8月至2012年5月，中煤一建公司财务管理部资金主管。2012年6月至2014年6月，第十工程处财务管理部部长。2014年6月至2017年3月，第十工程处副总会计师兼财务管理部部长。2017年3—5月，中煤一建公司山不拉煤矿副矿长、总会计师。2017年5月起，第十工程处经营副处长。

三、劳动模范

（担任过处级领导职务的劳模，在"人物略传"和"党政领导"中记载）

（一）省部级劳模

曹化南 男，汉族，1931年2月出生，河北省容城县人，1954年参加工作，1952年加入中国共产党，中专文化文化程度，机电工程师，1991年5月离休。2008年11月去世，享年77岁。

曹化南曾任工段长、厂工会主席、队党支部书记、机电科长、机修厂厂长等职务。

1956年被评为山西省劳动模范。1985年至1988年，连续四年被评为邯郸市劳动模范。评为先进生产者。1981—1983年，连续三年被评为邯郸市劳动模范。1980—1985年，连续六年被评为邯郸市优秀共产党员。1981年被评为河北省劳动模范。1982年被评为全国煤炭工业劳动模范。

张友来 男，汉族，1955年7月出生，山西省长治县人，1973年1月在51089部队服役，1976年1月加入中国共产党，1978年5月在乡镇农场务工，邯邢煤炭基本建设技工学校毕业，1985年8月，第十工程处农民协议工。1999年9月转为合同制工人，2010年12月退休。

张友来曾担任副班长、班长、质检员、调度员、矿建队党支部书记等职务。

1993年被评为邯郸市先进生产（工作）者。1997年被评为邯郸市职工劳动模范、中煤建设集团文明职工。1998年被评为河北省劳动模范，并荣获中国煤炭工业第四届乌金节精神奖。

李增德 男，汉族，1953年7月出生，河北省邢台县人，1974年2月参加工作，1979年6月，加入中国共产党，小学文化程度，2006年7月退休。

李增德曾任第十工程处掘进工、班长、副队长、队长等职务。

1977年、1984年先后两次被邯郸市

郭爱国 男，汉族，1965年7月出

生,山西省壶关县人,1985年8月参加工作,1992年12月加入中国共产党,高中文化程度,工程师,现任第十工程处处长助理、大海则项目部经理兼党支部副书记。

郭爱国曾任第十工程处矿建二队班长、队长、验收员、综合队长,龙家堡、八宝项目部生产副经理,麻家梁、门客庆、大海则、沟底项目部经理,麻家梁、门客庆项目部党总支书记,门客庆、大海则项目部党总支副书记,矿建副总工程师等职,2017年4月起任现职。

2012年1月,被评为中国中煤能源集团公司劳动模范。2013年9月,被评为中央企业(部级)劳动模范,事迹编入《中国梦劳动美——中央企业劳动模范风采录》。

(二)市 级 劳 模

姚文兰 女,汉族,1936年11月出生,河北省深县人,1960年8月参加工作,1981年11月加入中国共产党,河北省束鹿师范学校毕业,中专文化程度,小学高级教师,1992年9月退休。

姚文兰1958年7月至1960年7月,河北省束鹿师范学校学习。1960年8月至1962年8月,河北省正定二中教师。1962年9月至1978年11月,河南陕县观音堂煤矿子弟学校教师。1978年12月至1992年9月,第十工程处子弟学校教师。

1982年被评为河北省小学模范班主任,1983年被评为河北省"三八"红旗手、邯郸市先进少年儿童工作者,1983、1984、1985年被评为邯郸市劳动模范。

张卫堂 男,汉族,1966年10月出生,河北省邢台市人,1986年4月参加工作,2007年6月加入中国共产党,高

中文化程度,四川大学网络教育学院人力资源管理专业毕业,现任第十工程处处长助理、门客庆项目部经理兼党支部副书记。

张卫堂曾任第十工程处矿一队、土耳其项目部、工区班长,南李庄、吴桂桥、华资项目部队长,华资项目部、白音乌素、禾草沟项目部副经理,门克庆项目部经理兼党总支副书记等职,2017年4月起任现职。

2012年4月,被邯郸市人民政府授予"邯郸市劳动模范"称号。

何银林 男,汉族,1969年1月出生,河北省涉县人,邯邢煤炭基本建设技工学校矿建专业毕业,1989年8月参加工作,协议工。2002年3月转为合

同制工人。

何银林1998年8月至2010年11月，历任第六十三工程处矿建队副班长、班长、副队长、队长等职。2010年11月至2015年1月，任第十工程处斜沟项目部生产副经理兼国庆队队长。2015年1月至今，任第十工程处门克庆项目部生产副经理兼国庆队队长。

2016年7月，被邯郸市人民政府授予"邯郸市劳动模范"称号。

四、各类代表及高中级职称人员名录

（一）出席市级党代会代表名录

攀枝花市第一次党代会（1971）代表：韩明信 宗仁旺 申秀则 郭留根 董树清 马长发 范兴文

邯郸市第四次党代会（1990）代表：邵勇

邯郸市第五次党代会（1995）代表：蒲耀年

（二）出席市级人代会代表名录

邯郸市第十一届人民代表大会（1998）代表：刘树勋

（三）1958—2017年专业"三总师"名录

序号	名称	姓名
1	总工程师	高光升、袁克智、李顺贵、赵庭煜、蒲耀年、吕广同、乔志、李艮桥
2	总经济师	颜毅
3	总会计师	马长发、赵贵新、王玉江
4	矿建副总工程师	高光升、袁克智、何汉生、刘尚和、李顺贵、颜继忠、陈开柳、王永年、王天林、张连仲、解恩贵、蒲耀年、吕广同、张东幸、张学斌、王海宝、钟占良、姜士杰、赵如意、郭林忠、李振民、李树兵、李兰柱、刘治强、杜具成、苏永、代秋巍、郭爱国、马献民
5	通风副总工程师	王林平、梁士昌
6	机电副总工程师	王升、张挥、刘良善、常福堂、程岩青、袁钟煜、秦红辉、范强
7	土建副总工程师	王维秀、秦泽艮、葛志平
8	副总经济师	高长志、杨富华、颜毅、高长学、魏巍、周峰川、卓昌云、杨院生、代志春
9	副总会计师	赵贵新、王玉江、周祥龙、郭兴华、王汉东

（四）1992—2017年高中级技术职称人员名录

序号	名　称	姓　　名
1	教授级高级工程师	蒲耀年、王海宝、吕广同、李艮桥、李兰柱、李晓良、乔志、张彦田
2	高级工程师	赵庭煜、解恩贵、王维秀、张挥、周存炳、张连仲、邵存法、刘良善、程起俊、冉启刚、王亚平、秦泽艮、龙泽刚、周寅东、常福堂、殷琪、蔡万银、郜镒、张文山、马虎成、韩宝玉、李家祯、王福祥、平永生、谢云平、李富德、闫志义、王国荣、张东幸、苗维庆、李福秋、姚占山、张学斌、钟占良、程岩青、孙银河、李振东、苏永、郭林忠、刘兆彬、徐宏伟、李爱民、代秋巍、米培英
3	高级经济师	高长志、邵勇、高长学、龚大龙
4	高级政工师	闫志义、朱光辉、李树荣、高尚华、孙玉虎、牛峰智、刘树勋、范起家、翁富贵、李振东、赵红江、郭茂森
5	工程师	李顺贵、王升、关寿田、王天林、何汉生、赵庆印、张德发、朱光辉、高长志、刘子贵、郭银富、陈素芬、王武洲、孔祥会、李俊清、纪新法、赵如意、张风贵、韩宝书、冀文凯、贾庚民、杨玉华、乔宏、刘佩英、曹化南、于德林、宋德新、王建文、高长学、师锁劳、李会田、李怀孔、曹潞生、姜士杰、许祥文、崔晓萍、王广锁、王德忠、李京荣、邵良、刘树勋、李顺昌、王辉、葛志平、成宏建、李跃飞、王建斌、马爱花、王宇通、李银斗、李新民、张昌斌、周峰川、李志峰、文霞、李振民、张炳星、王立升、兰峰、常希瑞、王林平、李明镜、李新勇、袁国平、谢宁芳、孙春祥、衣德飞、瞿武、曹文华、袁钟煜、张帮进、梁士昌、魏福敬、牛鹏翔、邹达山、刘治强、王玉林、赵金富、杨兆芳、张义、秦红辉、范强、董海顺、柳国强、李树兵、辛杰、赵立江、李晋飞、郭海军、常世坤、张树梅、褚文会、李彦会、田光坡、宋成刚、马建国、朱思民、张朝锋、葛宪魁、高国红、刘世荣、赵文涛、卓昌云、孙继富、李永乾、常晓庭、陈学伟、袁周政、黄志杰、张建鸿、刘靓、王建宏、郭爱国、王莉棉、许雪刚、金小栋、段安新、刘雪川、张全忠、陈德利、郭彦军、韩海江、李勇、马献民、曹化军、赵建新、彭书平、赵书堂、张亚东、任海龙、许辉、邢燕、刘道成、周高奇、马晓东、佟喜海、马骁、王占栓、栗军昌、刘晓东、张鹏、阴玉峰、张涛、张艳涛、曹高锋、冀海军、夏俊峰、李志江、倪文娟、蒲元宏、赵奎、李飞、田衡山、包训武、范强、王辉、王丛发、贾立杰
6	经济师	孟昭侯、杨继红、张云生、赵国庆、颜毅、赵桂娥、蔺士惠、王广生、郭建林、杨富华、周峰川、田霖、靳立霞、赵建红、马静、杜翠霞、苏颖乐、李晓明、张慧慧、张向、李江波

(续表)

序号	名称	姓名
7	会计师	王玉江、李成贵、郭颖、何玉玲、包家梁、赵芯、郝丽英、郭兴华、张春梅、张敏、李宾则、杜翠霞、郭爱劳、孟昭国、张向
8	政工师	张海彪、李进龙、宓庭友、范喜田、赵振安、吴胜谦、刘恒珍、戴光富、焦焕章、韩忠义、方庭德、平买兴、秦志堂、江英男、田俊虎、李保顺、李鳌成、李广州、董喜顺、周玉臣、郭太民、任兴旺、张孝荣、曹建忠、宓栓成、倪丽萍、马天真、郝玉国、吴树平、魏巍、康永刚、闫保安、程四清、靳秀珍、张友录、马玉芹、雷平、杜仙梅、马桂荣、秦平安、董建平、崔连效、高俊权、温和旺、赵来成、张永红、马玲、马玉真、王会庆、代志春、牛鑫斌、尹英杰、张蕾、蒲源忠、司马玉静、张书培

（五）国家职业资格注册人员名录

序号	名称	姓名
1	一级建造师	蒲耀年、王海宝、张永生、平永生、吕广同、钟占良、侯文生、李天堂、牛鹏翔、程岩青、周峰川、葛志平、王广生、王志谦、姜世杰、李宾则、李晓良、苏永、张慧慧、栗军昌、张艳涛、李顺昌、黄志杰、张彦田、王文常、李晓明
2	二级建造师	郭建林、李兰柱、杜具成、王桂锋、刘长印、马虎成、杨富华、柳国强、龚大龙、赵立江、韩继军、张帮进、张俊科、张云雷、王方、刘维鹏、王文常、杨宁、栗军昌、赵书堂、曹高锋、李飞、孙荣泽、王晶晶、岳亮、张慧慧、刘晓东、张书培、靳立霞、彭进书、赵建红、田霖、贾立杰、许辉、苏颖乐、杜翠霞、吕显超、范强
3	安全工程师	王文常、谢宁芳、李京荣、王林平、王桂锋、张彦田、牛鹏翔、瞿武、周峰川、张帮进、徐明哲、苗桂红、孙晓风、李艮桥、苏永、田衡山、王达、温和旺、李锋、乔志、袁国平、曹高锋、苏颖乐、王晓锋、李晓良、刘维鹏、冯永刚、李飞、赵建红
4	造价工程师	文霞

中煤一建公司第十工程处志

荣　　誉

一、集体荣誉

收录标准：档案资料记载的第十工程处及所属各部门、各单位所获国家级、省部级、市级荣誉称号及各类奖项，分企业荣誉和工程荣誉两类，依获取时间顺序列表。

1959—2017 年第十工程处企业荣誉统计表

序号	单位名称	荣誉称号/奖项	获取时间	颁发机关
1	王忙孩掘进班	长治市先进班组一等奖	1959-07-11	长治市人民政府
2	张连生青年突击班	长治市先进班组二等奖	1959-07-11	长治市人民政府
3	矿建一队	煤炭部嘉奖	1966-04	煤炭工业部
4	工程科测量组	质量信得过测量班组	1978	煤炭工业部
5	工程科测量组	准确无误测量组	1978	邯郸市
6	矿五队	国家丙级队	1979-02	煤炭工业部
7	计生办	在计划生育中做出显著成绩	1982-03	邯郸市委市政府
8	通风队	劳动保护先进单位	1984	邯郸市
9	职工食堂	文明食堂	1984	邯郸市总工会
10	职工食堂	文明食堂	1986	邯郸市总工会
11	安装队	1985年煤炭基本建设乙级安装队	1986-04	煤炭工业部
12	十处	治安安全合格单位	1985	山西省公安厅
13	计生办	在计划生育中取得显著成绩	1985-03	邯郸市委市政府
14	十处工会	十处工会职工之家	1985	邯郸市总工会
15	公安科	治安安全合格单位	1986-01	山西省公安厅、山西省经济委员会、中国人民保险公司山西省分公司
16	十处	邯郸市先进单位	1986	邯郸市
17	十处	邯郸市安全生产先进单位	1986	邯郸市
18	十处武安子弟学校	"面向现代化"主题队会奖	1986	共青团邯郸市委

（续表）

序号	单位名称	荣誉称号/奖项	获取时间	颁发机关
19	公安科	先进集体	1986	长治市公安局
20		先进集体	1987	长治市公安局
21		先进集体	1988	长治市公安局
22		先进集体	1989	长治市公安局
23		先进集体	1990	长治市公安局
24	安装队	1986年度部级等级队	1987-02	煤炭工业部
25	矿建一工区机电队	1986年度煤炭基本建设施工设备管理维修先进单位	1987-02	煤炭工业部
26	十处	1986年邯郸市文明单位	1987-02	邯郸市精神文明建设委员会
27	十处	邯郸市安全生产先进单位	1987-02	邯郸市人民政府
28	经济民警中队一分队	先进集体	1987-04	长治市公安局
29	十处	1987年邯郸市文明单位	1987	邯郸市精神文明建设委员会
30	财务科	煤炭工业部第一批先进财务部门	1988-02	煤炭工业部
31	矿建一工区机运队	1987年度基本建设施工设备管理维修先进单位	1988-04	煤炭工业部
32	经济民警中队二班	1987年度先进集体	1988-04	长治市公安局
33	机修厂	八八年度先进集体	1988	邯郸市
34	经警中队一小队	先进集体	1989-04	长治市公安局
35	十处团委	颁发团员证工作先进单位	1989-12-25	河北省团委
36	武装部	1989年先进单位	1989-12-30	丛台区人民武装部
37	土建二队	省级等级队	1989	河北省
38	十处工会	三优五好先进单位	1989	山西省文化厅
39	公安科	工矿企业消防安全管理达标单位	1989	河北省计划经济委员会、公安厅、劳动人事厅
40	矿六队	企业级等级队	1989	中国统配煤矿总公司
41	矿七队	企业级等级队	1989	中国统配煤矿总公司
42	武安子弟学校	八九年中招高分率优秀奖	1989	邯郸市教委
43	安监站	先进安监站	1989	邯郸市

(续表)

序号	单位名称	荣誉称号/奖项	获取时间	颁发机关
44	十处工会	十处工会先进工会委员会	1989	邯郸市总工会
45	公安科	长治市经济民警中队先进集体	1989	长治市经济民警中队
46	十处放映队	八八年电影工作五好单位	1989	长治市文化局
47	十处	文明单位	1989	邯郸市
48	十处	安全达标单位	1989	中国煤炭企业协会
49	十处	八九年度"重合同、守信用"企业	1990-04	邯郸市工商行政管理局
50	经济民警中队	1989年度先进集体	1990-04	长治市公安局
51	经警中队四小队	先进集体	1990-04	长治市公安局
52	十处	1989年度"文明单位"	1990-06	邯郸市委市政府
53	十处	河北省煤炭工业企业管理协会团体会员	1990-10-22	河北省煤炭工业企业管理协会秘书处
54	十处	企业档案管理合格证（省级先进）	1990-11-29	河北省档案局
55	十处	会计工作达标单位	1990-12-31	中国统配煤矿总公司
56	十处	邯郸市"普法合格单位"	1990-12	邯郸市普法领导小组
57	十处	煤炭基本建设优秀企业	1990-12-14	煤炭基建管理协会
58	安监站	先进集体	1990	中国统配煤矿总公司
59	机修厂	多种经营先进集体	1990	中国统配煤矿总公司
60	十处	河北省煤炭工业企业"万年杯"管理知识竞赛优秀奖	1990-10	河北省煤炭工业厅、煤炭企业协会
61	十处团委	亚运捐款荣誉证	1990	亚运基金会
62	矿四队掘进三班	河北省安全优秀班组	1990-12-15	河北省总工会、河北省计划经济委员会
63	矿七队团支部	红旗团支部	1990	邯郸市团委
64	武安子弟学校	九年义务教育达标	1990	邯郸市人民政府
65	十处工会	1989年度"双服务"竞赛先进单位	1990	中国煤炭建设协会
66	矿四队团支部	红旗青年突击队	1991-05-03	邯郸市团委
67	十处	安全生产先进单位	1990	邯郸市人民政府

（续表）

序号	单位名称	荣誉称号/奖项	获取时间	颁发机关
68	矿四队掘进三班	1990年度安全优秀班组	1990-12	邯郸市总工会、经委、建委、劳动局
69	车队党支部	先进基层党组织	1990	中共邯郸市委
70	十处	计量合格单位（三级）	1990-12	山西省计量局
71	安监处	1990年度先进安监处	1991-01	统配煤矿总公司
72	民警中队	红旗团支部	1991-01	邯郸市团委
73	十处	1990年度安全生产先进单位	1991-02	统配煤矿总公司基建局
74	机电科	90年度煤炭基建施工设备管理、维修先进单位	1991-03-04	中国统配煤矿总公司
75	机修厂	90年度煤炭基建施工设备管理、维修先进单位	1991-03-04	中国统配煤矿总公司
76	十处	1990年度"重合同、守信用"企业	1991-03	邯郸市工商行政管理局
77	十处	1990年度安全生产先进单位	1991-03	邯郸市委市政府
78	经济民警中队一小队	1990年度先进集体	1991-03	长治市公安局
79	机修厂	集体企业先进单位	1991-05	统配煤矿总公司集体企业管理局
80	十处	煤矿职工生活福利（矿处级）先进单位	1991-06	中国统配煤矿总公司
81	十处	1990年文明单位	1991-06	邯郸市委市政府
82	速凝剂厂	"倡德牌"速凝剂荣获煤炭工业多种经营集体企业优质产品奖	1991-09-01	中国统配煤矿总公司集体企业管理局
83	十处	1990年度能源部设备管理优秀单位	1991-09	能源部
84	十处	全国煤炭工业矿、厂、处升级二级企业	1991-09	中国煤炭工业企业管理协会
85	十处	河北省企业管理基础工作达标单位	1991-10	河北省计划经济委员会

(续表)

序号	单位名称	荣誉称号/奖项	获取时间	颁发机关
86	劳资科	1990年度外工管理先进单位	1991-03-18	邯郸市劳动局
88	十处	1990年度职工体育工作先进集体	1991	邯郸市总工会、体委
89	矿建四队掘进三班	河北省安全优秀班组	1911-12-15	河北省总工会、计经委
90	十处	文明施工先进单位	1991-12	煤炭基本建设管理协会
91	十处	1991年文明单位	1992-03	邯郸市委市政府
92	安装一队	部级等级队	1996-12	煤炭工业部
93	矿建三队	1999年度全国煤炭行业（部级）等级队	2000-08-25	中国煤炭建设协会
94	建筑工程公司	1999年度全国煤炭行业（部级）等级队	2000-08-25	中国煤炭建设协会
95	十处	先进党支部	2000-07	中煤建设集团有限公司党委
96	沙曲项目部	施工设备管理先进单位	2002-01-15	中煤建设集团有限公司
97	十处	2001年度安全生产先进单位	2002-01	邯郸市人民政府
98	十处	省级2001年度重合同守信用企业	2002-03	河北省工商行政管理局、建设厅
99	建筑公司QC小组	2002年全国煤炭施工企业优秀QC小组	2002-04-19	中煤建设协会
100	十处	实施送温暖工程先进单位	2002-04	邯郸市总工会
101	矿建三队	2001年度煤炭行业（部级）等级队	2002-11-19	中国煤炭建设协会
102	矿建六队	2001年度煤炭行业（部级）等级队	2002-11-19	中国煤炭建设协会
103	矿建七队	2001年度煤炭行业（部级）等级队	2002-11-19	中国煤炭建设协会
104	矿建十二队	2001年度煤炭行业（部级）等级队	2002-11-19	中国煤炭建设协会
105	建筑工程公司	2001年度煤炭行业（部级）等级队	2002-11-19	中国煤炭建设协会

(续表)

序号	单位名称	荣誉称号/奖项	获取时间	颁发机关
106	安装公司	2001年度煤炭行业（部级）等级队	2002-11-19	中国煤炭建设协会
107	十处	安全质量竞赛活动优胜单位	2003-01	中煤建设集团有限公司
108	十处党委	先进党组织	2003-01	中煤建设集团有限公司党委
109	十处	安全质量优胜工程处	2003-03	中煤建设集团有限公司
110	十处	安全质量优胜工程处	2003-04	中国中煤能源集团有限公司
111	安监站	2002年安全生产先进集体	2003-04	邯郸市
112	十处	2002年度全国煤炭先进施工企业	2003-06	中国煤炭建设协会
113	矿建一队	2002年度全国煤炭行业（部级）等级队	2003-06-26	中国煤炭建设协会
114	矿建六队	2002年度全国煤炭行业（部级）等级队	2003-06-26	中国煤炭建设协会
115	矿建八队	2002年度全国煤炭行业（部级）等级队	2003-06-26	中国煤炭建设协会
116	矿建九队	2002年度全国煤炭行业（部级）等级队	2003-06-26	中国煤炭建设协会
117	矿建十二队	2002年度全国煤炭行业（部级）等级队	2003-06-26	中国煤炭建设协会
118	安装公司	2002年度全国煤炭行业（部级）等级队	2003-06-26	中国煤炭建设协会
119	矿建九队QC小组	2003年全国煤炭施工企业优秀QC小组	2003-10	中国煤炭建设协会
120	十处	2003年度安全防范先进单位	2004-01	邯郸市公安局
121	矿建二十队QC小组	2004年全国煤炭施工企业优秀QC小组	2004-06-10	中国煤炭建设协会
122	矿建二队QC小组	2004年全国煤炭施工企业先进QC小组	2004-06-10	中国煤炭建设协会

荣　　誉

(续表)

序号	单位名称	荣誉称号/奖项	获取时间	颁发机关
123	安装一队	2003年度全国煤炭行业（部级）等级队	2004-05-19	中国煤炭建设协会
124	安装二队	2003年度全国煤炭行业（部级）等级队	2004-05-19	中国煤炭建设协会
125	矿建五队	2003年度全国煤炭行业（部级）等级队	2004-05-19	中国煤炭建设协会
126	矿建九队	2003年度全国煤炭行业（部级）等级队	2004-05-19	中国煤炭建设协会
127	矿建十队	2003年度全国煤炭行业（部级）等级队	2004-05-19	中国煤炭建设协会
128	矿建十八队	2003年度全国煤炭行业（部级）等级队	2004-05-19	中国煤炭建设协会
129	矿建二十队	2003年度全国煤炭行业（部级）等级队	2004-05-19	中国煤炭建设协会
130	十处	2003年度安全生产先进集体	2004-08-12	邯郸市
131	十处	2003年度重质量守信用企业	2004-08	河北省工商行政管理局
132	十处	中国优秀企业数据库荣誉证	2004-09-16	中国企业联合会、中国企业家协会
133	十处	2004年度守合同重信用企业	2005-03	河北省工商行政管理局
134	十处	第三届《全国诚信单位光荣榜》上榜单位	2005-04	人民日报社新闻信息中心、《全国诚信单位光荣榜》活动办公室
135	十处党委	2005年度全市建设系统先进基层党组织	2005-06	中共邯郸市建设委员会
136	凿井二队QC小组	2005年全国煤炭施工企业优秀QC小组	2005-06-20	中国煤炭建设协会
137	十处	中国工程建设社会信用AAA企业	2005-07	中国工程建设社会信用管理委员会
138	矿建二十队QC小组	2005年全国工程建设优秀质量管理小组	2005-07	中国建筑业协会工程建设质量管理分会

(续表)

序号	单位名称	荣誉称号/奖项	获取时间	颁发机关
139	十处	中国优秀企业	2005-09	中国企业联合会、中国企业家协会
140	十处	2005年度全国煤炭行业（部级）优秀等级处	2005-11	中国煤炭建设协会
141	矿建二队	2005年全国煤炭行业（部级）优秀等级队	2005-11	中国煤炭建设协会
142	矿建五队	2005年全国煤炭行业（部级）优秀等级队	2005-11	中国煤炭建设协会
143	矿建九队	2005年全国煤炭行业（部级）优秀等级队	2005-11	中国煤炭建设协会
144	十处工会	邯郸市模范职工之家	2005-12	邯郸市总工会
145	十处	中国优秀企业数据库荣誉证	2005-05-13	中国企业联合会、中国企业家协会
146	十处	全国重质量守信誉公众满意单位	2006-02	中国质量信誉监督协会
147	十处党委	2005年度思想政治工作先进集体	2006-02	中共邯郸市建设委员会
148	十处工会	全国煤炭系统先进群监分会	2006-03	中国能源化学工会全国委员会
149	十处	2004—2005年度文明单位	2006-11	邯郸市委市政府
150	十处	2005年度重质量守信誉企业	2006	河北省工商行政管理局
151	十处	2006年度安全防范红旗单位	2007-01	邯郸市公安局
152	梧桐庄项目部党总支	2006年度思想政治工作先进集体	2007-02	中共邯郸市建设委员会
153	十处团委	五四红旗团委	2007-05	共青团邯郸市委
154	十处党委	2007年度全市建设系统先进基层党组织	2007-06	中共邯郸市建设委员会
155	龙家堡项目部凿井二队打眼班	五好班组	2007-06	中国中煤能源集团有限公司

(续表)

序号	单位名称	荣誉称号/奖项	获取时间	颁发机关
156	十处工会	河北省 AAA 级劳动关系和谐企业	2008-02	河北省劳动和社会保障厅、总工会、企业家协会
157	十处	2007年度安全防范红旗单位	2008-01	邯郸市公安局
158	十处	2007年度思想政治工作先进单位	2008-02	中共邯郸市建设委员会
159	十处党委	2007年度基层党建工作先进集体	2008-02	中共邯郸市建设委员会
160	矿建三队 QC 小组	2008年度河北省工程建设优秀质量管理小组	2008-04	河北省建筑业协会工程建设质量分会
161	黄玉川矿建五队 QC 小组	2008年度河北省工程建设优秀质量管理小组	2008-04	河北省建筑业协会工程建设质量分会
162	李雅庄矿三队	2008年河北省工程建设优秀质量管理小组	2008-04	河北省建设协会
163	黄玉川矿五队	2008年河北省工程建设优秀质量管理小组	2008-04	河北省建设协会
164	十处	2007年煤炭行业优秀等级处（部级）	2008-05	中国煤炭建设协会
165	十处团委	五四红旗团委	2008-09-23	共青团邯郸市委
166	八宝项目部党总支	中煤集团先进党总支	2008-05	中国中煤能源集团有限公司
167	十处	抗震救灾重建家园工人先锋号	2008-06	全国总工会
168	工会	省模范职工之家	2008-06	河北省总工会
169	十处政研会	邯郸市优秀政研会	2008-06-11	邯郸市
170	矿建三队 QC 小组	2007年省级工程建设优秀质量管理小组	2008-07	河北省建筑业协会
171	矿建五队 QC 小组	2007年省级工程建设优秀质量管理小组	2008-07	河北省建筑业协会
172	矿建三队 QC 小组	2007年全国煤炭施工企业优秀 QC 小组	2008-07	中国煤炭建设协会

(续表)

序号	单位名称	荣誉称号/奖项	获取时间	颁发机关
173	凿井二队	2007年煤炭行业优秀等级队（部级）	2008-07	中国煤炭建设协会
174	矿建一队	2007年煤炭行业优秀等级队（部级）	2008-07	中国煤炭建设协会
175	矿建二队	2007年煤炭行业优秀等级队（部级）	2008-07	中国煤炭建设协会
176	矿建四队	2007年煤炭行业优秀等级队（部级）	2008-07	中国煤炭建设协会
177	矿建七队	2007年煤炭行业优秀等级队（部级）	2008-07	中国煤炭建设协会
178	矿建九队	2007年煤炭行业优秀等级队（部级）	2008-07	中国煤炭建设协会
179	矿建十六队	2007年煤炭行业优秀等级队（部级）	2008-07	中国煤炭建设协会
180	矿建十九队	2007年煤炭行业优秀等级队（部级）	2008-07	中国煤炭建设协会
181	梧桐庄项目部团支部	青年文明号	2008-07	共青团邯郸市委
182	十处党委	2008年度全市建设系统先进基层党组织	2008-07	中共邯郸市建设委员会
183	十处	2007年度煤炭行业建筑业施工立井井筒月进度全国第一名	2008-08	中国煤炭建设协会、中国煤炭建设协会工程统计委员会
184	十处工会	邯郸市抗震救灾重建家园工人先锋号	2008-08	邯郸市总工会
185	十处	2006—2007年度精神文明建设"文明单位"	2008-11	邯郸市委市政府
186	十处工会	河北省职代会星级单位（三星）	2008-12	河北省总工会、省委组织部、国有资产监督管理委员会、劳动和社会保障厅、中小企业局、工商联合会

(续表)

序号	单位名称	荣誉称号/奖项	获取时间	颁发机关
187	十处工会	2008年度推进企业文化建设工作先进单位称号	2008-12	邯郸市总工会
188	十处	中国企业新纪录（第十三批）	2008-12	中国企业联合会、中国企业家协会
189	十处	邯郸市"庆祝改革开放30周年歌咏比赛"二等奖	2008-12-22	邯郸市
190	十处	2008年度安全防范"红旗单位"	2009-01	邯郸市公安局
191	十处党委	2008年度基层党建工作先进集体	2009-02	中共邯郸市建设委员会
192	十处工会	邯郸市"推进企业文化建设工作先进集体"	2009-03-06	邯郸市总工会
193	十处工会	邯郸市巾帼建功标兵岗	2009-03	邯郸市总工会
194	八宝项目部QC小组	2009年度河北省工程建设优秀质量管理小组	2009-04	河北省建筑业协会工程建设质量分会
195	建筑公司QC小组	2009年度河北省工程建设优秀质量管理小组	2009-04	河北省建筑业协会工程建设质量分会
196	党委宣传部	河北省煤炭工业科技信息及通讯报道工作先进单位	2009-07-15	河北省煤炭工业行业协会
197	十处	中国企业新纪录（第十四批）	2009-11	中国企业联合会、中国企业家协会
198	十处	2008年度煤炭行业（部级）优秀等级处	2009	中国煤炭建设协会
199	矿建一队	2008年度煤炭行业（部级）优秀等级队	2009	中国煤炭建设协会
200	矿建二队	2008年度煤炭行业（部级）优秀等级队	2009	中国煤炭建设协会
201	矿建四队	2008年度煤炭行业（部级）优秀等级队	2009	中国煤炭建设协会
202	凿井一队	2008年度煤炭行业（部级）优秀等级队	2009	中国煤炭建设协会

（续表）

序号	单位名称	荣誉称号/奖项	获取时间	颁发机关
203	十处	2009年度安全防范先进单位	2010-01	邯郸市公安局
204	龙家堡项目部QC小组	2010年度河北省工程建设优秀质量管理小组	2010-04	河北省建筑业协会工程建设质量分会
205	凿井七队QC小组	2010年度河北省工程建设优秀质量管理小组	2010-04	河北省建筑业协会工程建设质量分会
206	十处	2009年度宣传报道工作先进集体	2010-04	中国煤炭新闻网
207	十处团委	"五四红旗团委"	2010-06	共青团邯郸市委
208	沙曲项目部党总支	优秀党总支	2010-07	中国中煤能源集团有限公司
209	十处	河北省建设农林水利系统先进单位	2010-12	河北省建设农林水工会
210	十处	邯郸市"我工作，我快乐"演讲比赛三等奖	2010-12-02	邯郸市总工会
211	梧桐庄项目部团支部	"青年文明号"有效期：2010—2012年	2010	共青团河北省委
212	速凝剂厂	邯郸市"三八"红旗集体	2011-03	邯郸市妇女联合会
213	十处团委	"五四红旗团委"	2011-05	共青团邯郸市委
214	十处党委	先进基层党组织	2011-06-29	中共邯郸市委
215	十处党委	先进基层党组织	2011-07	中共邯郸市建设委员会
216	十处党委	先进基层党组织	2011-07	中煤建设集团有限公司党委
217	十处	2011年度一级安全质量标准化工程处	2011	中国中煤能源集团有限公司
218	十处	2011年全民健身活动优秀组织奖	2012-02	中国煤矿体育协会
219	十处	2011年全民健身活动先进单位	2012-02	中国煤矿体育协会
220	十处	2011年度计划生育协会工作先进集体	2012-03	邯郸市丛台区
221	门克庆团支部	青年文明号	2012-05	共青团中煤建设集团

（续表）

序号	单位名称	荣誉称号/奖项	获取时间	颁发机关
222	十处团委	五四红旗团委	2012-05	共青团邯郸市委
223	门克庆团支部	五四红旗团支部	2012-05	共青团邯郸市委
224	华胜	五四红旗团支部	2012-05	共青团邯郸市委
225	十处党委	创先争优先进基层党组织	2012-06	中共邯郸市委
226	禾草沟	青年文明号	2012-09	共青团邯郸市委
227	十处	2012年度一级安全质量标准化工程处	2013-01-05	中国中煤能源集团有限公司
228	十处	安全防范先进单位	2013-01	邯郸市公安局
229	十处党委	先进基层党组织	2013-06	中煤建设集团有限公司党委
230	十处党委	先进基层党组织	2013-06	中国中煤能源集团有限公司党委
231	矿建一队	2012—2013年度煤炭行业（部级）优秀等级队	2013-12	中国煤炭建设协会
232	矿建二队	2012—2013年度煤炭行业（部级）优秀等级队	2013-12	中国煤炭建设协会
233	矿建三队	2012—2013年度煤炭行业（部级）优秀等级队	2013-12	中国煤炭建设协会
234	矿建六队	2012—2013年度煤炭行业（部级）优秀等级队	2013-12	中国煤炭建设协会
235	矿建七队	2012—2013年度煤炭行业（部级）优秀等级队	2013-12	中国煤炭建设协会
236	矿建十三队	2012—2013年度煤炭行业（部级）优秀等级队	2013-12	中国煤炭建设协会
237	矿建十九队	2012—2013年度煤炭行业（部级）优秀等级队	2013-12	中国煤炭建设协会
238	矿建二十一队	2012—2013年度煤炭行业（部级）优秀等级队	2013-12	中国煤炭建设协会
239	矿建国庆队	2012—2013年度煤炭行业（部级）优秀等级队	2013-12	中国煤炭建设协会
240	立井一队	2012—2013年度煤炭行业（部级）优秀等级队	2013-12	中国煤炭建设协会

（续表）

序号	单位名称	荣誉称号/奖项	获取时间	颁发机关
241	凿井七队	2012—2013年度煤炭行业（部级）优秀等级队	2013-12	中国煤炭建设协会
242	华胜项目部QC小组	2013年煤炭建设行业先进QC小组	2013-12	中国煤炭建设协会
243	禾草沟项目部矿建二队质量QC小组	2013年煤炭建设行业先进QC小组	2013-12	中国煤炭建设协会
244	禾草沟项目部	2013年度安全生产先进项目部	2014-01	中煤建设集团有限公司
245	大海则项目部凿井二队机电班	2012—2013年度先进班组	2014-01	中煤建设集团有限公司
246	十处	一级安全质量标准化工程处	2014-01-08	中国中煤能源集团有限公司
247	十处团委	中央企业五四红旗团委	2014-04	中央企业团工委
248	门克庆项目部团支部	邯郸市"工人先锋号"	2014-04-30	邯郸市总工会
249	十处团委	邯郸市"五四红旗团委"	2014-04	共青团邯郸市委
250	梨园河项目部团支部	2013年度红旗团支部标兵	2014-04	共青团邯郸市委
251	十处	2013—2014年度煤炭行业（部级）优秀等级处	2014-12	中国煤炭建设协会
252	矿建七队QC小组	2014年煤炭建设行业先进QC小组	2014-12	中国煤炭建设协会
253	矿建一队	2013—2014年度煤炭行业（部级）优秀等级队	2014-12	中国煤炭建设协会
254	矿建三队	2013—2014年度煤炭行业（部级）优秀等级队	2014-12	中国煤炭建设协会
255	矿建六队	2013—2014年度煤炭行业（部级）优秀等级队	2014-12	中国煤炭建设协会
256	矿建七队	2013—2014年度煤炭行业（部级）优秀等级队	2014-12	中国煤炭建设协会
257	矿建十三队	2013—2014年度煤炭行业（部级）优秀等级队	2014-12	中国煤炭建设协会

(续表)

序号	单位名称	荣誉称号/奖项	获取时间	颁发机关
258	矿建十六队	2013—2014年度煤炭行业（部级）优秀等级队	2014-12	中国煤炭建设协会
259	矿建十八队	2013—2014年度煤炭行业（部级）优秀等级队	2014-12	中国煤炭建设协会
260	矿建二十队	2013—2014年度煤炭行业（部级）优秀等级队	2014-12	中国煤炭建设协会
261	矿建二十七队	2013—2014年度煤炭行业（部级）优秀等级队	2014-12	中国煤炭建设协会
262	凿井一队	2013—2014年度煤炭行业（部级）优秀等级队	2014-12	中国煤炭建设协会
263	凿井二队	2013—2014年度煤炭行业（部级）优秀等级队	2014-12	中国煤炭建设协会
264	凿井七队	2013—2014年度煤炭行业（部级）优秀等级队	2014-12	中国煤炭建设协会
265	安装一队	2013—2014年度煤炭行业（部级）优秀等级队	2014-12	中国煤炭建设协会
266	梨园河项目部	2014年度安全生产先进项目部	2015-01	中煤建设集团有限公司
267	十处工会	中煤建设集团工会系统先进集体	2015-01	中煤建设集团有限公司工会
268	十处	2014年度安全生产先进单位	2015-01	河北省安全生产协会
269	创日泊里项目部团支部	邯郸市级"青年文明号"	2015-04	共青团邯郸市委
270	华胜项目部团支部	2014年度河北省五四红旗团支部	2015-05	共青团河北省委
271	党委	先进基层党组织	2015-06	中国中煤能源集团有限公司党委
272	党委	先进基层党组织	2015-06	中煤建设集团有限公司党委
273	十处团委	2015年度邯郸市优秀青年岗位集体（有效期2015—2017年）	2015-07	邯郸市团委、邯郸市人力资源和社会保障局

（续表）

序号	单位名称	荣誉称号/奖项	获取时间	颁发机关
274	十处	2015年度片区煤炭建设工程造价管理先进单位	2015-09	煤炭工业邯郸工程造价管理站
275	十处	"2014—2015年度煤炭行业（部级）优秀等级处"	2015-12	中国煤炭建设协会
276	十处	"2014—2015年度煤炭行业（部级）先进施工企业"	2015-12	中国煤炭建设协会
277	矿建二队	2014—2015年度煤炭行业（部级）优秀等级队	2015-12	中国煤炭建设协会
278	矿建三队	2014—2015年度煤炭行业（部级）优秀等级队	2015-12	中国煤炭建设协会
279	矿建六队	2014—2015年度煤炭行业（部级）优秀等级队	2015-12	中国煤炭建设协会
280	矿建十队	2014—2015年度煤炭行业（部级）优秀等级队	2015-12	中国煤炭建设协会
281	矿建十一队	2014—2015年度煤炭行业（部级）优秀等级队	2015-12	中国煤炭建设协会
282	矿建十三队	2014—2015年度煤炭行业（部级）优秀等级队	2015-12	中国煤炭建设协会
283	矿建十六队	2014—2015年度煤炭行业（部级）优秀等级队	2015-12	中国煤炭建设协会
284	矿建十八队	2014—2015年度煤炭行业（部级）优秀等级队	2015-12	中国煤炭建设协会
285	矿建二十一队	2014—2015年度煤炭行业（部级）优秀等级队	2015-12	中国煤炭建设协会
286	矿建二十七队	2014—2015年度煤炭行业（部级）优秀等级队	2015-12	中国煤炭建设协会
287	矿建二十八队	2014—2015年度煤炭行业（部级）优秀等级队	2015-12	中国煤炭建设协会
288	安装一队	2014—2015年度煤炭行业（部级）优秀等级队	2015-12	中国煤炭建设协会

（续表）

序号	单位名称	荣誉称号/奖项	获取时间	颁发机关
289	凿井二队	2014—2015年度煤炭行业（部级）优秀等级队	2015-12	中国煤炭建设协会
290	凿井三队	2014—2015年度煤炭行业（部级）优秀等级队	2015-12	中国煤炭建设协会
291	凿井七队	2014—2015年度煤炭行业（部级）优秀等级队	2015-12	中国煤炭建设协会
292	矿建九队QC小组	2015年煤炭建设行业优秀QC小组	2015-12	中国煤炭建设协会
293	矿建十一队QC小组	2015年煤炭建设行业优秀QC小组	2015-12	中国煤炭建设协会
294	禾草沟项目部	2015年度安全生产先进项目部	2016-01	中煤建设集团有限公司党政
295	门克庆项目部国庆队何巧林班组	2014—2015年度先进班组	2016-01	中煤建设集团有限公司党政
296	十处	一级安全质量标准化工程处	2016-02	中国中煤能源集团有限公司
297	十处团委	2015年度邯郸市五四红旗团委	2016-05	共青团邯郸市委
298	十处	2015年度片区煤炭建设工程造价管理先进单位	2016-09	煤炭工业邯郸工程造价管理站
299	十处	文明单位	2016-11	邯郸市委市政府
300	十处	2015—2016年度煤炭行业先进施工企业	2016-12	中国煤炭建设协会
301	十处	2015—2016年度煤炭行业（部级）优秀等级处	2016-12	中国煤炭建设协会
302	矿建一队	2015—2016年度煤炭行业（部级）优秀等级队	2016-12	中国煤炭建设协会
303	矿建二队	2015—2016年度煤炭行业（部级）优秀等级队	2016-12	中国煤炭建设协会
304	矿建三队	2015—2016年度煤炭行业（部级）优秀等级队	2016-12	中国煤炭建设协会

（续表）

序号	单位名称	荣誉称号/奖项	获取时间	颁发机关
305	矿建六队	2015—2016年度煤炭行业（部级）优秀等级队	2016-12	中国煤炭建设协会
306	矿建十队	2015—2016年度煤炭行业（部级）优秀等级队	2016-12	中国煤炭建设协会
307	矿建十三队	2015—2016年度煤炭行业（部级）优秀等级队	2016-12	中国煤炭建设协会
308	矿建十八队	2015—2016年度煤炭行业（部级）优秀等级队	2016-12	中国煤炭建设协会
309	矿建二十一队	2015—2016年度煤炭行业（部级）优秀等级队	2016-12	中国煤炭建设协会
310	矿建二十七队	2015—2016年度煤炭行业（部级）优秀等级队	2016-12	中国煤炭建设协会
311	矿建二十八队	2015—2016年度煤炭行业（部级）优秀等级队	2016-12	中国煤炭建设协会
312	矿建三十三队	2015—2016年度煤炭行业（部级）优秀等级队	2016-12	中国煤炭建设协会
313	安装一队	2015—2016年度煤炭行业（部级）优秀等级队	2016-12	中国煤炭建设协会
314	矿建十六队QC小组	2016年煤炭建设行业优秀QC小组	2016-12	中国煤炭建设协会
315	矿建十九队QC小组	2016年煤炭建设行业先进QC小组	2016-12	中国煤炭建设协会
316	门克庆项目部	2016年度安全生产先进项目部	2017-01	中煤建设集团有限公司党政
317	十处党委	先进基层党组织	2017-06	中国中煤能源集团有限公司党委
318	十处党委	先进基层党组织	2017-06	中煤建设集团有限公司党委

1991—2016年第十工程处工程荣誉统计表

序号	工程名称	奖项	获取时间	颁发机关
1	常村矿井+520运输大巷、北一采区轨道下山、南一采区轨道下山	省级优质工程	1991-05	煤炭工业山西建设工程质量监督中心站
2	王庄矿建+630总回风巷	省级优质工程	1991-05	煤炭工业山西建设工程质量监督中心站
3	常村煤矿+520水平运输大巷及主井空重车线工程	1990年度部级优质工程	1991-11	能源部
4	常村煤矿主井螺旋煤仓	省级优质工程	1992-03	煤炭工业山西建设工程质量监督中心站
5	漳泽电厂医院	省级优质工程	1992-03	煤炭工业山西建设工程质量监督中心站
6	梅苑新村30号楼	市级优良工程	1997	邯郸市
7	常村矿井N2采区皮带下山	省级优质工程	1998-09	煤炭工业山西建设工程质量监督中心站
8	梅苑新村32号、33号住宅楼	市级优良工程	2000-04	邯郸市
9	邯郸市梅苑新村住宅小区31~36号楼	2002年度全国煤炭行业优质工程	2003-02	中国煤炭建设协会、煤炭工业建设工程质量监督总站
10	中煤十处基地19号、20号住宅楼工程	2002年度邯郸市优质工程	2003-04	邯郸市建设局
11	中煤十处基地20号住宅楼工程	2002年度邯郸市优质工程	2003-04	邯郸市建设局
12	河北梧桐庄煤矿井下北冀采区胶带巷设备安装工程	全国煤炭行业优质工程	2004-02	中国煤炭建设协会
13	中隧兰武复线乌鞘岭隧道大台左线立井井筒工程	全国煤炭行业优质工程	2004-03	中国煤炭建设协会
14	山西沙曲煤矿北冀轨道大巷工程	全国煤炭行业优质工程	2005-02	中国煤炭建设协会

(续表)

序号	工程名称	奖项	获取时间	颁发机关
15	山西省沙曲煤矿北冀胶带大巷带式输送机安装工程	全国煤炭行业优质工程	2005-02	中国煤炭建设协会
16	山西三元新能煤业有限公司下霍煤矿副井井筒掘砌工程	全国煤炭行业优质工程	2006-02	中国煤炭建设协会
17	山西三交河煤矿西采区煤仓及装车、给煤机硐室工程	全国煤炭行业优质工程	2006-03	中国煤炭建设协会
18	山西天池煤矿1150运输大巷工程	全国煤炭行业优质工程	2006-03	中国煤炭建设协会
19	河北梧桐庄煤矿潜水泵井排水系统工程	全国煤炭行业优质工程	2006-03	中国煤炭建设协会
20	山西晋城寺河矿井	2006年度国家优质工程银质奖	2006-11-02	国家工程建设质量奖审定委员会
21	山西晋城寺河矿井	2006—2008年度国家级优质工程	2008-05	中国煤炭建设协会
22	山西霍州煤电集团干河煤矿主井井筒工程	煤炭行业优质工程	2008-12	中国煤炭建设协会、煤炭工业建设工程质量监督总站
23	黄玉川煤矿立井井筒基岩段掘砌工程	创国内9.2米大直径井筒基岩掘砌施工新纪录创国内第十三批中国企业立井施工新纪录	2008-12	中国企业联合会、中国企业家协会
24	吉林通化矿业有限公司八宝煤矿副井井筒工程	吉林省煤炭建设"省优"工程	2009-07	煤炭工业吉林建设工程质量监督中心站
25	八宝煤矿副立井井筒掘砌工程	创国内第十四批中国企业立井施工新纪录	2009-11	中国企业联合会 中国企业家协会
26	山西霍州李雅庄煤矿2号进风、回风立井井筒工程	煤炭行业优质工程	2009-12	中国煤炭建设协会、煤炭工业建设工程质量监督总站

(续表)

序号	工程名称	奖项	获取时间	颁发机关
27	内蒙古鄂尔多斯棋盘井煤矿回风斜井工程	煤炭行业优质工程	2009－12	中国煤炭建设协会、煤炭工业建设工程质量监督总站
28	吉林辽源龙家堡煤矿副井井筒工程	煤炭行业优质工程	2009－12	中国煤炭建设协会、煤炭工业建设工程质量监督总站
29	吉林八宝煤矿主副井井筒、井塔、井筒装备及提升系统安装工程	煤炭行业优质工程	2010－12	中国煤炭建设协会、煤炭工业建设工程质量监督总站
30	山西中煤东坡煤业公司东坡煤矿6万～150万吨/年改扩建工程	煤炭行业优质工程	2011－12	中国煤炭建设协会、煤炭工业建设工程质量监督总站
31	山西中煤东坡煤业公司东坡煤矿改扩建工程	煤炭行业工程质量"太阳杯"奖	2011－12	中国煤炭建设协会、煤炭工业建设工程质量监督总站
32	延安市禾草沟煤矿矿井单项工程	煤炭行业优质工程	2014－05－20	煤炭工业陕西建设工程质量监督中心站
33	延安市禾草沟煤矿资源整合矿井项目	煤炭行业工程质量"太阳杯"奖	2014－12	中国煤炭建设协会、煤炭工业建设工程质量监督总站
34	延安市禾草沟煤炭资源整合矿井项目	煤炭行业优质工程	2014－12	中国煤炭建设协会、煤炭工业建设工程质量监督总站
35	山西华晋韩咀煤业矿井兼并重组整合项目主、副斜井井筒掘砌工程	煤炭行业优质工程奖	2016－12	中国煤炭建设协会、煤炭工业建设工程质量监督总站
36	山西华晋韩咀煤业矿井兼并重组整合项目主、副斜井井筒掘砌工程	煤炭行业工程质量"太阳杯"奖	2016－12	中国煤炭建设协会、煤炭工业建设工程质量监督总站

二、个　人　荣　誉

收录标准：档案资料记载的第十工程处职工个人所获国家级、省部级、市级荣誉称号及奖项，依获取时间顺序列表。

1958—2017 年第十工程处个人荣誉统计表

序号	姓名	荣誉称号/奖项	获取时间	颁 发 机 关
1	孙清连	长治市一等先进生产者	1959-07-11	长治市人民政府
2	马孝端	长治市一等先进生产者	1959-07-11	长治市人民政府
3	张连生	山西省一等先进生产者	1959-07-11	山西省人民政府
4		长治市一等先进生产者	1959-07-11	长治市人民政府
5	王中义	长治市二等先进生产者	1959-07-11	长治市人民政府
6	王忙孩	长治市二等先进生产者	1959-07-11	长治市人民政府
7	张虎则	长治市二等先进生产者	1959-07-11	长治市人民政府
8	安喜林	长治市二等先进生产者	1959-07-11	长治市人民政府
9	范兴文	四川省劳动模范	1969	四川省人民政府
10		四川省劳动模范	1970	四川省人民政府
11		四川省劳动模范	1971	四川省人民政府
12		"大干社会主义钢铁硬汉"称号	1974	中共邯郸市委
13		河北省劳动模范	1976	河北省人民政府
14		河北省劳动模范	1977	河北省人民政府
15		全国煤炭工业劳动模范	1978	煤炭工业部
16		出席全国煤炭工业学大庆赶开滦群英大会	1978-01	煤炭工业部
17	李增德	先进生产者	1977	邯郸市
18		先进生产者	1984	邯郸市
19		优秀共产党员	1980	中共邯郸市委
20		优秀共产党员	1981	中共邯郸市委
21		优秀共产党员	1982	中共邯郸市委
22		优秀共产党员	1983	中共邯郸市委

(续表)

序号	姓名	荣誉称号/奖项	获取时间	颁发机关
23		优秀共产党员	1984	中共邯郸市委
24		优秀共产党员	1985	中共邯郸市委
25		1981年河北省劳动模范	1982-02	河北省委省政府
26	李增德	全国煤炭工业劳动模范	1982	煤炭工业部
27		邯郸市劳动模范	1981-04	邯郸市委、邯郸市革命委员会
28		邯郸市劳动模范	1982	邯郸市人民政府
29		邯郸市劳动模范	1983	邯郸市人民政府
30		邯郸市红旗突击手	1978	邯郸市委
31		邯郸市优秀团干部	1982	共青团邯郸市委
32		邯郸市建设系统先进思想工作者，优秀党务工作者	2004	邯郸市建设委员会
33		邯郸市建设系统先进思想工作者，优秀党务工作者	2005	邯郸市建设委员会
34	范起家	邯郸市建设系统先进思想工作者，优秀党务工作者	2006	邯郸市建设委员会
35		邯郸市建设系统先进思想工作者，优秀党务工作者	2007	邯郸市建设委员会
36		邯郸市建设系统先进思想工作者，优秀党务工作者	2008	邯郸市建设委员会
37		邯郸市"优秀工会干部"	2005	邯郸市总工会
38		邯郸市"工会干部教育培训工作先进个人"	2006	邯郸市总工会
39		精神文明建设工作先进个人	2008	邯郸市建设委员会
40		河北省小学模范班主任	1982	河北省
41		河北省"三八"红旗手	1983	河北省
42	姚文兰	邯郸市先进少年儿童工作者	1983	邯郸市
43		邯郸市劳动模范	1984	邯郸市人民政府
44		邯郸市劳动模范	1985	邯郸市人民政府
45	王新辉	优秀工会积极分子	1982	邯郸市总工会
46		优秀工会积极分子	1987	邯郸市总工会
47	徐世江	先进工作者	1982	邯郸市建设委员会
48	刘恒珍	优秀工会工作者	1982	邯郸市总工会

(续表)

序号	姓名	荣誉称号/奖项	获取时间	颁发机关
49	韩宝书	工会积极分子	1984	邯郸市总工会
50	牛奎则	优秀共产党员	1985-06	邯郸市委
51	曹化南	1985年度劳动模范	1986-03	邯郸市委市政府
52		1986年度劳动模范	1987-02	邯郸市委市政府
53		1987年度劳动模范	1988-05	邯郸市委市政府
54		1988年度劳动模范	1989-03	邯郸市委市政府
55		邯郸市先进个人	1985	邯郸市人民政府
56		邯郸市先进个人	1986	邯郸市人民政府
57		邯郸市先进个人	1987	邯郸市人民政府
58		邯郸市先进个人	1988	邯郸市人民政府
59	翁富贵	1986年工作优秀团干部	1986-11	共青团邯郸市委
60	李成贵	从事财务会计工作三十余年，为社会主义经济建设贡献荣誉证	1986-12-30	邯郸市财政局
61	薛帮汉	八六年度市质量标兵	1986	邯郸市
62	李玉保	先进工作（生产）者	1987	中国统配煤矿总公司
63		先进工作者	1987	邯郸市
64	关振红	先进工作者	1988	邯郸市
65		先进工作者	1989	邯郸市
66		先进工作（生产）者	1989	中国统配煤矿总公司
67	张祥林	1989年度全国煤炭系统生活后勤最佳服务员	1990-10	能源部、中国煤矿地质工会全国委员会
68	王秋荣	英语成绩优秀	1989	邯郸市教研室
69	张振生	先进工作者	1989	邯郸市
70		先进工作（生产）者	1989	中国统配煤矿总公司
71		先进工作（生产）者	1989	煤炭工业部
72		先进工作（生产）者	1990	中国统配煤矿总公司
73		先进工作（生产）者	1990	煤炭工业部
74		1989年度模范安全监督员	1990-01	中国统配煤矿总公司
75		1989年安全生产先进工作（生产）者	1990-03	邯郸市人民政府

(续表)

序号	姓名	荣誉称号/奖项	获取时间	颁 发 机 关
76	张振生	河北省煤炭工业部"万年杯"管理知识竞赛集体优秀奖	1990-10	河北省煤炭工业部、煤炭企协
77		1990年度先进安监员	1991-01	中国统配煤矿总公司
78		先进工作者	1991	邯郸市
79		先进个人	1997	中煤建设开发总公司
80	陈家秧	先进工作者	1989	邯郸市
81		先进工作者	1990	邯郸市
82	王永忠	工会积极分子	1989	邯郸市总工会
83	闫志义	1988年度先进思想政治工作者	1989-03	中共邯郸市委
84		优秀煤炭职工思想政治工作研究干部	1989-05	中国煤炭职工思想政治工作研究会
85		1989年度思想政治优秀工作者	1990-04	邯郸市职工思想政治工作研究会
86		1990年度优秀党务工作者	1990-06	中共邯郸市委
87		1990年企业民主管理工作优秀党委书记	1990-12	邯郸市总工会、中国共产党邯郸市工交工作委员会、中国共产党邯郸市建设工作委员会
88		1990年度思想政治工作优秀工作者	1991-03	中共邯郸市委
89		优秀煤炭职工思想政治工作研究干部	1992-03	中国煤炭职工思想政治工作研究会
90		邯郸市"如何做好市场经济条件下的思想政治工作"理论研讨三等奖	1993-08	中共邯郸市委宣传部、邯郸市职工思想政治工作研究会
91		在邯郸市"新形势下企业党建和思想政治工作"专题研讨三等奖	1997-12	中共邯郸市委宣传部、邯郸市职工思想政治工作研究会
92	王月娥	从事教育工作三十年荣誉证	1989	煤炭工业部
93	邵勇	优秀经营者	1986	邯郸市
94		第二届(1989年度)中国煤炭工业优秀处长	1990-09	中国煤炭工业企业管理协会

（续表）

序号	姓名	荣誉称号/奖项	获取时间	颁发机关
95	邵 勇	优秀厂（处）长	1992	煤炭工业部
96		有突出贡献的专家（享受政府津贴）	1992	国务院
97	蒲耀年	优秀青年知识分子	1990-12-05	中国统配煤矿总公司
98	李进龙	侨务先进工作者	1990	邯郸市
99	祁明远	体育先进工作者	1990	邯郸市体、教委
100	张叔平	"学雷锋积极分子"	1990	邯郸市
101	冉启刚	1990年劳动工作先进劳动干部	1991-03	邯郸市劳动局
102		1990年外工管理"先进工作者"	1991-03-18	邯郸市劳动局
103	董喜顺	煤矿职工生活福利优秀管理干部	1991-06	中国统配煤矿总公司
104	马建国	共和国重点工程建设青年功臣	1991-07-25	团中央、国家计委
105		中国统配煤矿总公司重点工程建设青年功臣	1991-07	中国统配煤矿总公司
106	高长志	1993年度职工体育工作先进个人	1993-10-16	中国统配煤矿总公司
107	赵庭煜	煤炭工程事业突出贡献奖（享受政府津贴）	1994-01-10	国务院
108	程岩青	邯郸市劳动模范	1995-03-21	邯郸市委市政府
109		2007年度全市建设系统优秀共产党员	2007-06	中共邯郸市建设委员会
110		2007年度全国工程建设优秀项目经理	2008-03	中国施工企业管理协会
111		第六届煤炭行业优秀项目经理	2008-01	中国煤炭建设协会
112		煤炭行业先进施工企业家	2015-12	中国煤炭建设协会
113		2015—2016年度煤炭行业先进施工企业家	2016-12	中国煤炭建设协会

（续表）

序号	姓名	荣誉称号/奖项	获取时间	颁发机关
114	张友来	先进生产（工作）者	1992-04	邯郸市委市政府
115		邯郸市职工劳动模范	1998-04	邯郸市委市政府
116		文明职工	1997	中煤建设集团有限公司
117		劳动模范	1998	河北省人民政府
118		中国煤炭工业第四届石圪节精神奖	1998-11	中国煤炭职工思想政治工作研究会
119	周峰川	优秀项目经理	1999	中煤建设集团有限公司
120		市级优秀项目经理	2000-04	邯郸市
121	李占福	青少年教育优秀工作者	1980	邯郸市
122		优秀共产党员	2000-07	中煤建设集团有限公司党委
123		邯郸市职工劳动模范	2001-05-10	邯郸市委市政府
124		纪检监察先进工作者	2001-12	中煤建设集团有限公司
125		纪检监察工作嘉奖	2002-01	中央纪委、中国监察部
126		邯郸市优秀思想政治工作者	2004-05	邯郸市委
127		党风廉政建设工作先进个人	2005-02	邯郸市
128		基层党建工作先进个人	2005-02	邯郸市委
129	吕广同	2000—2001年度优秀科技工作者	2002-01	中煤建设集团有限公司
130	牛鹏翔	青年岗位能手	2002-01	中煤建设集团有限公司
131	肖跃达	安全生产先进个人	2002-03-05	中国中煤能源集团有限公司
132	王立升	第三届煤炭建设行业优秀项目经理	2002-09	中国煤炭建设协会
133	方玉梅	煤炭行业内部审计先进工作者	2002	中国统配煤矿总公司
134		煤炭行业内部审计先进工作者	2003	中国统配煤矿总公司
135		煤炭行业内部审计先进工作者	2004	中国统配煤矿总公司
136	平永生	中煤建设集团2002年度施工设备管理先进工作者	2003-01	中煤建设集团有限公司
137	杨玉华	1991年安全生产先进安全监督员	1992-01	中国统配煤矿总公司

(续表)

序号	姓名	荣誉称号/奖项	获取时间	颁发机关
138	杨玉华	1993年安全生产先进工作（生产）者	1994-03	邯郸市人民政府
139		2000年度安全生产先进工作者	2001-03	邯郸市人民政府
140		2002年度安全生产先进个人	2003-01-10	中煤建设集团有限公司
141	李怀孔	安全生产先进个人	2003-04-02	中煤建设集团有限公司
142	冯燕岭	中央企业知识型先进职工称号	2006-08	国务院国有资产监督管理委员会
143	魏福敬	第五届煤炭行业优秀项目经理	2006-11	中国煤炭建设协会
144	马虎成	第五届煤炭行业优秀项目经理	2006-11	中国煤炭建设协会
145	瞿武	第五届煤炭行业优秀项目经理	2006-11	中国煤炭建设协会
146		邯郸市优秀青年岗位能手	2008-04	邯郸市团委、市政府国有资产监督管理委员会、劳动和社会保障局
147		青年岗位能手	2008-06	中国中煤能源集团有限公司团委
148	李振东	优秀党务工作者	2006	中国中煤能源集团有限公司
149		邯郸市建设系统基层党建工作先进个人	2006	中共邯郸市建设委员会
150		邯郸市建设系统基层党建工作先进个人	2007	中共邯郸市建设委员会
151		邯郸市建设系统基层党建工作先进个人	2008	中共邯郸市建设委员会
152	党利锋	青年岗位能手	2006	中国中煤能源集团有限公司
153	张友录	集体合同工作先进个人	2006	邯郸市总工会
154		工会宣教文体工作先进工作者	2006	邯郸市总工会
155	秦平安	2006年度思想政治工作先进个人	2007-02	中共邯郸市建设委员会
156		2008年度思想政治工作先进个人	2009-05	中共邯郸市建设委员会

(续表)

序号	姓名	荣誉称号/奖项	获取时间	颁发机关
157	闫保安	邯郸市优秀团务工作者	2008-05	共青团邯郸市委
158	张永生	中央企业抗震救灾先进个人	2008-07	国务院国资委
159		河北省抗震救灾优秀共产党员	2008	河北省
160	郭林忠	优秀共产党员	2004	中国中煤能源集团有限公司
161		煤炭行业优秀项目经理	2008-01	中国煤炭建设协会
162	13人	抗震救灾先进个人	2008-08-05	共青团邯郸市委
163	钟占良	煤炭行业第四届（2002—2003）优秀项目经理	2004-12-06	中国煤炭建设协会
164		优秀共产党员	2008	邯郸市建设党委
165	王林平	安全先进个人	2009-02-19	中国中煤能源集团有限公司
166	李树兵	2008年度河北省建筑业优秀项目经理	2009-03	河北省建筑业协会
167	梁士昌	2008年度河北省建筑业优秀项目经理	2009-03	河北省建筑业协会
168	李晓良	安全生产先进工作者	2009-02	中国中煤能源集团有限公司
169		2009年度全市建设系统优秀共产党员	2009-06	中共邯郸市建设委员会
170		第七届煤炭行业优秀项目经理	2009-09	中国煤炭建设协会
171		2010年全市建设系统优秀共产党员	2010-06	中共邯郸市建设委员会
172	李兰柱	2008年度全国工程建设优秀项目经理	2009-03	中国施工企业管理协会
173	张树梅	邯郸市巾帼建功标兵	2009-03	邯郸市总工会
174	王海宝	第二届煤炭建设行业优秀项目经理	2001	煤炭建设协会
175		2001年度优秀项目经理	2001	中煤建设集团有限公司
176		邯郸市劳动模范	2009-04	邯郸市人民政府
177	马玲	邯郸市优秀团务工作者	2009-05	共青团邯郸市委
178		2008—2009年度优秀共青团员	2010-05	共青团中煤能源集团有限公司委员会

（续表）

序号	姓名	荣誉称号/奖项	获取时间	颁发机关
179	马 玲	2011年度优秀团务工作者	2011-05	共青团邯郸市委
180		优秀团务工作者	2013-05	共青团邯郸市委
181		2015年度邯郸市青年志愿者服务先进工作者	2016-05	共青团邯郸市委
182	程四清	2008年度思想政治工作创新奖	2009-04	邯郸市
183		河北省煤炭工业科技信息及通讯报道工作先进个人	2009-07	河北省煤炭工业行业协会
184		中国煤炭新闻网优秀通讯员	2010-04	中国煤炭新闻网
185	马天真	建设建材系统先进工会工作者	2009-12	邯郸市建设建材工会
186		党风廉政建设工作先进个人	2009-12	中共邯郸市建设委员会
187	梁士昌	先进工作者	2010-01	中国中煤能源集团有限公司
188	段安新	2009年度中央企业青年岗位能手	2010-05	中央企业团工委
189		2010年度优秀共产党员	2010-07	中共邯郸市建设委员会
190	黄志杰	2011年度获煤炭行业优秀造价员	2011-07	中国煤炭建设协会
191		2011年度工程造价管理工作片区优秀造价员	2011-09	煤炭工业邯郸工程造价管理站
192		河北省煤炭工业科学技术三等奖	2016 05 25	河北省煤炭工业科学技术奖
193	曹高锋	2010年度优秀共产党员	2010-07	中共邯郸市建设委员会
194		邯郸市新长征突击手	2011-05-04	共青团邯郸市委
195		2015年度安全生产先进个人	2016-01	中煤建设集团有限公司
196	李洪亮	2010年度优秀党务工作者	2010-07	中共邯郸市建设委员会
197	张春梅	优秀共产党员	2010-07	中国中煤能源集团有限公司党委
198	谢宁芳	邯郸市先进女工工作者	2011-05	邯郸市总工会
199	宋志兵	优秀共产党员	2011-07	中国中煤能源集团有限公司党委
200		优秀共产党员	2011-07	中煤建设集团有限公司党委
201	赵红江	优秀党务工作者	2011-07	中煤建设集团有限公司党委

荣　　誉

（续表）

序号	姓名	荣誉称号/奖项	获取时间	颁发机关
202	张卫堂	2011年度全市建设系统优秀共产党员	2011-07	中共邯郸市建设委员会
203		邯郸市"五一"奖章	2012-04-27	邯郸市总工会
204		邯郸市劳动模范	2013-04	邯郸市人民政府
205		2014—2015年度先进工作者	2016-01	中国中煤能源集团有限公司
206		2015年度全国工程建设优秀项目经理	2016-03	中国施工企业管理协会
207	郭爱国	先进工作者	2009-02-19	中国中煤能源集团有限公司
208		2011年度"劳动模范"	2012-01	中国中煤能源集团有限公司
209		中央企业劳动模范	2013-09	中华人民共和国人力资源和社会保障部、国务院国有资产监督管理委员会
210	代秋巍	2011年度青年岗位能手	2012-05	中煤建设集团有限公司
211		2012年优秀科技论文"二等奖"	2013-03-05	中煤建设集团有限公司
212		生产一线技术创新标兵	2013-11	中国中煤能源集团有限公司
213		青年五四奖章	2014-05	中国中煤能源集团有限公司团委
214		2014年度全国工程建设优秀项目经理	2015-03	中国施工企业管理协会
215	赵利	2012年度片区优秀造价员	2012-09	煤炭工业邯郸工程造价管理站
216		2013年度工程造价管理片区优秀造价员	2013-09	煤炭工业邯郸工程造价管理站
217	张慧	2011年度煤炭行业优秀施工统计工作者	2012-10	中国煤炭建设协会、中国煤炭建设协会工程统计委员会
218		2013年度煤炭行业优秀施工统计工作者	2014-09	中国煤炭建设协会、中国煤炭建设协会工程统计委员会
219		2015—2016年度全国煤炭行业优秀施工统计工作者	2016-10	中国煤炭建设协会、中国煤炭建设协会工程统计委员会
220	宋会兵	2012年度优秀班组长	2012-06	中煤建设集团有限公司
221	郝玉国	2012年度全市建设系统创先争优优秀党务工作者	2012-07	中共邯郸市建设委员会
222	李爱民	2012年优秀科技论文"三等奖"	2013-03-05	中煤建设集团有限公司

(续表)

序号	姓名	荣誉称号/奖项	获取时间	颁发机关
223	史少波	2013年度青年岗位能手	2013-05	中煤建设集团有限公司
224	李燕飞	2013年度优秀共青团员	2013-05	中煤建设集团有限公司
225	蒲元宏	优秀"五小"科技成果一等奖	2013-11	中国中煤能源集团有限公司
226		邯郸市"向上向善好青年"	2016-05-04	邯郸市团委、邯郸市青年联合会
227		河北省煤炭工业科学技术二等奖	2016-05-25	河北省煤炭工业行业协会
228	张琨	2013年度ERP财务系统技能竞赛获第三名	2013-11	中煤建设集团有限公司
229	蒲源忠	2013年度论文优秀奖	2014-01	中国能源化学工会全国委员会、全国煤炭系统工会工作理论研讨会
230		2014年度优秀工会积极分子	2015-01	中煤建设集团有限公司工会
231	张彦波	中煤集团2012—2013年度先进工作者	2014-01	中国中煤能源集团有限公司
232	李永韦	中煤集团优秀群众安全监督检查员	2014-09-02	中国中煤能源集团有限公司工会
234		2014年度职工技能竞赛（综掘机司机）第二名	2014-09	中煤建设集团有限公司
235	宋永波	2014年度职工技能竞赛（瓦斯检查工）第三名	2014-09	中煤建设集团有限公司
236	琚红斌	2014年度河北省安全生产先进个人	2015-01-16	河北省安全生产协会
237	李彦亮	2014年度"安全卫士"	2015-01	中煤建设集团有限公司
238	王莉棉	征文活动优秀奖	2015-07	中共邯郸市建设委员会
239	张涛	征文活动优秀奖	2015-07	中共邯郸市建设委员会
240	翟红兵	2015年度工程造价管理片区优秀造价员	2015-09	煤炭行业邯郸工程造价管理站
241	朱志强	邯郸市"向上向善好青年"	2016-05-04	共青团邯郸市委、邯郸市青年联合会
242		邯郸市"新长征突击手"	2016-05-04	共青团邯郸市委
243	何银林	邯郸市劳动模范	2016-07	邯郸市人民政府

(续表)

序号	姓名	荣誉称号/奖项	获取时间	颁发机关
244	李明镜	2015—2016年度煤炭行业先进施工企业家	2016-12	中国煤炭建设协会
245	乔 志	2015—2016年度煤炭行业优秀总工程师	2016-12	中国煤炭建设协会
246	魏 玮	2016年安全生产先进个人	2017-01	中煤建设集团有限公司
247	马天明	2016年度先进个人	2017-02	中共能源化工（集团）有限责任公司委员会
248	陈琳琳	2016年度"优秀通讯员"	2017-04	中国中煤能源集团有限公司党委宣传部

附　　录

附录一 潞安煤矿筹备处为增设机构并任命干部由

(58) 潞筹人劳字第 0199 号

安全检查科、地质科、工程管理科、办公室、人事劳动科、设计科、计划科、财务科、生产管理科、机电科、行政科、供应科、保卫科、石圪节井口、机修厂、医务所、建井一队、五阳井口、建井二队、电厂、机电安装队、副业厂、宋村干校、基本建设工程处、经理科、建井三队、土建队：

为了适应生产建设大跃进，经党委研究批准增设以下机构，现连同干部调整配备情况一并通知如下：

（一）基本建设工程处：副处长白玉凯。

基本建设工程处下设：

1. 工程管理科（原基建科撤销）。副科长吴广厚。
2. 经理科：科长王士田，副科长郭东亮。
3. 设计科。筹备处设计科撤销。

（二）成立以下施工单位：

1. 建井二队（霍家沟）：队长霍振库，副队长许相臣。
2. 建井三队（王庄）。
3. 土建队：副队长丁凤午、孙德仁。

以上各单位及机电安装队、副业厂、建井一队（五阳）均由基本建设工程处直接领导。

特此通知。

1958 年 5 月 22 日

附录二 潞安矿务局为成立潞安矿务局第一、二、三工程处并明确领导由

（60）潞煤干字第160号

第一、二、三工程处：

根据山西省煤矿管理局（60）晋煤人干贾字第15号文指示，为确保60年基建计划完成，加强企业管理，便于开展大面积高产红旗竞赛运动，对基本建设施工力量做必要的调整，为此根据我局基建情况，将建井一、二、三队改为潞安矿务局第一、二、三工程处。

潞安矿务局第一工程处：

张述明、王东林、王思荣等三位同志为代副处长。

潞安矿务局第二工程处：

袁克智、段宝山二同志为代副处长。

潞安矿务局第三工程处：

李焕明同志为代处长，聂志兰同志为代副处长。

霍振库同志调局另有任用。

上述同志均免去原职。

此令。

1960年4月4日

附录三 潞安矿务局关于成立第十工程处的通知

（66）潞煤办字第 6 号

各基层单位、机关各处、室：

  根据煤炭工业部（65）煤发第 1752 号和山西省煤管局晋煤字 144 号文通知，为了适应煤炭工业基本建设的需要，贯彻集中兵力打歼灭战的方针，固定一支野战化的施工队伍。为此，将我局建井指挥部的基本建设队伍统编为第十工程处。原指挥部的人员，必须按照 1965 年 3 月 1 号以前的名单，如数移交工程处，不得缺少一人。

  第十工程处的新公章，从 1966 年 1 月正式起用。希望你处要反复向职工群众进行讲解改换名称的重要意义，做好思想工作，宣传到家喻户晓。

  另外，为了促进新井早日移交生产，加强生产筹备工作，新成立建井筹备处。建井指挥部统一领导建井和生产筹备工作。

  矿务局新成立的基本建设处，管理王庄建井以外的局属基本建设工作。

一九六六年一月二十九日

附录四 煤炭工业部关于第十工程处支援渡口一对新井建设任务的决定

(67) 煤发 0079 号

山西省煤炭工业管理局、渡口第四指挥部：

  为加快重点项目建设速度，调动老区的积极性，减少调往西南职工家属给新区的负担，决定由第十工程处承担渡口一对新井的施工任务，其任务是承担从施工准备开始直到建成投产为止的全部矿建及安装施工（土建任务由第四指挥部解决施工力量）。所需施工设备第十工程处现有的尽可能带去不足者由渡口第四指挥部统一安排解决。第十工程处不足的施工力量，由第四指挥部内部平衡解决。施工过程中设备的补充、更新、维修材料以及施工用料的供应，劳保用品以及永久设备材料供应等均由第四指挥部负责解决。原属第十工程处但不适于派出支援重点建设的职工，由潞安矿务局负责另行安排工作，支援期间职工留矿家属的后勤工作，由潞安矿务局负责，其福利待遇和潞安矿务局职工享受同等待遇。

  由于施工任务紧迫，文到后希望立即与派出先遣小组区渡口第四指挥部联系，落实有关事宜。队伍调遣的准备工作应责成专人负责，立即开始进行工作。

中华人民共和国煤炭工业部
一九六七年二月二日

附录五 燃料化学工业部关于下放煤矿基本建设施工单位的通知

(70) 燃煤开字第 368 号

四川省革命委员会:

关于下放煤矿施工队伍的请示报告,业经国务院业务组批准,现转发给你们。

国务院业务组在批示中特别强调,煤矿施工队伍下放后,对援外任务及国内协作任务,支援重点建设等仍应负担。

遵照国务院业务组的批示精神,现将有关事项补充通知如下:

一、煤矿施工队伍下放后,取消原煤炭工业部对工程处名称的统一编号,由各省(市、区)自行命名。

二、一九七〇年各项计划按原煤炭部已安排的执行。一九七一年各项计划由各省负责编报。

三、财务交接以一九七〇年底的会计决算为依据,由燃料化学工业部负责划转。

四、原煤炭工业部以(67)煤发119号文件将第十工程处借调你省,现根据渡口地区煤矿建设任务的需要,将第十工程处下放你省管理,原(67)煤发119号作废。

五、煤矿施工队伍下放以这次转发的《关于下放煤矿施工队伍的请示》报告和本通知为准,不再办理交接手续。

附件:《关于下放煤矿施工队伍的请示》和下放你省煤矿基建施工队伍名单(略)。

燃料化学工业部
一九七〇年十月二十九日

附录六 燃料化学工业部关于四川省第一矿建工程处改调河北邯郸煤炭基地工作的通知

(73) 燃财劳字第 1195 号

四川省煤炭工业局、河北邯邢煤炭基建局、山西省煤炭化工局：

部曾以（73）燃财劳字第603号文确定四川省第一矿建工程处调往山西古交矿区工作，现因古交矿区缓建改调河北邯邢煤炭基地工作。调迁中有关问题的处理，仍按原文件确定的原则办理，其他具体问题，请四川省煤炭局和河北邯邢煤炭基建局共同商定解决。

调迁职工的工资基金指标由四川省煤炭工业局通过省劳动部门划拨给河北省劳动部门。

中华人民共和国燃料化学工业部
一九七三年七月十四日

附录七 邯邢煤炭工业基本建设局关于颁发燃料化学工业部煤炭第十工程处公章的通知

(73) 邯邢煤基办字第 052 号

煤炭第十工程处：

根据燃料化学工业部（73）燃财劳字第 1195 号通知和部有关指示精神，你处（原四川省煤矿建设第一工程处）调来邯邢基地施工后，改称为"燃料化学工业部煤炭第十工程处"。目前你处已陆续调迁，现颁发公章一枚，望即行文启用，除报上级备案外，希望有关兄弟单位今后对其多加指导和加强联系。

一九七三年十月三日

附录八 中煤第一建设公司关于做好学校、公安机构移交河北省管理相关准备工作的通知

中煤一建发〔2006〕11号

第十工程处、63处、公司一中、公司二中、公司公安处：

公司办社会职能机构移交河北省管理的对账结果已经财政部批复，请你们按照对账结果，认真做好以下工作：

一、认真组织资产清理，做好移交资产的登记造册工作，防止资产流失。

二、认真准备移交人员的档案资料，不得扩大和变更移交人员。

三、涉及公司有关部门及处有关部门的组织协调工作，由公司企业发展部或处分管此项工作的领导进行协调。

四、认真做好教职员工的宣传教育工作。在移交名单未正式宣布前，严禁传播小道消息、散布不利于移交的言论及不利于稳定的言行，做好相关人员的稳定工作，确保移交机构正常运转和职工队伍的稳定。

五、第十工程处、63处要积极与所在地政府有关部门沟通，取得他们的支持确保顺利移交，并做好移交资产的监交工作，移交资产清单要上报公司发展部。

六、公司人力资源部、财务管理部、社会保障部要积极配合学校分别做好人员档案、资产对账、社保转移封存等工作。

附件：中煤一公司移交河北省管理办社会机构对账表

中煤一公司移交河北省管理办社会机构对账数据审核表

主办单位	机构名称	机构编码	机构所在地	移交人员/人		经费补助金额/万元
				在职人员	离退休教师	
中煤第一建设公司	中煤十处子弟学校	130408LZ0066	邯郸武安	40	13	163

中煤一建公司
2006年1月19日

附录九 邯郸市人民政府国有资产监督管理委员会关于中煤第一建设公司第十工程处子弟学校移交武安市管理有关问题协调会议纪要

2006 年 11 月 29 日

我委收到崔市长办公室转来的《中煤第一建设公司关于第十工程处子弟学校移交武安市教育局管理有关问题的函》后，按照市领导指示，于 2006 年 11 月 29 日在市国资委会议室组织邯郸市企业分离办社会领导小组成员单位，武安市政府及有关部门和中央企业召开了专题协调会，会议由国资委赵宪魁副主任主持，参加会议的有市国资委马广宪、陈旭彬、市财政局张文广，市教育局郭矿生，市人事局陈新友，市劳动局冀文魁，市编办游洋，武安市政府王如峰，武安市教育局祁永林，武安市财政局李丙安，中煤第一建设公司的史立志、张永生等。现将会议内容和议定事基纪要如下：

一、该学校移交工作基本情况。

首先听取了中煤第一公司第十工程处子弟学校前一阶段移交工作的基本情况和主要问题。今年初，按照省财政厅统一部署和要求，武安市财政局牵头组织有关部门在企业的积极配合下，完成了中煤第一公司第十工程处学校的人员、资产和经费的审核工作。其中关于学校占用土地面积问题，企业和武安市财政局协商同意"中煤十处学校移交土地位置图"，总面积 6181.39 平方米，交经企业和武安市财政局双方认可，签字盖章后，于 2006 年 2 月上报了省财政厅。河北省政府与中煤第一建设公司上级单位中煤能源集团公司于 5 月 26 日签署了移交协议，并上报了财政部和国务院国资委。

二、主要问题。

目前，在省政府和中央企业集团的协议指导下，具体办理有关移交手续时，武安市教育局提出，对学校土地面积不予认可。企业和武安市教育局关于学校土地面积进行了多次协商和沟通，由于问题分歧较大，致使该学校移交备忘录一直没有签订，对学校教职工影响较大，已经引起教师集体上访，造成了较大社会不稳定因素。

三、议定事项。

会议听取了该企业学校移交工作有关情况以后，经过充分讨论，认为关于中煤第一建设公司第十工程处学校资产移交问题应严格按照中央有关文件办理，即"按照移交资产无偿划转的原则，以 2003 年企业财务决算数为依据，实行成建制移交。"

关于中煤第一建设公司第十工程处学校土地面积数额问题，充分征求了邯郸市教育局意见，从有利于学校今后发展出发，决定原来企业和财政部门协调的该学校南侧 2481 平方米操场不再移交，企业在学校西侧另外划拨一块面积为 2800 平方米土地作为学校操场用地,这样学校占地总面积由原来6181.39平方米扩大为6500平方米。最后经过与中煤第一公司和武安市政府及有关部门协商,基本达成一致意见。

最后要求武安市政府和企业密切配合,加快工作步伐,要在12月10日前完成移交备忘录签署工作,确保企业和学校职工稳定。

附录十 中煤第一建设公司第十工程处职工医院整体划转移交会议纪要（18号）

时　　间：2010年8月11日
地　　点：十处机关四楼会议室
主 持 人：韩国香　　　　　　记录人：张　蕾
参加人员：
公　　司：范征焱、王梦华、杨继忠
十　　处：李振东、范起家、王向东、孙银河、赵红江、吕广同、郭林忠、刘炳锋、张春梅、袁钟煜、代志春、谢刚、高国红、袁周政
职工总院：李长江、屠玉娟、毕晓霞、刘喆、郑斌、赵雅、刘晶、赵丽华、杨建平
十处医院：赵建华、严培明、杨海川、李鹏

会议纪要：

会议首先通过了十处与公司总院双方就十处职工医院整体划转协商起草的协议。其次，举行了简短的签字仪式，十处处长李振东代表移交方、公司职工总院院长李长江代表接收方在划转协议书上签了字，公司总经理助理韩国香代表公司对移交过程进行了监督，在协议书上签了字。随后，公司总经理助理韩国香、十处党委书记范起家、职工总院院长李长江分别做了讲话。

一、划转协议中的重要事项

1. 从2008年8月1日起，移交方将十处医院和资产（包括债权、债务）整体划转给接收方，双方对人员、资产进行清理，对未交接的债权债务由十处处理，原十处医院离退休人员和内退人员费用由十处负担。

2. 划转给接收方的人员劳动关系和组织关系，接收方于划转之日起3个工作日内到移交方的相关部门完成相关手续的办理。

3. 移交方将十处医院设备、办公用品及医用物品、药品库存、总务库存无偿划转给接收方。

4. 十处医院房屋产权仍归属移交方所有，移交方将十处医院现使用的与机关楼相接的东西向医院楼一至四层（建筑面积1396.28平方米）租赁给接受方使用，移交方免收接收方房屋租赁费三年，三年后房屋租赁费事宜双方另行商议。

5. 划转后，房屋所发生的房产税、房屋折旧费由接受方承担，并于每年元月一日将上年度发生的房产税、房屋折旧费与移交方结清，接收方发生的水电费每月按表计量交纳，暖气费按当地规定交纳。

二、划转资产、设备及人员情况

1. 资产状况

截至2010年7月31日，十处医院资产总额为861221.32元，包括：现金30299.45

元，银行存款 4643.85 元，应收账款 531779.36 元，其他应收款 9830.21 元，库存药品净值 78440.49 元，固定资产净值 206227.96 元；负债总额为 738928.36 元，包括：应付账款 251408.75 元，应付工资 127960.40 元，其他应付款 311247.31 元，专项应付款 45365.90 元，预收账款 3000 元；其他资产包括：低值易耗品 41 台件，金额 29221 元无余值，总务库存杂品 16207.59 元，办公用品 38000 元，报废器械 5873.02 元；医院每年应负担各项税费包括：房产税 1.23 万元，房屋折旧 1.70 万元，土地使用税 0.12 万元。

2. 设备状况

截至 2010 年 7 月 31 日，十处医院账内设备 30 台件；报废设备 7 台件；医院自购设备 62 台件，其中固定资产 21 台件，低值易耗品 41 台件。

3. 人员情况

截至 2010 年 7 月 31 日，十处医院共有干部职工 32 人。

附录十一　中煤第一建设有限公司党政联席会会议纪要

〔2010〕11 号

11 月 20 日，公司在二楼西会议室召开党政联席会议，讨论研究了 63 处整合转型、二级单位领导干部交流任免和加强各分公司人财物管控等议题。

公司领导赵中厚、赵宇、钟成毅、史立志、梁洪振、胡传喜、刘敏、栗辉出席会议。会议由公司总经理赵中厚、党委书记赵宇同志主持。会议议定以下事项（摘录）：

目前 63 处改革发展存在诸多困难，一是安全生产没有保障，继续维持现状风险极大；二是生产经营扭亏无望，难以为继；三是内部管理失控的局面没有得到根本转变；四是人心涣散，职工对企业发展丧失信心，队伍极不稳定。基于以上方面考虑，围绕贯彻落实集团公司矿建企业战略调整决策部署和建设集团公司工作会议精神，公司决定 63 处实行整合转型。总体原则是：与第十工程处整合，项目划转、人员分流、基地不动。主要方案如下：

1. 63 处与第十工程处合并，保留 63 处的牌子，成立 63 处留守处，主要负责清理债权债务、处理内部历史遗留问题和邯郸、峰峰生活基地的管理服务工作；

2. 63 处施工项目部全部划归第十工程处管理；

3. 63 处机关工作人员全部分流，留守处留用部分人员，其余充实到水泉分公司和第十工程处有关项目部，不服从安排的，执行公司有关安置政策；

4. 63 处机械加工厂和安装施工队划归机电安装处管理。

2010 年 11 月 23 日

附录十二　中煤第一建设公司关于第十工程处速凝剂厂划转的通知

中煤一建发〔2013〕59号

所属各单位、机关各部门：

　　根据工作需要，经公司党政联席会议研究决定，中煤第一建设有限公司第十工程处速凝剂厂划入中煤第一建设有限公司建筑材料厂管理，原速凝剂厂人员、资产、债权、债务等一并划转。

中煤一建公司
2013年3月8日

附录十三　中煤第一建设有限公司第十工程处处歌

我们是光荣的煤建工人

1=C 2/4
进行曲速度、激昂、有力

范起家 词
张保生 曲

(3 5 6 7 ‖: 1·2 3 - | 2 1·2 | 6 - | 5 7̲1̲ | 2·3 | 1 1̲1̲ | 1) 5 | 1·1̲ 5 | 3̲·1 2̲2̲ | 2 2̲3̲ |
　　　　　　(1 · 2 · 3) 我 们 是 光 荣 的 煤 建 工

1 - | 1 1̲ | 4·5̲ | 6 2̲ | 1 4̲4̲ | 5 | 5 - | 5 5̲1̲ | 1·1̲ 5 | 3̲·1 2̲2̲ | 2 2̲3̲ | 2 - | 2̲ 1 |
人，　创 业 是 我 们 神 圣 的 使　命，　我 们 是 光 荣 的 煤 建 工　人，　创
勤 劳 是 我 们 英 雄 本　色，　我 们 是 光 荣 的 煤 建 工　人，　勤
奉 献 是 我 们 光 荣 传　统，　我 们 是 光 荣 的 煤 建 工　人，　奉

1·5̲ | 4 3̲ | 2̲2̲ 2̲3̲ | 1 - | 1 0 | 1·2̲ 3̲3̲ | 3 0 | 2·3̲ 4 | 4 0 | 6̲·6̲ 6̲6̲ | 5̲·5̲ 1̲·2̲ |
业 是 我 们 神 圣 的 使　命。　 听 从 党 召 唤　南 征 北 战　四 海 为 家　艰 苦 奋
劳 是 我 们 英 雄 本　色。　 团 结 敬　业　顽 强 拼 搏　争 先 创 优　特 别 能 战
献 是 我 们 光 荣 传　统。　 献 了 青　春　献 终　身　无 怨 无 悔　为　人

3 - | 3 - | 2·3̲ 4 | 4 0 | 4̲·3̲ 2̲1̲ | 6 0 | 7 7̲·6̲ | 5̲ 2̲ | 3̲ 4̲ | 5 - | 5 - |
斗，　为 祖 国 建　设　现 代 化　矿　井。
斗，　地 球 深 处　开 拓 进 取　铁 臂 擒 乌 龙。
民，　铮 铮 铁 汉　继 往 开 来　满 怀 豪 情。

1 2̲ | 3̲·3̲ 2̲1̲ 2̲ | 6 - | 2̲2̲ 2̲ | 2̲ 6̲ 7̲1̲ | 2 - | 2̲ 5̲·5̲ | 3̲·3̲ 3̲2̲ | 1̲·1̲ 1̲2̲ | 6 0 |
光　荣 啊 光　荣 英 雄 的 煤 建 工 人，　我 们 勇 争 第 一 无 往 不 胜
5 - | 1̲·1̲ 6̲ | 5̲·6̲ | 4 - | 6̲6̲ 6̲·6̲ | 6̲6̲ 5̲6̲ | 7 - | 5̲·5̲ 1̲·1̲ | 1̲·1̲ 7̲ | 6̲·6̲ 5̲6̲ | 4 0 |

⌐—12—⌐　　　　⌐—3—⌐
5 7̲·1̲ | 2̲·3̲ | 1 - | 1 0 :‖ 4̲ 4̲·4̲ | 3̲ 2̲ | 1 - | 1 - | 1 0 ‖
无 往 不　胜。　　 　 无 往 不 胜。
3 5̲·6̲ | 5̲·4̲ | 3 - | 3 0 :‖ 6̲·6̲ | 6̲ 5̲ 4̲ | 3 - | 3 - | 3 0 ‖

编 纂 始 末

作为第十工程处企业文化建设的一项重大成果,《中煤一建公司第十工程处志》终于编成付印了。

《中煤一建公司第十工程处志》共分卷首、凡例、概述、大事记、志、人物、荣誉、附录八个部分,主体"志"分6篇18章,全书共64.8万余字,涵盖十处政治、经济、科技、教育、文化和生活等各个方面,客观反映了第十工程处60年的发展历程和光辉业绩。志书编纂自编委会、编办成立至交付印刷,历时363天,编写过程大体经历了三个阶段。

第一阶段(2017年3—4月),组织筹备,人员培训。为真实记载十处60年光辉历程,全面、系统地展示十处60年发展成果,实现存史、资政、育人目标,向建处60周年献礼,2017年初,第十工程处党政领导把编辑出版1958—2017年企业发展史志作为一项重要的文化工程提上议事日程,并着手进行筹备工作。4月上旬,处志编纂委员会成立,郭林忠、李明镜任主任,李兰柱、袁国平、龚大龙、李晓良、陈学伟、乔志、代秋巍任副主任,下设编纂办公室,抽调5名工作人员,具体负责修志工作。之后,由于处领导班子调整,编纂委员会也随之做出相应调整。2017年4月18日,编纂办公室选定办公地点,配齐办公设施,组织编写人员进行业务培训,拟定《处志编写大纲》。用了一周时间,集中学习《中国煤炭工业志》编委会副主任、总纂吴晓煜编写的《修志指要》一书,了解志书编写的原则和要求,掌握志书编写的基本方法和规律,为处志编写高质量完成打好基础。《处志编写大纲》经过多次研讨、反复推敲和修改,于4月底确定了志书的篇目章节,搭起了志书编写的基本结构框架。

第二阶段(2017年5—11月),搜集资料,分工编写。《处志编写大纲》确定后,编办根据大纲所列的编写目录进行任务分解,列出进度计划和工作要领,随即进入资料搜集阶段。

由于第十工程处自成立以来历经六次搬家,历史资料缺失严重。编办人员本着对企业负责、对历史负责、对志书负责的态度,以第十工程处50年发展纪实《峥嵘岁月》一书所记资料为基础,通阅了武安、邯郸两个档案室存档的近千卷历史资料,整理出100多万字文字素材,筛选图片200余幅。为弥补资料缺失,查阅了中煤一建公司存档的有关史料。同时,通过走访和电话方式,调查核实信息100余条;通过张贴通告、办公平台和微信发布方式,征集历史和人物照片70余张,力求客观、公正、准确、翔实记载第十工程处的发展历史。9月27日,编办将《处志编写大纲》呈送《中国煤炭工业志》编委会审定。随后,按照评审建议进行多次修改,确定了志书的篇章目录。9月29日,第十工程处召开专题会议对处志编写工作做出安排部署,将主体部分的各章、节、目的编写任务分块落实到相关责任部门,明确了完成期限。11月中旬,在各部门的共同努力下,志书初稿基本完成。

第三阶段（2017年11月至2018年3月），提质总纂，评审修订。11月21日，志书初稿进入提质阶段，由总纂张友录对初稿逐字逐句地进行逻辑校验、检视把关、删繁就简、去粗求精、查遗补漏、加工提炼、润色增彩、统一文风等方面的统稿。至12月28日，用47天时间完成了总纂提质工作，将约70多万字的初稿精炼成44万多字的征求意见稿。12月29日，编办将征求意见稿上传至互联网，同时通过第十工程处网络办公平台和微信群发布通告，公布了征求意见稿存放的网址、登录账号和密码等信息，面向广大干部职工、离退休老同志广泛征求修改意见。2018年1月9日，志书初纂工作完成，编办人员解散，修改稿分别呈送退休处领导、现任处领导和公司有关部门人员进行审核。2月上旬，按照归纳意见经再次修改形成终审样稿。

2018年2月28日，编办打印样稿正式呈报《中国煤炭工业志》编委会和中国煤炭建设协会评审。3月8日，《中煤一建公司第十工程处志》终审会在北京召开，由《中国煤炭工业志》编委会副主任、总纂吴晓煜，副总纂、编办主任陈昌，编办副主任于海宏；《中国煤炭建设志》编办主任徐亮，中煤建设集团科技信息部副部长刘军，辽宁煤炭工业协会秘书长李远鹏，中国煤炭建设协会工程技术部副主任吕志江等7名专家组成的评审组，对《中煤一建公司第十工程处志》样稿进行了评审。评审组一致认为，《中煤一建公司第十工程处志》全面记述了1958—2017年第十工程处的发展历史和现状，编纂指导思想正确，煤炭建设专业特色突出，篇目设置较为合理，体裁完备，资料较为丰富，语言朴实，符合志书编纂规范，同意通过终审。同时，评审组希望第十工程处志书编委会认真听取专家的意见和建议，举一反三，严格按照修志规范对志书进行必要的修改和调整，为早日完成志书出版画上圆满句号。

2018年3月12日，按照专家组的意见和建议，编委会统一认识、制定方案，总纂对志书进行必要的篇目调整、去重不缺、详略处理、规范统一、字句锤炼等方面的细致修改，4月16日完成终稿。志书文字总量由44.2万精炼成35.5万余字，照片由223张精简到187张。

志书编纂工作是一项庞大、复杂的系统工程。在整整一年的修志过程中，全体编纂人员不负使命、呕心沥血、忘我工作，付出了辛劳的汗水。

编办主任、总纂张友录负责志书中卷首、凡例、概述、大事记、附录、编纂始末等四部分的资料搜集与编写和全书的统稿编纂工作。

编办成员赵建红负责第二篇、第四篇，董建平（退休，聘请）负责第一篇、第五篇、第六篇，范荣负责第三篇，陈永利负责人物、荣誉部分的资料搜集与编写；马玉芹（退休，聘请）参与了大事记部分内容的资料搜集工作。

副总师葛志平、苏永、范强，党政办公室张海芳、代文强、张书培、密瑾，党群工作部陈琳琳、郭慧风，安全监察部冯永刚、张鹏、蔡磊、刘玉梅、李庆艳，人力资源部代志春、张蕾、王剑南、王晓，生产调度室张继亮，工程技术部刘雪川、刘建伟、宋国铺、张磊、郭军，经营管理部朱翔、贾雯，财务管理部王意红，纪检监察审计部杜翠霞、郭茂森，机电设备管理中心姜鹏等30人，参与了相关业务内容的编写工作。

其间，编纂工作得到了《中国煤炭工业志》编委会专家们的悉心指导，得到了中煤一建公司办公室、党群部、人力资源部等部门的大力协助，得到了李树荣、闫志义、刘树勋、赵庭煜、蒲耀年、程岩青等一批老领导的鼎力相助和充分认可，终使《中煤一建公司第十工程处志》得以高质量问世。谨此,向各位专家、领导、前辈和同事们一并致以崇高的敬意和衷心的感谢!

  由于时间仓促、历史资料缺失,再加上编纂人员水平有限,本志在逻辑结构、篇章内容等方面难免存在失误和疏漏,敬请大家批评指正。

         《中煤一建公司第十工程处志》编纂委员会办公室
              2018 年 4 月 16 日

图书在版编目（CIP）数据

中煤一建公司第十工程处志：1958—2017/《中煤一建公司第十工程处志》编纂委员会编．－－北京：煤炭工业出版社，2018

（《中国煤炭建设志》系列丛书）

ISBN 978－7－5020－6703－8

Ⅰ.①中… Ⅱ.①中… Ⅲ.①煤矿建设—煤矿企业—概况—中国—1958－2017 Ⅳ.①F426.21

中国版本图书馆 CIP 数据核字（2018）第 121815 号

中煤一建公司第十工程处志（1958—2017）

（《中国煤炭建设志》系列丛书）

编　　者	《中煤一建公司第十工程处志》编纂委员会
责任编辑	尹忠昌
编　　辑	梁晓平　孟　楠
责任校对	赵　盼
封面设计	于春颖
出版发行	煤炭工业出版社（北京市朝阳区芍药居35号　100029）
电　　话	010－84657898（总编室）　010－84657880（读者服务部）
网　　址	www.cciph.com.cn
印　　刷	北京文昌阁彩色印刷有限责任公司
经　　销	全国新华书店
开　　本	787mm×1092mm $1/16$　印张 $27\frac{1}{4}$　插页 16　字数 648千字
版　　次	2018年9月第1版　2018年9月第1次印刷
社内编号	20180665　　　　定价 168.00元

版权所有　违者必究

本书如有缺页、倒页、脱页等质量问题，本社负责调换，电话:010－84657880